Uwe Backes/Alexander Gallus/
Eckhard Jesse/ Tom Thieme (Hrsg.)

Jahrbuch Extremismus & Demokratie (E & D)

35. Jahrgang 2023

 Nomos

Gedruckt mit Unterstützung des Sächsischen Instituts für Polizei- und Sicherheitsforschung (SIPS) an der Hochschule der Sächsischen Polizei (FH).

Herausgeberschaft und Redaktion: Prof. Dr. Uwe Backes, Hannah-Arendt-Institut für Totalitarismusforschung, D-01062 Dresden, Tel. (0351) 46332802; Prof. Dr. Alexander Gallus, TU Chemnitz, Politikwissenschaft, Philosophische Fakultät, D-09107 Chemnitz, Tel. (0371) 53127710; Prof. em. Dr. Eckhard Jesse, TU Chemnitz, Politikwissenschaft, Philosophische Fakultät, D-09107 Chemnitz, Tel. (0371) 53127720; Prof. Dr. Tom Thieme, Hochschule der Sächsischen Polizei (FH), D-02929 Rothenburg/O.L., Tel. (035891) 462822.

Redaktion (Mitarbeit): Lukas Hämisch, M.A.; Dr. Margarete Tiessen; Lena Aenne Buscher; Daniela Weber.
Kontakt: jahrbuch-ed@phil.tu-chemnitz.de

Wissenschaftlicher Beirat: Prof. em. Dr. Klaus von Beyme†, Universität Heidelberg; Prof. Dr. Frank Decker, Universität Bonn; Prof. em. Dr. Jürgen W. Falter, Universität Mainz; Prof. em. Dr. Peter Graf Kielmansegg, Universität Mannheim; Prof. Dr. Herfried Münkler, Humboldt-Universität zu Berlin; Prof. Dr. Manfred G. Schmidt, Universität Heidelberg; Prof. Dr. Roland Sturm, Universität Erlangen-Nürnberg; Prof. Dr. Barbara Zehnpfennig, Universität Passau.

Internet: https://www.tu-chemnitz.de/phil/politik/pti/jahrbuch/jahrbuch.php

Konzept des Designs: Arifé Aksoy

Die Deutsche Nationalbibliothek verzeichnet diese Publikation in der Deutschen Nationalbibliographie; detaillierte bibliographische Daten sind im Internet über http://dnb.d-nb.de abrufbar.

ISBN 978-3-7560-0659-5 (Print)
ISBN 978-3-7489-3993-1 (ePDF)

Onlineversion
Nomos eLibrary

Das Jahrbuch erscheint einmal jährlich. Die in ihm enthaltenen Beiträge sind urheberrechtlich geschützt. Jede Verwertung außerhalb der engen Grenzen des Urheberrechts ist ohne Zustimmung des Verlages unzulässig und strafbar. Für unverlangt eingesandte Manuskripte übernehmen Verlag und Redaktion keinerlei Haftung.

© Nomos Verlagsgesellschaft, Baden-Baden 2023. Gesamtverantwortung für Druck und Herstellung bei der Nomos Verlagsgesellschaft mbH & Co. KG. Alle Rechte, auch die des Nachdrucks von Auszügen, der fotomechanischen Wiedergabe und der Übersetzung, vorbehalten. Gedruckt auf alterungsbeständigem Papier.

Jahrbuch
EXTREMISMUS & DEMOKRATIE (E&D)

Inhalt	Band 35 (2023)

Editorial 9

Analysen

Alexander Gallus, Hass und Hetze in letaler Dosis 15
Wilfried von Bredow, Das Dilemma des Westens 41
Sebastian Prinz, Die Linke und der Islam 61
Tom Mannewitz, Das „Hufeisen" in Wissenschaft und Politik 79

Daten, Dokumente, Dossiers

Eckhard Jesse, Wahlen 2022 99
Uwe Backes, Organisationen 2022 115
Alexander Gallus, Dokumentation 2022 139
Armin Pfahl-Traughber, Die „Letzte Generation" 149
Sabine Volk, Rechtsaußen-Akteure und der russische Angriffskrieg ... 163
Haci-Halil Uslucan, Gründe und Abgründe des Wahlverhaltens
Türkeistämmiger in Deutschland 177
Evelyn Bokler, Biographisches Porträt: Abul Baraa 193
Tom Thieme, Länderporträt: Ukraine 209
Jürgen P. Lang, Medienporträt: MSZ – Gegen die Kosten der Freiheit ... 227

Literatur

Literaturbericht:
Mitchell G. Ash, „Cancel Culture" – Extremismusindiz, Bedrohung der
Wissenschaftsfreiheit oder Themenverfehlung? 245
Sammelrezension:
Tobias Wunschik, Terrorismus in Vergangenheit und Gegenwart 261
»Kontrovers besprochen«:
Susan Neiman/Michael Wildt, Historiker streiten (Klaus Große Kracht, Ilko-
Sascha Kowalczuk, Helmut Walser Smith, Barbara Zehnpfennig) 270
Rezensionsessay:
Peter Graf Kielmansegg, Gemeinwohl und Migrationspolitik (Josef Isensee) ... 282
»Wieder gelesen«:
Timothy Garton Ash, Ein Jahrhundert wird abgewählt (Dirk Dalberg) ... 288
Literatur aus der „Szene":
Jürgen Elsässer, Ich bin Deutscher (Armin Pfahl-Traughber) 293

Inhalt

Einzelbesprechungen:

Carolin Amlinger/Oliver Nachtwey, Gekränkte Freiheit (Frank Decker) 297
Tillmann Bendikowski, Hitlerwetter (Kevin Scheibel) 300
Jörg Bong, Die Flamme der Freiheit (Hans-Ulrich Thamer) 303
Jenni Brichzin/Henning Laux/Ulf Bohmann, Risiko-Demokratie
(Claus Leggewie) 306
Stéphane Courtois/Marc Lazar, Histoire du Parti communiste français
(Patrick Moreau) 310
Klaus von Dohnanyi, Nationale Interessen (Wilfried von Bredow) 314
Günter Frankenberg/Wilhelm Heitmeyer (Hrsg.), Treiber des Autoritären
(Uwe Backes) 318
Sven Fritz, Houston Stewart Chamberlain. Rassenwahn und Welterlösung
(Thomas Gräfe) 321
Francis Fukuyama, Der Liberalismus und seine Feinde (Jens Hacke) 324
Antonia Grunenberg, Demokratie als Versprechen (Stephan Hilsberg) 328
Jürgen Habermas, Ein neuer Strukturwandel der Öffentlichkeit und die
deliberative Politik (Hendrikje J. Schauer) 332
Lukas Hermsmeier, Uprising (Bernd Greiner) 336
Johannes Hillje, Das „Wir" der AfD (Marcel Lewandowsky) 340
Uffa Jensen, Ein antisemitischer Doppelmord (Jost Dülffer) 344
David de Jong, Braunes Erbe (Friedrich Kießling) 348
Alex J. Kay, Das Reich der Vernichtung (Alexander Brakel) 351
Ian Kershaw, Der Mensch und die Macht (Herfried Münkler) 355
Gudrun Krämer, Der Architekt des Islamismus (Christine Schirrmacher) 359
André Krischer/Barbara Stollberg-Rilinger (Hrsg.), Tyrannen
(Martin Sabrow) 363
Nils C. Kumkar, Alternative Fakten (Thomas Petersen) 368
Christian Lammert/Boris Vormann, Das Versprechen der Gleichheit
(Florian Grotz) 372
Ariane Leendertz, Der erschöpfte Staat (Thomas Biebricher) 375
Stephan Lessenich, Nicht mehr normal (Helge F. Jani) 379
Fabian Link, Demokratisierung nach Auschwitz (Karl-Siegbert Rehberg) 383
Paul Mason, Faschismus (Arnd Bauerkämper) 388
Horst Möller, Deutsche Geschichte (Sebastian Liebold) 391
Herfried Münkler, Die Zukunft der Demokratie (Paul Nolte) 395
Armin Pfahl-Traughber, Intellektuelle Rechtsextremisten
(Hans-Gerd Jaschke) 399
Matthias Quent/Christoph Richter/Axel Salheiser, Klimarassismus
(Manès Weisskircher) 403
Richard Rohrmoser, Antifa (Joseph Walthelm) 407
Martin Sabrow, Der Rathenaumord und die deutsche Gegenrevolution
(Martin Otto) 410
Gerhard Sälter, NS-Kontinuitäten im BND (Helmut Müller-Enbergs) 414

Inhalt

Mike Schmeitzner (Hrsg.), Die Diktatur des Proletariats (Jürgen P. Lang) 417
Christoph Schönberger, Auf der Bank (Benedikt Wintgens) 421
Susanne Schröter, Global gescheitert? (Antje Nötzold) 425
Pierre-André Taguieff, Qui est l'extrémiste? (Teresa Nentwig) 428
Verfassungsschutzbericht 2021 (Paul Schliefsteiner) 432
Michael Wildt, Zerborstene Zeit (Ernst Piper) 437
Edgar Wolfrum (Hrsg.), Verfassungsfeinde im Land? (Eckhard Jesse) 442
Sheldon S. Wolin, Umgekehrter Totalitarismus (Peter Graf Kielmansegg) 446

Kommentierte Bibliographie 450
Zeitschriftenauslese 466
Verzeichnis der besprochenen Bücher 469
Mitteilungen und Hinweise 474
Personenverzeichnis 477
Autorenverzeichnis 495

Editorial

Stand die Corona-Pandemie noch zum Jahresbeginn 2022 auf Platz 1 der politischen Agenda, änderte sich dies schlagartig mit dem russischen Großangriff auf die Ukraine am 24. Februar. Die von Bundeskanzler Olaf Scholz im Deutschen Bundestag ausgerufene „Zeitenwende" verband sich mit einer Kombination innen- und außenpolitischer Herausforderungen, die nicht ohne Auswirkungen auf die Kräfteverhältnisse auf nationaler wie internationaler Bühne bleiben konnten. Auch die Extremismusforschung stellte die Eskalation des Ukraine-Krieges vor neue Aufgaben. Dies galt weniger für den offensichtlichen – und gar nicht neuen – Missbrauch des Extremismusbegriffs durch das Putin-Regime, sondern mehr für die Analyse der sich wandelnden Kräfteverhältnisse und der Verflechtungen innen- und außenpolitischer Positionen. Welche Körnchen an Wahrheit Putins Extremismusvorwürfe an die Adresse der Ukraine enthielten und warum sie dennoch ein groteskes Zerrbild der Realität vermittelten, zeigt der Politikwissenschaftler Tom Thieme in seinem *Länderporträt* Ukraine auf, das nicht zuletzt ein facettenreiches Lagebild extremistischer Organisationen mit ihren Stärkeverhältnissen innerhalb und außerhalb des Parteiensystems zeichnet. Die Regierung in Kiew beschuldigte zahlreiche prorussische Parteien und Organisationen, die Souveränität der Ukraine in Frage zu stellen, und verbot sie. Ein Überblick zu den Ursachen, Phänomenen und Potenzialen des ukrainischen Extremismus dient nicht zuletzt der Einschätzung der Kräfteverhältnisse mit ihren demokratiestützenden wie -untergrabenden Komponenten. Allerdings wird diese Aufgabe durch die diffuse Informationslage unter Kriegsbedingungen erschwert.

Der Ukraine-Krieg zwang auch zu einer Neudefinition außenpolitischer Prioritäten. Wie der Marburger Politikwissenschaftler Wilfried von Bredow in seiner *Analyse* belegt, missglückte in der Politik westlicher Staaten oft die Balance zwischen der Verfolgung eigener Interessen und den Werten, die das Selbstbild des Westens ausmachen. Seine universalistisch ausgerichtete Weltordnungspolitik blieb weit hinter ihren Möglichkeiten zurück. Erwartungen wurden geweckt und enttäuscht. Dies wird anhand dreier Aufgabenfelder deutlich: (1) Internationale humanitäre Interventionen sollten massenhafte Menschenrechtsverletzungen verhindern. (2) Das Konzept einer internationalen Schutzverantwortung proklamierte die Pflicht der „internationalen Gemeinschaft", Kriegsgräuel zu beenden und sich der Unterdrückung von Menschen in Diktaturen zu widersetzen. (3) Ansätze einer von westlichen Ländern ausgehenden „externen Demokratie-Förderung" zielten auf die Eindämmung autokratischer Entwicklungen. In allen drei Bereichen gibt es etwas Licht, aber mehr Schatten.

Eine Welle der Autokratisierung wird nicht zuletzt von populistischen Parteien getragen, die in vielen Demokratien weltweit beachtliche Erfolge erzielen und die

Politik einiger Staaten (sogar der USA unter Donald Trump) maßgeblich beeinflussen konnten. Der Ukraine-Krieg ließ neue Konfliktlinien und manche Gemeinsamkeiten (wie die Kombination aus NATO-Ablehnung und Russlandorientierung) an den Flügeln der Parteiensysteme hervortreten. Für die extreme Rechte konstatiert die Passauer Politikwissenschaftlerin Sabine Volk in ihrem *Dossier* einen auf die USA bezogenen Antiimperialismus als zentrale Gemeinsamkeit. Ihre Analyse der Stellungnahmen wichtiger deutscher Rechtsaußen-Akteure zum russischen Angriffskrieg auf die Ukraine erhellt darüber hinaus die Vielgestaltigkeit der Reaktionen, die „von angestrebter Neutralität über stereotypes Putin- und Russlandverstehertum bis hin zu Kampfbereitschaft auf ukrainischer Seite" reiche. Auch innerhalb der AfD waren verschiedene Strömungen erkennbar. Wie Alexander Gallus („Dokumentation 2022") zeigt, avancierte Russland besonders bei Vertretern des offiziell aufgelösten „Flügels" „zu einem Richtmaß, an dem sich auch Deutschland politisch, gesellschaftlich und kulturell orientieren" solle.

Verschiedene Umfragen ergaben, dass die Anhänger der AfD stärker als die aller anderen im Bundestag vertretenen Parteien zu einer eher positiven Haltung gegenüber dem Putin-Regime neigten. Auf Platz 2 rangierten diesbezüglich die Unterstützer der Partei Die Linke, die den Angriffskrieg Russlands zwar klar verurteilte, zugleich aber – wie Uwe Backes („Organisationen 2022") belegt – in ihrer Mehrheit nicht bereit schien, der Ukraine die nötigen Waffen zur Selbstverteidigung zur Verfügung zu stellen und die deutsche Bundeswehr zu ertüchtigen. Allerdings bot die Partei in ihrem Inneren ein zerstrittenes Bild, was zum Teil ihre mangelnde Resonanz bei Wahlen erklärte. Es tobte ein heftiger innerparteilicher Kampf um den richtigen wahlpolitischen Kurs (siehe Eckhard Jesse, „Wahlen 2022"). Die von Sahra Wagenknecht genährte Diskussion um die Neugründung einer politischen Partei eröffnete Perspektiven der Entwicklung des deutschen Parteiensystems, die erhebliche Auswirkungen auf die Kräfteverhältnisse nicht nur an dessen Flügeln haben konnten. Verlor Die Linke bei jeder Wahl Stimmen, traf dies für die AfD nicht zu. Allerdings gelang ihr zum ersten Mal nicht der Wiedereinzug in ein Landesparlament (Schleswig-Holstein).

Einer anderen Konfliktlinie innerhalb der Partei Die Linke gilt die *Analyse* des Berliner Politikwissenschaftlers Sebastian Prinz. Innerhalb der traditionell religionskritischen Partei gibt es eine Strömung, die dem Islam auffallend unkritisch begegnet. Wie können diese unterschiedlichen Positionen erklärt werden? Warum wird der Islam von der Religionskritik ausgenommen? Welche Folgen hat das für andere Ziele wie Aufklärung, Emanzipation, Feminismus und universelle Menschenrechte? Solche Fragen sind nicht isoliert zu betrachten, sondern Teil der innerlinken Debatte über Identitätspolitik. Identitätspolitik kann mitunter gar zu einer unkritischen Haltung selbst gegenüber Sympathisanten islamistischer Parteien und Regime verleiten. Identitätsprobleme anderer Art begünstigen die Neigung in Deutschland lebender Türkeistämmiger zur Wahl der AKP, der Partei des autoritär regierenden türkischen Staatspräsidenten Erdoğan. Dies macht der Essener Turkist Haci-Halil Uslucan in einem *Dossier* deutlich, in dem er das Wahlverhalten dieser Gruppe vergleichend analysiert. Nicht zuletzt das Gefühl der aus Diskriminierung entspringenden Nichtzugehörigkeit begünstige die AKP-Wahl. Die Analyse mündet folglich in das Plädoyer, „demokratiedistante Haltungen" nicht durch Ausgrenzung, sondern durch verstärkte Integrations- und Partizipationsangebote zu reduzieren. Die Münsteraner Islam- und Politikwissenschaftlerin Evelyn Bokler widmet dem im Libanon geborenen Berliner Salafisten Abul Baraa das *biographische Porträt*. Baraa verfolge anders als dschihadistische Islamisten zwar eine legalistische Strategie und distanziere sich von Gewalt. Unter dem Deckmantel der Religionsfreiheit verbreite er jedoch eine Interpretation des Islams, die mit den Prinzipien von Demokratie und Rechtsstaatlichkeit unvereinbar sei.

Einer Frage von phänomenübergreifender Bedeutung geht der Berliner Politikwissenschafter Tom Mannewitz in einer *Analyse* nach: der Bedeutungszunahme des sogenannten „Hufeisens" außerhalb der Extremismusforschung. Er macht die Ministerpräsidentenwahl in Thüringen am 5. Februar 2020 als Wendepunkt einer langen Entwicklung aus. Der FDP-Politiker Thomas Kemmerich stellte sich überraschend zur Wahl und wurde auch mit den Stimmen der AfD gewählt. Bis dahin war das Symbol des „Hufeisens" außerhalb eines kleinen Kreises von Sozialwissenschaftlern in der Öffentlichkeit wenig bekannt. Von nun an etablierte es sich als Chiffre für die implizite Gleichsetzung von rechts und links auch in Politik und Medien. Die Thüringer Wahl habe damit vor allem altbekannte Fehldeutungen wieder hochkochen lassen. Mannewitz macht sich für ein Kreismodell anstelle des „Hufeisens" stark – vor allem deshalb, weil es der Vielfalt extremistischer Bedrohungen im 21. Jahrhundert besser gerecht werde.

Zurück in das erste Drittel des 20. Jahrhunderts führt die *Analyse* von Alexander Gallus. Er würdigt für die Phase einer von Krisen und politischer Feindseligkeit bedrohten jungen Weimarer Republik vor allem Ausprägungen sprachlicher Gewalt, die sogar bis in den regelbasierten parlamentarischen Raum vordrang. Darin mag man ein historisches Lehrstück erkennen, wie gezielter und hartnäckiger Hate Speech ein geistig-politisches Klima zu schaffen vermochte, in dem politische Morde (wie besonders prominent an Matthias Erzberger und Walther Rathenau) erst geschehen konnten. Im Mittelpunkt des Aufsatzes steht das Agieren der Deutschnationalen Volkspartei und ihres Wortführers Karl Helfferich in Weimars Anfangsjahren; es wird aber auch ein kursorischer Blick auf verbale Kampfstrategien von Vertretern der äußersten Linken im Reichstag geworfen.

Das *Dossier* des Politikwissenschaftlers Armin Pfahl-Traughber geht der Frage nach, ob Politikverständnis, Ziele und Methoden des radikalen Klimaprotests der „Letzten Generation" mit dem Geist der Verfassung vereinbar sind. Wie jedes Jahrbuch enthält auch dieses ein *Medienporträt*, diesmal aus der Feder des Münchener Politikwissenschaftlers und Journalisten Jürgen P. Lang. Es gilt der MSZ, einem Organ der offiziell 1974 gegründeten Marxistischen Gruppe (MG), das unter wechselnden Bezeichnungen und Formaten bis Mitte 1991 erschien. Noch viele Jahre nach der offiziellen Auflösung verteidigten „ihre geistigen Sachwalter die damaligen Theorien mit Zähnen und Klauen".

Editorial

Der umfangreiche Literaturteil dieses Jahrbuches wird durch einen *Literaturbericht* des in Wien lehrenden Wissenschaftshistorikers Mitchell Ash eröffnet. Darin würdigt er Neuerscheinungen kritisch, die sich dem widmen, was gemeinhin unter dem kontroversen Stichwort „Cancel Culture" gefasst wird. Die *Sammelrezension* des Berliner Politikwissenschaftlers Tobias Wunschik stellt aktuelle Publikationen zur Terrorismusforschung vor. *Kontrovers besprochen* wird dieses Mal (von Klaus Große Kracht, Ilko-Sascha Kowalczuk, Helmut Walser Smith und Barbara Zehnpfennig) der von Susan Neiman und Michael Wildt herausgegebene Sammelband „Historiker streiten", der als Teil einer neu entfachten Historikerdebatte über die Einordnung des Holocausts innerhalb einer weiterreichenden Gewalt- und Genozidforschung Stellung bezieht. Im *Rezensionsessay* setzt sich der Bonner Rechtswissenschaftler Josef Isensee mit Peter Graf Kielmanseggs grundsätzlichen wie aktuellen Überlegungen über „Gemeinwohl und Weltverantwortung" auseinander. Der in Bratislava lehrende Politikwissenschaftler Dirk Dalberg erinnert in *Wieder gelesen* an Timothy Garton Ashs Werk „Ein Jahrhundert wird abgewählt", in dem der Oxforder Gelehrte als analysierender Zeithistoriker wie beobachtender Zeitzeuge die Geschichte der ostmitteleuropäischen Umbrüche am Ende des Kalten Krieges zu fassen suchte. Armin Pfahl-Traughber nimmt in *Literatur aus der „Szene"* eine autobiographische Schrift des zwischen den Extremen wechselnden und selbsternannten „Querfrontlers" Jürgen Elsässer unter die Lupe.

Ab dieser Ausgabe des Jahrbuchs heißt die bisherige Rubrik der *Hauptbesprechungen* nunmehr *Einzelbesprechungen*. Sie nimmt rund doppelt so viel Raum ein wie die bisherige Kategorie; dafür entfallen die *Kurzbesprechungen*. Wir hielten diesen Schritt für sinnvoll, um eine größere Zahl ausgewählter Schriften auf mehr Raum so kompetent wie intensiv würdigen lassen zu können. Die *Kommentierte Bibliographie* bleibt ungeachtet dieser Reform bestehen und umfasst in knapper Form pointierte Würdigungen zu Neuerscheinungen aus dem Jahr 2022, die für die Demokratie- und Extremismusforschung von Bedeutung sind. Ergänzt wird der Besprechungsteil durch eine kleine *Zeitschriftenauslese*. Wie jedes Mal finden sich unter „Mitteilungen und Hinweise" einige Selbstdarstellungen, diesmal zum „Counter Extremism Project" (CEP) sowie zum „Demokratiezentrum Rheinland-Pfalz".
U.B./A.G./E.J./T.T.

Analysen

Hass und Hetze in letaler Dosis
Deutschnationale Demagogie, Verratsverdikte und sprachliche Gewalt im parlamentarischen Raum der frühen Weimarer Republik – eine exemplarische Betrachtung

Von Alexander Gallus

1. Einleitende Bemerkungen

Parlament und gewaltsamer Protest gehören nicht zusammen. Da wo sie aufeinandertreffen, sorgt dies für Beunruhigung und lässt die Frage nach einer grundlegenden Gefährdung der Demokratie laut werden. Dies war am 6. Januar 2021 in den Vereinigten Staaten der Fall, als ein aufgebrachter Mob das Washingtoner Kapitol erstürmte. In Deutschland sorgte Ende August 2020 eine Demonstration gegen Corona-Maßnahmen der Regierung für ein großes öffentliches Echo, als es rund drei- bis vierhundert Demonstranten gelang, Absperrgitter am Reichstagsgebäude, dem Sitz des Deutschen Bundestages, zu überwinden und einige Protestierer durch das Schwenken schwarz-weiß-roter Reichsflaggen (daneben auch Reichskriegsflaggen) Bilder von besonderer Symbolkraft schufen. Schließlich dienen die derart gefärbten Trikoloren seit jeher dazu, den Widerstreit zu einer schwarz-rot-goldenen republikanischen und demokratischen Tradition zu akzentuieren.[1]

Für Deutschland war mit diesen Vorgängen schnell die Frage verknüpft, ob sie neuen Weimarer Verhältnissen Ausdruck verliehen. Zu dieser Diagnose motivierten allerdings nicht erst diese Aktionen unmittelbarer physischer Gewalt gegen den Parlamentssitz als vielmehr schon die seit einiger Zeit beobachtbare gewachsene Zahl verbaler Attacken gegen demokratische Institutionen und deren Repräsentanten. Im Juni 2018 beklagte Bundespräsident Frank-Walter Steinmeier die Zunahme einer verrohten Sprache, die ihn „an die Missachtung und Verächtlichmachung der demokratischen Institutionen in der Weimarer Demokratie" erinnere. Damit einher gehe, wie er beobachtete, eine Verschiebung innerhalb der Streitkultur, in der argumentative Widersacher immer weniger respektiert und stattdessen zu politischen Feinden gestempelt würden.[2] Auch bei anderen Gelegenheiten wiederholte Steinmeier seine Warnung vor den bedrohlichen Auswirkungen von Hasskommunikation.

---

1 Siehe dazu Alexander Gallus, Dokumentation 2020: Reichs(kriegs)flaggen als Symbole gegen die Demokratie. (K)eine Verbotsdiskussion, in: Uwe Backes u. a. (Hrsg.), Jahrbuch Extremismus & Demokratie, Bd. 33, Baden-Baden 2021, S. 151–162.
2 Schauen Sie sich die Beschimpfungen an? „Ja, leider!". Bundespräsident Frank-Walter Steinmeier über seinen Umgang mit wütenden Bürgern, über sein Treffen mit den Nationalspielern Özil und Gündogan – und zur Frage, ob er gegenüber der SPD ein schlechtes Gewissen hat, in: Die Zeit vom 7. Juni 2018.

Anlässlich des 100. Jahrestages der Ermordung Walther Rathenaus bekräftigte er die Notwendigkeit, dass Staat und Gesellschaft „frühzeitig gegen Hass und Hetze vorgehen" müssten, „damit aus Worten eben keine Taten werden". Heutzutage gelte es insbesondere dafür zu sorgen, gegen ein Internet, das sich als „rechtsfreier Raum für Beleidigungen und Bedrohungen" darbiete, anzugehen.³

So sehr die Kommunikationsmittel der noch vergleichsweise jungen Netzwerkgesellschaft und insbesondere der *Hate Speech* in Sozialen Medien als „Brandbeschleuniger" für Gewalthandlungen bis hin zum Bürgerkrieg fungieren können⁴, ist das Eskalationspotenzial, das von kommunikativen Akten auszugehen vermag, doch nicht exklusiv an die Dynamiken und Verbreitungswege des World Wide Web und dessen Echokammern gekoppelt. Das Phänomen der politischen Hassrede ist älter und erlebte während der Weimarer Republik eine Hochzeit. In seiner Rathenau-Gedächtnisrede nannte Steinmeier unumwunden die „geistigen Anstifter des Mordes" – namentlich dem Wortführer der *Deutschnationalen Volkspartei* (DNVP) nach den Reichstagswahlen von 1920, dem einstigen Vizekanzler des deutschen Kaiserreichs Karl Helfferich, wies er die Hauptverantwortung für ein „mörderisches politisches Klima" zu, das erst die Voraussetzung für das Attentat auf Rathenau geschaffen habe.⁵

Mit diesem Urteil steht der Bundespräsident nicht allein da. Wie noch zu zeigen sein wird, unterstützen zahlreiche zeitgenössische Zeugnisse dieses Verdikt gegenüber Helfferich, und es wird durch Arbeiten späterer Zeithistoriker wie Sprachwissenschaftler untermauert. In seiner Weimar-Gesamtwürdigung *Die verspielte Freiheit* rückt Hans Mommsen die propagandistische Bedrohung der jungen parlamentarischen Demokratie durch die äußerste Rechte in den Mittelpunkt – er hebt eigens Helfferichs „hemmungslose Attacken gegen Walther Rathenau" hervor.⁶ In seiner großen dreibändigen Darstellung zur Geschichte der Arbeiterbewegung zur Zeit der ersten deutschen Demokratie spricht Heinrich August Winkler ebenso in militärischer Gewalt-Analogie von einem „propagandistische[n] Feldzug" mit Helfferich an der Spitze – ein Feldzug, der sich schon gegen Finanzminister Matthias Erzberger gerichtet hatte, bevor der DNVP-Frontmann Walther Rathenau verbal regelrecht unter Beschuss setzen sollte.⁷

---

3 Frank-Walter Steinmeier, Rede des Bundespräsidenten auf einer Gedenkveranstaltung zum 100. Jahrestag der Ermordung von Walther Rathenau am 24. Juni 2022 in Berlin, unter: www.bundespraesident.de.
4 Von entsprechender „Brandbeschleunigung" handelt ein Kapitel bei Barbara F. Walter, Bürgerkriege. Warum immer mehr Staaten am Abgrund stehen, Hamburg 2023, S. 124–150; siehe auch Gerrit Weitzel/Stephan Mündges (Hrsg.), Hate Speech. Definitionen, Ausprägungen, Lösungen, Wiesbaden 2022.
5 Steinmeier (FN 3).
6 Hans Mommsen, Die verspielte Freiheit. Der Weg der Republik von Weimar in den Untergang. 1918 bis 1933, Frankfurt a. M./Berlin 1990, S. 139.
7 Heinrich August Winkler, Von der Revolution zur Stabilisierung. Arbeiter und Arbeiterbewegung in der Weimarer Republik 1918 bis 1924, Berlin/Bonn 1984, S. 298. Auch bei Lothar Albertin, Liberalismus und Demokratie am Anfang der Weimarer Republik. Eine vergleichende Analyse der Deutschen Demokratischen Partei und der Deutschen Volkspartei, Düsseldorf 1972,

Die Germanistin Heidrun Kämper führt die polemisch-ideologische Agitation Karl Helfferichs gleichfalls als ein „Beispiel sprachlicher politischer Verrohung" an. Eine derartige „ethisch-moralische Enthemmung" wurde zum Debattenthema im Parlament, so insbesondere rund um die Ermordungen Erzbergers und Rathenaus. Wenngleich ein einfacher Wirkungsmechanismus zwischen verbaler und physischer Gewalt nicht ohne Weiteres stichhaltig zu belegen ist, hält es die Sprachwissenschaftlerin doch für alles andere als abwegig, dass die „Sprachlichkeit von Gewalt" der „Materialität von Gewalt" vorausgehe und beides in einem „Bedingungsverhältnis" stehe. In jedem Falle lässt sich ihr zufolge für die frühen Krisenjahre der Weimarer Republik, vorsichtig ausgedrückt, diagnostizieren, „dass ein gewaltbereites politisches Handeln nicht vollkommen tabuisiert war und sprachliche Bezugnahmen diesem Handeln entsprechen".[8]

Wer sprachliche Gewalt am rechten Rand während der frühen Weimarer Republik untersucht, dürfte mit Karl Helfferich einen exemplarischen und doch herausragenden Vertreter in Augenschein nehmen. Durch seine Agitation in Presse, vor Gericht und im Parlament trug der ultrakonservative Parteimann mit verbalen Interventionen in verschiedenen Foren einer politischen Öffentlichkeit maßgeblich zur geistigen Vergiftung der jungen Demokratie bei. Nach den Wahlen vom 6. Juni 1920 bestimmte das Mitglied des DNVP-Parteivorstands als Reichstagsabgeordneter maßgeblich den Kurs seiner Fraktion. Er war Wortführer der bei weitem stärksten republikfeindlichen und antiparlamentarisch gesinnten parteiförmigen Kraft von rechts während der ersten Nachkriegsjahre.[9] Hatten die Deutschnationalen bei den Wahlen zur Nationalversammlung 10,3 Prozent der Stimmen erlangt, konnten sie ihren Anteil bei den ersten Reichstagswahlen auf 15,1 Prozent steigern. Die NSDAP, zunächst eine auf ihren bayerischen Wirkungsraum fokussierte Regionalpartei, zog erstmals 1924 (mit 6,6 Prozent) in das Nationalparlament ein, als die DNVP mit 19,5 Prozent der Stimmen knapp hinter der SPD (20,5 Prozent) zur zweitstärksten Fraktion im Parlament avancierte. Zudem konnten die Deutschnationalen zwischen

---

S. 355, heißt es: „Helfferichs öffentliche, auf moralische Vernichtung gerichtete Angriffe taten ein übriges, daß die Hetze gegen Erzberger symptomatisch für die Verschärfung und Verrohung der öffentlichen Auseinandersetzung wurde."

8 Heidrun Kämper, Die Sprache der Revolution 1918/19, in: Andreas Braune/Michael Dreyer (Hrsg.), Zusammenbruch, Aufbruch, Abbruch? Die Novemberrevolution als Ereignis und Erinnerungsort, Stuttgart 2019, S. 197–217, hier: S. 204 f.; siehe eingehend mit vielfältigen Quellenbelegen zu einem unheilvollen Wechselspiel von Gewalthandeln und Gewaltkommunikation, an dem sich während der revolutionären Umbrüche von 1918/19 nicht nur extremistische Kräfte beteiligt hätten: Mark Jones, Am Anfang war Gewalt. Die deutsche Revolution 1918/19 und der Beginn der Weimarer Republik, Berlin 2017. Dazu auch meine kritische Einordnung: Alexander Gallus, Revolutionäre Aufbrüche und intellektuelle Sehnsüchte. Zwischen Weimarer Republik und Bundesrepublik, Berlin 2021, S. 41–69, 238–250.

9 Vgl. die nach wie vor maßgebliche Biographie von John G. Williamson, Karl Helfferich. 1872–1924. Economist, Financier, Politician, Princeton/NJ 1971.

1919 und 1923 eine Steigerung der Mitgliederzahlen von 350.000 auf 950.000 verzeichnen.[10]

Der Fokus ist schon aufgrund dieser Größenverhältnisse während Weimars Frühphase auf die DNVP ausgerichtet. Die parlamentarisch bedeutendste Kraft am rechten Rand jener Jahre steht aber auch deshalb im Zentrum der Betrachtung, weil die junge Republik von Attentaten und politischen Morden geprägt wurde, die auf das Konto der äußersten Rechten gingen. Emil Julius Gumbel, gelehrter Statistiker, linker Sozialdemokrat und freier Publizist, erfasste bereits 1922 mit akribischer Sorgfalt *Vier Jahre politischer Mord* und bilanzierte mehr als 350 entsprechende Gewalttaten von rechts.[11] Zu trauriger Berühmtheit gelangten nicht zuletzt die Mordanschläge auf Erzberger am 26. August 1921 und auf Rathenau am 24. Juni 1922. In beiden Fällen stand Helfferich schnell im Verdacht, mit persönlichen Schmähungen und in Verfolgung eines damit verbundenen offensiven antidemokratischen Skripts zu den Taten motiviert zu haben. Sein Wirken und die Reaktionen darauf – zumal innerhalb des parlamentarischen Felds – sollen im Folgenden skizziert werden. Hinzu kommt eine knappe Darstellung zur Geburtsstunde der Dolchstoßthese als inszenatorischer Akt im parlamentarisch-öffentlichen Raum, wobei Karl Helfferich gleichsam als Geburtshelfer dieser womöglich mächtigsten republikfeindlichen Propagandaformel gelten darf. Auf die nähere Inspektion dieser drei Szenarien soll ein wenigstens knapper Seitenblick auf die extreme Linke und die von ihr ausgeübte Verbalgewalt erfolgen. Bevor die historischen Konstellationen genauer zu beleuchten sind, stehen zunächst einige allgemeine, wiewohl auf die Weimarer Epoche bezogene Überlegungen zum Zusammenspiel von Sprache, Gewalt, Parlament und Öffentlichkeit am Anfang der weiteren Betrachtungen.

2. Sprache, Gewalt, Parlament und Öffentlichkeit – einige grundsätzliche Überlegungen

Grundsätzlich ist zum Zusammenhang von Gewalt und Sprache respektive zur nicht eindeutig definierten Formel der sprachlichen Gewalt zu bemerken: „Was gewalttätig und verletzend ist, ist nicht die Sprache als solche, sondern es sind sprachliche Äußerungen bzw., noch genereller ausgedrückt, kommunikative Akte, die in einer konkreten Situation vollzogen werden. Wörter und Sprache können dagegen als geladene Waffen, d. h. als mögliche Instrumente für Aggressionen bezeichnet werden."[12] Sprachlich-politische Gewalt meint insbesondere herabsetzende Kommuni-

---
10 Vgl. allgemein zur Geschichte der DNVP Maik Ohnezeit, Zwischen „schärfster Opposition" und dem „Willen zur Macht". Die Deutschnationale Volkspartei in der Weimarer Republik 1918–1928, Düsseldorf 2011; und noch immer: Werner Liebe, Die Deutschnationale Volkspartei 1918–1924, Düsseldorf 1956.
11 Emil Julius Gumbel, Vier Jahre politischer Mord, Berlin 1922.
12 Ekkehard König/Katerina Stathi, Gewalt durch Sprache: Grundlagen und Manifestationen, in: Sybille Krämer/Elke Koch (Hrsg.), Gewalt in der Sprache. Rhetoriken des verletzenden Spre-

kationsakte mit Zerstörungsabsicht, die nicht nur den Gegner persönlich, sondern auch das durch ihn repräsentierte oder ihm zugeschriebene politische System fundamental in Frage stellen und aus dem Weg räumen wollen. Sie zielen dann nicht selten auf eine Delegitimierung der verachteten Demokratie und die Überwindung pluralistischer Spielregeln des geordneten Konflikts. Invektive Kommunikation verfolgt mithin häufig eine destruktive Stoßrichtung – einerseits; andererseits kann sie auch bewirken wollen, eine (alternative) normative Ordnung zu stabilisieren und zu stärken.[13] So vermochte mit verbaler Zerstörungswut während der Weimarer Ära paradoxerweise ein ostentatives Harmoniepostulat einherzugehen, das im Streben nach einer einigen „Volksgemeinschaft" nicht nur an den Rändern des politischen Spektrums zum Ausdruck kam und sich gegen ein stark fragmentiertes, Uneinigkeit repräsentierendes System der Parteien in Stellung brachte.[14]

Wie eingangs erwähnt, ist das Parlament – wenigstens dem Grundgedanken nach – als „Ort der Kommunikation" durch „Abwesenheit von physischer Gewalt" gekennzeichnet.[15] Gleich wie hitzig eine Debatte geführt wird, besteht doch prinzipiell Konsens über die Notwendigkeit eines friedlichen Ablaufs, wie ihn die parlamentarischen Geschäftsordnungen regeln. Verbalen Ausfällen und Exzessen sind somit von vornherein, wenngleich nicht immer, klar gezogene Grenzen gesetzt. Was als parlamentarisch nicht opportun galt und den Höflichkeitsregeln widersprach, erfuhr durch Ordnungsrufe aus dem Parlamentspräsidium auch während der Weimarer Republik regelmäßig einen Dämpfer.[16] Nichtsdestoweniger gehören Dissens, eine dezidierte Positionierung, wenn nicht Polarisierung prinzipiell zum parlamentarischen Geschehen, das allerdings Eskalationen durch regelbasierten Streit zu verhindern sucht. Der so verstandene Diskurs soll auf der Grundlage einer rationalen Argumentation zur Klärung von Streitfragen führen und – selbst wo dies nicht möglich ist – einen Mehrheitsentscheid produzieren, der ungeachtet aller inhaltlichen Gegenwehr in der Sache auch durch die unterlegene Seite zu akzeptieren ist.

---

chens, München 2010, S. 45–59, hier: S. 47. Judith Butler, Hass spricht. Zur Politik des Performativen, Frankfurt a. M. 2006, bezweifelt hingegen die unmittelbare illokutionäre Qualität des einzelnen Sprechaktes und betont ihre zunehmende Wirkung durch Wiederholung und Schichtung innerhalb eines je spezifischen sprachlichen Konstellationsgefüges.

13 Siehe grundsätzlich: Dagmar Ellerbrock/Gerd Schwerhoff, Spaltung, die zusammenhält? Invektivität als produktive Kraft in der Geschichte, in: Saeculum 70 (2020), S. 3–22, insbes. S. 8.

14 Vgl. Jörn Retterath, „Parteihader" versus „Volksgemeinschaft". Kritik an Parteien und Parlamentarismus seitens der politischen Mitte in den Anfangsjahren der Weimarer Republik, in: Sebastian Elsbach/Ronny Noak/Andreas Braune (Hrsg.), Konsens und Konflikt. Demokratische Transformation in der Weimarer und Bonner Republik, Stuttgart 2019, S. 133–151.

15 Tobias Kaiser, „Brachialgewalt [...] in der Kathedrale der nationalen Legislative". Gewalt als Extrem parlamentarischer Kommunikation, in: Andreas Schulz/Andreas Wirsching (Hrsg.), Parlamentarische Kulturen in Europa. Das Parlament als Kommunikationsraum, Düsseldorf 2012, S. 195–225, hier: S. 197.

16 Vgl. zum Gesamten Thomas Mergel, Parlamentarische Kultur in der Weimarer Republik. Politische Kommunikation, symbolische Politik und Öffentlichkeit im Reichstag, 2. Aufl., Düsseldorf 2005, S. 157–177.

Ein dezidierter Antiparlamentarismus hat im Parlament also naturgemäß mit Hindernissen zu kämpfen.[17] In Betracht zu ziehen ist auch das bereits aus dem Kaiserreich stammende Verständnis von Politik als einer Angelegenheit der parlamentarischen „Ordnung und Zivilität". So herrschte von den linken Sozialdemokraten bis hin zu den Rechtsaußen-Repräsentanten der Deutschnationalen ein Konsens darüber, „daß Tumulte und Prügeleien mit der Würde des Parlaments unvereinbar seien".[18] Es galt, institutionalisierte Konfliktregeln und mindestens informelle parlamentarische Sprechgewohnheiten einzuhalten. Thomas Mergel erkennt darin „Selbstbindungseffekte", wodurch sich „unterhalb ideologischer Differenzen mit der Zeit ein pragmatischer Republikanismus entfaltete" – und dies selbst bei eingefleischten Republikgegnern.[19] So sehr ein Gebot der sachlichen Argumentation und Höflichkeitsregeln zu beachten waren, waren es doch nicht zuletzt die begabten Polemiker und rhetorisch Angriffslustigen, „die ihre Fraktionen zu Beifallsstürmen hinrissen und die Bindung zwischen Parteibasis und Abgeordneten wieder stärkten".[20] Helfferich war ein Musterbeispiel für diesen Politikertypus. Auf demokratischer Seite erfüllte diese Rolle überzeugend der dem linken Flügel der Zentrumspartei angehörende Reichskanzler Joseph Wirth, der dies besonders prominent in seinen Redebeiträgen nach dem Rathenaumord und zu den Republikschutzverordnungen unter Beweis stellen sollte.

Ungeachtet aller mit dem prinzipiell pazifizierenden Ordnungsrahmen des Parlaments verbundenen Tendenzen zur Mäßigung verharrte die politische Sprache während der Weimarer Epoche doch in einem Modus des Kampfes, wodurch Politik – zuvorderst auf der Seite der antirepublikanischen Kräfte – „heroisch", wenn nicht kriegerisch als eine „Sache auf Leben und Tod" interpretiert wurde. Die daran geknüpfte politische Sprache stand auf der Ausdruckseite einer politischen Kultur, die durch ein „enormes Maß an Feindseligkeit" gekennzeichnet war. Die abwägende Kompromisslösung galt in ihr nicht viel, dagegen eine „Politik des Maximalen und der festen Standpunkte"[21] umso mehr. Erst vor dem Hintergrund einer solchen Grundkonstellation konnten einzelne Sprechakte des Hasses ihre Wirkung entfalten.

Stärker als im Parlament kam dieser Trend zur Unbedingtheit in den Presseorganen der Parteien zum Ausdruck, die weltanschauliche Gegensätze aufheizten und parlamentarische Lagerkämpfe bestärkten, um Antagonismen insbesondere zwischen Gegnern und Befürwortern der Republik in aller Schärfe herauszustellen.[22]

---

17 Zu diesem Spannungsgefüge siehe grundsätzlich: Marie-Luise Recker/Andreas Schulz (Hrsg.), Parlamentarismuskritik und Antiparlamentarismus in Europa, Düsseldorf 2018.
18 Mergel (FN 16), S. 228.
19 Ebd., S. 231.
20 Ebd., S. 255.
21 Thomas Mergel, Das parlamentarische System von Weimar und die Folgelasten des Ersten Weltkrieges, in: Andreas Wirsching (Hrsg.), Herausforderungen der parlamentarischen Demokratie. Die Weimarer Republik im europäischen Vergleich, München 2007, S. 37–59, hier: S. 55.
22 Vgl. zur Polarisierungsfunktion der Presse: Bernhard Fulda, Press and Politics in the Weimar Republic, Oxford 2009; auch ders., Die Politik der „Unpolitischen". Boulevard- und Massenpresse in den zwanziger und dreißiger Jahren, in: Frank Bösch/Norbert Frei (Hrsg.), Mediali-

Auch aufgrund solcher politische Gegnerschaft verschärfenden Medieneinflüsse bedeutete der Übergang von Weltkrieg und Revolution zur parlamentarischen Demokratie alles andere als einen Abschied von einem polemischen Politikverständnis und Freund-Feind-Markierungen.[23] Es kann daher kaum verwundern, wie stark die durch Niederlage und politischen Umsturz traumatisierte politische Rechte frühzeitig Diskurse des „Landesverrats" und des „Dolchstoßes" vorantrieb. Dem mittlerweile fast vergessenen deutschnationalen Politiker Karl Helfferich kam dabei in Parlament und Öffentlichkeit eine tonangebende Rolle zu.[24]

3. Karl Helfferichs sprachlich-politische Kampfmanöver

3.1. Erste Szene: Hindenburg zurrt die Dolchstoßthese im Reichstag fest – Helfferich zieht die Strippen im Hintergrund

Zum ersten Mal überhaupt betrat Paul von Hindenburg den Reichstag am 18. November 1919. Der einstige Generalfeldmarschall und oberste deutsche Militär während des Ersten Weltkriegs war als Zeuge vor den parlamentarischen Untersuchungsausschuss zur Klärung der Kriegsschuldfrage geladen. Mit stehenden Ovationen begrüßt, präsentierte er sich in Paradeuniform. Auf seinem Zeugenplatz lag ein weißer Chrysanthemen-Strauß mit schwarz-weiß-roter Schleife.[25] Statt sich – wie für ein solches Untersuchungsgremium üblich – einzig einer investigativen Befragung zu unterziehen, verlas Hindenburg eine Erklärung. Darin brachte er seine Sicht auf das Ende des Weltkriegs mit aller Klarheit zum Ausdruck. Es war jener Moment, an dem die These vom Dolchstoß im Rahmen einer parlamentarischen Öffentlichkeit festgezurrt und weithin publik gemacht wurde. Hinter dieser sich von da an als überaus hartnäckig und mächtig erweisenden Legende stand die Behauptung, das deutsche Heer sei im Felde unbesiegt geblieben und der Grund für die Niederlage letztlich einem verräterischen politischen Treiben in der Heimat zuzuschreiben.[26]

---

sierung und Demokratie im 20. Jahrhundert, Göttingen 2006, S. 48–72; Dirk Schumann, Politische Gewalt in der frühen Weimarer Republik (1919–1923) und ihre Repräsentation in der politischen Tagespresse, in: Ute Daniel u. a. (Hrsg.), Politische Kultur und Medienwirklichkeiten in den 1920er Jahren, München 2010, S. 279–310.

23 Dazu nach wie vor erhellend: Sabine Marquardt, Polis contra Polemos. Politik als Kampfbegriff der Weimarer Republik, Köln u. a. 1997.

24 Das folgende Kapitel bildet in kürzerer Form unter dem Titel „Wenn Worte zu Waffen werden" die Grundlage für meinen Aufsatz in dem parallel erscheinenden, von Martin Sabrow herausgegebenen Sammelband „Gewalt gegen Weimar" (Göttingen 2023).

25 Siehe die Berichte: Hindenburg und Ludendorff vor dem Ausschuß, in: Berliner Börsen-Zeitung vom 18. November 1919 (Abend-Ausgabe); Hindenburg vor dem Ausschuß, in: Vorwärts vom 18. November 1919 (Abend-Ausgabe).

26 Siehe den umfassenden Überblick zu den verschiedenen Dolchstoß-Varianten von Boris Barth, Dolchstoßlegenden und politische Desintegration. Das Trauma der deutschen Niederlage im Ersten Weltkrieg 1914–1933, Düsseldorf 2003.

„Wo die Schuld liegt, ist klar erwiesen." Weder den „guten Kern des Heeres" noch das Offizierskorps treffe eine Schuld, sei beider „Leistung" doch als „bewunderungswürdig" zu beurteilen. Weiter hieß es bei Hindenburg: „Ein englischer General sagte mit Recht: ‚Die deutsche Armee ist von hinten erdolcht worden' [...]. Bedurfte es noch eines Beweises, so liegt er in dem angeführten Ausspruch des englischen Generals und in dem maßlosen Staunen unserer Feinde über ihren Sieg." Durch diese Aussage besiegelte Hindenburg mit gewohnt triumphaler Geste die Behauptung über die – angeblich – ebenso planmäßige wie zielgerichtete Sabotage gegen seine bis zuletzt tapfer kämpfenden „braven Truppen" durch subversive Kräfte samt der „revolutionären Zermürbung" von der Heimat aus als wahre Tatsache.[27]

Die Schuld lud Hindenburg nicht beim gesamten deutschen Volk ab, sondern nur bei jenen Politikern, Parteien, Interessengruppen und gesellschaftlichen Bestrebungen, die für die Zerstörung der – vermeintlich an sich gegebenen – „Homogenität des Volkskörpers" sorgten, wie sein Biograph herausstreicht. Diese Homogenität bildete Richtmaß und Zielvorstellung gleichermaßen in „seinem holistischen Politikverständnis", das sich bei Kriegsbeginn angesichts eines sich regelrecht jubilierend präsentierenden „Geists von 1914" zu bewahrheiten schien.[28] Als Hindenburg seine Stellungnahme verlas, war die Rede vom Dolchstoß bereits geläufig. Die linke Wochenschrift *Weltbühne* klagte im Juni 1919 über das so schauderhafte wie omnipräsente „Geplärr von dem unbesiegten Heer, das hinterrücks erdolcht"[29] worden sei. Schon ein knappes Jahr vor Hindenburgs Auftritt im Untersuchungsausschuss war das Bild vom Dolchstoß erstmals in einem Artikel der *Neuen Zürcher Zeitung* vom 17. Dezember 1918 aufgetaucht, und er wurde noch an demselben Tag in der antirepublikanischen *Deutschen Tageszeitung* weiterverbreitet. In dem Bericht der Schweizer Zeitung fand sich auch der von Hindenburg als Kronzeuge ins Feld geführte englische General, Sir Frederick Maurice, mit seiner Dolchstoß-Formulierung wiedergegeben. Nachdem er davon erfahren hatte, bestritt Maurice im Übrigen, jemals so argumentiert zu haben, und verwahrte sich gegen diese unbillige Indienstnahme. Der späte Protest spielte aber keine Rolle mehr. Gleichsam durch einen schweizerisch-britischen Filter gespült und durch den nach wie vor hoch angesehenen Feldmarschall im Reichstag an symbolpolitisch bedeutsamem Ort vorgetragen, konnte die Dolchstoßthese ein beachtliches Maß an Glaubwürdigkeit und Öffentlichkeit erlangen, ja mit „höheren Weihen"[30] versehen werden. „Hindenburgs Äußerungen", so akzentuiert Wolfram Pyta den sprachlichen Gewaltakt im wahrsten Sinne

---

27 Erklärung des Generalfeldmarschalls von Hindenburg vor dem Parlamentarischen Untersuchungsausschuß („Dolchstoßlegende"), 18. November 1919, unter: http://1000dok.digitale-sammlungen.de/dok_0026_dol.pdf (Wiedergabe nach: Stenographischer Bericht über die öffentlichen Verhandlungen des Untersuchungsausschusses, Berlin 1919, S. 727–732).
28 Wolfram Pyta, Hindenburg. Herrschaft zwischen Hohenzollern und Hitler, 3. Aufl., München 2009, S. 407 f.
29 Antworten, in: Die Weltbühne vom 5. Juni 1919, S. 664.
30 Pyta (FN 28), S. 405. Siehe insgesamt zu diesen Zusammenhängen Gerd Krumeich, Die Dolchstoß-Legende, in: Etienne François/Hagen Schulze (Hrsg.), Deutsche Erinnerungsorte I, Sonderausgabe, München 2003, S. 585–599.

des Wortes, „schlugen ein wie eine Bombe." Nun nämlich hatte die Dolchstoßdeutung „aus dem Munde einer praktisch unanfechtbaren Autorität" erstmals eine „offizielle Bestätigung" erfahren.[31]

Diese raffinierte Inszenierung dürfte nicht allein auf Hindenburg selbst zurückzuführen zu sein. Der General hatte sich bereits in Hannover zur Ruhe gesetzt, als er für eine Aussage nach Berlin gerufen wurde. Er reiste rechtzeitig dorthin und wohnte die Woche vor dem Termin im Hause der Helfferichs. Obwohl der einstige Vizekanzler und der Militärführer während des Weltkrieges Meinungsverschiedenheiten hatten, schmiedete das Trauma der Niederlage die beiden nationalkonservativen Protagonisten zusammen. Helfferich, der hochintelligente Staats-, Rechts- und vor allem Finanzwissenschaftler, der als habilitierter Hochschullehrer zwei Lehrstuhlangebote ausgeschlagen hatte, um seinen politischen Leidenschaften nachzugehen, bereitete in jenen Tagen nicht nur seinen eigenen Part für Mitte November vor dem Untersuchungsausschuss sorgsam vor, wobei er diese Plattform bereits mit propagandistischem Geschick für seine republikfeindlichen Absichten zu nutzen verstand.[32] Er investierte noch deutlich mehr Kraft und Energie, um Hindenburg, diese Persönlichkeit von auratischer Strahlkraft, für den „großen Auftritt" im Reichstag zu „präparieren".[33]

Für eine ehrerbietige und einen heldenhaften Geist versprühende Stimmungslage sorgte Hindenburg selbst. Am Text seiner politischen Erklärung dürfte aber – wenngleich der letzte Beweis fehlt[34] – wesentlich Helfferich gefeilt haben, möglicherweise unter Mithilfe Erich Ludendorffs. Ein Foto aus jenen Tagen zeigt die drei nebeneinander sitzend wie zu einem Triumvirat vereint. Es erinnert nicht nur an die einstigen politischen Entscheidungsträger des deutschen Kaiserreichs, sondern bildet vor allem auch jene drei in Weimars Frühphase wieder ganz präsenten Akteure ab, die mindestens in „Gemeinschaftsarbeit" an Hindenburgs Erklärung gearbeitet hatten.[35] Ein zeitgenössischer Regierungsbeobachter nahm Helfferich sogar als jenen Akteur wahr, der Hindenburg in jener Situation wie einen hölzernen Titan an Marionettenfäden gelenkt habe.[36] In jedem Fall hatte Helfferich wesentlichen Anteil daran, in die politische Sprache der Weimarer Republik dauerhaft die verhängnisvolle Gewaltformel vom Dolchstoß einzubrennen. Sie machte aus der Demokratie eine Sache der Niederlage und der Hinterlist, gegen die sich zur Wehr zu setzen so legitim wie angebracht erschien.

---

31 Pyta (FN 28), S. 408. Hagen Schulze, Weimar. Deutschland 1917–1933, Berlin 1998, S. 207, hatte schon früher geschrieben: Hindenburgs Redebeitrag „schlug in der Öffentlichkeit wie eine Bombe ein".
32 Karl Helfferich, Reichstagsreden 1920–1922. Mit einem Anhang: Reden vom 12. und 14. November 1919 vor dem Untersuchungsausschuß der Nationalversammlung, Berlin 1922; siehe die genaue Darstellung bei Williamson (FN 9), S. 302–308.
33 Pyta (FN 28), S. 405.
34 So Williamson (FN 9), S. 311. Schulze (FN 31), S. 207, schreibt die Urheberschaft des von Hindenburg verlesenen Textes allein Helfferich zu.
35 Pyta (FN 28), S. 407; das Foto findet sich ebd., S. 410, abgedruckt.
36 Wiedergegeben bei Williamson (FN 9), S. 311.

Das Dolchstoß-Interpretament richtete sich anfangs gegen einzelne handelnde Politiker und debattierende Parlamentarier aus dem gemäßigt linken und liberal-bürgerlichen Lager. Als Repräsentanten des verhassten neuen politischen Systems wurden sie als „Landesverräter" und „Erfüllungspolitiker" diskreditiert. Eine schon damals wahrnehmbare, mit der Zeit weiter verschärfte Variante der Propagandathese würdigte pauschal ganze Gruppen – zuvorderst „Marxisten" und „Juden" – herab, die es als innere Feinde Deutschlands scharf zu bekämpfen galt. Einigermaßen besorgt notierte der bürgerlich-liberale Zeitdiagnostiker Ernst Troeltsch bereits im März 1919 das destruktive Potenzial antisozialistischer und antisemitischer Stereotype, die frühzeitig mit dem Feindbild einer „charakterlosen jüdischen Demokratie"[37] verknüpft wurden. Helfferich selbst befürwortete eine antikommunistische Stoßrichtung, gehörte er doch ab dem November 1918 zu den eifrigen Unterstützern von Eduard Stadtlers „Antibolschewistischer Liga". Dagegen zählte Helfferich nicht zu den Exponenten des rassistisch-völkischen Flügels seiner Partei, die von Anfang an mit einer offen zu Tage getragenen Judenfeindschaft auf Stimmenfang gingen.[38]

3.2. Zweite Szene: „Fort mit Erzberger!" – Presse und Gericht als Kraftverstärker für parlamentarische Attacken

Gleichwohl veröffentlichte Helfferich 1919 ausgerechnet im August-Scherl-Verlag ein Manifest – mithin im Verlag von Alfred Hugenberg, der durchaus mit antisemitischen Denkmustern und Handlungen sympathisierte.[39] Dieses polemische Pamphlet richtete sich dabei gegen einen Katholiken, den Reichsfinanzminister und Zentrumabgeordneten Matthias Erzberger. Die hetzerische Schrift, die für große politisch-öffentliche Unruhe sorgen sollte, kulminierte in den Sätzen: „Deshalb gibt es für das deutsche Volk nur eine Rettung. Überall im Lande muß mit unwiderstehlicher Gewalt der Ruf ertönen: Fort mit Erzberger!" Die gesamte Schrift, von einer militanten und hasserfüllten Sprache durchzogen, bündelte zuvor in der *Neuen Preußischen (Kreuz-)Zeitung* erschienene Artikel Helfferichs, ergänzt um Erzbergers Entgegnungen aus der *Deutschen Allgemeinen Zeitung*. Sowohl die „Angriffe" als auch die „Abwehr" wollte Helfferich im Wortlaut dokumentieren.[40] Erweckte dies einen Anschein von Fairness, belegen die zahlreichen Invektiven, mit denen der deutschnationale Politiker Erzberger bedachte, indes das Gegenteil.

---

37 Ernst Troeltsch, Links und Rechts (März 1919), in: Ders., Spectator-Briefe und Berliner Briefe (1919–1922), hrsg. von Gangolf Hübinger in Zusammenarbeit mit Nikolai Wehrs, Berlin 2015, S. 76.
38 Dazu Larry Eugene Jones, Conservative Antisemitism in the Weimar Republic. A Case Study of the German National People's Party, in: Ders. (Hrsg.), The German Right in the Weimar Republic. Studies in the History of German Conservatism, Nationalism, and Antisemitism, New York/Oxford 2014, S. 79–107, insbes. S. 83.
39 Vgl. ebd.
40 Karl Helfferich, Fort mit Erzberger!, Berlin 1919, S. 4.

Gleich im Vorwort schimpfte er Erzberger einen „Reichsverderber".[41] In einer besonders groben Hasstirade, ursprünglich am 21. Juli 1919 in der *Kreuzzeitung* veröffentlicht, sprach er vom „Krebsschaden Erzberger", an dem das Deutsche Reich und das deutsche Volk zugrunde zu gehen drohten.[42] Spätestens in den letzten beiden Kriegsjahren habe er eine „reichszerstörende Politik"[43] betrieben und maßgeblich dazu beigetragen, das „Elend des Schmachfriedens" herbeizuführen.[44] Helfferich zeichnete das Bild eines politisch wie persönlich korrupten Menschen, der sich nicht zuletzt als Wegbereiter hin zum „Gewaltfrieden von Versailles" zu verantworten habe.[45] Bis dies geschehen sei, wollte ihm Helfferich jedenfalls „an der Klinge"[46] bleiben. Auch exerzierte er an Erzbergers Beispiel die Dolchstoßthese durch. So habe der Zentrumsmann insbesondere durch die von ihm initiierte Friedensresolution des Reichstags vom Juli 1917 „hinterrücks" für die „Sabotierung des deutschen Willens zum Widerstand" gesorgt. Als einem Hauptverantwortlichen für „Deutschlands Not" und „Deutschlands Schmach" sei ihm deshalb „endlich das Handwerk"[47] zu legen.

Nicht nur die Artikelserie in der *Kreuzzeitung* und das in hoher Auflage verbreitete Pamphlet sorgten für ein erhebliches Maß an Publizität. Noch größere Aufmerksamkeit sollte ein daran geknüpfter Gerichtsprozess auf sich ziehen. Schließlich stellte Erzberger angesichts von Helfferichs verbalen Ausfällen Strafantrag wegen Beleidigung. Der Prozess vor dem Berliner Landgericht geriet zum Fiasko für den Finanzminister und Vizekanzler. Zwar wurde Helfferich am 12. März 1920 wegen übler Nachrede und Beleidigung zu einer geringen Geldstrafe (in Höhe von 300 Mark) verurteilt, insgesamt aber billigte das Gericht Helfferichs Aussagen einen hohen Wahrheitsgehalt zu und bescheinigte ihm ein Agieren aus „vaterländischen Beweggründen". Mit der gesamten Autorität eines preußischen Gerichts (wenngleich als Teil einer parteiischen, die neue Demokratie verachtenden Justiz) politisch-moralisch bloßgestellt, sollte Erzberger noch am Tag des Urteilsspruchs von seinem Ministeramt zurücktreten.[48] Ohne Amtsbelastung wollte er fortan für seine Rehabilitation kämpfen. In Norman Domeiers Urteil war der Erzberger-Helfferich-Prozess „auf dem Feld politischer Justiz als Komplementärstück zur Dolchstoßlegende" zu werten. Durch ihn wurde der „demokratische Politikertypus", für den Erzberger geradezu mustergültig stand, „mit dem Makel behaftet, im Großen ein Landesverräter, im Kleinen ein Betrüger und Gauner zu sein". In der Gerichts- und Presseöffentlichkeit spiegelte sich zudem ein neues „Ausmaß der Polarisierung, Radikalisierung und

---

41 Ebd., S. 1.
42 Ebd., S. 32.
43 Ebd., S. 29 f.
44 Ebd., S. 32.
45 Ebd., S. 80.
46 Ebd., S. 61.
47 Ebd., S. 82 f.
48 Auch mit der Zitatwiedergabe: Norman Domeier, Der Prozess Erzberger-Helfferich (1919–1920), in: Kurt Groenewold/Alexander Ignor/Arnd Koch (Hrsg.), Lexikon der Politischen Strafprozesse, unter https://www.lexikon-der-politischen-strafprozesse.de/glossar/helfferich-karl/#more-168 (17. März 2023).

Brutalisierung der politischen Sprache" wider, die ein Klima des Hasses auf breiter Linie systematisch beförderte.[49] Ernst Troeltsch äußerte schon im Frühjahr 1920, er habe den Eindruck, dass rund um diesen Prozess „planmäßig Tausende mit Helfferich zusammenarbeiten" würden und das Forum dieser Justizposse „erst nur ein Glied in dem Feldzug der Deutsch-Nationalen gegen die persönliche Seite der Regierung" sei.[50]

Wie sehr dieser Vorgang der Verbalradikalisierung bereits während des Prozesses auch zu physischem Gewalthandeln anstachelte, erwies sich an einem Attentatsversuch, den Oltwig von Hirschfeld, ein junger Offiziersanwärter, der dem Gerichtsverfahren als Zuschauer beigewohnt hatte, am 26. Januar 1920 unternahm. Vor dem Gerichtsgebäude feuerte er mit einer Pistole auf Erzberger und verletzte ihn schwer an der Schulter. Nur wenige Tage vor dem Attentat schrieb die nationalkonservative *Tägliche Rundschau* in einem Prozessbericht voller Zynismus, dass es sich bei Erzberger um einen „Kugelrunde[n], aber nicht Kugelfeste[n]" handele.[51] Der *Vorwärts* stellte sodann einen direkten Zusammenhang zwischen der Tat eines „besinnungslosen Fanatikers" und der „wahnsinnigen Hetze" der DNVP her, die eine „Partei der Meuchelmörder" sei.[52]

Helfferich, noch kein Abgeordneter der Nationalversammlung, nutzte die Gerichts- und Medienöffentlichkeit für eine Hasskommunikation, die er direkt ins Parlament getragen sehen wollte. „Helfferich eröffnete den Kampf" gegen Erzberger im Juli 1919 mit einem ersten Artikel in der *Kreuzzeitung*. Es war der DNVP-Abgeordnete Albrecht v. Graefe, der „in der Nationalversammlung den Kampf fortführte" – so erinnerte sich Parteimitbegründer Kuno Graf v. Westarp an die Vorgänge.[53] Vor der Nationalversammlung schob v. Graefe, der zum radikalen völkischen Flügel der Partei zählte, abermals der Revolution und den demokratischen Politikern die Schuld für die Kriegsniederlage zu. Sie seien dem Heer „in den Rücken gefallen".[54]

---

49 Ebd.; siehe auch die eingehende Darstellung bei Fulda, Press and Politics (FN 22), S. 50–63.
50 Ernst Troeltsch, Kritik am System (April 1920), in: Ders. (FN 37), S. 253.
51 Prozeß Erzberger gegen Helfferich, in: Tägliche Rundschau vom 20. Januar 1920 (Morgen-Ausgabe). Nach der Ermordung Erzbergers nahm Philipp Scheidemann nochmals Bezug auf diesen Artikel und sagte vor dem Reichstag: „Die deutschnationale Presse höhnte damals über den kugelrunden, aber nicht kugelfesten Erzberger." Siehe Verhandlungen des Deutschen Reichstags, Stenographische Berichte, 136. Sitzung, 30. September 1921, S. 4661.
52 Irrsinn und Verhetzung, in: Vorwärts vom 27. Januar 1920 (Morgen-Ausgabe); Die Partei der Meuchelmörder, in: Vorwärts vom 27. Januar 1920 (Abend-Ausgabe).
53 Kuno Graf von Westarp, Konservative Politik im Übergang vom Kaiserreich zur Weimarer Republik. Bearbeitet von Friedrich Freiherr Hiller von Gaertringen unter Mitwirkung von Karl J. Mayer und Reinhold Weber, Düsseldorf 2001, S. 363. Der vor allem für die „Freiheit" aus dem Reichstag berichtende USPD-Mann Curt Geyer schrieb später, Graefes mit „ätzender Schärfe" und „intellektuell fundiertem Angriffsgeist" vorgetragene Rede sei eine „oratorische Glanzleistung" gewesen, die Erzberger allerdings noch souveräner gekontert habe. „Graefe war wohl im Rededuell unterlegen, aber seinen Angriffen folgte der politische Mord." So in: Die revolutionäre Illusion. Zur Geschichte des linken Flügels der USPD. Erinnerungen von Curt Geyer, hrsg. von Wolfgang Benz und Hermann Graml, Stuttgart 1976, S. 121.
54 Albrecht v. Graefe, Stenographische Berichte, Nationalversammlung, 66. Sitzung, 25. Juli 1919, S. 1915.

Erzberger habe so gehandelt, als ob er „in feindlichem Solde" gestanden hätte.[55] In seiner Entgegnung versicherte der Angegriffene, er sei gewillt, den Kampf gegen die ebenso infamen wie wahrheitswidrigen Vorwürfe und Schmähungen der Deutschnationalen aufzunehmen. In einem Zwischenruf beanspruchte v. Graefe hingegen für sich, „rein sachlich gesprochen" zu haben, worauf Erzberger knapp wie treffend einwarf: „So, das nennen Sie sachlich?"[56]

Diese anhaltenden Verbalinjurien, die von deutschnationaler Seite auf Erzberger niedergingen, hatten weder etwas mit Sachlichkeit noch mit Friedfertigkeit zu tun. Anlässlich des zweiten Jahrestages der Inkraftsetzung der Weimarer Verfassung hieß es dazu im *Vorwärts* am 11. August 1921: „Aus dem Kampf der Meinungen mit geistigen Waffen ist nicht zuletzt von rechts her seitdem ein Guerillakrieg geworden, der mit Schmutz in Wort und Bild, mit persönlicher Verunglimpfung jedes Gegners, kurz mit allen nur ausdenkbaren unanständigen Mitteln geführt wird."[57] In Ernst Troeltschs Urteil gaben die anhaltenden sprachlichen Kampfmanöver der „Übergründlichkeit des Helfferichschen Hasses" Ausdruck; der wurde obendrein dadurch befeuert, dass der Haushaltspolitiker Erzberger während des Ersten Weltkriegs Helfferichs Anleihepolitik kritisiert und deutliche Zweifel an dessen Eignung als Staatssekretär des Reichsschatzamtes vorgebracht hatte.[58] Diese Episode steigerte Helfferichs politische Rachsucht nochmals und motivierte ihn zusätzlich zu derartigen sprachlichen Vorstößen, die für Troeltsch „moralischen Kugeln" gleichkamen, die auf Erzberger abgefeuert wurden.[59] Bekanntlich trafen ihn bald bleierne Kugeln tödlich. Der Mord, für den Angehörige der rechtsterroristischen „Organisation Consul" verantwortlich waren (zu der Helfferich allerdings in keiner Verbindung stand), geschah am 26. August 1921 und fiel damit in die parlamentarische Sommerpause. Erst mit gewisser Verspätung widmete sich der Reichstag daher am 30. September 1921 der Mordtat. Der DNVP-Fraktionsvorsitzende Oskar Hergt wies den Vorwurf mit Nachdruck zurück, seine Partei sei in das Attentat verstrickt gewesen oder billige es auch nur ansatzweise. Daher verbiete es sich, von „deutschnationalen Mörderbuben" und Helfferich als „Hetzhund" zu sprechen. Es klang einigermaßen zynisch, als er sodann um „etwas Verständnis" dafür warb, „daß es noch herzhafte Töne in Deutschland gibt, denen man nicht den Mund verschließen soll".[60]

Wilhelm Dittmann von den Unabhängigen Sozialdemokraten entgegnete scharf und ließ den Rückzug auf eine gewöhnliche Oppositionsrolle, wie sie Hergt beanspruchte, nicht gelten. Der Mord an Erzberger sei Folge einer anhaltenden, fern aller parlamentarischen Gepflogenheiten liegenden deutschnationalen Agitation unter

---

55 Ebd., S. 1919.
56 Ebd., S. 1926. Mit der Betonung von „Sachlichkeit" hob v. Graefe, seine Polemik einigermaßen perfide umdeutend, in ostentativer Weise auf einen „Zentralbegriff des parlamentarischen Ethos der Weimarer Republik" ab, wie ihn rückschauend Mergel (FN 16), S. 252, herausgearbeitet hat.
57 Verfassung und Recht, in: Vorwärts vom 11. August 1921, Morgen-Ausgabe.
58 Vgl. Williamson (FN 9), S. 198 f.
59 Ernst Troeltsch, Neue Eingriffe von Außen, in: Ders. (FN 37), S. 240 f.
60 Verhandlungen des Deutschen Reichstags, 136. Sitzung (FN 51), S. 4637 f.

Helfferichs Führung gewesen. Dittmann ging noch weiter und schrieb die „intellektuelle Urheberschaft" für alle politischen Morde seit 1919 deutschnationaler Hetze zu.[61] Diese Gewalttaten trafen einzelne Personen, richteten sich im Grunde aber gegen die neue, demokratisch legitimierte staatliche Autorität der Republik.[62]

Im Anschluss ergriff Reichskanzler Wirth das Wort und äußerte seine tiefe Besorgnis gegenüber einer „Verhetzung", die all jene, die am Ende des Krieges und in der Revolution „Verantwortung übernommen haben, verunglimpft, sie wie Freiwild ausgibt, sie verhöhnt und verspottet, nicht nur ihre Arbeit als Politiker angreift, sondern sie in einer persönlichen Weise verunglimpft, die notwendigerweise zu einer Atmosphäre führen mußte, in der der politische Mord nicht zur Unmöglichkeit wird".[63] Dabei richtete er seine Worte unmittelbar an Helfferich und die Deutschnationalen, von denen Philipp Scheidemann im Anschluss daran ein Schuldeingeständnis für den Mord an Erzberger forderte.[64] Das wies Helfferich mit großer Empörung zurück. Für Scheidemann änderte dies allerdings nichts daran, dass der DNVP-Wortführer der „Hauptangeklagte" blieb. Er habe Erzberger „moralisch gemeuchelt". Durch die „Schaffung der vergifteten Atmosphäre", richtete er sich erneut an Helfferich, „haben Sie den Mördern, die vielleicht gar nicht wußten, wie sie Ihre Anschuldigungen einzuschätzen hatten, die Mörderpistole in die Hand gedrückt". Am folgenden Tag, als die Debatte in hitziger Weise fortgesetzt wurde, unterstrich Scheidemann seine Auffassung, die Deutschnationalen hätten – nicht zuletzt mittels ihrer hetzerischen Presse – jene „giftige Atmosphäre" geschaffen, die Erzbergers Ermordung erst „möglich und erklärlich" mache. Die „moralische Schuld" der DNVP hielt Scheidemann daher für eine erwiesene Tatsache.[65]

3.3. Dritte Szene: Vom Ankläger auf die Anklagebank – Helfferich und die geistige Urheberschaft des Rathenaumords

Die Debatte über die mentalitätsprägende Kraft sprachlicher Gewalt erreichte nach dem Mord an Erzberger einen ersten Höhepunkt. Sie riss auch danach nicht ab und kam insbesondere in dem gegenüber den Deutschnationalen wiederholten Vorwurf zum Ausdruck, sie würden das geistig-politische Klima durch ihr ideologisches Agieren derart aufheizen, dass Gewalttaten daraus geradezu hervorgehen müssten. In den Augen des SPD-Abgeordneten Hermann Kahmann, der am 20. März 1922 im Parlament das Wort ergriff, sorgte Helfferich in ungebrochener Weise für eine Vergiftung der politischen Situation, wodurch nunmehr als nächstes womöglich ein Anschlag auf Reichskanzler Wirth drohte.[66] In ihrer Rede vor dem Reichstag am

---

61 Ebd., S. 4644.
62 Vgl. ebd., S. 4655.
63 Ebd., S. 4656.
64 Vgl. ebd., S. 4661.
65 Verhandlungen des Deutschen Reichstags, Stenographische Berichte, 137. Sitzung, 1. Oktober 1921, S. 4724.
66 Ebd., 191. Sitzung, 20. März 1922, S. 6391.

18. Mai 1922 kritisierte die USPD-Abgeordnete Mathilde Wurm die DNVP für die hartnäckige Indoktrination der Nachkriegsjugend. Diese Partei würde dabei eine „Mentalität" gutheißen und verbreiten, die „nichts anderes heißt als Gewalt, Gewalt und nochmals Gewalt".[67]

Wie eine Bestätigung für die unheilbringenden Auswirkungen der beklagten Gewaltrhetorik wirkte im Monat darauf das tödliche Attentat auf Reichsaußenminister Walther Rathenau. Rund um diese Mordtat erreichte die Auseinandersetzung über die Verantwortung deutschnationaler Politiker und speziell Karl Helfferichs als geistige An- und Brandstifter ihren Siedepunkt. Mit seiner Anti-Erzberger-Propaganda stand er unter entsprechendem Verdacht. Zudem hatte Helfferich am 23. Juni 1922, einen Tag vor dem Rathenaumord, eine ebenso lange wie hetzerische Rede gegen die republikanische Regierung und deren Repräsentanten gehalten. Der deutschnationale Wortführer trat erneut als unnachgiebiger parlamentarischer Ankläger auf, landete diesmal nach der Tat aber selbst auf der Anklagebank des Reichstags und einer empörten Öffentlichkeit.

Schon vor dem Mord sorgte Helfferichs Auftritt vom 23. Juni für heftige Reaktionen. Im liberalen *Berliner Tageblatt* berichtete Erich Dombrowski von einer „stürmischen Reichstagssitzung" und einem „hitzigen Gefecht": „Den Anlaß zu den wenig erfreulichen Vorgängen gab, wie so oft schon, Dr. Helfferich." Der habe vorab verbreiten lassen, dies werde seine bislang „heftigste Rede" gegen die Regierung sein. In der Tat sprach er, wie Dombrowski notierte, „scharf und schneidend". Jeder neue Satz sei „immer giftiger als der andere" gewesen. Die Rede habe insgesamt „zügellos" gewirkt.[68] Die *Vossische Zeitung* bestätigte diesen Eindruck und empfand es als verkehrte Welt, dass ein kaiserlicher „Hauptträger der Verantwortung" für den Zusammenbruch des Reiches nun als „Ankläger" gegen erst nachfolgende, mithin daran zwangsläufig keine Schuld tragende republikanische Politiker auftrat.[69]

Helfferich hingegen sprach in verklärender Weise vom „Glück unserer Vergangenheit" und machte sie zur „Sehnsucht unserer Zukunft".[70] Alles Dazwischenliegende war seiner Verdammnis gewiss. Gegen die verantwortlichen Politiker des parlamentarisch-demokratischen Deutschlands hantierte er mit dem Vorwurf des Verrats und des „schändlichen Betruges".[71] Er redete sich in Rage und polemisierte gegen die „Schandtaten" einer „Politik der Erfüllung"[72], die, sollte sie fortgesetzt werden, in die „sichere Katastrophe" führen müsste.[73] Die Hassrede kulminierte in der Forderung, eine Regierung, die dermaßen deutsche Souveränität und Interessen missachte, habe als verbrecherisch zu gelten und gehöre „vor den Staatsgerichts-

---

67 Ebd., 213. Sitzung, 18. Mai 1922, S. 7341.
68 Erich Dombrowski, Eine stürmische Reichstagssitzung, in: Berliner Tageblatt vom 24. Juni 1922 (Morgen-Ausgabe).
69 Helfferich als Ankläger, in: Vossische Zeitung vom 24. Juni 1922 (Morgen-Ausgabe).
70 Verhandlungen des Deutschen Reichstags, Stenographische Berichte, 233. Sitzung, 23. Juni 1922, S. 7988.
71 Ebd., S. 7990.
72 Ebd., S. 7992.
73 Ebd., S. 8000.

hof".[74] Immer wieder kam es zu wütenden Zwischenrufen und Beschimpfungen aus dem Plenum, gefolgt von Ordnungsrufen des Parlamentspräsidenten. Der Reichstag glich in diesen Stunden in den Augen von Parlamentsberichterstatter Dombrowski einem „Tummelplatz wildester Leidenschaften".[75] Die Wortgefechte steigerten sich so sehr, dass es beinahe zu einer Schlägerei zwischen Helfferich und dem USPD-Abgeordneten Adolf Hoffmann gekommen wäre.[76]

Als Reichstagspräsident Paul Löbe am Tag darauf – kurz nach dem Eintreffen der Nachricht über den Mord an Rathenau – gegen Mittag am 24. Juni 1922 die Sitzung für eine Trauerkundgebung eröffnen wollte, musste er vorneweg die „dringende Bitte" formulieren, „daß Tätlichkeiten in diesem Hause unterbleiben".[77] Die Lage im Reichstag war so aufgebracht wie nie zuvor, die Gemüter kochten regelrecht über, es kam zu vereinzelten Handgreiflichkeiten, heftigere Kampfhandlungen waren nur mit Mühe zu verhindern.[78] Immer wieder erschallten „Mörder!"-Rufe in Richtung der Deutschnationalen und speziell Helfferichs. Wiederholt wurde von der Linken gefordert, Helfferich und seine Mitstreiter in „Handschellen" aus dem Saal zu führen, sei es doch mindestens geschmacklos, eine Trauerfeier in Anwesenheit der Mörder abzuhalten.[79] Helfferich saß bleich da, bevor er, abgeschirmt von Parteifreunden, letztlich ohne körperliche Attacken zu erleiden, den Saal verlassen konnte. Löbe suchte weiter die aufgebrachten Gemüter zu beruhigen und betonte die Unparteilichkeit seines Amtes. „Aber aus dieser Unparteilichkeit heraus", so urteilte er deutlich, „muß ich sagen: jener Stuhl [Rathenaus] stände heute nicht leer, diese Tat wäre nicht geschehen ohne die grenzenlose und maßlose Hetze gegen die Männer, die an der Spitze der Regierung stehen".[80]

Im Anschluss sprach Reichskanzler Wirth. Er machte ebenfalls die „von Königsberg bis Konstanz" reichende deutschnationale „Mordhetze" für den Tod Rathenaus verantwortlich. Dieser Tat müsse eine entschlossene Reaktion folgen, da sie über den Anschlag auf die Person hinaus als ein „Signal zum Sturz der Republik" zu bewerten sei.[81] Noch am selben Tag signalisierte Wirth in einer Erklärung der Reichsregierung entsprechende Gegenwehr, zumal er den Rathenaumord nicht zu Unrecht für „ein Glied in einer Kette wohlvorbereiteter Anschläge auf die Republik"

---

74 Ebd., S. 7997.
75 Dombrowski (FN 68).
76 Vgl. Verhandlungen des Deutschen Reichstags, 233. Sitzung (FN 70), S. 7996 f.; siehe auch: Deutscher Reichstag, in: Freiheit vom 24. Juni 1922.
77 Verhandlungen des Deutschen Reichstags, Stenographische Berichte, 234. Sitzung, 24. Juni 1922, S. 8033.
78 Siehe die zeitgenössischen Schilderungen: Beispiellose Erregung in den Parlamenten, in: Vossische Zeitung vom 24. Juni 1922 (Abend-Ausgabe); Handgreiflichkeiten im Reichstag, in: Berliner Tageblatt vom 24. Juni 1922 (Abend-Ausgabe); zudem die Memoiren von Paul Löbe, Der Weg war lang. Lebenserinnerungen, Berlin-Grunewald 1954, S. 102–104.
79 Verhandlungen des Deutschen Reichstags, 234. Sitzung (FN 77), S. 8033. Die Reichstagsprotokolle verzeichnen entsprechende Zurufe von der „Linken" und der „äußersten Linken".
80 Ebd., S. 8034.
81 Ebd., S. 8035 f.

hielt.⁸² Wirth verlas sodann den Text der durch den Reichspräsidenten zu erlassenden Verordnung zum Schutze der Republik, durch deren Vorschriften der weiteren „moralischen und politischen Zersetzung" kraftvoll entgegengewirkt werden sollte.⁸³

Am folgenden Tag ging Wirth erneut mit jenen deutschnationalen Politikern hart ins Gericht, „die an der Entwicklung einer Mordatmosphäre in Deutschland zweifellos persönlich Schuld tragen". Der Reichskanzler richtete seine Kritik eigens gegen das hetzerische Treiben, wie es mit großer Konstanz aus Kreisen der DNVP hervorgehe. Er erwähnte insbesondere die von dem Reichstagsabgeordneten Reinhold Wulle herausgegebenen Presseerzeugnisse, die mit ihren Beiträgen eine „Verwilderung der Sitten", ja eine „politische Vertiertheit" befördert hätten.⁸⁴ Da Wirth auch unter weniger radikalen Vertretern innerhalb der deutschnationalen Parteiführung keine entscheidende Tendenz zur Mäßigung ausmachte, schloss er seine Rede mit den berühmten Worten: „Da steht (nach rechts) der Feind, der sein Gift in die Wunden eines Volkes träufelt. – Da steht der Feind – und darüber ist kein Zweifel: dieser Feind steht rechts!"⁸⁵

Für viele im Reichstag, ebenso unter Beobachtern und Kommentatoren von außen, war Karl Helfferich der Hauptschuldige. So notierte Harry Graf Kessler am 24. Juni 1922 in sein Tagebuch: „Jetzt muss der Reichstag aufgelöst und endlich mit den Mördern von der Rechten wie Helfferich usw. abgerechnet werden. Helfferich ist der Mörder, der wirkliche, verantwortliche."⁸⁶ In der *Weltbühne* prägte Otto Flake das eingängige Wort vom „Helferich des Mordes".⁸⁷ Dass die Person Helfferichs besonders im Fokus blieb, lag neben seiner herausgehobenen Position als einstiger Vizekanzler des deutschen Kaiserreichs und seinem demagogischen Geschick zum einen an seiner Anklagerede am Vortag des Mordes, zum anderen an seiner prominenten Rolle in der Kampagne gegen Erzberger.

So sehr Helfferich im Mittelpunkt der Kritik stand, gehörte er bei Lichte betrachtet nicht einmal zu den radikalsten Akteuren innerhalb der DNVP-Fraktion. Wulle wurde schon erwähnt, ebenso v. Graefe; hinzu muss noch Wilhelm Henning kommen. Die drei repräsentierten den rabiat völkischen und auch antisemitischen Flügel

---

82 Verhandlungen des Deutschen Reichstags, Stenographische Berichte, 235. Sitzung, 24. Juni 1922, S. 8037. Die Interpretation der Mordtat als wesentlicher Bestandteil eines planmäßigen, breit angelegten Komplotts rechtsterroristischer Verschwörer gegen die Republik unterstützt mit starken Argumenten und Quellenbelegen die maßgebliche Studie von Martin Sabrow, Der Rathenaumord und die deutsche Gegenrevolution, Göttingen 2022.
83 Verhandlungen des Deutschen Reichstags, 235. Sitzung (FN 82), S. 8037 f. Bereits im Spätsommer 1921 hatte der Reichspräsident nach dem Mord an Erzberger im Rahmen seiner Notverordnungskompetenz eine Verordnung zum Schutze der Republik erlassen.
84 Ebd., 236. Sitzung, 25. Juni 1922, S. 8055. Namentlich nannte er das „Deutsche Tageblatt", eine Zeitung in Wulles Verlag „Deutscher Herold", die bald zum Hauptorgan der Deutschvölkischen Freiheitspartei werden sollte.
85 Ebd., S. 8058.
86 Harry Graf Kessler, Tagebücher 1918–1937, hrsg. von Wolfgang Pfeiffer-Belli, 5. Aufl., Berlin 2013, S. 336.
87 Otto Flake, Deutsche Reden, in: Die Weltbühne vom 6. Juli 1922, S. 1–3, hier: S. 1.

der Partei. Deren judenfeindliche Agitation, wie sie sich in radikalen Presseorganen finden ließ, stieß auch im Reichstag auf Kritik. In seiner berühmten Rede vom 25. Juni sprach Wirth von einer „völkischen Verheerung". Er zitierte aus Briefen und Artikeln rechtsextremer Provenienz, die Rathenau unterstellten, dieser habe lediglich Politik betrieben, um sich und „seine Judensippschaft" zu „bereichern".[88] Ausdrücklich rügten die USPD-Abgeordneten Kurt Rosenfeld und Julius Moses einen Beitrag Hennings aus der *Konservativen Monatsschrift* vom Juni 1922, in dem er Rathenau als deutschenfeindlichen Vertreter des internationalen, wenn nicht bolschewistischen Judentums in gehässiger Weise diffamierte.[89] Es sei „solche infame Judenhetze" gewesen, sagte Moses vor dem Parlament, die zur Ermordung Rathenaus angetrieben habe.[90]

Die Erschütterungen, die der Mord an Rathenau auslöste, bewirkten bei manch bislang unentschlossenem Akteur im konservativ-bürgerlichen Spektrum ein neues Bekenntnis zur Republik.[91] Sie sorgten selbst innerhalb der DNVP für einen, wenn auch zaghaften und halbherzigen Reinigungsprozess. Der Vorsitzende der Fraktion Hergt und ihr Wortführer Helfferich wollten den Vorwurf loswerden, verantwortlich für den Rathenaumord zu sein.[92] Außerdem wuchs im Zuge der Republikschutzgesetzgebung der Druck von außen. Reichskanzler Wirth forderte die DNVP in direkter Weise auf, sich von Ultraradikalen wie Henning zu trennen, wenn sie nicht als parteipolitischer Partner von Terroristen gelten wollte. In der Folgezeit kam es zu Verwerfungen und Umgruppierungen in der DNVP. So bildeten v. Graefe, Wulle und Henning innerhalb ihrer Fraktion die Deutsch-völkische Arbeitsgemeinschaft,

---

88 Verhandlungen des Deutschen Reichstags, 236. Sitzung (FN 84), S. 8056.
89 Wilhelm Henning, Das wahre Gesicht des Rapallo-Vertrags, in: Konservative Monatsschrift 79 (1922), S. 521–526.
90 Verhandlungen des Deutschen Reichstags, Stenographische Berichte, 245. Sitzung, 6. Juli 1922, S. 8327 f.; siehe auch Rosenfelds Kritik an Hennings antisemitischem Schmähartikel in der 244. Sitzung vom Vortag, ebd., S. 8301. Ferner: Blutschuld und Heuchelei. Ein deutschnationales M. d. R. als Mordhetzer, in: Vorwärts vom 27. Juni 1922 (Morgen-Ausgabe); sowie allgemein zur Einordnung: Susanne Wein, Antisemitismus im Reichstag. Judenfeindliche Sprache in Politik und Gesellschaft der Weimarer Republik, Frankfurt a. M. 2014; auch dies./Martin Ulmer, Antisemitismus in der Weimarer Republik, in: Nadine Rossol/Benjamin Ziemann (Hrsg.), Aufbruch und Abgründe. Das Handbuch der Weimarer Republik, Darmstadt 2021, S. 465–486, insbes. S. 472–474; Mark Jones, 1923. Ein deutsches Trauma, Berlin 2022, S. 37, hält die antisemitische gegenüber der antirepublikanischen Motivation für einen bislang unterschätzten Faktor zur Erklärung des Rathenaumords.
91 Besonders berühmt ist in diesem Zusammenhang Thomas Manns Rede „Von deutscher Republik", die als eine durch den Rathenaumord motivierte „republikanische Wende" des bis dahin mit Vorstellungen der „konservativen Revolution" sympathisierenden Autors interpretiert wurde. Vgl. Alexander Gallus, Geistiges Mäandern auf dem Weg zur Weimarer Demokratie. Die Rede „Von deutscher Republik" und Thomas Manns Intellektuellenwerdung, in: Thomas Mann Jahrbuch 36 (2023), S. 13–22; Tim Lörke, Thomas Manns republikanische Wende?, in: Thomas Mann Jahrbuch 29 (2016), S. 71–86; Stefan Breuer, Ein Mann der Rechten? Thomas Mann zwischen ‚konservativer Revolution', ästhetischem Fundamentalismus und neuem Nationalismus, in: Jahrbuch Politisches Denken 7 (1997), S. 119–140.
92 Das hielt sie aber nicht davon ab, die inkriminierte Hetzrede vom 23. Juni 1922 nochmals gesondert in Form einer Broschüre zu verbreiten: Karl Helfferich, Deutschlands Not. Reichstagsrede, gehalten am 23. Juni 1922, Berlin 1922.

die aber nach einem Beschluss des Görlitzer Parteitags Ende Oktober 1922 als unvereinbar mit einer DNVP-Mitgliedschaft galt. Daraus resultierte im Dezember desselben Jahres die Gründung der *Deutschvölkischen Freiheitspartei* (DVFP), die 1924 vorübergehend mit der verbotenen NSDAP eng kooperieren sollte und sich als deren Ersatz anbot.[93]

Womöglich trug diese Abspaltung des völkischen Flügels dazu bei, dass Friedrich Stampfer, der frühere SPD-Reichstagsabgeordnete und langjährige Chefredakteur des *Vorwärts*, Karl Helfferich später ungeachtet der „hemmungslose[n] Schärfe", mit der dieser Rathenau einst angegriffen hatte, milder als früher beurteilte. In seinen nach dem Zweiten Weltkrieg publizierten Memoiren wies Stampfer es als „ungerechtfertigten Verdacht" zurück, dass Helfferich mit den Rathenau-Mördern „im Einverständnis"[94] gewesen sei. Helfferich, so sehr der „pfälzische Raufbold" ihm „im Blut" steckte, hieß es da, habe sich „als Sprecher der nationalen Opposition durch Sachkunde und Schlagfertigkeit allgemeinen Respekt" erarbeitet. An dessen „hohen Gaben" und „großen Fähigkeiten"[95] bestand für seinen politischen Widersacher kein Zweifel. Zur Rückgewinnung von Reputation dürfte in Helfferichs Fall nicht zuletzt sein Sachverstand als Finanzpolitiker im Jahr der Hyperinflation 1923 beigetragen haben, als er mit seinen Ideen zur Schaffung einer „Roggenmark" den Grundgedanken einer durch Sachwerte materiell abgesicherten Währung, wie sie dann mit der „Rentenmark" eingeführt wurde, entwerfen sollte.[96]

---

93 Vgl. Mergel (FN 16), S. 324 f.; auch Andreas Wirsching, Vom Weltkrieg zum Bürgerkrieg? Politischer Extremismus in Deutschland und Frankreich 1918–1933/39. Berlin und Paris im Vergleich, München 1999, S. 317 f. Zur Geschichte des radikal-völkischen Flügels innerhalb der DNVP siehe umfassend Jan Striesow, Die Deutschnationale Volkspartei und die Völkisch-Radikalen 1918–1922, 2 Bde., Frankfurt a. M. 1981.

94 Dies nahmen freilich seine radikalen Anhänger an, die ihn für den entsprechenden Einsatz sogar beglückwünschten. So soll, wie mehrere Zeitungen berichteten, ein so gestimmter Verehrer einen Blumenstrauß mit schwarz-weiß-roter Banderole wie zum Dank für die – nunmehr erfolgreiche – Agitation gegen Rathenau für ihn im Reichstag abgegeben haben. Wie groß der Wahrheitsgehalt dieser Szene ist, lässt sich nicht mit Sicherheit feststellen. Siehe zur Schilderung der Vorgänge: Handgreiflichkeiten im Reichstag (FN 78); vgl. Jones (FN 90), S. 31.

95 Friedrich Stampfer, Erfahrungen und Erkenntnisse. Aufzeichnungen aus meinem Leben, Köln 1957, S. 249.

96 Helfferich wurde von der Reichsregierung, die auf einen möglichst großen lagerübergreifenden Konsens ebenso wie auf die breite Einbeziehung der Expertise Wert legte, zu Rate gezogen. Am Ende sollte der Gesetzesentwurf zur Währungsreform „in einigen wichtigen Punkten die Handschrift Helfferichs" tragen. So Volker Ullrich, Deutschland 1923. Das Jahr am Abgrund, München 2022, S. 135. Helfferich blieb allerdings als Demagoge ebenfalls angriffslustig, so als er den ausgearbeiteten Entwurf für den Dawes-Plan 1924 im Resultat als „zweites Versailles" geißelte. Zit. nach ebd., S. 334.

4. Wo steht der Feind? Ein kurzer Seitenblick auf Variationen des Verrats- und Dolchstoßverdikts von Linksaußen

Wirths Wort von dem rechtsstehenden Feind entwickelte sich rasch zu einem ebenso viel zitierten wie umstrittenen Schlagwort, auf das im Reichstag wiederholt Bezug genommen werden sollte. Aus den Reihen der politischen Rechten wurde es, wie kaum anders zu erwarten, regelmäßig als unzutreffend, einseitig und pauschal zurückgewiesen.[97] Dies geschah nicht zuletzt deshalb, um nicht zum Hauptziel von Maßnahmen der Republikschutzgesetzgebung zu werden. Schließlich knüpfte der Reichstag an die entsprechenden Verordnungen an, die nach den Morden an Erzberger und Rathenau jeweils vom Reichspräsidenten erlassen worden waren – er goss das neue Repertoire demokratischer Abwehrbereitschaft in Gesetzesform. Am 23. Juli 1922 trat das zwei Tage zuvor im Reichstag verabschiedete „Gesetz zum Schutze der Republik" in Kraft, das ein klares Zeichen republikanischer Wehrhaftigkeit jenseits von notstandsrechtlichen Regelungen war. Strafrechtliche Maßnahmen insbesondere im Falle von gewaltförmigen Attacken auf Repräsentanten der Republik wurden verschärft, für den präventiven Schutz zudem Vereinigungsverbote und Einschränkungen der Pressefreiheit ermöglicht.[98]

In einer vorausgehenden Parlamentsdebatte am 18. Juli rügte der DNVP-Mann Wilhelm Bazille es als ein Statut „nur gegen rechts", das den „frevelnden Worten" des Reichskanzlers entsprungen sei, der für „alles Unheil" sorge und einem „verderblichen Wege" folge, weil er so, statt den „großen Gedanken der Wiederherstellung der deutschen Volksgemeinschaft" zu beherzigen, den durch sie hindurchgehenden Riss noch vertiefe und erweitere.[99] Schon zwei Wochen zuvor hatte Adelbert Düringer, der ebenfalls der DNVP-Fraktion angehörte, aber bald zur DVP wechseln sollte, in der Parlamentssitzung vom 5. Juli vor einer einäugigen Gesetzespraxis gewarnt. Zwar sei es richtig, gegen „antisemitische, völkische Kreise" vorzugehen, würden diese doch „Elemente und Fanatiker in sich schließen, die in fluchwürdigem Haß, in blinder Leidenschaft, in politischer Borniertheit und Verblendung selbst vor dem schwersten Verbrechen nicht zurückschrecken, um ihre wahnsinnigen Ideen

---

[97] Wirth selbst hat später wiederholt darauf hingewiesen, dass sich seine Worte nicht undifferenziert gegen Vertreter einer politischen Rechten per se richten sollten, sondern nur gegen jene „verhetzten Kreise, die eine reale Gefahr für den Bestand der Republik, für eine realistische Außenpolitik und für die Überwindung der scharfen sozialen und politischen Gegensätze im Innern darstellten". So seine Biographin Ulrike Hörster-Philipps, Joseph Wirth 1879–1956. Eine politische Biographie, Paderborn u. a. 1998, S. 273.

[98] Vgl. Christoph Gusy, 100 Jahre Weimarer Verfassung. Eine gute Verfassung in schlechter Zeit, Tübingen 2018, S. 216–223; Ursula Büttner, Weimar. Die überforderte Republik 1918–1933, Stuttgart 2008, S. 190–193.

[99] Verhandlungen des Deutschen Reichstags, Stenographische Berichte, 254. Sitzung, 18. Juli 1922, S. 8688. Diese Schuldbehauptung wurde von links mit erregten Rufen kommentiert: „Der Reichskanzler soll wohl der Nächste sein! So hat Helfferich auch gesagt!" (ebd.). Siehe zur Debatte um das Republikschutzgesetz auch Heiko Bollmeyer, Der steinige Weg zur Demokratie. Die Weimarer Nationalversammlung zwischen Kaiserreich und Republik, Frankfurt a. M./New York 2007, S. 374–428.

durchzusetzen". Für Düringer waren die Feinde der Republik aber nicht ausschließlich auf der rechten Seite anzutreffen. So trug folgende Frage rhetorische Züge: „Ist sie [die Republik] in ihrer gegenwärtigen Verfassung nicht auch von extrem links gerichteten Kreisen bedroht?" Im Nachgang bejahte er sie ausdrücklich – er verband damit die Mahnung, Gesetze nicht unterschiedlich entlang einer jeweils genehmen Gesinnung zu kreieren und anzuwenden. Sonst drohte seines Erachtens so etwas wie ein „doppelter Verfassungszustand".[100] Düringer nannte das Republikschutzgesetz abschließend ein Resultat des „Parteiterrors", der ein ungeahntes Maß erreiche, indem das Attentat auf Rathenau „parteipolitisch ausgeschlachtet" werde, obwohl die Angehörigen der DNVP-Fraktion, wie er betonte, die Mordtat unzweideutig verabscheut und verurteilt hätten. Ungleichgewichtig und schlecht behandelt sahen sich die Deutschnationalen auch angesichts der Tatsache, dass Gewaltdrohungen gegen ihre Vertreter weder thematisiert noch gar verdammt würden. DNVP-Leute seien seit dem Rathenaumord regelrecht für „vogelfrei" erklärt worden, klagte Düringer. „Jede Schmähung, jede Verleumdung" gegenüber DNVP-Repräsentanten erscheine nunmehr zulässig – „sogar hier im Parlament".[101] Auch Harry Graf Kessler notierte in seinem Tagebuch, wie er in einem Gespräch mit Gustav Stresemann erfahren habe, Helfferich erhalte seit dem Erzbergermord „Drohbriefe", wodurch dieser „so nervös geworden sei, daß er einen direkt anomalen Eindruck mache".[102]

Schon nach dem Mord an Erzberger hatte sich der DNVP-Fraktionschef Hergt über eine allein gegen seine Partei gerichtete Anklagestimmung mokiert. Das sei höchst „einseitig" und vernachlässige, „was von der linken Seite kommt". Dem Reichskanzler bot er an, ein „tonnenschweres Material" darüber zur Verfügung zu stellen, „was auf der linken Seite passiert ist". Die Belege für vom linken Rand des politischen Spektrums unaufhörlich gepredigte Umsturzpläne seien ebenso zahlreich wie die unentwegten „kommunistischen Drohungen". An dieser Stelle suchte Hergt, die Sozialdemokraten, gleichsam als Leidensgenossen, für sein Argument einzunehmen. „Meine Herren von der Sozialdemokratie", so die direkte Ansprache, „Sie selber leiden unter Umständen unter diesen Drohungen mindestens ebenso, wie die übrige Bevölkerung Deutschlands."[103]

Hergt wollte mit seiner Rede die Aufmerksamkeit stärker auf jene Republikfeinde von links lenken, die in erster Linie durch die KPD repräsentiert wurden. Sie gehörte noch nicht der Nationalversammlung an und erreichte im ersten Reichstag der Weimarer Republik lediglich einen Stimmenanteil von 2,1 Prozent. Die kleine Gruppe der Kommunisten übte dabei von Anfang an eine „Radaustrategie", die einer offenkundigen Parlamentsfeindschaft Ausdruck verlieh.[104] Die Vertreter der KPD interpretierten die „bürgerliche" Demokratie als eine kapitalistischen Interes-

---

100 Verhandlungen des Deutschen Reichstags, Stenographische Berichte, 244. Sitzung, 5. Juli 1922, S. 8295 f.
101 Ebd., S. 8299 f.
102 Kessler (FN 86), S. 293 (Eintrag vom 28. März 1922).
103 Verhandlungen des Deutschen Reichstags, 136. Sitzung (FN 51), S. 4637.
104 Mergel (FN 16), S. 320.

sen folgende, mehr oder minder camouflierte „Herrschaft der Gewalt", wie es Karl Liebknecht schon im Dezember 1918 formulieren sollte. Aus dieser Perspektive erschien das Ausüben einer Gegengewalt – allemal einer verbalen – so legitim wie notwendig.[105] In die Betrachtung einzubeziehen ist neben der kleinen Zahl der KPD-Leute im Parlament auch der radikale Flügel der USPD, deren Vertreter zunehmend mit der eigenen Partei haderten und von denen am Ende des Jahres 1920 nach einem längeren Reibungsprozess ein beträchtlicher Teil zu den Kommunisten überwechselte.

Rekapituliert man deren Redebeiträge im Reichstag der frühen Weimarer Republik, so lassen sich darin regelmäßig zwei Hauptfeinde ausmachen: zum einen allgemein der Kapitalismus, zum anderen – im Parteienspektrum – die gemäßigte Sozialdemokratie, deren Leitfiguren bisweilen heftiger attackiert wurden als die Konkurrenz aus der bürgerlichen Mitte oder vom rechten politischen Rand. Alfred Henke aus der USPD-Fraktion sprach beim Blick auf die SPD eines Friedrich Ebert, Philipp Scheidemann oder Gustav Bauer abfällig von „Rechtssozialdemokratie". Das seien nur „sogenannte Sozialdemokraten", die diesen Ehrentitel nicht mehr verdienten, erbrächten sie doch „Zuhälterdienste und Zutreiberdienste für den Kapitalismus" und übten somit „Verrat an den Grundsätzen des Sozialismus".[106] Ähnlich scharf argumentierte auch Wilhelm Koenen, der es aufgrund solcher Einschätzung für notwendig erachtete, wie er es in der Sprache eines Hygienediskurses formulierte, die „Situation zu säubern", die „politische Luft zu reinigen" und die „wirklichen Sozialisten" künftig aus Gründen der Klarheit „Kommunisten" zu nennen. „Sie", sprach er die Vertreter der SPD-Fraktion direkt an, „haben so oft den Sozialismus verfälscht, verdreht, verraten, daß jetzt nichts mehr übrig bleibt als das Wort."[107]

Der gegenüber den Sozialdemokraten formulierte Vorwurf des Verrats an Arbeitern, Proletariat und Revolution war zwar bei weitem nicht so häufig im Reichstag zu vernehmen wie jener des Hoch- und Landesverrats von Vertretern der politischen Rechten gegenüber den republikanischen Kräften (wie sie anfangs die Weimarer Koalition bildeten), erfolgte aber mit großer Hartnäckigkeit.[108] Wie im Falle der nationalistischen Verratsvariante diente die linksextreme Version dazu, den damit adressierten Gegner vollständig zu diskreditieren oder am besten ganz aus dem politischen Spiel zu nehmen. Die sozialdemokratische Politik wurde regelmäßig als entsprechend zu sanktionierendes verbrecherisches Handeln bezeichnet oder als

---

105 Wiedergegeben von Andreas Wirsching, Politische Gewalt in der Krise der Demokratie im Deutschland und Frankreich der Zwischenkriegszeit, in: Horst Möller/Manfred Kittel (Hrsg.), Demokratie in Deutschland und Frankreich. 1918–1933/40. Beiträge zu einem historischen Vergleich, München 2002, S. 131–150, hier: S. 136.
106 Verhandlungen des Deutschen Reichstags, Stenographische Berichte, 5. Sitzung, 1. Juli 1920, S. 97.
107 Ebd., 31. Sitzung, 20. November 1920, S. 1153.
108 Eine genaue Auszählung der Begriffe des Hoch- und Landesverrats habe ich nicht vorgenommen, eine entsprechende Gewichtverteilung lässt sich aber rasch mittels einer Wortabfrage in den digitalisiert vorliegenden Reichstagsprotokollen erkennen. Zum linken Verratsdiskurs siehe Melanie Seidenglanz, Wer hat uns verraten? Zur sprachlichen Konstruktion des Verratsdiskurses im linken Parteienspektrum der frühen Weimarer Republik, Bremen 2014.

ein blutiges Unterfangen, das zu Gegengewalt geradezu herausfordere und diese legitimiere.[109] Der Verratsvorwurf richtete sich insbesondere gegen die Häupter der SPD, wobei Noske, Ebert und Scheidemann am meisten Beachtung fanden.

Noske erfuhr die schärfsten Angriffe, galt er doch nicht nur als „Arbeiterverräter", sondern auch als „Arbeiterschlächter". In seinen Erinnerungen bemerkte er später, die deutsche Sprache halte nur noch wenige Schimpfworte bereit, die damals – vorwiegend von kommunistischer Seite – nicht auf ihn gemünzt worden seien.[110] „Noske" als Inbegriff einer – in dieser Sicht – verfehlten, verräterischen, verbrecherischen Politik der SPD-Führung sollte im klaren Gegensatz zur Anhängerschaft der Partei, zum „Proletariat" und zur „Arbeiterklasse" positioniert werden. Die Chance „auf die revolutionäre Einheitsfront und zum revolutionären Handeln" gemeinsam mit gewöhnlichen SPD-Mitgliedern sollte schließlich gewahrt bleiben. Daher war es Anhängern dieser Verratsthese wichtig herauszustellen, dass es sich beim Arbeiterum einen „Führerverrat" der SPD-Spitze handele.[111]

Die verbale Redegewalt wurde auch von einer propagandistischen Bildsprache flankiert, die sogar eine linke Variante des Dolchstoßthemas bereithielt. Eine Karikatur der kommunistischen *Roten Tribüne* vom 9. November 1925 rückt Friedrich Ebert ins Zentrum der Zeichnung: Gekleidet in einen bürgerlichen Dreiteiler und flankiert von einem Freikorps-Soldaten stößt er einem revolutionären Arbeiter, der die rote Fahne in die Höhe streckt, den Dolch in den Rücken. Die gesamte bildliche Komposition erinnert an das bis heute wohl bekannteste Bild zur rechten Dolchstoßthese, nämlich das Wahlplakat der DNVP für die Reichstagswahlen vom Dezember 1924. Es zeigt, wie ein maskierter, rotgewandeter Proletarier hinterrücks einen Frontsoldaten ersticht, der noch im Fallen mit letzter Kraft die schwarz-weiß-rote Fahne heldenhaft hochhält.[112]

Wenngleich unter unterschiedlichen Vorzeichen, lag die symbolische, bildsprachliche Gewalt von rechten wie linken Republikgegnern hier nahe beieinander. Kurz nach dem Untergang der Weimarer Republik sprach die sozialdemokratisch ausgerichtete Zeitung *Volksstimme* deshalb von der „Wucht der beiden Dolchstoßlegenden", die den gemäßigten Sozialdemokraten unter Eberts Führung heftig zugesetzt habe.[113] In jedem Fall standen die SPD als Regierungspartei und der erste Reichspräsident in diesen diskreditierenden Deutungen als Verräter da, ob des Landes oder der Arbeiterschaft. Insbesondere Friedrich Ebert geriet von Anfang an als Person

---

109 Siehe dazu beispielsweise die Redebeiträge von Georg Ledebour, Wilhelm Koenen und Emil Höllein, in: Verhandlungen des Deutschen Reichstags, 5. Sitzung (FN 106), S. 114; 31. Sitzung (FN 107), S. 1152; 142. Sitzung vom 8. November 1921, S. 4914.
110 Gustav Noske, Erlebtes aus Aufstieg und Niedergang einer Demokratie, Offenbach a. M. 1947, S. 313; vgl. auch Seidenglanz (FN 108), S. 208–215.
111 So der bald zur KPD wechselnde USPD-Abgeordnete Max Heydemann, in: Verhandlungen des Deutschen Reichstags, Stenographische Berichte, 138. Sitzung, 26. Oktober 1921, S. 4772.
112 Gerhard Paul, Der Dolchstoß. Ein Schlüsselbild nationalistischer Erinnerungspolitik, in: Ders. (Hrsg.), Das Jahrhundert der Bilder, Bd. 1: 1900 bis 1949, Göttingen 2009, S. 300–307.
113 Vgl. Rainer Sammet, „Dolchstoss". Deutschland und die Auseinandersetzung mit der Niederlage im Ersten Weltkrieg (1918–1933), Berlin 2003, S. 263 und 282.

und höchster Repräsentant des neuen Staatswesens zugleich ins „Fadenkreuz der Republikgegner" von rechts und links.[114] Die „politische Sprache der Kommunisten", so urteilt die Historikerin Sabine Marquardt angesichts dieser doppelten Frontstellung, überschnitt sich, abgesehen von völkischen Denkkategorien, „in vielerlei Hinsicht mit der ebenfalls am Kampfparadigma orientierten Rhetorik der extremen Rechten, mit der sie in der Praxis auch eine voluntaristische Haltung zur Politik teilt".[115] Insbesondere in Weimars Schlussphase unterminierte eine von den Flügelparteien konstant geübte „Politik der starken Worte" den politischen Diskurs in der Volksvertretung vollends – sie verwies auf einen nunmehr ganz im außerparlamentarischen Raum zu führenden Kampf.[116] Für Friedrich Stampfer waren dies jene agonalen Jahre, „in der Kommunisten und Nazis den Reichstag zur Kaschemme machten".[117]

5. Schlussbemerkungen

Schon in ihren Anfangsjahren war die Weimarer Republik durch ein erhebliches Maß an Hasskommunikation gekennzeichnet, die den Vertretern des neuen demokratischen Staatswesens ein verräterisches Handeln zur Last legte und sie auch persönlich zu diskreditieren suchte. Deutliche Spuren dessen, was heutzutage unter den Schlagworten *Hate Speech* und *Fake News* firmiert, worunter öffentliche Schmähungen und Erzählweisen des Verschwörungsdenkens fallen, führten bis in den Reichstag hinein.[118] Das Ordnungsgefüge parlamentarischer Abläufe, Sitten und Gewohnheiten hielt die schärfsten Diffamierungen unmittelbar aus dem Plenum heraus, wenngleich zahlreiche Ordnungsrufe des jeweils sitzungsleitenden Präsidenten diverse Regelbrüche belegen. Besonders angeheizt wurde ein Klima des Hasses, das bis in das Hohe Haus hineinwirkte, mittels Pressekampagnen von lagergebundenen Medien, die bisweilen wie Kriegsparteien wirkten, und über Gerichtsprozesse, die ihrerseits in erster Linie für öffentliche Aufmerksamkeit und Stimmungsmache sorgen sollten.

---

114 Siehe dazu die umfängliche Bestandsaufnahme, variierend von plattesten Diffamierungen bis hin zu perfiden Rufmord-Kampagnen, von Walter Mühlhausen, Friedrich Ebert 1871–1925. Reichspräsident der Weimarer Republik, Bonn 2006, S. 911–966, Zitat: S. 911; auch Niels Albrecht, Die Macht einer Verleumdungskampagne. Antidemokratische Agitationen der Presse und Justiz gegen die Weimarer Republik und ihren ersten Reichspräsidenten Friedrich Ebert vom „Badebild" bis zum Magdeburger Prozeß, Diss. phil., Bremen 2002 (online verfügbar).
115 Marquardt (FN 23), S. 199.
116 Mergel (FN 16), S. 292.
117 Stampfer (FN 95), S. 247.
118 Bisweilen kam es im Reichstag unter den extremistischen Kräften sogar zu „richtungsübergreifenden parlamentarischen Abstimmungskoalitionen". So Jürgen Plöhn, Extremismus im Reichstag der Weimarer Republik – Zum Zusammenspiel der Kräfte, in: Uwe Backes/Alexander Gallus/Eckhard Jesse (Hrsg.), Jahrbuch Extremismus & Demokratie, Bd. 22, Baden-Baden 2010, S. 65–77, hier: S. 77.

Der näher in Augenschein genommene Akteur Karl Helfferich bespielte all diese öffentlichen Foren überaus intensiv. Sie dienten ihm vor allem dazu, das neue politische System der parlamentarischen Demokratie und deren Verfechter verbal unter Beschuss zu setzen. Der Wortführer der DNVP, die in der Frühphase der Weimarer Republik die maßgebliche nationalistische Kraft am rechten Rand des Parteiwesens war, besaß darüber hinaus als vormaliger Minister und Vizekanzler während des deutschen Kaiserreichs politisches Ansehen bei all jenen, die der untergegangenen Monarchie nachtrauerten. Für eine Reputationssteigerung sorgte zudem sein wissenschaftlicher Werdegang als Finanzexperte, dem auch die akademische Karriere offengestanden hätte. Helfferich besaß mithin eine Autorität, die nicht allein auf die rhetorisch-demagogische Qualität seiner Reden zurückzuführen war, diesen aber zusätzliches Gewicht verlieh.

Als bloßer „Trommler" oder Heißsporn wie Hitler wurde er selbst von seinen politischen Gegnern nicht wahrgenommen. So sehr er spätestens nach dem Rathenaumord mit dem Vorwurf der geistigen Urheberschaft des Mordes als Stigma zu hantieren hatte, avancierte er doch nicht vollends zur *persona non grata* bei seinen politischen Kontrahenten. Das lag zum einen an seinem finanzsachverständigen Mitwirken an der Inflationsbekämpfung 1923, zum anderen an seinem Einsatz für eine gewisse Läuterung innerhalb der DNVP, die sich bis Jahresende 1922 von ihren rassistisch-völkisch-antisemitischen Akteuren – wenngleich nicht vollständig – trennte. Dem heftigen gesellschaftlich-politischen Erdbeben, das das mörderische Attentat auf Rathenau ausgelöst hatte, kam eine Katalysatorfunktion bei den Deutschnationalen zu, wodurch sich Völkische und Vertreter eines – im Herzen freilich weiter republikfeindlich gefärbten – pragmatischen Republikanismus voneinander trennten.[119] Helfferich selbst repräsentierte in besonders markanter Weise die zwitterartige Doppelausprägung zwischen leidenschaftlichem Hass (auf die Republik) und einem „Bedürfnis nach Normalität", das eine „positive Mitarbeit" innerhalb des neuen Staatswesens verlangte (statt Putschpläne zu verfolgen oder diese zumindest politisch-intellektuell zu befeuern).[120]

Welche Politik Helfferich im weiteren Verlauf der Weimarer Republik stärker repräsentiert hätte – ob jene des vergleichsweise gemäßigten, bedingt kooperationswilligen Konservativen und geschulten Finanzexperten oder jene des populistisch-demagogischen „Oberprovokateurs"[121] –, darüber lässt sich nur spekulieren. Schließlich fiel er im April 1924 einem schweren Zugunfall im schweizerischen Bellinzona zum Opfer. War Helfferichs Tod, so ließe sich in kontrafaktischer Manier fragen, insoweit tragisch, als der wohl prominenteste und charismatischste deutschnationale

---

119 Die Pragmatismus-These und Überlegungen zur letztlich gescheiterten Herausbildung eines „deutschen Tory-Konservatismus" durch die DNVP in Weimars Spätphase gehen auf Mergel (FN 16) zurück. Zudem ders., Das Scheitern des deutschen Tory-Konservatismus. Die Umformung der DNVP zu einer rechtsradikalen Partei 1928–1932, in: Historische Zeitschrift, Bd. 276 (2003), S. 323–368.
120 Ebd., S. 332 f.
121 So Georg Bernhard, Wer schützt die Republik?, in: Vossische Zeitung vom 24. Juni 1922 (Abend-Ausgabe).

Politiker aus Weimars Frühphase das Zeug besessen hätte, am äußersten rechten Rand des politischen Spektrums integrierend zu wirken, ohne den Kurs einer rechtsextremistisch-völkischen Bewegung, wie sie später Adolf Hitler anführen sollte, einzuschlagen?

Helfferichs früher Unfalltod 1924 sei ein „schwerer Verlust" gewesen, das notierte zumindest sein einstiger sozialdemokratischer Gegenspieler Friedrich Stampfer im Rückblick auf die Weimarer Geschichtsperiode.[122] Dieses überraschende Ende habe erst die Tür für minderbegabte Führungsfiguren innerhalb der DNVP eröffnet, davon war Stampfer überzeugt. Und in deren „Unfähigkeit", so führte er weiter aus, lag ein wesentlicher Grund für Hitlers Weg zur Macht.[123] Gerät Helfferich in einer solchen Betrachtung über ungeschehene Geschichte auch zum Antagonisten Hitlers, so darf darüber nicht die fatale Sprachgewalt dieses mittlerweile vergessenen Spitzenpolitikers vom rechten Rand während der ersten Weimarer Republik aus dem Blick geraten. Er zählte zur ersten Garde jener Republikfeinde, die durch ihre Wortbeiträge innerhalb und außerhalb des Parlaments die junge Demokratie und deren Repräsentanten delegitimieren, wenn nicht eliminieren wollten. Wenngleich ein direkter Wirkungszusammenhang nicht nachweisbar ist, spricht doch einiges dafür, dass solche Worte wie gefährliche Waffen in konkreten Kampfsituationen wirkten, die über Wohl und Wehe der Republik mitentscheiden konnten.

In seinen berühmten Ausführungen zur *Lingua Tertii Imperii* nannte der Romanist Victor Klemperer später neben vielen weiteren zwei Aspekte, die das Dritte Reich vorbereiten halfen: eine tägliche Sprachvergiftung, die sich unbemerkt in winzigen Dosen mit schädlichen Spätfolgen vollzogen habe, und ein Spielraum für Hassreden, der letztlich über viele Jahre hinweg so unbeschränkt gewesen sei, dass er als „selbstmörderisch frei" bezeichnet werden konnte.[124] Vor dem Hintergrund dieser Überlegungen zur letalen Wirkung von in kleinen Portionen verabreichter sprachlicher Gewalt und einem gefährlichen Gewöhnungsprozess an Hasskommunikation, wirkt Helfferich dann doch eher wie ein längerfristiger Wegbereiter denn potenzieller Widersacher Hitlers.

---

122 Überhaupt dürfte der überraschende Unfalltod für eine mildere Ex-post-Beurteilung von Helfferichs Rolle in der frühen Weimarer Republik gesorgt haben. Dies kam bereits in den Beileidsbekundungen des Reichspräsidenten Friedrich Ebert und des Reichskanzlers Wilhelm Marx zum Ausdruck (jeweils Telegramme vom 24. April 1924). Während Ebert der Witwe Trost spendete, ohne ihren verunglückten Gatten als Politiker inhaltlich zu würdigen, schrieb Marx: „Aufs neue ist Deutschland eines seiner fähigsten Köpfe und bedeutendsten Führer beraubt worden." Beide Schreiben sind abgedruckt in: Karl Helfferich zum Gedächtnis, Berlin [1924], S. 45.
123 Stampfer (FN 95), S. 249.
124 Victor Klemperer, Die Sprache des Dritten Reiches. Beobachtungen und Reflexionen aus LTI. Ausgewählt und herausgegeben von Heinrich Detering, 2. Aufl., Ditzingen 2021, S. 20 f. Klemperers Klassiker „LTI. Notizen eines Philologen" erschien erstmals 1947.

Das Dilemma des Westens
Grenzen des universalistischen Weltverständnisses

Von Wilfried von Bredow

1. Drei Thesen und drei Beispiele

Die nicht unbedingt überraschende *Ausgangsthese* dieses Beitrags lautet, dass in der westlichen Politik in den Jahrzehnten nach dem Ende des Ost-West-Konflikts die Balance zwischen der Verfolgung eigener materieller Interessen und den das Selbstbild des Westens ausmachenden Werten oft missglückt ist. Dabei spielt auch eine Rolle, ob die westliche Politik multilateral abgestimmt oder von einzelnen Akteuren unilateral und ohne große Rücksichten auf die Partner in „egoistischen" nationalen Alleingängen betrieben wurde. Daran schließt eine *zweite These* an: Die Weltordnungspolitik[1] des Westens blieb in diesem Zeitraum trotz günstiger Bedingungen suboptimal. Der hohe Ton der Konzepte verlor sich bei den Versuchen zu ihrer Umsetzung und wurde kratzig. Es fehlte an weitsichtigem Pragmatismus und oft genug an handwerklicher Solidität. Dies wird an drei Beispielen für eine weitgehend von westlichen Vorstellungen inspirierte Weltordnungspolitik illustriert. Sie können als typisch für die in den frühen 1990er Jahren so optimistisch und schwungvoll gestarteten, aber diesen Schwung bald einbüßenden Ordnungsabsichten für das internationale System gelten:

- Das Projekt einer fortschreitenden *Verrechtlichung der internationalen Politik* sollte das sich ausweitende staatenübergreifende Beziehungsgeflecht der Globalisierung absichern und schwerwiegenden Machtmissbrauch und Kriegsverbrechen verhindern helfen.
- Die Legitimierung und internationale Durchführung von *Interventionen aus humanitären Gründen* sollte massenhaften Menschenrechtsverletzungen ein Ende setzen. Die im UNO-Rahmen 2001 entwickelte Vorstellung von einer internationalen Schutzverantwortung (*Responsibility to Protect* – R2P) proklamierte sogar die Pflicht der „internationalen Gemeinschaft", Kriegsgräuel zu beenden und sich der Unterdrückung von Menschen in Diktaturen und staatsfreien Zonen aktiv zu widersetzen.
- Am Ende des Zweiten Weltkriegs waren die westlichen Alliierten mit ihren Maßnahmen zur Etablierung demokratischer Strukturen und demokratie-konformer Einstellungen in den Gesellschaften der besiegten Achsenmächte noch erstaunlich erfolgreich. Ähnliche Erfolge von Konzepten und Projekten des

---

[1] Zu diesem Konzept vgl. Rüdiger Voigt, Weltordnungspolitik, Wiesbaden 2005.

Demokratie-Exports und der „externen Demokratie-Förderung" blieben aber später aus. In den Jahrzehnten nach dem Ende des Ost-West-Konflikts versagten sie weitgehend, auch dort, wo sie kurz vor dem Durchbruch zu stehen schienen.

Es ist nicht ganz einfach (nicht nur aus westlicher Sicht), plausible Argumente *gegen* diese drei Konzepte und Projekte vorzubringen. Würden sie zielgerecht verwirklicht, wäre die Welt ein freundlicherer Ort. Das hat auch vielen nicht-westlichen Akteuren eingeleuchtet, die sie zu unterstützen versprachen. Und dennoch gelang es nur in Einzelfällen, sie geltend zu machen. In der Hauptsache, dies meine *dritte These*, liegt das daran, dass ihre beträchtlichen Umsetzungsschwierigkeiten von Anfang an leichtfertig unterschätzt wurden. Der Westen hat sich so in ein Dilemma hineinmanövriert. Auf die vollmundigen Ankündigungen und großen Erwartungen (sowohl bei den „Progressiven" in den eigenen Gesellschaften als auch bei vielen Menschen in nicht-westlichen Ländern) konnten eigentlich nur Enttäuschungen folgen. Sie wurden außerhalb des Westens vielfach als Täuschungen interpretiert und verstärkten so Vorbehalte gegen seine Kultur und seine Repräsentanten.

2. Der Westen als Phantom und als Akteur

Alle reden vom Westen. Aber was damit gemeint ist, variiert beträchtlich.[2] Im alltäglichen Sprachgebrauch der Politik wird so das nordatlantische Bündnis bezeichnet, also die amerikanischen und europäischen NATO-Mitglieder. Diese griffige Definition erlaubt es, den Westen als jedenfalls prinzipiell weltpolitisch handlungsfähigen Akteur zu sehen. Allerdings fällt es wegen divergierender Interessen und politischer Prioritäten der NATO-Staaten oft schwer, westliche Geschlossenheit zu demonstrieren.[3] Der transatlantische Westen hat im Übrigen auch auf anderen Kontinenten feste und langjährige Verbündete, etwa Australien, Neuseeland, Japan, Südkorea oder Israel.

Der alltägliche Sprachgebrauch, so griffig er sein mag, bleibt jedoch oberflächlich und ungenau. In den weltpolitischen Auseinandersetzungen der Gegenwart hat nicht nur Russland eine antiwestliche Grundhaltung eingenommen (das war nicht immer so). Auch die Führung der Volksrepublik China begreift das eigene Land nicht einfach bloß als nicht-westlich, vielmehr in den letzten Jahren mit wachsendem Nachdruck als antiwestlich und als weltordnungspolitische Alternative zum Westen. Dieser wird in dem entsprechenden Schrifttum, oft auch in westlicher Selbstkritik,

---

[2] Vgl. als Überblick: Wilfried von Bredow, Mythos mit variabler Geographie. Der Westen und die liberale Weltordnung, in: Uwe Backes/Alexander Gallus/Eckhard Jesse/Tom Thieme (Hrsg.), Jahrbuch Extremismus & Demokratie, Bd. 34, Baden-Baden 2022, S. 257–277.
[3] Dass der russische Überfall auf die Ukraine vom Februar 2022 mit seiner dezidiert antiwestlichen Stoßrichtung dazu beigetragen hat, den Zusammenhang des Westens nicht etwa – wie beabsichtigt – zu lockern, sondern zu festigen, ist eine von mehreren Fehlkalkulationen der Kreml-Führung.

als verweichlicht und traditionsvergessen dargestellt[4], aber zugleich auch als knallhart ausbeuterisch und nur auf eigene materielle Vorteile bedacht: Der Westen als heruntergekommener Zombie und politisches Phantom. In vielen Ländern des etwas pauschal so genannten *globalen Südens*[5], darunter viele frühere Kolonien europäischer Länder, kann sich die intellektuelle Elite, oft an westlichen Bildungsstätten ausgebildet und an westlichen Universitäten lehrend, die prosperierende Zukunft nur als gegen den Westen gerichtetes Projekt vorstellen.

Weil das so ist, braucht es eine über die geopolitische Ebene hinausgehende Bestimmung dessen, was den Westen oder, in etwas naiver Ausdrucksweise, den Sinn des Westens ausmacht. Das ist häufig versucht worden. Nehmen wir ein Beispiel aus jüngster Zeit: Peter R. Neumann versteht den Westen als „vor allem – eine Geisteshaltung".[6] Damit schließt er an eine Vielzahl von Autoren an, die unterschiedlich weit in die Historie ausgreifen und vor allem auf die Werte-Synergie der jüdischen und der christlichen Religion sowie der griechisch-römischen Hochkultur verweisen. Das Spezifikum des Westens, wie er sich heute darstellt, erkennen sie in einem von der neuzeitlichen Aufklärung gestalteten Bündel von Ideen und Konzepten, in deren Mittelpunkt ein auf das Individuum und seine Rechte zugeschnittenes Menschenbild, Wissenschaft, Fortschritt und ökonomisches Wachstum stehen. Hinzu kommt noch die als permanentes politisch-organisatorisches Erweiterungsprojekt angesehene Demokratie.

Wer dieses Welt- und Menschenbild wieder auf die Ebene gegenwärtiger geopolitischer Auseinandersetzungen zurückprojiziert, erhält das Bild eines Westens der Demokratien, dem ein Konglomerat von autokratischen Herrschaftssystemen gegenübersteht. Dieses Bild ist freilich insofern ein Stück weit trügerisch, als in geopolitischen Konkurrenzen und Auseinandersetzungen die Werte-Prioritäten und politischen Ordnungsstrukturen der beteiligten Staaten *de facto* oft eine nachgeordnete Rolle spielen. Vielleicht gerade deshalb lässt sich dieses Bild vom demokratischen Westen normativ und missionarisch aufladen und mit einem teleologisch-universalistischen Anspruch ausstatten. Das stellt dann sozusagen den sonntäglichen Sprachgebrauch und das Selbstverständnis an Feiertagen dar. Beliebt waren dieser Sprachgebrauch und die ihm zugrunde liegende binäre Denkschablone im transatlantischen Bündnis während des Ost-West-Konflikts. Gegen dessen Ende schien es sogar so, als hätte sich der westliche Missionsanspruch durchgesetzt und würde von niemandem mehr ernstlich in Frage gestellt. Bekannte Politikwissenschaftler prognostizierten damals eine weltweite Demokratisierungswelle. Als die sowjetsozialistische Herrschaft implodiert war, wurden in den meisten nunmehr post-kom-

---

4 Dabei fällt einem das Wort des früheren deutschen Außenministers und FDP-Vorsitzenden Guido Westerwelle ein, der sich missbilligend über die „spätrömische Dekadenz" der deutschen Gesellschaft geäußert hat. Später hat er diesen Ausspruch bereut.
5 Dieser Ausdruck hat inzwischen den in der Tat ja auch nicht mehr politisch angemessenen Terminus „Dritte Welt" ersetzt. Beiden gemeinsam ist eine programmatische Distanz zum Westen.
6 Peter R. Neumann, Die neue Weltunordnung. Wie sich der Westen selbst zerstört, Berlin 2022, S. 7.

munistischen „Transformationsgesellschaften" (inklusive Russland) westliche Ordnungsvorstellungen für das politische und das ökonomische System mit großer öffentlicher Zustimmung eingeführt. Der Westen überall auf dem Vormarsch – Ende der Geschichte ordnungspolitischer Konflikte.

3. Interessen, Sinn- und Ordnungswerte

Pustekuchen! Gut 30 Jahre nach der Proklamation des kurz bevorstehenden weltweiten Triumphs westlicher Grundwerte ist aus dem damaligen siegesgewissen Wohlfühl-Universalismus ein eigentümlich untergangsverliebter Katzenjammer geworden. Der Westen gilt nicht nur vielen anderen weltpolitischen Akteuren als mitten im Abstieg begriffen, gleichermaßen macht- und ideenpolitisch. Auch im Westen selbst, eigentlich sogar gerade dort, wo man den Quellgrund für seine Erneuerung und ideenpolitische Weiterentwicklung vermutet, ist diese Abstiegsperspektive groß in Mode.[7]

Realpolitisch, heißt es, sei mit dem Westen nicht mehr viel los. Die Interessen westlicher Staaten seien in den vergangenen Jahren immer mehr auseinandergedriftet. Seine Führungsmacht, die Vereinigten Staaten, sähen diese Rolle zunehmend als lästig und zu kostspielig an. Und um die westliche *soft power* sei es ähnlich schlecht bestellt; die Funktion als politisches Vorbild für andere Gesellschaften sei vernachlässigt und die Attraktivität seiner Grundwerte und seiner repräsentativen Institutionen immer mehr verblasst. Aufklärungsresistenter Populismus und demokratiefremde politische Bewegungen bekamen in den letzten Jahren mehr und mehr Zulauf. Extremistische Strömungen sickern von den Rändern der politischen Systeme westlicher Länder bis in deren Mitte durch. Armin Nassehi spricht in einem klugen Essay über den Standort des Westens von dessen „Selbstdementierung".[8] Das ist ein Lieblingsargument auch weniger kluger westlicher Intellektueller. Aber es wird gerne, verknüpft mit anderen negativ eingefärbten Urteilen, von nicht-westlichen Politikern, Publizisten und Intellektuellen aufgegriffen, die sich ihren hochgemuten Reim machen auf die ökonomischen Probleme westlicher Staaten und ihre militärische Erfolgslosigkeit in den Konflikten des Nahen Ostens. Rückenwind für solche Argumente lieferte zuletzt das Scheitern des mit viel Aufwand verfolgten zivil-militärischen Transformationsprojekts in Afghanistan.

Einmal abgesehen davon, dass es genügend Anlässe zur westlichen Selbstkritik gibt, erscheinen die selbstgewissen und teilweise auch selbstgerechten internen und externen Prognosen vom endgültigen Abstieg des Westens doch als etwas voreilig. Dieser Beitrag, obwohl im Folgenden durchaus distanziert gegenüber vielen

---

7 Den zahlreichen Berichten über die „neueste Stimmung im Westen" an den sogenannten Elite-Universitäten (anderen auch) westlicher Länder lässt sich entnehmen, welche bizarre Verwirrung der antiwestliche Zeitgeist dort anrichtet.
8 Armin Nassehi, Wo liegt der Westen? Eine Standortbestimmung in unübersichtlicher Zeit, in: Kursbuch 211/2022, S. 104.

westlichen Projekten und Prioritäten bei der Etablierung und Pflege einer liberalen Weltordnung, enthält sich jedenfalls aller diesbezüglichen Voraussagen. Dabei spielt keine Rolle, dass der russische Präsident Putin mit dem Überfall auf die Ukraine im Februar 2022 nicht, wie er kalkuliert hat, die Schwäche des Westens enthüllt, vielmehr die Handlungsbereitschaft und den Zusammenhalt des westlichen Bündnisses gestärkt hat – bisher jedenfalls.

Auf wenn auch sehr abstrakte Weise lässt sich das selbstgestellte Ziel des Westens in der Moderne als „Versöhnung von individueller Freiheit und gesellschaftlicher Ordnung"[9] beschreiben. Diese Formulierung steht in der eher kleinräumig gedachten Tradition des deutschen Idealismus, der bekanntlich als Blaupause für konkrete Politik, vor allem Weltpolitik, nur sehr eingeschränkt nutzbar ist.[10] Seine politisch-philosophische Tradition hat für die Aufklärung und damit für die Dynamik von Zielvorstellungen auf verschiedenen Handlungsfeldern (z. B. Wissenschaft und Technikentwicklung, individuelle und kollektive Freiheits-, sprich: Befreiungskonzepte[11]) eine hoch einzuschätzende Bedeutung. Zugleich hat sie für die politische Praxis ein Problem akzentuiert, das erheblich zu den Fehlschlägen westlicher Politik beigetragen hat: das Nebeneinander und häufig das Gegeneinander von (materiellen, partikularen) Interessen und (ideellen, universalistischen) Werten.

Nun sind Werte auch Interessen, wenn auch von besonderer Art. Sie bestimmen das Welt- und Menschenbild der Akteure. Sie produzieren Legitimationen, stellen politische Ordnungsziele vor und eröffnen Sinn- und Ordnungsperspektiven. Was sie nicht tun (oder nur bei falscher politischer Kalibrierung), das ist die Formulierung detaillierter Vorgaben für das politische Handeln in Konkurrenz- und Konfliktsituationen. Dort geht es um die Durchsetzung *materieller* Interessen, um Machterhalt oder Machtentfaltung und in zugespitzten Konfrontationen um das Überleben als Gemeinschaft. Im günstigsten Fall, der selten genug eintritt, gehen Interessen und Werte, Realpolitik und Idealpolitik, ohne größere Widersprüche ineinander über und bilden eine glaubwürdige Einheit. Darauf trifft man jedoch nur ausnahmsweise. Häufig kommen sie sich gegenseitig in die Quere. Langzeitbeobachtungen der Politik westlicher Staaten liefern zahllose Beispiele für ein solches Gegeneinander. In den meisten Fällen setzen sich also beispielsweise Wirtschaftsinteressen gegen Menschenrechte durch. Zur Erhöhung der eigenen Energiesicherung wird die Zusammenarbeit auch mit diktatorischen Regimen nicht abgelehnt. Militärische Kooperation mit dem „Feind unseres Feindes" gilt als realpolitisch geschickt, völlig unabhängig davon, dass solche Kooperationspartner für die eigenen Werte nur Un-

---

9 Ebd., S. 105.
10 Das kann man gut an dem eindrucksvollen, aber als Vorlage für ein Friedensprogramm in der internationalen Politik eben doch nicht sinnvoll verwendbaren „philosophischen Entwurf" Immanuel Kants mit dem halb ironisch gemeinten Titel „Zum ewigen Frieden" (1795) studieren. (Solche durchaus respektvolle Kant-Kritik wird vom Mainstream in der Friedens- und Konfliktforschung allerdings vehement zurückgewiesen.)
11 Vgl. die ebenso glänzende wie stellenweise kuriose Studie von Christoph Menke, Theorie der Befreiung, Berlin 2022.

verständnis oder gar Verachtung aufbringen. Kritiker westlicher Machtpolitik äußern solche Feststellungen oft mit einem vorwurfsvollen Unterton.

Der ist aber unangebracht. Internationale Politik lässt sich nicht auf einen reinen Sinnwerte-Wettstreit reduzieren. So können es sich Regierungen nicht leisten, gerade solche, die auf demokratische Legitimation angewiesen sind, die wirtschaftlichen und geopolitischen Interessen der großen Mehrheit ihrer Bevölkerung zu vernachlässigen oder gar aufs Spiel zu setzen, um eigene kulturelle Werte durchzusetzen. Ebenso wenig können sie es sich leisten, die eigenen programmatischen Werte durch ihr Handeln nachhaltig zu desavouieren. Es ist also ein schmaler Grat, auf dem sie sich politisch bewegen müssen. Abstürze gibt es gar nicht selten – einerseits in zynische, weil die eigenen Werte durch Unglaubwürdigkeit beschädigende Machtpolitik, andererseits in idealistische Politikfremdheit, mit der sich weder eigene Interessen noch eigene Werte verwirklichen lassen. Kaum jemals gibt es Situationen, in denen die Regierungen um Kompromisse herumkommen. Die müssen nach innen und nach außen kommunizierbar sein.[12]

In der Theologie, der politischen Philosophie sowie den Geistes- und Sozialwissenschaften wird diese Problematik meist in einer etwas anderen Terminologie abgehandelt, nämlich als die Schwierigkeit, Politik (politisches Handeln) und Moral zusammenzuhalten. Der Bereich der Moral umfasst über die Sinn- und Ordnungswerte von Individuen und Gesellschaften hinaus auch die „Ausführungsbestimmungen" dazu, also nicht nur Ziele und Grundsätze, sondern auch das Verhalten. Es liegt auf der Hand, dass sich in der Politik hier oft dramatische Abgründe auftun.

4. Grenzen der Verrechtlichung internationaler Politik

Zum Kanon westlicher Vorstellungen über die Ordnung der Welt gehört traditionell das Ziel, die internationalen Beziehungen zu verrechtlichen. Der hierzulande häufig zustimmend zitierte Satz von Egon Bahr „Wo Macht ist, soll Recht werden" überdehnt allerdings eine jahrhundertelange Vorstellung, die im Wesentlichen im sich herausbildenden Westen forciert wurde. Denn das hier nicht ausgesprochene, aber sozusagen umso lautstärker mitgedachte Eingangswort „überall" zielt auf eine utopische Gesellschaft.

Auf der anderen Seite ist unbestreitbar, dass es ohne rechtliche Regeln mit mehr als nur einem Minimum an Verbindlichkeit keine dauerhaften stabilen Beziehungen zwischen Menschen geben kann, gleichviel ob auf der individuellen oder der kollektiven Ebene. Grundlage für das Zusammenleben und vor allem auch die Behandlung von Konflikten der Staaten im modernen internationalen System[13], ist das

---

12 Wie schwierig hier die Balance der Innen/Außen-Perspektiven ist, hat schon Putnam aufgezeigt: Robert D. Putnam, Diplomacy and Domestic Policies: The Logic of Two-Level-Games, in: International Organization 42 (1988), S. 427–460.
13 Auch als „Westfälisches System der internationalen Beziehungen" bezeichnet, weil entscheidende politisch-rechtliche Impulse für dieses internationale System auf die Friedensverhand-

Völkerrecht, über viele Generationen hinweg westlich geprägt.[14] Dabei standen (und stehen) als souveräne Grundeinheiten des internationalen Systems die Staaten im Zentrum des Völkerrechts, was die englische (*international law*) und französische (*loi internationale*) Bezeichnung eindeutiger als der deutschsprachige Terminus zum Ausdruck bringen. Die Geschichte der Entwicklung völkerrechtlicher Normen und Institutionen[15] ist hier nicht das Thema. Sie zeigt uns einen verzerrten Spannungsbogen zwischen Macht und Recht, weil Akteure mit ausreichenden Machtmitteln das internationale Recht in ihrem Sinne biegen können, es sei denn, sie betrachten seine Durchsetzung und Befolgung als in ihrem Interesse liegend.[16] Das kommt auch gar nicht so selten vor. Vom späten 19. Jahrhundert an, als sich die Dynamik der Globalisierung immer heftiger entfaltete, und besonders nach der Ära der beiden Weltkriege in der ersten Hälfte des 20. Jahrhunderts intensivierten sich die Bemühungen zur Verrechtlichung internationaler Beziehungen. Sie sollten wie der Völkerbund 1920 und die Vereinten Nationen 1945 in erster Linie als Konfliktregelungen dienen und Kriege verhindern. Sie waren durch und durch westliche Projekte, mit denen versucht wurde, anderen Nationen die westlichen Ordnungsvorstellungen schmackhaft zu machen.

Kriegsverhinderung, Gewaltverbot (außer bei Verteidigung), Humanisierung des Kriegsrechts (ein wichtiges, aber nur eingeschränkt wirksames Konzept), Bereitstellung von Institutionen der Vermittlung und friedlichen Streitbeilegung – das alles waren und sind Ziele westlicher Weltordnungspolitik. Dabei sind eindrucksvolle Dokumente entstanden, die wie die Charta der Vereinten Nationen scheinbar auch weltweite Geltung erlangt haben. Aber nur scheinbar, denn die Mitgliederzahl der Vereinten Nationen umfasst zwar fast alle Staaten auf der Erde, und deren Regierungen haben sich mehr oder weniger feierlich zu den Verpflichtungen in der UN-Charta bekannt. Aber daran gehalten haben sie sich immer nur dann, wenn es ihren momentanen Interessen entsprach und sie sich davon Vorteile versprachen.

Die Bemühungen um das humanitäre Völkerrecht sind eine Antwort auf die Weiterentwicklung von Waffensystemen, nicht zuletzt der modernen Massenvernichtungswaffen.[17] Westliche Weltordnungspolitik mit dem Ziel der Verrechtlichung internationaler Beziehungen, wie widersprüchlich sie im Einzelnen auch ist, umfasst allerdings einige Facetten mehr. Ganz allgemein gesagt, ist der Ausgangspunkt für die meisten Bestrebungen zur Etablierung international verbindlicher rechtlicher Regeln die Expansion des ursprünglich westlich geprägten und dominierten internationalen Systems über den ganzen Erdball. Für diesen Vorgang hat sich der Ausdruck

---

lungen nach dem Ende des Dreißigjährigen Krieges 1648 in Münster und Osnabrück zurückgehen.
14 Obwohl der Text vielfach herb kritisiert wird, vermittelt er immer noch zahlreiche anregende Aufschlüsse über den Ausbildungsprozess des modernen Völkerrechts: Carl Schmitt, Der Nomos der Erde im Völkerrecht des JUS Publicum Europaeum, 3. Aufl., Berlin 1988.
15 Vgl. Wilhelm G. Grewe, Epochen der Völkerrechtsgeschichte, Baden-Baden 1984.
16 Genau dieser Sachverhalt dient als Ansatzpunkt für eine Kritik völkerrechtlicher Regeln als parteiisch im Dienste bestehender Machtverhältnisse.
17 Damit werden die ABC-Waffen bezeichnet: Atomwaffen, biologische und chemische Waffen.

Globalisierung eingebürgert, mit dem allerdings sehr unterschiedliche Vorstellungen verbunden werden. Die zeitweise populären Assoziationen von einer weltweiten Einebnung aller politischen Konflikte und kulturellen Divergenzen waren dabei immer schon erstaunlich weltfremd. Genauso war und ist die in einigen Zirkeln mit großer, sektiererische Züge nicht entbehrender, Ernsthaftigkeit propagierte Idee von einem Weltstaat als Lösung aller Übel internationaler Beziehungen. Globalisierung ist ein Prozess, der sich an unterschiedlichen Orten ganz unterschiedlich auswirkt. Von einer Entwicklung hin zu einem „globalen Dorf"[18] kann ebenso wenig die Rede sein wie vom Verschwinden der Staaten.

Bei der Globalisierung von Handels- und Finanzbeziehungen, bei der gemeinsamen Bekämpfung weltweiter Probleme wie Pandemien, der Verschmutzung der Weltmeere oder dem Klimawandel braucht es jedoch über staatliche Grenzen hinweg geltende rechtliche Regeln plus möglichst mit eigenständiger (aber nicht souveräner) Handlungsmacht ausgestattete Institutionen[19] zu deren Überwachung. Zwischenstaatliche Allianzen und Abkommen haben eine lange diplomatische Tradition. Am Ende des Ost-West-Konflikts stand nicht nur der Zusammenbruch des sowjetsozialistischen „Systemgegners" des transatlantischen Westens. Auch alle (im Grunde ohnehin auf schwachen Füßen stehenden) Anstrengungen zur Konstruktion und Geltendmachung eines mit den westlichen ordnungspolitischen Grundsätzen und Perspektiven konkurrierenden Völkerrechts für das „sozialistische Weltsystem"[20] sanken in sich zusammen.

Damals schien es bekanntlich so, als würde sich die westliche Weltordnungspolitik auf der machtpolitischen und der rechtlichen Ebene von selbst durchsetzen. Viele Beobachter sahen damals den Globus „auf dem Wege zu einer Weltrechtsordnung". Oberhalb der einzelstaatlichen Rechtsordnungen und dem bereits existierenden internationalen Recht tauchten die Konturen einer „dritten Rechtsordnung" auf, als deren Protagonisten in erster Linie nichtstaatliche Akteure (am sichtbarsten die transnationalen Konzerne) galten.[21] Die gedanklichen Grundlagen dieser weit verbreiteten Einschätzung stammten aus makrosoziologischen Konzepten, denen viel

---

18 So aber eine um die Jahrhundertwende häufig vertretene Position in der Politikwissenschaft: Richard Rosecrance, Das globale Dorf. New Economy und das Ende des Nationalstaates, Darmstadt 2001.
19 Also von Staaten beschlossene internationalen Organisationen und internationale Regime. Mit diesem Begriff werden von einer Reihe von Staaten verbindlich vereinbarte Regeln und Vorschriften bezeichnet, die ihr Handeln auf einem bestimmten, oft sehr eng und präzise umgrenzten Problemfeld steuern. Ein Beispiel dafür ist etwa das internationale Abkommen zur Regelung des Walfangs.
20 Beispielhaft: Gregorij I. Tunkin, Völkerrechtstheorie, Berlin 1972. Der Herausgeber dieser aus dem Russischen übersetzten Schrift, Theodor Schweisfurth, hat dazu eine instruktive Einleitung verfasst.
21 Rüdiger Voigt, Weltrecht – Entsteht eine ‚Dritte Rechtsordnung'?, in: Rechtstheorie 39 (2008), S. 357–380. Vgl. auch die sehr informative Studie von Angelika Emmerich-Fritsche, Vom Völkerrecht zum Weltrecht, Berlin 2007.

Prognosekraft zugetraut wurde: der „Rückzug des Staates"[22], der damit einhergehende Verfall staatlicher Souveränität[23] samt dem Zusammenbruch des staatszentrierten westfälischen Systems der internationalen Beziehungen[24], dem zunehmenden Funktionsverlust staatlicher Grenzen[25], die Entwicklung der Weltgesellschaft.[26] Dies alles stand unter dem Banner des Kosmopolitismus, blieb aber trotz aller Diversitätsbehauptungen von westlichen Vorstellungen über die Ordnung der globalen Wirtschaft und des global geltenden Rechts bestimmt. Als wichtiger Faktor bei der Transformation oder Vertiefung der Weltgesellschaft wurde das stete Anwachsen einer gleichermaßen selbstbewussten wie prinzipiell fortschrittlichen (also beispielsweise kapitalismuskritischen) „Zivilgesellschaft" angesehen.

All diese Konzepte und die in ihnen angelegten, meist zukunfts-optimistischen Konstruktionen beziehen sich auf den in seinen vielfältigen Dimensionen nicht genau überblickten Langzeit-Prozess der Globalisierung. Ihre Verfechter haben zwar viele empirische Züge der Globalisierung, speziell seit den 1990er Jahren, angemessen beschrieben. Zugleich haben sie aber andere fehl- oder zumindest überinterpretiert. So wurden etwa die schon Mitte dieses Jahrzehnts aus Staaten wie China, Singapur oder Malaysia von dortigen Politikern etwas hölzern vorgetragenen Ansprüche, sich von westlichen Werten zugunsten eigener „asiatischer Werte" zu distanzieren, nicht ganz ernst genommen und als bloße herrschaftssichernde Instrumentalisierung abgetan.

Auf ebenso wenig Aufmerksamkeit über die jeweils aktuelle Tagespolitik hinaus stieß das lauter werdende Grollen einer wachsenden Zahl vor allem junger Menschen im Westen über bestimmte Projekte und Institutionen westlicher Weltordnungspolitik. Es fand seinen Ausdruck etwa in den intensiven Protesten gegen die Welthandels-Organisation (WTO) und ihre Versuche zur weiteren Liberalisierung des Welthandels, gegen den vom Internationalen Währungsfonds und der Weltbank geförderten *Washington-Konsens*[27] von 1990 zur Stabilisierung verschuldeter Volkswirtschaften sowie, um eine „zivilgesellschaftliche" Institution zu nennen, gegen das

---

22 Vgl. die seinerzeit viel beachtete Referenzschrift von Susan Strange, The Retreat of the State. The Diffusion of Power in the World Economy, Cambridge 1996.
23 David J. Elkins, Beyond Sovereignty. Territory and Political Economy in the Twenty-First Century, Toronto 1995.
24 Mark W. Zacher, The decaying pillars of the Westphalian temple: implications for international order and governance, in: James N. Rosenau/Ernst-Otto Czempiel (Hrsg.), Governance without government: order and change in world politics, Cambridge 1992, S. 58–101; Ulrich Beck/Michael Zürn (Hrsg.), Regieren jenseits des Nationalstaates, Frankfurt a. M. 1998.
25 Saskia Sassen, Territory – Authority – Rights. From Medieval to Global Assemblages, Princeton, N. J. 2006.
26 Rudolf Stichweh, Das Konzept der Weltgesellschaft. Genese und Strukturbildung eines globalen Gesellschaftssystems, in: Rechtstheorie 39 (2008), S. 329–357; vgl. auch: Thorsten Bonacker/Christoph Weller (Hrsg.), Konflikte der Weltgesellschaft. Akteure – Strukturen – Dynamiken, Frankfurt a. M. 2006.
27 Vgl. die Kritik am Washington-Konsens von Joseph Stiglitz, Die Chancen der Globalisierung, München 2008.

jährliche Weltwirtschaftsforum in Davos.[28] Diese Proteste richteten sich vordergründig gegen die Globalisierung schlechthin, tatsächlich aber gegen deren politische, ökonomische und rechtliche Ausprägung als Globalisierung unter der Dominanz westlicher Ordnungs- und Rechtsvorstellungen. Das bunte Spektrum der propagierten Alternativen dazu blieb schlagwortartig vage, sozialromantisch und utopisch.

Gewiss sind im Zuge der Globalisierung Zahl und Umfang der Rechts-Texte zur Regelung und Steuerung der internationalen Beziehungen auf den verschiedensten Gebieten enorm angewachsen. Aber das bedeutet eben nicht, dass nunmehr Recht herrscht, wo vorher Macht entschied. Nirgendwo ist das sichtbarer geworden als in der Entwicklung eines *Weltstrafrechts*. Dieser Rechtsbereich kann als Kern des *Weltinnenrechts* apostrophiert werden, eine Bezeichnung, die auf den Kieler Völkerrechtler Jost Delbrück zurückgeht.[29] Das Weltstrafrecht ist um die schon lange (und vergeblich) ventilierte Möglichkeit zentriert, eine internationale Ordnung als Friedensordnung zu stabilisieren und alle entscheidungsmächtigen Akteure zu sanktionieren, die dagegen verstoßen. 1945 trat in Nürnberg der Internationale Militärgerichtshof der Alliierten zusammen, um die Verantwortlichen für Kriegsverbrechen und Völkermord der Wehrmacht und des nationalsozialistischen Regimes zur Rechenschaft zu ziehen. Ein ähnliches ad hoc-Tribunal gab es ein Jahr später in Tokio. Während des Ost-West-Konflikts erbrachten alle Bemühungen im Rahmen der Vereinten Nationen, Begriffe wie Völkermord, Angriffskrieg oder Kriegsverbrechen einvernehmlich, präzise und juristisch handhabbar zu definieren, kein Ergebnis. Nach seinem Ende kamen diese Bemühungen erneut in Fahrt und führten zur Gründung des Internationalen Strafgerichtshofs (IStGH) in Den Haag. Er ist dort seit 2002/03 tätig. Der entscheidende Dreh bei der Etablierung dieser Institution ist erstens seine Beschränkung auf die strafrechtliche Verantwortung von Individuen, zweitens seine Konzentration auf besonders schwere Straftaten und drittens als Bedingung für sein Tätigwerden, dass nationale Gerichte nicht ihrerseits schon entsprechende Verfahren aufgenommen haben. Diese Konstruktion hebelt staatliche Rechtssouveränität nicht völlig aus, behandelt sie aber auch nicht als unverletzlich. Das Design zeugt von großen diplomatischen Anstrengungen. Es zeigt sich indes, dass alle Staatsführungen, sofern sie nicht zu sehr durch innere oder äußere Konflikte geschwächt sind, sich ihre souveräne Entscheidungsgewalt durch ein internationales Gericht keinesfalls beeinträchtigen lassen wollen.[30]

Die bei den Vorbereitungen zur Gründung des IStGH sehr aktive Bundesrepublik Deutschland würde ihn lieber als universell anerkannte, die Souveränität der Staaten

---

28 Dass gerade das Weltwirtschaftsforum und sein Gründer Klaus Schwab neuerdings zum Gegenstand bizarrer Verschwörungsmythen geworden sind, stellt der zuversichtlichen Vernunft westlicher Weltordnungspolitik auch nicht gerade ein gutes Zeugnis aus.
29 Vgl. Klaus Dicke u. a. (Hrsg.), Weltinnenrecht. Liber amicorum Jost Delbrück, Berlin 2005. Dieser Begriff korrespondiert mit dem der Weltinnenpolitik (global governance), einem der vielen Euphemismen der politischen Sprache.
30 Wilfried von Bredow, State Sovereignty and the Legitimacy of Aggression, in: Stefanie Bock/ Eckart Conze (Hrsg.), Rethinking the Crime of Aggression. International and Interdisciplinary Perspectives, Den Haag 2022, S. 155–169.

transzendierende Rechtsinstanz sehen. Das stieß aber von Anfang an auf wenig Gegenliebe. Nicht nur nicht-westliche große Mächte wie die Volksrepublik China, Russland und Indien wollten mit dem IStGH nichts zu tun haben. Außen vor blieben auch (anders begründet) die Vereinigten Staaten von Amerika, die sich zunächst am Zustandekommen eines solchen Gerichtshofs sehr interessiert gezeigt hatten.

Zahlreiche Regierungen in Afrika einschließlich der Südafrikas haben dem IStGH zudem vorgeworfen, der Auswahl seiner Verfahren lägen rassistische Kriterien zugrunde. Auch stößt man auf die Kritik, das Gericht agiere als Instrument des westlichen Neokolonialismus. Wer die mühevolle Einrichtung des IStGH als ein rechtspolitisches Ordnungsprojekt mit potenziell globaler Geltungskraft und unter westlichem Vorzeichen ansieht, muss an dem bisherigen Ergebnis einmal mehr die eingeschränkte Gestaltungsfähigkeit westlicher Weltordnungspolitik erkennen. Ausschlaggebend dafür sind zwei Gründe: mangelnde Einigkeit unter den westlichen Staaten selbst und die Distanzierung vieler nicht-westlicher Staaten von diesem Projekt.

5. Humanitäre Intervention und Internationale Schutzverantwortung

Die Erfolge und Misserfolge der Verrechtlichung internationaler Beziehungen, die in den letzten Jahrzenten zu verzeichnen waren, schafften es nur ausnahmsweise in die Schlagzeilen der Medien. Auf den vorderen Plätzen der Themen, die große weltöffentliche Aufmerksamkeit auf sich ziehen, waren sie nicht zu finden. Anderen Bemühungen westlicher Staaten und ihrer Regierungen, Konzepte für eine allen oder jedenfalls den meisten Akteuren akzeptable Weltordnung zu propagieren, erging es ein Stück weit besser. Das liegt nicht daran, dass diese Konzepte etwa griffiger und leichter verständlich, überzeugender und in der Praxis erfolgreicher umsetzbar wären. Vielmehr sind es gerade ihre unklaren Konturen und ihr weitgehendes Scheitern in konkreten Konfliktsituationen, die den öffentlichen Diskurs über sie auch jenseits kleiner Expertenzirkel in Gang hielten.

Wenden wir uns, chronologisch korrekt, zunächst dem Konzept der *humanitären Intervention* zu. Einen ersten Diskussionsblock über das Für und Wider humanitärer Interventionen gab es in den 1990er Jahren. Daran beteiligt waren vor allem Sozialwissenschaftler aus Universitäten und *Think Tanks* westlicher Länder. Ihre Überlegungen dazu gingen vor allem auf die unmittelbar nach dem Ende des militärisch zunächst siegreich beendeten Krieges einer internationalen Koalition gegen den Irak zurück. Dessen Diktator Saddam Hussein hatte im August 1990 Kuwait annektiert. Der UNO-Sicherheitsrat billigte etwas später mit seiner Resolution 678 ein internationales Eingreifen, auch mit militärischen Mitteln, um diese Annexion rückgängig zu machen. Unter Führung der USA gab es zwischen Mitte Januar und Anfang März 1991 eine heftige militärische Intervention. Durch die Niederlage des Irak gewann Kuwait (nicht gerade ein demokratisch regierter Staat) zwar seine Unabhängigkeit zurück. Zugleich verschärfte sich aus verschiedenen Gründen (internationale Sanktionen mit falsch kalkulierten Zielen, religiöse und ethnische Rivalitäten, um bloß diese zu nennen) die politisch-militärische Instabilität nicht nur im Irak selbst, sondern in der ganzen Region.[31]

Am Ende dieses zweiten Golfkriegs verkündete der amerikanische Präsident George Bush das Ziel einer „Neuen Weltordnung", in der alle Nationen wirtschaftlich prosperieren könnten. Freiheit und Respekt vor Menschenrechten sollten überall vorherrschen. Brutalität und Angriffskriege würden auf kollektiven Widerstand stoßen. Er ließ keinen Zweifel daran, dass eine solchermaßen installierte Weltordnung unter der Führung der USA stehen würde.[32] Das Echo auf dieses Projekt war unterschiedlich – in den USA mehrheitlich (jedoch nur kurzfristig) enthusiastisch und angefacht von Illusionen über den „unipolar moment"[33], in anderen Ländern eher skeptisch bis sogar ablehnend.[34]

Immerhin erschien es trotz solcher Skepsis auch aus anderen Perspektiven als der amerikanischen so, dass die Chancen für westliche Freiheitsvorstellungen, Demokratie und Achtung vor den Menschenrechten weltweit gar nicht schlecht stehen. Wo Repression, Diktatur und Menschenrechtsverletzungen in großer Zahl sichtbar wurden, und das wurden sie nicht zuletzt dank der raschen internationalen Verbreitung insbesondere in Bild-Medien, erschien eine Intervention von außen mit dem Ziel, den unterdrückten Menschen beizustehen, ausgesprochen legitim. Nun kann man sich sehr unterschiedliche Mittel für eine Intervention vorstellen, von diplomatischen Verhandlungen bis zu wirtschaftlichen Sanktionen. Aber die Natur repressiver Regime oder das Fehlen handlungsfähiger Staatsführung im Falle von *failing states* schließen deren Wirksamkeit weitgehend aus. Es bleibt das Mittel der militärischen Intervention. Um sie völkerrechtlich zu legitimieren, braucht es besondere Voraussetzungen. So betonen Münkler und Malowitz in ihrer Definition von humanitärer Intervention das militärische Element: „Eine humanitäre Intervention ist eine militärische Maßnahme, die von einem Staat oder einer Gruppe von Staaten mit oder ohne Ermächtigung des Sicherheitsrates der UN auf dem Territorium eines anderen Staates ohne dessen Ersuchen durchgeführt wird, um Menschen beliebiger Staatsan-

---

31 Diese instabile Lage steuerte auf den dritten Golfkrieg zwischen März und Mai 2003 zu, der ebenfalls unter amerikanischer Führung stattfand (diesmal aufgrund fadenscheiniger Behauptungen und ohne ein Mandat der UNO). Die Angriffsentscheidung des amerikanischen Präsidenten Bush Jr. spaltete im Übrigen auch das westliche Bündnis. Die von 2003 bis 2011 andauernde Besetzung des Irak sollte u. a. den Aufbau einer demokratisch legitimierten Regierung unterstützen. Stattdessen vertiefte sie die bürgerkriegsähnlichen Konflikte im Lande, schürte den internationalen Terrorismus und hinterließ dunkle Flecken auf dem Image der US-Streitkräfte.
32 Die Fernsehansprache von George Bush ist dokumentiert in: Europa-Archiv 46 (1991), S. D119–125.
33 So etwa Charles Krauthammer, The Unipolar Moment, in: Foreign Affairs 70 (1991), S. 23–33. Diese Begeisterung über die Machtfülle der USA führte dann über die Präsidentschaft Bill Clintons (1993–2001) hinweg zu der folgenreichen Fehleinschätzungen der neo-konservativ geprägten Präsidentschaft von George W. Bush (2001–2009).
34 Vgl. Wilfried von Bredow, Turbulente Welt-Ordnung. Internationale Politik am Ende des 20. Jahrhunderts, Stuttgart 1994, S. 21–24.

gehörigkeit vor massenhaften und gravierenden Menschenrechtsverletzungen oder den Auswirkungen herbeigeführter oder geduldeter humanitärer Notlagen zu schützen."[35] Unübersehbar ist der moralische Überschuss dieses Konzepts. In seinem Fokus stehen nicht Staaten und Regierungen, sondern Individuen und Minderheiten, die innerhalb größerer sozialer und politischer Gruppen unterdrückt, verfolgt oder ausgegrenzt sind. Diese Blickfeld-Verlagerung[36] beruht auf ziemlich unrealistischen Prämissen. Außerdem bringt sie diejenigen, von denen eine humanitäre Intervention erwartet werden kann, also nicht nur, aber in erster Linie die westlichen Staaten, in ziemlich schwierige Entscheidungssituationen – und das gleich mehrfach.

Erstens gibt es in der Welt viel zu viele Fälle von Unterdrückung und gravierenden Menschenrechtsverletzungen. Nicht in jedem Fall kann interveniert werden. Interventionen sind kostspielig und die Mittel der im Prinzip interventionsbereiten Staaten beschränkt. Es muss eine Auswahl getroffen werden, eine Art humanitäre Triage. Aber wie soll entschieden werden, wann eine Repression so schwerwiegend ist, dass dies eine Intervention rechtfertigt?[37]

Zweitens müssen in einer Demokratie Regierung und Öffentlichkeit gleichermaßen eine Intervention befürworten.[38] Das klingt einfach, ist es in der Praxis oft aber ganz und gar nicht. Die Forderung nach einer bestimmten humanitären Intervention kommt häufig von zivilgesellschaftlichen Gruppen, die sich in besonderer Weise um das Elend und die Menschenrechtsverletzungen in einem bestimmten Gebiet kümmern. Sie treten sozusagen als aktivistische Lobbygruppe mit humanitärer Gesinnung auf. Sie organisieren Medien-Kampagnen und machen so Druck auf die Regierung, um diese zu einem Eingreifen zu bewegen. Das bringt diese zuweilen in eine Zwangslage. Denn die Entscheidung einer Regierung muss viele andere Faktoren mit einbeziehen.[39]

---

35 Herfried Münkler/Karsten Malowitz (Hrsg.), Humanitäre Intervention. Ein Instrument außenpolitischer Konfliktbearbeitung – Grundlagen und Diskussion, Wiesbaden 2008, S. 8 f.
36 Dieselbe Blickfeld-Verlagerung liegt auch dem Konzept der „human security" zugrunde. Um die Jahrhundertwende wurde es kurzzeitig zu einem prominenten Thema öffentlicher Diskurse und sogar für manche Regierungen (Kanada, Japan u. a.) attraktiv. Vgl. etwa: Commission on Human Security, Human Security Now. Protecting and Empowering People, New York 2003; The Trilateral Commission, The New Challenges to International, National and Human Security Policy, Washington 2004; Keith Krause, Human Security: An Idea Whose Time Has Come?, in: Sicherheit und Frieden, 23 (2005) H. 1, S. 1–6; Mary Kaldor/Mary Martin/Sabine Selchow, Human security: a new strategic narrative for Europe, in: International Affairs 83 (2007), S. 273–288.
37 Dazu hat Dieter Senghaas schon früh eine „Interventionskasuistik" mit sieben Fallgruppen vorgelegt: Dieter Senghaas, Weltinnenpolitik – Ansätze für ein Konzept, in: Europa-Archiv 47 (1992), S. 643–652.
38 Wolfgang Wagner, The Democratic Politics of Military Interventions. Political Parties, Contestation, and Decisions to Use Force Abroad, Oxford 2020.
39 Christina G. Badescu, Authorizing Humanitarian Intervention: Hard Choices in Saving Strangers, in: Canadian Journal of Political Science 40 (2007), H. 3, S. 51–78.

Drittens müssen alle oder zumindest eine quantitativ und qualitativ hervorstehende Mehrheit der fiktiven „internationalen Gemeinschaft"[40] darin übereinstimmen, dass eine humanitäre Intervention notwendig und unterstützenswert ist. Denn nur eine multilateral in die Wege geleitete Intervention ist einigermaßen gegen den Verdacht gefeit, vorwiegend dem nationalen Eigeninteresse der intervenierenden Mächte zu dienen.

Viertens ist es für die Gegner einer Interventionsentscheidung dennoch nicht schwer, aus welchen Gründen auch immer, den Verdacht auszustreuen, das eigentliche Interventionsmotiv sei nicht humanitäre Solidarität, sondern fuße auf handfesten nationalen Eigeninteressen. Es gibt genügend Fälle, in denen sich dieser Verdacht auch erhärtet hat.

Fünftens schließlich ist am Beginn einer humanitären Intervention mit militärischen Mitteln überhaupt nicht vorherzusehen, wie sich die Konfliktlage vor Ort entwickelt und ab welchem Zeitpunkt die Militärmission beendet ist und die Interventionstruppen wieder abziehen können. Oft erweitert sich der Aufgabenkatalog der Interventionstruppen im Laufe ihrer Mission.[41] Eine sach- und konflikt-angemessene Exit-Strategie für den Einsatz der Interventionstruppen kann man sich zwar vornehmen. Ob sich nach ihren Vorgaben verfahren lässt, bleibt aber bis zuletzt, bis zum manchmal bitteren Ende ungewiss.

Humanitäre Interventionen sollen dem Elend und der Repression von Menschen in nicht-demokratischen Staaten oder in Zonen, wo die Bevölkerung durch das Versagen des Staates von Katastrophen bedroht wird, ein Ende bereiten. Sie wurden in den frühen 1990er Jahren vielfach als ein handhabbares und moralisch sauberes Instrument westlicher Weltordnungspolitik angesehen.[42] Eine Bilanz der Erfolge und der Misserfolge von humanitären Interventionen kommt zu einem ernüchternden Ergebnis. Abgesehen von kleineren positiven Ausnahmen haben sich die in sie gesetzten Erwartungen nicht erfüllt. Wem durch eine humanitäre Intervention geholfen wurde, hat freilich allen Grund, den eingreifenden Staaten dankbar zu sein. Es mag durchaus stimmen, dass humanitäre Interventionen „den Idealfall eines Gerechten Krieges"[43] darstellen. Aber eben nur im Idealfall, und den trifft man im politischen Geschehen selten genug an!

---

40 Wilfried von Bredow, Ein Konstrukt, aber kein Akteur. Die internationale Gemeinschaft zwischen Heterogenität und Verrechtlichung, in: Ulrich Lappenküper/Reiner Marcowitz (Hrsg.), Macht und Recht. Völkerrecht in den internationalen Beziehungen, Paderborn 2010, S. 295–313; Jan Wiegandt, Internationale Rechtsordnung oder Machtordnung? Eine Anmerkung zum Verhältnis von Macht und Recht im Völkerrecht, in: Zeitschrift für ausländisches öffentliches Recht und Völkerrecht 71 (2001), S. 31–76.
41 In der militärischen Terminologie ist hier von „mission creep" die Rede.
42 Ein breites Spektrum von Argumenten für und gegen humanitäre Interventionen bietet der Band von J. L. Holzgrefe/Robert O. Keohane (Hrsg.), Humanitarian Intervention. Ethical, Legal, and Political Dilemmas, Cambridge 2003; eher positiv: Wilfried Hinsch/Dieter Janssen, Menschenrechte militärisch schützen. Ein Plädoyer für humanitäre Interventionen, München 2006; eher skeptisch: Rory Stewart/Gerald Knaus, Can Intervention Work?, New York 2012.
43 Ewelina Hilger, Präemption und humanitäre Intervention – gerechte Kriege?, Frankfurt a. M. 2005, S. 144. Ein Versuch der Abwägung von Vor- und Nachteilen humanitärer Interventionen

Das Dilemma des Westens

Der im Dezember 2001 veröffentlichte Bericht der *International Commission on Intervention and State Souvereignty* (ICISS) über eine internationale Schutzverantwortung sollte eine Präzisierung der Bedingungen und Durchführungsbestimmungen humanitärer Interventionen sein. Er kam nicht zuletzt unter dem Eindruck zustande, dass weder die direkt oder indirekt beteiligten Staaten noch die Vereinten Nationen in der Lage gewesen waren, den Völkermord in Ruanda 1994 zu verhindern. Die Kernaussagen des Berichts wurden von den Vereinten Nationen in das Schlussdokument ihres Weltgipfels 2005[44] übernommen. Der Bericht proklamierte eine besondere Sichtweise auf die Souveränität eines Staates, nämlich dass die oberste Verantwortung eines Staates im Schutz der auf ihrem Territorium lebenden Menschen besteht. Wenn allerdings dieser Schutz nicht gewährleistet werden kann, aus welchen Gründen auch immer, zum Beispiel aus institutioneller Schwäche oder böser Absicht, dann geht diese Schutzverantwortung über auf die „internationale Gemeinschaft", die nun ihrerseits die Pflicht hat, ihr gerecht zu werden. Militärische Interventionen sollen dabei die Ausnahme bleiben und nur stattfinden dürfen, wenn ein Völkermord oder ethnische Säuberungen in großem Umfang drohen. Maßnahmen von außen sollten früh genug einsetzen, um präventiv und deeskalierend wirken zu können. Verfehlen sie ihren Zweck, sollen erst nicht-militärische und nur im Falle von deren Scheitern auch militärische Zwangsmaßnahmen mit einem Mandat des Sicherheitsrates der Vereinten Nationen erfolgen. Nach im Idealfall rasch erfolgreicher Intervention setzt eine dritte Komponente der internationalen Schutzverantwortung ein, nämlich die Verantwortung für einen friedlichen Wiederaufbau.

Wer den Bericht von 2001 studiert, ist zwar von der Umsicht und der Behutsamkeit beeindruckt, mit der seine Verfasser versucht haben, einen möglichen Missbrauch der internationalen Schutzverantwortung durch partikuläre Interessen und die leichtfertige Militarisierung der humanitären Intervention zu verhindern. In der Praxis sah es anders aus. Der am häufigsten diskutierte Anwendungsfall von R2P, der zunächst eindeutige Berechtigung aufwies, war die militärische Intervention in Libyen im März 2011. Zum Schutz der Zivilbevölkerung des Landes gegen die immer brutaler werdenden Übergriffe von Militär und Polizei des Gaddafi-Regimes verabschiedete der UNO-Sicherheitsrat am 17. März 2011 die Resolution 1973. Es gab keine Gegenstimme im Rat. Von den 15 Mitgliedern stimmten zehn für die Resolution; Brasilien, China, Indien, Russland[45] enthielten sich – und mit ihnen Deutschland. Die Enthaltungsgründe mögen unterschiedlich gewesen sein, wiewohl sie auch (weil es keine Nein-Stimmen mit Veto-Kraft waren) die multinationale Intervention in Libyen nicht blockierten, war ihr Abstimmungsverhalten jedenfalls nicht von hu-

---

und der Norm einer internationalen Schutzverantwortung findet sich auch bei Wilfried von Bredow, Sicherheit, Sicherheitspolitik und Militär. Deutschland seit der Vereinigung, Wiesbaden 2015, S. 48–96.
44 Das Schlussdokument dieses Weltgipfels ist nachzulesen unter https://www.un.org/depts/german/conf/weltgipfel2005.pdf (7. Februar 2023).
45 Das sind die vier Gründungsstaaten der BRICS-Gruppe, deren gemeinsames Auftreten ihre Distanz zur westlichen Dominanz in den Vereinten Nationen und der Weltpolitik zum Ausdruck brachte.

manitären Motiven bestimmt. Warum Deutschland aus der westlichen Phalanx ausscherte, ist hierzulande und von den westlichen Verbündeten mit Recht viel kritisiert worden. Der deutsche Enthaltungs-Grund sagt viel über die Befangenheit von Regierung und Öffentlichkeit aus, wenn militärische Mittel der Politik ins Spiel kommen.[46] In mittelfristiger Sicht war sie in diesem Fall aber nicht unberechtigt. Denn schon nach wenigen Wochen stellte sich heraus, dass die Entwicklung der innerlibyschen Konflikte die Entscheidung zur Intervention zwecks Deeskalation und Schutz der Bevölkerung nachhaltig desavouierte. Und das gilt bis heute.

6. Externe Demokratieförderung und regime change

Je nachdem, aus welcher Perspektive man den Begriff der externen Demokratieförderung betrachtet, beschreibt er *entweder* einen nicht ungewöhnlichen Sachverhalt, nämlich die Bemühungen demokratischer Staaten, für ihre Werte und Ordnungsvorstellungen in nicht-demokratischen Gesellschaften zu werben, also *soft power*-Projekte mit staatlichen und „zivilgesellschaftlichen" Mitteln. *Oder* er ist ein anschauliches Beispiel für politisches Wunschdenken, weil seine Handlungsgrundlage auf der Überzeugung beruht, nicht-demokratische Gesellschaften brauchten eigentlich nur ein paar Anstöße, um sich ebenfalls in Demokratien zu verwandeln. Dieses „Prinzip Hoffnung" lag vielen politischen Unternehmungen der letzten drei Jahrzehnte zugrunde. Sie beruhten auf einem Irrtum, der aber als Prämisse Eingang in prominente politikwissenschaftliche Theorien wie etwa der des „demokratischen Friedens"[47] gefunden hat, deren Erklärungspotenzial dadurch beeinträchtigt wird.

Externe Demokratieförderung, umgangssprachlich auch etwas vergröbert Demokratie-Export genannt, hat jedenfalls nicht die von ihren Protagonisten erwarteten Erfolge gebracht. Gleichviel, ob sie über sanfte Methoden der *public diplomacy* voranzutreiben versucht wurde, durch militärische Interventionen samt anschließenden Anläufen zu einem *regime change* (wie im Irak) oder als mal „zivilgesellschaftliche", mal multilateral-staatliche Unterstützung von Prozessen des *nation building* oder *state building*[48] (wie in Afghanistan).

---

46 Diese Befangenheit prägte 2022/2023 auch das Zögern der Regierung Scholz in der Frage der Waffenlieferungen an die von Russland attackierte Ukraine.
47 Die Literatur zur Theorie vom „demokratischen Frieden" füllt viele Regale. Die einfache Version dieser Theorie besagt, dass Demokratien per se friedlicher und weniger kriegsbereit sind als andere Regime. Das ist schlicht falsch. Eine elaboriertere Version dieser Theorie behauptet, Demokratien würden untereinander keine Kriege führen und ihre Konflikte kooperativ und kompromissbereit bereinigen. Das ist zwar eher nachvollziehbar, besitzt aber wegen der leicht veränderbaren Konturen dessen, was unter Demokratie zu verstehen ist, auch keine verlässliche Tragfähigkeit. Vgl. die anregenden Beiträge in dem Sammelband von Anna Geis/ Harald Müller/Wolfgang Wagner (Hrsg.), Schattenseiten des Demokratischen Friedens. Zur Kritik einer Theorie liberaler Außen- und Sicherheitspolitik, Frankfurt a. M. 2007.
48 Francis Fukuyama, Staaten bauen. Die neue Herausforderung internationaler Politik, Berlin 2004.

Die Charta der Vereinten Nationen kann (ungeachtet gewichtiger Passagen, die sie in entscheidenden Punkten auf die unmittelbare Nachkriegssituation 1945 fixieren) als Grundgesetz für eine universale Demokratie angesehen werden. Sie ist nach Ansicht von David Held die Vorstufe einer kosmopolitischen Weltordnung, in welcher eine wirkliche Demokratie die Chance zur Durchsetzung bekommt.[49] Die UNO-Charta basiert im Wesentlichen auf westlichen Ordnungsvorstellungen für die Weltpolitik und die Weltwirtschaft. Dass die stalinistische Sowjetunion sie unterschrieb, hat nichts mit einer in Moskau hingenommenen oder gar begrüßten Übernahme dieser Ordnungsvorstellungen zu tun. Und auch die Unterschriften fast aller Regierungen auf der Erde sagen ganz und gar nichts darüber aus, ob sie alle oder ein paar ausgewählte Normen und Werte dieser Charta akzeptiert haben.

Die Grundannahmen externer Demokratieförderung besaßen schon immer sehr dünne empirische Fundamente. Entsprechend mager sahen nach den optimistischen Momenten in der ersten Hälfte der 1990er Jahre ihre Ergebnisse aus. Nicht ohne Sarkasmus hat Marina Ottaway festgestellt, das damals entwickelte demokratische Wiederaufbau-Modell (*democratic reconstruction model*) sei zwar immer weiter verfeinert worden. Dadurch sei es zwar intellektuell immer ansprechender und in seiner inneren Logik überzeugender geworden, aber in der Praxis immer untauglicher.[50] Dieses Modell besteht aus zwei Hauptstücken: Zunächst entwaffnen multinationale Streitkräfte mit humanitärer Einsatz-Legitimation die in einer bestimmten Konfliktzone verfeindeten Gruppen und führen im Anschluss daran die Kämpfer entweder entwaffnet ins Zivilleben zurück oder integrieren sie als Soldaten in die nationalen Streitkräfte. Sodann wird eine demokratische Verfassung nach westlichen Vorbildern ausgearbeitet, zivilgesellschaftliche Gruppierungen und steuerungsfähige staatliche Institutionen entstehen und konsolidieren sich. Am vorläufigen Ende dieses Aufbauprozesses stehen dann Freie Wahlen, deren Ausgang von jedermann akzeptiert wird.[51] Die so konzipierte externe Demokratieförderung blieb nach 1990 weit hinter den Erwartungen zurück. Fast überall, wo nach diesem Muster vorgegangen wurde, blieben die Konflikte bestehen – günstigstenfalls. Oft genug wurde alles noch schlimmer.

Im Gegensatz zu den hehren Hoffnungen der Protagonisten humanitärer Interventionen und externer Demokratieförderung geht es bei einer anderen Art Intervention sehr viel kaltschnäuziger zu. Dafür hat sie eine längere Tradition, wenngleich hauptsächlich eine bittere. Modellhaft verkürzt, verläuft diese Art Intervention auf

---

49 David Held, Democracy and the Global Order. From the Modern State to Cosmopolitan Governance, Stanford, CA 1995, S. 83–86. Der seinerzeit modische kosmopolitische drive des Autors und einiger anderer Sozialwissenschaftler (in Deutschland vor allem Ulrich Beck) ist nichts anderes als die linksgedrehte Version des Weltordnungsoptimismus neokonservativer Autoren.

50 Marina Ottaway, Promoting Democracy after Conflict. The Difficult Choices, in: International Studies Perspectives 4 (2003), S. 314–322, hier: S. 315.

51 Vgl. Wilfried von Bredow, Demokratieexport. Von den Tücken eines Ordnungskonzepts für die Globalisierung, in: Thomas von Winter/Volker Mittendorf (Hrsg.), Perspektiven der politischen Soziologie im Wandel von Gesellschaft und Staatlichkeit, Wiesbaden 2008, S. 121–135.

folgende Weise: Die Regierung eines machtpolitisch eher schwachen Landes, dessen international anerkannte Souveränität selbstverständlich nicht in Frage steht, soll von einer Politik abgehalten werden, die von der Regierung eines machtpolitisch stärkeren (oft benachbarten) Landes als nicht in ihrem Interesse angesehen wird. Wenn das mit den herkömmlichen diplomatischen Instrumenten nicht zu erreichen ist, wird schon einmal zu drastischeren Mitteln der (völkerrechtlich nicht erlaubten) „Einmischung in die inneren Angelegenheiten" gegriffen. Das Ziel ist die Absetzung der alten und die Installierung einer den eigenen Interessen gegenüber aufgeschlossenen Regierung. Dafür gibt es in der Geschichte zahlreiche Beispiele. Demokratisch regierte Staaten können sich ein solches Vorgehen eigentlich nicht erlauben. Es sei denn, der angestrebte *regime change* lässt sich als Demokratisierungschance darstellen. Das ist manchmal sogar gerechtfertigt. Aber wer beispielsweise die Lateinamerika-Politik der USA analysiert, dem fällt eine nicht unbeträchtliche Zahl von *regime change*-Unternehmungen Washingtons ins Auge, die von den Grundwerten westlicher Politik deutlich abwichen. Solche Abweichungen werden nicht nur von den weltpolitischen Konkurrenten kritisiert. Sie stoßen auch vielen Menschen, besonders vielen jüngeren im Westen, bitter auf.

7. Der doppelte Spannungsbogen

Wenn es nach mehr als drei Jahrzehnten seit dem Ende des Ost-West-Konflikts noch irgendwo große Zuversicht in Bezug auf die erfolgreiche Verbreitung westlicher Werte und vor allem auch westlicher Demokratievorstellungen über den gesamten Planeten hinweg geben sollte, kann das nur daran liegen, dass die Augen vor den Misserfolgsgeschichten dieses Zeitraums kategorisch verschlossen blieben. *Eyes wide shut*! Aus dieser nicht wegzudiskutierenden Feststellung den Schluss zu ziehen, alle entsprechenden Bemühungen aufzugeben, wäre jedoch falsch. Denn nicht die Werte, die die westliche „Geisteshaltung" ausmachen, sind gescheitert. Weit und breit ist kein Ordnungsmodell in Sicht, dass Menschenrechte, Menschenwürde und freiheitliche Entfaltungsmöglichkeiten überzeugender umzusetzen verspricht. Das wird nicht nur von der großen Mehrheit in den westlichen Gesellschaften so gesehen, sondern auch von vielen Menschen, die in anderen gesellschaftlichen Verhältnissen leben und an den Zwängen und Repressionen, denen sie von ihren Regierungen ausgesetzt sind, oft verzweifeln. Um diese Verhältnisse zu verändern, nehmen sie, wie zum Beispiel die Protestbewegung im Iran, große Risiken in Kauf.

Deswegen ist es ein Alarmzeichen, wenn sich im Westen von den Rändern des politischen Spektrums her und in der Kulturphilosophie militante Stimmungen und Haltungen ausbreiten, die an der Erosion westlicher Werte mitwirken, teils aus Kurzsichtigkeit oder ideologisiertem Hass auf die westliche Kultur, teils als Medium von Manipulationen skrupelloser antiwestlicher Regime. In vielen westlichen Ländern sind in den letzten Jahren intellektuelle Strömungen, ebenso wie extremistische Bewegungen und Parteien erstarkt, die bei aller Unterschiedlichkeit im Einzelnen eine Gemeinsamkeit aufweisen: die Abkehr von jener „Geisteshaltung", die nach Peter R. Neumann die westlichen Werte ausmacht. Diese Entwicklung ist zweifelsohne mit dadurch befördert worden, dass es die Regierungen der westlichen Staaten schlecht hinbekommen haben, zwischen den realpolitischen und den ideal- oder wertepolitischen Komponenten ihrer Politik eine angemessene und zukunftsöffnende Balance zu finden. Nicht, dass dies ganz leicht wäre, dafür kommen sich diese beiden Komponenten zu häufig in die Quere. So haben wir es hier gleich mit einem doppelten Dilemma des Westens zu tun.

Erstens müssen die westlichen Akteure bei ihren politischen und wirtschaftlichen Alltagsgeschäften den Zielkonflikt zwischen realpolitischen (geopolitischen, geoökonomischen, militärstrategischen) und idealpolitischen (auf globale Gerechtigkeit, Frieden und Menschenrechte bezogenen) Konzepten, Projekten und Maßnahmen erkennen und, soweit es geht, auszugleichen versuchen. Radikale Abschaffungsrezepte führen nur ins Chaos, gleichviel, ob es sich um „den Kapitalismus" handelt, das Militär, territoriale Grenzen oder die Steuerung der Migrationsströme. In der internationalen Politik lässt sich manches über Kooperation erreichen; aber Konflikte entwickeln sich hier auch gar nicht so selten derart, dass es zum Einsatz von Gewalt und zum Krieg kommt. So wie in der Wirtschaft Konkurrenz und Wettbewerb oft mit harten Bandagen ausgetragen werden, so gibt es in der Politik auch Feindschaften, für die man gerüstet sein muss. Dem können sich westliche Akteure nicht entziehen. Sie dürfen weder ihre Handlungsfähigkeit aufs Spiel setzen, noch ihr Handeln dem Verdacht aussetzen, dass ihnen die westlichen Werte gleichgültig geworden sind und allenfalls als Material für Propaganda taugen. Diesen Spannungsbogen zwischen Realpolitik und Idealpolitik gilt es aufrecht zu erhalten, was impliziert: auszuhalten.

Zweitens können westliche Akteure aus Gründen ihrer internen Legitimität, aber auch wegen der Vernetzungseffekte der Globalisierung nicht davon absehen, für die wesentlichen Elemente demokratischer Organisation und damit für eine westlich geprägte Weltordnung einzutreten.[52] Dabei muss glaubwürdig kommuniziert werden, dass es nicht um ein westliches (transatlantisches oder amerikanisches) Hegemonie-Programm geht, sondern dass die westlichen Grundwerte und die damit verbundene „Geisteshaltung" die individuellen und kollektiven Lebensumstände von Menschen verschiedenster kultureller Prägung verbessern können. Angesichts der Defizite der oben beschriebenen Westernisierungsprojekte seit den frühen 1990er Jahren werden manche Beobachter dies als Sisyphus-Mission ansehen. Mag sein. Dennoch gilt es den Spannungsbogen zwischen den verschiedenen Kulturen so abzuflachen, dass die eigenen Vorstellungen nicht hintangestellt und globale oder großregionale „Kulturkämpfe" vermieden werden.

---

52 Unter dem deprimierenden Eindruck des westlichen Rückzugs aus Afghanistan hat diese Vorstellung auch unter nachdenklichen Beobachtern viel von ihrer Zugkraft verloren. Vgl. etwa Herfried Münkler, Das Ende des Werteexports, unter: https://taz.de/Scheitern-des-Westens-in-Afghanistan/!5794073/ (28. August 2021).

Die Linke und der Islam
Zwischen Islamkritik und Identitätspolitik

Von Sebastian Prinz

1. Einleitung

Die Begriffe „Identitätspolitik" und „Islamophobie" sind seit einigen Jahren in der Gesamtgesellschaft wie innerhalb der politischen Linken ideologisch aufgeladen und hochumstritten. Irritierend erscheint, dass ein Teil der traditionell religionskritischen Linken in eigentümlicher Weise unkritisch gegenüber linken Idealen und Grundsätzen entgegenstehenden Ausprägungen des Islam ist. Der Journalist Alan Posener spricht von einer absurden Verteidigung vormoderner und antimoderner Ideologien und Verhältnisse durch viele Linke.[1] Im Folgenden werden dieses Paradox, für das es in Frankreich mit Islamo-Gauchismus schon einen eigenen Begriff gibt, und diesbezügliche Debatten insbesondere mit Blick auf die Partei *Die Linke* dargestellt und zu ergründen versucht.[2]

Die Haltung zum Islam erklärt ein Autor der Zeitschrift *Prager Frühling*, des Organs der Strömung *Emanzipatorische Linke* in der Partei *Die Linke*, zu einer Frage, die das Potenzial habe, die Linke zu spalten: „Welche Haltung zum Islam einzunehmen ist, hat es zu einer, wenn nicht gar zu der Hauptauseinandersetzung innerhalb der deutschen Linken gebracht."[3] Der Politikwissenschaftler Armin Pfahl-Traughber bringt diese Auseinandersetzung auf den Punkt: „Wie hältst Du es mit dem Islam und den Muslimen? Diese neue Gretchenfrage stellt für nicht wenige Linke ein Problem dar."[4]

---

1 Vgl. Alan Posener, Und jetzt Giorgia Meloni, in: Die Welt vom 28. September 2022.
2 In den letzten Jahren hat bereits eine Reihe von – zumeist selbst linksgerichteten – Autoren Analysen zu diesem Phänomen vorgelegt, beispielsweise: Sama Maani, Warum wir Linke über den Islam nicht reden können, Klagenfurt 2019; Thomas Maul, Die Macht der Mullahs. Schmähreden gegen die islamische Alltagskultur und den Aufklärungsverrat ihrer linken Verteidiger, Freiburg i. Br. 2006; Schwerpunkt-Ausgabe „Islamisches Denken" der Zeitschrift Widerspruch 35 (2016), H. 63; Schwerpunkt-Ausgabe „Zur Kritik westlicher Islamdiskurse" der Zeitschrift „Das Argument" 58 (2016), H. 319; Schwerpunkt-Ausgabe „Islam, Islamismus, Anti-Islamismus" der Zeitschrift Ossietzky 12 (2008), H. 15.
3 Dominik Düber, Das Opium der Linken. Der Islam zwischen Protofaschismus und Befreiungstheologie, in: Prager Frühling 4 (2011), H. 10, S. 16 f., hier: S. 16.
4 Armin Pfahl-Traughber, Warum Linke nicht so gut über den Islam reden können, unter: https://hpd.de/artikel/warum-linke-nicht-so-gut-ueber-den-islam-reden-koennen-17083 (9. Januar 2023).

2. Bandbreite linker Haltungen zum Islam

„Den" Islam gibt es selbstverständlich ebenso wenig wie „die" Linke. Während ein Teil der Linken den Islam scharf kritisiert – beispielsweise die Initiatoren der Kritischen Islamkonferenz –, leugnet, beschweigt, relativiert, „dekonstruiert" oder entschuldigt ein anderer Teil Probleme im Zusammenhang mit dem Islam. Für die linksradikale Freiburger Gruppe *La Banda Vaga* ist Islamismus schlicht die Inkarnation der Konterrevolution.[5] Doch für den linken Mainstream sei Islamkritik, so der Islamwissenschaftler Stefan Weidner, unerwünscht.[6] Die Behauptung Julia Ebners, dass „Linksextremisten, die auf der Grundlage ihres Leitspruchs ‚Kein Gott. Kein Staat. Kein Kalifat' Salafisten attackieren"[7], heute zum Alltag gehören, trifft indes nicht zu. Tatsächlich gibt es nur äußerst selten linke Demonstrationen gegen Islamismus. Vielmehr ist seit Jahren auf globaler Ebene[8] wie in einigen europäischen Ländern eine Annäherung von muslimischen Organisationen, darunter auch Islamisten, und Linken zu beobachten. Diese Annäherung geht überwiegend von Linken aus. Die Minderheit der islamkritischen bis islamfeindlichen Linken beziehungsweise ehemaligen Linken, insbesondere sogenannte Antideutsche, schart sich um Zeitschriften und Verlage wie *Bahamas, Jungle World, Konkret, Ça ira, Alibri* oder *Edition Tiamat*. Auf ihrer Seite stehen auch traditionelle Feministinnen, Humanisten und säkulare Migranten.

Deutliche Worte zur Analyse des Islam und zur Motivation seiner linken Verteidiger von einem marxistischen Standpunkt aus findet etwa der Sozialwissenschaftler Hartmut Krauss: „Als spezifische Verkörperung und normative Festschreibung einer vormodern-religiösen, mittelalterlich-feudalen und patriarchalischen Sozialordnung mit ihren vielfältigen Herrschaftsbeziehungen und hierarchischen Strukturen repräsentiert die islamische Herrschaftskultur eine autoritär-reaktionäre Erscheinung par excellence." Linke Islam-Apologetik habe folgende Beweggründe:

„1. Das Absuchen der Wirklichkeit nach vordergründigen Bestätigungen für ihr [dieser Linken] veraltetes ideologisches Weltbild vom allmächtigen und einzig bösartigen westlichen Kapitalismus.

2. Die Pflege eines positiv-rassistischen Vorurteils, das Angehörige nichtwestlicher Kulturen per se als Verkörperung des Guten, wenn auch etwas Zurückgebliebenen und Unselbständigen [...] ansieht und deshalb in sozialfürsorgliche Obhut nimmt, das heißt an ihnen ein vormundschaftliches Helfer- und Beschützersyndrom auslebt.

---

5 Vgl. La Banda Vaga, Thesen zum Islamismus, in: Kosmoprolet 12 (2018), H. 5, S. 48–62, hier: S. 50.
6 Vgl. Stefan Weidner, Manual für den Kampf der Kulturen. Warum der Islam eine Herausforderung ist, Frankfurt a. M. 2008, S. 75.
7 Julia Ebner, Wut. Was Islamisten und Rechtsextreme mit uns machen, Darmstadt 2018, S. 250 f.
8 Vgl. Christian Stock, Regressive Kräfte. Antiglobalisierungsbewegung und Islamisten probten im Beirat den Schulterschluss, in: Iz3W 35 (2004), H. 281, S. 6 f.

3. Der antimarxistische, im Grunde reaktionär-konservative, Verzicht auf die kritische Bewertung zwischenmenschlicher Herrschaftsverhältnisse und repressiver Praxen, wenn es sich dabei um ‚andere', nichtwestliche Lebenskultur handelt.

4. Die Ausprägung eines deutungspathologischen Reflexes, der jedwede Kritik von Deutschen an Nichtdeutschen mit fast schon krimineller Verleumdungsenergie a priori, also unabhängig von der inhaltlichen Tragfähigkeit der geäußerten Kritik, als ‚rassistisch' und ‚fremdenfeindlich' denunziert.

5. Die Tendenz zur Verbrüderung mit nichtdeutschen (antiamerikanischen und antijüdischen) Reaktionären, insbesondere islamistischen Kräften, nach der Logik ‚Der Feind meines Feindes ist mein Freund'."[9]

Ein Erklärungsansatz ist, dass nach dem Zusammenbruch des Staatssozialismus Linke im Islam einen wichtigen gegenwärtigen Antagonisten des Kapitalismus sehen. Die Zeitung *Jungle World* vermutet, für einen Teil der Linken biete sich der Islam als antiimperialistische Projektionsfläche an.[10] Über die Motive mutmaßt Henryk Broder: „Für viele entortete Linke, die seit dem Zusammenbruch der Sowjetunion wie Ahasver durch die Geschichte irren, ist der Islam der letzte Strohhalm, an den sie sich klammern, eine Gelegenheit, es ‚dem System' heimzuzahlen."[11]

Beobachter heutiger Debatten über das Verhältnis Linker zum Islam ziehen historische Parallelen insbesondere zwischen der früheren ablehnenden Haltung westlicher Linker gegenüber reformsozialistischen Dissidenten und Renegaten in realsozialistischen Staaten und der heutigen ablehnenden Haltung gegenüber reformorientierten und islamismuskritischen Muslimen. So erinnert der Schweizer Journalist Frank Meyer daran, dass viele Linke Distanz zu Dissidenten wie Alexander Solschenizyn hielten: „Autoritär reklamierten die linksintellektuellen Vordenker militante Ächtung des als rechts geltenden Antikommunismus. Der war die Islamophobie jener Zeiten, in denen linke Demokraten linken Totalitarismus mit gnädigem Blick zu betrachten pflegten, mitunter sogar verständnisvoll bewundernd. Heute heißen die Dissidenten Bassam Tibi, Hamed Abdel-Samad, Ahmad Mansour, Kacem El Ghazzali, Necla Kelek oder Saida Keller-Messahli – die linke Szene hält sie auf Abstand wie einst Manes Sperber, Arthur Koestler, Raymond Aron."[12] In diesem Sinne äußert sich auch die Politikwissenschaftlerin Ulrike Ackermann: „Der Islam, vor allem in seiner identitären und politischen Gestalt, wurde in ähnlicher Weise verharmlost wie der Kommunismus vor 1989 aufseiten eines großen Teils der Intellektuellen und Linken. Die Dissidenten der ostmitteleuropäischen Bürgerrechtsbewegungen galten vielen damals als Störenfriede der Entspannungspolitik zwischen Ost und West. Heute kann man im übertragenen Sinne davon sprechen, dass die

---

9 Hartmut Krauss, Zur Verkehrung der Islamdebatte auf der Rechts-Links-Achse, in: Hintergrund 22 (2009), H. 4, S. 3–9, hier: S. 5 f.
10 Vgl. Eberhard Seidel, Feindbild ohne Feind, in: Jungle World vom 8. Januar 2004.
11 Henryk Broder, Hurra, wir kapitulieren! Von der Lust am Einknicken, Berlin 2006, S. 119 f.
12 Frank Meyer, Denken, nicht beten, in: Cicero 17 (2020), H. 12, S. 52 f., hier: S. 53.

Dissidenten des Islams als Störenfriede des Dialoges zwischen den Kulturen und Religionen angesehen werden".[13]

3. Bündnispolitik gegenüber Muslimen im identitätspolitischen Kontext

Die Kontroverse über das Verhältnis Linker zum Islam ist Teil der Kontroverse über linke Identitätspolitik und deren Schnittmenge mit rechter Identitätspolitik. In mehreren Beiträgen hat sich der Politikwissenschaftler Armin Pfahl-Traughber mit den Widersprüchen linker Identitätspolitik insbesondere mit Blick auf den Islam beschäftigt: Das identitätslinke Muster, letztlich die individuelle und universelle Dimension der Menschenrechte zu verwerfen, finde sich auch bei Diktaturen und Nationalisten.[14] Gemeinsam seien Identitätslinken wie -rechten Kollektivismus[15], antiaufklärerisches Homogenitätsdenken und Menschenrechtsrelativismus.[16] Zugleich würden „Bestandteile eines linken Selbstverständnisses immer mehr erodieren: Aufklärung und Frauenrechte, Individualismus und Menschenrechte, Religionskritik und Säkularität. Es kann nicht nur eine demokratische und extremistische, sondern auch eine identitäre und universelle Linke unterschieden werden. Dies machen die diskursiven und realen Gemeinsamkeiten mit Islamisten deutlich".[17] Im Ergebnis befördere die Identitätslinke zumindest indirekt politischen Einflussgewinn von Fundamentalisten und Islamisten.[18] Auch andere Forscher kommen zu ähnlichen Ergebnissen. Lea Susemichel und Jens Kastner sprechen gar von einer identitätspolitischen Querfront von links und rechts. Diese „steht in der antiimperialistischen Tradition, pocht auf das Selbstbestimmungsrecht der Völker – ohne den Konstruktionscharakter von Begriffen wie Volk zu reflektieren – und hat daher auch kein Problem mit Nationalismen wie etwa dem der Schwarzen islamistischen Organisation Nation of Islam in den USA."[19] Von einer islamo-linken Allianz der Antiaufklärer spricht der Journalist Samuel Schirmbeck.[20] Der neue, linke Orientalismus grenze Muslime aus der Aufklärung aus, wie früher der alte eurozentristische Orientalismus.[21]

---

13 Ulrike Ackermann, Das Schweigen der Mitte: Wege aus der Polarisierungsfalle, Darmstadt 2020, S. 166.
14 Vgl. Armin Pfahl-Traughber, Identitätslinke relativieren die Menschenrechte, in: Neue Zürcher Zeitung vom 13. April 2021.
15 Vgl. ders., Ausgrenzen im Namen der Minderheit, in: Frankfurter Allgemeine Zeitung vom 26. April 2021.
16 Vgl. ders., Die antiaufklärerische Dimension linker Identitätspolitik, unter: https://hans-albert-institut.de/die-antiaufklaererische-dimension-linker-identitaetspolitik (12. Januar 2023).
17 Ders., „Islam-Linke" – was ist damit gemeint und warum ist es problematisch?, unter: https://hpd.de/artikel/islam-linke-damit-gemeint-und-warum-problematisch-19103 (12. Januar 2023).
18 Vgl. ders., Die antiaufklärerische Dimension linker Identitätspolitik, in: Aufklärung und Kritik 28 (2021), H. 4, S. 103–108, hier: S. 107.
19 Lea Susemichel/Jens Kastner, Identitätspolitiken, 2. Aufl., Münster 2020, S. 19.
20 Vgl. Samuel Schirmbeck, Gefährliche Toleranz. Der fatale Umgang der Linken mit dem Islam, Zürich 2018, S. 162.
21 Vgl. ebd., S. 17.

Wie sich manche Beobachter über Parallelen zwischen dem früheren Umgang Linker mit osteuropäischen Dissidenten und dem heutigen Umgang mit reformorientierten Muslimen wundern, so wundern sich andere über die Bündnispolitik eines Teils der Linken gegenüber konservativen bis reaktionären, also rechten, Muslimen, denn, so der Politikwissenschaftler Heinz Theisen: „Der Islam ist weder mit den materialistischen Idealen der alten Linken noch mit der hedonistischen Emanzipation der Grünen oder den diversen Geschlechteridentitäten der Woke-Kultur kompatibel. Im Gegenteil wäre seine Machtübernahme mit dem Ende entsprechender Initiativen identisch."[22] Das Zusammengehen von Linken und Islamisten kann, so der Publizist Michael Miersch, bizarre Formen annehmen: „Da laufen Anarchos, die es bereits für nackten Faschismus halten, wenn sie ihr Straßenbahnticket vorzeigen müssen, neben bärtigen Frommen, für die Atheismus ein Schwerverbrechen darstellt. Kämpferinnen gegen männliche Formen der Grammatik marschierten neben Kämpfern gegen weibliche Teilnahme am Schulunterricht."[23] Die Solidarität dieser Linken gelte allen, die sich antiimperialistischer Rhetorik bedienen, „egal wie reaktionär oder chauvinistisch"[24] sie sind.

Seltsame Allianzen bilden sich auch beim Streit über das Berliner Neutralitätsgesetz, das das Tragen religiöser Symbole, insbesondere des Kopftuchs, für bestimmte Beschäftigte des öffentlichen Dienstes untersagt. Diese seltsamen Allianzen beschreibt ein Autor der *taz*: „Im Lager der Befürworter einer strikten weltanschaulichen Neutralität bei der Ausübung hoheitlicher Tätigkeiten finden sich neben humanistischen Organisationen, Frauengruppen, säkularen Muslimen und einigen Lehrer- und Juristenverbänden auch große Teile der SPD und der CDU. […] Auf der anderen Seite stehen neben muslimischen Verbänden bis hin zu militanten Islamisten auch große Teile der Grünen und der Linken".[25] Selbst linke Migranten zeigen sich vom „Kuschelkurs" Linker gegenüber Islamisten irritiert: „Äußert man sich als migrantisch-linke Person offen gegen islamistische Akteur*innen und deren Verharmlosung in Teilen der deutschen Linken, wird einer*einem vorgeworfen ‚migrantische Einheiten' zu spalten, ‚antideutsche Propaganda' zu verbreiten oder antimuslimischen Rassismus internalisiert zu haben."[26]

Teilweise nachvollziehbar wird die unkritische Haltung Linker durch Verhalten und Selbstdarstellung von Muslimen, die sich anschlussfähig an linke Diskurse äußern. So benutzten Islamisten das „Vokabular der offenen und multikulturellen Gesellschaft"[27] und zum Teil das Gendersternchen, wie es in einer islamkritischen linken Zeitschrift heißt. Sie drücken sich mittlerweile in der Sprache der Diskriminierung, des Antirassismus, der Unterdrückung, der Intersektionalität und der post-

---

22 Heinz Theisen, Was tun mit dem radikalen Islam?, in: Neue Zürcher Zeitung vom 3. Juni 2021.
23 Michael Miersch, Die Linke und der Dschihad, in: Aufklärung und Kritik 14 (2007), Sonderheft 13, S. 285–290, hier: S. 285.
24 Ebd., S. 288.
25 Rainer Balcerowiak, Symbol eines Kulturkampfes, in: die tageszeitung vom 22. März 2021.
26 Manî Cûdi, Umkämpftes Terrain, in: Missy Magazine 14 (2021), H. 1, S. 33–35, hier: S. 35.
27 Christian Mors, What's right? Warum der Kampf gegen den Islamismus ein Kampf gegen Rechts ist, in: Tapis. Analysen zur islamistischen Rechten 1 (2020), H. 1, S. 3.

kolonialen Theorie aus.[28] Kapitalismuskritik werde, so eine Studie der Universität München, in der „Rhetorik der ‚westlichen' Linken vorgetragen, die von Dschihadisten anscheinend ausführlich studiert (und auch oft zitiert) wird"[29], etwa Noam Chomsky, John Mearsheimer oder Stephen Walt. Zudem arbeiteten, wie Alan Posener schreibt, Islamisten am schlechten Gewissen Linker, mit Studien und Konferenzen zu Islamophobie und antimuslimischem Rassismus.[30]

4. Reaktionen auf islamisch motivierte Gewalt und Islamismus

Es fällt auf, dass islamistisch motivierte Gewalttaten – anders als rechtsextremistisch motivierte Delikte – unter Linken kaum öffentlich bekundete Betroffenheit, Empörung, Entsetzen oder Mahnungen auslösen. Am Beispiel der Ermordung von Journalisten der französischen Satirezeitschrift *Charlie Hebdo* beklagen – selbstkritisch gegenüber ihrem Milieu – die *taz*-Journalisten Jan Feddersen und Philipp Gessler, viele radikale Linke hätten sich kaum zur Solidarität mit dem „Flaggschiff einer Satire in der Tradition der Aufklärung"[31] aufgerafft. Eine prominente Stimme, die das Schweigen brach und auch andere dazu aufrief, war 2020 der SPD-Politiker Kevin Kühnert. In einem vielbeachteten Gastbeitrag für *Spiegel-Online* räumte er ein, die große Mehrheit der Linken reagiere auf islamistischen Terror sehr verhalten. Es habe schon zu viele Anschläge gegeben, um sie zu Einzelfällen erklären zu können.[32] Mit seinem Gastbeitrag löste Kühnert eine innerlinke Debatte aus, an der sich unter anderem die Bundestagsabgeordneten der Fraktion *Die Linke* Dietmar Bartsch und Sevim Dagdelen sowie der Blogger Sascha Lobo beteiligten. Bartsch, Vorsitzender der Fraktion, schloss sich Kühnert an und betonte, es dürfe keine Relativierung islamistischer Taten geben.[33] Dagdelen verlangte eine klare Abgrenzung von politischem Islam und Islamismus. Sie forderte eine aufklärerische Kritik am Islamismus.[34] Lobo machte seinem Ärger Luft mit den Worten: „Auf einen rechtsextremen Mord folgt linke Empörung, auf einen islamistischen Mord folgt eine stille, linke Zerknirschtheit, wie man sie Erdbebenopfern entgegenbringt. […] Regelmäßig beobachte ich nach islamistischen Anschlägen wie in Dresden als erste linke Reaktion die Sorge über daraus resultierenden rechten Hass. Der islamistische

---

28 Vgl. Lorenzo Vidino, Islamistische Medien sind jetzt plötzlich „woke", in: Neue Zürcher Zeitung vom 15. Juni 2022.
29 Andreas Keller, Der Dschihadismus als transnationale soziale Bewegung, München 2011, S. 62.
30 Vgl. Alan Posener, Dieses Fanal geht alle an, in: Die Welt vom 20. Oktober 2020.
31 Jan Feddersen/Philipp Gessler, Kampf der Identitäten. Für eine Rückbesinnung auf linke Ideale, Berlin 2021, S. 118.
32 Vgl. Kevin Kühnert, Die politische Linke sollte ihr Schweigen beenden, in: Der Spiegel vom 21. Oktober 2020.
33 Vgl. Dietmar Bartsch, Die Linke sollte ihre falsche Scham ablegen, in: Der Spiegel vom 23. Oktober 2020.
34 Vgl. Sevim Dagdelen, Benennt die Hintermänner, in: Der Spiegel vom 15. November 2020.

Hass wird so en passant ausgeblendet." Lobo schloss mit dem Appell: „Empört Euch! Sonst könnt Ihr euch eure Moral in die mit sicherlich fair gehandeltem, mikroplastikfreiem Shampoo gewaschenen Haare schmieren."[35] Widerspruch erfuhr Kühnert von Lamya Kaddor, die mittlerweile für *Bündnis 90/Die Grünen* Mitglied des Bundestags ist. Allerdings ging ihre Erwiderung an Kühnerts Argumentation vorbei. Kaddor behauptete, die meisten Islamisten seien Fundamentalisten ohne fließende Übergänge zu Linken. Vielmehr hätten Fundamentalisten Übergänge zu Konservativen, „weswegen man sie auch eher in konservativen und nicht in linken Kreisen wiederfindet."[36]

Teilweise schon vor der von Kühnert ausgelösten Debatte war in der *taz* eine Reihe von selbstkritischen Beiträgen zum Verhältnis Linker zum Islam erschienen. In einem dieser Beiträge schrieb eine *taz*-Redakteurin, die Linke habe eine Beißhemmung gegenüber Islamisten. Sie übertrug den von Wilhelm Heitmeyer geprägten Begriff „Gruppenbezogene Menschenfeindlichkeit" auf den Islamismus. Ein großer Teil der Linken könne diese Menschenfeindlichkeit aufgrund einer selektiven Erblindung nicht erkennen.[37] Ebenfalls in der *taz* veröffentlichte die Schriftstellerin Ronya Othmann mehrere Beiträge zum Verhältnis Linker zum Islam. Für sie ist Islamismus faschistisch, totalitär und antidemokratisch, und damit ist der Kampf gegen Islamismus für sie Teil des antifaschistischen Kampfes.[38]

5. Die Partei Die Linke und der Islam

Die ganze Bandbreite von Einstellungen Linker zum Islam findet sich innerhalb der Partei *Die Linke*. Schon die PDS, so der Politikwissenschaftler Malte Dreß in seiner Dissertation über die Islampolitik der deutschen Parteien, hatte sich als Anwalt der Muslime profiliert.[39] Eine mittlere Position zwischen den innerparteilichen islampolitischen Polen vertrat Oskar Lafontaine seinerzeit als Vorsitzender der Bundestagsfraktion *Die Linke*. Er nannte Gemeinsamkeiten mit dem Islam: „Es gibt Schnittmengen zwischen linker Politik und islamischer Religion: Der Islam setzt auf die Gemeinschaft, damit steht er im Widerspruch zum übersteigerten Individualismus […] Der zweite Berührungspunkt ist, dass der gläubige Muslim verpflichtet ist zu teilen. […] Zum Dritten: Im Islam spielt das Zinsverbot noch eine Rolle".[40]

---

35 Sascha Lobo, Stille. Und Verniedlichungsrassismus, in: Der Spiegel vom 21. Oktober 2020.
36 Lamya Kaddor, Linke und Islamismus, unter: https://www.t-online.de/nachrichten/deutschland /id_88805982/linke-islamismus-warum-kevin-kuehnert-und-sascha-lobo-in-die-irre-laufen.htm l (10. Januar 2023).
37 Vgl. Silke Mertins, Selektive Erblindung, in: die tageszeitung vom 3. Januar 2021.
38 Vgl. Ronya Othmann, Tödliche Ideologie, in: die tageszeitung vom 9. August 2020.
39 Vgl. Malte Dreß, Die politischen Parteien in der deutschen Islamdebatte, Wiesbaden 2018, S. 409.
40 Interview mit Oskar Lafontaine, Wir können nicht warten, bis Bush etwas merkt, in: Neues Deutschland vom 13. Februar 2006.

Für die Betonung dieser Gemeinsamkeiten prägte der Politikwissenschaftler Stephan Grigat den Begriff Ummasozialismus.[41]

Verschärft wird der Glaubenskrieg innerhalb der Partei *Die Linke* um die Haltung zum Islam durch die Pro- beziehungsweise Contra-Israel-Obsession jeweils eines Teils der Partei. Die Gegensätze zwischen linken Anti-Imperialisten und Anti-Deutschen, zwischen linken Israel-Kritikern und Israel-Freunden, zwischen linken Islam-Unterstützern und Islam-Gegnern treffen aufeinander. Für manche Politiker ist gerade die Islam-Unterstützung Ausfluss ihres Antifaschismus, für andere aber umgekehrt gerade die Islam-Gegnerschaft. Diese Gemengelage wurde in der Mitgliederzeitschrift *Disput* als linkes Islamdilemma bezeichnet.[42]

Einzelne Parteigliederungen werden von Anhängern der jeweiligen Strömungen dominiert. Beispielsweise ist der Bezirksverband Neukölln eine Bastion der Islam-Unterstützer, die Leipziger *Linksjugend* der Islam-Gegner. Für Islam-Unterstützung steht insbesondere Christine Buchholz, bis zu ihrem Ausscheiden aus dem Bundestag 2021 religionspolitische Sprecherin der Fraktion, für die Gegenposition beispielsweise die Bundestagsabgeordnete Sevim Dagdelen. Buchholz und mit ihr die zwar an Zahl kleine, doch mit ihren Kadern innerhalb der Partei entristisch erfolgreiche trotzkistische Vereinigung *Marx21*, deren Mitglied sie ist, unterstützt und propagiert seit Jahren vorbehaltlos Forderungen ultrakonservativer bis reaktionärer islamischer Verbände, die deutlich rechts der Piusbruderschaft, des Opus Dei oder Evangelikaler verortet sind. Buchholz und ihr Netzwerk verstehen sich als deren Transmissionsriemen und tragen damit dazu bei, solche, nur eine Minderheit der Muslime repräsentierenden Verbände aufzuwerten. Damit liegen sie auf einer Linie mit der trotzkistischen *International Socialist Tendency*, der *Marx21* nahesteht. Buchholz ist Wortführerin im Sprecherrat der Kommission „Religionsgemeinschaften, Weltanschauungsgemeinschaften, Staat und Gesellschaft" der Partei. Auch wenn nicht alle Mitglieder der Kommission Buchholz' proislamische Agenda teilen sollten, ist nicht ersichtlich, dass sie dort Widerspruch erfährt. Buchholz nimmt also entscheidenden Einfluss auf die islampolitischen Positionen ihrer Partei. Dass Buchholz und *Marx21* die zentrale Person beziehungsweise die zentrale Strömung für die islampolitische Ausrichtung der Partei ist, wird innerparteilich lokalisiert und kritisiert, etwa wenn Jan Vahlenkamp, Sprecher der Parteiströmung *Emanzipatorische Linke* in Hamburg, erklärte: „Besonders die Gruppe *Marx21* hat ja immer besonders viel Verständnis für Islamisten aller Couleur."[43] Der *Internationale Bund der Konfessionslosen und Atheisten* macht Buchholz als Hauptakteurin der proislamischen Ausrichtung und einer Querfront von Linken und Muslimen aus. Seitdem Buchholz religionspolitische Sprecherin ist, hofiere sie einerseits die konservativen Islamverbände und attackiere andererseits innerparteiliche Bestrebungen

---

41 Vgl. Stephan Grigat, Die Drohung des Ummasozialismus, in: Iz3W 44 (2013), H. 339, S. 28 f., hier: S. 29.
42 Vgl. Sarah Meyers, Das linke Islamdilemma, in: Disput 30 (2019), H. 4, S. 18 f.
43 Interview mit Jan Vahlenkamp, Man sah uns von Beginn an als Feinde, unter: https://untiefen.org/interview-vahlenkamp/ (11. Januar 2023).

für mehr Laizismus.[44] Eine Querfront sah auch der Sprecher des israelfreundlichen Bundesarbeitskreises *Shalom* der *Linksjugend*. Er zog gar eine Parallele zwischen der Bündnispolitik von *Marx21* mit Muslimen und der sogenannten Schlageterlinie Linker mit radikalen Rechten in der Zwischenkriegszeit. Kooperation mit Islamisten erinnere „allzu deutlich an diverse Querfrontstrategien, welche die punktuelle Kooperation von Linken mit Rechtsextremen rechtfertigen, beispielsweise an die von Karl Radek formulierte Schlageterlinie".[45]

Tatsächlich führte Buchholz' Amtsantritt zu einer islam- und damit auch religionspolitischen Kehrtwende in ihrer Partei, denn zuvor war deren Ziel, Religion und religiöse Symbole aus der Öffentlichkeit zu verdrängen, wobei ihr die zunehmende islamische Präsenz in Deutschland als Vorwand gedient habe, so Bischof Wolfgang Huber, der damalige Ratsvorsitzende der Evangelischen Kirche, in einem Gastbeitrag für die parteinahe Zeitung *Neues Deutschland*.[46] Dagegen wird das Engagement von Buchholz und *Marx21* beispielsweise für islamischen Religionsunterricht nicht zu Laizismus und zum „Absterben" der Religion, sondern auch zur künftigen Absicherung der staatlichen Förderung von Religionsgemeinschaften und zur Ausdehnung der sogenannten hinkenden Trennung von Staat und Kirchen auf islamische Gemeinschaften führen, selbst wenn Buchholz erklärt, eigentlich gegen Religionsunterricht zu sein und nur bis zu dessen Abschaffung Gleichberechtigung für Muslime zu wollen.

Bei ihrem Engagement für den Islam zeigt sich Buchholz von entgegenstehenden religionsverfassungsrechtlichen oder demokratiepolitischen Grundsätzen unbeeindruckt. Zur Einstufung von Mitgliedern islamischer Verbände als Islamisten durch den Verfassungsschutz erklärte sie, diese Behörde sei für Linke keine Quelle, auf die man sich berufen sollte.[47] Die Position des Bundesverfassungsgerichts, vom Kopftuch könne eine hinreichend konkrete Gefahr für Schulfrieden und staatliche Neutralität ausgehen, stellt für Buchholz ein Einfallstor für antimuslimische Hetze dar.[48] Entgegen dem deutschen Religionsverfassungsrecht will Buchholz islamische Verbände als Religionsgemeinschaften im Sinne des Grundgesetzes und als Körperschaften des öffentlichen Rechts anerkennen, obwohl sie die Voraussetzungen dafür nicht erfüllen. Darüber setzt sie sich hinweg, indem sie auf die Frage des Online-Magazins *Migazin*, warum sie islamische Verbände als Religionsgemeinschaften bezeichnet, obwohl diese im juristischen Sinne keine Religionsgemeinschaften sind,

---

44 Vgl. Gunnar Schedel, Querfront gegen Säkularismus, in: Materialien und Informationen zur Zeit 48 (2019), H. 1, S. 41–45, hier: S. 44.
45 Jan Schiffer, Marx21: „Mit den Islamisten manchmal, mit dem Staat niemals", unter: https://www.ruhrbarone.de/marx21-mit-den-islamisten-manchmal-mit-dem-staat-niemals/162860 (13. Januar 2023).
46 Vgl. Wolfgang Huber, Was versteht die PDS unter Religionsfreiheit?, in: Neues Deutschland vom 13. Mai 2005.
47 Vgl. Interview mit Christine Buchholz, Staat tut zu wenig, um Muslime zu schützen, in: Neues Deutschland vom 28. August 2020.
48 Vgl. Christine Buchholz, Warum wir für das Recht sind Kopftuch zu tragen, überall, unter: https://christinebuchholz.de/2015/07/10/warum-wir-fuer-das-recht-sind-kopftuch-zu-tragen-ueberall/ (16. Januar 2023).

folgendermaßen antwortet: „Weil es ihr eigener Anspruch und ihre Definition ist."[49] Es gibt zahlreiche weitere Beispiele dafür, dass Buchholz und andere Politiker der Partei einseitig proislamische Positionen mit bemerkenswerten Begründungen vertreten. Während für Buchholz einerseits antimuslimischer Rassismus allgegenwärtig zu sein scheint, bestreitet sie andererseits selbst bei der nigerianischen Terrororganisation *Boko Haram* Christenfeindlichkeit. Im Rahmen einer Bundestagsdebatte über Christenverfolgung stellte Buchholz in Abrede, dass es sich beim Terror von *Boko Haram* um einen Religionskonflikt handelt. Vielmehr seien es Auseinandersetzungen zwischen verschiedenen Gruppen wie Kleinbauern und Nomaden. Bevölkerungswachstum, Klimawandel, Landraub und Ressourcenkonflikte stellten die eigentlichen Verursacher und Verstärker der Konflikte dar.[50] Gleich welche Forderung mit Islambezug man betrachtet, stets verficht Buchholz uneingeschränkt die Position islamischer Verbände, weist jegliche Kritik daran zurück und ignoriert kollidierende Grundrechte. Das gilt für Muezzin-Ruf, Minarett-Bau, betäubungsloses Schächten, Beschneidung bei Kindern, Kopftuch und sogar Burka, Auslandsfinanzierung islamischer Gemeinschaften durch Diktaturen oder Deutschsprachigkeit von Predigten.[51]

Nicht so apodiktisch wie Buchholz, doch ebenfalls mit kulturrelativistischem Tenor, äußert sich beispielsweise Sabine Boeddinghaus, bildungspolitische Sprecherin der Fraktion *Die Linke* in der Hamburgischen Bürgerschaft. Zur Vollverschleierung erklärt sie: „Auch wir sind keine Anhänger_innen der Vollverschleierung, achten aber die Selbstbestimmung der Frauen. Selbst bei Zweifeln an der Freiwilligkeit des Tragens muss das Argument ausschlaggebend sein, dass ein Verbot absolut kontraproduktiv ist, da man jeglichen Gesprächsfaden abreißen lässt."[52] Zu dieser Erklärung wirft Rainer Balcerowiak, langjähriger Redakteur der Zeitung *Junge Welt*, die Frage auf: „Man fragt sich, wo denn die Grenzen wären. Müssten bei dieser Argumentation nicht auch Zwangsehen als Teil der religiösen Vielfalt akzeptiert werden?"[53] Die Feministin Frigga Haug, heute Mitglied der Partei *Die Linke* und zeitweise auch des Wissenschaftlichen Beirats der *Rosa-Luxemburg-Stiftung*, hatte ein solches Argumentationsmuster zuvor mit einem Vergleich kommentiert: „Das ist so, als würde man die eingeschnürten Füße der Chinesinnen verteidigen und sagen:

---

49 Interview mit Christine Buchholz, Kritik darf kein Vorwand sein, um Religionsgemeinschaften ihre Rechte abzusprechen, unter: https://www.migazin.de/2020/09/01/kritik-darf-kein-vorwand-sein-um-religionsgemeinschaften-ihre-rechte-abzusprechen/ (11. Januar 2023).
50 Vgl. Deutscher Bundestag, 19. Wahlperiode, Plenarprotokoll 19/202, 17. Dezember 2020, S. 25349.
51 Vgl. Christine Buchholz, Religionsfreiheit verteidigen – nein zur Hetze gegen den Islam!, unter: https://www.linksfraktion.de/themen/nachrichten/detail/religionsfreiheit-verteidigen-nein-zur-hetze-gegen-den-islam/ (11. Januar 2023).
52 Sabine Boeddinghaus, Vollverschleierung – nicht schön, aber kein Grund zur Aufregung, unter: https://www.linksfraktion-hamburg.de/vollverschleierung-nicht-schoen-aber-kein-grund-zur-aufregung/ (11. Januar 2023).
53 Rainer Balcerowiak, Symbol eines Kulturkampfes, in: die tageszeitung vom 22. März 2021.

Im Grunde wollen die solche winzigen Schritte machen".[54] Und Sahra Wagenknecht wundert sich über andere Linke, die zu „Unterdrückungssymbolen wie dem islamischen Schleier" eine Position vertreten, die sich im „genauen Gegensatz zu dem befindet, was früher als links galt".[55]

Der Bezirksverband Neukölln der Partei *Die Linke* greift regelmäßig die pragmatische Integrationspolitik des dortigen, von der SPD geführten Bezirksamts an. Beispielsweise versuchte er, die Berufung von Güner Balci zur Integrationsbeauftragten des Bezirks und die dortige „Anlauf- und Dokumentationsstelle Konfrontative Religionsbekundung", die religiös motiviertes Mobbing erfasst und erforscht, zu verhindern. Sogar der Moscheegründerin Seyran Ateş wurde von der Sprecherin des Bezirksverbands vorgeworfen, besonders eifrig gegen Muslime zu hetzen.[56] Überhaupt gehen bei der Partei mit der Verteidigung von Islamismus Angriffe auf kritische Stimmen einher. So schreibt der Neuköllner Bezirksbürgermeister in einem gemeinsamen Beitrag mit der Integrationsbeauftragten des Bezirks, Teile der Partei würden immer wieder islamismuskritische Vereine im Schulterschluss mit „woken" Identitätspolitikern und reaktionären Islamvertretern als „Hauskanaken", „Nestbeschmutzer" oder gar als „extrem rechts" diffamieren.[57] Solche Äußerungen sind nicht auf Neukölln beschränkt. Frank Laubenburg, Sprecher der Bundesarbeitsgemeinschaft *Die Linke.queer*, bezichtigte nicht etwa den tschetschenischen Täter, der am Rande des Christopher Street Day 2022 in Münster eine Transperson erschlagen hat, sondern die Feministin Alice Schwarzer, Sahra Wagenknecht und Weitere, den Täter durch ihre Äußerungen zu Transpersonen ermutigt zu haben.[58] In Einzelfällen kann es gar bis zu Begeisterung für die Taliban kommen, so beim früheren Sprecher der Hamburger *Linksjugend* Bijan Tavassoli, der nach der Einnahme Kabuls jubelte: „Das afghanische Volk hat seine Freiheit und Souveränität zurück".[59]

Am Beispiel der Kontroverse innerhalb der Bundestagsfraktion über den Antrag „Antimuslimischer Rassismus und Diskriminierung von Musliminnen und Muslimen in Deutschland"[60] wurden 2020 und 2021 die gegensätzlichen islampolitischen Positionen der Abgeordneten deutlich. An diesem von Christine Buchholz initiierten

---

54 Interview mit Frigga Haug, Der Streit um das Kopftuch verdeckt die wahren Probleme, in: die tageszeitung vom 17. Januar 2004.
55 Sahra Wagenknecht, Die Selbstgerechten. Mein Gegenprogramm – für Gemeinsinn und Zusammenhalt, Frankfurt a. M. 2021, S. 119.
56 Vgl. Irmgard Wurdack, Islam: Vorurteile entkräftet, unter: https://www.marx21.de/buch-7/ (11. Januar 2023).
57 Vgl. Güner Balci/Martin Hikel, Probleme verschwinden nicht, nur weil wir sie ignorieren, in: Welt am Sonntag vom 26. Juni 2022.
58 Vgl. Frank Laubenburg, unter: https://twitter.com/franklaubenburg/status/1565640792009588741?lang=de (11. Januar 2023).
59 Egidius Schwarz, Linken-Politiker Bijan Tavassoli gratuliert Taliban zur Ermordung deutscher Soldaten, unter: https://www.theeuropean.de/egidius-schwarz/linkenpolitiker-er-gratuliert-den-taliban-fuer-eliminierte-bundeswehrsoldaten/ (12. Januar 2023).
60 Deutscher Bundestag, 19. Wahlperiode, Drucksache 19/25778, 12. Januar 2021, Entschließungsantrag zu der Antwort der Bundesregierung auf die Große Anfrage „Antimuslimischer Rassismus und Diskriminierung von Muslimen in Deutschland".

Antrag kritisierte Sevim Dagdelen, er atme den Geist reaktionärer Islamverbände. Dagdelen appellierte an ihre Fraktion, sich stattdessen an die Seite säkularer Muslime zu stellen. In ihrer Heimatstadt Duisburg habe sie erlebt, wie der politische Islam immer mehr Raum gegriffen habe, säkulare Muslime an den Rand gedrängt und diskriminiert worden seien. Der Antrag spiele Islamismus gegen Rassismus aus. Dagdelen plädierte dafür, dass „wir Linke uns klar gegen die islamistische Ideologie als gruppenbezogene Menschenfeindlichkeit und Gefahr für die Demokratie positionieren".[61] Die Berliner Landesarbeitsgemeinschaft *Säkulare Linke* richtete zu dem Antrag einen Brief an die Mitglieder der Fraktion, aus dem deutlich wird, wie umstritten die Islampolitik in der Partei ist. In dem Brief heißt es, der Begriff „Antimuslimischer Rassismus" diene reaktionären Islamverbänden und dem politischen Islam als Deckmantel und Allzweckwaffe zur Immunisierung. Der „Kampf gegen Rechts" müsse auch den Kampf gegen den politischen Islam beinhalten.[62]

Eher in Richtung der von Dagdelen vertretenen Linie äußerte sich mehrfach Dietmar Bartsch: Demokraten müssten Islamisten genauso konsequent bekämpfen wie Faschisten. Ein politischer Islam, „der Intoleranz predigt, die Presse- und Meinungsfreiheit ablehnt, Geschlechtergerechtigkeit bekämpft, die Islamisierung der Gesellschaft verfolgt und den Hass von Autokraten importiert"[63], habe in Deutschland keine Berechtigung. Dementsprechend verlangt Bartsch den Ausschluss von *Ditib* vom islamischen Religionsunterricht.[64] Bartsch gehört zu den Erstunterzeichnern eines Aufrufs, Mohammed-Karikaturen zu einem Pflichtthema in Schulen zu machen.[65] Ähnlich wie Dagdelen positioniert sich die Bundestagsabgeordnete Gökay Akbulut. Für sie haben Islamisten und Rechtsextreme vieles gemeinsam.[66] Akbulut ist Unterzeichnerin eines offenen Briefs gegen Islamismus, in dem es heißt, Islamisten stünden gegen die gesamte Menschheit und müssten innen- und außenpolitisch bekämpft werden.[67]

Ein Beispiel für eine gegenüber dem Islam ambivalente Einstellung ist Ulla Jelpke, die bis 2021 für die Partei Mitglied des Bundestags war. Mal unterstellte Jelpke dem Bundesinnenminister das Kalkül einer „Mikroaggression", das sie in die Nähe von Moschee-Schändung rückte, als zum Buffet bei einer Sitzung der Deutschen Islamkonferenz auch Blutwurst aufgetischt wurde: „Der Eine lässt zur Islamkonferenz Blutwurst servieren, der Andere wirft einen Schweinskopf vor die Moschee. Die

---

61 Aert van Riel, Linke tut sich schwer mit Islam-Position, in: Neues Deutschland vom 5. November 2020.
62 Vgl. Säkulare Linke Berlin, Brief zum Entschließungsantrag, unter: https://dielinke.berlin/zusammenschluesse/lag-saekulare-linke/detail/brief-zum-entschliessungsantrag/ (12. Januar 2023).
63 Dietmar Bartsch, Islamismus ist keine Religion, in: Die Welt vom 6. November 2020.
64 Vgl. Frederik Schindler, Was die Parteien gegen Judenhass und islamistische Einflussnahme vorhaben, in: Die Welt vom 26. August 2021.
65 Vgl. Das Dilemma der Mohammed-Karikaturen, unter: https://www.fachverband-ethik.de (12. Januar 2023).
66 Vgl. Deutscher Bundestag, 19. Wahlperiode, Plenarprotokoll 19/190, 6. November 2020, S. 24026.
67 Vgl. Gegen jeden Islamismus, Antisemitismus und Faschismus, unter: https://wirgegenislamismus2020.wordpress.com/ (13. Januar 2023).

Botschaft ist die gleiche. Muslime werden gedemütigt, ausgegrenzt und der Islam als nicht zu Deutschland gehörig betrachtet."[68] Mal distanzierte Jelpke sich von „hochproblematischen Islamverbänden", in denen sich „Muslimbrüder, Graue Wölfe und Agenten Ankaras tummeln"[69]. Mal mutmaßte sie, polizeiliche Durchsuchungen in Shisha-Bars würden angeordnet, um Islamfeindlichkeit Vorschub zu leisten: „Mit permanenten Razzien in Shisha-Bars unter dem Vorwand der Bekämpfung von Clan-Kriminalität werden solche Rückzugsorte für migrantische und muslimische Jugendliche zusätzlich kriminalisiert und in den Fokus der Islamhasser gerückt."[70]

Die Islamfrage kann bis zu Parteiaustritten führen. Als einen Grund für ihren Austritt nannte die Bundestagsabgeordnete Evrim Sommer, in der Partei fehle oft eine klare Abgrenzung zu „antisemitischen, reaktionären Organisationen wie der Hamas und der Hisbollah"[71], die stattdessen als antikoloniale Befreiungsbewegungen verklärt würden. Roman Grabowski, Mitglied einer Berliner Bezirksverordnetenversammlung, begründete seinen Austritt damit, dass die Partei mit dem politischen Islam kuschle.[72] Vor seinem Austritt hatte er sich für eine Dokumentationsstelle zu politischem Islam nach österreichischem Vorbild ausgesprochen.[73]

Die islampolitischen Mehrheitsverhältnisse innerhalb der *Linksjugend* sind unübersichtlich und im Zeitverlauf wie innerhalb einzelner Gliederungen volatil. Auf der Bundesebene herrschte zeitweise eine gegenüber dem Islam unkritische Mehrheit. 2015 fasste der Bundeskongress der *Linksjugend* einen Beschluss: „Das Feindbild eines scheinbar reaktionären, antihumanistischen, bedrohlichen Islam ist keine Erfindung von PEGIDA und anderen rassistischen, rechtspopulistischen, antimuslimischen und geflüchtetenfeindlichen Bewegungen, sondern das Ergebnis einer jahrelangen propagandistischen Hetzkampagne seitens bürgerlicher Medien, Politiker_innen und prominenter (pseudo-)intellektueller Diskursgestalter_innen. Die herbeigeführte Reduzierung von Muslimen auf Terror, Rückständigkeit, Frauenunterdrückung und Gewalt dient vor allem dem Zweck, die Mehrheitsbevölkerung gegen Muslime aufzuwiegeln."[74] Für das islamkritische Lager innerhalb der *Linksjugend* steht der Leipziger Verband. Dort kam es im Zuge einer linken Demonstration 2021

---

68 Ulla Jelpke, Islamfeindlichkeit entgegengetreten!, unter: https://www.ulla-jelpke.de/2018/12/islamfeindlichkeit-entgegengetreten/ (12. Januar 2023).
69 Deutscher Bundestag, 19. Wahlperiode, Plenarprotokoll 19/233, 10. Juni 2021, S. 29968.
70 Ulla Jelpke, Polizei zum Erkennen von antimuslimischem Rassismus sensibilisieren, unter: https://www.ulla-jelpke.de/2020/07/polizei-zum-erkennen-von-antimuslimischem-rassismus-sensibilisieren/ (12. Januar 2023).
71 Hannes Heine, „Blinde Verklärung Russlands", in: Tagesspiegel vom 5. Mai 2022; Evrim Sommer, Austrittserklärung, unter: https://www.facebook.com/evrim.sommer/posts/2871604543132526 (12. Januar 2023).
72 Vgl. Roman Grabowski, Austrittserklärung, unter: https://www.facebook.com/100003304356 57/posts/5321337097887252/ (12. Januar 2023).
73 Vgl. Interview mit Roman Grabowski, in: Materialien und Informationen zur Zeit 50 (2021), H. 2, S. 8.
74 Linksjugend Solid, Antimuslimischem Rassismus und Antiziganismus entgegentreten!, unter: https://www.linksjugend-solid.de/beschluss/antimuslimischem-rassismus-und-antiziganismus-entgegentreten/ (11. Januar 2023).

sogar zu der dortigen *Linksjugend* und deren Umfeld zugeschriebenen Steinwürfen auf eine Moschee.[75]

Neben der Partei beschäftigt sich die *Rosa-Luxemburg-Stiftung* mit dem Islam. Innerhalb des Stiftungsverbunds sind unterschiedliche Stimmen zu islambezogenen Themen zu hören. In einem Sammelband der Bremer *Rosa-Luxemburg-Initiative* wird eine offene Kritik islamistischer Indoktrination gefordert. Gegenüber Islamisten hätten antirassistische Aktivisten und Wissenschaftler in vermeintlicher Abwehr des Feindbilds Islam eine oftmals verharmlosende, nicht selten sogar apologetische Position eingenommen.[76] Allerdings werden in der Stiftung auch islamfreundliche Positionen vertreten. Murat Çakır, wissenschaftlicher Mitarbeiter der Stiftung, bemühte sich in einer Reihe von Beiträgen um das Herausarbeiten von Gemeinsamkeiten.[77] Sogar zum Dialog mit dem politischen Islam hat die Stiftung eine Schriftenreihe herausgegeben. In einer dieser Schriften heißt es, die Einbeziehung von Islamisten sei eine wichtige Aufgabe der Stiftung, weil diese beim Arabischen Frühling gemeinsam mit säkularen revolutionären Kräften aktiv waren, nur gemeinsam eine progressive Umgestaltung des arabischen Raums möglich sei und sie eine „stärkere Verankerung unter subalternen, wirtschaftlich und sozial marginalisierten Schichten"[78] als viele Linke aufwiesen. Der Politikwissenschaftler Werner Ruf, der Mitglied des Kuratoriums der Stiftung war, nannte in einer Zeitschrift der Stiftung den politischen Islam eine Widerstandsform gegen westliche Dominanz.[79] In einer anderen Publikation der Stiftung vertrat Ruf die These, es entstehe ein neuer antiimperialistischer Widerstand mit Islamisten an der Spitze.[80] Der politisierte Islam entpuppe sich als eine neue kollektive Widerstandsform der ehemaligen Dritten Welt gegen hegemoniale Arroganz und Willkür.[81] Historisch bezieht sich Ruf auf Versuche zur Zeit der Blockkonfrontation, in islamisch geprägten Staaten Religion und Sozialismus zu vereinbaren: „Die Regime, die eher einen ‚sozialistischen' Kurs (mit mehr oder weniger Anlehnung an die Sowjetunion) verfolgten, versuchten Islam und Sozialismus in Einklang zu bringen, wobei stets auf die sozialen und egalitaristischen Prinzipien der Religion hingewiesen wurde."[82] Ruf negiert eine vom Islam ausgehende Gefahr und unterstellt dem Westen, nach dem Ende des

---

75 Vgl. Thorsten Mense, Leipziger Doppelkopf, in: Jungle World vom 22. Dezember 2021.
76 Vgl. Udo Wolter, Universalistischer Rassismus – getarnt als „Islamuskritik"?, in: Rosa Luxemburg Initiative Bremen (Hrsg.), Maulwurfsarbeit, Berlin o. J., S. 120–131, hier: S. 120.
77 Vgl. z. B.: Murat Çakır, Antikapitalismus und Islam, unter: http://murat-cakir.blogspot.com/2013/11/antikapitalismus-und-islam.html#more (13. Januar 2023).
78 Ivesa Lübben/Heidi Reichinnek/Julius Dihstelhoff, Mit Islamisten reden!, in: Peter Schäfer/Tanja Tabbara (Hrsg.), Dialog mit dem Politischen Islam II, Berlin 2016, S. 10–23, hier: S. 20 f.
79 Vgl. Werner Ruf, Feindbild Islamismus, in: Utopie kreativ 12 (2001), S. 1091–1097, hier: S. 1092.
80 Vgl. ders., Islamische Bedrohung?, Berlin 2007, S. 8.
81 Vgl. ders., Der Islam, Feind unserer Zivilisation?, in: Forum Wissenschaft 19 (2002), H. 1, S. 24–28, hier: S. 28.
82 Ebd,. S. 26.

Kalten Kriegs „das neue Feindbild Islam als kollektive Bedrohung"[83] konstruiert zu haben.

Angesichts der enormen Bandbreite innerparteilicher Positionen zu Islam und Islamismus forderte Cansu Özdemir, Co-Vorsitzende der Fraktion *Die Linke* in der Hamburger Bürgerschaft, 2020 eine ausführliche Diskussion in der Partei zum Umgang mit Islamismus aus linker Perspektive.[84] Der Ausgang einer solchen Diskussion ist kaum voraussehbar, weil die innerparteilichen Mehrheitsverhältnisse zu Streitpunkten mit Islambezug schwer einzuschätzen sind. Wegen der Unvereinbarkeit der in der Partei vertretenen islampolitischen Positionen ist eine Debatte und eine Klärung geboten.

6. Richtungsentscheidung zu linker Islampolitik geboten

In der politischen Linken insgesamt wie auch in der Partei *Die Linke* gibt es heute eine große Bandbreite teils unvereinbarer Positionen zu Islam und Islamismus. Diese reichen von entschiedener Ablehnung bis zu völliger Kritiklosigkeit. Während ein Teil der Linken im Islam die Inkarnation der Konterrevolution sieht, erkennt ein anderer Teil in ihm einen Bündnispartner. Während ein Teil der Linken an der Religionskritik festhält und diese nicht nur auf das Christentum, sondern auch auf den Islam bezieht, nimmt ein anderer Teil den Islam von Kritik aus. Wie ist diese ungleiche Positionierung gegenüber den Religionen zu erklären? Warum werden beispielsweise kirchliche Haltungen zur Abtreibung angeprangert oder die Vormachtstellung von Männern in der Katholischen Kirche, nicht aber dieselben Phänomene im Islam? Und wie passt zusammen, dass die Linke zwar einen antifaschistischen Kampf führt, ein Teil der Linken davon aber den Islam ausnimmt, obwohl dieser nach linker Lesart alle Merkmale rechter Ideologie aufweist?

Eindeutig beantworten lassen sich diese Fragen nicht. Ein Erklärungsansatz ist das traditionelle Eintreten Linker für Benachteiligte, Diskriminierte und Minderheiten. In Migranten sehen sie eine solche benachteiligte und diskriminierte Minderheit. Und Muslime beziehungsweise „als muslimisch Gelesene" halten sie für besonders benachteiligt, diskriminiert und damit schutzbedürftig. Ausgeblendet wird dabei: Wer eine Kritik homophober oder patriarchalischer Praktiken im Islam unterlässt, begünstigt Benachteiligung und Diskriminierung anderer Gruppen, hier von Homosexuellen und Frauen. Die Ausblendung dieser Widersprüche kann sogar so weit gehen, dass Muslime, die solche Probleme benennen und Reformen im Islam anmahnen, als „Störenfriede" oder als islamfeindlich angegriffen werden. Wenn Linke etwa die Moscheegründerin Seyran Ateş antimuslimischer Hetze bezichtigen, offenbaren sie nicht nur eine eigentümliche Wahrnehmung, sondern maßen sich auch

---

83 Ders., Der Islam – Schrecken des Abendlands, 2. Aufl., Köln 2014, S. 50.
84 Vgl. Cansu Özdemir, Zur Islamismus-Debatte einige Worte, unter: https://www.facebook.com/305500089535952/posts/3439909482761648/ (13. Januar 2023).

an, „gute" von „schlechten" Muslimen zu unterscheiden. Auf diese Weise stellen sich Linke auf die Seite rechter Muslime, während sie zugleich linke Muslime delegitimieren. Parallel dazu kann sich in der Außenpolitik zumindest der antiimperialistische Teil der Linken kaum zu einer Verurteilung islamistischer, antiwestlicher Staaten durchringen, etwa zur Solidarität mit dem Aufbegehren im Iran gegen Kopftuchzwang und das Willkür-Regime der Mullahs.

Ein weiterer Erklärungsansatz: Radikale und extremistische Linke verfolgen das Ziel, den bürgerlichen Staat zu schwächen und die Gesellschaftsordnung umzuwälzen, und erkennen dabei Muslime als mutmaßlich benachteiligte Minderheit und potenzielle Bündnispartner. Weil ihnen selbst dafür der gesellschaftliche Rückhalt und eine Massenbasis fehlen, versuchen sie, Muslime und andere Minderheiten gegen die Verhältnisse zu instrumentalisieren und zu mobilisieren. Dazu spüren sie (tatsächliche oder vermeintliche) Ungerechtigkeiten auf und skandalisieren sie, um das gesellschaftliche Konfliktpotenzial zu erhöhen und den Staat zu destabilisieren. Dabei haben insbesondere am Trotzkismus orientierte Linke Muslime als ein gegenwärtiges „revolutionäres Subjekt" ausgemacht. Gemäß der Devise „Der Feind meines Feindes ist mein Freund" wird angenommen, Muslime seien tendenziell antiwestlich eingestellt. Die Bündnisarbeit gegenüber Muslimen ist innerhalb der Linken umstritten und wird von einem Teil als Querfront-Politik abgelehnt. Schließlich fürchten Linke, Ausländerfeindlichkeit zu befördern und Wasser auf die Mühlen Rechter zu leiten, wenn sie öffentlich Kritik am Islam üben.

Es mutet absurd an, dass Linke, die eigentlich den Einfluss von Religionsgemeinschaften auf Staat, Gesellschaft und Öffentlichkeit zurückdrängen wollen, um der Gleichstellung des Islam willen das Gegenteil erreichen könnten, nämlich eine langfristige Stabilisierung der bereits brüchigen religionsverfassungsrechtlichen Ordnung durch Einbeziehung islamischer Gemeinschaften.

Die proislamische Linke befindet sich in einem Boot mit muslimischen Gruppierungen, die in vielerlei Hinsicht genuin rechte Positionen vertreten. Daher erscheint unwahrscheinlich, dass solche Gruppierungen eine Ordnung von Staat und Gesellschaft durchsetzen würden, die linken Vorstellungen entspricht, wenn sie die Macht hätten, ihre Ziele zu verwirklichen. Außerdem könnte die Linke durch Bündnisse mit konservativen und sogar fundamentalistischen Muslimen bisherige, für ihre angestrebte Mosaik-Linke benötigte Zielgruppen, etwa Feministinnen, Homosexuelle, Humanisten oder säkulare Migranten, verlieren, da ihre Anliegen gewissermaßen auf das Niveau von „Nebenwidersprüchen" sänken.

Die offensichtlichen Widersprüche zwischen linken einerseits und islamischen oder islamistischen Positionen andererseits bei zugleich angestrebter Partnerschaft führen zu Beschweigen, Relativieren oder Dekonstruieren von Gewalttaten, die im Namen des Islam begangen werden. Dies gilt für in Deutschland verübte Verbrechen, etwa sogenannte Ehrenmorde, wie international, etwa mit Blick auf die blutige Niederschlagung von Protesten in der Islamischen Republik Iran 2022 und 2023. Der Politikwissenschaftler Ali Fathollah-Nejad urteilt gar, das Schweigen der Linken zum Aufbegehren im Iran werde in die Geschichte eingehen.[85] Und dieses Schweigen zu Missständen und Unterdrückung hat in der Linken bereits eine jahrzehntelange Tradition, beginnend zur Zeit der Iranischen Revolution 1979, als prominente linke Intellektuelle, etwa der französische Philosoph Michel Foucault, das Vorgehen Ajatollah Ruhollah Chomeinis rechtfertigten.

Regelmäßig behaupten proislamische Linke, Gewalt und Unterdrückung hätten mit dem (wahren) Islam nichts zu tun. An der Erhebung von Daten und an der Entwicklung von Maßnahmen zur Lösung mit dem Islam in Zusammenhang stehender Probleme wie an den Glaubensinhalten der islamischen Religion besteht unter Linken kaum Interesse, wie beispielsweise die Obstruktion gegenüber der in Neukölln eingerichteten „Anlauf- und Dokumentationsstelle konfrontative Religionsbekundung" zeigt. Kritik wird regelmäßig mit dem Konstrukt des antimuslimischen Rassismus abgewehrt, während gleichzeitig der Vorwurf der Islamophobie erhoben wird.

In der innerlinken Kontroverse zum Islam wie in der aktuellen Auseinandersetzung über den Krieg gegen die Ukraine (Waffenlieferungen und Pazifismus) herrscht Verwirrung, was überhaupt links ist und was nicht. Eine Linke, die einen konservativen oder sogar fundamentalistischen Islam fördert, setzt sich in Widerspruch zu linken Grundprinzipien der Emanzipation, der Aufklärung und universeller Menschenrechte. Tatsächlich kann man von einem linken Islamdilemma sprechen, wie es die Mitgliederzeitschrift der Partei *Die Linke* getan hat. Die Gretchenfrage, wie sie es mit dem Islam hält oder halten sollte, birgt Spaltungspotenzial. Daher mahnt Cansu Özdemir zurecht eine Grundsatzdebatte innerhalb der Partei *Die Linke* zum Islam an. Um eine Klärung dieser Frage wird weder die Partei noch die Linke insgesamt herumkommen.

---

85 Vgl. Interview mit Ali Fathollah-Nejad, Das Schweigen der Linken wird in die Geschichte eingehen, in: Frankfurter Rundschau vom 23. Dezember 2022.

Das „Hufeisen" in Wissenschaft und Politik

Von Tom Mannewitz

1. Einleitung: Zur Popkulturalisierung eines umstrittenen Begriffs

Wer sich mit politikwissenschaftlicher Extremismusforschung beschäftigt, der kommt am „Hufeisen" nicht vorbei – und muss sich zu ihm verhalten. Verfechter eines normativen Ansatzes, die den Begriff bisweilen zur Veranschaulichung gebrauchen[1], stehen vehementen Kritikern gegenüber, die das „Hufeisen" samt und sonders ablehnen.[2] Die Positionen liegen damit so weit auseinander wie die Enden des Diskussionsgegenstandes selber. Lange Zeit interessierte sich für die terminologischen Scharmützel kaum jemand außerhalb der Wissenschaft und von Teilen der Politik. Seit einigen Jahren jedoch begegnet einem das „Hufeisen" immer häufiger auch außerhalb der Fachdebatte.

So äußerte Jan Böhmermann in einem Interview mit der *Zeit*: „,Es gibt nicht einfach zwei Seiten, und es gibt überhaupt keine Verpflichtung, sich mit Dingen auseinanderzusetzen, die aus rein taktischen Gründen formuliert werden. Nicht alles, was auf dem Marktplatz der Ideen angeboten wird, ist auch eine. Wenn einer nur mal mit der Kettensäge über den Marktplatz laufen will, was soll das für eine Idee sein?' Man dürfe außerdem nicht auf ‚das Hufeisen' reinfallen. Hufeisentheorie, unter diesem Stichwort wird die Idee verhandelt, dass links und rechts gleich schlimm seien, sie sind sich nahe wie die zwei Enden eines Hufeisens. ‚Das Hufeisen kann man nicht ans Grundgesetz anlegen, das ist objektiv antifaschistisch, weil es als Antwort auf den Nationalsozialismus verfasst wurde.'"[3]

In einer anderen Ausgabe der Zeitung stritten sich die Klimaaktivistin Franziska Heinisch und der *Welt*-Journalist Ulf Poschardt. Auf dessen Vorwurf, nicht nur „die Rechten", sondern auch die Klimaaktivisten spielten mit der Angst der Menschen, entgegnete Heinisch: „Ihre Hufeisentheorie setzt fälschlich eine rechte und eine linke Erzählung gleich. Die rechte Ideologie versucht, Ängste so zu instrumentalisieren, dass Menschen andere Gruppen als Verursacher ihrer Probleme sehen. Das ist

---

1 Siehe das Ursprungswerk, das das Hufeisen in einem Abriss zur Verbreitung politisch-räumlicher Modelle verwandte, ohne es indes zu empfehlen: Uwe Backes, Politischer Extremismus in demokratischen Verfassungsstaaten. Elemente einer normativen Rahmentheorie, Opladen 1989, S. 250–260.
2 Siehe exemplarisch Matthias Falter, Critical Thinking Beyond Hufeisen. „Extremismus und seine politische Funktionalität", in: Forum für kritische Rechtsextremismusforschung (Hrsg.), Ordnung. Macht. Extremismus. Effekte und Alternativen des Extremismus-Modells, Wiesbaden 2011, S. 85–101; Eva Berendsen/Katharina Rhein/Tom David Uhlig (Hrsg.), Extrem unbrauchbar. Über Gleichsetzungen von links und rechts, Berlin 2019.
3 Zitiert nach Lars Weisbrod, „Ey Alter, ich arbeite beim ZDF", in: Die Zeit vom 5. November 2020, S. 51.

ein Propagieren von Hass. Was dagegen die Klimabewegung macht, ist [...] darauf zu pochen, dass es eine ernsthafte Krise gibt, und Lösungswege zu zeigen."[4]

Im selben Jahr war bereits eine ganze Reihe von – mal ablehnenden, mal befürwortenden – journalistischen Beiträgen erschienen, welche die „Hufeisentheorie" zu erklären und deren Für und Wider zu beleuchten suchten.[5] Wenig überraschend, kommt Unterstützung vor allem von liberaler und konservativer Seite[6], ist der Widerspruch eher links.[7] Das größte Echo in diesem Chor an qualitativ heterogenen Kritiken dürfte wohl ein Youtube-Video des EU-Parlamentariers Martin Sonneborn (*Die Partei*) vom Februar 2020 hervorgerufen haben.[8] In der rund sechsminütigen Abrechnung mit dem „Hufeisen", die den Politiker mit Hakenkreuz- sowie Hammer- und-Sichel-Armbinde frontal vor einem blauen Aufsteller des EU-Parlaments zeigt, nennt er das Hufeisenmodell – Ausdruck einer „unterkomplexen Weltsicht" (5:56) – ein „lustiges kleines Theorem, das vermutlich als das erbärmlichste politische Analyseangebot des 21. Jahrhunderts in die Geschichte der Demokratie eingehen wird" (1:10). Die angeblichen Urheber der „wissenschaftlich höchst problematischen [...] Hufeisenidee" (2:00), Uwe Backes und Eckhard Jesse, gelten ihm „nicht als die feurigsten Vorkämpfer differenzierten Denkens" (1:55). Er spricht von einer „faschismusverniedlichenden Ansicht" (2:30), wirft den Vertretern des Modells eine Gleichsetzung von AfD und der Partei *Die Linke* vor (2:49), die einer „vereinfachenden Welterklärungsformel" (3:03) folgten, weil sie den Unterschied zwischen „Kapitalismuskritik und Naziterrorismus" (3:16) wie auch die „Extremismen [...] in der Mitte" (3:20) unterschlagen. Das Video erhielt seither rund eine Million Aufrufe, 53.000 Likes und knapp 4000 – vornehmlich ironisch-zustimmende – Kommentare.

Das „Hufeisen" scheint nach Jahrzehnten des Nischendaseins zudem gleichsam über Nacht in der (Pop-)Kultur angekommen zu sein: In einem der meistgehörten deutschsprachigen Podcasts („Gemischtes Hack") äußert einer der beiden Hosts,

---

4 Charlotte Parnack/Jochen Bittner, Zählen Argumente noch? Sie stört sich an seinem „Rummackern", er findet ihre Anklagen gegen seine Generation selbstgerecht. Die linke Aktivistin Franziska Heinisch und „Welt"-Chefredakteur Ulf Poschardt über Debatten-Exzesse und das Streiten im Jahr 2020, in: Die Zeit vom 16. Dezember 2020, S. 12.
5 Johannes Wallat, Extremismus – links ist nicht gleich rechts (19. Februar 2020), unter: https://www.n-tv.de/politik/Extremismus-links-ist-nicht-gleich-rechts-article21584203.html, 22. November 2022; Till Haase, Die CDU und die Hufeisentheorie (11. Februar 2020), unter: https://www.deutschlandfunknova.de/beitrag/hufeisentheorie-marcel-solar-erklaert-die-extremismustheorie (22. November 2022); Constantin Huber, Ist das Hufeisen noch zu retten? (24. Februar 2020), unter: https://hpd.de/artikel/hufeisen-noch-retten-17752 (22. November 2022).
6 Siehe Kristina Schröder, Die Hufeisen-Theorie ist weder widerlegt noch veraltet (29. Februar 2020), unter: https://www.welt.de/debatte/kommentare/plus206210049/Extremismus-Die-Hufeisen-Theorie-ist-weder-widerlegt-noch-veraltet.html (22. November 2022); Marco Buschmann, Ein Lob der Hufeisen-Theorie (18. Februar 2020), unter: https://www.welt.de/print/die_welt/debatte/article205948597/Gastkommentar-Ein-Lob-der-Hufeisen-Theorie.html (22. November 2022).
7 Siehe Marc Hieronimus, Schwer vernagelt: Hufeisen (3. November 2022), unter: https://www.jungewelt.de/artikel/437745.alltagskunde-schwer-vernagelt-hufeisen.html (22. November 2022).
8 Martin Sonneborn, Das dämliche Hufeisen-Theorem (15. Februar 2020), unter: https://www.youtube.com/watch?v=bJWwU4M3BT0 (22. November 2022).

Tommi Schmitt, in einer Folge vom Sommer 2021 mit Blick auf die jüngeren Wetterextreme in Deutschland eine „wettermäßige Hufeisentheorie" (2:06) – offenkundig in Anspielung auf das politikwissenschaftliche Vorbild.[9] Im Berlin-Blog *Mit Vergnügen Berlin* fachsimpelt eine Autorin über die „Hufeisentheorie des Geldes"[10], in seinem Politthriller *Im Namen der Lüge* rechnet Horst Eckert mit der Gleichsetzung von Rechts- und Linksextremisten ab.[11] Und die Künstlerin Henrike Naumann verarbeitet die „Theorie" bei einer Ausstellung in New York.[12]

2. Wendepunkt: der 5. Februar 2020

Den Eindruck generell gestiegener Aufmerksamkeit gegenüber einer jahrzehntealten politikwissenschaftlichen Metapher bestätigt eine Auswertung der bei Google verzeichneten Nachrichten mithilfe der Suchbegriffe „hufeisentheorie", „hufeisen-theorie", „hufeisenmodell" und „hufeisen-modell".[13] Wie ein Blick auf Abbildung 1 verdeutlicht, erschienen die meisten Nachrichten mit Hufeisenbezug im Jahr 2020, seither ist das Aufkommen deutlich größer als in den Jahren zuvor.

Abbildung 1: Google-Nachrichtenaufkommen mit „Hufeisenbezug"

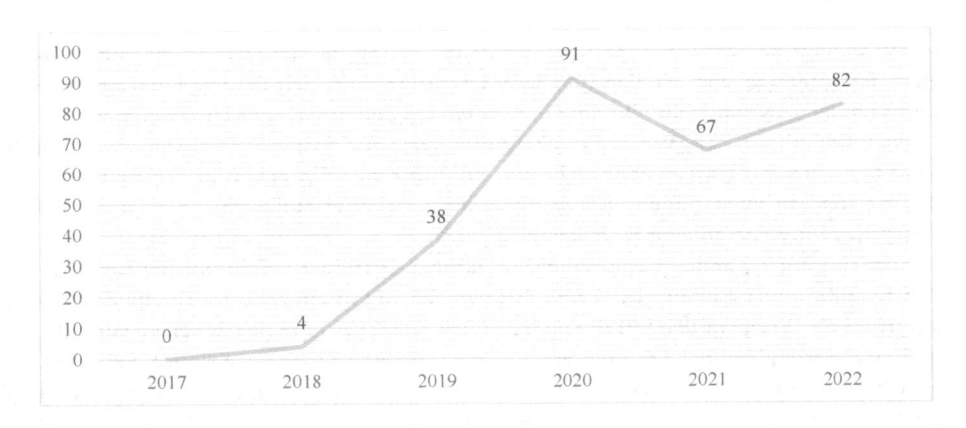

Jahr	Anzahl
2017	0
2018	4
2019	38
2020	91
2021	67
2022	82

Quelle: eigene Darstellung.

---

9 Gemischtes Hack, #150 SEIL SEIL SEIL (1. Juni 2021), unter: https://open.spotify.com/episode/1uuDJsO76nCAidIuTUVFEB (22. November 2022).
10 Anne-Catherine Piétriga, Geld in Beziehungen: Hört hier die Liebe auf? (o. D.), unter: https://mitvergnuegen.com/2022/geld-in-beziehungen-streit-thema/ (24. November 2022).
11 Siehe Horst Eckert, Im Namen der Lüge, München 2021.
12 dpa, Möbel zu Politik (21. November 2022), unter: https://www.monopol-magazin.de/moebel-zu-politik (24. November 2022).
13 Zeitraum: letzte fünf Jahre; Datum des Abrufs: 22. November 2022.

Eine feinkörnigere Auswertung derselben Suchbegriffe bei Google Trends bestätigt diesen Eindruck. Google Trends ist ein Online-Dienst, der Informationen darüber bereitstellt, welche Suchbegriffe wie oft eingegeben wurden. Damit lässt sich die Popularität einzelner Begriffe im Zeitablauf analysieren. Abbildung 2 verdeutlicht zweierlei: Erstens, das Interesse für das Thema lässt sich innerhalb des Jahres 2020 auf Mitte Februar taxieren, wo es sein Fünfjahresmaximum erreicht – und zwar mit großem Abstand zu allem, was davor und danach zu beobachten war. Und zweitens, nach dem Peak war das Interesse insgesamt größer als davor.

Abbildung 2: Google Trends Suche

Quelle: eigene Darstellung.

Etwas scheint im Jahr 2020, wohl in der ersten Februarhälfte, passiert zu sein, welches das Interesse von Medien und Internetnutzern (die sich dahingehend nicht so sehr von der Allgemeinbevölkerung unterscheiden dürften) an der Hufeisenmetapher schlagartig erhöht hat. Vieles spricht dafür, dass die Ministerpräsidentenwahl in Thüringen am 5. Februar 2020 nicht nur ein politisches Erdbeben in der Bundesrepublik, sondern auch „eine massive Kritik an der ‚Hufeisentheorie'" und somit ein generelles Interesse an dem Konzept auslöste.[14]

Die Thüringer Landtagswahl vom 27. Oktober 2019 hatte nicht nur der regierenden Koalition aus Linken, SPD und Grünen die Mehrheit gekostet (hauptsächlich aufgrund der Verluste der SPD), sondern auch sonst keine realistischen Koalitionsoptionen bereitgehalten. Da mehrere Kooperationsgespräche ergebnislos verliefen, entschlossen sich die Partner der bisherigen Koalition Ende Januar/Anfang Februar 2020 zu einer Minderheitsregierung – wohl in der Hoffnung, ihren Kandidaten Bodo Ramelow spätestens im dritten Wahlgang der für Anfang Februar geplanten Ministerpräsidentenwahl durchzubekommen.

Im ersten und zweiten Wahlgang konkurrierten am 5. Februar 2020 der von Rot-Rot-Grün aufgestellte, bisherige Ministerpräsident und der bis dahin weitgehend unbekannte und parteilose Kommunalpolitiker Christoph Kindervater (auf dem Ticket

---

14 Eckhard Jesse, Äquidistanz und Hufeisenmodell einerseits, antifaschistischer Konsens und Ausgrenzung andererseits, in: Uwe Backes/Alexander Gallus/Eckhard Jesse/Tom Thieme (Hrsg.), Jahrbuch Extremismus & Demokratie, Bd. 32, Baden-Baden 2020, S. 13–40, hier: S. 14.

der AfD). Beide Kandidaten verfehlten in beiden Wahlgängen die absolute Mehrheit. Zuerst ging es 43 zu 25 aus – Ramelow erhielt eine Stimme mehr, als die drei ihn unterstützenden Fraktionen hatten, Kindervater drei mehr. Im zweiten Wahlgang bekam Ramelow 44, Kindervater 22 Stimmen, was der AfD-Fraktionsgröße entsprach. Für den dritten Wahlgang hatte die FDP im Falle einer neuerlichen Kandidatur des AfD-Mannes einen eigenen Kandidaten angekündigt: Thomas Kemmerich, seinerzeit Fraktions- und Landesvorsitzender seiner Partei. Dieser Schritt hatte eher symbolischen Charakter – die Liberalen wollten einen „bürgerlichen Kandidaten" präsentieren – und sollte zugleich die Gefahr bannen, der FDP-Kandidat könne mithilfe der AfD gewählt werden. Statt aber im dritten Versuch den eigenen Mann zu wählen, entschied sich diese dazu, alle Stimmen auf Thomas Kemmerich zu vereinen. Dieser erzielte 45 Stimmen, Bodo Ramelow 44. Da hier die relative Mehrheit für die Ministerpräsidentenwahl genügt, war Thomas Kemmerich somit zum neuen Thüringer Ministerpräsidenten gewählt – und die Aufregung groß.

Schon in den Wochen zwischen Landtags- und Ministerpräsidentenwahl war gemutmaßt worden, ein vom liberal-konservativen Lager präsentierter Kandidat könnte mit Unterstützung der AfD ins Amt gelangen. Die Befürchtungen waren nicht unbegründet, hatte der Thüringer CDU-Chef Mike Mohring doch schon sechs Jahre zuvor Gespräche mit der AfD geführt, um Rot-Rot-Grün zu verhindern.[15] Und drei Tage vor der Wahl in Erfurt 2020 erschien in *The European* ein Debattenbeitrag von Karl-Eckhard Hahn, Pressesprecher der CDU-Fraktion und Mohring-Vertrauter, in dem es heißt: „Doch was ist, wenn eine Regierung mit Stimmen von AfD-Abgeordneten ins Amt kommt? Die Frage ist durch die Ankündigung der FDP Thüringen, über einen eigenen Kandidaten für die Wahl des Thüringer Ministerpräsidenten im Thüringer Landtag nachzudenken, wieder virulent geworden. [...] Die Stimmabgabe zugunsten eines FDP-Kandidaten, der ohne einen Koalitionsvertrag oder sonstige politische Zusicherungen an den Start ginge, verpflichtete diesen politisch zu absolut nichts. Weder gegenüber der AfD noch irgendjemandem sonst. Bei der Zusammenstellung eines Kabinetts wäre er vollkommen frei. Nach welchen Maßgaben ein Bewerber das zu tun gedenkt, kann er außerdem vor einer Wahl klarstellen und damit für Transparenz sorgen. Sein Kabinett stünde im Parlament vor keiner größeren oder kleineren Herausforderung als jedes andere Minderheitskabinett auch. Jede Minderheitsregierung muss sich Mehrheiten suchen, weil sie keine eigene hat. Ein solcher Ministerpräsident hätte keine geringere demokratische Legitimation als ein Ministerpräsident Bodo Ramelow auch, dessen Unterstützer im Übrigen ernstlich vertreten, er könne im Zweifelsfall auch mit weniger Ja- als Nein-Stimmen ins Amt kommen."[16]

---

15 Vgl. mp, CDU führte konkrete Gespräche mit der AfD (7. Dezember 2014), unter: https://www.spiegel.de/politik/deutschland/cdu-in-thueringen-konkrete-gespraeche-mit-der-afd-a-1006988.html (23. November 2022).
16 Karl-Eckhard Hahn, Überlegungen zur Entscheidungsfindung im 7. Thüringer Landtag (2. Februar 2020), unter: https://www.theeuropean.de/karl-eckhard-hahn/steht-die-wahl-von-bodo-ramelowauf-verfassungsrechtlich-schwankendem-grund/ (23. November 2022).

Gegen die These, Union und FDP hätten gemeinsame Sache mit der AfD gemacht, spricht dennoch Einiges – vor allem eine Äußerung des Parlamentarischen Geschäftsführers der AfD Stefan Möller am Wahlabend: „Das war ja auch Sinn der ganzen Strategie. Wir haben also versucht, Herrn Kemmerich als Gegenkandidaten überhaupt aufs Podium zu locken. Das hat er auch gemacht. Und dann haben wir ihn planmäßig gewählt."[17] Einige Tage später legte er gemeinsam mit dem Fraktionsvorsitzenden Björn Höcke auf der Homepage der AfD Thüringens nach: „Ja, wir haben eine taktische Finte genutzt, um Rot-Rot-Grün abwählen zu können. Dies war notwendig, weil eine offene Zusammenarbeit der bürgerlich-konservativen Parteien an den Führungsspitzen von CDU & FDP scheiterte. […] War es nun eine Falle, die wir Kemmerich gestellt haben? War es unredlich, wie es teilweise unterstellt wird? Nun: Wer zur Wahl antritt, muss auch damit rechnen, gewählt zu werden. Thomas Kemmerich hat zudem die Wahl zum Ministerpräsidenten auch angenommen, die Stimmen der AfD also bewusst akzeptiert. Er wollte also die Wahl gewinnen und wir haben dafür gesorgt."[18]

Die Wahl des FDP-Kandidaten Kemmerich: Ergebnis eines Manövers der AfD. Diese brach zwar kein formales Recht, wohl aber mit einer tradierten informellen Institution der Demokratie, der zufolge das eigene politische Handeln einer gewissen Vorhersagbarkeit folgt: Jemanden ins Rennen zu schicken, ergibt nur Sinn, wenn er oder sie – aus welchen Erwägungen auch immer – anschließend Stimmen erhält. Die bürgerlichen Parteien hätten die mangelnde Zuverlässigkeit der AfD zumindest einkalkulieren müssen, hieß es im Nachgang. Ihnen wurde Naivität vorgeworfen, zum Teil Schlimmeres.[19]

Dieser ganze Schlamassel – Kemmerichs spontane Wahlannahme sorgte für eine Regierungskrise in Thüringen und einen bundespolitischen Eklat über zwei Dammbrüche: die gemeinsame Abstimmung von FDP, CDU und AfD einerseits, Angela Merkels Intervention andererseits – wäre, so eine Deutung der Ereignisse, nicht passiert, hätte sich die CDU durchgerungen, dem *Linke*-Kandidaten Bodo Ramelow ihre Stimmen zu zugeben. Das von der Union propagierte Hufeisenschema und das dadurch versinnbildlichte Äquidistanzprinzip habe, so eine Reihe von Autoren, die Union blind gemacht für die „wirklichen" Gefahren, die ja, wie der 5. Februar bewies, von der AfD ausgehen.

---

17 Tilman Steffen u. a., „Neuwahlen sind keine Option" (5. Februar 2020), unter: https://www.zeit.de/politik/deutschland/2020-02/ministerpraesidentenwahl-thueringen-bodo-ramelow-liveblog (23. November 2022).
18 Björn Höcke/Stefan Möller, Stellungnahme der Landessprecher zur Ministerpräsidentenwahl (8. Februar 2020), unter: https://www.afd-thueringen.de/thuringen-2/2020/02/stellungnahme-der-landessprecher-zur-ministerpraesidentenwahl/ (23. November 2022).
19 So André Brodocz und Herfried Münkler – vgl. Caroline Ebner, „Politisch naiv oder völlig unwissend" (6. Februar 2022), unter: https://www.tagesschau.de/inland/thueringen-kemmerich-ministerpraesident-111.html (24. November 2022); Dirk Müller, „Eine Krise des politischen Personals" (7. Februar 2020), unter: https://www.deutschlandfunk.de/politologe-zu-thueringen-eine-krise-des-politischen-100.html (24. November 2022).

Schon geraume Zeit vor der Wahl urteilte beispielsweise Johannes Schneider auf *Zeit Online*: „Die Gleichsetzung des Quasisozialdemokraten Bodo Ramelow und des Staatsfeinds Björn Höcke als vermeintliche Antagonisten einer schwammig unterdefinierten ‚bürgerlichen' Mitte ist nicht einmal als Zuspitzung brauchbar."[20] Und Christian Bangel prognostizierte nach der Landtagswahl 2019: „In Thüringen […] hat die Gleichsetzung von linkem und rechtem Rand bewirkt, dass das Land seit Monaten keine klare politische Zukunft hat." Der Osten werde durch die vom „Hufeisen" gemeinte Gleichsetzung von AfD und *Linke* „unregierbar".[21]

Wenige Tage nach der Ministerpräsidentenwahl pflichtete Finn Rütten im *Stern* bei: „Union und FDP reden dieser Tage viel davon, Brandmauern nach links und rechts zu erhalten. Es dürfe keine Kooperation mit Links- wie Rechtsextremen geben. Was hier mitschwingt, ist die sogenannte Hufeisentheorie, also ein Schema, nach dem das politische Spektrum wie ein Hufeisen geformt ist, unterteilt in Mitte, links und rechts. Und je weiter es nach rechts oder links geht, ergo ‚extrem' wird, desto mehr neigen sich die beiden Enden einander zu, ein Hufeisen eben. Die damit verbundene Gleichsetzung von links- und rechtsextrem ist auf mehreren Ebenen Unsinn. […] Es ist falsch, die AfD und die Linke auf eine Stufe zu stellen. Die Linke zeigt (mit unterschiedlichen Namen) seit Jahrzehnten, dass sie bei einer Regierungsbeteiligung demokratische, verantwortungsvolle Politik mitgestalten kann. Den Beweis ist die AfD noch schuldig. Besonders absurd wird der Vergleich in dem Bundesland, das die ganze Aufregung ausgelöst hatte: Thüringen. Die Gleichsetzung von Bodo Ramelow und Björn Höcke ist schlicht hanebüchener Quatsch. Ramelow ist mehr oder weniger ein gefühlter Sozialdemokrat, der das Land fünf Jahre verantwortungsvoll geführt hat und mit 31 Prozent der Stimmen als Ministerpräsident wiedergewählt wurde. Björn Höcke ist ein Faschist. Er ist ein Mann, der völkisches Gedankengut verbreitet und erst zufrieden ist, wenn ‚wir die absolute Mehrheit haben'. Die Beiden als zwei Enden eines Spektrums anzusehen, wird Ramelow nicht gerecht."[22]

Selbst Claus Leggewie stimmte im Deutschlandfunk zu: „Ich halte das für eines der Grundübel in Konstruktion der Bundesrepublik Deutschland, gewissermaßen in Annahme des Weimar-Syndroms immer von Bedrohung von links und rechts – und zwar symmetrisch und parallel – auszugehen. Die Linke, deren Ministerpräsident gestern verhindert wurde, hat sich als eine ausgesprochen stabile Kraft erwiesen, sehr demokratieverträglich und sogar auch demokratiezuträglich. Sie ist viel,

---

20 Johannes Schneider, Das Hufeisen muss runter (28. Oktober 2019), unter: https://www.zeit.de/kultur/2019-10/linke-rechte-hufeisentheorie-thueringen-bjoern-hoecke-bodo-ramelow?page=5 2 (23. November 2022).
21 Christian Bangel, Das Hufeisen schlägt zurück (14. Januar 2020), unter: https://www.zeit.de/politik/deutschland/2020-01/thueringen-cdu-afd-extremismus-konservative-koalition (25. November 2022).
22 Finn Rütten, Linksextrem und rechtsextrem gleichsetzen? Warum die Hufeisentheorie Unsinn ist (11. Februar 2020), unter: https://www.stern.de/politik/deutschland/linksextrem-und-rechtsextrem-gleichsetzen--warum-das-unsinn-ist-9132470.html (23. November 2022).

viel zuverlässiger als die Kräfte von Union und FDP, die sich da aufs Glatteis haben locken lassen – oder sich selbst drauf gestellt haben."[23]

3. Fehldeutungen zur Thüringer Ministerpräsidentenwahl am 5. Februar 2020

Hinter solchen Kommentaren verbergen sich einige Fehldeutungen zum Äquidistanzprinzip und zum Hufeisenschema, die einer gesonderten Betrachtung bedürfen. Zumal in der Union wird die Abgrenzung von der Partei *Die Linke* und der AfD seit jeher auch, aber keinesfalls ausschließlich mit dem Äquidistanzprinzip begründet. Der für die gesamte Partei seit 2018 geltende Abgrenzungsbeschluss präsentiert im Kern zwei Argumentationsstränge für eine Abgrenzung: grundsätzliche inhaltliche Differenzen einerseits sowie Zweifel an der demokratisch-konstitutionellen Position andererseits. Der Rechtsextremismus und die Attacken auf die demokratischen Institutionen werden im Falle der AfD angeführt, die SED-Vergangenheit, der partielle Linksextremismus, das Sozialismusstreben und die „Systemfrage" bei der Partei *Die Linke* – neben den grundsätzlichen inhaltlichen Differenzen.

Die Logik hinter einer Nicht-Kooperation mit Extremisten jedweder Couleur: Parteien, die sich nicht zweifelsfrei zum demokratischen Verfassungsstaat bekennen, verdienen keine Zusammenarbeit. Antidemokraten sollen nicht in das politische Machtzentrum vorrücken und dort die Demokratie aushöhlen dürfen. Die Logik hinter einer Nicht-Kooperation mit Parteien, die ein anderes Wertefundament vertreten, liegt auf der Hand. Die Frage ist hier nur, wie sich inhaltliche und strategische Aspekte gewichten. Nur: Als die damalige CDU-Vorsitzende Annegret Kramp-Karrenbauer Mike Mohring daran erinnert hatte, „dass Präsidium und Vorstand die von einem Parteitag festgelegte Unvereinbarkeit einer Zusammenarbeit mit der Linkspartei bekräftigt hätten"[24], ehe dieser einem Gesprächswunsch Bodo Ramelows nachkam, blieb unklar, welche der beiden im Abgrenzungsbeschluss aufgeführten Argumentationslinien im Falle Thüringens nun zur Anwendung kam.

Wenig spricht dafür, dass der Cordon sanitaire maßgeblich war, denn: So richtig dieses Argument auf abstrakter Ebene ist, so wenig überzeugte es im Falle der Partei *Die Linke* im Thüringen des Jahres 2020. Diese hat in den reichlich fünf Jahren im Amt ihre Demokratieverträglichkeit unter Beweis gestellt, wie die Kommentatoren ja auch nicht müde wurden zu betonen. Bodo Ramelow war nicht Björn Höcke. Und die Thüringer *Linke* war, weil die extremistischen Strömungen eine geringere Bedeutung haben, kaum mit der Thüringer AfD zu verwechseln. Das dürfte auch der Thüringer CDU nicht entgangen sein. Entsprechend matt fiel ihre Kritik am

---

23 Stefan Koldehoff/Claus Leggewie, „Die bürgerliche Mitte hat sich blamiert" (6. Februar 2020), unter: https://www.deutschlandfunk.de/ministerpraesidentenwahl-in-thueringen-leggewie-die-1 00.html (23. November 2023).

24 dpa, Mohring will aus Verantwortung mit Ramelow reden (28. Oktober 2019), unter: https://www.welt.de/regionales/thueringen/article202605870/Mohring-will-aus-Verantwortung-mit-Ramelow-reden.html (1. Dezember 2022).

Verhältnis der Thüringer Partei *Die Linke* zur Demokratie in der Regierung aus. Im Wahlprogramm hieß es: „Ein oft verwandter politischer Hebel [der Koalition] zur Durchsetzung ist der vermeintliche Schutz vor Diskriminierung. Freiheit und Demokratie leiden."[25] An anderer Stelle wurde der Vorwurf der „Missachtung elementarer parlamentarischer Rechte" und der „Beeinträchtigung des Wahlrechts" durch die Paritätsklausel bemüht.[26] Das sind kleine Kaliber für ein demokratietheoretisches Argument.

Für die Abgrenzung der Union dürften darum weitere Punkte maßgeblich gewesen sein. Es ist wohl zunächst die inhaltliche Kluft, die beide Parteien trennt: Die Thüringer *Linke* hat seit jeher wenig gemein mit der Union. Vom Wertehaushalt und dem Menschenbild über die Wirtschafts- und Sicherheits- bis hin zur Sozialpolitik gibt es keine Partei, mit der die Union noch weniger Berührungspunkte hat.[27] Wie viel Glaubwürdigkeit hätte sie da eine wie auch immer geartete Kooperation gekostet? Hinzu kam das Trauma von 2014. *Die Linke* (eigentlich eher die SPD) bereitete seinerzeit einem knappen Vierteljahrhundert CDU-geführter Staatskanzleien ein Ende. Es ist daher wenig überraschend, dass die Union die „Wachablösung" nun rückgängig machen wollte.

Das hielt Kritiker jedoch nicht davon ab, die – angebliche – Gleichsetzung von AfD und *Die Linke* als alleinige Ursache für die Regierungskrise auszumachen.[28] Doch abgesehen vom porösen empirischen Fundament dieser These – selbst die Thüringer Union hatte das Argument vor der Wahl ja nur halbherzig vorgebracht – setzt weder das Hufeisenmodell noch die Extremismusforschung Bodo Ramelow mit Björn Höcke bzw. ihre beiden Parteien gleich. Da der „Quasisozialdemokrat" kein Linksextremist und sein Thüringer Landesverband nicht exemplarisch für den Linksextremismus ist, stellen sie aber auch nicht das „Hufeisen" infrage. Das „Hufeisen" ist damit zu Unrecht in den Mittelpunkt der Debatte gerückt.

Eine Gleichsetzung gibt es jedoch, sie bezieht sich aber auf einen *idealtypischen* Links- und einen Rechtsextremismus. Und sie beruht auf der Identifikation grundlegender Gemeinsamkeiten, was der Anerkennung ebenso grundlegender Unterschiede nicht im Wege steht. Dass just dies immer wieder bestritten wird, spricht (bestenfalls) für eine Reihe von Missverständnissen darüber, was das „Hufeisen" eigentlich bedeutet.

---

25 CDU Thüringen, Thüringen: Heimat mit Zukunft. Regierungsprogramm der CDU Thüringen zur Landtagswahl am 27. Oktober 2019, Erfurt 2019, S. 3.
26 Ebd., S. 16.
27 Siehe Christian Stecker/Thomas Däubler, Koal-O-Mat: Bei der Regierungsbildung in Thüringen müssen die Parteien Neuland betreten. Eine Analyse der Bündnisoptionen nach der Landtagswahl (28. Oktober 2019), unter: https://www.mzes.uni-mannheim.de/publications/misc/koalomat_th2019.html (28. November 2022).
28 Siehe FN 5, 7, 19–22; Maximilian Fuhrmann, Zwischen Ramelow und Höcke: Wir müssen endlich aufhören, Linke und Nazis gleichzusetzen (10. Februar 2020), unter: https://www.tagesspiegel.de/kultur/wir-mussen-endlich-aufhoren-linke-und-nazis-gleichzusetzen-4143040.html (28. November 2022); Sarah Schulz, Demokratie, geschmiedet wie ein Hufeisen? Wer die Vorfälle in Thüringen verstehen will, muss zu den ideologischen Tiefenschichten vorstoßen, in: PROKLA 50 (2020), S. 363–370, hier: S. 364.

4. Was das „Hufeisen" ist – und was nicht

Das „Hufeisen" ist eine Metapher. Es beruht auf einem Modell zur Beschreibung der politischen Landschaft, die wiederum von einer Links-Rechts-Dimension und einer davon unabhängigen Demokratie-Extremismus-Dimension aufgespannt wird. Grafisch lässt sich dies mithilfe eines Koordinatensystems mit vier Quadranten abbilden. Wer durch sie eine unverbundene Linie zieht, erhält ein Hufeisen.

Das Denken in räumlichen Modellen, genauer: in mehrdimensionalen Koordinatensystemen, welche die inhaltliche Nähe mehrerer Akteure auf Basis mehrerer Typologisierungsmerkmale grafisch erfahrbar machen, ist der Politikwissenschaft, zumal der Parteienforschung, nicht fremd.[29] Verbreitet sind zweidimensionale Systeme. Selbst wenn die Achsenbeschriftungen, auf denen das Hufeisenmodell beruht, nicht in Stein gemeißelt sind, frappieren die Übereinstimmungen mit anderen etablierten Politikräumen – die Trennung von links und rechts bzw. demokratisch und extremistisch findet ihre Entsprechung etwa in der Aufteilung von liberalen bzw. autoritären Positionen einerseits und staats- bzw. marktorientierten Ansichten andererseits. Was die Extremismusforschung vom Ansatz der Parteienforschung abhebt: Statt auf das übliche zweidimensionale Koordinatensystem zu bauen, hat sie eine der politischen Sprache offenkundig sehr viel zugänglichere Metapher hervorgebracht.

Wer beide Dimensionen des extremismustheoretischen Politikraums übereinanderlegt, erhält vier Kombinationen: Es gibt Linksdemokraten wie -extremisten und Rechtsdemokraten wie -extremisten. Dies und nicht mehr behauptet das „Hufeisen" auf empirischer Ebene. Auf normativer Ebene schlussfolgert die Extremismusforschung: Das extremistische Spektrum verlangt eine Abgrenzung, die unabhängig von der zweiten Dimension (links versus rechts) sein soll. Der Terminus technicus hierfür lautet Äquidistanz. In Uwe Backes' Worten: „Das politische Spektrum lässt sich [...] in der Form eines Hufeisens darstellen, dessen Pole einander entfernt und benachbart zugleich sind. Das Hufeisen-Modell trägt der Tatsache Rechnung, dass die Grenzlinie zwischen politischem Extremismus und demokratischem Verfassungsstaat für die Bewertung politischer Phänomene von größerer Bedeutung ist als die jeweilige Stellung auf der Rechts-Links-Achse."[30]

Die Grundidee des „Hufeisens" ist damit weder neu noch ein Alleinstellungsmerkmal der normativen Extremismusforschung. Sie ist nicht einmal originell – Uwe Backes weist selbst auf die lange Genealogie hin.[31] Dennoch kursiert nach über drei Jahrzehnten immer noch eine Reihe von Falschbehauptungen, Fehldeutungen,

---

[29] Für einige Beispiele siehe Hans Jürgen Eysenck, The Psychology of Politics, 5. Aufl., London 1968, S. 110; Stein Rokkan, Eine Familie von Modellen für die vergleichende Geschichte Europas, in: Zeitschrift für Soziologie 9 (1980), H. 2, S. 118–128, hier S. 121; Norberto Bobbio, Rechts und Links. Gründe und Bedeutungen einer politischen Unterscheidung, Berlin 1994; Herbert Kitschelt, The Radical Right in Western Europe. A Comparative Analysis, Ann Arbor 1995; Frank Decker, Jenseits von links und rechts. Lassen sich Parteien noch klassifizieren?, in: Aus Politik und Zeitgeschichte B 46–47/2018, S. 21–26, hier S. 24.
[30] Backes (FN 1), S. 251.
[31] Vgl. ebd., S. 250–260.

Verkürzungen und Missverständnissen, zuletzt im Zuge der Debatte um die Thüringer Ministerpräsidentenwahl 2020.

Erstes Missverständnis: Das „Hufeisen" sei eine Theorie. Allein die Formulierung „Hufeisentheorie" ist irreführend. Es ist keine Theorie, weil nichts erklärt wird. Es handelt sich um ein deskriptives Modell, das auf eine eigentlich banale Beobachtung verweist: Es gibt genuin linke wie rechte Ideologien, Weltbilder, Forderungen und Programmatiken, die in ihrer Konsequenz mit konstitutioneller Demokratie nicht vereinbar sind. Richtig wäre also: Hufeisenmodell, -metapher oder -begriff.

Zweites Missverständnis: Das Hufeisenmodell sei längst „widerlegt".[32] Angeführt für diese These werden meist empirische Studien, die Personen nach ihrer Links-Rechts-Selbsteinstufung sowie nach ihrer Haltung zu Elementen konstitutioneller Demokratie fragen.[33] Dabei kam meist heraus, dass antidemokratische Haltungen nicht bloß bei jenen vorliegen, die sich selbst als „extrem links" oder „extrem rechts" einstufen, sondern überdies bei jenen, die sich in der Mitte sehen. Nur beweist das nichts. Erstens gibt die Selbsteinstufung lediglich die Selbstwahrnehmung wieder, keinen objektiven Tatbestand. Es ist ja nicht verboten, sich als Anarchist oder Neonationalsozialist in der „Mitte" zu sehen, ebenso wenig es verboten ist, als Demokrat der Auffassung zu sein, man stehe am politischen „Rand" (was auch immer damit gemeint ist). Kurzum: Die Selbsteinstufung ist kein valider Indikator für die tatsächliche politische Position. Und zweitens, empirische Studien zeigen seit Jahren, dass Menschen, die unter Würdigung ihrer politischen Positionen dem Links- oder Rechtsextremismus zuzuordnen sind, sehr wohl eine Reihe von Ähnlichkeiten aufweisen (zusätzlich zu der, dass sie mit der konstitutionellen Demokratie hadern) – ein kleiner Auszug aus der jüngeren Forschung:

Thomas Costello und Shauna Bowes identifizierten bei linken wie rechten Extremisten eine verstärkte Gewissheit darüber, die eigenen Meinungen als absolut korrekt anzusehen.[34] Die Auffassung, die eigene Weltsicht sei zu 100 Prozent korrekt, vertrat einer von drei Extremisten, aber nur einer von 15 Nicht-Extremisten in ihrer Studie mit 2.889 Teilnehmern. Damit bestätigten sie ihre Arbeit ein Jahr zuvor, die mit einer Reihe weiterer Wissenschaftler zustande kam. Sie machten dort nicht nur einen linken Autoritarismus, sondern auch Gemeinsamkeiten mit rechtem Autoritarismus aus – den Kern sahen sie seinerzeit in einem Syndrom mehrerer Persönlichkeitseigenschaften, kognitiver Merkmale, Glaubenssätze und

---

32 So unlängst etwa Johannes Kiess: Torben Lehning, Die letzte Chance und der nächste Anlauf (24. August 2022), unter: https://www.mdr.de/nachrichten/deutschland/politik/proteste-energiepreise-afd-linke-100.html (28. November 2022).

33 Siehe exemplarisch Kai Arzheimer, Berühren sich die Extreme? – Ein empirischer Vergleich von Personen mit extrem linken und extrem rechten Einstellungen in Europa, in: Uwe Backes/Eckhard Jesse (Hrsg.), Gefährdungen der Freiheit. Extremistische Ideologien im Vergleich, Göttingen 2006, S. 253–281.

34 Vgl. Thomas H. Costello/Shauna M. Bowes, Absolute Certainty and Political Ideology: A Systematic Test of Curvilinearity, in: Social Psychological and Personality Science 14 (2022), H. 1, S. 93–102.

Werte.[35] Die Ergebnisse stützten die Befunde jahrzehntelanger Forschung.[36] Eine andere Studie stellte bei einer Metaanalyse mit insgesamt über 100.000 Teilnehmern eine überdurchschnittliche Verbreitung von Verschwörungsmentalitäten unter links- und rechtsextremen Anhängern fest.[37] Ein Autorenteam um Lazar Stankov hat 2018 drei Hauptdimensionen eines phänomenbereichsübergreifenden „militant extremist mindset" identifiziert: „[T]here are in our midst *nasty* people who are more prepared than others to accept, approve, or even advocate the use of violence. When such people feel a *grudge*, in that they see somebody as threatening to themselves (or to members of the group they belong to) or think that the world is not a hospitable place in which to live, they may resort to violence. This violence is often accompanied by an excuse or justification that refers to a higher authority or a ‚noble' principle such as religiosity or utopianism."[38] Sie bauten hiermit auf Vorarbeiten von 2009 und 2010 auf, die typische Themen von Extremisten (darunter eine dezidierte Krisenrhetorik, die mit Gewalt als politischer Handlungsoption verknüpft ist)[39] sowie strukturelle Ähnlichkeiten (etwa Schwarz-Weiß-Denken, wörtliche Auslegung von Texten, Konversionserfahrungen, Paranoia, Denken in Untergangsszenarien)[40] herauskristallisierten. 2019 sahen Jan-Willem von Prooijen und André Krouwel auf Basis einer empirischen Untersuchung in einer die Radikalisierung zum Links- bzw. Rechtsextremisten begünstigenden psychischen Stresssituation, in Schwarz-Weiß-Denken, in einem enormen Vertrauen in das eigene Urteil und in einer geringen Toleranz gegenüber Andersdenkenden Gemeinsamkeiten der beiden Enden des Hufeisens.[41]

Drittes Missverständnis: Das Hufeisenmodell behaupte, Links- und Rechtsextremismus seien gleich schlimm bzw. gefährlich. Das ist falsch. Vielmehr besagt das Hufeisenmodell bloß, es gebe Bestrebungen, unter deren Herrschaft die liberale konstitutionelle Demokratie (die in dieser Metapher gleichgesetzt wird mit der „Mitte") ernste Beschädigungen bis hin zur Auflösung zu gewahren hätte. Einige davon würde man aufgrund ihrer dezidiert egalitären Haltung als „links" bezeichnen, einige aufgrund ihres Antiegalitarismus als „rechts". Die reale, aktuelle Gefahr (für das

---

35 Vgl. Thomas H. Costello u. a., Clarifying the Structure and Nature of Left-wing Authoritarianism, in: Journal of Personality and Social Psychology 122 (2021), H. 1, S. 135–170.
36 Vgl. etwa Edward Shils, Authoritarianism: „Right" and „left", in: Richard Christie/Marie Jahoda (Hrsg.), Studies in the Scope and Method of „The Authoritarian Personality", Glencoe 1954, S. 24–49; Eysenck (FN 29); Milton Rokeach, The open and the closed mind, New York 1960.
37 Vgl. Roland Imhoff u. a., Conspiracy mentality and political orientation across 26 countries, in: Nature Human Behaviour 6 (2022), S. 392–403.
38 Lazar Stankov u. a., Militant Extremist Mindset and the Assessment of Radicalization in the General Population, in: Journal of Individual Differences 39 (2018), H. 2, S. 88–98, hier: S. 88 (Hervorhebung im Original).
39 Vgl. Gerard Saucier u. a., Patterns of Thinking in Militant Extremism, in: Perspectives on Psychological Science 4 (2009), H. 3, S. 256–271.
40 Vgl. Charles B. Strozier/David M. Terman/James W. Jones, The Fundamentalist Mindset, Oxford 2010.
41 Vgl. Jan-Willem von Prooijen/André P. M. Krouwel, Psychological Features of Extreme Political Ideologies, in: Current Directions in Psychological Science 28 (2019), S. 159–163.

politische System oder die Unversehrtheit anderer), über die das Hufeisen nichts aussagt, hängt freilich von einer Vielzahl von Parametern ab. Kein Extremismusforscher wird die deutlich größere Gefährdung für die innere Sicherheit leugnen, die derzeit vom Rechtsextremismus ausgeht – Quantität und Qualität der Gewalt fallen höher aus als beim Linksextremismus. Mit Blick auf die Demokratie ist die Sache vertrackter: Zwar ist das gesellschaftliche Bewusstsein für die Problematik beim Linksextremismus schwächer als beim Rechtsextremismus ausgeprägt[42], dieser ist mit der AfD aufgrund einer Kombination aus parlamentarischer Stärke und der dezidierten Anti-Haltung gegenüber dem „System" jedoch gefährlicher als der Linksextremismus.

Viertes Missverständnis: Das Hufeisenmodell idealisiere die Mitte.[43] An diesem Vorwurf ist der Extremismusbegriff nicht ganz unschuldig, lädt er doch zu etymologisch geleiteten Fehlinterpretationen ein: Das Äußerste (Extreme) braucht die Mitte.[44] Indes verwechselt Etymologie mit Definition, wer sich hieran hält. Kaum jemand bei Verstand käme heute auf die Idee, „Antisemitismus" als Hass auf alle semitischen Völker zu betrachten. Beim Extremismusbegriff machen es sich viele hingegen einfacher. „Tatsächlich begehen nicht wenige den Denkfehler, Extremismus im lateinischen Wortsinn denkfaul als ‚Distanz zur Mitte' zu verstehen, nicht aber im politikwissenschaftlichen und verfassungsrechtlichen Wortsinn."[45]

Bei der unterstellten Idealisierung der Mitte erscheint diese in verschiedenen Nuancen. Mal wird sie mit dem politischen Status quo[46] oder gar der „Verfasstheit der herrschenden Wirtschafts- und Sozialordnung"[47] gleichgesetzt. Mal entsteht der Eindruck, das Gegenstück zum politischen Extremismus soll eine als „Mitte" titulierte inhaltlich moderate Position, die Mittelschicht oder die gesellschaftliche Mehrheit sein.

---

42 Vgl. Tom Mannewitz, Liberalität und Äquidistanz in Deutschlands politischer Kultur: Einstellungen zu politischem Extremismus, in: Uwe Backes/Alexander Gallus/Eckhard Jesse (Hrsg.), Jahrbuch Extremismus & Demokratie, Bd. 27, Baden-Baden 2015, S. 33–56.
43 Siehe für die Tagespresse exemplarisch Gustav Seibt, Das Mantra von der Mitte (12. Februar 2020), unter: https://www.sueddeutsche.de/kultur/thueringen-mitte-buergerlichkeit-sprache-1.4 793370 (28. November 2022). Für den zivilgesellschaftlichen Bereich: Kira Ayyadi, „Extrem unbrauchbar" – Hufeisen im Kopf und die Gleichsetzung von Rechts und Links (15. Januar 2020), unter: https://www.belltower.news/die-extremismustheorie-extrem-unbrauchbar-hufeise n-im-kopf-und-die-gleichsetzung-von-rechts-und-links-94759/ (28. November 2022). Anstelle vieler in der Wissenschaft: Falter (FN 2), S. 90; Daniel Keil, Politik(wissenschaft) als Mythos. Die Extremismustheorie und das Hufeisen, in: Berendsen/Rhein/Uhlig (FN 2), S. 45–57, hier S. 45 f.
44 Siehe überblicksartig Uwe Backes, Politische Extremismen – Begriffshistorische und begriffssystematische Grundlagen, in: ders./Jesse (FN 33), S. 17–40.
45 Werner Patzelt, Für Radikalität, gegen Gewalt!, in: Fazit Magazin vom 1. August 2016, S. 39–45, hier S. 42.
46 Schulz (FN 28), S. 366–368.
47 Maximilian Pichl, Der Extremismusbegriff schützt vor allem eins: die Verfasstheit der herrschenden Wirtschafts- und Sozialordnung gegen emanzipatorische Kritik, in: Berendsen/Rhein/Uhlig (FN 2), S. 169.

Die Kritik am vermeintlichen Beharren auf dem „Status quo" oder dem „formalen staatlichen Institutionengefüge"[48] negiert einerseits die Lern- und Adaptationsfähigkeit des politischen Systems: Der Wettbewerbsvorteil von Demokratien gegenüber Autokratien liegt gerade in ihrer Flexibilität und Responsivität.[49] Andererseits entsteht so der Eindruck, die „formalen" Institutionen seien von den „eigentlichen" Werten und Prinzipien gleichsam entkoppelt, dabei übersehend, dass das Eine Ausdruck des Anderen ist. Die scharfe Rhetorik einer „Maskerade der freiheitlich-demokratischen Grundordnung"[50] ist wiederum selbstentlarvend.

Wo suggeriert wird, das Hufeisenmodell sei nur ein Abwehrreflex einer sich politisch oder sozial in der Mitte wähnenden Gesellschaftsschicht, verfängt die Kritik deshalb nicht, weil die normative Extremismusforschung den ominösen Begriff der Mitte entbehren könnte, auch wenn sie ihn bisweilen als Synonym für den demokratischen Verfassungsstaat verwendet. Insofern handelt es sich beim Vorwurf von deren Idealisierung um ein Strohmannargument. Die definitorische Bedeutungslosigkeit der „Mitte" überrascht kaum, denn im Fokus steht ja das Verhältnis zur konstitutionellen Demokratie. Diese kann somit selbstredend Feinde auch in den als „Mitte" firmierenden Gesellschaftsschichten haben. Diese Erkenntnis ist jedoch „weder neu noch für den Extremismusforscher in irgendeiner Weise sensationell. Sie bringt vielmehr eine – triste – Banalität zum Ausdruck."[51] Zudem: Nicht jeder, der eine „extreme" (i. S.v. „abweichende") Position vertritt, ist deswegen sogleich Extremist; so wie nicht jede Partei, die das gegenwärtige politische Spektrum (etwa im Bundestag) zum Rande hin begrenzt, extremistisch sein muss.

Noch einmal: Das Gegenstück zum Extremismus ist keine „Mitte", sondern die konstitutionelle Demokratie. Und diese hat „Platz für inhaltliche Radikalität aller Art – und eben nicht nur für Mäßigung, Besonnenheit und politisch korrekte Vorsicht. [Zudem] zieht allem Streit seine Grenze allein die Achtung der Menschenwürde, und zwar gerade auch der des Gegners."[52]

5. Analytische Grenzen und Alternativen des Hufeisenmodells

Es gibt ungeachtet viel unberechtigter Kritik dennoch wenigstens zwei Gründe, von der Hufeisenmetapher Abstand zu nehmen. Beide stellen die analytische Eignung

---

48 Jonathan Riedl/Matthias Micus, Der blinde Fleck des Extremismus(-begriffes). Überlegungen zu einer möglichen Alternative, in: Demokratie Dialog, H. 1/2017, S. 16–22, hier S. 19 und 21.
49 Vgl. David Runciman, The Confidence Trap. A History of Democracy in Crisis from World War I to the Present, 2. Aufl., Princeton und Oxford, S. XV.
50 Pichl (FN 47), S. 170.
51 Uwe Backes, Rechtsextremismus in der Mitte der Gesellschaft? Paradoxie und triste Banalität eines Gemeinplatzes alarmistischer Zeitdiagnostik, in: Landesamt für Verfassungsschutz Sachsen (Hrsg.), Rechtsextremismus zwischen „Mitte der Gesellschaft" und Gegenkultur. Tagungsband zur Fachtagung des Verfassungsschutzes der Länder Sachsen und Brandenburg am 28. Januar 2013 in Dresden, Dresden 2013, S. 29–42, hier S. 32.
52 Patzelt (FN 45), S. 42.

der Metapher infrage. Der erste: Ein Hufeisen *hat* eine Mitte, während der Gegensatz von konstitutioneller Demokratie und Extremismus ohne eine solche auskommt. Die Vorstellung, das demokratische Spektrum liege zwischen den extremistischen Phänomenen, lädt dazu ein, die „Mitte" (in verschiedenen Ausprägungen) selbst dann mitzudenken, wenn von ihr explizit gar nicht die Rede ist.

Der zweite Grund: Ein Hufeisen hat genau zwei Enden. Die damit kommunizierte Vorstellung, der demokratische Verfassungsstaat habe Feinde aus genau zwei politischen Lagern, wird nicht der politischen Komplexität zu Beginn des 21. Jahrhunderts gerecht. Islamismus, „Allerweltsextremismen"[53], die ohne solides ideologisches Fundament auskommen, und neue Varianten des Extremismus finden in dem Bild keinen Platz.

Die Lösung besteht nun aber nicht in der grundsätzlichen Aufgabe von Metaphern. Der Abstraktionsgrad des Gegensatzes zwischen konstitutioneller Demokratie und verschiedenen Extremismusvarianten verlangt geradezu nach einem sprachlichen Bild, welches das Thema erfahrbar macht, denn: „Kein anderer kognitiver oder sprachlicher Mechanismus kann für abstrakte Ideen das leisten, was Metaphern leisten – nämlich, ihnen diejenige neuronale Sinnhaftigkeit zu verleihen, die ihnen von Natur aus nicht vergönnt ist. Metaphern machen abstrakte Konzepte maximal bedeutungsvoll, indem sie diese an direkte Welterfahrung anbinden"[54].

---

53 Der Begriff, eine Analogie auf Yascha Mounks „Allerweltsdiktaturen", soll das Fehlen einer umfassenden, kohärenten Weltanschauung bei einer Reihe jüngerer Extremismen zum Ausdruck bringen (z. B. die Querdenker-Szene). Vgl. Yascha Mounk, Das große Experiment. Wie Diversität die Demokratie bedroht und bereichert, München 2022, S. 113.
54 Elisabeth Wehling, Politisches Framing. Wie eine Nation sich ihr Denken einredet – und daraus Politik macht, Köln 2016, S. 73.

Abbildung 3: Die politische Ordnung im Kräftefeld von Demokraten und Extremisten

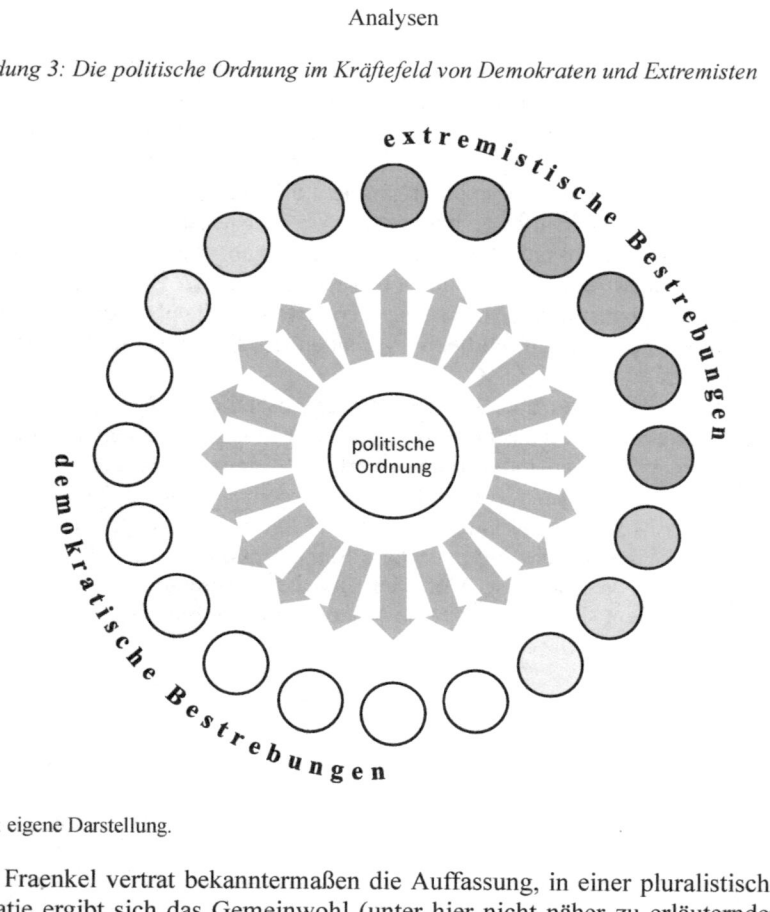

Quelle: eigene Darstellung.

Ernst Fraenkel vertrat bekanntermaßen die Auffassung, in einer pluralistischen Demokratie ergibt sich das Gemeinwohl (unter hier nicht näher zu erläuternden Rahmenbedingungen) als „Resultante [...] aus dem Parallelogramm der ökonomischen, sozialen, politischen und ideologischen Kräfte einer Nation".[55] Das Bild eines Kräfteparallelogramms dürfte unter einigen Modifikationen ein passendes Bild auch für den Konflikt zwischen (eher) demokratischen und (eher) extremistischen Kräften darstellen. Fraenkels Bild beruht, erstens, auf dem politischen Konfliktaustrag innerhalb des „kontroversen Sektors", von dem der nicht-kontroverse Sektor unberührt bleibt. Das extremistische Spektrum stellt jedoch gerade auch den eigentlich nicht-kontroversen Sektor infrage, dessen Werte-, Verfahrens- und Ordnungskonsens in Deutschland die freiheitlich-demokratische Grundordnung widerspiegelt. Das Ziel von Extremisten ist es damit unter anderem, Inhalte vom nicht-streitigen in den streitigen Sektor zu transferieren. Zweitens, anders als bei Fraenkels Bild, in dessen Mittelpunkt sich das Gemeinwohl als Resultante der politischen Auseinandersetzung

---

55 Ernst Fraenkel, Deutschland und die westlichen Demokratien, Stuttgart 1964, S. 21.

befindet, geht es im Konflikt zwischen Demokraten und Extremisten im Kern um die politische Ordnung (Abbildung 3).

Es entfaltet sich so das Bild von einem „Tauziehen um die politische Ordnung" zwischen Extremisten und Demokraten. An der politischen Ordnung zerren – wie bei einem Seil, nur mit mehr als zwei Enden – unterschiedliche politische Kräfte in je individuelle Richtungen. Doch obwohl jedes Seilende woandershin weist, lässt sich jedes dahingehend einteilen, ob es die politische Ordnung eher auf das demokratische oder das autokratische Feld zieht. Die gesellschaftlichen Akteure – Parteien, Vereine, aber auch Bürgerinnen und Bürger usw. – sind in diesem Bild jene, die sich abhängig von ihrer politischen Provenienz an einem ganz bestimmten Seilende versammeln. Das unterstreicht die Dynamik politischer Kräfteverhältnisse. Und so wie es in der Realität Strömungen gibt, deren Haltung zur Demokratie als ambig anzusehen ist, zerren manche nicht ganz so eindeutig in eine der zwei Grundrichtungen „Demokratie" oder „Autokratie", befinden sich in einer (in der Abbildung durch Schattierungen markierten) Grauzone.

Damit hat die Metapher einerseits leider eine gewisse Ähnlichkeit mit dem Chaossymbol, ein Bild aus mehreren strahlenförmig vom Mittelpunkt wegstrebenden Pfeilen, das unter anderem die Flagge von Alexander Dugins, von okkultistischen Ideen inspirierter *Eurasischer Partei* ziert. Anders als dieses zielt jene aber nicht auf die politische Entropie als wünschenswerten Zustand, sondern auf den in pluralistischen Demokratien üblichen Widerstreit politischer Interessen, von denen einige die „Systemfrage" stellen. Andererseits sind Entsprechungen zu dem von Uwe Backes tatsächlich (anstelle des „Hufeisens") vorgeschlagenen „Kreismodell" unübersehbar.[56] Es ist eine weitere Eigenart der Debatte um das „Hufeisen", dass dessen Urheber gar nicht die Extremismusforschung ist. Schon früh kamen von ihr Alternativangebote, die jedoch im weiteren Verlauf der Debatte kaum Wurzeln schlugen – wohl auch deshalb, weil die Dyade von Rechts und Links angesichts der einigermaßen stabilen politischen Wettbewerbsstruktur eine anhaltend suggestive Kraft entfaltete. Das könnte sich in den nächsten Jahren ändern: Immer neue Extremismen, die sich weder hier noch da glasklar einsortieren lassen, aber auch verschwimmende ideologische Grenzen wie auch der in Teilen zu beobachtende Bedeutungsverlust der Ideologie schmälern den heuristischen Wert des „Hufeisens" für die Extremismusforschung.

6. Fazit: Das „Hufeisen" gehört zu den alten Eisen

Wer über „Extremismus" spricht, kann über das „Hufeisen" kaum schweigen. Dieses war in den vergangenen drei Jahrzehnten Gegenstand intensiver Kritik und Gegenkritik, wobei die konjunkturellen Zyklen folgende Debatte lange Zeit auf die Politikwissenschaft begrenzt blieb. Erst die Thüringer Ministerpräsidentenwahl am 5. Fe-

---

56 Backes (FN 1), S. 262–266.

bruar 2020 machte das „Hufeisen" einer breiteren Öffentlichkeit bekannt und erregte so größeren Widerhall der zuvor in der Fachdisziplin ausgetauschten Argumente, ohne dass der Debatte dadurch substanziell Neues hinzugefügt worden wäre. Die Positionen waren zuvor schon bekannt, übertrugen sich nun aber auf die politisch interessierte Öffentlichkeit.

Mit dem Argument der – kolportierten – extremismustheoretischen Gleichsetzung der beiden Parteien AfD und *Die Linke* bzw. Björn Höcke und Bodo Ramelow wurde dem von der Extremismusforschung verwendeten „Hufeisen" eine Teilschuld für die Regierungskrise in Thüringen zugesprochen. Ziel des Beitrages war es, auf Basis des bis in liberale und konservative Medien reichenden Sturms der Entrüstung über die – angebliche – Gleichsetzung von offenkundig Ungleichem die wieder aufgekochten Thesen zu dekonstruieren. Von ihnen bleibt aufgrund begrifflicher Ungenauigkeiten, unberücksichtigter empirischer Evidenz und Strohmannargumentationen bei genauerem Blick wenig übrig. Und dennoch steht die analytische Funktion der Metapher infrage. Diese wird der Vielfalt extremistischer Bedrohungen im 21. Jahrhundert wie dem fundamentalen Gegensatz aus Demokratie und Extremismus, der keine Vorstellung von „Mitte" braucht, nicht gerecht. Die Metapher vom „Tauziehen um die politische Ordnung", an deren unzähligen Enden mannigfaltige Strömungen zerren – die einen in Richtung Demokratie, die anderen in Richtung Autokratie –, entspricht dieser Logik eher. Die Extremismusforschung kann das Hufeisen zu den alten Eisen legen, ohne damit die eigenen Positionen inhaltlich räumen zu müssen.

Daten, Dokumente, Dossiers

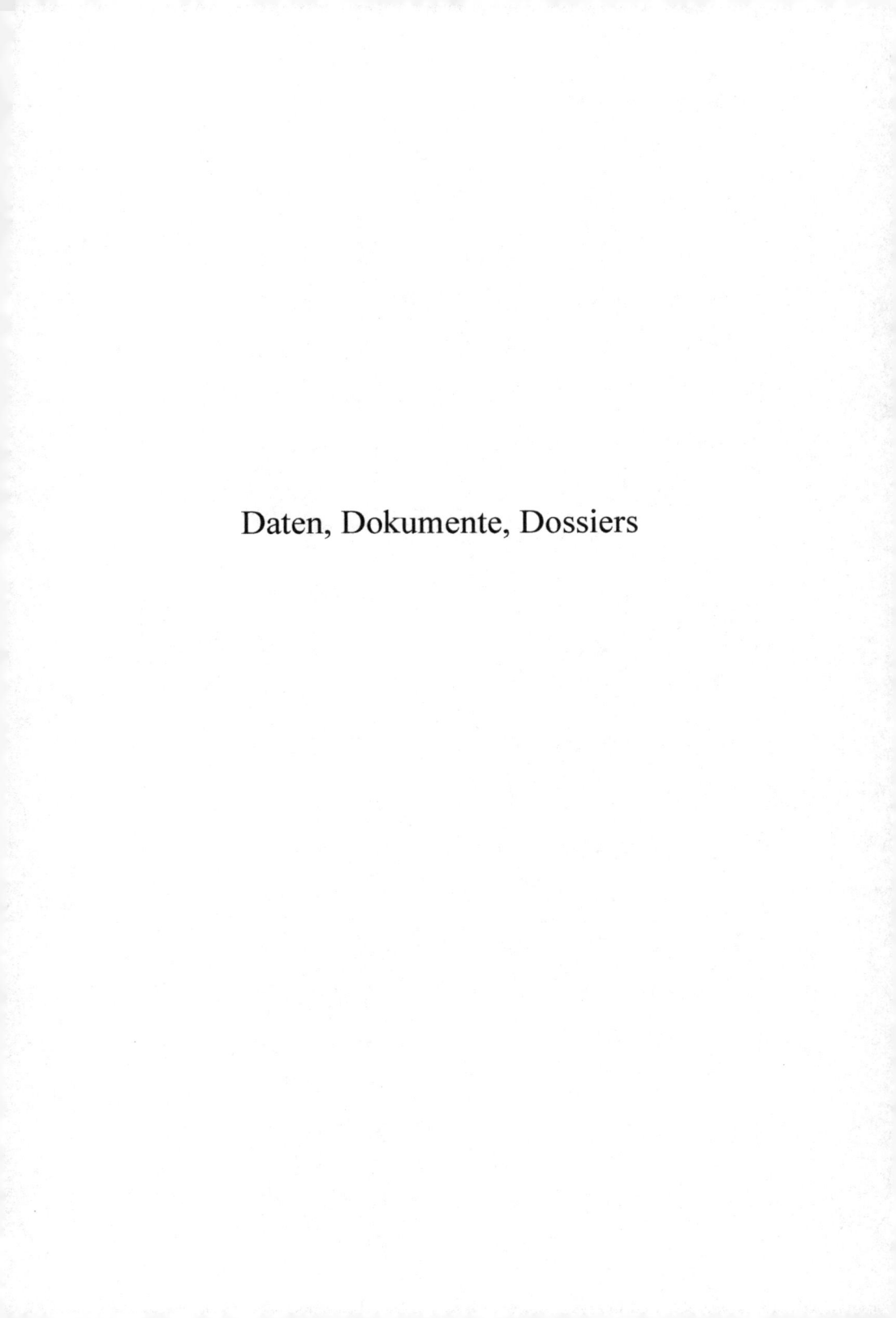

Wahlen 2022

Von Eckhard Jesse

1. Ausgangsposition

Die Ausgangsposition für das Wahljahr 2022 war für die Parteien von vielen Unsicherheiten geprägt. Niemand konnte voraussehen, welche Folgen der überraschende Ausgang der Bundestagswahlen 2021[1] bewirken würde. Was noch zwei Monate vor dieser Wahl als gänzlich unwahrscheinlich galt, trat ein: Die SPD avancierte zur stärksten Partei und stellte den Bundeskanzler. Olaf Scholz hatte dies wesentlich seinen schwachen Konkurrenten zu verdanken: Armin Laschet von der Union und Annalena Baerbock von den *Grünen*. Ein Kanzlerbonus fiel nicht ins Gewicht, da Angela Merkel nach einer 16-jährigen Amtszeit auf eine weitere Kandidatur verzichtete.

Die fünf Landtagswahlen 2021 endeten mit Siegen der *Grünen* (in Baden-Württemberg), der SPD (in Berlin, Mecklenburg-Vorpommern, Rheinland-Pfalz) und der CDU (in Sachsen-Anhalt). Die Parteien profitierten maßgeblich von ihren Ministerpräsidenten Winfried Kretschmann, Manuela Schwesig, Marie-Luise („Malu") Dreyer und Reiner Haseloff.[2] Wie eine umfassende empirische Untersuchung erhellt, gibt es auch auf Länderebene schon länger einen Amtsbonus.[3] Dies muss jedoch nicht auf einen Bonus für die jeweilige Koalition hinauslaufen. Allerdings kam es außer in Berlin im Jahr 2021 in Baden-Württemberg (Grün-Schwarz) und in Rheinland-Pfalz (Rot-Grün-Gelb) zur Fortsetzung der jeweiligen Bündnisse, anders als in Sachsen-Anhalt (Schwarz-Rot-Grün wurde durch Schwarz-Rot-Gelb ersetzt) und in Mecklenburg-Vorpommern (Rot-Rot löste Rot-Schwarz ab). Für die beiden Parteien am Rande des politischen Spektrums – die *Alternative für Deutschland*

---

1 Vgl. Frank Decker/Eckhard Jesse/Roland Sturm, Politik in stürmischer Zeit. Deutschland in den 2020er-Jahren, Bonn 2023, S. 176–196 (Kapitel „Wahlpolitische Achterbahnfahrt? Die Bundestagswahl 2021").
2 In Berlin hatte Franziska Giffey als neue Spitzenkandidatin der SPD den bisherigen Amtsinhaber Michael Müller abgelöst. Sie verfügte als Bezirksbürgermeisterin von Berlin-Neukölln (2015–2018) und als Bundesministerin für Familie, Senioren, Frauen und Jugend (2018–2021) über eine weitaus größere Popularität als ihre Konkurrenten von den Grünen (Bettina Jarasch) und der CDU (Kai Wegner), obwohl sie ihr Ministeramt wegen der Plagiatsaffäre um ihre Dissertation aufgeben musste.
3 Vgl. Franziska Carstensen/Jakob Hirn/Kevin W. Settles, Alte Gesichter, neue Chancen? Wechsel im Ministerpräsidentenamt nach und zwischen Landtagswahlen (1950 bis 2022), in: Zeitschrift für Parlamentsfragen 54 (2023), S. 272–297.

(AfD) und *Die Linke* – erwies sich 2021 als kein gutes Wahljahr.[4] Ihr Stimmenanteil ging überall zurück.[5] Allerdings wohnt dem kein Automatismus inne – angesichts zahlreicher Herausforderungen des demokratischen Verfassungsstaates: durch Migrations- und Coronakrise sowie durch den Krieg Russlands gegen die Ukraine.[6]

Für das Jahr 2022 galt es, folgende Fragen zu beantworten: Wie beeinflusst die Regierungsrolle der SPD im Bund den Ausgang der Landtagswahlen wie die Oppositionsrolle der Union? Akzeptiert die Wählerschaft die Regierungsbeteiligung der FDP und von *Bündnis 90/Die Grünen* nach langjähriger Abstinenz von der Macht im Bund? Setzen sich die Verluste der beiden Randparteien fort? Oder kann die AfD auch in den alten Bundesländern reüssieren? Oder wird *Die Linke* in eines der vier Landesparlamente (wieder) einziehen? Steht gar eine Juniorpartnerschaft in einer Koalition zur Diskussion? Und werden die winzigen Parteien des harten Extremismus erneut nicht mehr als 0,1 Prozent der Stimmen erhalten, sofern sie überhaupt antreten?

2. Landtagswahl im Saarland

Die Landtagswahl am 27. März 2022 im Saarland, dem kleinsten Flächenland, war die erste nach der Bundestagswahl. Das Ergebnis überraschte zwar nicht in der Tendenz, wohl aber in der Höhe zugunsten der SPD. Bereits bei der Bundestagswahl war diese (27,3 Prozent) an der CDU (23,6 Prozent) vorbeigezogen. Der unglücklich agierende Tobias Hans, Nachfolger Annegret Kramp-Karrenbauers von 2018 an, konnte seinen Ministerpräsidentenbonus nicht nutzen und lag in der Popularität klar hinter Anke Rehlinger, seiner Stellvertreterin aus den Reihen der SPD. Rehlinger hatte, anders als 2017, eigens eine Koalition mit der Partei *Die Linke* ausgeschlossen, triumphierte und erreichte mit 43,5 Prozent die absolute Mandatsmehrheit.[7] Der Grund: 22,3 Prozent der Stimmen blieben unverwertet, so viele wie nie zuvor bei einer Landtags- oder Bundestagswahl. Ein solches Ergebnis wirft die Frage auf, ob nicht jeder Wähler eine Ersatzstimme haben sollte. Sie käme ihm dann zugute, wenn er für eine an der Fünfprozenthürde gescheiterte Partei votierte. So ginge die Stimme des Wählers nicht verloren, und eine Parteienzersplitterung würde nicht begüns-

---

4 Vgl. Eckhard Jesse, Wahlen 2021, in: Uwe Backes/Alexander Gallus/Eckhard Jesse/Tom Thieme (Hrsg.), Jahrbuch Extremismus & Demokratie, Bd. 34, Baden-Baden 2022, S. 107–130; Uwe Backes, Organisationen 2021, in: Ebd., S. 131–152.
5 Nur in Baden-Württemberg konnte sich *Die Linke* um 0,7 Punkte steigern – sie gelangte dort jedoch abermals nicht in das Parlament. Allerdings blieb die Partei nicht nur in Berlin in der Regierung, sondern gelangte auch in Mecklenburg-Vorpommern in diese, obwohl sie zum ersten Mal bei einer Landtagswahl im Osten ein einstelliges Ergebnis erzielt hatte.
6 Vgl. Uwe Backes, Organisationen 2022, in diesem Band.
7 Vgl. Uwe Jun/Marius Minas, Die saarländische Landtagswahl vom 27. März 2022. Der Triumph von Anke Rehlinger, in: Zeitschrift für Parlamentsfragen 53 (2022), S. 527–544.

tigt.[8] Die Grünen und die Liberalen blieben knapp unterhalb der Fünfprozenthürde. Schaffte die AfD den Einzug in das Landesparlament knapp, so verfehlte *Die Linke* den Einzug klar.

Tabelle 1: Landtagswahl Saarland (Stimmen in Prozent)*

SPD	43,5	(+13,9)
CDU	28,5	(-12,2)
AfD	5,7	(-0,5)
B 90/Die Grünen	4,99	(+1,0)
FDP	4,8	(+1,5)
Die Linke	2,6	(-10,3)
Tierschutzpartei	2,3	(+2,3)
Freie Wähler	1,7	(+1,3)
dieBasis	1,4	(+1,4)
Bunt Saar	1,4	(+1,4)
Die Partei	1,0	(+1,0)
Familie	0,8	(0,0)
Volt	0,8	(+0,6)
Piraten	0,3	(-0,5)
ÖDP	0,1	(+0,1)
SGP	0,1	(+0,1)
Gesundheitsforschung	0,1	(+0,1)
Die Humanisten	0,1	(+0,1)

*Die Angaben in Klammern beziehen sich auf die Veränderungen gegenüber der letzten Landtagswahl im Jahr 2017 (in Prozentpunkten).

Quelle: Zusammenstellung nach den amtlichen Statistiken.

Oskar Lafontaine, der 2017 zum dritten Mal Spitzenkandidat der Partei *Die Linke* geworden war, trat nicht mehr an. Nicht nur das: Kurz vor den Wahlen erklärte er, der mit dem saarländischen Landesvorsitzenden Thomas Lutze, seinem früheren Wahlkreismitarbeiter, ebenso über Kreuz lag wie mit der Bundespartei, seinen Austritt.[9] Als Spitzenkandidatin fungierte die ursprünglich bei den *Grünen* aktive Barbara Spaniol, die nach ihrem durch Lafontaine forcierten Parteiausschluss gemeinsam mit der parteilosen Abgeordneten Dagmar Ensch-Engel die Fraktion *Saar-Linke* 2021 gegründet hatte. Ähnlich heftig fielen die mehr persönlich als politisch be-

---

8 Vgl. jetzt die Beiträge in dem Band von Björn Benken/Alexander Trennheuser (Hrsg.), Mehr Demokratie durch Ersatzstimme? Neue Wahlrechtskonzepte in der Diskussion, Baden-Baden 2023.
9 Bereits im Vorfeld der Bundestagswahl 2021 hatte er dazu aufgerufen, nicht Thomas Lutze zu wählen, den Spitzenkandidaten der eigenen Partei. Das wäre eigentlich ein Ausschlussgrund gewesen, doch die Partei ignorierte Lafontaines Intervention.

dingten Konflikte bei der AfD aus.[10] Die Partei zog aufgrund dieser Streitigkeiten sogar ihre Landesliste zurück (sie konnte sich auf keinen Spitzenkandidaten einigen) und trat nur mit ihren Listen in den drei Wahlkreisen an (Saarbrücken, Saarlouis, Neunkirchen), also ohne Landeswahlvorschlag.

Die Linke und die AfD stießen im Wahlkampf auf keine große Aufmerksamkeit, von den innerparteilichen Zwistigkeiten abgesehen. Die AfD beklagte die als zu rigide empfundene Corona-Politik der Landesregierung, während *Die Linke* ihre Kritik eher moderat äußerte. Lautete das Wahlprogramm der Partei *Die Linke* „Verlässlich sozial", hieß das der AfD „Heimat ist wählbar." Da die Wahlprogramme beider Parteien nicht mehr im Internet zu finden sind, greifen die folgenden Aussagen auf eine ausführliche Übersichtsdarstellung der Friedrich-Naumann-Stiftung zurück.[11]

Die Linke stellte neben dem Plädoyer für „antifaschistischen Protest" die Sozial- und Bildungspolitik in den Vordergrund. Die „Bekämpfung der strukturellen Armut" sollte sich u. a. in einem „armutsfesten Mindestlohn" von 13 Euro niederschlagen und in einem „sanktionsfreien Mindesteinkommen" von 1.200 Euro „für alle, die es brauchen". Es bedürfe mehr Arztpraxen für Menschen ohne Krankenversicherung und einer eigenständigen Kindergrundsicherung in angemessener Höhe. Die Forderungen in der Bildungspolitik betrafen u. a. eine bessere Personalausstattung in den Kindertagesstätten und Beitragsfreiheit für sie, kleinere Klassen sowie flächendeckend schnelle Internetverbindungen, „BAföG-Reform mit elternunabhängigem BAföG", ferner „Stärkung der demokratischen Rechte der Studierenden und der Belegschaften".

Die AfD setzte – außer der Stärkung direktdemokratischer Elemente – die Akzente anders. Zentral waren für sie die Bereiche Sicherheit und Migration. Die Partei plädierte für eine Einführung anlassbezogener Kontrollen an den saarländischen Außengrenzen, ferner für eine „personelle, materielle und ideelle Stärkung der Polizei", wobei die Zahl der Polizeibeamten erhöht werden sollte. Sie forderte die konsequente Abschiebung abgelehnter Asylbewerber ohne Bleiberecht sowie einen „Stopp von Armutszuwanderung in die Sozialsysteme", ferner Sach- statt Geldleistungen für Flüchtlinge.

Hatte *Die Linke* 2017 mehr als doppelt so viele Stimmen wie die AfD gewonnen, war es diesmal umgekehrt, maßgeblich bedingt durch die demonstrative Abkehr Lafontaines von der eigenen Partei, obwohl die AfD ebenfalls Stimmen einbüßte. Was nicht überraschte: AfD und *Die Linke* wiesen geringe Kompetenzwerte auf. Die AfD hatte bei den Themen „Innere Sicherheit" und „Zuwanderungspolitik" mit je acht Prozent die höchsten Zustimmungsraten, *Die Linke* bei der „Sozialen Gerechtigkeit" mit zehn Prozent.[12] Bei den Wählern beider Parteien dominierte als Motiv für das Votum das Programm (mit etwa 70 Prozent), nicht die Parteibindung,

---

10 Vgl. Jun/Minas (FN 7), S. 530.
11 Vgl. Friedrich-Naumann-Stiftung (Hrsg.), Landtagswahl 2022 Saarland. Die wesentlichen Kernforderungen von FDP, CDU, SPD, DIE LINKE, Bündnis 90/Die Grünen und AfD, Potsdam-Babelsberg 2022. Die folgenden Zitate beziehen sich auf diese Kompilation.
12 Vgl. Jun/Minas (FN 7), S. 540.

nicht der Spitzenkandidat.[13] *Die Linke* verlor an alle Parteien, die AfD gewann von ihr 4.000 Stimmen.[14] Nach der Wahl wurde der mittlerweile 85-jährige Josef Dörr, eine schillernde Persönlichkeit, wie bereits 2017 Fraktionsvorsitzender, obwohl er seit Februar 2022 nicht mehr der AfD angehört. Und bei der Partei *Die Linke* gab Lutze im September 2022 den Landesvorsitz an Spaniol ab.

3. Landtagswahl in Schleswig-Holstein

Die schleswig-holsteinische Landtagswahl am 8. Mai 2022 brachte die CDU in die Bredouille. Aufgrund ihres sehr guten Abschneidens, nicht zuletzt ein Verdienst des Ministerpräsidenten Daniel Günther, konnte sie die bisherige Koalition, wie gewünscht, nicht fortsetzen. Eine „übergroße" scheiterte an der Konkurrenz. Das so von den meisten nicht erwartete Ergebnis ermöglichte ein Bündnis mit den *Grünen* wie mit den Liberalen.[15] Zum ersten Mal votierte die CDU bei dieser Konstellation für die *Grünen* als Juniorpartner: Zum einen weist die dortige CDU ohnehin eine Affinität zu den *Grünen* auf, zum anderen legten diese 5,4 Punkte zu, während die Liberalen beträchtliche Verluste (5,1 Punkte) hinnehmen mussten. Daneben zog der SSW in das Landesparlament ein, jedoch weder die AfD noch *Die Linke*.

Die AfD hatte 2018 Doris von Sayn-Wittgenstein wegen rechtsextremer Tendenzen aus der Fraktion ausgeschlossen, und als der Abgeordnete Frank Brodehl die Fraktion wegen nationalistischer Tendenzen verließ, verlor die Partei ihren Fraktionsstatus. *Die Linke* hatte mit derart heftigen innerparteilichen Zwistigkeiten im Lande nichts zu tun. Allerdings fand sie weder in der gesamten Legislaturperiode als Oppositionspartei noch im Wahlkampf öffentlichen Anklang.

Sie votierte unter ihrer recht blassen Spitzenkandidatin Susann Spethmann in ihrem Programm „Gemeinwohl vor Profite" für „soziale Gerechtigkeit, Solidarität und Klimagerechtigkeit". „Die letzten Jahre waren geprägt von einem sozialen Kahlschlag und einer klimapolitischen Katastrophe."[16] Zu den Forderungen der Partei gehörten ein Mindestlohn von 13 Euro für alle Beschäftigten im Land, eine Mietpreisbremse, ein kostenloser Nahverkehr, eine antirassistische Pädagogik, eine fortschrittliche Drogenpolitik. Heftige Kritik erfuhr die Konkurrenz, nicht nur die auf dem rechten Spektrum: „Zwar blinkt die SPD in Schleswig-Holstein traditionell links. Ihr Spitzenkandidat lässt eher darauf schließen, dass die Partei den Ministerpräsidenten Daniel Günther in neoliberalem Pragmatismus noch überbieten will. […] Viel Platz also für eine Partei DIE LINKE, die sich auf landesspezifische

---

13 Vgl. ebd., S. 539.
14 Vgl. ebd., S. 541.
15 Vgl. Wilhelm Knelangen, Die schleswig-holsteinische Landtagswahl vom 8. Mai 2022: Aus „Jamaika" wird eine schwarz-grüne Koalition unter Wahlgewinner Daniel Günther, in: Zeitschrift für Parlamentsfragen 53 (2022), S. 545–564.
16 DIE LINKE, Gemeinwohl vor Profite. Wahlprogramm zur Landtagswahl 2022 in Schleswig-Holstein, Kiel 2022, S. 4.

Tabelle 2: Landtagswahl Schleswig-Holstein (Stimmen in Prozent)*

CDU	43,4	(+11,4)
B 90/Die Grünen	18,3	(+5,4)
SPD	16,0	(-11,3)
FDP	6,4	(-5,1)
SSW	5,7	(+2,4)
AfD	4,4	(-1,5)
Die Linke	1,7	(-2,1)
dieBasis	1,1	(+1,1)
Die Partei	0,7	(+0,2)
Tierschutzpartei	0,7	(+0,7)
Freie Wähler	0,6	(0,0)
Piraten	0,3	(-0,8)
Volt	0,3	(+0,3)
Z	0,1	(-0,2)
Die Humanisten	0,1	(+0,1)
Gesundheitsforschung	0,1	(+0,1)

*Die Angaben in Klammern beziehen sich auf die Veränderungen gegenüber der letzten Landtagswahl im Jahr 2017 (in Prozentpunkten).

Quelle: Zusammenstellung nach den amtlichen Statistiken.

Schwerpunkte konzentriert, die der Mehrheit der Menschen in Schleswig-Holstein auf dem Konto nützen, den Klimawandel konsequent bekämpfen und Gemeinschaft und Gemeinwohl in den Mittelpunkt der Politik stellen."[17] Die Partei rückte folgende „Für alle"-Schlagworte in den Vordergrund: „Für soziale Sicherheit für alle! Für bezahlbaren Wohnraum für alle! Für eine Schule für alle! Für gute Arbeit und guten Lohn für alle! Für sozial-ökologischen Umbau der Wirtschaft für alle! Für gesellschaftliche Teilhabe und gleiche Rechte für alle!"[18] Mit Blick auf die Sicherheit heißt es, die Zahl der Straftaten sei die niedrigste seit 1977 und die Aufklärungsquote die höchste seit Beginn der Erfassung 1963. „Geheimdienstliche Tätigkeit im Inneren unseres Landes ist weder kontrollierbar noch demokratisch. Wir wollen den ‚Verfassungsschutz' auflösen."[19] *Die Linke* stehe an der Seite der Friedensbewegung, lehne deutsche Auslandsinterventionen sowie Einsätze der Bundeswehr im Inneren ab.

Um die Aussichten für die AfD unter ihrem vergleichsweise gemäßigten Spitzenkandidaten Jörg Nobis[20], der wie 2017 diese Position einnahm, war es deut-

---

17 Ebd., S. 6.
18 Ebd., S. 6.
19 Ebd., S. 96.
20 Vgl. Martin Schulte, Der AfD-Kandidat mit dem Bernsteinherz – Jörg Nobis im Porträt, unter: sh:z vom 3. Mai 2022 (1. Juli 2023).

lich besser bestellt. Schließlich gehörte sie dem Landtag an, ohne dort allerdings groß aufzufallen. Das Wahlprogramm unter dem Motto „Unser Norden" enthielt Kapitel zu folgenden Themenbereichen (in dieser Reihenfolge): Demokratie und Rechtsstaat; Freiheit und Verantwortung; Gesundheitspolitik und Sport; Arbeits- und Sozialpolitik; Familienpolitik; Bildung, Wissenschaft und Forschung; Bauen, Wohnen und Mieten; Klima, Energie, Technik und Digitalisierung; Mobilität und Infrastruktur; Innere Sicherheit; Migration, Asyl und Integration, Wirtschaft, Steuern und Finanzen; Kultur; Medien; Landwirtschaft, Umwelt- und Verbraucherschutz; EU und Europa. In der Präambel heißt es, wohl mit Blick auf die Corona-Politik und die Ablehnung der Impfpflicht, das Land sei durch politische Entscheidungen „ärmer, unsicherer, unsozialer, undemokratischer und vor allem unfreier"[21] geworden. Eine Kernaussage der Partei für das „schönste Bundesland der Welt" lautete wie folgt: „Wir stehen für den besonderen Schutz der Familie vor staatlichem Zugriff. Wir stehen für eine Bildung, die die Freiheit der Wissenschaft respektiert, ein Bildungssystem, das nicht nur die akademischen Berufe, sondern auch besonders das Handwerk stärkt, wir stehen für eine Politik, die der Familie dient und die die richtigen Antworten auf den demographischen Wandel und den Fachkräftemangel bietet."[22]

Die AfD akzeptiert zwar die Glaubensfreiheit, übt aber heftige Kritik am Politischen Islam – er verfolge die „totalitäre Ideologie einer religiös begründeten Gesellschafts- und Staatsordnung, welcher die Einheit von Religion und Staat propagiert."[23] Die Partei will die Familie stärken, nicht nur finanziell, ebenso das Leistungsprinzip.[24] Der Bau sicherer Kernkraftwerke sei notwendig, nicht der weiterer Windkraftanlagen.

Innere Sicherheit zähle zu den Kernaufgaben des Staates. Die Strafjustiz müsse verbessert, die organisierte Kriminalität bekämpft, der Verfassungsschutz reformiert werden, um „die Chancengleichheit aller demokratischen Parteien sicher[zu]stellen."[25] Betont das Programm die Ablehnung jedweder Form des Extremismus, stellt es bei der näheren Präzisierung lediglich auf Linksextremismus ab. Beim Kernthema „Migration, Asyl und Integration" heißt es: Ablehnung des UN-Migrationspaktes, Notwendigkeit eines Asylmoratoriums, konsequente Anwendung des Asylrechts, Stoppen des Asylmissbrauchs, Beenden der Fehlanreize für Migration, Rückkehr zum Abstammungsprinzip. Im Vergleich zu manch anderen Wahlprogrammen der Partei fiel dieses betont gemäßigt aus. Profitiert hat die AfD davon nicht.

Beide Parteien scheiterten an der Fünfprozenthürde. *Die Linke* fiel von 3,8 Prozent auf 1,7 Prozent, verlor damit mehr als die Hälfte ihrer Stimmen. Gleichwohl

---

21 Unser Norden. Unser Programm. Wahlprogramm der Alternative für Deutschland zur Landtagswahl 2022 in Schleswig-Holstein, Kiel 2022, S. 8.
22 Ebd., S. 10.
23 Ebd., S. 15.
24 Die Schreibweise „förderal" (ebd., S. 16) – gleich zweimal – ist umso peinlicher.
25 Unser Norden (FN 21), S. 103.

wählte die Partei Spethmann erneut zur Landesvorsitzenden.[26] Diese führte das Wahldesaster vor allem auf das bundespolitisch wenig überzeugende Erscheinungsbild der Partei zurück. Die AfD büßte zwar mit 1,5 Prozentpunkten „nur" „ein Viertel ihrer Stimmen ein, aber mit 4,4 Prozent gelang ihr zum ersten Mal nicht der Wiedereinzug in ein Landesparlament. Sie konnte von keiner Partei nennenswert Stimmen abziehen. Das relativ gute Image ihres Spitzenkandidaten Nobis – immerhin zehn Prozent zeigten sich mit ihm (sehr) zufrieden[27] – nutzte der AfD wenig.

4. Landtagswahl in Nordrhein-Westfalen

Der Landtagswahl in Nordrhein-Westfalen am 15. Mai 2022, eine Woche nach der in Schleswig-Holstein, fieberten Auguren mit besonderer Spannung entgegen. Würde der neue Ministerpräsident Hendrik Wüst nach dem Rücktritt Armin Laschets die Koalition weiter anführen können? Und wenn ja: mit dem bisherigen Koalitionspartner, der FDP – oder mit einem neuen? Nach der Wahl bestand an der zu bildenden Regierung kein Zweifel.[28] Die Regierungspartei CDU legte ebenso zu wie – vor allem – die Oppositionspartei der *Grünen*, die ihren Anteil fast verdreifachen konnte. Dem sozialdemokratischen Oppositionsführer Thomas Kutschaty fehlte es an Ausstrahlung, und seine Partei fuhr das schlechteste Ergebnis ihrer Geschichte ein. Die Liberalen verloren sogar mehr als jede zweite Wählerstimme. Außer diesen vier Parteien konnte nur die AfD knapp die Fünfprozenthürde überwinden. *Die Linke* scheiterte deutlich an ihr.

Im Wahlkampf spielte weder die AfD noch *Die Linke* eine nennenswerte Rolle.[29] Die Auseinandersetzung zwischen der CDU und der SPD um den ersten Platz überlagerte alle anderen Aspekte. Hinzu kam ein weiterer Punkt: „Ungünstig stellte sich die Lage für AfD und Linke dar. Beide Parteien fransten sich im Verlaufe innerparteilicher Auseinandersetzungen, die teilweise mit harten Bandagen ausgetragen wurden und in denen prominente Mitglieder sie verließen. […] Für die AfD kam hinzu, dass das Bundesamt für Verfassungsschutz sie als rechtsextremistischen Verdachtsfall eingestuft und somit zumindest für konservativ-demokratische Wähler und Wählerinnen mit einem Bannstrahl belegt hatte."[30]

Die Linke unter ihren Spitzenkandidaten Carolin Butterwegge und Jules El-Khatib lenkte im Wahlprogramm das Augenmerk intensiv auf die Armutsproblematik. Gleich der erste Abschnitt lautete: „Armut und soziale Spaltung überwinden". Er umfasste sieben Unterpunkte: Gute Arbeit für ein gutes Leben; Grundsicherung für

---

26 Vgl. Esther Geisslinger, Chefin bleibt trotz Wahldebakel, unter: taz.de vom 4. November 2022 (1. Juli 2023).
27 Vgl. Knelangen (FN 15), S. 560.
28 Vgl. Stefan Bajohr, Die nordrhein-westfälische Landtagswahl vom 15. Mai 2022: Eine Hälfte wählt, die andere nicht, in: Zeitschrift für Parlamentsfragen 53 (2022), S. 565–583.
29 Erst recht gilt dies für DKP und MLPD, die nicht einmal ein Wahlprogramm erstellt hatten.
30 So Bajohr (FN 28), S. 569.

Tabelle 3: Landtagswahl Nordrhein-Westfalen (Stimmen in Prozent)*

Partei	%	Δ
CDU	35,7	(+2,8)
SPD	26,7	(-4,6)
B 90/Die Grünen	18,2	(+11,8)
FDP	5,9	(-6,7)
AfD	5,4	(-1,9)
Die Linke	2,1	(-2,8)
Die Partei	1,1	(+0,4)
Tierschutzpartei	1,1	(+1,1)
dieBasis	0,8	(+0,8)
Freie Wähler	0,7	(+0,3)
Volt	0,6	(+0,6)
Piraten	0,3	(-0,7)
Team Todenhoefer	0,2	(+0,2)
Familie	0,2	(+0,2)
ÖDP	0,2	(+0,1)
LIEBE	0,1	(+0,1)
Die Humanisten	0,1	(+0,1)
Gesundheitsforschung	0,1	(+0,1)
LfK	0,1	(+0,1)
PdF	0,1	(+0,1)
Volksbestimmung	0,1	(+0,1)
du.	0,1	(+0,1)
BIG	0,1	(-0,1)
ZENTRUM	0,1	(+0,1)
DSP	0,1	(+0,1)
MLPD	0,0	(-0,1)
DKP	0,0	(0,0)
DIE VIOLETTEN	0,0	(-0,1)
neo	0,0	(0,0)

*Die Angaben in Klammern beziehen sich auf die Veränderungen gegenüber der letzten Landtagswahl im Jahr 2017 (in Prozentpunkten).

Quelle: Zusammenstellung nach den amtlichen Statistiken.

Erwerbslose: Menschenwürdiges Leben für alle; Die Hartz-IV: Armut per Gesetz; Für ein gutes Leben ohne Rassismus; Systemwechsel bei Gesundheit und Pflege; Kinder und Jugendinteressen in den Fokus; Soziale Sicherheit im Alter garantieren. Zu den sieben Unterpunkten gesellten sich 32 Unterunterpunkte. Nicht genug damit: Jeder Unterunterpunkt schließt mit Forderungen, denen jeweils die Frage „Was tun?" vorangeht. So umfasst der sechste Unterunterpunkt „Arbeit umverteilen: Kürzere Vollzeit bei vollem Lohnausgleich" zum ersten Unterpunkt „Gute Arbeit für ein gutes Leben" folgende Forderungen: „Kürzere Vollzeit von 30 Stunden pro Woche bei vollem Lohn- und Stellenausgleich einführen – Die Arbeitszeit der Beamteten [sic!] von jetzt 41 Stunden auf unter 40 Stunden senken – Mehr Stellen entsprechend dem realen Bedarf in Bildung, Sozialem und Gesundheit schaffen – Rückkehrrecht von Teilzeit auf Vollzeit einführen."[31]

Die weiteren Abschnitte mit ähnlicher Untergliederung lauten: Die Wirtschaft ist für die Menschen da – für einen sozialökologischen Systemwechsel; Sozialer Neustart für die Wohnungspolitik in NRW; Klima retten, Umwelt schützen; Allen Menschen umfassende Bildung und Ausbildung garantieren; Gleichberechtigung verwirklichen; Rechtsruck aufhalten und Grundrechte stärken; Kultur, Medien, Netzpolitik und Sport; Frieden, Internationales und Europa. Ein besonderes Anliegen ist der Partei der „Kampf gegen rechts". Im Abschnitt „Rechtsruck aufhalten und Grundrechte stärken" heißt es programmatisch: „Antifaschismus ist eine Grundhaltung für DIE LINKE. Wir wollen ohne Nazis leben und bekämpfen Neofaschismus, Rechtspopulismus, (antimuslimischen) Rassismus, Antisemitismus, Antiziganismus, Islamfeindlichkeit, Homophobie und andere Formen der gruppenbezogenen Menschenfeindlichkeit gemeinsam mit anderen demokratischen Kräften."[32] Hingegen soll der Verfassungsschutz abgeschafft werden – der nordrhein-westfälische Landesgeheimdienst treibe unter diesem Namen „sein Unwesen"[33] –, ebenso das Vermummungsverbot, das „nicht selten zur Rechtfertigung polizeilicher Maßnahmen gegen friedliche Versammlungen"[34] diene.

Der Wünsch-dir-was-Katalog füllt 149 engbedruckte Seiten. Keine rhetorische Frage: Ob ihn eine einzige Person vollständig gelesen hat? Demgegenüber fällt das Wahlprogramm der AfD deutlich weniger kleinteilig untergliedert auf, trotz des 100-seitigen Umfangs. Im Vorwort des Landessprechers Martin Vincentz (als Spitzenkandidat fungierte der Fraktionsvorsitzende Markus Wagner) wird die Partei, die sich eigens an „bürgerliche Wähler" wendet, folgendermaßen charakterisiert: „Die Alternative für Deutschland ist die Partei der konservativen Erneuerung und des Realismus in der Politik. Sie ist die einzige Partei, die die wirklichen Probleme unserer Gesellschaft anspricht und auf die politische Agenda bringt. Dazu zählen der demografische Wandel, der Niedergang der Familie, die Lage der inneren Sicherheit, die gescheiterte Migrationspolitik, die anhaltende Bildungsmisere, der Abbau der Gesundheitsfürsorge und die Kaufkraftverluste durch Inflation – um nur einige Beispiele zu nennen."[35] Damit kommen zugleich die Themen zur Sprache, die der Partei besonders am Herzen liegen. Die AfD begründet ihren Alleinvertretungsanspruch

---

31 Landtagswahlprogramm 2022. Beschlossen vom Landesparteitag DIE LINKE NRW am 5. Dezember 2021, unter: https://www.die linke-nrw.de/file, 18. Januar 2022 (1. Juli 2023).
32 Ebd., S. 116.
33 Ebd., S. 116.
34 Ebd., S. 123.
35 Wer sonst. Wahlprogramm der Alternative für Deutschland für die Wahl zum 18. Landtag des Landes Nordrhein-Westfalen, Düsseldorf 2022, S. 2.

mit folgenden, oft als „realistisch" bezeichneten Punkten, wobei diese nur zu einem geringen Teil die Landespolitik betreffen und keinesfalls ausschließlich die eigene Partei vertritt: Realpolitik statt Ideologie und Wunschdenken; Anerkennung des Nationalstaats statt postnationaler Grenzenlosigkeit; Wiederherstellung der Wehrfähigkeit statt feministischer Außen- und Verteidigungspolitik; europäische Erneuerung statt EU-Superstaat; für direkte Demokratie; Corona-Realismus statt Corona-Hysterie; Einsatz für echte Familienpolitik; Ausbreitung des Islams stoppen; Trennung von Zuwanderung und Asyl; Zuwanderung nach unseren Bedarfen; Klima-Realismus statt Klima-Religion; Energie-Realismus statt Energiekollaps; Leitkultur statt Multi-Kulti-Doktrin; natürliche Sprache statt „Gender-Gaga".[36]

Von den 19 genannten Abschnitten dürften die ersten sechs die wichtigsten sein: „Demokratie" betrifft u. a. die Einfügung plebiszitärer Elemente und die Reduzierung der Zahl der Landtagsmandate. Der Komplex der „Inneren Sicherheit" zielt u. a. auf Personalaufwuchs bei der Polizei und die Beseitigung der Clankriminalität. Zwar soll jede Form des Extremismus bekämpft werden, aber die näheren Ausführungen gelten nur dem Linksextremismus. „Auch die wechselseitigen Bezüge zwischen dem Linksextremismus und den Jugendorganisationen von SPD und BÜNDNIS 90/Die GRÜNEN müssen endlich durch ein Verbot von Doppelmitgliedschaften, gemeinsamen Aufrufen oder Solidaritätsbekundungen unterbunden werden."[37] Was „Schule & Bildung" anlangt, befürwortet die Partei das mehrgliedrige Schulsystem, die offenen Ganztagsschulen und eine altersgemäße Sexualerziehung – die Gendertheorie gilt als ideologisches Konstrukt. Mit Blick auf „Wissenschaft & Forschung" heißt es, die Studiengänge für Magister und Diplom seien neben denen für Bachelor und Master wieder zuzulassen. Cancel Culture lasse sich mit der Freiheit der Forschung nicht vereinbaren. Unter „Kultur & Medien" findet sich das Bekenntnis zur deutschen Leitkultur, zum generischen Maskulinum sowie zur Kunstfreiheit. Der öffentlich-rechtliche Rundfunk müsse „grundlegend reformiert, verschlankt und entideologisiert werden."[38] Bei „Asyl, Rückführung & Integration" steht der Missbrauch des Asylrechts ebenso im Vordergrund wie die Notwendigkeit der Rückführung für die Ausreisepflichtigen, nicht die Integration. „Wer nach Recht und Gesetz hierbleiben darf, muss schneller in den Arbeitsprozess integriert werden. Eine sofortige Eingliederung in verpflichtende Integrationsmaßnahmen ist unabdingbar."[39]

Die Linke, die mehr als jedes zweite Wählervotum vom letzten Mal eingebüßt und „zu keiner gesellschaftlich relevanten Frage [...] eine schlüssige Antwort"[40] geliefert hatte, musste an alle Parlamentsparteien Stimmen abgeben, die Verluste der AfD, die etwa halb so hoch ausfielen, wurzeln weithin in der starken Wahl-

---

36 Vgl. ebd., S. 3 f.
37 Ebd., S. 18.
38 Ebd., S. 34.
39 Ebd., S. 38.
40 So Anna Lehmann, Auf Tierschutzpartei-Niveau, unter: taz.de vom 16. Mai 2022 (1. Mai 2023).

abstinenz ihres bisherigen Elektorats.⁴¹ Da die Partei mit ihren Themen nicht zu mobilisieren wusste, löste dies innerparteiliche Debatten aus. Der Landesvorsitzende Martin Vincentz, der nach der Wahl auch den Fraktionsvorsitz übernahm, führte das schwache Abschneiden u. a. auf das Liebäugeln Björn Höckes mit dem Amt des Bundessprechers zurück.⁴² Das Wahlverhalten nach Alter und Geschlecht, das die repräsentative Wahlstatistik exakt ermittelt, spiegelt die ähnlichen Ergebnisse früherer Wahlen: Die AfD schneidet bei den Männern (7,7 Prozent) deutlich besser ab als bei den Frauen (4,4 Prozent), *Die Linke* nur knapp (2,3 zu 2,1 Prozent). Die AfD ist am stärksten bei den mittleren Altersgruppen (den 35- bis 59-Jährigen), *Die Linke* mit Blick auf das Elektorat eine junge Partei. Am besten kommt die AfD bei den 35- bis 44-jährigen Männern weg (10,5 Prozent), am wenigsten punktet sie bei den über 70-jährigen Frauen (2,1 Prozent). Die Extremwerte für *Die Linke*: Votierten immerhin 6,5 Prozent der 18–24-jährigen Frauen für sie, so lediglich 0,6 Prozent der über 70-jährigen Frauen.⁴³

5. Landtagswahl Niedersachsen

Die Landtagswahl in Niedersachsen am 9. Oktober 2022 führte zu Verlusten bei den beiden Parteien, die in einer Großen Koalition verbunden waren. Die SPD mit dem beliebten Ministerpräsident Stephan Weil verlor weniger Stimmen als die CDU unter Bernd Althusmann. Da die *Grünen* mit 14,5 Prozent überaus gut abgeschnitten hatten, konnte wieder eine rot-grüne Koalition gebildet werden, wie bereits zwischen 2013 und 2017.⁴⁴ Außer diesen drei Parteien gelangte nur die AfD in den Landtag, ebenso mit einem zweistelligen Ergebnis, also mit beachtlichen Zugewinnen.

Die Wahlkämpfe der AfD und der Partei *Die Linke* litten unter mangelnder Resonanz. Die Rechtspartei verlor 2020 nach dem Parteiaustritt von drei Abgeordneten ihren Fraktionsstatus. Darunter befand sich auch die Landes- und Fraktionsvorsitzende Dana Guth, die für ihren Rückzug den starken Einfluss rechtsextremer Tendenzen geltend gemacht hatte. Frank Rinck avancierte zum Landesvorsitzenden, „der als gemäßigt geltende Arzt"⁴⁵ Stefan Marzischewski-Drewes zum Spitzenkandidaten. Allerdings trübten diese innerparteilichen Querelen, die schon länger zurücklagen, den eigentlichen Wahlkampf kaum. Noch deutlich weniger Beachtung

---

41 Vgl. Bajohr (FN 28), S. 577.
42 Vgl. Gareth Joswig, AfD pinkelt sich selbst ans Bein, unter: taz.de vom 26. Mai 2022 (1. Mai 2023).
43 Vgl. für die genannten Zahlen: Konrad-Adenauer-Stiftung, Wahlen im Bundesland Nordrhein-Westfalen. Ergebnisse von Bundestagswahlen-, Europa- und Landtagswahlen in Nordrhein-Westfalen, unter: kas.de (1. Februar 2023).
44 Vgl. Markus Klein, Die niedersächsische Landtagswahl vom 9. Oktober 2022: Eine Wahl im Zeichen der Energiekrise und des Konflikts um die Atomkraft, in: Zeitschrift für Parlamentsfragen 54 (2023), S. 253–271.
45 Ebd., S. 259.

Tabelle 4: Landtagswahl Niedersachsen (Stimmen in Prozent) *

SPD	33,4	(-3,5)
CDU	28,1	(-5,6)
B 90/Die Grünen	14,5	(+5,8)
AfD	11,0	(+4,8)
FDP	4,7	(-2,8)
Die Linke	2,7	(-1,9)
Tierschutzpartei	1,5	(+0,8)
dieBasis	1,0	(+1,0)
Die Partei	0,9	(+0,4)
Freie Wähler	0,8	(+0,5)
VOLT	0,5	(+0,5)
Piraten	0,4	(+0,2)
Gesundheitsforschung	0,3	(+0,3)
Die Humanisten	0,2	(+0,2)

*Die Angaben in Klammern beziehen sich auf die Veränderungen gegenüber der letzten Landtagswahl im Jahr 2017 (in Prozentpunkten).

Quellen: Zusammenstellung nach den amtlichen Statistiken.

fand *Die Linke* im Wahlkampf. „Die ‚Mal ehrlich'-Kampagne ihrer Spitzenkandidaten Jessica Kaußen und Lars Leupold wirkte fast schon ein bisschen verzweifelt."[46]

Die Partei stellte in ihrem Wahlprogramm besonders heraus: Sozial-, Gesundheits-, Bildungs- und Jugend-, Wohnungs-, Wirtschafts-, Klima- und Umweltpolitik. Weitere vier Themen nahmen einen starken Raum ein: „Demokratie und öffentliches Allgemeinwohl", „Ländlichen Raum lebendiger machen!", „Antifaschismus & Gleichstellung" sowie „Frieden und Internationalismus". Eingangs heißt es: „Wir müssen in Niedersachsen die großen sozialen und ökologischen Probleme gemeinsam anpacken. [...] Die Erfahrungen im Bund zeigen es und fast noch deutlicher tritt es in Niedersachsen hervor: Politik verkommt zu einem Schmierentheater gebrochener Versprechungen. Statt Probleme nur auszusitzen, wollen wir Druck machen für einen sozial-ökologischen Systemwechsel."[47] Abschließend lauten die Sätze kämpferisch: „Wir sind nicht wie jene Parteien, die sich devot den Wünschen der Wirtschaftsmächtigen unterwerfen und gerade deshalb kaum noch voneinander unterscheidbar sind. DIE LINKE ist im Gegensatz zu den konkurrierenden Parteien bereit, Großkonzernen, Millionär*innen und Grundstücksspekulant*innen mutig entgegenzutreten."[48]

---

46 Ebd., S. 260.
47 Mal ehrlich: Warum regiert Geld die Welt? DIE LINKE. Wahlprogramm zur Landtagswahl 2022 [in Niedersachsen], Hannover 2022, S. 6.
48 Ebd., S. 88 f.

Die Partei spricht sich vehement für breite antifaschistische Bündnisse und für ein Verbot von faschistischen Organisationen aus. „Wir werden jedoch die regierenden Parteien immer daran erinnern, dass sie mit ihrer unsozialen, sozialdarwinistischen und rassistischen Politik einen wichtigen Beitrag zum Aufschwung von extrem rechten Parteien geleistet haben. [...] Rechten Aufmärschen widersetzen wir uns mit zivilem Ungehorsam wie Blockaden und anderen Aktionsformen."[49] Die Akzeptanz aller Geschlechter sowie sexueller Lebensweisen ist ein wichtiges Anliegen der Partei: „FLINTA* (Frauen, Lesben, Inter, Non-Binary, Trans und Agender) sollen nicht wegen ihrer geschlechtlichen, LGBTIQA* (Lesbian Gay, Bisexual, Transexual/Transgender, Queer, Intersexual und Asexual) nicht aufgrund ihrer sexuellen Identität benachteiligt werden."[50]

Die AfD hingegen konnte mit dieser Thematik partout nichts anfangen. „Gender Mainstreaming versucht der Gesellschaft, besonders Kindern und Jugendlichen, unentwegt eine Dekonstruktion der Geschlechter ‚Mann' und ‚Frau' aufzuzwingen. Es findet ein fundamentaler Angriff auf die natürlichen Grundlagen unserer Gesellschaft statt, den die AfD entschieden ablehnt. Wir fordern, dass endlich damit aufgehört wird, die Lebensrealität der meisten Menschen in Niedersachsen zu ignorieren. Diese identifizieren sich sehr wohl mit einem der Begriffe männlich oder weiblich."[51] In der Präambel heißt es vage. „Wir sind Liberale und Konservative – Wir sind freie Bürger unseres Landes – Wir sind überzeugte Demokraten".[52] Auch der nächste Abschnitt „Unsere Grundwerte" mit Plädoyers für Rechtsstaatlichkeit, Soziale Marktwirtschat, Föderalismus, Subsidiarität und Familie lässt es an Konkretheit missen. Das gilt zumal für den letzten Grundwert „Wir sind alle Niedersachsen".[53] Das Programm enthält weitere 16 Abschnitte (u. a. zu Bürgerrechten mit der Forderung, den „Fraktionszwang"[54] zu beenden, zur Energieversorgung, zur Gesundheitsversorgung, zur inneren Sicherheit), die insgesamt 248 Punkte umfassen. Die Struktur lässt dabei zu wünschen übrig: Der 149. Punkt lautet „Hebammenberuf unbedingt erhalten", der 162. „Hebammen aktiv unterstützen".[55]

Die Partei forderte mehr lokale Gesundheitszentren und sprach sich gegen eine Impfpflicht aus. Sie strebte die Wiederherstellung des dreigliedrigen Schulsystems an und plädierte für ideologiefreie Bildung, damit das Leistungsniveau nicht verfalle. Wie in den anderen Ländern wendet sich die Partei gegen eine Massenzuwanderung in die Sozialsysteme. „Deutschland – und damit auch Niedersachsen – ist kein

---

49 Ebd., S. 79 f.
50 Ebd., S, 82.
51 Niedersachsen. Unsere Heimat. Unsere Zukunft. Landeswahlprogramm des Landesverbandes Niedersachsen der Alternative für Deutschland, o. O. o. J., S. 48 f.
52 Ebd., S. 11.
53 Ebd., S. 13.
54 Ebd., S. 15. Das Wahlprogramm plädiert für Abstimmungen in geheimer Wahl, sofern dies eine Fraktion wünscht.
55 Vgl. ebd., S. 47, S. 50.

Einwanderungsland."[56] Die Politik der Altparteien verstoße in der Einwanderungsfrage gegen das Grundgesetz.

Im Wahlkampf überlagerte die Bundespolitik weithin die Landespolitik. Die Energiekrise, die die Bevölkerung bewegte, stand im Vordergrund. Die AfD gewann vor allem Stimmen bisheriger Wähler der CDU und der FDP, etwas weniger von denen der SPD. Die Zahl der Wähler, die aus Protest für die AfD votierten, stieg nicht zuletzt wegen der als prekär empfundenen Lage mit Blick auf Unsicherheiten in der Energiepolitik wieder an. „Innerhalb der Anhängerschaft der AfD ist das Sorgenprofil (außer in der Klimapolitik) besonders stark ausgeprägt."[57] Hingegen musste *Die Linke* gegenüber jeder Partei ein Minus-Saldo verzeichnen, sie vermochte von der angespannten Stimmung damit nicht zu profitieren.

Die repräsentative Wahlstatistik bietet keine Überraschungen, was die Stimmangabe für AfD und *Die Linke* betrifft.[58] Übertraf bei der AfD einmal mehr der Anteil der Männer (13,2 Prozent) den der Frauen (8,1 Prozent), so gab es bei der Partei *Die Linke* keine geschlechtsspezifischen Unterschiede im Elektorat (Männer: 2,7 Prozent; Frauen: 2,8 Prozent). Die AfD schnitt bei den 35- bis 44-Jährigen mit 17,0 Prozent) am besten ab, am schwächsten bei den über 70-Jährigen (4,3 Prozent). *Die Linke* konnte bei den 18- bis 24-Jährigen mit 6,1 Prozent ihr bestes Ergebnis erreichen. In den folgenden Altersgruppen verlor sie kontinuierlich an Stimmen (schlechtestes Resultat bei den über 70-Jährigen: 1,1 Prozent). Das ist charakteristisch für die Tendenz der Partei in den westlichen Bundesländern, wo sie radikaler auftritt und oft identitätspolitische Topoi verficht, so auch in Niedersachsen.

5. Fazit und Ausblick

Die Ergebnisse der Wahlen im Jahr 2022 ergaben für die großen Parteien kein klares Bild. Die CDU und die SPD schnitten jeweils zweimal besser ab als zuvor und zweimal schlechter. Hingegen legten die *Grünen* überall zu, zum Teil deutlich. Dadurch gelangten sie in drei weitere Landesregierungen. Ganz anders fiel das Fazit für die FDP aus. Sie büßte in drei von vier Wahlen Stimmen ein, zum Teil erheblich. Und dort, wo sie Zuwächse verzeichnete, scheiterte sie an der Fünfprozenthürde. Die Konsequenz der mageren Wahlresultate: In keinem der vier Bundesländer gehört sie der Regierung an, also auch nicht mehr – wie bisher – in Schleswig-Holstein und Nordrhein-Westfalen.

Die Ergebnisse für *Die Linke* sind niederschmetternd. Überall brach sie ein. Konnten die massiven Verluste im Saarland in Höhe von 10,3 Punkten weithin

---

56 Ebd., S. 71.
57 Dominik Hirndorf/Viola Neu, Landtagswahl in Niedersachsen am 9. Oktober 2022, Berlin 2022, S. 6.
58 Die nachstehenden Daten resultieren aus der folgenden Quelle: Landesamt für Statistik Niedersachsen, BVII 1–04 Repräsentativstatistik zur Landtagswahl 2022 in Niedersachsen, Hannover 2023, o. S.

mit dem Ausritt Oskar Lafontaines erklärt werden, so sind die Verluste in den drei anderen Ländern, in denen die Partei im Schnitt jede zweite Wählerstimme verlor, symptomatisch für ihre Schwäche – nach neun Niederlagen in den Landtagswahlen hintereinander und dem Desaster bei der Bundestagswahl 2021.[59] Es ist nicht erkennbar, wie die Partei wieder in die Offensive gelangen kann. Die internen Zwistigkeiten basieren vor allem auf dem Streit zwischen den „Kulturlinken" und den „Wirtschaftslinken" – als Repräsentantin der letzten Richtung firmiert Sahra Wagenknecht, die einerseits gegen die „Lifestyle-Linke" wettert und andererseits betont nationalstaatlich auftritt.[60] Sollte sie eine eigene Partei etablieren, liefe dies auf eine Katastrophe für *Die Linke* hinaus.

Selbst das rechte Pendant dürfte dann Stimmen verlieren, da die Wagenknecht-Richtung betont migrationskritisch argumentiert. Die AfD büßte zwar bei den drei vorherigen Wahlen in der ersten Hälfte des Jahres 2022 Stimmen ein (sowie bei den sechs Landtagswahlen zuvor) und schied sogar das erste Mal aus einem Landtag wieder aus, aber bei den niedersächsischen Landtagswahlen steigerte sie sich deutlich. Das war weniger regional, sondern vor allem bundespolitisch bedingt. Fehler der Bundesregierung etwa bei der weithin ungeregelten Migration trieben der Partei Stimmen zu. Insofern fallen die Aussichten für die AfD weitaus besser aus – das bedeutet freilich nicht, sie habe in absehbarer Zeit Chancen auf eine Regierungsbeteiligung. Trotzdem kann sich allein durch ihre parlamentarische Existenz die jeweilige Koalitionskonstellation verschieben.[61]

Die Parteien des harten Rechts- und Linksextremismus nahmen in realistischer Einschätzung der eigenen Perspektiven an den meisten Wahlen überhaupt nicht teil. Das sah bis vor einigen Jahren anders aus. Demonstrationen der MLPD und der DKP auf der einen Seite wie solche des *III. Weges* oder der Partei *Die Rechte* mögen vorübergehend Aufmerksamkeit finden, doch bei Landtagswahlen sind sie ohne jede Chance, die für die Parteienfinanzierung wichtige Hürde von 1,0 Prozent annähernd zu erreichen. Was positiv ungeachtet aller Probleme hervorzuheben bleibt, gerade auch im internationalen Vergleich: Deutschland ist „eine der nicht allzu häufigen stabilen Demokratien, in denen die Wahlverlierer ihre Wahlniederlage akzeptieren."[62]

---

59 Vgl. Eckhard Jesse, Die Linke und ihr Niedergang, in: Gesellschaft-Wirtschaft-Politik 72 (2023), S. 150–155.
60 Vgl. den Bestseller von Sahra Wagenknecht, Die Selbstgerechten. Mein Gegenprogramm – für Gemeinsinn und Zusammenhalt, Frankfurt a. M. 2021.
61 Vgl. Frank Decker/Fedor Ruhose, Der Einfluss auf die Koalitionslandschaft: Problem oder Chance für die etablierten Parteien?, in Zeitschrift für Politik 68 (2021), S. 123–144.
62 So Manfred G. Schmidt, Zur Lage der Demokratie in Deutschland, in: Gesellschaft-Wirtschaft-Politik 72 (2023), S. 91–102, hier: S. 98.

Organisationen 2022

Von Uwe Backes

1. Ausgangssituation und Rückblick

Die Corona-Pandemie war 2021 wie im Jahr zuvor das stärkste polarisierende Moment. Dies demonstrierten nicht zuletzt die Protestkundgebungen auf den Straßen und die beträchtliche Zahl der Straftaten. Wie schnell sich solche Konstellationen verändern können, zeigte sich bereits wenige Wochen nach dem Jahreswechsel 2021/22: Die von professionellen Beobachtern seit längerem beschworene (und von vielen Politikern auch etablierter Parteien unterschätzte) Gefahr eines russischen Großangriffs auf die Ukraine wurde am 24. Februar 2022 bittere Realität. Der Ukraine-Krieg sprang folglich auf Platz 1 der politischen Agenda und drückte den innerparteilichen Auseinandersetzungen an den Flügeln des politischen Spektrums seinen Stempel auf. Wie eine Befragung des Instituts für Demoskopie Allensbach kurz vor dem russischen Angriff offenbarte, wichen Anhänger der Partei *Die Linke* und – mehr noch – der *Alternative für Deutschland* (AfD) in ihrer Einstellung zum Putin-Regime erheblich von dem bei CDU/CSU, FDP, *Grünen* und SPD vorherrschenden Meinungsbild ab. 34 Prozent der AfD-Anhänger (19 Prozent der Anhänger der Partei *Die Linke*) hatten ein positives Putin-Bild und 44 Prozent (23 bei der *Linken*) meinten, von dessen Regime gehe keine Bedrohung aus. Die entsprechenden Maximalwerte lagen bei den übrigen Parteien bei neun („guter Putin", CDU/CSU) und 15 Prozent („keine Bedrohung", FDP).[1] Mehr als eigenwillige Deutungen wie die, der russische Angriffskrieg sei eine „alternativlose Reaktion Russlands auf die Provokation der NATO"[2], fanden bei 19 Prozent der Bevölkerung Anklang. Im östlichen Deutschland war diese Neigung ausgeprägter als im westlichen. Bei den Parteianhängern erreichten die der AfD bei solchen Einschätzungen die höchsten Werte, mit einigem Abstand gefolgt von der Partei *Die Linke*.

Der Kriegsverlauf mit einer für viele überraschenden Abwehrfähigkeit der Ukraine gegenüber einem quantitativ (Soldaten, Gerät) und qualitativ in vielen Bereichen überlegenen Aggressor, Kontroversen um Art und Umfang der westlichen Hilfeleistung und die sich verdichtenden Informationen über russische Massaker an der ukrainischen Zivilbevölkerung bestimmten die weitere öffentliche Auseinandersetzung. Fragen, die noch am Ende des Jahres 2021 um die weitere Bedeutung

---

1 Vgl. Thomas Petersen, Fassungsloser Blick nach Moskau, in: Frankfurter Allgemeine Zeitung vom 24. Februar 2022.
2 Vgl. Pia Lamberty/Corinne Heuer/Josef Holnburger, Belastungsprobe für die Demokratie: Prorussische Verschwörungserzählungen und Glaube an Desinformation in der Gesellschaft, CeMAS-Research Paper, Berlin, November 2022, S. 1.

der Corona-Pandemie kreisten, verloren auch angesichts des weiteren Abebbens an Bedeutung. Stattdessen traten die Konsequenzen des Ukraine-Krieges in den Mittelpunkt: stark ansteigende Rohstoffpreise mit ihren Auswirkungen auf die breite Bevölkerung; die Unsicherheit angesichts der Folgen der gegen Russland verhängten Sanktionen; die Gefahr einer Gasverknappung im Winterhalbjahr mit bedrohlichen Folgen[3]; die damit noch erhöhten Belastungen durch den Umbau der Energieversorgung zur Erreichung von CO2-Neutralität im Zeichen der „Klimakrise". All dies konnte Auswirkungen auf die Mobilisierungschancen der politischen Flügelparteien wie auch auf das Protestgeschehen haben. Zudem stellte sich die Frage nach den Folgen für das komplexe Interaktionsgefüge gewaltorientierter Gruppierungen.

2. Linksextremismus

Die am linken Flügel des politischen Spektrums weiterhin dominierende Partei *Die Linke* wurde für den langjährigen Kurs politischer Integration durch Beteiligung an Koalitionsregierungen auf Länderebene und die besonders in Thüringen bewiesene Regierungsfähigkeit unter einem auch durch Mäßigung populären Ministerpräsidenten Bodo Ramelow (geb. 1956) nicht belohnt. In den Sonntagsfragen – z. B. des Umfrageinstituts Infratest dimap – pendelte die Partei um die Fünfprozentmarke.[4] Beschädigt wurde das emanzipatorische Image durch Berichte über gleichsam gewohnheitsmäßige sexuelle Übergriffe männlicher Parteigenossen (nicht nur, aber vor allem im hessischen Landesverband), für die eine Kultur der Nonchalance an der Parteispitze günstige Gelegenheitsstrukturen schaffe. Auch aus Protest gegen solche Zustände (nicht wegen eigener Nachlässigkeit) trat die Ko-Bundesvorsitzende Susanne Henning-Wellsow (geb. 1977) von ihrem Amt zurück.[5]

Gewichtigere Gründe für die Schwäche der Partei sahen Beobachter in deren inneren politischen Konflikten und Widersprüchen. Zwar kamen auf dem Erfurter Bundesparteitag (24.-26. Juni) Putin-Freunde nur am Rande zu Wort[6], aber die alte und neue Ko-Vorsitzende Janine Wissler (geb. 1981) verband eine entschiedene Verurteilung des russischen Angriffskriegs mit einem strikten Nein zu Waffenlieferungen an die Ukraine und zu mehr Geld für die Bundeswehr. Dies entsprach der politischen Linie, wie sie der Leitantrag „Kriege und Aufrüstung stoppen"[7] formulierte.

---

[3] Vgl. nur Martin Gornig u. a., Gemeinschaftsdiagnose: Ohne russisches Gas droht eine scharfe Rezession in Deutschland, in: Wirtschaftsdienst 102 (2022), S. 347–353.
[4] Vgl. Infratest dimap, Sonntagsfrage Bundestagswahl, unter: https://www.infratest-dimap.de/umfragen-analysen/bundesweit/sonntagsfrage/ (12. Februar 2023). Siehe dazu auch Eckhard Jesse, Wahlen 2022, in diesem Band.
[5] Vgl. Julian Staib/Markus Wehner, Auf taube Ohren gestoßen, in: Frankfurter Allgemeine Zeitung vom 22. April 2022.
[6] Vgl. Helene Bubrowski, Mehr Streit. Trotz ihrer existentiellen Krise kämpft die Linke auf ihrem Parteitag gegen sich selbst, in: Frankfurter Allgemeine Zeitung vom 25. Juni 2022, S. 5.
[7] Vgl. Die Linke, Beschluss des Parteitages, Leitantrag L03: Kriege und Aufrüstung stoppen, Erfurt 2022.

Einen journalistischen Kommentator veranlasste die Haltung zu der Einschätzung, in der Partei traue sich niemand, den zentralen Widerspruch zu benennen, in dem sie seit dem 24. Februar 2022 stecke: „Gibt es einen Weg, Antimilitarist zu bleiben, ohne die Ukraine herzlos Putin auszuliefern?"[8] Nicht wenige in der Partei sahen Putins Russland und Bidens USA mit der NATO gleichermaßen als „Kriegstreiber", die in der Ukraine einen „Stellvertreterkrieg"[9] um imperiale Einflusszonen führten. Das kurz zuvor im Bundestag beschlossene 100-Milliarden-Paket für die Bundeswehr war aus dieser Sicht ein Beweis für die Lebendigkeit des „deutschen Militarismus".[10]

Die Position einer Minderheit vertrat der thüringische Ministerpräsident Ramelow, als er auf dem Parteitag für eine militärische Unterstützung der Ukraine in ihrem Abwehrkampf gegen die russischen Aggressoren plädierte. Zwei sächsische Genossen waren über dessen wiederholtes Werben für Waffenlieferungen derart erbost, dass sie im Dezember 2022 einen Antrag auf Eröffnung eines Parteiausschlussverfahrens stellten. Ramelow verstoße mit seiner Haltung gegen geltende Parteibeschlüsse und gieße Öl ins Feuer der innerparteilichen Konflikte. Er diene damit US-amerikanischen Anliegen und ignoriere die legitimen Sicherheitsinteressen Russlands.[11] Ramelow verteidigte sich öffentlich gegen diese Vorhaltungen: Offenbar gingen die Antragsteller davon aus, Putin führe „einen legitimen Krieg gegen das Nachbarland Ukraine". Jedoch sei seit dem 24. Februar 2022 für jedermann offenkundig, wer den Krieg befohlen habe. Daher sei er von seiner „bisherigen Haltung" abgegangen, „die Sanktionen gegen Russland müssten abgeschafft werden".[12] Der auf dem Erfurter Parteitag für den „Reformerflügel" (als Nachfolger Henning-Wellsows) neugewählte Ko-Vorsitzende Martin Schirdewan (geb. 1975), der Ramelows erneute Kandidatur für das Amt des Ministerpräsidenten unterstützte, hatte in den Wochen zuvor öffentlich klargestellt, Ramelow befinde sich mit seiner Haltung nicht auf Parteilinie.[13]

Die innerparteiliche Konfliktfront in den Kernfragen des Ukraine-Krieges überschnitt sich mit der um die strategische Ausrichtung der Partei und ihre primären Klientelgruppen. Sahra Wagenknechts (geb. 1969) „populäre Linke" verband das Plädoyer für die Berücksichtigung russischer Sicherheitsinteressen mit der Absicht, dem Rechtspopulismus der AfD mit einem sozialpolitisch-migrationseindämmenden Linkspopulismus das Wasser abzugraben. Dieses Vorhaben schwäche bedauerlicher-

---

8 Stefan Reinecke, Parteitag der Linken in Erfurt. Großer Krawall bleibt aus, in: taz vom 25. Juni 2022.
9 Vgl. pointiert im Jahresrückblick: Krieg in der Ukraine: Weder Putin noch NATO – Eskalation stoppen!, in: Marx21 vom 23. Februar 2023, unter: https://www.marx21.de/krieg-in-der-ukraine-weder-putin-noch-nato-eskalation-stoppen/ (17. Juli 2023).
10 Ebd.
11 Vgl. Steffen Winter, Linkenpolitiker Ramelow soll Partei verlassen, in: Der Spiegel Online vom 20. Dezember 2022.
12 Zitiert nach: Stefan Locke, Ramelow wehrt sich, in: Frankfurter Allgemeine Zeitung vom 24. Dezember 2022.
13 Schirdewan widerspricht Ramelow Waffenlieferungen „nicht die Position der Partei", in: Thüringer Allgemeine vom 21. November 2022.

weise den linken Flügel der Partei *Die Linke*, hieß es aus diesem Lager.[14] Eine Rede Wagenknechts im Deutschen Bundestag während der Haushaltsdebatte zum Ukraine-Krieg (8. September 2022) brachte den innerparteilichen Konflikt zum Kochen. Die „dümmste Regierung in Europa" breche einen „beispiellosen Wirtschaftskrieg gegen unseren wichtigsten Energielieferanten"[15] vom Zaun, zerstöre die eigene Industrie zugunsten von Gazprom und treibe Millionen in die Armut. Angehörige ihrer Fraktion erkannten darin einen Verstoß gegen den in Erfurt definierten Parteikurs. Landtagsabgeordnete aus den östlichen Ländern forderten den Rücktritt der Fraktionsspitze um die Vorsitzenden Amira Mohamed Ali (geb. 1980) und Dietmar Bartsch (geb. 1958), die den Auftritt Wagenknechts ermöglicht habe. Heftige Kritik galt dem strategisch motivierten „Hufeisen"-Bündnis des Reformers Bartsch mit den Unterstützern Wagenknechts gegen die „Bewegungslinken" um die Bundesvorsitzende Wissler. „Zwischen Partei- und Fraktionsspitze gibt es praktisch keinen Austausch mehr. In der vergangenen Woche sollte es eine Schalte geben, an der Bartsch und Mohamed Ali nicht teilnahmen."[16]

Hatte Wagenknecht den „verbrecherischen Angriffskrieg" Russlands verurteilt, waren Teile des linken Flügels in dieser Frage zurückhaltend und betonten die Hauptverantwortung der NATO für den Ukraine-Krieg. Die *Kommunistische Plattform* (KPF) veröffentlichte in ihren Mitteilungen im September ein Positionspapier des Bundesausschusses Friedensratschlag vom Juni 2022, in dem es hieß: „Tatsächlich ist der Krieg Russlands eine Antwort auf die von der Friedensbewegung seit langem kritisierte NATO-Osterweiterung und westliche Aufrüstungs- und Konfrontationspolitik, von der sich Russland zunehmend existentiell bedroht fühlt."[17] Die KPF zählte zu den innerparteilichen Gruppierungen, die – wie auch das trotzkistische Netzwerk *Marx21* – unter Beobachtung der Verfassungsschutzbehörden standen.[18] Das bayerische Landesamt für Verfassungsschutz zählte den Jugendverband *Linksjugend ['solid]* und den Studierendenverband *DIE LINKE. Sozialistisch-demokratischer Studierendenverband* in ihren bayerischen Gliederungen ebenfalls zu den „offen extremistischen Strukturen"[19] innerhalb der Partei *Die Linke*. Auch der Verfassungsschutz Nordrhein-Westfalens beobachtete die *Linksjugend ['solid]* und deren Ablehnung der „repräsentativen Demokratie". Mitglieder trotzkistischer

---

14 Vgl. Krieg in der Ukraine (FN 9).
15 Rede Sahra Wagenknecht, Deutscher Bundestag, 20. Wahlperiode, 51. Sitzung vom 8. September 2022, S. 5429.
16 Helene Bubrowski, Eskalation abgewendet. Linke entschärften Streit in Fraktion, in: Frankfurter Allgemeine Zeitung vom 21. September 2022, S. 4.
17 Bundesausschuss Friedensratschlag, Hintergründe und Lösungsperspektiven des Ukraine-Krieges, in: Mitteilungen der Kommunistischen Plattform vom 4. September 2022, unter: https://kpf.die-linke.de/mitteilungen/detail/hintergruende-und-loesungsperspektiven-des-ukraine-krieges/ (12. Dezember 2022).
18 Vgl. Bundesministerium des Innern und für Heimat, Verfassungsschutzbericht 2022 (im Folgenden: VSB 2022), Berlin 2023, S. 158 f.
19 Vgl. Bayerisches Staatsministerium des Innern, für Sport und Integration, Verfassungsschutzbericht 2022, München 2023, S. 304 f.

Gruppierungen wie der *Sozialistischen Organisation Solidarität* (SOL) könnten in ihr „offen agieren".[20]

Die Mitgliederzahl der Partei *Die Linke* sank deutlich – von rund 60.700 Ende 2021 auf etwa 54.200 Ende 2022 (siehe Tabelle 1). Der Rückgang betraf nicht nur die (überalterten) Verbände im Osten, sondern auch die im Westen.[21] Zur Erklärung der „Austrittswelle" verwiesen Parteirepräsentanten nicht zuletzt auf die innerparteilichen Auseinandersetzungen um den Ukraine-Krieg und den „Zoff zwischen der Bundesparteispitze und Sahra Wagenknecht".[22]

Tabelle 1: SED, SED-PDS, PDS, Linkspartei.PDS, Die Linke – Mitgliederentwicklung, 1989–2022

Aug. 1989	2.300.000	Dez. 2006	60.200
Jan. 1990	700.000	Dez. 2007	71.700
Dez. 1990	281.000	Dez. 2008	76.000
Dez. 1991	172.600	Dez. 2009	78.000
Dez. 1992	146.700	Dez. 2010	73.700
Dez. 1993	131.400	Dez. 2011	69.500
Dez. 1994	123.800	Dez. 2012	63.800
Dez. 1995	114.900	Dez. 2013	63.800
Dez. 1996	105.000	Dez. 2014	60.600
Dez. 1997	98.600	Dez. 2015	59.000
Dez. 1998	94.600	Dez. 2016	58.900
Dez. 1999	88.600	Dez. 2017	62.300
Dez. 2000	83.500	Dez. 2018	62.000
Dez. 2001	77.800	Dez. 2019	60.900
Dez. 2002	70.800	Dez. 2020	60.300
Dez. 2003	65.800	Dez. 2021	60.700
Dez. 2004	61.400	Dez. 2022	54.200
Dez. 2005	61.300		

Quelle: Gerundete Parteiangaben; Verfassungsschutzbehörden.

Im Zusammenhang mit der Erinnerungspolitik der Partei *Die Linke* wurde publik, der marxistisch-leninistische Rechtsphilosoph Hermann Klenner (geb. 1926), zuletzt

---

20 Vgl. Ministerium des Innern des Landes Nordrhein-Westfalen, Verfassungsschutzbericht des Landes Nordrhein-Westfalen über das Jahr 2022, Düsseldorf 2023, S. 167.
21 Vgl. die Angaben der Partei auf der Homepage des Bundesverbandes: Mitgliederzahlen 2021, unter: https://www.die-linke.de/partei/ueber-uns/mitgliederzahlen-2021/ (7. Mai 2022); Mitgliederzahlen 2022, unter: https://www.die-linke.de/partei/ueber-uns/mitgliederzahlen-2022/ (10. Mai 2023).
22 Vgl. Sascha Richter, Mitgliederschwund der Parteien: Linke im freien Fall – Grüne mit stärkstem Zuwachs, unter: https://www.mdr.de/nachrichten/deutschland/politik/cdu-spd-fdp-linke-gruene-afd-partei-mitglieder-100.html (7. Mai 2023).

Professor am Zentralinstitut für Philosophie der Akademie der Wissenschaften der DDR und Inoffizieller Mitarbeiter (IM) des Ministeriums für Staatssicherheit[23], gehöre dem Ältestenrat an. Nach langjähriger informeller Verbundenheit hatte Klenner im Oktober 2021 zudem seinen Beitritt zur KPF bekundet, die „so eindeutig antifaschistisch und antikapitalistisch in Wort und Tat"[24] auftrete wie keine andere Gruppierung der Partei. Klenners antifaschistische Überzeugung war 1984 durch den israelischen Botschafter bei den Vereinten Nationen, Ephraim Dowek, öffentlich in Frage gestellt worden, als Klenner, damals Vertreter der DDR bei den Vereinten Nationen, Israel in seiner Eigenschaft als „Hauptmacht des Imperialismus im Nahen Osten" und verantwortlich für „Staatsterrorismus gegen das palästinensische Volk und andere arabische Völker"[25] bezeichnete. Mit dem Hinweis auf dessen Eintritt in die NSDAP am 20. April 1944 konstatierte er, Klenners damaliger Judenhass habe sich nun offenbar zum kollektiven Hass auf den Staat Israel fortentwickelt.

Als standhafter Marxist-Leninist hielt Klenner Jahrzehnte später gelehrte Vorträge nicht nur bei der KPF, sondern auch bei der *Marx-Engels-Stiftung* in Wuppertal, einem Forum ultraorthodoxer Kommunisten mit engen Verflechtungen zur KPF wie zur *Deutschen Kommunistischen Partei* (DKP). In einer Erklärung der Stiftung „Zum Ukraine-Krieg" (21. März 2022) hieß es, es handele sich um „die Antwort auf eine tatsächliche Bedrohung Russlands und dessen versuchten Unterwerfung" – „Wir versuchen deutlich zu machen, dass die Ukraine Opfer einer Intrige des Westens ist. Und dass deshalb die Lösung darin besteht, sie aus diesem ‚Spiel' der USA gegen Russland herauszunehmen, indem sich die beiden Länder auf ihre gemeinsamen Interessen besinnen."[26] Von einem Angriffskrieg Russlands war in diesem Text keine Rede.

Selbst bei der DKP schien mehr Unsicherheit in dieser Frage zu bestehen. So hatte Patrick Köbele (geb. 1962), der amtierende Parteivorsitzende der DKP, in seiner Rede auf dem 24. Parteitag (22. Mai 2022) eingeräumt, innerhalb des Parteivorstandes habe man vergeblich um Konsens in der Frage gerungen, ob es sich bei den Kampfhandlungen in den nicht von Russland annektierten Territorien seit dem 24. Februar 2022 um einen „zu verurteilenden Angriffskrieg" handele oder um einen Akt der „präventiven Verteidigung gegen einen Angriff der Ukraine, hochgerüstet und letztlich politisch dirigiert durch USA und NATO". Darüber hinaus aber gebe es „einen sehr großen Vorrat an Gemeinsamkeiten": „dass Hauptaggressor die NATO ist", dass „von Seiten der NATO alles getan wurde, um diesen Krieg zu eskalieren",

---

23 Vgl. André Gursky, Geheimdienstakte „Klee". Wie der Staatssicherheitsdienst der DDR die Rechtsphilosophie und Rechtspolitik in Ost und West beeinflusste, in: Zeitschrift des Forschungsverbundes SED-Staat, H. 27/2010, S. 60–70.
24 Hermann Klenner, Beweggründe für den Eintritt in die KPF, in: Mitteilungen der Kommunistischen Plattform vom 5. November 2021, unter: https://kpf.die-linke.de/mitteilungen/detail/beweggruende-fuer-den-eintritt-in-die-kpf (12. Februar 2022).
25 Zitiert nach Jochen Staadt, Zum Mittagessen Menschenrechte, in: Frankfurter Allgemeine Zeitung vom 21. November 2022, S. 6.
26 Vorstand der Marx-Engels-Stiftung, Zum Ukraine-Krieg (21. März 2022), unter: https://www.marx-engels-stiftung.de/erklaerung-zum-krieg-in-der-ukraine (30. August 2022).

dass ihr Ziel darin bestehe, „Russland zu einem Vasallenstaat, zu einer Halbkolonie zu machen und damit den Weg Richtung China frei zu machen und die VR China gleichzeitig zu isolieren".[27] Im Übrigen enthielt der Redebeitrag zahlreiche Elemente, die auch aus den Propagandamedien des Kreml hätten stammen können: So sprach Köbele von einer „völkerrechtlich legitimen Anerkennung der Volksrepubliken durch die Russische Föderation". Er zitierte zustimmend den Generalsekretär der (prokommunistischen) *Fédération Internationale des Résistants* (FIR) und zugleich Bundessprecher der *Vereinigten der Verfolgten des Naziregimes/Bund der Antifaschisten* (VVN/BdA), Ulrich Schneider (geb. 1954), laut Köbele: „Unser Freund und Kamerad": „Es ist völlig unstritig, dass in der Ukraine Ende 2021 neofaschistische, rassistische und antisemitische Kräfte entscheidenden Einfluss im öffentlichen Leben besaßen."[28] Auf diese Weise unterstützten Köbele/Schneider implizit die Kreml-Legende von der „Spezialoperation" zur „Entnazifizierung" der Ukraine.[29] Die DKP und ihre Jugendorganisation *Sozialistische Deutsche Arbeiterjugend* (SDAJ) mussten sich folglich von „revolutionären Linken" vorhalten lassen, sie kämpften zwar „korrekterweise gegen den deutschen Militarismus und die NATO", aber sie übersähen dabei, dass die russische Regierung „nichts als ihre eigenen reaktionären, kapitalistischen Interessen" verteidige, überall, wo sie militärisch interveniere, „autoritäre Regime gegen Massenproteste, Generalstreiks und Volksaufstände" unterstütze und als Feind der „Unterdrückten, in Russland, Osteuropa und auch darüber hinaus" auftrete. Der „großrussische Chauvinismus"[30] werde sogar von der *Kommunistischen Partei der Russischen Föderation* geteilt, mit der die DKP verbündet sei.

Die DKP (mit unverändert 2.850 Mitgliedern Ende 2022[31]) hielt auch Kontakt zur Staatspartei der Volksrepublik China, an deren virtuellem Treffen mit „marxistischen Parteien aus aller Welt"[32] sie im Juli 2022 teilnahm. Dagegen zieh die *Marxistisch-Leninistische Partei Deutschlands* (MLPD) DKP und KP Chinas des „Revisionismus". Neben Marx, Engels und Lenin ehrte sie offiziell Josef Stalin und Mao Tse-tung als „Klassiker des Marxismus-Leninismus".[33] 2022 war die Partei stark mit sich selbst und der Vorbereitung auf den 40. Jahrestag der Parteigründung beschäftigt. Die amtierende Parteivorsitzende Gabriele Fechtner pries die Vorzüge

---

27 Referat des 24. DKP-Parteitags, Referent: Patrik Köbele, DKP-Vorsitzender, unter: https://dkp.de/partei/parteitage/24-parteitag/ (12. November 2022).
28 Ebd. Siehe zum Einfluss politischer Extremismen in der Ukraine das Länderporträt von Tom Thieme in diesem Band.
29 Vgl. Mischa Gabowitsch, Von „Faschisten" und „Nazis". Russlands Geschichtspolitik und der Angriff auf die Ukraine, in: Blätter für deutsche und internationale Politik 67 (2022), H. 5, S. 55–62.
30 Marius Rabe, An DKP und SDAJ: Wie haltet ihr es mit Putin? (28. März 2022), unter: https://www.klassegegenklasse.org/an-dkp-und-sdaj-wie-haltet-ihr-es-mit-putin/ (12. Juli 2022).
31 Vgl. VSB 2022 (FN 18), S. 175.
32 Vgl. Arnold Schölzel, „Neue Vitalität des Marxismus". Die KP Chinas veranstaltete ein virtuelles Weltforum marxistischer Parteien, in: junge Welt vom 1. August 2022, S. 6.
33 Vgl. Klassiker des Marxismus-Leninismus, unter: https://www.mlpd.de/klassiker-des-marxismus-leninismus (30. Januar 2023).

der MLPD im Unterschied zu anderen linken Organisationen. Sie bestehe „zu über 70 Prozent" aus Arbeitern und verfüge über exklusive Qualitäten: „Ihre stets entsprechend den Zeichen der Zeit weiterentwickelte ideologisch-politische Linie, ein ganzes System der Selbstkontrolle, die proletarische Streitkultur, selbstlosen Einsatz, freiwillige Disziplin, Kampfmoral und unerschütterlichen Optimismus, Zusammenarbeit von Parteiführung und Basis auf Augenhöhe, Solidarität und Freundschaft".[34] Trotzdem stagnierte die Mitgliederzahl bei etwa 2.800.[35] In ihrer Haltung zum Ukraine-Krieg stützte sich die MLPD wesentlich auf ukrainische Bündnispartner im internationalen Netzwerk *International Coordination of Revolutionary Parties and Organizations* (ICOR). Entsprechend eindeutig war die Verurteilung des Angriffs durch „Putins pro-faschistisches Regime". Zugleich galt der „westliche Imperialismus" als unversöhnlicher Gegner. Dieser sei „daran interessiert, die Putin-Clique durch die Hand des ukrainischen Volkes zu besiegen", um so „Zugang zu den reichen Ressourcen Russlands"[36] zu erlangen.

Andere erklärte Kommunisten wie die im *...ums Ganze!*-Bündnis zusammengeschlossenen Gruppierungen (mit rund 260 Mitgliedern[37]) sahen zwischen Russland und China (oder Indien und den USA) mit Blick auf „imperialistische" Ambitionen keinen Unterschied. Zugleich zeichneten sie von den inneren politischen Verhältnissen der Ukraine ein desaströses Bild: „Bereits seit 2014 stehen sich hier ukrainische Faschist*innen und Nationalist*innen sowie großrussische und völkische Nationalist*innen gegenüber, bringen sich gegenseitig und tausende andere unbeteiligte Zivilist*innen um." Seit dem russischen Großangriff habe der ukrainische Staat gegen „alle männlichen Staatsbürger zwischen 18 und 55 Jahren ein Ausreiseverbot erteilt und sie zum Kämpfen aufgefordert. Wir erklären uns dagegen solidarisch mit allen Wehrdienstverweigerern und Deserteuren und fordern offene Grenzen für alle!"[38]

Das Kundgebungsgeschehen verlagerte sich aufgrund des Abebbens der Corona-Pandemie wieder stärker auf Protestinhalte, die zum klassischen Repertoire von Vereinigungen am linken Flügel des politischen Spektrums zählten. An Friedensdemonstrationen nahmen allerdings sowohl Menschen mit russlandkritischen wie -freundlichen Einstellungen teil[39], wobei „rechte" und „linke" Grundhaltungen in dieser Frage keine zuverlässige Unterscheidung zuließen. Der Protest gegen steigen-

---

34 Fragen an Gabi Fechtner zu 40 Jahre MLPD (4. August 2022), unter: https://www.mlpd.de/2022/08/fragen-an-gabi-fechtner-zu-40-jahre-mlpd (12. September 2022).
35 Vgl. VSB 2022 (FN 18), S. 176.
36 KSRD Ukraine, Erklärung zum Krieg in der Ukraine (19. März 2022), unter: https://www.icor.info/2022/erklarung-zum-krieg-in-der-ukraine (12. August 2022).
37 Vgl. VSB 2022 (FN 18), S. 170.
38 Basisgruppe Antifaschismus Bremen, Gegen den Krieg in der Ukraine heißt: Für die Niederlage Russlands! Krieg dem Kriege! (26. Februar 2022), unter: https://www.umsganze.org/ukraine-niederlage-russlands/ (22. August 2022).
39 Vgl. Gesine Höltmann/Swen Hutter/Charlotte Rößler-Prokhorenko, Solidarität und Protest in der Zeitenwende. Reaktionen der Zivilgesellschaft auf den Ukraine-Krieg, Wissenschaftszentrum Berlin für Sozialforschung (WZB), Discussion Paper ZZ 2022–601, Berlin, Oktober 2022, S. 19.

Organisationen 2022

Tabelle 2: Mitglieder linksextremistischer Organisationen, 2020–2022

	2020	2021	2022
Nicht gewaltorientierte Linksextremisten	25.800	25.500	27.600
hiervon DKP	2.850	2.850	2.850
MLPD	2.800	2.800	2.800
RH	10.500	11.000	12.100
Gewaltorientierte Linksextremisten	9.600	10.300	10.800
Autonome	7.500	8.000	8.300

Quelle: Verfassungsschutzberichte 2021 und 2022.

de Lebenshaltungskosten gewann daneben an Bedeutung und führte nicht zwangsläufig zur Aufkündigung der Solidarität mit den Kriegsflüchtlingen aus der Ukraine.

Die „postautonome" *Interventionistische Linke* (IL) – mit rund 1.000 Aktiven „in zahlreichen Arbeitsgruppen und regionalen Gliederungen"[40] – nutzte die Auswirkungen des Ukraine-Krieges, um die Friedensproblematik mit ökonomisch wie ökologisch-apokalyptischen Systemfragen zu verbinden: „In Indien fallen aufgrund einer Hitzewelle die Vögel vom Himmel, Rheinmetall-Aktien befinden sich auf einer Höchstmarke, im Pazifik gehen bereits Inseln unter, die Bewohnerinnen werden ihrer Heimat beraubt, in Europa herrscht ein neuer Krieg, das deutsche Parlament genehmigt 100 Milliarden Sondervermögen für die Bundeswehr, der Bau von bis zu zwölf Flüssiggas-Terminals ist in Planung und deutsche Waffenexporte erreichen ein Rekordhoch. Was das alles miteinander zu tun hat? Jede Menge! Der Krieg um den vermeintlich grünen Kapitalismus hat begonnen! Aber wir machen da nicht mit!"[41]

Im November solidarisierte sich die IL mit den „Klimaaktivisten" der *Letzten Generation* (LG), die mit Straßenblockaden im Raum Berlin Empörung bei Betroffenen auslösten und zudem zeitweilig in Verdacht gerieten, den Tod einer 44-jährigen Radfahrerin mitverschuldet zu haben, weil die notärztliche Versorgung durch die Behinderung von Rettungsfahrzeugen entscheidend verzögert worden sei.[42] Auch die *Rote Hilfe* (RH) schloss sich den Solidaritätsbekundungen an, als Mitte Dezember auf Veranlassung der Staatsanwaltschaft Neuruppin Hausdurchsuchungen bei

---

40 VSB 2022 (FN 18), S. 161.
41 Interventionistische Linke, LNG-Terminals verhindern! Krieg und Aufrüstung stoppen! Kapitalismus abschaffen" Auf geht's nach Hamburg zu Ende Gelände und nach Kassel zu Rheinmetall Entwaffnen! (27. Juni 2022), unter: https://interventionistische-linke.org/beitrag/lng-terminals-verhindern-krieg-und-aufruestung-stoppen-kapitalismus-abschaffen (23. August 2022).
42 Interventionistische Linke Berlin, Klima schützen ist kein Verbrechen. Solidarität mit der Letzten Generation (7. November 2022), unter: https://interventionistische-linke.org/beitrag/klimaschuetzen-ist-kein-verbrechen (13. Januar 2023).

LG-Mitgliedern stattfanden. Das Vorgehen der Justiz- und Sicherheitsbehörden, die dem Verdacht der Bildung einer „kriminellen Vereinigung" nachgingen, löste eine lebhafte öffentliche Debatte um dessen Angemessenheit aus. Verfassungsschutzpräsident Thomas Haldenwang nahm die LG in Schutz: Die Gruppe begehe zwar Straftaten, aber es gebe keine Anzeichen dafür, dass sie die freiheitliche demokratische Grundordnung in Frage stelle. Die Absicht, die Regierung zu durchgreifenden Klimaschutzmaßnahmen zu drängen, zeuge eher von Respekt für das System.[43]

Im Zentrum der RH-Aktivitäten standen die Aktivitäten rabiater „Antifaschisten", die den Staat der Tatenlosigkeit ziehen und sich selbst zu gewaltsamem Vorgehen ermächtigt fühlten. Dazu zählte die Gruppe um Lina E., gegen die der Prozess vor dem Dresdener Oberlandesgericht lief. Die RH forderte die „sofortige Freilassung von Lina und die Einstellung des Verfahrens". Es sei nicht hinnehmbar, dass die „staatlichen Repressionsorgane [...] massiv gegen die antifaschistische Bewegung" vorgingen. „Wegen der umfangreichen Aussagen eines Kronzeugen im Antifa-Ost-Verfahren" drohten „aufgrund der darauf aufbauenden Konstrukte [...] noch weitere Repressionsschläge".[44] Gemäß der Logik der RH-Hilfeleistung beging der Kronzeuge durch sein Verhalten Verrat, während nur jene, die sich zu ihren Taten standhaft bekannten, Unterstützung verdienten. Trotz der damit verbundenen Delegitimierung des Rechtsstaates als Repressionssystem genoss die RH beträchtliche Unterstützung, erkennbar am weiteren Anwachsen der Mitgliederzahl – von 12.100 2021 auf rund 13.100 Ende 2022.[45]

Der Szene der *Autonomen* (mit gegenüber dem Vorjahr unverändert rund 8.000 Aktiven Ende 2022[46]) entstammte das Gros der vom Verfassungsschutz registrierten linksextremistisch motivierten Gewalttäter. Ein überspitzter Individualismus bildete die Grundlage einer ausgeprägten Abwehrhaltung gegen jegliche Form staatlicher Ordnung. Dezentral organisiert und in der Regel nur lose untereinander verknüpft, gruppierten sich die Anhänger meist um großstädtische „Autonome Zentren". Berlin, Hamburg und Leipzig ragten hervor: „Dort besitzen sie ein überdurchschnittlich hohes Aktionsniveau und Mobilisierungspotenzial und begehen eine Vielzahl von Straf- und Gewalttaten. Hinzu kommt an diesen Orten ein breites sympathisierendes und anlassbezogen mobilisierbares Szeneumfeld."[47] Allerdings schien die Szene in Berlin und Hamburg etwas auszudünnen, während das sächsische Personenpotenzi-

---

43 Mrc/AfP, Verfassungsschutzpräsident stuft „Letzte Generation" nicht als extremistisch ein, in: Der Spiegel Online vom 17. November 2022, unter: https://www.spiegel.de/politik/deutschland/letzte-generation-verfassungsschutzpraesident-stuft-klimaaktivisten-nicht-als-extremistisch-ein-a-39e52dc0-ef10-4ebd-83f1-9545b669d553 (12. Januar 2023). Siehe zu dieser Frage auch den Beitrag von Armin Pfahl-Traughber in diesem Band.
44 RH-Bundesvorstand, Unser Rahmen der Solidarität im Antifa Ost-Verfahren (30. Oktober 2022), unter: https://www.rote-hilfe.de/?sus=156&start=30 (12. April 2023). Siehe zur Gruppe um Lina E.: Mikhail Logvinov/Jan Böhme, Der Faustschlag als die Synthese der Theorie, in: Kriminalistik 77 (2023), S. 505–514.
45 Vgl. Staatsministerium des Innern/Freistaat Sachsen, Sächsischer Verfassungsschutzbericht 2022, Dresden 2023, S. 139 f.
46 Vgl. VSB 2022 (FN 18), S. 155.
47 Ebd., S. 151.

al konstant blieb.[48] Mit besonderer Systematik ging die bundesweit ausstrahlende Leipziger Szene gegen politische Kontrahenten vor. Kleingruppen von fünf bis zehn Personen griffen gezielt gegnerische Veranstaltungen an und versuchten, „Teilnehmer an der An- und Abreise zu hindern."[49]

Die Zahl der polizeilich erfassten Gewalttaten mit linksextremistischem Hintergrund ging ein weiteres Jahr in Folge zurück – von 987 2021 auf 602 2022 (siehe Tabelle 3). Der Rückgang des Anteils der Landfriedensbrüche und Widerstandsdelikte von rund 40 auf nur mehr 32 Prozent schien die abnehmende Bedeutung des Protestgeschehens auf den Straßen für die Entwicklung der politisch motivierten Gewalt anzuzeigen. Parallel dazu stieg der Anteil der Körperverletzungsdelikte auf die Hälfte der registrierten Gewalttaten. Das Konfrontationsgeschehen (mit Polizei und politischen Gegner) blieb von zentraler Bedeutung. Rund 41 Prozent der linksextremistisch motivierten Straftaten entfielen auf Angriffe „gegen tatsächliche oder als solche ausgemachte Rechtsextremisten".[50]

Tabelle 3: Gewalttaten mit linksextremistischem Hintergrund, 2020–2022

	2020	2021	2022
Tötungsdelikte	5	1	1
Sprengstoffanschläge	2	7	3
Brandanschläge	173	159	62
Körperverletzungen	423	362	301
Raubüberfälle	15	17	6
Landfriedensbrüche und Widerstandsdelikte	534	390	193
Gefährliche Eingriffe in den Bahn-, Luft-, Schiffs- oder Straßenverkehr	84	47	31
Freiheitsberaubung	0	0	1
Erpressung	1	4	1
Gewalttaten insgesamt	1.237	987	602

Quelle: Verfassungsschutzberichte 2021 und 2022.

Militante Antifaschisten gingen vielfach gewaltsam gegen Kontrahenten vor. Diese wurden gezielt und teilweise unter Inkaufnahme schwerster Verletzungen attackiert. Mit der Veröffentlichung der Taten sollte ein möglichst großer Abschreckungseffekt

---

48 Vgl. Senatsverwaltung für Inneres, Digitalisierung und Sport, Verfassungsschutz Berlin, Bericht 2022, Berlin 2023, S. 70; Landesamt für Verfassungsschutz Hamburg, Verfassungsschutzbericht 2022, Hamburg 2023, S. 65.
49 Vgl. VSB Sachsen (FN 45), S. 124 f.
50 Vgl. VSB 2022 (FN 18), S. 130.

erzielt werden. So griffen linksextremistische Täter im April 2022 fast zu gleicher Zeit vier Textilgeschäfte mit typischen rechtsextremistischen Markenprodukten in Erfurt, Halle, Magdeburg und Schwerin an. „In Erfurt betraten vermummte Täter überfallartig das Geschäft und verletzten eine Mitarbeiterin durch massive Schläge gegen Kopf und Beine. In Magdeburg und Schwerin verunreinigten mehrere Täter die Verkaufsräumlichkeiten und Ware mit übel riechender Flüssigkeit und schwarzer Farbe. In Halle (Saale) besprühten vermummte Täter die Schaufenster des Ladenlokals mit brauner Flüssigkeit."[51] Die Internetplattform *de.indymedia* veröffentliche Links zu einem Video mit Sequenzen aus den Angriffen, in denen unter anderem zu sehen war, wie „die Mitarbeiterin in Erfurt zusammengeschlagen"[52] wurde. Zahlreiche weitere Angriffe richteten sich gegen Mitglieder, Veranstaltungen und Einrichtungen der AfD. Antifa-Gruppen sammelten systematisch Personalinformationen über „Rechte" und veröffentlichten sie oftmals „mit mehr oder minder verklausulierten Aufrufen zu Straf- und Gewalttaten gegen die Betroffenen".[53]

3. Rechtsextremismus

Die AfD konnte ihre Stellung am rechten Flügel des Parteiensystems 2022 weiter ausbauen – mit Zustimmungswerten (*infratest dimap*, Sonntagsfrage) bundesweit bis zu 15 Prozent.[54] Der Ukraine-Krieg verlieh dem für die Partei zentralen Thema Migration/Flüchtlinge neue Nahrung, während die Sorge vor Wohlstandsverlust und sozialem Abstieg infolge der drastischen Verteuerung der Energiepreise alle anderen Fragen überlagerte.[55] Allerdings vermochte die AfD auf der Mitgliederebene nicht vom Anstieg der Zustimmungswerte zu profitieren. Das dritte Jahr in Folge schrumpfte die Zahl der Mitglieder – von rund 30.100 Ende 2021 auf etwa 29.100 Ende 2022 (siehe Tabelle 4). Im Strukturvergleich mit anderen Parteien fiel die AfD insbesondere durch hohe Eintritts- und Austrittsquoten auf, ein Indiz für die „relativ starke Fluktuation der Mitgliedschaft".[56]

Der Mitgliederrückgang war Folge eines innerparteilichen Kräfteringens, das im Januar 2022 mit dem Rücktritt und Parteiaustritt des Bundesvorsitzenden Jörg Meuthen (geb. 1961) einen Höhepunkt erreichte. Er habe seit langem „vor den Gefahren einer zunehmenden Radikalisierung gewarnt" und „eine dringend notwendige Diszi-

---

51 VSB 2022 (FN 18), S. 131.
52 Ebd.
53 Ebd., S. 131 f.
54 Ergebnisse der Sonntagsfrage seit der Bundestagswahl in den Jahren 2017 bis 2022, unter: https://de.statista.com/statistik/daten/studie/1227103/umfrage/ergebnisse-der-sonntagsfrage-lange-zeitreihe/ (12. Mai 2022).
55 Vgl. Statista Research Department, Umfrage zu den größten Sorgen der Deutschen bis Januar 2023, unter: https://de.statista.com/statistik/daten/studie/180147/umfrage/groesste-sorgen-der-deutschen/ (12. Juli 2023).
56 Vgl. Oskar Niedermayer, Parteimitgliedschaften im Jahre 2022, in: Zeitschrift für Parlamentsfragen 54 (2023), S. 376–407, hier: S. 380.

Tabelle 4: AfD – Mitgliederentwicklung, 2013–2022

2013	17.700	2018	33.500
2014	20.700	2019	34.800
2015	16.400	2020	31.900
2016	25.000	2021	30.100
2017	27.600	2022	29.100

Quelle: Niedermayer (FN 56), S. 381.

plinierung und Professionalisierung der Partei angemahnt", sei mit seinem Werben um einen „maßvollen Kurs" aber gescheitert. „Große Teile der Partei und mit ihr etliche ihrer führenden Repräsentanten" hätten sich stattdessen „für einen immer radikaleren, nicht nur sprachlich enthemmteren Kurs, für politische Positionen und verbale Entgleisungen entschieden, die die Partei in vollständige Isolation und immer weiter an den politischen Rand treiben". „Besonders erschütternd" sei, „bei nicht ganz wenigen Parteimitgliedern immer wieder eine tiefe, auch verbal artikulierte Verachtung für Andersdenkende wie auch für die etablierten und bewährten Mechanismen der parlamentarischen Demokratie erleben zu müssen". Daher sehe er „in dem politischen Projekt AfD als gesamtdeutsche Partei keine Zukunft mehr".[57] Nach beleidigenden Äußerungen eines deutschen AfD-Abgeordneten im Europaparlament über den unerwartet verstorbenen sozialdemokratischen EU-Parlamentspräsidenten David Sassoli verließ Meuthen im Februar als Europaabgeordneter auch die Fraktion *Identität und Demokratie* in Brüssel.[58]

Den Fortgang Meuthens werteten die Kommentatoren als weitere Schwächung der gemäßigteren Teile der Partei, wenngleich viele darauf hinwiesen, Meuthens Glaubwürdigkeit als Kämpfer gegen Radikalisierung sei aufgrund seiner Kooperationsbereitschaft auch mit *Flügel*-Repräsentanten seit langem erodiert. Meuthen habe die AfD „verharmlost wie kein Zweiter", meinte der Kasseler Politikwissenschaftler Wolfgang Schroeder. Jedoch entfalle durch den Rücktritt die Option, dass sich die AfD zu einer Koalitionspartei für FDP und CDU/CSU entwickele. Sie werde nun endgültig zum „Sprachrohr des Zorns".[59]

Wie um solche Einschätzungen zu konterkarieren, bemühte sich der AfD-Bundesvorstand bereits in einer der ersten Entscheidungen nach dem Meuthen-Abgang um Abgrenzung nach rechts. Er fasste im Februar einen Unvereinbarkeitsbeschluss zu den *Freien Sachsen*, mit denen Parteivertreter in den Monaten zuvor Seit an Seit gegen die Corona-Maßnahmen der Bundesregierung protestiert hatten. Ebenfalls

---

57 Jörg Meuthen, Erklärung vom 29. Januar 2022, unter: https://www.facebook.com/Prof.Dr.Joerg.Meuthen/posts/2151340415014652 (12. Februar 2022).
58 Vgl. AfD-Austritt. Jörg Meuthen verlässt Fraktion im Europäischen Parlament, in: Die Zeit Online vom 10. Februar 2022.
59 Wolfgang Schroeder, „Meuthen hat die AfD verharmlost wie kein Zweiter", Interview vom 28. Januar 2022, unter: https://www.deutschlandfunk.de/afd-nach-meuthen-interview-mit-politikwissenschaftler-wolfgang-schroeder-dlf-23cc2681-100.html (30. Februar 2022).

als Signal der Ermutigung an die Gemäßigteren in der Partei galt die Wahl des Arztes Martin Vincentz (geb. 1986) zum Landesvorsitzenden der AfD in Nordrhein-Westfalen.⁶⁰ Dagegen verließ eine weitere Vertreterin dieser Richtung die AfD im November 2022: Die hessische Bundestagsabgeordnete Joana Cotar (geb. 1973) schrieb bei ihrem Parteiaustritt, es seien „zu viele rote Linien überschritten" worden: „Sei es durch die Anbiederung an Regime in Russland, China oder Iran, durch den Opportunismus und das Dauermobbing im Kampf um Posten und Mandate oder durch den Aufbau korrupter Netzwerke in der Partei."⁶¹

Der verbliebene AfD-Ko-Bundesparteivorsitzende Tino Chrupalla entsprach diesem Bild zumindest in seinem Verhältnis zum Putin-Regime. In der Bundestagsdebatte drei Tage nach dem Überfall Russlands auf die Ukraine warf er Bundeskanzler Scholz vor, dieser habe in seiner „Zeitenwende"-Rede „den Kalten Krieg reaktiviert". Man dürfe „Russlands Beitrag für Deutschland und Europa nicht vergessen", müsse dem Land für den „Abzug russischer Truppen im Jahr 1994 [...] Respekt zollen" und dankbar sein. Deutschland könne „neutral vermitteln". Die AfD lehne „die Lieferung von Waffen in Kriegsgebiete"⁶² ab. In einem ZDF-Interview mit Markus Lanz nahm Chrupalla im November 2022 Putin gegen den Vorwurf in Schutz, ein „Kriegsverbrecher" zu sein. Dies müssten Gerichte klären. Dann wiederum behauptete er: „Wir haben amerikanische Präsidenten, die genauso Kriegsverbrecher sind"⁶³ – wie George W. Bush im Irak. Im Juni hatte die AfD-Bundestagsfraktion ein Positionspapier verfasst, in dem sie sich gegen einen EU- oder NATO-Beitritt der Ukraine, gegen Waffenlieferungen an die Ukraine und gegen Wirtschaftssanktionen an die Adresse Russlands aussprach.⁶⁴

Die Haltung des Lausitzer Malermeisters zum Ukraine-Krieg und sein Auftreten innerhalb der Partei wie in der Öffentlichkeit riefen innerparteiliche Gegner auf den Plan, die vor dem Bundesparteitag in Riesa (17.-19. Juni 2022) den Versuch unternahmen, ihr Gewicht durch personelle Veränderungen an der Parteispitze zu erhöhen.⁶⁵ Als Gegenkandidat in Stellung brachte sich der Bundestagsabgeordnete und stellvertretende Fraktionsvorsitzende Norbert Kleinwächter (geb. 1986). Doch der geschickte Netzwerker Chrupalla konnte sich mit 53 Prozent der Delegiertenstim-

---

60 Vgl. Andreas Nefzger, Die neuen Tonangeber, in: Frankfurter Allgemeine Zeitung vom 19. Februar 2022, S. 4.
61 Zitiert nach: Joana Cotar tritt aus AfD aus, in: Frankfurter Allgemeine Zeitung vom 22. November 2022, S. 2.
62 Rede Tino Chrupalla, Deutscher Bundestag, 20. Wahlperiode, 19. Sitzung, 27. Februar 2022, S. 1370.
63 Zitiert nach: Felix Rappsilber, AfD-Chef bei Lanz. Chrupalla: Putin „kein Kriegsverbrecher" (30. November 2022), unter: https://www.zdf.de/nachrichten/politik/lanz-chrupalla-putin-ukraine-krieg-russland-100.html (12. Dezember 2022).
64 Vgl. AfD Bundestagsfraktion, Für Frieden in der Ukraine! (Juni 2022), unter: https://afdbundestag.de/positionspapier-ukraine-krieg (11. August 2022). Siehe dazu und zu den Stellungnahmen rechtsextremer Gruppierungen zum Ukraine-Krieg auch das Dossier von Sabine Volk in diesem Band.
65 Vgl. Frederik Schindler, „Wir lassen uns die Partei nicht von oben kaputt machen", in: Die Welt vom 17. Mai 2022.

men durchsetzen. Ein besseres Ergebnis erhielt Alice Weidel (geb. 1979) die mit 67 Prozent der Stimmen, obwohl ihr innerparteiliche Kritiker vorwarfen, sie lebe überwiegend nicht in Deutschland und schwebe über der Partei. Mit der Wahl wurden Fraktions- und Parteispitzen personell vereint und die Chancen auf ein geschlosseneres Auftreten nach außen erhöht.

Journalistische Parteitagsbeobachter kommentierten: „Als Punktsieger darf sich Björn Höcke freuen."[66] Denn das innerparteiliche Gewicht der Erfurter Linie nahm weiter zu. Im Januar 2021 hatte die AfD Klage gegen die Einstufung des *Flügels* und der Jugendorganisation *Junge Alternative* (JA) als extremistischer „Verdachtsfall" durch das Bundesamt für Verfassungsschutz erhoben. Diese Klage wies das Verwaltungsgericht Köln in seinem Beschluss vom 10. März 2022 zurück. Zum Gewicht des *Flügels* innerhalb der Partei führte das Gericht aus, Meuthens Vorschlag, der Flügel solle sich „als eigenständige Partei von der Antragstellerin abspalten", sei im April 2020 „auf nahezu einhellige Ablehnung gestoßen".[67] Die „formale Auflösung des Flügels bei gleichzeitigem Verbleib der Flügel-Mitglieder" in der AfD sei von „Chrupalla, Weidel und Gauland in einer gemeinsamen Erklärung als ‚Rückkehr zur inneren Einheit der Partei' und wichtigen ‚Schrift zur Bündelung der Kräfte'" gewertet worden. Bemerkenswerterweise hätten danach einige ehemalige AfD-Mitglieder „ihren Austritt […] mit einem zu großen Einfluss des Flügels auf die Gesamtpartei begründet […]. Auch der ehemalige Co-Bundessprecher […] Meuthen hat seinen Rücktritt und Austritt […] mit einem unterschätzten Einfluss des Flügels und der Ost-Landesverbände […] begründet."[68] Mit diesen Feststellungen schloss sich das Verwaltungsgericht den Einschätzungen im Gutachten des Bundesamtes für Verfassungsschutz an. Im Verfassungsschutzbericht für das Jahr 2022 ging das Bundesamt auch aufgrund der „Wahl- und Abstimmungsergebnisse beim Bundesparteitag […] in Riesa (Sachsen) sowie aufgrund von Äußerungen von Parteifunktionären" davon aus, „dass gegenwärtig schätzungsweise ein extremistisches Personenpotenzial von etwa 10.000 Personen innerhalb der AfD"[69] existiere. Das war ein rundes Drittel der Parteimitglieder.

Ihren Abgrenzungsbeschluss von der Partei *Die Freien Sachsen* stützte die AfD auf ein internes Dossier der Bundesgeschäftsstelle vom 4. Februar 2022. „Aufgrund ihrer militanten Bürgerkriegsrhetorik" könnten die *Freien Sachsen* „kein Partner der AfD sein", auch wenn diese versuchten „die AfD als Teil einer gemeinsamen ‚patriotischen Bewegung' darzustellen."[70] Deren Vorsitzender, der Chemnitzer Rechtsanwalt Martin Kohlmann (geb. 1977), verfüge über enge Kontakte zu den *Nationalen Sozialisten Chemnitz* (NSC) und sei früher bei der *Nationaldemokratischen Par-*

---

66 Ann-Katrin Müller/Severin Weiland, AfD-Bundesparteitag: Chrupalla und Weidel führen nach rechts, in: Der Spiegel Online vom 19. Juni 2022.
67 Verwaltungsgericht Köln, 13. Kammer, Beschluss vom 10. März 2022, Az. 13 L 105/21, Rn. 191.
68 Ebd., Rn. 192 f.
69 VSB 2022 (FN 18), S. 88.
70 AfD-Bundesgeschäftsstelle, Stabsbereich Grundsatz, Strategie & Programmatik, Die Freien Sachsen. Dossier, Berlin 2022, S. 9.

tei Deutschlands (NPD) in die Schule gegangen.[71] Alles in allem seien die *Freien Sachsen* „Teil eines Geflechts rechtsextremer Strukturen, die regelmäßig Bezüge zur NPD samt Jugendorganisation JN und Presseorgan ‚Deutsche Stimme', zur Kleinpartei ‚Der III. Weg' und zu den Siedlern in Leisnig aufweisen."[72] Die AfD-Gutachter schlossen sich in weiten Teilen der Einschätzung des sächsischen Landesamtes für Verfassungsschutz an, dass die Rolle von Neonationalsozialisten und ehemaligen NPD-Funktionären bei der rund 1.000 Mitglieder (Eigenangaben) zählenden Organisation hervorhob, dabei aber auch auf ihr unterscheidendes Merkmal hinwies, das Liebäugeln mit dem „Säxit", sächsischer Autonomie, wie es der stellvertretende Vorsitzende Stefan Hartung auf den Punkt gebracht habe: „Wir müssen uns als Sachsen so weit wie möglich von diesen Wahnsinnigen in Berlin und Brüssel abnabeln. [...] Ich will in einem freien und klugen Sachsen leben, das die Natur achtet und die Wirtschaft gedeihen lässt, anstatt Geschlechter zu negieren und Selbstmord-Sanktionen gegen Putin zu praktizieren."[73]

Obwohl die NPD als gesamtdeutsch agierende nationalistische Partei keinen sächsischen Autonomismus propagieren konnte, arbeitete sie im Freistaat eng mit den *Freien Sachsen* zusammen. Mehrere Funktionäre, unter ihnen der stellvertretende Parteivorsitzende der *Freien Sachsen*, übten in Personalunion Funktionen in beiden Parteien aus.[74] Dies war Teil einer aus Mobilisierungsschwäche resultierenden strategischen Umorientierung, um als Kooperationspartner auf „Protest-Plattformen"[75] an Attraktivität zu gewinnen. Allerdings waren diese Bemühungen des Bundesvorsitzenden Frank Franz (geb. 1978) innerparteilich umstritten. Der von ihm auf dem Bundesparteitag in Altenstadt (Hessen) beantragte Namenswechsel (in *Die Heimat*) verfehlte knapp die dafür notwendige Zweidrittelmehrheit. Die Zahl der NPD-Mitglieder sank weiter: von 3.150 Ende 2021 auf 3.000 Ende 2022.[76]

Zu den rechtsextremistischen Parteien zählten die Verfassungsschutzbehörden wie in den Vorjahren die neonationalsozialistischen Kleinparteien *Die Rechte* und *Der III. Weg*, deren Mitgliederzahl sich nur geringfügig veränderte (siehe Tabelle 5). Erstmals Erwähnung fand eine *Neue Stärke Partei* (NSP). In einer Antwort der Bundesregierung auf eine parlamentarische Anfrage hieß es Ende Dezember 2022, diese habe etwa 100 Mitglieder, betreibe eine Bundesgeschäftsstelle in Erfurt, verfüge über „Abteilungen" in Erfurt, Saalfeld-Rudolstadt, Magdeburg, Sachsen, Meck-

---

71 Vgl. ebd., S. 11.
72 Ebd., S. 17.
73 Zitiert nach: VSB Sachsen (FN 45), S. 43.
74 Vgl. ebd., S. 38 f.
75 Ronny Zasowk, Die Nationaldemokratische Partei Deutschlands (NPD) vor einem richtungsweisenden Bundesparteitag – Eine Partei erfindet sich neu, in: Deutsche Stimme vom 4. Mai 2022.
76 Vgl. VSB 2022 (FN 18), S. 82, 94.

lenburg-Vorpommern sowie Rheinhessen und betreibe „den revolutionären Umsturz des bestehenden Systems und die Errichtung eines totalitären Einparteienstaates".[77]

Tabelle 5: Mitglieder rechtsextremistischer Organisationen, 2020–2022

	2020	2021	2022
In parteiunabhängigen bzw. parteiungebundenen Strukturen	7.800	8.500	8.500
Weitgehend unstrukturiertes rechtsextremistisches Personenpotenzial	13.700	15.000	16.000
Sonstiges rechtsextremistisches Personenpotenzial in Parteien	8.600	7.500	1.150
In Parteien	13.250	11.800	15.500
AfD	--	--	10.200
Die Rechte	550	550	500
Der III. Weg	580	600	650
NPD	3.600	3.500	3.150
Davon gewaltorientierte Rechtsextremisten	13.000	13.300	13.500

Quelle: Verfassungsschutzberichte 2021 und 2022.

Der Rückgang des „sonstigen rechtsextremistischen Personenpotenzials in Parteien" (Tabelle 5) beruhte auf der gesonderten Erfassung der Extremisten in der AfD („Verdachtsfall"), während die Anhänger des *Flügels* und der AfD-Jugendorganisation in den Verfassungsschutzberichten für die Jahre 2020 und 2021 mitgezählt worden waren. „In parteiunabhängigen bzw. parteiungebundenen Strukturen" erfassten die Behörden unter anderem Gruppen um das *Compact-Magazin* und die diversen Medienformate des umtriebigen „Querfrontlers" Jürgen Elsässer (geb. 1957), die *Identitäre Bewegung Deutschland* (IBD), das Internetforum *PI-NEWS*, und die als Verdachtsfälle geltenden Einrichtungen des *Instituts für Staatspolitik* mit dem Verlag *Antaios* und der Initiative *Ein Prozent e. V.* Weitaus größer war die Zahl der Personen, die sich in Kreisen der sogenannten *Reichsbürger* und *Sachverwalter* betätigten. Insgesamt etwa 2500 von ihnen waren als rechtsextremistisch erfasst, zur Hälfte auch unter der Rubrik „Weitgehend unstrukturiertes rechtsextremistische Personenpotenzial".[78]

Die Gewaltbereitschaft von Teilen der Szene dokumentierte ein Vorfall in Südbaden im Februar 2022. Ein Autofahrer geriet in eine Polizeikontrolle, flüchtete, wurde

---

77 Antwort der Bundesregierung auf die Kleine Anfrage der Abgeordneten Marina Renner, Nicole Gohlke, Gökay Akbulut, weiterer Abgeordneter der Fraktion Die Linke, Drucksache 20/5123 vom 29. Dezember 2022.
78 Vgl. VSB 2022 (FN 18), S. 51.

nach einer Verfolgungsjagd gestellt, fuhr dann aber gezielt auf einen Beamten zu und verletzte ihn schwer. Der 62-jährige Fahrer erklärte später, Polizisten seien für ihn nur „dreckige Söldner", die sich „illegal" auf deutschem Boden aufhielten und als „Kombattanten"[79] einer fremden Macht zu gelten hätten.

Monatelange Ermittlungen bei Reichsbürgern und deren Sympathisanten mündeten im Dezember in eine großangelegte Polizei-Razzia in mehreren Bundesländern.[80] 25 Personen wurden festgenommen, gegen zwei im Ausland Auslieferungsanträge gestellt. Anlass war nichts weniger als der Verdacht der Vorbereitung eines gewaltsamen Staatsstreichs durch eine Gruppe um den von der Monarchie träumenden 71-jährigen Immobilienunternehmer „Prinz" Heinrich XIII. Reuß und Rüdiger von Pescatore, den ehemaligen Kommandeur eines abzuwickelnden Fallschirmjägerbataillons, der in den späten 1990er Jahren wegen Unterschlagung und Veräußerung von Waffen aus NVA-Beständen verurteilt und aus der Bundeswehr entlassen worden war.[81] Der Generalbundesanwalt erhob gegen beide Anklage wegen Rädelsführerschaft in einer terroristischen Vereinigung mit dem Ziel, „die bestehende staatliche Ordnung in Deutschland zu überwinden und durch eine eigene, bereits in Grundzügen ausgearbeitete Staatsform zu ersetzen. Den Angehörigen der Vereinigung ist bewusst, dass dieses Vorhaben nur durch den Einsatz militärischer Mittel und Gewalt gegen staatliche Repräsentanten verwirklicht werden kann." In ihrer politischen Vorstellungswelt vermischten sich Elemente verschiedener „Verschwörungsmythen bestehend aus Narrativen der sog Reichsbürger- sowie QAnon-Ideologie. Sie sind der festen Überzeugung, dass Deutschland derzeit von Angehörigen eines sog. ‚Deep State' regiert wird. Befreiung verspricht nach Einschätzung der Mitglieder der Vereinigung das unmittelbar bevorstehende Einschreiten der ‚Allianz', eines technisch überlegenen Geheimbundes von Regierungen, Nachrichtendiensten und Militärs verschiedener Staaten, einschließlich der russischen Föderation sowie der Vereinigten Staaten von Amerika."[82] Sie hätten geplant, militärische Einheiten aufzubauen, mit bewaffneten Gruppen in den Deutschen Bundestag einzudringen, Abgeordnete festzunehmen und Widerstand notfalls durch Schusswaffeneinsatz zu brechen. Konkrete Planungen gab es bereits für einige Ressorts der neu zu bildenden Regierung. Für die Justiz vorgesehen war die 2021 nicht wieder in den Bundestag gewählte AfD-Abgeordnete und Richterin Birgit Malsack-Winkemann.[83] Der

---

79 Zitiert nach Rüdiger Soldt, Wenn das Auto zur Waffe wird, in: Frankfurter Allgemeine Zeitung vom 19. November 2022.
80 Vgl. Reinhard Bingener/Peter Carstens/Marlene Grunert/Stefan Locke/Timo Steppat/Markus Wehner, Aktion „Schatten", in: Frankfurter Allgemeine Zeitung vom 8. Dezember 2022, S. 3.
81 Vgl. Helene Bubrowski/Peter Carstens, Unter „Reichsbürgern", in: Frankfurter Allgemeine Zeitung vom 9. Dezember 2022, S. 2.
82 Vgl. Der Generalbundesanwalt beim Bundesgerichtshof, Pressemitteilung vom 7. Dezember 2022, unter: https://www.generalbundesanwalt.de/SharedDocs/Pressemitteilungen/DE/2022/Pressemitteilung-vom-07-12-2022.html?nn=1397082 (12. Januar 2023).
83 Vgl. Maria Fiedler/Alexander Fröhlich/Julius Geiler/Frank Jansen, Das Netz. Wie Reichsbürger und Rechtsextreme den Umsturz planten, in: Der Tagesspiegel vom 7. Dezember 2022.

Militärische Abschirmdienst ermittelte gegen Personen „mit Bundeswehrbezug"[84], aber aktive KSK-Soldaten waren, anders als vielfach gemutmaßt, nicht involviert. Die in 150 durchsuchten Objekten gefundenen Waffen (wie Schreckschusspistolen und Armbrüste) deuteten darauf hin, dass sich der Putsch noch im Larvenstadium befand.[85]

Die Sicherheitsbehörden beobachteten Internet-Chatgruppen mit terroristischer Tendenz, etwa die Gruppierungen *Atomwaffen Division Deutschland* (AWDD) und *Sonderkommando 1418* (SKD 1418), die einem rechtsextremistischen Akzelerationismus das Wort redeten[86], also bestrebt waren, Konflikte zuzuspitzen und zu eskalieren, um die bestehende Ordnung ins Wanken zu bringen.[87] Kultstatus genoss der Newsletter („Siege" – „Belagerung") des US-amerikanischen Neonationalsozialisten James Nolan Mason (geb. 1952), dessen Kernthese lautete: Nicht durch Protest und Massenmobilisierung, sondern nur durch Gewalttaten und sich ausbreitendes Chaos könne das System zu Fall gebracht werden. Gegen eine mit solchen Ideen sympathisierende Szene richteten sich Exekutivmaßnahmen der Polizei im April 2022. Der Generalbundesanwalt leitete gegen Mitglieder der Kampfsportgruppe *Knockout 51* (KO 51) ein Ermittlungsverfahren wegen des Verdachts der Bildung einer kriminellen Vereinigung ein.[88] Die vor allem in Thüringen aktive, aber bundesweit vernetzte Gruppierung trainierte nach Informationen der Bundesanwaltschaft in den „Räumlichkeiten der Landesgeschäftsstelle" der NPD („Flieder Volkshaus") in Eisenach und plante u. a. Angriffe auf linke politische Gegner und die Polizei. In vigilantistischer Manier führte sie „Kiezstreifen" durch, um sich als „bestimmende Ordnungsmacht zu etablieren".[89]

Terroranschläge, wie sie in den Jahren zuvor in Oslo/Utøya und Christchurch verübt worden waren, und virtuelle Vorbilder wie ein „mordendes Manga-Mädchen"[90] aus einem japanischen Computerspiel dürften einen 16-jährigen Schüler inspiriert haben, der im Mai 2022 in Essen wegen der Vorbereitung eines Anschlags auf sein Gymnasium festgenommen wurde. Neben der Internet-Radikalisierung gingen Gefahren von „foreign fighters" aus, also Rechtsextremisten, die im Ausland (in

---

84 Bundesamt für den Militärischen Abschirmdienst, MAD-Report. Bericht des Militärischen Abschirmdienstes für die Jahre 2021 und 2022, Köln 2023, S. 15.
85 Vgl. Franz Feyder, Elitesoldaten, die keine waren, in: Stuttgarter Nachrichten vom 8. Dezember 2022.
86 Vgl. VSB 2022 (FN 18), S. 53 f.
87 Vgl. CeMAS, Militanter Akzelerationismus. Ursprung und Aktivität in Deutschland, Berlin 2022.
88 Vgl. VSB 2022 (FN 18), S. 57.
89 Zitiert nach Generalbundesanwalt beim Bundesgerichtshof, Pressemitteilung vom 6. April 2022, unter: https://www.generalbundesanwalt.de/SharedDocs/Pressemitteilungen/DE/2022/Pressemitteilung-vom-06-04-2022.html?nn=1397082 (12. Juni 2022).
90 Reiner Burger, Knapp an einem Blutbad vorbei, in: Frankfurter Allgemeine Zeitung vom 10. Dezember 2022, S. 4.

Syrien oder der Ukraine) Kampferfahrung gesammelt und ihr Knowhow nach der Rückkehr gewaltorientierten Gruppierungen zu Verfügung stellen konnten.[91]

Im Rahmen des polizeilichen Erfassungssystems „Politisch motivierte Kriminalität" wurden für das Jahr 2022 insgesamt 1.016 Gewalttaten mit rechtsextremem Hintergrund erfasst (siehe Tabelle 6). Das war etwas weniger als zwei Jahre zuvor, aber eine deutliche Steigerung gegenüber dem Vorjahr. Insgesamt bewegte sich das Gewaltaufkommen bei langjähriger Betrachtung auf hohem Niveau. Das Gros der Gewalttaten entfiel auf Körperverletzungen (mit einem Anteil von rund 86 Prozent noch einmal höher als in den beiden Jahren zuvor). Mit deutlichem Abstand folgten Landfriedensbrüche und Widerstandsdelikte. Nur einen geringen Prozentsatz nahmen Delikte ein, die (wie Sprengstoffanschläge oder Raub) meist mit einem höheren Planungsniveau verbunden sind.

Tabelle 6: Gewalttaten mit rechtsextremem Hintergrund, 2020–2022

	2020	2021	2022
Tötungsdelikte	3	3	2
Sprengstoffanschläge	2	1	0
Brandanschläge	25	11	18
Körperverletzungen	842	783	879
Raubüberfälle	7	3	7
Landfriedensbrüche und Widerstandsdelikte	119	126	101
Gefährliche Eingriffe in den Bahn-, Luft-, Schiffs- oder Straßenverkehr	12	10	3
Freiheitsberaubung	1	1	0
Erpressung	12	7	6
Gewalttaten insgesamt	1.023	945	1.016

Quelle: Verfassungsschutzberichte 2021 und 2022.

Das Landgericht Frankfurt am Main verurteilte den Urheber einer Drohschreiben-Serie (*NSU 2.0*), der in den Jahren 2018 bis 2021 Angst und Schrecken bei Rechtsanwälten, Politikern, Medienvertretern und anderen Persönlichkeiten des öffentlichen Lebens und deren Angehörigen verbreitet hatte, zu einer mehrjährigen Freiheitsstrafe.[92] Für einen organisierten terroristischen Hintergrund gab es keine

---

91 Zur Problematik im internationalen Kontext: Kacper Rekawek, A Year of Foreign Fighting for Ukraine. Catching Fish with Bare Hands?, Counter Extremism Project, Berlin 2023; ders., Foreign Fighters in Ukraine. The Brown-Red Cocktail, Abingdon 2022.
92 Vgl. VSB 2022 (FN 18), S. 54.

Anhaltspunkte. Angriffe auf „aus seiner Sicht flüchtlingsfreundliche Personen"[93] hatte ein ehemaliger Bundeswehrsoldat geplant, den das Oberlandesgericht Frankfurt am Main im Juli 2022 zu einer Haftstrafe verurteilte.

4. Politisch-religiöser Fundamentalismus

Die deutschen Sicherheitsbehörden betrachteten den Rechtsterrorismus auch im Jahr 2022 als „die" Herausforderung für die innere Sicherheit. Anders als in den beiden Vorjahren musste das Bundeskriminalamt keinen Fall eines vollendeten, fehlgeschlagenen oder vereitelten dschihadistischen Terroranschlags an Europol in Den Haag melden. Dies war in den Nachbarländern Belgien und Frankreich anders.[94] Aber nach der strengen Definition der Kriminalpolizei entfiel die „Mehrzahl der Straftaten mit Terrorismusqualität" in Deutschland auf den Phänomenbereich „religiöse Ideologie", was „das Fortbestehen der anhaltend hohen Gefährdungslage durch den islamistischen Terrorismus innerhalb Deutschlands"[95] verdeutliche. Bei den schweren Gewalttaten in Aachen (Mai), Ansbach (September) und Ludwigshafen (Oktober) durch Täter irakischer, afghanischer und somalischer Staatsangehörigkeit gab es entgegen anfänglichen Vermutungen keinen dschihadistischen Hintergrund.[96] Ein aktiver IS-Unterstützer wurde im Oktober festgenommen. „Dessen Aufgabe bestand vor allem darin, offizielle Texte, Videos und Audiobotschaften des IS aus dem Arabischen ins Deutsche zu übersetzen und auf verschiedenen Kanälen des Messenger-Dienstes Telegram im deutschsprachigen Raum zu verbreiten."[97]

Der *Islamische Staat* (IS) war in Syrien durch den Verlust der von ihm kontrollierten Territorien und die Tötung seiner Anführer geschwächt, übte aber mit seinen Ablegern Einfluss in Afghanistan und einer Reihe afrikanischer Staaten aus. Von dessen Anhängern ging – mehr als von *al-Quaida* und den mit ihr verbündeten Formationen – die Gefahr terroristischer Anschläge in Europa aus.[98] Nach den Erkenntnissen der Sicherheitsbehörden hielten sich in Deutschland 150 Rückkehrer mit Kampferfahrungen in Kriegsgebieten auf.[99] Der Generalbundesanwalt erhob Anklage gegen mehrere IS-Mitglieder unter anderem wegen Verbrechen gegen die Menschlichkeit, Kriegsverbrechen und Beihilfe zum Völkermord im Irak und Syrien.

---

93 Vgl. ebd., S. 55.
94 Vgl. Europol, TE-SAT. European Union Terrorism Situation and Trend Report 2023, Den Haag 2023, S. 24 f.
95 Bundesministerium des Innern und für Heimat/Bundeskriminalamt, Politisch motivierte Kriminalität im Jahr 2022. Bundesweite Fallzahlen, Berlin 2023, S. 24.
96 Vgl. Europol (FN 94), S. 26.
97 Der Generalbundesanwalt beim Bundesgerichtshof, Pressemitteilung vom 5. Oktober 2022, unter: https://www.generalbundesanwalt.de/SharedDocs/Pressemitteilungen/DE/2022/Pressemitteilung-vom-05-10-2022.html?nn=1397082 (12. Januar 2023).
98 Vgl. VSB 2022 (FN 18), S. 189 f.
99 Vgl. ebd., S. 193.

Für das Jahr 2022 registrierten die Sicherheitsbehörden 51 (2021: 60) Gewalttaten mit „religiöser Ideologie".[100] Die Verfassungsschutzbehörden zählten Ende 2022 27.480 (2021: 28.290) Personen zum „Islamismuspotenzial".[101] Dies bedeutete einen leichten Rückgang gegenüber dem Jahr zuvor (siehe Tabelle 7). Die abnehmende Anziehungskraft der Salafisten-Szene war dafür der Hauptgrund. Die Verfassungsschutzbehörden führten das auf eine intensivierte Strafverfolgung, den „Bedeutungsverlust Syriens als Schauplatz des Jihad und die Coronapandemie"[102] zurück.

Anhänger des internationalen Dschihadismus und sonstiger gewaltorientierter Gruppierungen bildeten unter den behördlich beobachteten islamischen Extremisten eine kleine, wenn auch besonders gefährliche, Minderheit. Mit weiten Teilen des islamistischen Spektrums teilten sie eine judenfeindliche und antiisraelische Haltung. Dies galt in besonderes Maße für die 2003 verbotene Vereinigung *Hizb ut-Tahrir*, die – anders als die meisten islamistischen Organisationen – die Zahl ihrer Aktiven steigern konnte – von 700 Ende 2021 auf 750 Ende 2022. Ihre Aktiven wirkten im Untergrund, lehnten die Anerkennung des Staates Israel kategorisch ab und traten für dessen Vernichtung ein.[103]

Quantitativ bedeutender waren überwiegend legal tätige Organisationen wie die von dem türkischen Politiker Necmettin Erbakan in den 1960er Jahren gegründete Vereinigung *Millî Görüş* (IGMG) mit den ihr zugeordneten Organisationen. Im Bericht für das Jahr 2022 schätzte das Bundesamt für Verfassungsschutz die Zahl der „extremistischen Anhänger" wie im Vorjahr auf etwa 10.000 Personen.[104] Die Verfassungsschutzbehörden beobachteten weiterhin die seit 2014 in Deutschland aktive *Furkan-Gemeinschaft*, die sich ideologisch an den Lehren des gelernten türkischen Bauingenieurs Arpaslan Kuytul (geb. 1965) orientiere. Im Geist der *Muslimbruderschaft* betreibe sie mit ihren rund 400 Aktiven (Ende 2022) Missionierungsarbeit, negiere das Existenzrecht des Staates Israel und lehne die Demokratie als Regierungsform grundsätzlich ab.[105] Ihr Anführer Kuytul wurde im Mai 2022 in der Türkei verhaftet, weil er Präsident Erdoğan die Treue aufgekündigt habe.[106]

---

100 Bundesministerium des Innern, für Bau und Heimat/Bundeskriminalamt (FN 3), S. 22.
101 Vgl. VSB 2022 (FN 18), S. 186.
102 Vgl. ebd., S. 196.
103 Vgl. Patrick Möller, Hizb ut-Tahrir – Comeback einer verbotenen Organisation, in: Rauf Ceylan/Michael Kiefer (Hrsg.), Der islamische Fundamentalismus im 21. Jahrhundert. Analyse extremistischer Gruppen in westlichen Gesellschaften, Wiesbaden 2022, S. 85–115.
104 Vgl. ebd., S. 197.
105 Vgl. VSB 2022 (FN 18), S. 232.
106 Vgl. Erkan Pehlivan, Erdogan lässt Führer von „Furkan Gemeinschaft" verhaften, in: Frankfurter Rundschau vom 10. Mai 2022.

Tabelle 7: Mitglieder islamistischer Organisationen, 2020–2022

	2020	2021	2022
IGMG	10.000	10.000	10.000
Furkan-Gemeinschaft	400	400	400
Kalifatsstaat	--	700	700
MB	1.450	1.450	1.450
Hizb Allah	1.250	1.250	1.250
Türkische Hizbullah	400	400	400
Hizb ut-Tahrir	600	700	750
HAMAS	450	450	450
Tablighi Jama'at	650	550	550
Salafisten	12.150	11.900	11.000

Quelle: Verfassungsschutzberichte 2021 und 2022.

Die *Muslimbruderschaft* (MB) selbst betonte wie schon in den Vorjahren ihre Integration in die Mehrheitsgesellschaft, indem sie meist als *Deutsche Muslimische Gemeinschaft* auftrat. Ihre Mitgliederzahl stagnierte mit rund 1.450 Ende 2022.[107] Dies galt auch für die „Islamische Widerstandsbewegung" *HAMAS* mit unverändert rund 450 Mitgliedern. Sie verstand sich als palästinensischer Arm der MB, wirkte in Palästina sozial-politisch ebenso wie terroristisch und nutzte Deutschland vor allem als logistischen Unterstützungsraum.[108]

Unverändert blieb ebenso die Zahl der Anhänger der *Türkischen Hizbullah* (Ende 2021 rund 400 Personen). Die in Deutschland lebenden Funktionäre der in Nordkurdistan teilweise gewaltsam operierenden Organisation überwiegend sunnitischer Kurden strebten für die Türkei einen islamischen Gottesstaat an. Sie sammelten Spenden, verbreiteten Publikationen und veranstalteten Zusammenkünfte zur Unterstützung ihrer Gesinnungsgenossen in der Heimat.[109]

Auch die Zahl der Mitglieder der 1926 in Indien entstandenen, den Lehren der islamistischen Deoband-Schule verpflichteten Missionierungsbewegung *Tablighi Jama'at* (TJ; Ende 2022 ca. 650) blieb konstant. Der Schwerpunkt der Aktivitäten lag weiterhin auf der Mitgliederwerbung und Jama'aten (Missionierungsreisen).[110]

Für den schiitischen, sich an der Islamischen Republik Iran orientierenden, Islamismus blieb das *Islamische Zentrum Hamburg* (IZH), Trägerverein der Imam Ali-Moschee, die wichtigste Anlaufstelle. Dessen Leiter Mohammad Hadi Mofatteh

---
107 Vgl. ebd., S. 225.
108 Vgl. Armin Pfahl-Traughber, Die palästinensische Hamas – eine islamistische Organisation zwischen Regierungspartei, Sozialpolitik und Terrorismus, in: Ceylan/Kiefer (FN 103), S. 157–172.
109 Vgl. ebd., S. 223.
110 Vgl. ebd., S. 227.

agierte als Vertreter des Regimes in Teheran, dort langjährig erprobt „in verschiedenen Führungsfunktionen staatlich gelenkter Medienstellen". Das IZH fungierte als „eines der wichtigsten Zentren seiner Art in Europa".[111] Ende Mai 2022 erging eine Ausreiseverfügung der Hamburger Innenbehörde gegen den ehemaligen stellvertretenden IZH-Leiter wegen seiner engen Verbindungen zu Vereinen in Deutschland, die aufgelöst worden waren – aufgrund ihrer ideologischen Nähe zur 2020 verbotenen, iranorientierten *Hizb Allah* (400 Aktive in Deutschland). Zur Unterstützung der Protestbewegung im Iran stellten die Regierungsfraktionen im November 2022 den Antrag „zu prüfen, ob und wie das ‚Islamische Zentrum Hamburg' als Drehscheibe der Operationen des iranischen Regimes in Deutschland geschlossen werden kann."[112]

5. Vergleich und Ausblick

Der Islamismus/Dschihadismus fand wie schon in den Vorjahren weniger öffentliche Beachtung als der Rechtsextremismus/Rechtsterrorismus, der aufgrund der Morddrohungen gegenüber Repräsentanten des Staates, der hohen Zahl von Körperverletzungsdelikten sowie ihrer juristischen wie medialen Aufarbeitung im Zentrum der Auseinandersetzung stand. Das Abebben der Corona-Pandemie und der Ukraine-Krieg mit seinen gravierenden Folgen veränderten die Protestlandschaft, in der sich „rechte" und „linke" Streitthemen wieder stärker durchmischten und teilweise überschnitten als in den Vorjahren.

Auf die Mobilisierung an den Rändern des politischen Spektrums wirkte dies in unterschiedlicher Weise. Die sich weiter radikalisierende AfD konnte mit einer geschlossener auftretenden Führung davon in zunehmendem Maße profitieren, während *Die Linke* von inneren politischen wie strategischen Auseinandersetzungen paralysiert schien und keine wirkungsvollen Rezepte fand, um in ihren traditionellen Klientelgruppen auf Anklang zu stoßen.

Mit Blick auf das Jahr 2023 stellten sich Fragen wie die folgenden: Würden die Folgen des Ukraine-Krieges die politische Polarisierung weiter erhöhen? Könnte die AfD weiter an Zulauf gewinnen? Würde *Die Linke* einen Weg aus der Krise finden? Und: Welche Auswirkungen hätte das Geschehen an den Flügeln des Parteiensystems auf das Interaktionsgefüge gewaltorientierter Gruppierungen?

---

111 VSB Hamburg (FN 48), S. 47.
112 Zitiert nach ebd., S. 50.

Dokumentation 2022:
„Ostwind" statt Westbindung:
Russlandfreundschaft und die Beschwörung antiamerikanischer Feindbilder –
alt-neue Instrumentalisierungsmuster in Zeiten des Krieges

Von Alexander Gallus

1. Präsentation

Der russische Großangriff auf die Ukraine bot rechtspopulistischen und -extremistischen Kräften nach Wirtschafts-, Migrations- und Corona-Krise ein weiteres mobilisierungsträchtiges Thema. Da mit dem Krieg, den westlichen Sanktionen gegen Moskau und den von Russland eingestellten Gaslieferungen nach Westen stark ansteigende Energie- und Lebenshaltungskosten erwartet wurden, kündigten politisch weit rechts ebenso wie weit links stehende Kräfte Mitte 2022 in Deutschland einen „heißen Herbst" des Protests an, der genutzt werden sollte, um das eigene Potenzial an Anhängern und Wählern zu vergrößern.[1]

Die *Alternative für Deutschland* (AfD) und deren Anhänger gerieten in den Verdacht, als „Putins willige Helfer" zu fungieren. Thomas Holl arbeitete in der *Frankfurter Allgemeinen Sonntagszeitung* heraus, wie sehr auch Leitfiguren der AfD wie Tino Chrupalla und Alexander Gauland Wladimir Putin unterstützten. Am 9. Mai 2023 folgten beide Parteiexponenten sogar der Einladung zu einem Empfang der russischen Botschaft in Berlin. Die AfD stelle sich als „Friedenspartei" dar und verfolge einen antiwestlichen, insbesondere gegen die Vereinigten Staaten und die NATO gerichteten Kurs. Die westliche Vormacht und das von ihr mitgetragene Militärbündnis würden als die Hauptschuldigen betrachtet, die durch die permanente Missachtung russischer Sicherheitsinteressen nach Auflösung des Warschauer Paktes Russland in die Enge getrieben und so wesentlich zum Krieg in der Ukraine mo-

---

1 Vgl. Thomas Holl, „Heißer Herbst" von links? Linkspartei und Montagsdemos, in: FAZ.net vom 18. August 2022; Ein Heißer Herbst gegen die Kälte der Regierung: Preise und Profite deckeln. Klima schützen, Beschluss des Parteivorstandes 2022/254 vom 10. September 2022, unter: https://www.die-linke.de/partei/parteidemokratie/parteivorstand/parteivorstand-2022-2024/detail-beschluesse-pv/ein-heisser-herbst-gegen-die-soziale-kaelte-der-regierung-preise-und-profite-deckeln-klima-schuetzen/ (19. Juli 2023); Lt. [Johannes Leithäuser], AfD plant „heißen Herbst". Protestkampagne gegen hohe Energiepreise, in: Frankfurter Allgemeine Zeitung vom 24. August 2022; Pressestatement von Tino Chrupalla zur Kampagne der AfD „heißer Herbst statt kalte Füße – unser Land zuerst!" vom 23. August 2022, unter: https://www.youtube.com/watch?v=7nMAwYZwgkw (19. Juli 2023); siehe auch: David Begrich, Heißer Herbst gegen die Demokratie, in: Blätter für deutsche und internationale Politik 11/2022, S. 9–12.

tiviert hätten. Damit werde ein „Narrativ" bedient, „das sich mit Moskaus Propaganda von Russland als eigentlichem Opfer westlicher Aggression deckt".[2] Während innerhalb der AfD-Bundestagsfraktion eine Mehrheit von „Putin-Jüngern" mit einer Minderheit von „NATO-Boys" ringe (im außenpolitischen Arbeitskreis der Bundestagsfraktion „herrschen klare Verhältnisse: neun Russlandfreunde und ein einsamer Transatlantiker"), seien nicht zuletzt in den ostdeutschen Landesverbänden Anhänger der russischen Politik zu finden.[3] Die Infragestellung der deutschen NATO-Mitgliedschaft reicht jedoch über die östlichen Landesverbände hinaus. So brachten die Landesvorsitzenden aus Thüringen, Hessen, Bayern, Niedersachsen, Baden-Württemberg, Nordrhein-Westfalen und Sachsen anlässlich der Europawahlversammlung Ende Juli, Anfang August 2023 einen NATO-kritischen Antrag ein, der als Impuls gewertet werden darf, die bislang im Programm der AfD prinzipiell befürwortete Mitgliedschaft im westlichen Verteidigungsbündnis[4] ernsthaft in Frage zu stellen. Schließlich wird die NATO in dem Papier als „vermeintlicher Schutzschirm eines fernen Hegemons" bezeichnet. Durch das Agieren der NATO, heißt es weiter, würden die Länder Europas „in Konflikte hineingezogen, die nicht die ihren sind und ihren natürlichen Interessen – fruchtbaren Handelsbeziehungen im eurasischen Raum – diametral entgegenstehen".[5]

Auch wenn der sachsen-anhaltinische Landesverband nicht zu den Antragstellern zählt, gehört der dortige AfD-Landtagsabgeordnete, zugleich stellvertretender Vorsitzender des Landesverbandes seiner Partei, Hans-Thomas Tillschneider doch zu den führenden Anhängern einer solchen Lesart. Der an der Universität Bayreuth habilitierte Islamwissenschaftler, der 2013 der AfD beitrat und seit 2016 Mitglied des Landtags von Sachsen-Anhalt ist, war Sprecher der mittlerweile aufgelösten nationalistischen *Patriotischen Plattform* und engagiert sich in großer Nähe zur

---

2 Thomas Holl, Putins willige Helfer, in: Frankfurter Allgemeine Sonntagszeitung vom 28. Mai 2023.
3 So differenziert: Justus Bender, Alternative für Deutschland. Viele denken, die ganze AfD sei russlandnah. Stimmt aber nicht. Manche in der Partei ertragen die Putin-Versteher kaum noch, in: Frankfurter Allgemeine Sonntagszeitung vom 16. Juli 2023. Die „Klassifizierungen" als „NATO-Boys" und „Putin-Jünger" finden sich demnach im AfD-Diskurs selbst. Bei Gareth Joswig, AfD streitet weiter um Russlandkurs, in: taz.de vom 24. April 2023, heißt es: „Im Osten dominieren Personen mit Nähe zum rechtsextremen Flügel oder dem Institut für Staatspolitik in Schnellroda, die grundsätzlich westliche Werte ablehnen und in dieser Hinsicht Putins Russland ideologisch näher als der BRD sind." In der Erklärung „Für Frieden in der Ukraine! Positionspapier der AfD-Bundestagsfraktion zum Russland-Ukraine-Krieg" vom 26. Juli 2022, unter: https://afdbundestag.de/positionspapier-ukraine-krieg/(20. Juli 2023), ist indes von einem „völkerrechtswidrigen Angriffskrieg Russlands, den wir scharf verurteilen" die Rede. In dem Statement spricht sich die Fraktion außerdem ausdrücklich gegen Wirtschaftssanktionen und Waffenlieferungen sowie für die (Wieder-)Nutzung der Pipeline Nord Stream II aus.
4 Siehe Programm für Deutschland. Das Grundsatzprogramm der Alternative für Deutschland, beschlossen auf dem Bundesparteitag in Stuttgart am 30. April/1. Mai 2016, S. 30 f., unter: https://www.afd.de/wp-content/uploads/2023/05/Programm_AfD_Online_.pdf (26. Juli 2023).
5 Bericht samt Zitatwiedergabe von Frederik Schindler, AfD diskutiert über Loslösung Deutschlands von der Nato, in: welt.de vom 14. Juli 2023; vgl. auch ders., In der Nacht holt sich Weidel den Sieg über Höcke – vorläufig, in: Die Welt vom 7. August 2013; Friederike Haupt, Das Europaproblem der AfD, in: Frankfurter Allgemeine Zeitung vom 31. Juli 2023.

Identitären Bewegung innerhalb des Kampagnennetzwerks *Ein Prozent für unser Land* (nunmehr: „Ein Prozent e. V."). Seit dem Jahr 2020 wird er vom Verfassungsschutz beobachtet, der auch das *Institut für Staatspolitik* ebenso wie Jürgen Elsässers Monatszeitschrift *Compact* ins Visier genommen hat – zwei Institutionen, in deren Umfeld sich Tillschneider bewegt. Mitterweile schätzt das Bundesamt für Verfassungsschutz dieses Institut, die Zeitschrift *Compact* ebenso wie den „Ein-Prozent"-Verein als gesichert rechtsextremistische Bestrebungen ein.[6] Für Aufsehen sorgte im Frühherbst 2022 eine Reise Tillschneiders mit zwei weiteren AfD-Abgeordneten nach Russland mit geplanter Weiterfahrt in von Russland besetzte ostukrainische Gebiete. Eine Intervention des Parteivorstands verhinderte indes diese Weiterreise, was Tillschneider für einen Fehler hielt, da der Partei dadurch kein Schaden entstanden wäre. Diese Sicht unterstrich er, als er wenig später auf einer AfD-Demo in Berlin mit Russlandfahne auftrat.[7] Im Frühsommer 2023 begab sich Tillschneider erneut nach Russland und trat im staatlichen Fernsehsender „RT" auf.[8]

Tillschneiders Appell an eine vertiefte Russlandfreundschaft reicht bereits mehrere Jahre zurück und ist mit einer Abkehr vom westlichen Liberalismus verknüpft, den er weder für zukunftsfähig noch erhaltenswert hält. „In Osteuropa, in Russland", äußerte er im Sommer 2017 auf einem „Russlandkongress" der AfD Sachsen-Anhalt, „haben wir aber eine östliche Variante des Christlichen, die noch vital ist, die selbstbewusst ist – und an der wir uns orientieren können".[9] Russland avanciert in solchen Ausführungen zu einem Richtmaß, an dem sich auch Deutschland politisch, gesellschaftlich und kulturell orientieren soll.

Auf dem besagten Kongress kam auch Jürgen Elsässer als Redner zu Wort[10], der gemeinsam mit Hans-Thomas Tillschneider zu den Initiatoren des im Januar 2023 gegründeten Vereins „Ostwind" zählt. Von der Vereinsgründung berichtete zuerst Elsässer in *Compact*. Dort heißt es, etwa 70 Personen hätten an der Gründungsversammlung teilgenommen, „darunter auch Bundestags- und Landtagsabgeordnete der AfD und Spitzenvertreter der Landesverbände". Gleichwohl verstehe sich der Verein, der „Frieden und Freundschaft mit Russland stärken" wolle, als

---

6   Bundesamt für Verfassungsschutz stuft „Institut für Staatspolitik" (IfS) und „Ein Prozent e. V." als gesichert rechtsextremistische Bestrebungen ein, Kurzmeldung vom 26. April 2023, unter: https://www.verfassungsschutz.de/SharedDocs/kurzmeldungen/DE/2023/2023-04-26-ifs-ein-prozent.html (19. Juli 2023); Michael Götschenberg, „Gesichert extremistisch". Verfassungsschutz zu „Compact", in: tagesschau.de vom 10. Dezember 2021.
7   Dazu Thomas Vorreyer, Umstrittene Russland-Reise: AfD-Politiker gerügt, in: mdr.de vom 7. Oktober 2022; ders., Russland-Reise bleibt für AfD-Abgeordnete in Sachsen-Anhalt ohne Konsequenzen, in: mdr.de vom 11. Oktober 2022; Severin Weiland, Wenn drei Rechtsaußen eine Reise unternehmen …, in: Der Spiegel vom 30. September 2022.
8   Hagen Eichler, AfD-Vize Tillschneider schon wieder in Russland, in: mz.de vom 16. Juni 2023; Marc Rath, Sachen-Anhalts AfD-Vize Tillschneider reist nach Eklat erneut nach Russland, in: Mitteldeutsche Zeitung vom 16. Juni 2023.
9   Zitiert nach Justus Bender, Kuscheln mit Putin. In der AfD gibt es eine Freundlichkeit gegenüber Russland, die bisher nur bei der Linkspartei zu finden war, in: Frankfurter Allgemeine Woche 34/2017, S. 26 f., hier: S. 27.
10 Vgl. Paul Starzmann, AfD-Russlandkongress: Lob für Horst Mahler und die Waffen-SS, in: vorwaerts.de vom 14. August 2017.

ein überparteilicher Zusammenschluss, der ein „Gegenstück zur berühmt-berüchtigten Atlantikbrücke" bilden solle, um der „gegenwärtigen Kriegshetz-Atmosphäre" entgegenzuwirken und die „kulturellen, humanitären und politischen Bande auf dem eurasischen Kontinent [zu] pflegen". Neben diesen knappen Ausführungen druckte das Magazin auszugsweise und in redigierter Form Tillschneiders auf der Gründungsversammlung gehaltene Rede ab.[11] Er selbst hat sie zeitnah als Video unter der Überschrift „Freundschaft mit Rußland ist kein Akt der Solidarität; sie ist ein Akt der Souveränität!" auf der eigenen Youtube-Plattform veröffentlicht.[12] Die aktuelle Dokumentation gibt den transkribierten Text dieser Ton-Bild-Aufnahme wieder und verzeichnet – ergänzt in eckigen Klammern – auch Reaktionen des Publikums.

Tillschneider betont in seiner Ansprache ein hohes Maß an Harmonie zwischen Deutschland und Russland, das bis hin zu einem verwandten „Nationalcharakter" reiche, der im „manchmal träumerisch tiefsinnigen, manchmal brutal rationalen Charakter der russischen wie der deutschen Volksseele" zum Ausdruck komme. Explizit mit Lob versieht er Wladimir Putin, der ein „germanophiler Präsident" sei. Dies seien an sich ideale Voraussetzungen, um – ausgehend von einem deutsch-russischen „Kern" – die Bildung einer „eurasischen Union" in Angriff zu nehmen. Doch statt ein „blühendes Eurasien" als „friedliche Macht" zu schaffen, unterwerfe man sich der „Aggressivität" der Vereinigten Staaten, die regelmäßig „Recht beugen" und „Recht brechen" würden, um ihren „Weltbeherrschungsanspruch" zu bewahren und zu stärken. Die USA seien für den „Krieg in Europa", für „Armut und Unfreiheit" verantwortlich. Sie seien sogar bestrebt, „uns in der Ukraine als Bauern aufs Schlachtfeld" zu führen. Sich in diesen Tagen für die deutsch-russische Freundschaft einzusetzen, gleiche daher nicht nur einem „Akt der Solidarität", sondern einem „Akt der Souveränität". Denn dies sei zugleich ein „Zeichen der Selbstbehauptung". Deutschland wolle schließlich „kein Vasall der USA mehr sein", auch wenn „immer noch zehntausende amerikanische Soldaten unser Land besetzt halten" würden.[13] Dagegen sei Russland die einzige einstige Siegermacht des Zweiten Weltkriegs, „die uns freigegeben" habe.

Dem Topos eines imperialistischen Hegemons, wie ihn Tillschneider in den Vereinigten Staaten erkennt, setzt er eine Ordnung entgegen, die – so die deutlichen

---

11 Jürgen Elsässer, Vereinsgründung: Der Ostwind besiegt den Westwind, in: compact-online.de vom 31. Januar 2023; siehe auch den informativen Bericht von Andreas Speit, Verein für rechte Putinfreunde, in: taz.de vom 2. Februar 2023. Durch Online-Abfrage vom 26. Juli 2023 im Gemeinsamen Registerportal der Länder ließ sich kein Eintrag zu dieser Vereinsgründung finden.
12 So wurde die Rede (als Video- und Tonmitschnitt) von Hans-Thomas Tillschneider am 31. Januar 2023 auf seinem Youtube-Kanal publiziert – ergänzt um den ankündigenden Satz: „Wer sich in diesen Tagen zur Freundschaft mit Rußland bekennt, der erklärt sich nicht zum Vasallen Rußlands; der erklärt, kein Vasall der USA mehr sein zu wollen." Siehe unter: https://www.youtube.com/watch?v=vu09ajQ4Jy8 (18. Juli 2023).
13 Mit der Formel vom „besetzten Land" bedient Tillschneider nicht nur ein am äußersten rechten Rand während des Kalten Krieges verbreitetes Motiv, sondern auch ein aktualisierbares, das insbesondere Vertreter der Reichsbürgerszene ansprechen dürfte.

Anklänge an Carl Schmitt – von „Großräumen aus eigenem Recht" geprägt werden solle.[14] Tillschneiders antiamerikanisches Argument berührt indes nicht nur außen- und sicherheitspolitische Fragen, sondern zielt auch und vor allem auf gesellschaftliche und kulturelle Leitbilder ab – und seien sie noch so verzerrt und schemenhaft. Die Vereinigten Staaten ständen an der Spitze eines „Regenbogenimperiums", das „unser Feind" sei, wie Tillschneider in aller Deutlichkeit formuliert.[15] Im Verbund mit Russland gelte es, sich für den „Gegenentwurf zur traditions-, identitäts- und geschlechtslosen Regenbogengesellschaft des Westens" einzusetzen und den Umformungsversuchen der USA hin zu „Multikulturalismus" und „Genderismus" mit „Widerstand" zu begegnen. „Wir sind die Normalen, die Vernünftigen, die Verwurzelten" – und damit stehe man einer „in der Tradition verwurzelten Lebensweise", wie sie Russland kennzeichne, besonders nahe. Während die Bindung an den Westen letztlich nichts anderes als „Unterwerfung" heiße, bedeute die Freundschaft mit Russland „Befreiung". Auch lobte Tillschneider die Russen dafür, dass sie „uns keine Vergangenheitsbewältigung" als das „krampfhafte Lebendighalten einer Neurose" zumuten würden. Insofern seien sie für „das in der Vergangenheit Geschehene" nicht nachtragend. Das sollten die Deutschen umgekehrt auch nicht tun und sich von „altrechten Reflexen" und der „hitlerischen Russlandfeindlichkeit" verabschieden.

Vermeidet es Tillschneider somit, „den inneren Nationalsozialisten rauszuhängen", knüpft er doch mehr oder weniger explizit an bewährte Denkfiguren des neurechten Denkens an, das sich bereits bei Vertretern der „Konservativen Revolution" während der Zwischenkriegszeit finden lässt. Deren Leitvorstellungen variierten, beinhalteten aber regelmäßig den Wunsch nach einer eigenständigen Positionierung Deutschlands zwischen Ost und West, boten den Stoff für ein Sinnieren über den existenziell daherkommenden Kampf um eigenständige Kulturräume oder das Liebäugeln mit nationalbolschewistischen Denkmodellen. So schwärmte ein Arthur Moeller van den Bruck von einer Annäherung zwischen den „jungen" und „innerlichen" Völkern Russlands und Deutschlands.[16] Hinzu kommt eine affirmative Rezeption konservativ-revolutionärer Ideen und an Carl Schmitt angelehnter Argumentationsweisen bei nationalistischen Vordenkern in Russland wie Alexander Dugin, die wiederum rückgespiegelt werden zu Vertretern einer autoritätsbegeisterten äußersten Rechten im Westen.[17] Die ausdrücklichen, gerne gewählten Bezüge auf „Eurasien"

---

14 Vgl. zu früheren Traditionsanleihen bei Carl Schmitt in der frühen Bundesrepublik: Dirk van Laak, Raum-Revolutionen. Geopolitisches Denken in Deutschland um 1930 und nach 1945, in: Alexander Gallus/Axel Schildt (Hrsg.), Rückblickend in die Zukunft. Politische Öffentlichkeit und intellektuelle Positionen in Deutschland um 1950 und um 1930, Göttingen 2011, S. 92–108.
15 Zu diesen auch von Russland selbst genährten Feindbildern siehe: „Eine Waffe im Informationskrieg". Demokratiefeindliche Narrative in Russlands Angriffskrieg gegen die Ukraine, hrsg. von der Amadeu Antonio Stiftung, Berlin 2022.
16 Zu den historischen Phänomenen siehe grundsätzlich: Gerd Koenen, Der Russland-Komplex. Die Deutschen und der Osten 1900–1945, München 2005, insbes. S. 323–347; Louis Dupeux, „Nationalbolschewismus" in Deutschland 1919–1933, München 1985.
17 Vgl. Linus Schöpfer, Advocatus Diaboli. Carl Schmitt verteidigte einst Hitler, heute inspiriert er Chinas Elite und Putins radikalsten Philosophen, in: magazin.nzz.ch vom 9. April 2022;

lassen deutliche Anklänge an geopolitische Leitvorstellungen dieses Vordenkers eines russischen Nationalismus wie Imperialismus gleichermaßen erkennen.[18]

Mit Positionen, wie sie Tillschneider vertritt, sucht er aber nicht nur ein solches weltanschaulich gefärbtes Geschichtsreservoir von neuem auszuschöpfen und damit in der eigenen Partei wie den weiteren Gruppenbildungen, mit denen er sympathisiert und in denen er sich engagiert, vermehrt Anhänger zu finden, sondern ihnen wohnt ein darüber hinausweisendes strategisches Moment inne. Und zwar in zweifacher Weise: Erstens dient das mit antiwestlichen, antiamerikanischen und antikapitalistischen Zutaten angereicherte Leitmotiv der Russlandfreundschaft dazu, auch Vertreter des linken politischen Spektrums anzusprechen oder gar so etwas wie „Querfronten" zu bilden.[19] So ist es wohl auch zu werten, dass Tillschneider am 25. Februar 2023 an der Berliner Großdemonstration rund um das von Alice Schwarzer und Sahra Wagenknecht initiierte „Manifest für Frieden", das er ebenfalls unterzeichnete, teilnahm.[20] Zweitens zeigen Bevölkerungsumfragen regelmäßig, wie sehr sich die Sichtweisen auf Russland und den Krieg in der Ukraine zwischen Ost- und Westdeutschland voneinander unterscheiden.[21] Am Themenfeld des Krieges in der Ukraine lässt sich in demoskopischen Untersuchungen ein polarisierender Effekt zwischen West- und Ostdeutschland klar ablesen.[22] Tillschneider und seine geistigen Mitstreiter dürften insofern ihre ideologiegetränkten Vorstöße nicht allein aus Dogmatismus vornehmen, sondern dabei auch nüchtern ins Kalkül ziehen, so mithilfe

---

siehe auch allgemein: Anton Shekhovtsov, Russia and the Western Far Right, London/New York 2018.
18 Alexander Dugin, Eurasian Mission. An Introduction to Neo-Eurasianism, London 2014; vgl. Jörg Himmelreich, Deutsch-Russische Wahlverwandtschaften: Die „Neue Rechte". Die Eurasierbewegung und die Neue Rechte. Ideelle und personelle Verflechtungen, Dossier vom 16. Oktober 2017, unter: bpb.de.
19 Siehe zur Einordnung Armin Pfahl-Traughber, Gibt es eine aus Links- und Rechtsextremisten bestehende „Querfront"? Definitionen, Erscheinungsformen, Geschichte und Relevanz (Online-Dossier vom 31. Juli 2023), abrufbar unter: bpb.de.
20 Pascal Beucker/Gareth Joswig/Konrad Litschko, Lasst mich bloß in Frieden. Kundgebung „Aufstand für Frieden", in: taz.de vom 25. Februar 2023; Jürgen P. Lang, Querfront: Wachsen die politischen Ränder zusammen?, in: br.de vom 25. Februar 2023; Olaf Sundermeyer, Die Querfront steht, in: rbb24.de vom 25. Februar 2023; Konrad Litschko, Sehnsucht nach der Querfront, in: taz.de vom 22. Februar 2023; Friederike Haupt, Krieg und Kompromisse, in: Frankfurter Allgemeine Zeitung vom 27. Februar 2023; Felix Huesmann, Friedensbewegung links und rechts: im Antiamerikanismus vereint, in: rnd.de vom 26. Februar 2023.
21 Umfrage: Nur 56 Prozent der Ostdeutschen sind für Russland-Sanktionen, in: berliner-zeitung.de vom 26. Mai 2023; Simone Schmollack, Abends hat man miteinander gesoffen. Für vier von zehn Ostdeutschen ist Putin kein Diktator, in: taz.de vom 25. Februar 2023; Thomas Petersen, Verunsicherung und Friedenssehnsucht. Eine Dokumentation des Beitrags in der Frankfurter Allgemeinen Zeitung vom 16. Februar 2023, unter: https://www.ifd-allensbach.de/fileadmin/kurzberichte_dokumentationen/FAZ_Februar2023_Ukrainekrieg.pdf (19. Juli 2023); siehe auch schon frühere Erhebungen: Forsa-Umfrage: Ostdeutsche fühlen sich Russland deutlich näher, Westdeutsche den USA, in: rnd.de vom 16. Juli 2021; Bodo Baumerl, Darum finden Ostdeutsche Putin gut, in: lr-online.de vom 9. November 2020.
22 Vgl. auch Maik Herold u. a., Polarisierung in Deutschland und Europa. Eine Studie zu gesellschaftlichen Spaltungstendenzen in zehn europäischen Ländern, MIDEM Studie 2, Dresden 2023, S. 92 f.

einer prorussischen und antiamerikanischen Intonierung womöglich insbesondere in den östlichen Bundesländern erfolgreich auf Stimmenfang zu gehen.

2. Dokumentation

"Freundschaft mit Rußland ist kein Akt der Solidarität; sie ist ein Akt der Souveränität!" – Rede von Hans-Thomas Tillschneider

[*Begrüßungsapplaus*] Wir alle wissen, Deutschland und Russland gehören zusammen. Uns verbindet die große eurasische Landmasse. Uns verbindet eine vielfach ineinander verflochtene Geschichte, die uns die eine Lektion gelehrt hat, dass es uns immer gut ging, wenn wir Freundschaft pflegten und immer schlecht, wenn wir meinten in Feindschaft einander gegenüberstehen zu müssen. Uns verbinden wirtschaftliche Bedürfnisse, das Bedürfnis Russlands, seine Rohstoffe zu verkaufen und Industrieprodukte zu erwerben, unser Bedürfnis, die Erzeugnisse unserer Industrie zu verkaufen und Rohstoffversorgung zu importieren. Das deutsch-russische Verhältnis kennzeichnet ein harmonischer Dreiklang von Geografie, Geschichte und Ökonomie, der sich zu einem Vierklang ausbauen ließe, wenn wir die Gebiete der Literatur und Musik heranzögen, wo Russen und Deutsche sich vielfach zu Leistung von Weltrang inspiriert haben. Und aus diesem Vierklang ließe sich ein Fünfklang machen, wenn wir den Nationalcharakter betrachten würden, den manchmal träumerisch tiefsinnigen, manchmal brutal rationalen Charakter der russischen wie der deutschen Volksseele. Je länger man über das deutsch-russische Verhältnis nachdenkt, desto mehr Gemeinsamkeiten tun sich auf, wovon nicht zuletzt der aktuelle Präsident der Russischen Föderation Wladimir Putin selbst Zeugnis ablegt, der nicht nur sehr gut Deutsch spricht, weil er einige Jahre in der KGB-Residentur von Dresden gearbeitet hat, das ist allgemein bekannt, sondern der schon lange vor seiner Zeit in Dresden und lange vor seinem Eintritt in den KGB aus privater Begeisterung Deutsch gelernt hat und in Leningrad einem deutschen Sprachclub beigetreten ist. Also Volkswirtschaften, die nur darauf warten, sich zu ergänzen. Räumliche Nähe, eine reiche gemeinsame Geschichte und dann noch ein germanophiler Präsident. Es sind wohl kaum bessere Voraussetzungen für ein gedeihliches Verhältnis zwischen zwei Ländern denkbar, als sie zwischen Deutschland und Russland bestehen [*Applaus*].

Mitten in Eurasien gelegen, könnte die deutsch-russische Freundschaft zum Kern und zum Motor einer eurasischen Union werden, die Frieden, Freiheit und Wohlstand in einem Ausmaß hervorbringt, wie es die Weltgeschichte noch nicht gekannt hat. Die Wirklichkeit ist aber eine ganz andere. Statt Frieden, Freiheit und Wohlstand haben wir Krieg in Europa, Armut und Unfreiheit. Das liegt nicht an Deutschland. Das liegt nicht an Russland. Das liegt an den USA. Ein blühendes Eurasien wäre eine friedliche Macht, wäre ein starker Pol in einer multipolaren

Welt. Es würde den USA nicht aggressiv gegenübertreten, allerdings würde es die Übergriffe der USA auch nicht erdulden, und würde die Aggressivität der USA in ihre Schranken weisen. Die USA könnten nicht mehr auf der ganzen Welt schalten und walten, wie es ihnen beliebt. Sie könnten nicht mehr aller Orten Recht beugen und Recht brechen. Sie könnten die Welt nicht mehr ad libitum ausbeuten. Sie müssten ihre Weltmacht teilen. Das wollen sie um jeden Preis verhindern. Die USA wollen eben, wie es im Titel der deutschen Übersetzung von Brzezinskis Hauptwerk heißt, die einzige Weltmacht bleiben. So haben die USA ein gutes Verhältnis zwischen Deutschland und Russland folgerichtig als größte Bedrohung für ihren unumschränkten Weltmachtanspruch identifiziert und die Direktive ausgegeben, dieses Verhältnis mit allen Mitteln zu verderben. Putin hat bei seiner Rede vor dem Deutschen Bundestag 2001 gesagt, der Kalte Krieg sei vorbei. Die USA wiederum setzen alles daran, diesen Kalten Krieg nach dem Zusammenbruch des Kommunismus als amerikanisch-russischen Krieg fortzuführen. Die USA-Außenpolitik unseres noch jungen 21. Jahrhunderts ist bislang nicht viel mehr als der Versuch, diese Friedens- und Wohlstandsvision, wie ich sie hier kurz skizziert habe und wie sie erstmals Wladimir Putin 2001 im Bundestag beschrieben hat, mit allen Mitteln zu sabotieren. Und das ist keine Verschwörungstheorie, das ist die offenkundige Wirklichkeit der internationalen Politik, niedergelegt in Strategiepapieren und beharrlich verfolgt. Deshalb wird ein gutes Verhältnis zu Russland durch die westliche Propaganda systematisch schlecht gemacht, als anrüchig dargestellt, als nicht legitim dargestellt. Und wir haben uns hier versammelt, weil wir nicht bereit sind, an diese Propaganda auch nur das geringste Zugeständnis zu machen, sondern sie zu jeder Zeit als das zu entlarven, was sie ist: billige Propaganda [*Applaus*].

Die Wahrheit ist, wenn hier etwas nicht legitim ist, dann die Einmischungsversuche der USA. Wenn hier etwas nicht legitim ist, dann der Weltbeherrschungsanspruch der USA. Nicht die Freundschaft mit Russland, sondern dieser Anspruch, sich den gesamten Erdball untertan zu machen, gehört öffentlich geächtet. Die Welt ist nicht der Hinterhof der USA. Sie ist in große Weltkulturen gegliedert, die in ihren Großräumen aus eigenem Recht bestehen und dem Regenbogenimperium nichts schuldig sind. Die USA haben von Anfang an Nord Stream 2 torpediert, die Sprengung war nur der letzte Akt in diesem Drama. Sie wollten aus der Ukraine und sie wollten uns in der Ukraine als Bauern aufs Schlachtfeld führen und sie wollen uns die Freundschaft zu Russland verbieten und verteufeln bis in die politikfernen Bereiche von Kunst und Kultur hinein alles Russische. Jedes Bekenntnis zu deutsch-russischer Freundschaft ist in diesen Tagen deshalb nicht nur ein Akt der Solidarität, es ist viel mehr noch als das: ein Akt der Souveränität [*Applaus*].

Wer sich in diesen Tagen zu deutsch-russischer Freundschaft bekennt, der erklärt sich damit nicht zum Vasall Russlands, nein, er erklärt vielmehr, kein Vasall der USA mehr sein zu wollen [*Applaus*].

Wenn wir gerade jetzt die Freundschaft mit Russland hochhalten, rebellieren wir gegen den Willen der USA, uns zu beherrschen. Wir rebellieren gegen den Willen der USA, uns auszubeuten. Wir behaupten unseren Willen, das zu tun, was unserem

Land guttut und was in unserem Interesse liegt, was uns dauerhaft Frieden, Freiheit und Wohlstand bringt. Und deshalb sage ich, es ist unserem Tage für uns Deutsche überhaupt kein sterbender Akt[23] der Selbstbehauptung möglich, als uns zur Freundschaft mit Russland zu bekennen. Und genauso will ich es verstanden wissen, dass ich selbst auf der AfD-Demonstration am 8. Oktober hier in Berlin eine russische Fahne getragen habe, und zwar als Zeichen der Selbstbehauptung und als klare Ansage an die Transatlantiker. Ich bin dafür von Dummköpfen, von Transatlantikern und von transatlantischen Dummköpfen [*Lachen im Publikum*] als Vaterlandsverräter bezeichnet worden. Diejenigen, die, um den Amerikanern zu gefallen, am liebsten alle Russlandfahnen auf unseren Demonstrationen ausmerzen wollen, sind die wahren Vaterlandsverräter, weil sie von dem Hegemon aufs [*Applaus; unverständlich ...*].[24]

Selbstverständlich ist richtig, was Björn Höcke gesagt hat, dass wir nicht unseren Kopf aus dem Hintern des einen Hegemon ziehen, um ihn in den Hintern des andern Hegemon zu stecken. Aber wenn mit einer Siegermacht des Zweiten Weltkriegs ein Verhältnis möglich ist, das nicht auf kriecherischer Unterordnung, sondern auf Ebenbürtigkeit und gegenseitigem Respekt beruht, dann doch wohl mit den Russen.[25] Mit den Franzosen wäre so etwas auch noch vorstellbar, mit den Briten schon weniger und mit den USA kaum noch. Die Russen sind die einzige Siegermacht des Zweiten Weltkriegs, die uns freigegeben hat. Seit 1994 steht kein russischer Soldat mehr in Deutschland, während aktuell immer noch zehntausende amerikanische Soldaten unser Land besetzt halten. Die Russen feiern stolz ihren 9. Mai[26], aber sie muten uns keine Vergangenheitsbewältigung zu, die das genaue Gegenteil von Bewältigung ist, nämlich das krampfhafte Lebendighalten einer Neurose [*einzelner Zuruf aus dem Publikum: „sehr richtig"; Applaus*].

Die Russen tragen uns das in der Vergangenheit Geschehene nicht nach. Wir sollten das auch nicht tun. Und deshalb erteile ich hier allen altrechten Reflexen, denen der Ukrainekonflikt jetzt so zupasskommt, weil sie [ihn] nutzen wollen, um ja, wie soll ich sagen, guten Gewissens und aus vollem Herzen noch mal richtig den inneren Nationalsozialisten rauszuhängen; diesen altrechten Reflexen, die die hitlerische Russlandfeindlichkeit – einer der größten Fehler unserer Geschichte – wieder aufleben lassen wollen, diesen Reflexen, die gerade im patriotischen Lager auch von transatlantischer Seite gefördert werden, denen erteile ich hiermit eine klare Absage [*Applaus*].[27]

---

23   Von „unserem" bis „Akt" so im Original gesprochen.
24   In den von Elsässer (FN 11) wiedergegebenen Passagen heißt es: „weil sie vor dem Hegemon auf die Knie gehen!".
25   Ebd. heißt es statt „kriecherischer Unterordnung" nur „Unterordnung".
26   Hier wird in der redigierten Fassung, ebd., ergänzt: „als Tag des Sieges über den deutschen Faschismus".
27   In der bearbeiteten Fassung, ebd., wird die Passage folgendermaßen zitiert: „und deshalb erteile ich den altrechten Reflexen, die im Zeichen des Ukraine-Konflikts eine Chance wittern, gewissermaßen mit dem Segen des Hegemons hitlerische Russlandfeindlichkeit wieder aufleben lassen zu können, eine klare Absage. Das ist nicht unser Weg."

Wir sind die Normalen, die Vernünftigen, die Verwurzelten und wir haben erkannt, dass unser Feind das Regenbogenimperium ist. Und im Widerstand gegen dieses Imperium steht uns von allen Weltmächten Russland am nächsten. In Russland herrscht eine in der Tradition verwurzelte Lebensweise, die sich mehr und mehr als Gegenentwurf zur traditions-, identitäts- und geschlechtslosen Regenbogengesellschaft des Westens begreift. Während uns die USA vom Multikulturalismus bis zum Genderismus nach ihrem Bilde umformen wollen, während sie erwarten, dass wir uns ihnen angleichen und ungeduldig darauf achten, dass wir bei diesem Prozess Fortschritte machen, ist mit Russland eine Partnerschaft möglich, die uns sein lässt, wie wir sind. Und das ist doch erst Partnerschaft – den anderen so sein lassen, wie er ist. Freundschaft mit Russland bedeutet nicht Unterwerfung. Freundschaft mit Russland bedeutet Befreiung.

Vielen Dank für die Aufmerksamkeit! [*Schlussapplaus*]

Die „Letzte Generation"
Ein umstrittener Akteur in der deutschen Klimabewegung

Von Armin Pfahl-Traughber

1. Einleitung

Keinen anderen Aktivisten einer Protestbewegung gelang es 2022 binnen so kurzer Zeit, eine derart große öffentliche Aufmerksamkeit für sich zu mobilisieren wie der *Letzten Generation* (LG). Nicht zuletzt das Beschmieren von Gemälden in Museen, aber noch mehr die Blockaden einiger häufig von Pendlern genutzter Straßen hatten diesen Effekt. Die Vereinigung entstand erst 2022, erregte aber bereits wenige Monate später das Interesse auch politisch nur mäßig interessierter Menschen. Dabei entstand ein ambivalentes bis negatives Bild, denn auch Klimaschutzanhänger begegneten den LG-Protestformen mitunter ablehnend. Wie repräsentative Umfragen zeigten, wurden die Aktionen mehrheitlich abgelehnt, die propagierten Ziele aber durchaus geteilt.[1] Schon diese Erkenntnis macht Differenzierungen bei der Einschätzung der Gruppierung nötig, denn argumentative Einwände gegen deren Haltungen bedeuten nicht, es mangele an Einsicht im Blick auf einen grundlegenden Wandel der Energie- und Klimapolitik.

Die folgenden Betrachtungen konzentrieren sich auf die LG als einen neuen Akteur in der Klimabewegung. Die dabei zu treffenden Aussagen lassen sich nicht auf *Extinction Rebellion* oder *Fridays for Future* übertragen. Die erkenntnisleitende Fragestellung lautet: Kann gegenüber der LG von einem „Klimaextremismus" oder gar einem „Klimaterrorismus" gesprochen werden? Dazu sei die bisherige Entwicklung der Gruppierung einer kritischen Prüfung aus der Blickrichtung der politikwissenschaftlichen Extremismusforschung unterzogen. Bereits zu Beginn der Erörterung ist der Hinweis angebracht: Die Gruppierung lässt sich keineswegs allgemein einer „linken" Perspektive zurechnen. Aspekte der sozialen Gleichheit spielen bei ihr keine Rolle. Es handelt sich um einen Single-Issue-Akteur. Es muss also nicht geprüft werden, ob es sich um eine Form des Linksextremismus handelt. Allerdings gibt es auch eigenständige themenorientierte Extremismusvarianten, die von den bekannten abweichen.[2]

---

1 Vgl. ohne Autor, Mehrheit der Deutschen verurteilt Proteste der Letzten Generation (8. November 2022), unter: www.zeit.de (12. Februar 2023); ohne Autor, Große Mehrheit lehnt aktuelle Protestformen der Klimabewegung ab (11. November 2022), unter: www.spiegel.de (12. Februar 2023).
2 Vgl. Armin Pfahl-Traughber, Extremismus aus politikwissenschaftlicher Sicht. Definition, Herleitung und Kritik in Neufassung, in: Hendrik Hansen/ders. (Hrsg.), Jahrbuch für Extremismus- und Terrorismusforschung 2019/20 (I), Brühl 2020, S. 8–72, hier: S. 26 f., 31 f.

Nach einer Beschreibung der Organisation und ihrer Handlungsweisen geht es darum, das Verhältnis zu den Basiswerten moderner Demokratie und eines liberalen Rechtsstaates zu erörtern und zu bewerten. Dieser Analyse liegt der Ist-Zustand vom Frühjahr 2023 zugrunde. Darüber hinaus sollen die Gefahren einer möglichen Radikalisierung thematisiert werden, wie sie sich aus der Einstellung zum Klimathema ergeben. Und schließlich stellt sich die Frage, wie es um die Angemessenheit der Protestformen im Verhältnis zu den Wirkungsabsichten steht. Dazu wird wie folgt vorgegangen: Zunächst geht es um die Entstehung der Gruppierung (2.), deren inhaltliche Grundauffassungen (3.), die interne Organisationsstruktur (4.) und die Protestformen (5.). Es folgen Erörterungen zum praktizierten zivilen Ungehorsam (6.), zum geforderten „Gesellschaftsrat" (7.), zu den Gefahren einer Radikalisierung (8.) und zur Sinnhaftigkeit des Vorgehens (9.). Abschließend wird die Angemessenheit der Bezeichnung „Klimaextremismus" diskutiert (10.) und ein bilanzierendes Fazit gezogen (11.).

2. Entstehung und Entwicklung der Gruppierung

Die Entstehung der LG geht auf einen Hungerstreik zurück, der als „Hungerstreik der letzten Generation" bzw. „Hungerstreik für Klimagerechtigkeit" bekannt wurde. Vor der Bundestagswahl 2021 errichteten junge Menschen ein Zeltlager zwischen Bundeskanzleramt, Bundestag und Hauptbahnhof. Damit entstand innerhalb des politischen Berlins ein bedeutender Schnittpunkt. Sieben junge Aktivisten kündigten den Beginn eines Hungerstreiks an. Damit wollten sie einerseits gegen die eskalierende Klimakrise und für eine nachhaltige Landwirtschaft protestieren und andererseits über diese Fragen öffentliche Gespräche mit allen drei damaligen Kanzlerkandidaten erzwingen. Einige Akteure beendeten später den Hungerstreik, während sich ihm andere Protestler anschlossen. Auch wenn es etwa von *Greenpeace* oder der Partei *Die Linke* öffentliche Solidaritätserklärungen gab, war keiner der Kandidaten vor der Wahl zum Gespräch bereit.[3]

Dem Abbruch des Hungerstreiks folgten zunächst keine weiteren Protestaktionen. Es schien sich um eine einmalige Aktion in diesem besonderen politischen und zeitlichen Kontext gehandelt zu haben. Danach traten aber einige der Aktivsten als *Aufstand der letzten Generation* an die Öffentlichkeit, um ihr Engagement gegen die Klimakrise fortzusetzen. Sie erklärten später: „Wir sind alle die letzte Generation vor den Kipppunkten".[4] Diese Aussage bezieht sich auf die Entwicklung des Klimas, welche in der Zukunft unabsehbare Folgen für Mensch und Natur habe.

---

3 Vgl. ohne Autor, Hungerstreik fürs Klima. Aktivisten setzen Scholz, Laschet und Baerbock ein Ultimatum (20. September 2021), unter: www.augsburger-allgemeine.de (19. April 2023); ohne Autor, Vier weitere Klimaaktivisten verweigern Nahrungsaufnahme (20. September 20219), unter: www.stuttgarter-zeitung.de (19. April 2023).

4 Letzte Generation, Letzte Generation vor den Kipppunkten (ohne Datum), unter: www.letztegeneration.de (11. April 2023).

Die Formulierung „Kipppunkt" meint einen Zeitpunkt, ab dem notwendige Schritte für einen einschneidenden klimapolitischen Wandel zu spät kämen. Es handele sich um die letzte reale Chance für die gegenwärtige Menschheit. So erklärt sich auch die Bezeichnung „Letzte Generation", die bereits von der erstgenannten Gruppe verwendet wurde, um ihr Selbstverständnis zu verdeutlichen. Die Formulierung deutet eine potenzielle Untergangssituation an.

Ab Anfang 2022 kam es zu einer Neuorientierung, wobei die Akteure an ihrem Klimaengagement festhielten. Man nutzte nun aber neue Aktionsformen und setzte die Hungerstreikaktivitäten nicht fort. Stattdessen kam es zu den bereits erwähnten und noch ausführlicher zu thematisierenden öffentlichkeitswirksamen Veranstaltungen. Bereits hier seien dazu einige allgemeine Aussagen zur Veranschaulichung vorgetragen, was bei der Analyse zum Handlungsstil ausführlicher geschehen soll. Besondere Aufmerksamkeit erregten Straßenblockaden, indem sich Aktivisten auf der Fahrbahn festklebten. Auch das Beschmieren von Gemälden in Museen erregte die Aufmerksamkeit einer breiteren Öffentlichkeit. Darüber hinaus sollten öffentliche Gebäude und Stellwände beschmiert, größere Fußballspiele und klassische Musikkonzerte gestört werden. Nicht alle diese Aktionen ließen sich umsetzen, und die Protesthandlungen begleiteten manche Peinlichkeiten. Die LG lernte daraus und nahm taktische Veränderungen vor. Mit wenig Aufwand erreichte sie so eine breitere Öffentlichkeit.

3. Inhaltliche Grundauffassungen und politische Ziele

Um die Besonderheiten der LG besser erfassen zu können, wird zunächst nach deren Ideologie, Organisationsform und Strategie gefragt.[5] Mit Blick auf Ausrichtung, Geschlossenheit und Weite lässt sich feststellen, dass die Gruppierung keine entwickelte Ideologie vertritt, sondern auf das Klimathema fixiert ist. Es heißt in der Erklärung „Unsere Werte" zwar: „Wir erkennen die globalen Zusammenhänge und die Verknüpfung der Klimakrise mit Kolonialismus, Rassismus, Sexismus, Antisemitismus, Klassismus und Ableismus an und geben ihnen auch in der Öffentlichkeit Raum."[6] Betrachtet man aber die Aktionen und Bekundungen der LG, gehen sie auf derartige Themen nicht näher ein. Als mögliche Feindbilder fehlen „Kapitalismus" oder „Neoliberalismus". Anscheinend handelt es sich bei den Anhängern der Gruppierung nicht um Protagonisten mit einer breiter entwickelten geschlossenen Weltanschauung.

---

5 Damit orientiert sich die Analyse am E-IOS-W-Schema. Vgl. Armin Pfahl-Traughber, Extremismusintensität, Ideologie, Organisation, Strategie und Wirkung. Das E-IOS-W-Schema zu Analyse und Vergleich extremistischer Organisationen, in: Armin Pfahl-Traughber (Hrsg.), Jahrbuch für Extremismus- und Terrorismusforschung 2011/2012 (I), Brühl 2012, S. 7–27.
6 Letzte Generation, Unsere Werte (ohne Datum), unter: www.letztegeneration.de (27. März 2023).

Ausgangspunkt des Selbstverständnisses ist folgende Wahrnehmung: „Die Regierung ignoriert alle Warnungen. Immer noch befeuert sie die Klimakrise und hat uns damit an den Rand eines Abgrunds gebracht." Aus dieser Deutung einer Krisensituation wird die moralische Pflicht abgeleitet, Blockadeaktionen und sonstige Protesthandlungen durchzuführen. Dabei erhebt die LG einen Exklusivitätsanspruch: „Wir sind der Überlebenswille dieser Gesellschaft".[7] Nur noch das beherzte Vorgehen der LG könne eine „Klimakatastrophe" verhindern, während die angeblich handlungsunfähige Regierung „Verfassungsbruch" begehe.[8] Der Regierung fehle es an Engagement, um die klimagesetzlichen Ziele zu erreichen. Daher will die LG mit ihren Protesten drastische Veränderungen erzwingen. Aus der Binnensicht der Gruppe motiviert und legitimiert die Kombination aus akuter Krise und Politikversagen das eigene Vorgehen. Dessen Ziel ist es, die konstatierte Klimakrise zu entschärfen bzw. zu überwinden.

Im Blick auf die konkreten Anliegen der LG fällt auf, dass sie trotz des beschworenen Untergangs keine radikalen Praxen fordern. So heißt es etwa: „Im Angesicht des Klimakollaps brauchen wir jetzt ein Tempolimit von 100 km/h auf deutschen Autobahnen und ein dauerhaftes 9-Euro-Ticket." Diese Forderungen versteht die LG als erste Sicherheitsmaßnahmen, welche die Regierung politisch nicht umsetze. Daraus zieht die LG folgende Konsequenz: „Wir fordern die Bundesregierung dazu auf, einen Gesellschaftsrat einzuberufen, der Maßnahmen erarbeitet, wie Deutschland bis 2030 die Nutzung fossiler Rohstoffe beendet."[9] Auf diese Einrichtung ist noch näher einzugehen. Einstweilen lässt sich feststellen: Die Gruppierung formuliert lediglich drei Reformvorhaben. Eine Abkehr von der ökonomischen oder politischen Ordnung ist für sie hingegen allem Anschein nach kein Thema.[10]

4. Interne Organisationsstruktur und internationale Vernetzung

Die LG bekundet hinsichtlich ihres Selbstverständnisses: „Wir schaffen Transparenz in Bezug auf Entscheidungsmandate und Wissensverteilung. Wir haben eine funktionelle Hierarchie".[11] Allerdings ist über das Binnenleben der Gruppe, deren Mitglied-

---

7 Ebd.
8 Letzte Generation, Klimakatastrophe zulassen = Verfassungsbruch (ohne Datum), unter: www.letztegeneration.de (27. März 2023).
9 Letzte Generation, Forderungen 2. Gesellschaftsrat (ohne Datum), unter: www.letztegeneration.de (11. April 2023).
10 Dagegen spricht auch nicht eine Aktion, bei der Grundgesetzinschriften beschmiert wurden. Vgl. ohne Autor, „Letzte Generation". Aktivisten beschmieren Grundgesetz-Denkmal (4. März 2023), unter: www.zdf.de (17. April 2023); ohne Autor „Letzte Generation" beschmiert Grundgesetz-Skulptur am Bundestag in Berlin (4. März 2023), unter: www.tagesspiegel.de (17. April 2023). Die Aktivisten wollten dagegen demonstrieren, dass die Bunderegierung ihrer grundgesetzlichen Pflicht nicht nachkomme, die Freiheit und Lebensgrundlagen der Menschen zu schützen. Diese Aktion ist insofern sonderbar, als unter Berufung auf das Grundgesetz dessen Inschriften beschmiert wurden.
11 Letzte Generation (FN 6).

schaft und Struktur nur wenig bekannt. Die LG macht keine genaueren Angaben über Entscheidungsprozesse, Mitgliederzahlen oder die Sozialstruktur ihrer Aktiven. Hinsichtlich der Organisationsform handelt es sich um ein aus Aktivisten bestehendes Bündnis ohne bürokratische Strukturierung oder Vereinsform. Angaben zur Zahl der Aktiven schwanken zwischen 100 und 600. Dabei besteht das methodische Problem formaler Zuordnung: Handelt es sich um sporadisch oder kontinuierlich Aktive, partizipierende Sympathisanten oder regionale Unterstützer? Für eine entsprechende Differenzierung und Typologisierung fehlt es an Datenmaterial.

Auskunft über die LG geben die Ergebnisse journalistischer Recherchen sowie die Inhalte interner Wikis.[12] Reportagen entstanden infolge öffentlicher Irritationen, wohingegen die LG durch Selbstbekundungen nach außen wirken wollte. Beide Informationsquellen sind mit Vorsicht zu gebrauchen, da sie interessengeleitete und selektive Wahrnehmungen spiegeln. Immerhin vermitteln sie einige Erkenntnisse und Konturen: Das Binnenleben der LG scheint nicht von Spontaneität und Unverbindlichkeit geprägt, obwohl dies die fehlende differenzierte Binnenstruktur erwarten ließe. Offenbar hat sich eine funktionale Hierarchie mit strategischer Orientierung herausgebildet, die in der Lage ist, mit Aktionswilligen Kampagnen durchzuführen. Die in den Wikis verwendeten „Jas", „Jakk"s und „Neins" verdeutlichen die herausragende Bedeutung der Praxis des zivilen Ungehorsams. Sie beziehen sich nämlich auf die Bereitschaft zu strafrechtlich relevanten Handlungen. Die „Jas" und „Neins" stehen für eine klar befürwortende oder ablehnende Position. Die „Jakks" meinen „Ja, aber kein Knast".

Was die internationale Einbettung und Finanzierung angeht, so signalisiert die LG Transparenz, wenn es in ihrem Selbstportrait „Wer wir sind" heißt: „Die Letzte Generation erhält einen Großteil der Mittel für Recruitment, Training und Weiterbildung aus dem Climate Emergency Fund. Seit April 2022 ist sie Teil eines internationalen Netzwerks ziviler Widerstandsprojekte. Es nennt sich das A22 Network."[13] Bei dem erwähnten „Climate Emergency Fund" handelt es sich um eine 2019 gegründete private Stiftung, die in den letzten Jahren hohe Summen an Klimaprotestgruppen gespendet hat. Zu diesen gehörte auch die LG. Über die Verwendung der Mittel macht sie öffentlich allerdings keine genaueren Angaben. Ohne die von der Stiftung zur Verfügung gestellten Ressourcen wäre die LG kaum handlungsfähig, denn die meisten der jungen Aktiven dürften nur wenig zur Finanzierung beitragen können. Darüber hinaus gibt es offenbar hohe und regelmäßige Spenden von Privatpersonen. Das erwähnte A22-Netzwerk bekundete in einem Papier: „Wir sind

---

12 Vgl. Tom Burggraf, Letzte Generation packt aus, in: taz vom 27. März 2023, S 9; Lennart Pfahler/Alexander Dinger, „Letzte Generation": Penible Strukturen und ein internationales Unterstützernetzwerk (7. November 2022), unter: www.welt.de (3. Februar 2023).
13 Letzte Generation, Wer wir sind (ohne Datum), unter: www.letztegeneration.de (19. April 2023).

heute hier, um zu sagen, dass wir eine neue Welt schaffen werden". Und: „Wir verpflichten uns zu massenhaftem zivilem Widerstand."[14]

5. Handlungsformen bei öffentlichen Protesten

Angesichts der konstatierten Dramatik der Klimaentwicklung hält die LG Formen des zivilen Ungehorsams für unerlässlich. Um dieses Anliegen einer breiteren Öffentlichkeit unmissverständlich vor Augen zu führen, bedient sich die LG des Mittels aufsehenerregender Provokationen und Störungen. Die ersten Aktionen waren Teil der „Essen Retten Leben Retten"-Kampagne gegen Nahrungsmittelverschwendung. Dabei wandten sich die LG-Aktiven gegen die Praxis von Supermärkten und Discountern, abgelaufene Lebensmittel im Müll zu entsorgen. Stattdessen sollten noch genießbare Produkte an Bedürftige verschenkt werden. Da das „Containern", also die Entnahme von Essbarem aus Mülltonnen auf dem Firmengelände von Handelsunternehmen, einen Straftatbestand erfüllt, „retteten" Aktivisten derartige Nahrungsmittel und zeigten sich danach öffentlichkeitswirksam selbst bei der Polizei an.[15]

Weitaus größere Aufmerksamkeit fanden Blockaden von Fahrbahnen, womit erhebliche Eingriffe in den Straßenverkehr verbunden waren. Autofahrer konnten für einen längeren Zeitraum nicht an ihr Ziel gelangen, da sich Aktivisten auf den Straßen festklebten. Dies erklärt die häufig genutzte Bezeichnung „Klimakleber". Da auch die hinzugerufenen Polizeibeamten die Protestierenden nicht rasch von den Straßen entfernen konnten, gerieten viele der betroffenen Autofahrer in Wut.[16] Ohne Zweifel erhöhten die Aktionen den Bekanntheitsgrad der LG. Einen ähnlichen Effekt hatten Protestaktionen in Kunstmuseen. Aktivisten klebten sich etwa an Gemälden renommierter Künstler fest oder verschmierten Lebensmittel auf den Schutzgläsern.[17]

Als Formen des zivilen Ungehorsams oder „Widerstands" versteht die LG auch Störungen in Fußballstadien oder Konzertsälen. Damit will sie Druck auf Öffentlichkeit und Regierung ausüben. Die damit verbundenen Verlautbarungen nehmen

---

14 Erklärung des A 22 Netzwerks zur Krise (April 2022), unter: www.a22netweork.org/de (11. April 2023).
15 Vgl. Enno Schöningh, Umweltaktivistin über ihre Selbstanzeige: „Wir fordern ein Essen-retten-Gesetz" (22. Januar 2022), unter: www.taz.de (15. Februar 2023); ohne Autor, Heidelberg: Lebensmittel-Retter wühlen im Müll und zeigen sich selbst an (24. Januar 2022), unter: www.rnz.de (15. Februar 2023).
16 Vgl. Arno Wölk, „Letzte Generation": Autofahrer nimmt Aktivisten in den Würgegriff (13. Januar 2013), unter: www.t-online.de (19. April 2023); ohne Autor, Hamburg. Lange Staus nach Blockade von Klima-Aktivisten (6. April 2023), unter: www.ndr.de (19. April 2023).
17 Vgl. Anna Lorenz, Klimaaktivisten bewerfen erneut Van-Gogh-Gemälde mit Suppe – „Schändlicher Akt" (6. November 2022), unter: www.merkur.de (19. April 2023); ohne Autor, Aktivist schleudert Öl auf Klimt-Werk (15. November 2022), unter: www.tagesschau.de (19. April 2023).

oft die Form eines Ultimatums an: Man werde die Aktionen erst einstellen, wenn bestimmte Forderungen erfüllt seien. Ein solches Vorgehen veranlasste Kommentatoren, von „Erpressung" und „Ultimaten" zu sprechen. Auch Befürworter einer entschiedeneren Klimapolitik unter den Politikern äußerten sich in diesem Sinne.[18] Seitens der LG heißt es dazu: „Wir wollen eine nachhaltige Veränderung erwirken, indem wir entschlossen zivilen Widerstand leisten und die rechtlichen Konsequenzen in Kauf nehmen. [...] Wir stehen mit unserem Gesicht und unserem Namen zu dem, was wir tun."[19]

6. Einordnung von Praktiken des zivilen Ungehorsams

Freimütig bekennt sich die LG damit zum Gesetzesbruch als Mittel zivilen Ungehorsams. Letztlich sind es moralische Gründe, die zur Legitimierung des Vorgehens dienen. Die Inkaufnahme des Rechtsbruchs bedeutet aber nicht zwangsläufig eine Negation der Grundregeln des liberalen Rechtsstaats. Bei den Theorien des zivilen Ungehorsams wird zwischen konstitutionellen und transformativen Formen unterschieden.[20] Während es den transformativen auch um eine Überwindung des demokratischen Verfassungsstaates geht, bekennen sich die konstitutionellen zu seinen fundamentalen Normen. Der Gesetzesbruch soll in erster Linie ein öffentliches Zeichen setzen. Damit einher gehen folgende Merkmale: die Akzeptanz der Bestrafung, das öffentliche Bekenntnis zur Tat und die unbedingte Gewaltlosigkeit. Die prinzipielle Gesetzestreue bildet so weiterhin den Rahmen des Ungehorsams.[21]

Wie lassen sich die LG-Aktivitäten in dieses Schema einordnen? Einsicht in den Gesetzesbruch liegt zweifelsfrei vor. Deutlich betont die LG: „Wir tun bewusst etwas, was nicht erlaubt ist."[22] Als Begründung dient meist der Hinweis, dass die Klimaentwicklung verhängnisvolle Wirkungen zeitigen werde. Dies rechtfertige den zivilen Ungehorsam. Eine rechtsphilosophische Begründung oder Erörterung erfolgt nicht. Meist beschränken sich die Aktivisten auf unspezifische Bekundungen zur Rechtfertigung. Sie postulieren eine Handlungsnotwendigkeit, ohne die damit verbundene Legitimationsproblematik näher zu erörtern. Dies gilt auch für andere

---

18 Vgl. ohne Autor, Özdemir kritisiert Straßenblockade für „Essen-Retten-Gesetz" (10. Februar 2022), unter: www.zeit.de (11. April 2023); ohne Autor, Omid Nouripour bezeichnet Klimaprotestblockaden als demokratiefern (21. Februar 2022), unter: www.zeit.de (11. April 2023).
19 Letzte Generation, Unsere Werte (FN); Letzte Generation, Unser Protestkonsens (ohne Datum), unter: www.letztegeneration.de (27. März 2023).
20 Vgl. Andreas Braune, Definitionen, Rechtfertigungen und Funktionen politischen Ungehorsams, in: Ders. (Hrsg.), Ziviler Ungehorsam. Texte von Thoreau bis Occupy, Stuttgart 2017, S. 9–38, hier: S. 14–28; Armin Pfahl-Traughber, Darf man geltende Gesetze aus moralischen Gründen brechen? Politische Philosophie des zivilen Ungehorsams, in: der blaue reiter. Journal für Philosophie 51 (2023), H. 1, S. 99–103.
21 Vgl. John Rawls, Eine Theorie der Gerechtigkeit (1971), Frankfurt a. M. 1979, S. 399–432, hier: S. 401–403.
22 Letzte Generation, Training. Rechtliches (ohne Datum), unter: www.letztegeneration.de (9. März 2023).

Gruppen in der Klimabewegung, die allzu leichtfertig auf die Praxis des zivilen Ungehorsams setzen. Das auch in der konstitutionellen Auffassung bestehende Spannungsverhältnis zum demokratischen Verfassungsstaat wird nicht thematisiert.

Bei Aktionen wie Gemäldebeschmutzung oder Straßenblockaden gibt es keine klandestinen Vorgehensweisen. Denn die Beteiligten geben sich mit Gesicht und Namen zu erkennen. Auch gegen Festnahmen oder Personenidentifikationen durch die Polizei wehren sie sich nicht. Damit einher geht die Bereitschaft zur Hinnahme von gerichtlich verhängten Strafen. Im Vergleich zu den linksextremistischen Autonomen offenbart dies grundlegende Unterschiede. Das gilt auch für einen anderen Gesichtspunkt des konstitutionellen zivilen Ungehorsams: Es erfolgt eine klare Ablehnung der Gewalt: „Wir sind absolut gewaltfrei – sowohl in unseren Handlungen als auch in unserer Sprache (auch keine Beleidigungen)."[23] An diese Selbstbeschreibung hielten sich die Aktivisten tatsächlich bei verschiedensten Gelegenheiten – auch gegenüber Polizeibeamten.[24] Folglich geht die LG in ihrer Praxis meist nicht über den Rahmen des konstitutionellen zivilen Ungehorsams hinaus.

7. Forderungen nach einem „Gesellschaftsrat"

Die LG fordert über den bestehenden „Bürgerrat Klima" hinaus einen „Gesellschaftsrat" zum Thema. Dabei stellt sich die Frage, ob die erwünschte Einrichtung eine beratende Funktion gegenüber dem Parlament hätte oder ob das Parlament teilweise entmachtet werden soll. Eine Verlagerung des politischen Entscheidungsprozesses auf den „Gesellschaftsrat" liefe letztendlich auf die Unterminierung des demokratischen Parlamentarismus hinaus.

Nach den Vorstellungen der LG sollen die Mitglieder des „Gesellschaftsrates" die Bevölkerung sozialstrukturell spiegeln und durch Los bestimmt werden.[25] Seine Aufgabe bestehe darin, mit Expertenhilfe konkrete Maßnahmen gegen den Klimawandel zu erarbeiten. Demokratietheoretische Bedenken scheinen auch die LG zu bewegen, wenn es auf der Homepage heißt: „Ist die Forderung nach einem öffentlichen Versprechen zur Umsetzung der erarbeiteten Empfehlung nicht undemokratisch? Ist das nicht die Entmachtung der Regierung und des Parlaments?" Diese Frage stellt sich auch angesichts anderer Positionierungen wie der folgenden: „Unsere demokratischen Verfahren sind für einen angemessenen und sozial gerechten Umgang mit der Klimakrise offenbar nicht ausreichend."[26] An anderer Stelle kann man lesen: „Die repräsentative Demokratie ist anscheinend nicht in der Lage,

---

23 Letzte Generation, Mitmachen (ohne Datum), unter: www.letztegeneration.de (9. März 2023).
24 Vgl. Jost Maurin, „Wir sind kein Vorbild für Rechtsextreme". Interview mit Tobias März, in: taz vom 26./27. Februar 2022, S. 13.
25 Vgl. Letzte Generation, Was ist der Gesellschaftsrat? (ohne Datum), unter: www.letztegeneration.de (5. April 2023).
26 Letzte Generation, Warum brauchen wir einen Gesellschaftsrat (ohne Datum), unter: ebd. (5. April 2023).

angemessen auf diese Krise zu regieren."²⁷ Derartige Aussagen sprechen zumindest für eine Geringschätzung des Parlamentarismus, auch in der Selbstwahrnehmung.

Bei der Frage nach den Konsequenzen dieser Haltung mangelt es den Äußerungen der LG an Klarheit in der Frage nach der Gewichtverteilung zwischen gewählten alten und per Los bestimmten neuen Institutionen. So heißt es beispielsweise: „Mit der Forderung nach einem Gesellschaftsrat wird die repräsentative Demokratie nicht abgeschafft, sondern so ergänzt, dass sie wieder handlungsfähig ist."²⁸ Ob Entscheidungskompetenzen vom Parlament weggezogen würden, bleibt bei dieser Aussage unklar. Darüber hinaus kann man lesen: „Beim Gesellschaftsrat fordern wir deshalb, dass die Regierung öffentlich zusagt, die mit den erarbeiteten Maßnahmen verbundenen Gesetzesvorhaben in das Parlament einzubringen. Wir fordern außerdem, dass die Regierung die für die Maßnahmen und Gesetzesvorhaben nötige Überzeugungsarbeit im Parlament leistet und dass sie öffentlich zusagt, nach Verabschiedung der Gesetze diese in einer beispiellosen Geschwindigkeit und Entschlossenheit umzusetzen."²⁹ Das klingt so, als ob der Gesellschaftsrat die Regierung anweisen und sie zur „Überzeugungsarbeit" verpflichten würde. Träte dies ein, entstünde ein neues Machtzentrum im politischen System.

8. Gefahrenpotenziale für eine Radikalisierung

Warnungen vor einer Radikalisierung der LG finden sich bei Bewegungsaktivisten wie Politikern demokratischer Parteien. Einige Kommentatoren sehen gar die Gefahr der „Entstehung einer Klima-RAF" (Alexander Dobrindt)[30] bzw. einer „grünen RAF" (Tadzio Müller).[31] Im ersten Fall ging es darum, die Klimabewegung mit ihren Protesten zu diskreditieren. Im zweiten Fall war wohl beabsichtigt, mit einer indirekten Gewaltdrohung politische Ziele durchzusetzen. Beide Aussagen leisteten keine Beiträge zu einer nüchternen Sachdebatte. Zudem implizierten sie eine Verharmlosung der Bedeutung und der Folgen der mörderischen Praxis des Linksterrorismus.

Für die differenzierte Einschätzung der Radikalisierungsgefahr bedarf es einer genaueren Definition und inhaltlichen Unterscheidung zwischen Einstellungen und Handlungen. Allgemein kann Radikalisierung eine Steigerung in der einen wie der anderen Dimension bedeuten. Einstellungsradikalisierung meint die Entwicklung

---

27 Letzte Generation, Ist die Forderung nach einem öffentlichen Versprechen zur Umsetzung der erarbeiteten Empfehlung nicht undemokratisch? Ist das nicht die Entmachtung der Regierung und des Parlaments? (ohne Datum), unter: ebd. (5. April 2023).
28 Ebd.
29 Letzte Generation, Was unterscheidet den Gesellschaftsrat vom Bürger:innenrat? (ohne Datum), unter: ebd. (5. April 2023).
30 Vgl. ohne Autor, „Letzte Generation": Union fordert offenbar Freiheitsstrafen für Straßenblockierer (6. November 2022), unter: www.spiegel.de (11. April 2023).
31 Vgl. Jonas Schaible, „Wer Klimaschutz verhindert, schafft die grüne RAF". Aktivist Tadzio Müller im Interview (21. November 2021), unter: www.spiegel.de (11. April 2023).

von einer demokratisch-rechtstaatlichen hin zu einer extremistisch-systemnegierenden Position. Handlungsradikalisierung betrifft die Hinwendung zu Praktiken, welche die Ebene der strafrechtlichen Relevanz überschreiten und bis hin zu gewaltorientierten und terroristischen Verhaltensweisen reichen können. Dabei bestehen Wechselbeziehungen, denn eine bestimmte Einstellung kann in gewalttätige Verhaltensweisen münden. Je dramatischer eine Bedrohung empfunden wird, desto größer ist die potenzielle Gewaltbereitschaft.[32]

Eine dramatische Bedrohungswahrnehmung findet sich bei der LG ohne Zweifel. Sie befürchtet existenzielle Gefahren durch die Klimaentwicklung und ruft zu energischem Widerstand gegen diese Entwicklung auf. Dabei verknüpft sie die politischen Erfolge des eigenen Vorgehens mit dem Überleben der ganzen Welt. Angesichts dieser Blickrichtung stellt sich die Frage, ob bestimmte Normen und Regeln auf diese Weise an Akzeptanz verlieren. So findet sich zwar das erwähnte Bekenntnis zur Gewaltfreiheit, aber dieses könnte in einer anderen Ausgangssituation zur Disposition gestellt werden. Die LG trifft dazu keine klaren Aussagen. Gleiches gilt für die Einstellung gegenüber den Prinzipien und Spielregeln des demokratischen Verfassungsstaates, die dann möglicherweise zugunsten einer klimapolitisch als unerlässlich geltenden diktatorischen Ordnung aufgehoben werden könnten. Es liegt bei der LG selbst, in diesen Fragen eindeutige Positionierungen und Prioritätensetzungen vorzunehmen.

9. Sinnhaftigkeit des Vorgehens

Unabhängig von der Frage nach dem Verhältnis zu den Normen und Regeln des demokratischen Verfassungsstaates verdient das Problem der „Sinnhaftigkeit" des Vorgehens der LG eine nähere Betrachtung. Auch wer von der – hier geteilten – Annahme ausgeht, entschiedenes Engagement zur Klimathematik sei demokratisch wie sachlich legitim und notwendig, darf begründete Zweifel anmelden, ob das von der LG gewählte Vorgehen in diesem Sinne zielführend ist. Gegebenenfalls kann ein legitimes Anliegen durch rücksichtslose Verhaltensweisen schaden. Dann entstehen kontraproduktive Wirkungen.[33] Genau dieser Effekt lässt sich bei der LG und den von ihr ausgelösten Reaktionen auf ihr Wirken konstatieren.

Die LG hat durch ihre Aktionen zwar in kurzer Zeit große Aufmerksamkeit erregt, aber zugleich breite Ablehnung in weiten Teilen der Bevölkerung hervorgerufen. Blockaden von Straßen führen bei Berufspendlern zu massiver Verärgerung. So lassen sich diese wohl kaum für einen energiepolitischen Wandel gewinnen. Zudem

---

32 Dafür ist Günther Anders ein frühes Beispiel aus der Ökologiebewegung, erörterte er doch, ob Anschläge auf Betreiber von Kernkraftwerken legitim sein könnten. Die daraufhin einsetzende Debatte um den einflussreichen Philosophen ist dokumentiert in: Manfred Bissinger (Hrsg.), Gewalt ja oder nein. Eine notwendige Diskussion, München 1987.
33 Vgl. Dieter Rucht, Die Gratwanderung der Letzten Generation, in: Blätter für deutsche und internationale Politik, 68 (2023), H. 2, S. 94–98.

sind von den Aktionen alle Autofahrer betroffen, auch solche mit klimaneutralen E-Fahrzeugen. Geradezu absurd erscheint das Beschmieren von Gemälden in Museen, selbst wenn dauerhafte Beschädigungen durch schützendes Glas verhindert werden. Ein inhaltlicher Bezug der Werke van Goghs oder Klimts zum Protestthema fehlt. Darüber hinaus werden Nahrungsmittel zweckentfremdet, was die LG in anderen Protestkontexten heftig kritisiert. Auch wenn die Aktivisten bei alledem mit Gesicht und Namen präsent sind und sich freiwillig ihren potenziellen Strafen stellen, lösen sie auch bei Befürwortern einer anderen Klimapolitik Befremden aus. Umso mehr gilt dies für weite Teile der Bevölkerung.

Aufmerksamkeit um der Aufmerksamkeit willen lässt das eigentliche Anliegen aus der öffentlichen Wahrnehmung schwinden. Folglich dominiert in der medialen Darstellung nicht das Klimathema, sondern die gewählte Protestform. Gerade die Gemäldeaktionen beschädigten den Ruf der Klimabewegung insgesamt, zumal nicht die inhaltliche Aufklärung, sondern die Selbstdarstellung der Gruppe im Zentrum stand. Daher kann weder von Angemessenheit noch von Sinnhaftigkeit die Rede sein. Gleichwohl wird damit die ganze Klimabewegung identifiziert. Kontraproduktiver können Protestaktionen kaum sein. Ähnlich verhält es sich mit Sabotagehandlungen, die auf die Forderung von Gewalt gegen Sachen hinauslaufen.[34] Damit wird auch die Grenze konstitutioneller Formen des zivilen Ungehorsams überschritten.

10. Klimaextremismus oder -terrorismus?

Noch vor einem bilanzierenden Fazit sei unabhängig von der LG erörtert, inwieweit für die politikwissenschaftliche Extremismusforschung „Klimaextremismus" und „Klimaterrorismus" sinnvolle Termini sein können. Es geht damit nicht um ihre Nutzung als politische Schlagworte, wie dies gelegentlich in Boulevard-Medien und Politik in polemischem Sinne geschieht. Dem gegenüber sollen hier Anmerkungen zu den beiden Begriffen vorgetragen werden, welche nach dem damit einhergehenden Erkenntnisgewinn für die Forschung fragen. Wie bereits in den einleitenden Andeutungen als erste Einsicht vermittelt wurde, passen die gemeinten Phänomene nicht in die bestehenden Typologien. Auch wenn Klimaprotestler sich wohl eher politisch links verorten lassen, so können sie aufgrund ihrer thematischen Fixierung so nicht pauschal zugeordnet werden. Insofern hätte man es hier mit einem auf das Klima bezogenen spezifischen themenfixierten Kontext zu tun, welcher quer zu der Einteilung in einen linken, rechten oder religiösen Extremismus steht und daher mit einem gesonderten Terminus gekennzeichnet werden sollte.

Was könnte mit der nötigen Differenzierung als „Klimaextremismus" gelten? Es ginge um politische Akteure, die unter Berufung auf den Klimaschutz so weit gehen,

---

34 Vgl. Raphael Thelen, „Letzte Generation"- abgedreht (27. April 2022), unter: www.zeit.de (18. April 2023); ohne Autor, Aktivisten kleben sich an Pipeline – und drehen sie einfach ab (18. Oktober 2022), unter: www.focus.de (18. April 2023).

dass sie die Basiswerte eines demokratischen Verfassungsstaates negieren. Eine mögliche Argumentationsweise in diesem Sinne wäre, dass für die Bekämpfung der Klimaentwicklung für demokratische Regeln keine Zeit mehr sei. Daraus könnte eine Ableitung hinsichtlich der Folgen ergehen, wonach es einer „Klimadiktatur" zur Rettung der Welt bedürfe. In einer abgeschwächten Form könnte es um die Frage gehen, ob Elemente rechtsstaatlicher Gewaltenkontrolle ausgehebelt werden. Wäre dies der Fall, könnte eine Formulierung wie „Klimaextremismus" Sinn machen. Wie in allen anderen Fällen setzt der Gebrauch des Terminus allerdings voraus, dass sich eine derartige Ausrichtung aus den Bestrebungen von Klimaaktivisten ergibt.

Die Bezeichnung „Klimaterrorismus" erfordert mehr als gewalttätige Ausschreitungen bei Klimaprotesten. Nach verbreitetem Verständnis ist dieser Begriff an eine Reihe von Kriterien geknüpft: Voraussetzung ist ein politisches Anliegen, das in Gewalthandlungen höherer Intensität mündet. Diese müssen zumindest latent in bestehende Strategien eines längerfristigen Vorgehens eingebettet sein. Die Akteure müssten aus der Gesellschaft heraus gegen andere Gesellschaftsbereiche, staatliche Institutionen oder wirtschaftliche Komplexe agieren und darauf zielen, eine psychische Schock-Wirkung zu erzielen. Anzeichen für die Existenz eines solchen „Klimaterrorismus" gibt es gegenwärtig nicht. Immerhin kursieren in der Klimabewegung Überlegungen, wonach man sich Anschläge auf bestimmte Bereiche der Energieversorgung vorstellen könnte.[35] Würden solche Überlegungen in die Tat umgesetzt, wäre die Frage des Terrorismus neu aufzuwerfen.

11. Ergebnis

Einer bilanzierenden Betrachtung ist folgende Feststellung voranzustellen: Die LG-Aktiven sehen sich in einem Entwicklungsprozess. Manche politischen Grundpositionen sind unklar und wenig elaboriert. Erfolglosigkeit kann zu einer Legitimationskrise führen. Die folgende Einschätzung bezieht sich demnach auf den Entwicklungsstand im Frühjahr 2023. Allerdings erlauben manche Beobachtungen auch Vermutungen über künftige Entwicklungen: Aus der als existenziell empfundenen Klimakrise müssen sich Konsequenzen im Selbstverständnis ergeben, welche bei mangelnden gesellschaftlichen und politischen Änderungen bezüglich der Klimakrise auch radikalere Positionen und Verhaltensweisen nach sich ziehen könnten.

Derzeit ist die Kategorie „Klimaextremismus" unangemessen. Dagegen sprechen die Bekenntnisse zur Gewaltfreiheit ebenso wie die Forderungen an die gewählte Regierung. Außerdem orientiert sich die illegale Praxis des zivilen Ungehorsams an dessen konstitutionellem Verständnis. Die drei erhobenen Kernforderungen bestehen

---

[35] Vgl. dazu die Aufmerksamkeit für: Andreas Malm, Wie man eine Pipeline in die Luft jagt. Kämpfen lernen in einer Welt in Flammen, Berlin 2021. Das Buch enthält keine Handlungsanleitungen für derartige Taten, plädiert aber für die Durchführung von Sabotageaktionen und Sachbeschädigungen. Der Autor engagierte sich zunächst in anarchosyndikalistischen, danach in trotzkistischen Kontexten.

aus nachvollziehbaren Reformforderungen und laufen nicht auf einen politischen Umsturz hinaus. Gleichwohl kommt es bei der Analyse auch auf Details an, wie die Betrachtungen zum „Gesellschaftsrat" gezeigt haben. Soll es um mehr als eine beratende Funktion gehen, würde diese nicht nur den Parlamentarismus strukturell beschädigen. Derartige Effekte wären tatsächlich ein Indiz für eine mögliche extremistische Radikalisierung. Eine auf derartige Aspekte bezogene öffentliche Auseinandersetzung, welche die LG zu eindeutigen Positionen motivieren sollte, würde zu mehr Klarheit hinsichtlich ihrer Vorstellungen führen. Die Gruppierung könnte dabei ihr demokratietheoretisches Selbstverständnis verdeutlichen.

Betrachtet man auch potenzielle Entwicklungen und nicht nur die aktuellen Gegebenheiten, so lassen sich durchaus Radikalisierungsgefahren wahrnehmen: Die LG tritt mit dem Gestus eines „Weltretters" auf, woraus ein Exklusivstatus bezogen auf Forderungen und Praxis abgeleitet wird. Das damit einhergehende elitäre Gehabe löste bei anderen Gruppierungen aus der Klimabewegung mitunter Verärgerung aus.[36] Aktionen wie die Blockaden von Straßen führen ebenfalls zu gesellschaftlichem Unmut, welcher die Akzeptanz von nachhaltiger Klimapolitik eher verringert als steigert. Die kontraproduktive Wirkung der Handlungen erhöht die gesellschaftliche Isolation und könnte die Zuflucht zu einer radikalisierten Praxis und eine Entwicklung in Richtung Extremismus begünstigen. Das aktuelle Gefahrenmoment der LG besteht in dieser Potenzialität. Ihr wäre durch diskursive Kritik an den LG-Positionen zu begegnen, solange die Gruppierung auf die Gewinnung einer breiteren Öffentlichkeit zielt.

---

36 Vgl. ohne Autor, Grüne und „Fridays for Future" distanzieren sich von Protestformen der „Letzten Generation" (12. April 2023), unter: www.deutschlandfunk.de (15. April 2023); ohne Autor, Fridays for Future kritisiert „letzte Generation" (12. April 2013), unter: www.faz.net (15. April 2023).

Rechtsaußen-Akteure und der russische Angriffskrieg in der Ukraine: außenpolitische Differenzen

Von Sabine Volk

1. Einleitung

Ab dem 24. Februar 2022 wurde Russlands völkerrechtswidriger Angriffskrieg auf die Ukraine zum bestimmenden Thema in der deutschen Politik und öffentlichen Debatte, die bis dahin noch ganz im Zeichen der COVID-19-Pandemie gestanden hatte. Auch die extreme Rechte zeigte sich vom Kriegsgeschehen im Osten Europas stark beeinflusst. In Reaktion auf die russische Invasion publizierten zahlreiche Personen und Organisationen rechtsaußen im politischen Spektrum Stellungnahmen und Einschätzungen in Text und Bild. Während rechtsextreme Kräfte in Deutschland und Europa lange als pro-russische „Putinversteher" galten,[1] wurde bald bekannt, dass gewaltbereite Nationalisten auch auf ukrainischer Seite in den Krieg zogen.[2] Entsprechende nationalistische Netzwerke nach Osteuropa waren bereits in den 1990er Jahren entstanden.[3] So war zu Beginn des Krieges eine mitunter überraschende Divergenz der Positionen festzustellen. Martin Sellner, Frontmann des österreichischen Ablegers der *Identitären Bewegung* (IB), warnte in seinem Video-Blog gar vor einer Spaltung des „rechten Lagers" über den sich nun ausweitenden Krieg.[4]

Dieser Beitrag analysiert die Stellungnahmen einiger zentraler Akteure aus dem deutschen Rechtsaußen-Spektrum zum russischen Angriffskrieg auf die Ukraine. Er beleuchtet die Ausgangslage in den Monaten und Jahren vor der Invasion, die unmittelbaren Reaktionen nach dem 24. Februar 2022 sowie Entwicklungen über das erste Kriegsjahr hinweg. Im Einklang mit Forschungsansätzen aus der internationalen politikwissenschaftlichen Literatur, die die Diversität der Organisationsformen der gegenwärtigen extremen Rechten hervorhebt,[5] auch und insbesondere in

---

[1] Vgl. Anton Shekhovtsov, Russia and the Western far right: Tango noir, London 2017.
[2] Vgl. Alexander Ritzmann, Germany, in: Kacper Rekawek (Hrsg.), Western extremists and the Russian invasion of Ukraine in 2022: All talk, but not a lot of walk, Oslo 2022, S. 59–65.
[3] Vgl. Anton Maegerle, Die Internationale der Nationalisten: Verbindungen bundesdeutscher Rechtsextremisten – am Beispiel von NPD/JN – zu Gleichgesinnten in ausgewählten osteuropäischen Staaten, in: Stephan Braun/Martin Gerster/Alexander Geisler (Hrsg.), Strategien der extremen Rechten: Hintergründe – Analysen – Antworten, Wiesbaden 2009, S. 461–473.
[4] Vgl. Martin Sellner, Spaltet der Ukrainekrieg das rechte Lager?, unter: https://www.bitchute.com/video/ypmRya8U9qwF/ (1. März 2022).
[5] Vgl. Pietro Castelli Gattinara/Andrea L. P. Pirro, The far right as social movement, in: European Societies 21 (2019), S. 447–462; Cynthia Miller-Idriss, Hate in the homeland: The new global far right, Princeton 2022; Michael Minkenberg, Between party and movement: conceptual and empirical considerations of the radical right's organizational boundaries and mobilization pro-

Deutschland,[6] nimmt der Beitrag sowohl Parteien wie die *Alternative für Deutschland* (AfD), die *Nationaldemokratische Partei Deutschlands* (NPD) und *Der Dritte Weg* (III. Weg) in den Blick als auch Akteure rechtsextremer Bewegungen und subkultureller Netzwerke wie die erwähnte IB unter Martin Sellner, Götz Kubitscheks *Institut für Staatspolitik* (IfS), das assoziierte Magazin *Sezession*, die Dresdner *Patriotischen Europäer gegen die Islamisierung des Abendlandes* (PEGIDA) und die Monatszeitschrift *Compact-Magazin für Souveränität* mit Chefredakteur Jürgen Elsässer. Er beleuchtet somit größtenteils Gewalt ablehnende Akteure, aber auch vergleichsweise gewaltgeneigte Gruppierungen wie III. Weg.

Die Analyse bezieht sich auf eigens gesammeltes Datenmaterial, vornehmlich von den Webseiten und Kommunikationskanälen der jeweiligen Akteure und Netzwerke, sowie auf journalistische Texte und erste wissenschaftliche Publikationen. Dabei zielt der Beitrag darauf ab, Gemeinsamkeiten und Unterschiede herauszuarbeiten und einzuordnen. Zu diesem Zweck geht er auf Themen und Kontroversen ein, die extremrechte Reaktionen auf den russischen Angriffskrieg in der Ukraine geprägt haben. Insbesondere verweist die Analyse des Datenmaterials auf die herausragende Rolle langjähriger ideologischer und rhetorischer Merkmale der extremen Rechten wie deren Antiamerikanismus und Antiimperialismus, Nationalismus bzw. Ethnopluralismus und Rassismus sowie die rhetorische Delegitimierung der Bundesrepublik, die die Positionierung zum Krieg maßgeblich bestimmen.

2. Ausgangslage: Ein pro-russisches Stimmungsbild

In den Monaten und Jahren vor der breit angelegten Invasion hatte der sogenannte Ukraine-Konflikt[7] eine vergleichsweise geringe Rolle für die deutsche extreme Rechte gespielt: Rechtsaußen-Diskurse sowie das Protestgeschehen waren in den 2010er Jahren von der Flüchtlingsthematik und ab 2020 von der COVID-19-Pandemie bestimmt.[8] Trotzdem hatte die Mehrzahl der Akteure nicht zuletzt seit Russ-

---

cesses, in: European Societies 21 (2019), S. 463–486; Cas Mudde, The far right today, Cambridge 2019.
6 Vgl. Manès Weisskircher, Introduction: German exceptionalism during the fourth wave of far-right politics, in: Ders. (Hrsg.), Contemporary Germany and the fourth wave of far-right politics: From the streets to parliament, London/New York 2024 (i. E.).
7 Da Russland bereits seit 2014 für Kampfhandlungen in der Ost-Ukraine verantwortlich ist, trifft der im deutschen politischen und medialen Diskurs verwendete Begriff des „Ukraine-Konfliktes" nicht zu. Stattdessen muss von einem bereits seit 2014 andauernden russischen Krieg gegen die Ukraine gesprochen werden, der ab dem 24. Februar 2022 massiv an Ausmaß zugenommen hat.
8 Beispielsweise hatten sich sämtliche Ausgaben des Compact-Magazins von November 2021 bis März 2022 prominent mit der deutschen Impfpolitik beschäftigt. Swen Hutter/Manès Weisskircher, New Contentious Politics. Civil Society, Social Movements, and the Polarisation of German Politics, in: German Politics, online first (2022); Pola Lehmann/Lisa Zehnter, The Self-Proclaimed Defender of Freedom: The AfD and the Pandemic, in: Government and Opposition, online first (2022); Sabine Volk/Manès Weisskircher, Defending democracy against the „Coro-

lands völkerrechtswidriger Annexion der ukrainischen Halbinsel Krim im Frühjahr 2014 sowie der anschließenden Kampfhandlungen im östlichen Teil des ukrainischen Staatsgebietes eine klar pro-russische Haltung in Bezug auf das Kriegsgeschehen eingenommen. Der russische Staatschef Wladimir Putin wurde für seine antiwestliche und antiliberale Haltung und die angebliche Wahrung traditioneller europäischer und christlicher Werte jenseits des sogenannten Gender-Wahns bewundert. Dies galt insbesondere für den Osten Deutschlands, wo die pro-russischen Positionen von AfD und PEGIDA mit den Einstellungen der regionalen Bevölkerung einhergingen: In Ostdeutschland, so Jonathan Olsen, „Russia is seen not as a major geopolitical threat nor a dangerous authoritarian state, but rather as a victim of unfair demonization by the political establishment, an attitude in part bequeathed by the old German Democratic Republic".[9] Lediglich die Neo-NS-Kleinstpartei III. Weg stellte eine Ausnahme dar, sprach sie sich doch klar für eine (nationalistische) ukrainische Perspektive aus.

Die Analyse von Wahlprogrammen, Positionspapieren, Blog-Artikeln, Magazinen und weiteren Materialien aus dem Rechtsaußen-Spektrum zeigt, dass die Parteien AfD und NPD, die Bewegungsakteure IB und PEGIDA sowie die intellektuellen und publizistischen Zirkel rund um das IfS und *Compact* das Vorgehen Russlands in Bezug auf die Ukraine billigten, wenn nicht gar guthießen, sowie wiederholt die deutsch-russische Freundschaft als Gegenargument zu Sanktionen beschworen. Das Grundsatzprogramm der AfD aus dem Jahre 2016 etwa erkennt die angeblichen russischen Sicherheitsinteressen im Hinblick auf die Ukraine an und betont die „maßgebliche Bedeutung" des deutsch-russischen Verhältnisses für die europäische Sicherheitsarchitektur.[10] Das Bundestagswahlprogramm von 2021 wiederholt diesen Standpunkt und fordert trotz der Verstöße gegen das Völkerrecht, „Russland in eine sicherheitspolitische Gesamtstruktur einzubinden".[11] Zur Souveränität der Ukraine findet sich hingegen keinerlei Äußerung in den Programmen. Die AfD hatte seit ihrer Gründung enge Verbindungen zu Russland und zum Kreml aufgebaut. So waren Parteimitglieder nach Russland und in die von Russland unterstützten „abtrünnigen" Gebiete in der Ostukraine gereist.[12] In der Heimat hatte sich die AfD zudem als Vertreterin russlanddeutscher Identitäten und Interessen profiliert.[13]

---

na dictatorship"? Far-right PEGIDA during the COVID-19 pandemic, in: Social Movement Studies, online first (2023).
9 Jonathan Olsen, The Left Party and the AfD. Populist competitors in eastern Germany, in: German Politics and Society 36 (2018), S. 70–83, hier: S. 77.
10 Vgl. Alternative für Deutschland, Programm für Deutschland. Das Grundsatzprogramm der Alternative für Deutschland, unter: https://www.afd.de/grundsatzprogramm (2016).
11 Alternative für Deutschland, Deutschland. Aber normal. Programm der Alternative für Deutschland zur Wahl des 20. Deutschen Bundestags, unter: https://www.afd.de/wp-content/uploads/2021/06/20210611_AfD_Programm_2021.pdf (2021).
12 Vgl. Kai Arzheimer, To Russia with love? German populist actors' positions vis-a-vis the Kremlin, in: Gilles Ivaldi/Emilia Zankina (Hrsg.), The Impacts of the Russian Invasion of Ukraine on Right-wing Populism in Europe, Brüssel 2023, S. 157–167, hier: S. 162.
13 Vgl. Peter Doerschler/Jannis Panagiotidis, „Alternative für Russlanddeutschland"? Russlanddeutsche SpätaussiedlerInnen und die AfD, in: Heinz Ulrich Brinkmann/Karl-Heinz Reuband

Ähnlich positionierte sich die NPD. Zwar hatte sie – als selbst erklärte nationalistische Partei – in ihrer Informationsbroschüre zur Kampagne „Frieden. Freiheit. Souveränität" von 2015 die „nationale Identität und Eigenständigkeit" der Ukraine anerkannt. Doch die Einbindung der Ukraine in westliche Staaten- und Verteidigungsbündnisse lehnte sie ab, um im Gegenzug wie die AfD die deutsch-russische Freundschaft zu betonen.[14] Die Dresdner Straßenbewegung PEGIDA hatte sich ebenfalls pro-russisch profiliert. Das Positionspapier „Dresdner Thesen" vom Februar 2015 hatte die „sofortige Normalisierung des Verhältnisses zur Russischen Föderation und Beendigung jeglicher Kriegstreiberei" gefordert.[15] Zudem hatten sich schon früh (virtuelle) russisch-sprachige PEGIDA-Untergruppen gebildet.[16] In den folgenden Jahren gehörten russische Flaggen zum Standardrepertoire der PEGIDA-Demonstrationen in Dresden.

Die hauptsächliche Ausnahme stellen die gewaltgeneigten Gruppen und Kleinstparteien wie III. Weg, *Die Rechte* und die Jugendorganisation der NPD dar, die bereits seit Jahren Kontakte zu nationalistischen Gruppen wie dem *Asow-Regiment* in der Ukraine pflegten.[17] Auf der Webseite des III. Weges beispielsweise fanden sich auch schon vor Februar 2022 zahlreiche Einträge zu ukrainischen Themen, die sich etwa mit nationalistischen Gedenkveranstaltungen und Märschen beschäftigen.

3. Invasion: Von bemühter Neutralität bis Kampfbereitschaft

Die russische Invasion großer Teile des ukrainischen Staatsgebietes ab Februar 2022 stellte gerade die vorher tendenziell pro-russische extreme Rechte vor eine multiple Herausforderung. Zum einen konnten eine demokratisch gewählte Partei wie die AfD und Akteure wie IfS und PEGIDA, die im Rückgriff auf politische Philosophen wie Gene Sharp seit Jahren die Strategie des „friedlichen Widerstands"[18] beschworen hatten, Putins Krieg kaum gutheißen. Als Ethnopluralisten und Vertreter der Idee eines Europas der Vaterländer konnten sie zum anderen den Wunsch der ukrainischen Bevölkerung nach Unabhängigkeit und Souveränität schwerlich per se ablehnen – wie Martin Sellner auf der Webseite der *Sezession* schrieb: „Ukraine

---

(Hrsg.), Rechtspopulismus in Deutschland: Wahlverhalten in Zeiten politischer Polarisierung, Wiesbaden 2022, S. 423–452.
14 Vgl. Nationaldemokratische Partei Deutschlands, Frieden. Freiheit. Souveränität. Die Informationsbroschüre zur Kampagne, 2015, S. 33–37.
15 Vgl. Patriotische Europäer gegen die Islamisierung des Abendlandes, Dresdner Thesen, Dresden 2015.
16 Vgl. Liliia Sablina, "We Should Stop the Islamisation of Europe!": Islamophobia and Right-Wing Radicalism of the Russian-Speaking Internet Users in Germany, in: Nationalities Papers 49 (2021), S. 361–374.
17 Vgl. Ritzmann (FN 2), S. 59.
18 Sabine Volk/Manès Weisskircher, Far-right PEGIDA, non-violent protest, and the blurred line between the radical and extreme right, in: William Allchorn/Elisa Orofino (Hrsg.), The Routledge Handbook of Non-violent Extremism: Groups, Perspectives and New Debates, London/New York 2023, S. 322–333.

vs. Rußland [sic!] – zu wem hält der Ethnopluralist?"[19] Auch bot der ukrainische Staatspräsident Wolodymyr Selenskyj mit seiner firmen Entscheidung, nicht auszureisen, sondern von der Hauptstadt Kyiv aus die Verteidigung zu lenken („I need ammunition, not a ride"), wenig Angriffsfläche für die typische rechtspopulistische Delegitimierung der gewählten Eliten als volksfern und korrupt. Nicht zuletzt trat der jüdische Hintergrund Selenskyjs in ein Spannungsverhältnis mit der über die letzten Jahre ostentativ zur Schau gestellten Israelsolidarität sowie dem instrumentellen Philosemitismus von Akteuren wie der AfD.[20]

Im Hinblick auf diese Dilemmata vermieden es mehrere Rechtsaußen-Organisationen wie die AfD, IB und das IfS zunächst, klar Partei zu beziehen sowie die russische Staatspropaganda zu übernehmen.[21] Stattdessen gerierten sie sich in schriftlichen und audiovisuellen Publikationen als geopolitisch kompetente Analytiker der historischen Hintergründe und der gegenwärtigen Entwicklung des „Bruderkrieges".[22] Martin Sellner, Nachwuchsstar der deutschsprachigen Rechtsaußen-Szene, betonte in einem kommentierenden Video vom 25. Februar 2022, er sei aufgrund fehlender persönlicher Bezüge zur Ukraine wie zu Russland ein „neutraler" „Putin- und Russlandversteher [...] ein Ukraineversteher und [...] Amerikaversteher".[23] Wenige Tage später forderte auch Götz Kubitschek in einem Beitrag auf der Webseite der Zeitschrift *Sezession*, die deutsche extreme Rechte solle neutral bleiben und nicht der „Hoffnung" erliegen, dank pro-ukrainischer Positionierungen „nach Jahren als Paria zur moralischen Mehrheit wechseln zu können".[24] In abwägender Manier verurteilte auch Matthias Moosdorf, AfD, in der ersten Bundestagsdebatte zum Thema den Angriff als „furchtbare Tragödie", bemühte gar das Konzept des „Zivilisationsbruches", das gemeinhin dem Holocaust vorbehalten ist, und appellierte an Russ-

---

19 Martin Sellner, Ukraine vs. Rußland – zu wem hält der Ethnopluralist?, in: Sezession, unter: https://sezession.de/66761/ukraine-vs-russland-zum-wem-haelt-der-ethnopluralist?hilite=bruderkrieg (14. November 2022).
20 Vgl. Marc Grimm/Bodo Kahmann, AfD und Judenbild: Eine Partei im Spannungsfeld von Antisemitismus, Schuldabwehr und instrumenteller Israelsolidarität, in: Stephan Grigat (Hrsg.), AfD & FPÖ: Antisemitismus, völkischer Nationalismus und Geschlechterbilder, Baden-Baden 2017, S. 41–60; zum sog. Philosemitismus der europäischen Rechten siehe Rogers Brubaker, Between nationalism and civilizationism: The European populist moment in comparative perspective, in: Ethnic and Racial Studies 40 (2017), S. 1191–1226.
21 Polina Zavershinskaia, "Why Do We Need a World without Russia in It?" Discursive Justifications of the Russian Invasion of Ukraine in Russia and Germany, in: Nationalism and Ethnic Politics, online first (2023), hier: S. 13.
22 Laura Wolters, Kulturkämpfer, Zwischeneuropäer, „putinkritische Patrioten": Die deutsche Rechte und die russische Invasion in der Ukraine, in: Soziopolis. Gesellschaft beobachten, unter: https://www.soziopolis.de/kulturkaempfer-zwischeneuropaer-putinkritische-patrioten.html (27. Oktober 2022); siehe z. B. Kanal Schnellroda, „Am Rande der Gesellschaft" über die #Ukraine, #Putin und eine historische Forschung, unter: https://www.youtube.com/watch?v=MtpMaT_xVLU (4. März 2022); Identitäre Bewegung Deutschland, Krieg in Europa, unter: https://www.identitaere-bewegung.de/neuigkeiten/krieg-in-europa/ (2. März 2022).
23 Martin Sellner, Ukrainekrieg: Meine Meinung, unter: https://www.bitchute.com/video/YZds6YRRmGn2/ (25. Februar 2022).
24 Götz Kubitschek, Krieg in der Ukraine – kühle Scham, in: Sezession, unter: https://sezession.de/65530/krieg-in-der-ukraine-kuehle-scham (1. März 2022).

land, „an den Verhandlungstisch zu kommen".²⁵ Doch prangerte seine Rede auch die ukrainische Politik im Osten des Landes an, die „ihren Landsleuten im Osten faktisch die Sprache genommen hat" und verwies prominent auf das nationalistische *Asow-Regiment.*

In den folgenden Tagen und Wochen kam insbesondere der Antiamerikanismus und Antiimperialismus der Rechtsaußen-Akteure zum Tragen. So kritisierten sämtliche Gruppen die USA und die NATO für die angebliche Provokation Russlands und die Missachtung seiner Sicherheitsinteressen, die Putin kaum eine andere Wahl als den Angriff gelassen habe. Etwa machte das NPD-Parteipräsidium noch am 24. Februar die USA und die NATO bzw. die „Interessen des Kapitals und der Rüstungsindustrie"²⁶ für den Krieg verantwortlich. Auch erhielt die *Compact*-Leserschaft noch Ende Februar eine Sonderausgabe mit dem Titel „Ami go home. Wie uns NSA, CIA und Army besetzt halten" aus dem Jahre 2015. Auf über 80 Seiten thematisieren hier Jürgen Elsässer und weitere Autoren die vorgebliche „NSA-Diktatur" im „Militärprotektorat Deutschland".²⁷ Mit Genugtuung meinte die IB wenige Tage nach der Invasion: „Das unipolare Zeitalter der US-Hegemonie ist tot."²⁸

Im Gegenzug zeigte sich die Mehrheit der rechtsextremen Akteure ihrem selbsterklärten Antiimperialismus zum Trotz als Russland- und Putin-Apologeten. Bereits am 25. Februar kreidete *Compact*-Chefredakteur Elsässer den „Krieg gegen Putin" an und bekräftigte am Folgetag, „Russland [sei] nicht der Aggressor".²⁹ Auf der ersten PEGIDA-Demonstration in Dresden nach der Invasion am 22. März führte PEGIDA-Mitbegründer Lutz Bachmann den Krieg auf die verfehlte deutsche und europäische Russlandpolitik zurück, während AfD-Gastredner und Aktivist der Brandenburger Rechtsaußen-Protestbewegung *Zukunft Heimat* Hans-Christoph Berndt in Bezug auf die bereits beginnende Inflation im Euroraum deklarierte: „Putin ist nicht schuld an der Preisexplosion".³⁰ Sogar der proukrainisch eingestellte III. Weg ließ in seiner „Nationalrevolutionären Erklärung zum Ukraine-Krieg" vom 25. Februar verlautbaren, „keine Seite [trage] die alleinige Schuld".³¹

---

25 Deutscher Bundestag, Stenografischer Bericht 20. Sitzung, Berlin 2022.
26 Nationaldemokratische Partei Deutschlands, Kein Bruderkrieg in Europa! Erklärung des Parteipräsidiums der NPD, unter: https://npd.de/2022/02/kein-bruderkrieg-in-europa/ (24. Februar 2022).
27 Jürgen Elsässer (Hrsg.), Ami go home! Wie uns NSA, CIA und Army besetzen, in: Compact Spezial, 2015.
28 Identitäre Bewegung Deutschland (FN 22).
29 Jürgen Elsässer, Gottlob, es gibt noch Putin-Versteher: Bolsonaro, Bennett, Le Pen, Farage, in: Compact online, unter: https://www.compact-online.de/gottlob-es-gibt-noch-putin-versteher-bolsonaro-bennett-le-pen-farage/ (25. Februar 2022); Jürgen Elsässer, Russland ist nicht der Aggressor: Deutschland darf sich nicht in einen Krieg treiben lassen! Sechs Thesen, Compact online, unter: https://www.compact-online.de/russland-startet-angriff-auf-die-ukraine-deutschland-darf-sich-nicht-in-einen-krieg-treiben-lassen-sechs-thesen/ (26. Februar 2022).
30 Lutz Bachmann, PEGIDA Livestream 22–03–2022, unter: https://gettr.com/streaming/p11ccc0 0027 (22. März 2022).
31 Der Dritte Weg, Nationalrevolutionäre Erklärung zum Ukraine-Krieg, unter: https://der-dritte-weg.info/2022/02/nationalrevolutionaere-erklaerung-zum-ukrainekrieg/ (25. Februar 2022).

Im Gegensatz zu den Gewalt ablehnenden Akteuren, die Putin auch nach der Invasion zumindest indirekt unterstützten, kündigten jedoch Dutzende gewaltbereiter Rechtsextremisten auf den einschlägigen Kanälen in sozialen Medien wie *Telegram* ihre Bereitschaft zum Kampf auf ukrainischer Seite sowie ihre materielle Unterstützung der Nationalisten in der Ukraine an.[32] Der III. Weg wurde dabei das Sprachrohr proukrainischer Rechtsextremisten: In der „Nationalrevolutionären Erklärung" erkannte die Partei das ukrainische Volk als „selbstständige[n] Akteur, der für seine Unabhängigkeit und Souveränität kämpft"[33] an. Damit verband sie die Hoffnung auf ein „nationales Erwachen" ganz Europas: So bewunderte Ex-NPD-Vorstand Tobias Schulz alias Baldur Landogart[34] in einem Beitrag zu seinem Video-Blog *Resolut* die Ukraine als „das einzige Land, das bereits seit Jahren eine Renationalisierung und eine Entkommunisierung erfährt. Das Land mit dem größten weißen europäischen Bevölkerungsanteil. Dort gibt es kein Multikulti". Die deutsche nationale Bewegung könne „eine Menge"[35] von der Ukraine lernen. Diese proukrainische Ideologie prägte Teile des rechtsextremistischen Protestgeschehens im Frühjahr 2022, etwa die vom III. Weg organisierten Demonstrationen gegen die Corona-Schutzmaßnahmen in Brandenburg, auf denen Anhänger die Insignien ultranationalistischer ukrainischer Kräfte zeigten.[36]

4. Entwicklung: Friedens-Rhetorik und Querfront-Forderungen

Im Jahr 2022 blieb der Krieg in der Ukraine auf den Agenden der deutschen Rechtsaußen-Akteure. Weiterhin waren intellektuelle Beobachter rund um das IfS bemüht, den Krieg „neutral" zu analysieren; so konzentrierten sich die IfS-Sommerakademie 2022 für junge Rechtsaußen-Aktivisten und AfD-Nachwuchs sowie die Oktober-Ausgabe der hauseigenen Zeitschrift *Sezession* auf das Thema Geopolitik mit mehreren Beiträgen zum Krieg in der Ukraine.[37] Auch der verschwörerische antiamerikanische Diskurs hatte weiterhin Bestand – im Januar 2023 klagte Petr Bystron, außenpolitischer Sprecher der AfD-Bundestagsfraktion, die USA habe den

---

32 Die genaue Zahl deutscher Rechtsextremisten, die tatsächlich im Frühjahr 2022 in den Krieg zogen, ist bisher allerdings ungewiss. Vgl. Ritzmann (FN 2), S. 61 f.
33 Der Dritte Weg (FN 31).
34 Der frühere NPD-Vorstand Tobias Schulz alias „Baldur Landogart" gab im unmittelbaren Nachgang der Invasion sogar seinen Austritt aus der NPD bekannt. Vgl. 15 Grad Research, Rechte Macher*innen im Landkreis Görlitz, unter: https://15grad-research.net/2022/04/15/rechte-macherinnen-im-landkreis-goerlitz/ (15. April 2023).
35 Baldur Landogart, Putin, Moskau und die politische Rechte. Eine Abrechnung. Die häufigsten Kremllügen im Ukrainekrieg, in: Resolut, unter: https://www.youtube.com/watch?v=Ry2rGR XIBOM (20. August 2022).
36 Vgl. Senatsverwaltung für Inneres und Sport, Abteilung Verfassungsschutz, Verfassungsschutzbericht Berlin 2022, Berlin 2023, S. 18.
37 Vgl. Geopolitik, in: Sezession, Bd. 110, Schnellroda 2022; Götz Kubitschek, Sommerakademie „Geopolitik" – wichtig!, unter: https://sezession.de/66063/sommerakademie-geopolitik-wichtige-information (18. August 2022).

Krieg initiiert, um daraus geopolitisch und finanziell Kapital zu schlagen.[38] Für den Großteil der Akteure wurde eine eigentümliche antiamerikanische Friedens-Rhetorik charakteristisch: Tatsächlich traten zahlreiche Akteure für eine „diplomatische Lösung", also Friedensverhandlungen ein, sowie gegen Waffenlieferungen an die Ukraine und Sanktionen gegen Russland. In diesem Zusammenhang stellte die extreme Rechte westliche Regierungen als Kriegstreiber und sich selbst als Friedensakteure dar.[39] Zu diesem Zweck bezog man sich auf Motive und Symbole vergangener Friedensbewegungen.

Im Juni 2022 verfasste die AfD-Bundestagsfraktion ein Positionspapier „Für Frieden in der Ukraine", in dem sie „für einen sofortigen Waffenstillstand sowie für die Entsendung einer VN/OSZE-Friedenstruppe in die Ukraine" eintrat, aber auch ihre Ablehnung eines möglichen EU- oder NATO-Beitritt der Ukraine, Wirtschaftssanktionen gegen Russland sowie Waffenlieferungen an die Ukraine bekräftigte.[40] Zudem organisierte die Fraktion zum Jahrestag ein sogenanntes „Friedenskonzert" mit Matthias Moosdorf, einem professionellen Cellisten aus den eigenen Reihen, der ausgerechnet Werke des russischen Komponisten Sergej Rachmaninoff interpretierte.[41] In eine ähnliche Kerbe schlug die NPD, deren Vorstandsmitglied Ariane Meise im Mai 2022 forderte, das deutsche Nachkriegsmotto bemühend: „Keine Waffenlieferungen, keine Unterstützung irgendeiner Kriegspartei, keine Embargos gegen Russland, ‚Nie wieder Krieg!'"[42] Noch weiter ging insbesondere das *Compact*-Magazin, das den Austritt Deutschlands aus der NATO und einen „Friedensvertrag mit Russland"[43] verlangte.

Die Friedens-Rhetorik prägte auch das Protestgeschehen rechtsaußen im Verlaufe des Jahres 2022. Rechtsextreme Organisationen mobilisierten nun für Friedensverhandlungen, gegen Waffenlieferungen und für den Abzug der US-Truppen aus Deutschland und Europa. Dabei tat sich insbesondere Jürgen Elsässer als treibende Kraft hervor. Unter dem Motto „Ami go home" mobilisierte *Compact* gemeinsam mit Aktivisten der *Freien Sachsen*, PEGIDA und anderen Straßenbewegungen bis zu 2.000 Demonstranten in Erfurt am 12. November 2022, bis zu 1.200 Teilnehmer in Leipzig am 26. November 2022 und bis zu 2.500 Anhänger bei der US-amerikanischen Militärbasis in Ramstein am 26. Februar 2023. In Ostdeutschland stellte zu-

---

38 Vgl. Deutscher Bundestag, Stenografischer Bericht 79. Sitzung, Berlin 2023.
39 Vgl. AfD Kompakt, 22. Türchen im AfD-Adventskalender: Für Friedensverhandlungen statt Eskalation!, unter: https://afdkompakt.de/2022/12/22/22-tuerchen-im-afd-adventskalender-fuer-friedensverhandlungen-statt-eskalation/ (22. Dezember 2022).
40 Vgl. AfD Bundestagsfraktion, Für Frieden in der Ukraine! (Juni 2022), unter: https://afdbundestag.de/ positionspapier-ukraine-krieg (11. August 2022).
41 Vgl. AfD Bundestagsfraktion, Dem Frieden die Freiheit! – Friedenskonzert der AfD-Fraktion, unter: https://www.youtube.com/watch?v=8AOFV_FkwWGw (9. Februar 2022).
42 Ariane Meise, Das ist nicht unser Krieg!, unter: https://npd.de/2022/05/das-ist-nicht-unser-krieg/ (5. Juni 2022).
43 Raus aus der Nato. Für einen Friedensvertrag mit Russland, in: Compact. Magazin für Souveränität, 2022; Nationaldemokratische Partei Deutschlands, Orbán fordert europäische NATO ohne USA: Europa muss sich selbst verteidigen, unter: https://npd.de/2023/03/orban-fordert-eu ropaeische-nato-ohne-usa-europa-muss-sich-selbst-verteidigen/ (15. März 2023).

dem der sogenannte „Große Dresdner Friedensspaziergang", gemeinsam organisiert vom selbsternannten „Breiten europäischen Bündnis für Frieden und Völkerverständigung" bestehend aus den AfD-Politikern Björn Höcke (AfD Thüringen), Jörg Urban (AfD Sachsen) und Hans-Christoph Berndt (AfD Brandenburg) sowie PEGIDA und dem ehemaligen österreichischen Vize-Kanzler Heinz-Christian Strache (ehemals *Freiheitliche Partei Österreichs*, FPÖ), mit bis zu 1.500 Teilnehmern am ersten Jahrestag der Invasion einen weiteren Höhepunkt dar.[44]

Im Zusammenhang mit den öffentlich geäußerten Forderungen nach der Reduktion des militärischen Einflusses der USA und NATO in Europa lebte unter einigen Rechtsaußen-Akteuren sowie im deutschen Mediendiskurs die Debatte um eine sogenannte Querfront wieder auf.[45] Als strategische Zusammenarbeit zwischen rechten und linken Kräften basiert das Querfront-Konzept zumeist auf dem gemeinsamen Antiimperialismus und insbesondere dem Antiamerikanismus, der die USA als „raumfremde Macht"[46] begreift, die sich „Europa einverleiben und die globale Welt mit dem Einheitsmenschen weiterformen"[47] will. Berichten der US-amerikanischen *Washington Post* zufolge hatte möglicherweise der Kreml selbst solche Querfront-Bestrebungen in Deutschland strategisch unterstützt.[48] Federführend war *Compact*, das unter der Redaktion des ehemals rabiaten „Antideutschen" Elsässer[49] schon länger als Querfront-Publikation gehandelt wurde. So zierte ein Porträt der schillernden *Die Linke*-Politikerin Sahra Wagenknecht die Dezember-Ausgabe 2022 mit dem Titel: „Die beste Kanzlerin. Eine Kandidatin für Links und Rechts". Nur wenige Monate später, im April 2023, brachte *Compact* wieder Wagenknecht auf der Titelseite, diesmal explizit betitelt als „Querfront. Wie Rechte und Linke die Kriegstreiber stoppen können".[50]

Tatsächlich nahmen führende Rechtsextreme auch an linken Protesten wie dem sogenannten „Aufstand für Frieden" von Sahra Wagenknecht und Feministin Alice Schwarzer am Brandenburger Tor in Berlin am 25. Februar 2023 teil, obwohl sich

---

44 Vgl. PEGIDA, Großer Dresdner Friedenspaziergang mit Appell für Waffenstillstand und Friedensverhandlungen, unter: www.pegida.de (22. März 2023).
45 Vgl. Forschungsstelle BAG „Gegen Hass im Netz", Der (Alb-)Traum von der Querfront. Zur Idee einer Allianz der Extreme in digitalen Zeiten, in: Machine Against the Rage, unter: https://machine-vs-rage.bag-gegen-hass.net/der-alb-traum-von-der-querfront/ (2023).
46 Lars Rensmann, Demokratie und Judenbild. Antisemitismus in der politischen Kultur der Bundesrepublik Deutschland, Wiesbaden 2004, S. 103.
47 Meise (FN 42).
48 Vgl. Catherine Belton/Souad Mekhennet/Shane Harris, Kremlin tries to build antiwar coalition in Germany, documents show, in: The Washington Post, unter: https://www.washingtonpost.com/world/2023/04/21/germany-russia-interference-afd-wagenknecht/ (21. April 2023).
49 Vgl. Jürgen P. Lang, Biographisches Porträt: Jürgen Elsässer, in: Uwe Backes/Alexander Gallus/Eckhard Jesse (Hrsg.), Jahrbuch Extremismus & Demokratie, Bd. 28, Baden-Baden 2016, S. 225–240.
50 Jürgen Elsässer (Hrsg.), Die beste Kanzlerin. Eine Kandidatin für Links und Rechts, in: Compact (2022); ders. (Hrsg.), Querfront. Wie Rechte und Linke die Kriegstreiber stoppen können, in: Compact (2023).

die Organisatorinnen im Vorfeld von rechts abgegrenzt hatten.[51] Ellen Kositza, IfS-Aktivistin und Partnerin Götz Kubitscheks, schrieb im Nachgang der Demonstration auf der Webseite der *Sezession*: „Sie [Wagenknecht] ist eine mitreißende Rednerin in ihrem klaren, stets etwas fragenden Duktus. Natürlich klatsche ich mit."[52] Ähnlich äußerte sich Martin Sellner im Gespräch mit dem IfS-Autoren Manfred Kleine-Hartlage, in dem er eine mögliche „Weidel-Wagenknecht Koalition" als „sehr interessant" bezeichnete: Er sehe Potenzial für eine Zusammenarbeit nach einer Abspaltung einer „vernünftigen Linken" vom gegenwärtig „emotional-ideologisch konditionierten"[53] linken Lager, die auf deutsche Souveränität und Interessen setze. Eine weitere Grundlage der Zusammenarbeit könnten zudem „ungehobene Schätze der linken Theoriebildung"[54] zum Thema Migration bilden – beispielsweise die Bücher des österreichischen Schriftstellers Hannes Hofbauer, der schon in den 2000er Jahren als Antisemit kritisiert wurde und Teil der verschwörungsgläubigen Anti-Corona-Szene in Österreich war.

5. Neue Krise, alte Muster

Während der russische Angriffskrieg in der Ukraine eine durchaus neuartige Krise im Nachkriegseuropa darstellte, waren Rechtsaußen-Diskurse seit 2022 durch langjährig konstante Ideologeme wie Rassismus, Verschwörungsglaube, der Umkehrung von Täter-Opfer-Relationen, der Delegitimierung des demokratischen Verfassungsstaates sowie der Ost-West-Thematik geprägt.

Rassismus und Verschwörungsglaube der extremen Rechten kamen vor allem im Zusammenhang mit der neuen Flüchtlingsbewegung zum Tragen. Zwar sprachen sich Akteure wie AfD, PEGIDA und III. Weg – ganz anders als im Jahr 2015 – klar für die Aufnahme von Kriegsflüchtlingen aus der Ukraine aus. Trotzdem war der Diskurs stark rassistisch aufgeladen. So verbreiteten sie schon früh das Verschwörungsnarrativ, nicht-weiße Menschen nutzten den Krieg als Vorwand, um nach Deutschland einzureisen. Dieser Prozess sei von den politischen Eliten gesteuert und diene letztendlich dem sogenannten Großen Austausch: Beispielsweise hetzte Lutz Bachmann in einer Videobotschaft vom 17. März 2022 und in seiner Rede bei PEGIDA in Dresden am 22. März 2022 gegen angebliche Islamisten, die als Ukrainer getarnt nach Deutschland einreisten.[55] Ähnlich beklagte der III. Weg wiederholt,

---

51 Vgl. Ralf Krämer, Aufstand für Frieden. 25.2. Berlin, 2023, 01.06.2023, unter: https://aufstand-fuer-frieden.de/ (12. Juni 2023).
52 Ellen Kositza, Friedensdemo mit Wagenknecht und Schwarzer, in: Sezession, unter: https://sezession.de/67188/friedensdemo-mit-wagenknecht-und-schwarzer-in-berlin (26. Februar 2023).
53 Martin Sellner, Hat der Westen genug? Entsteht eine Antikriegs-„Querfront"?, unter: https://www.bitchute.com/video/2r7snrkQCKhg/ (18. Februar 2022).
54 Vgl. Hofbauer, Hannes/Stefan Kraft (Hrsg.), Lockdown 2020: Wie ein Virus dazu benutzt wird, die Gesellschaft zu verändern, Wien 2020.
55 Vgl. Lutz Bachmann, Lutziges Livestream 2022–03–17, unter: https://gettr.com/streaming/p10fo7h51c2 (17. März 2022).

statt ukrainischer Frauen und Kinder seien unter dem „Deckmäntelchen Asyl"[56] vor allem Afrikaner und Roma mit erst kürzlich ausgestellten ukrainischen Pässen eingereist. Auch die AfD grenzte in ihrem Positionspapier vom Juni 2022 ihre Bereitschaft zur Aufnahme von Kriegsflüchtlingen auf ukrainische Staatsbürger ein und schloss nicht-ukrainische Geflüchtete aus dem Kriegsgebiet aus.[57]

Auch die Deutungen der beiden Kriegsparteien waren rassistisch, gerade innerhalb der kriegsbefürwortenden, proukrainischen Neo-NS-Szene. Den rassistischen Deutungsmustern des III. Weges zufolge handelte es sich bei der Invasion nicht – wie etwa in der Lesart der NPD und Identitären – um einen „(slawischen) Bruderkrieg"[58], sondern um den Angriff eines multiethnischen Imperiums von nicht-weißen „Asiaten" und „Islamisten" auf das „weiße Europa".[59] Der Krieg wurde hier also nicht nur als Kampf der Ukraine um ihre staatliche Unabhängigkeit aufgefasst, sondern zur Schlacht um die als weiß definierte „Festung Europa" bzw. „Europas Herz"[60] gegen ein „eurasisches Imperium" aufgewertet.

Im Zusammenhang mit den rassistischen Verschwörungserzählungen betrieben Rechtsaußen-Akteure teils auch eine eigentümliche Täter-Opfer-Umkehrung, die auf die positive Rezeption zentraler Elemente russischer Staatspropaganda hindeutete.[61] Deutsche und Russen bzw. Deutschland und Russland wurden als Hauptleidtragende des Krieges sowie einer breiter angelegten globalen Verschwörung stilisiert: „Deutschland hat im Ukrainekrieg nichts zu gewinnen, sondern alles zu verlieren!"[62], deklamierte etwa das Parteiblatt der AfD. Im Oktober 2022 bezeichnete Alice Weidel, Co-Vorsitzende der AfD-Bundestagsfraktion und Co-Bundessprecherin der Partei, Deutschland als den zentralen Verlierer des Krieges und „Opfer" eines „Wirtschaftskrieges".[63] Auch nahmen AfD-Politiker als „europäische Experten" für den angeblichen wirtschaftlichen Kollaps Deutschlands und der EU in russischen Talkshows teil.[64] Weiterhin prangerten Akteure wie AfD, PEGIDA und *Identitäre* wiederholt die Diskriminierung von Russen in Europa an; so rief die AfD in ihrem Positionspapier vom Juni 2022 dann auch „die politischen Parteien, alle gesellschaftlichen Kräfte und die Medien auf, den zunehmenden Diskriminierungen

---

56 Der Dritte Weg, Ukraine-Krieg: Von Flüchtlingen und „Flüchtlingen", unter: https://der-dritte-weg.info/2022/03/ukraine-krieg-von-fluechtlingen-und-fluechtlingen/ (19. März 2022); Der Dritte Weg, Asylflut in München: Zigeuner statt Ukrainerinnen, unter: https://der-dritte-weg.info/2022/04/asylflut-in-muenchen-zigeuner-statt-ukrainerinnen/ (13. April 2022).
57 Vgl. AfD Bundestagsfraktion (FN 40).
58 Nationaldemokratische Partei Deutschlands (FN 26).
59 Der Dritte Weg, Ukraine: Bruderkrieg oder Abwehrschlacht gegen Asien, unter: https://der-dritte-weg.info/2022/03/ukraine-bruderkrieg-oder-abwehrschlacht-gegen-asien (17. März 2022).
60 Der Dritte Weg, BRD Regierung verweigert Ukraine weiterhin Lieferung schwerer Waffen, unter: https://der-dritte-weg.info/2022/04/brd-regierung-verweigert-ukraine-weiterhin-lieferung-schwerer-waffen/ (27. April 2022).
61 Zavershinskaia (FN 21).
62 AfD Kompakt (FN 39).
63 Arzheimer (FN 12), S. 163.
64 Vgl. Zavershinskaia (FN 21), S. 12.

gegenüber russischsprachigen Mitbürgern entschieden entgegenzuwirken".[65] Martin Sellner ordnete die Reaktion der Bundesregierung auf den russischen Angriff als Teil der „Logik [ein], mit der in den letzten Jahren Ungeimpfte zu Menschen zweiter Klasse wurden, Patrioten zu Staatsfeinden erklärt werden oder Weiße für die historischen und globalen Ungerechtigkeiten verantwortlich sein sollen".[66]

Eine weitere inhaltliche und rhetorische Konstante war die Herabwürdigung des deutschen Verfassungsstaates, seiner Institutionen und Repräsentanten als inkompetent, kriminell und illegitim, die insbesondere während der COVID-19-Pandemie an Relevanz gewonnen hatte.[67] In seiner ersten Stellungnahme zum Krieg prangerte Götz Kubitschek etwa „die ganze entsetzliche Peinlichkeit, Verlogenheit und Schamlosigkeit unserer regierenden, pseudooppositionellen, gleichgeschalteten Klasse"[68] an. Wie bereits vor dem Krieg war die Gleichsetzung der gegenwärtigen Bundesregierung mit früheren diktatorischen Regimen in Deutschland ein wichtiges Stilmittel der Delegitimierung.[69] So wurden deutsche Waffenlieferungen an die Ukraine mit dem Feldzug der Wehrmacht gegen die Sowjetunion sowie mit der Zusammenarbeit von Nazis mit ukrainischen Nationalisten in den 1940ern verglichen, etwa durch Petr Bystron, den außenpolitischen Sprecher der AfD-Bundestagsfraktion, der im Bundestag provozierte: „Deutsche Panzer gegen Russland in der Ukraine? Das haben schon Ihre Großväter versucht, übrigens damals schon mit den Melnyks und Banderas."[70] Ähnlich bezeichnete Jürgen Elsässer in seiner Rede auf der „Ami go home"-Demonstration in Erfurt am 12. November 2022 die Bundesregierung unter SPD-Bundeskanzler Olaf Scholz und insbesondere die Grünen-Außenministerin Annalena Baerbock als „Antifaschismus-Faschismus".[71] Mehrmals verglich er die Regierung mit der Nazi-Diktatur, so folgten deutsche Waffenlieferungen „den Spuren der Wehrmacht, ganz im Geiste von Adolf".

Im Kontext der Delegitimierung des demokratisch verfassten Staates spielte auch die für die deutsche extreme Rechte relevante Ost-West-Thematik[72] eine Rolle. Wie im Zusammenhang mit der Migrationskrise und der COVID-19-Pandemie äußerten die Rechtsaußen-Akteure während des Krieges wieder die Hoffnung, dass sich der

---

65 AfD Bundestagsfraktion (FN 40).
66 Identitäre Bewegung Deutschland (FN 22).
67 Vgl. Senatsverwaltung für Inneres und Sport, Abteilung Verfassungsschutz (FN 36), S. 20.
68 Kubitschek (FN 24).
69 Vgl. Sabine Volk, Resisting „leftist dictatorship"? Memory politics and collective action framing in far-right populist street protest, in: European Politics and Society, online first (2022).
70 Deutscher Bundestag (FN 38).
71 Jürgen Elsässer, 12.11.2022: Deutschland zuerst! Demo in Erfurt, unter: https://www.bitchute.com/video/vJw7rvT9BGHa/ (13. November 2022).
72 Vgl. Lars Rensmann, Divided we stand: An analysis of the enduring political east-west divide in Germany thirty years after the wall's fall, in: German Politics and Society 37 (2019), H. 3, S. 32–54; Sabine Volk/Manès Weisskircher, The importance of subnational strongholds for the far right: The east-west divide in Germany, in: Kathy Kondor/Marc Little (Hrsg.), The Routledge Handbook of Far-Right Extremism in Europe, London/New York 2023; Manès Weisskircher, The strength of far-right AfD in eastern Germany: The east-west divide and the multiple causes behind „populism", in: The Political Quarterly 91 (2020), S. 614–622.

insgesamt gesehen stärker prorussische Osten Deutschlands gegenüber dem Westen politisch durchsetze, etwa in der Frage der Waffenlieferungen an die Ukraine und der Sanktionen gegen Russland. So agitierte Jürgen Elsässer in Erfurt im November 2022, „und wenn die Wessis das nicht hinkriegen, müssen wir es im Osten zeigen"[73], und verwies auf den DDR-Ursprung seines Kampagnen-Slogans „Ami go home".

6. Zusammenfassung und Ausblick

Die Analyse der Stellungnahmen einiger wichtiger deutscher Rechtsaußen-Akteure zum russischen Angriffskrieg auf die Ukraine ab dem 24. Februar 2022 zeigt die Diversität der Reaktionen, die von angestrebter Neutralität über stereotypes Putin- und Russlandverstehertum bis hin zu Kampfbereitschaft auf ukrainischer Seite reicht. Gleichzeitig spricht aus den Quellen ein weithin geteilter Antiamerikanismus und Antiimperialismus.

Ob die Rechtsaußen-Szene aus dem russischen Angriffskrieg in der Ukraine bzw. aus der mit den Sanktionen gegen Russland im Zusammenhang stehenden Energiekrise und Inflation längerfristig politisches Kapital schlagen kann, bleibt zu beobachten. Die Teilnehmerzahlen der von Elsässer koordinierten Proteste etwa blieben oft weit hinter den Erwartungen der Organisatoren zurück. Auch bei PEGIDA nahm die Frequenz der Proteste 2022/23 stark ab, während sich die Gruppierung über die Pandemie hinweg noch lokal als regierungskritischer Akteur hatte halten können.[74] Seit dem Frühsommer 2023 scheint sich jedoch das Blatt zugunsten der Rechtsextremen zu wenden: Nachdem die AfD als größter parteipolitischer Akteur zunächst von der multiplen Krise rund um steigende Energiepreise, Inflation, erhöhte Geflüchtetenzahlen und Deutschlands Nachkriegsidentität als pazifistischer Staat nur bescheiden profitiert hatte[75], bescheinigten ihr Umfragedaten aus dem Juni 2023 Rekordwerte von rund 18 Prozent.[76] Manche professionelle Beobachter hielten es im Frühsommer 2023 für möglich, dass die Landtagswahlen in den östlichen Bundesländern Brandenburg, Sachsen und Thüringen im Herbst 2024 der Partei zu noch stärkerer regionaler Verankerung verhelfen könnten.

---

73 Elsässer (FN 71).
74 Vgl. Sabine Volk, Explaining PEGIDA's 'strange survival': an ethnographic approach to far-right protest rituals, in: Political Research Exchange 4 (2022), H. 1, S. 1–21.
75 Vgl. Arzheimer (FN 12).
76 Vgl. Infratest dimap, Sonntagsfrage Bundestagswahl 1. Juni 2023, unter: https://www.infratest-dimap.de/umfragen-analysen/bundesweit/sonntagsfrage/ (1. Juni 2023).

Gründe und Abgründe des Wahlverhaltens Türkeistämmiger in Deutschland

Von Haci-Halil Uslucan

1. Einleitung

Im Mittelpunkt dieses Beitrags steht das aktuelle Wahlverhalten Türkeistämmiger im Ausland. Dieses wird in seinen jüngsten zeitgeschichtlichen Kontext sowie in theoretische Überlegungen und Erklärungen eingebettet. Bevor er zu seinem zentralen Thema, dem Wahlverhalten Türkeistämmiger im Ausland, kommt, gibt der Beitrag einen kurzen Überblick über die demografische Struktur dieser Bevölkerungsgruppe. Danach wird das Problem der „Auslandswahlen" aus einer demokratietheoretischen und politisch-psychologischen Perspektive skizziert. Der Beitrag schließt mit der Frage, wie die politische Beteiligung der Türkeistämmigen in Deutschland gefördert werden kann, um den Einfluss und die Attraktivität autoritärer politischer Systeme zu reduzieren.

2. Demografische Struktur der Türkeistämmigen in Deutschland

Die Bundesrepublik ist seit langem schon – und zum Teil wider Willen – ein Einwanderungsland mit einwandererspezifischen und zum Teil irrational anmutenden Verhaltensweisen, die sich von der einheimischen Bevölkerung grundlegend unterscheiden. Dazu zählt auch das Wahlverhalten. Doch zunächst kurz einige Daten zu der Gruppe, um die es im Folgenden geht.

Laut Mikrozensus hatten 2022 etwa 28,7 Prozent der Bevölkerung einen Migrationshintergrund (MH); das sind knapp 24 Millionen Menschen. Von diesen haben etwa 2,83 Millionen Wurzeln in der Türkei, womit sie etwa 3,4 Prozent der Gesamtbevölkerung darstellen.[1] Rund die Hälfte von ihnen ist eingebürgert, und etwa knapp 300.000 haben die doppelte Staatsbürgerschaft, obwohl dies mit Blick auf diese Gruppe als Ausnahme gilt. Anders ist es beispielsweise bei Marokkanern oder Iranern, die bei Erfüllung der Voraussetzungen die deutsche wie die Staatsbürgerschaft des Herkunftslandes behalten können, weil der Herkunftsstaat sie aus der Staatsbürgerschaft nicht entlässt; da wird Mehrstaatigkeit hingenommen. Von den knapp 300.000 Türkeistämmigen mit doppelter Staatsbürgerschaft sind etwa 200.000 sowohl in der Türkei als auch in Deutschland wahlberechtigt. Unter den Migranten-

---

[1] Vgl. Statistisches Bundesamt: Statistischer Bericht, EVAS-Nummer 12211. Wiesbaden, April 2023.

gruppen stellen auf nationaler Ebene die Türkeistämmigen die größte dar. Auch ihre demographische Struktur ist deutlich verschieden von der Dominanzgesellschaft. Exemplarisch sei hier aufgeführt, dass der Anteil der älteren Personengruppe (65 Jahre und älter) bei den Türkeistämmigen in etwa 8,8 Prozent (in etwa 250.000) beträgt, während er in der Gruppe der Einheimischen bei rund 25,7 Prozent (etwas mehr als 15,3 Millionen) liegt. Fast spiegelbildlich sieht es bei den Jüngeren aus: Bei den 15–24-Jährigen beziffert sich der Anteil der türkeistämmigen Bevölkerung auf etwa 15 Prozent, in der Gruppe der Einheimischen jedoch auf knapp neun Prozent.[2]

Außerhalb der Türkei selbst leben ungefähr 6,5 Millionen Türkeistämmige, von denen etwa 2,9 Millionen wahlberechtigt sind. Deutschland nimmt mit den knapp 2,83 Millionen Türkeistämmigen dabei – weit vor allen anderen europäischen und außereuropäischen Ländern – einen prominenten Platz ein. Zum Vergleich: Frankreich ist mit einer Zahl von knapp einer Million Türkeistämmiger das Land mit der zweitgrößten türkischen Community im Ausland.

Aufgrund der relativen Stabilität der politischen Orientierungen, aber auch dem durch die erleichterte doppelte Staatsbürgerschaft eventuellen Wachsen der Zahlen wird insofern auch künftig das Wahlverhalten sowie andere demokratische Partizipationsformen von Zuwanderern eine sozialpolitisch bedeutsame Fragestellung sein und einen Einfluss auf die politische Gestaltung Deutschlands haben. Gleichzeitig gilt es jedoch, vor einer Überschätzung des Einflusses dieser Gruppe bei den jeweiligen nationalen Parlaments- und Präsidentschaftswahlen im Herkunftsland zu warnen. Hierfür reicht ein kurzer Blick auf die numerischen Verhältnisse: In der Türkei lag die Zahl der potenziellen Wähler bei der letzten Wahl am 14. Mai 2023 bei knapp 61 Millionen (60.904.499); die knapp 1,5 Millionen Wahlberechtigten in Deutschland entsprechen also gerade einmal rund 2,5 Prozent der Stimmberechtigten in der Türkei.

3. Wahlen aus dem Ausland heraus: jüngste Entwicklungen

Doch warum dürfen/sollen Türkeistämmige im Ausland wählen? Ein Argument, das häufig als Kritik an diesem Wahlrecht vorgebracht wird, unter anderem auch von den Menschen in der Türkei, lautet: Wer in seinen lebensweltlichen Kontexten der jeweiligen politischen Herrschaft und ihren Auswirkungen im Alltag primär nicht ausgesetzt sei, dürfte auch an der Konstitution dieser Herrschaft nicht beteiligt sein. Aus deutscher Sicht äußert sich diese Kritik insbesondere, wenn das Wahlverhalten zugunsten repressiver Systeme erfolgt: Wie kann es denn sein, dass Menschen in Freiheit und Sicherheit leben, die Vorzüge einer Demokratie genießen, und dann doch in ihren Herkunftsländern ihre Sympathie für eher demokratiedistante Parteien zum Ausdruck bringen?

---

2 Vgl. ebd.

Intuitiv hat diese Frage eine gewisse Berechtigung. Jedoch gibt es eine Vielzahl von Argumenten, um diesen augenscheinlichen Widerspruch aufzulösen: Es gibt auch eine substanziell große Zahl von einheimischen Deutschen, die, in Deutschland lebend, die Vorzüge der Demokratie genießend, autoritären und demokratiedistanten Parteien ihre Stimme geben. Warum sollten da Zuwanderer eine Ausnahme bilden? Sie sind ja nicht bei ihrer Einwanderung/Ankunft nach Deutschland demokratie-positiv selektiert worden; ganz im Gegenteil stammen sogar viele eher aus Ländern, die weniger demokratische als vielmehr autoritäre Strukturen ausgebildet haben (Russland/Türkei/das frühere Jugoslawien/Griechenland etc.) und insofern weniger vertraut sind mit demokratischen Strukturen der Willensbildung und Beteiligung.

Während etwa Autoritarismus in Deutschland (auch aufgrund der deutschen Geschichte) eher mit politisch rechten Orientierungen assoziiert wird – obwohl die Forschung gelegentlich auch von einem „linken Autoritarismus" spricht[3] – ist darauf zu verweisen, dass die politischen Gruppierungen in der Türkei insgesamt deutlich weiter rechts als deutsche politische Parteien stehen. Nationalismus bzw. ein offensiver Nationalstolz wird in der Türkei (und auch bei einem Großteil der Türkeistämmigen in Deutschland) weder als ein politisches Problem noch als Kennzeichen irgendeiner Randgruppe betrachtet.[4] Exemplarisch kann hier die systematische staatliche Bildung des Nationalstolzes, quasi die curriculare Habitusbildung, herangezogen werden. Folgende Aussprüche/Maximen Atatürks (des Republikgründers) aus den 1930er Jahren sind auch heute noch fast an jeder Schule – als Orientierungswerte – wiederzufinden: „Ne mutlu türküm diyene" („Wie stolz für den, der sich ein Türke nennen kann"). „Türk, öğün, çalış, güven" („Türke, rühme dich [sei stolz], arbeite und vertraue"). Insofern sind autoritarismusaffine Einstellungen, wie die hohe Akzeptanz der sozialen Normen des Respektes für Autoritäten sowie ein ungebrochener Patriotismus, die in Deutschland eher zum politisch rechten Spektrum zählen und in der Öffentlichkeit nicht oder nur zögerlich geäußert werden, in der Türkei weitgehend unproblematisch und können offensiv vertreten werden.

Daher fällt es schwer, Autoritarismus – gerade im interkulturellen Vergleich – per se als ein pathologisches Verhalten zu betrachten. Folgt man den Ausführungen von Detlef Oesterreich, so kann Autoritarismus eher als eine Reaktionsform gelten, die insbesondere dann auftritt, wenn in Krisenzeiten Menschen Schutz und Sicherheit bei Autoritäten suchen.[5] Zentral sind die situativen Faktoren, die das autoritäre Verhalten erklären; und die „autoritäre Persönlichkeit" stellt kein in der Frühphase der Sozialisation erworbenes Persönlichkeitsmerkmal dar, sondern erweist sich als

---

3 Vgl. nur Robert A. Altemeyer, Right-wing Autoritarianism, Winnipeg 1981; ders., Enemies of Freedom. Understanding Right-wing Authoritarianism, San Francisco 1988. Zur Messung entsprechender Einstellungen zuletzt: Sebastian Jungkunz, Links- und rechtsextreme Einstellungen in Deutschland, in: Uwe Backes/Alexander Gallus/Eckhard Jesse/Tom Thieme (Hrsg.), Jahrbuch Extremismus & Demokratie, Bd. 34, Baden-Baden 2022, S. 65–80.
4 Vgl. Haci-Halil Uslucan/Urs Fuhrer, Autoritarismus und Jugendgewalt im Kulturvergleich, in: Zeitschrift für Politische Psychologie 4 (2003), S. 361–384.
5 Vgl. Detlef Oesterreich, Krise und autoritäre Reaktion, in: Gruppendynamik 28 (1997), H. 3, S. 259–272.

eine universelle menschliche Reaktion, in verunsichernden und überfordernden Situationen Schutz zu suchen und sich an Autoritäten zu orientieren, die scheinbar (subjektiv) in der Lage sind bzw. von denen angenommen wird, den erforderlichen Schutz bzw. Sicherheit und Orientierungshilfe zu bieten. Die motivationalen Grundlagen, einer Person oder einer Institution Autorität zu attribuieren, sind in diesem Modell also Angst und Verunsicherung. Und die autoritäre Reaktion führt dazu, sich in Krisenzeiten genau an denjenigen zu orientieren, die Macht haben. Diese Haltung lässt sich insofern auch als eine symbolische Partizipation an der Macht verstehen, die die erfahrene eigene Machtlosigkeit kompensiert.[6] Vor diesem Hintergrund können auch demokratisch verfasste Gesellschaften zur Ausbildung autoritärer Reaktionen beitragen, und zwar dann, wenn sie zum einen hohe Anforderungen an den Einzelnen stellen (Überforderung) und zum anderen auch ein hohes Frustrations- und Versagenspotenzial bergen und damit ängstliche Bindungen beim Einzelnen hervorrufen. Zusammenfassend lässt sich also die autoritäre Persönlichkeit als die habitualisierte Bereitschaft verstehen, in Krisenzeiten mit einer Flucht zu Sicherheit bietenden Instanzen zu reagieren.[7]

Doch neben den sozialpsychologischen Deutungen ist hier ein weiteres Argument von Relevanz: Zunächst sind es viele Länder – Anaz und Köse sprechen von etwa 150 Ländern –, die ihren im Ausland lebenden Bürgern erlauben, an nationalen Wahlen teilzunehmen.[8] So können auch im Ausland lebende Deutsche an den Bundestagswahlen teilnehmen (sie müssen sich manchmal zuvor in das Wahlregister eintragen lassen). Auch die Türkeistämmigen in Deutschland können von diesem Recht Gebrauch machen, wobei das Auslandswahlrecht erst im Jahre 2012 in der Türkei gesetzlich verankert worden ist. Zuvor gab es nur die Möglichkeit, an Grenzübergängen zu wählen. Seit 2012 können Türkeistämmige direkt im Ausland in den Bezirken der Generalkonsulate ihre Stimme abgeben. Insofern lässt sich das als ein Demokratisierungs- bzw. Partizipationsschub deuten, auch wenn die regierende *Adalet ve Kalkınma Partisi* (AKP; Gerechtigkeit und Fortschrittspartei) bei der Einführung dieses Gesetzes strategisch vorging, da sie die bisherigen politischen Präferenzen der „Auslandstürken" kannte. Hätten diese eine derartige Möglichkeit nicht (als Nicht-Eingebürgerte könnten sie in Deutschland auch das Parlament nicht mitwählen), wären sie also stets nur Objekte und Spielball der Politik, aber nie politisch wirksame Persönlichkeiten, nie Subjekte der Politik. Insofern bietet das Auslandswahlrecht prinzipiell eine Form politischer Selbstwirksamkeit; insbesondere natürlich für diejenigen, die eine baldige Rückkehr in ihr Herkunftsland vor Augen haben.

---

6 Vgl. Haci-Halil Uslucan, „Man muss zu Gewalt greifen, weil man nur so beachtet wird." Antidemokratische Einstellungen deutscher und türkischer Jugendlicher: Gewaltakzeptanz und autoritäre Haltungen, in: Zeitschrift für Sozialpädagogik 1 (2008), S. 74–99.
7 Vgl. Detlef Oesterreich, Autoritäre Persönlichkeit und Gesellschaftsordnung. Der Stellenwert psychischer Faktoren für politische Einstellungen – eine empirische Untersuchung von Jugendlichen in Ost und West, München 1993.
8 Vgl. Necati Anaz/Mehmet Köse, Diaspora Seçim Coğrafyası [Geographie der Diaspora-Wahlen], Ankara 2020.

4. Bisheriges Wahlverhalten der Türkeistämmigen im historisch-politischen Kontext

Die Parteipräferenzen der Türkeistämmigen mit Blick auf die politische Landschaft in der Türkei sind seit Längerem bekannt. So hat das ZfTI (Zentrum für Türkeistudien und Integrationsforschung) in seinen Mehrthemenbefragungen bereits 2008, 2009 und 2017 diese zunächst für NRW abgefragt. Da die Partei *Halkların Demokratik Partisi* (HDP, Demokratische Partei der Völker) erst 2012 gegründet wurde, sind deren Werte in Abbildung 1 nicht aufgeführt; vergleichbar sind deshalb nur die Ergebnisse für die AKP, die *Cumhuriyet Halk Partisi* (CHP, Republikanische Volkspartei) und die *Milliyetçi Hareket Partisi* (MHP, Partei der Nationalistischen Bewegung). Bereits 2008 lag die AKP unter den in der Türkei Wahlberechtigten mit 67 Prozent weit vor allen anderen Parteien.[9]

Abbildung 1: Parteipräferenz bei der nächsten Parlamentswahl in der Türkei der dort wahlberechtigten türkeistämmigen Zuwanderer in NRW im Zeitvergleich 2008, 2009, 2017 (Prozentwerte – nur in der Türkei wahlberechtigte Befragte mit Parteipräferenz)

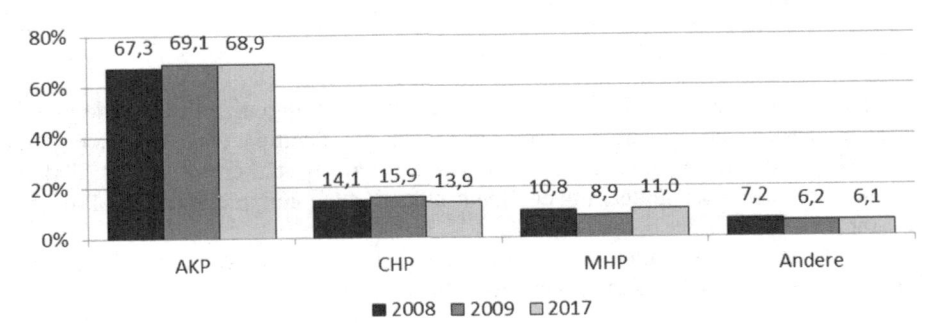

	AKP	CHP	MHP	Andere
2008	67,3	14,1	10,8	7,2
2009	69,1	15,9	8,9	6,2
2017	68,9	13,9	11,0	6,1

Quelle: Martina Sauer, Identifikation und politische Partizipation türkeistämmiger Zugewanderter in Nordrhein-Westfalen und in Deutschland. Ergebnisse der erweiterten Mehrthemenbefragung 2017 (2018), unter: https://cdn.website-editor.net/09fe2713f5da44ff99ead273b339f17d/files/uploaded/2017.pdf (23. Juli 2023).

Da diese Präferenzen nur Befragungsdaten abbilden, gilt es, diese mit den konkreten Wahlergebnissen auch über NRW hinaus zu vergleichen. Hierzu sei kurz auf relevante Wahlergebnisse der letzten knapp zehn Jahre eingegangen, ohne diese weiter zu kommentieren.

Am 16. April 2017 stimmten die Bürger der Türkei über eine Änderung der Verfassung ab, deren zentraler Gegenstand der Wechsel von einem parlamentarischen

---

9 Vgl. Martina Sauer, Politische und zivilgesellschaftliche Partizipation von Migranten, in: Heinz Ulrich Brinkmann/dies. (Hrsg.), Einwanderungsgesellschaft Deutschland. Entwicklung und Stand der Integration. Lehrbuch zu zentralen Aspekten der Integration in Deutschland aus sozialwissenschaftlicher Perspektive, Wiesbaden 2016, S. 255–279.

zu einem Präsidialsystem war und bei der die Macht des Präsidenten (Recep Tayyip Erdoğan) enorm ausgeweitet werden sollte.

Tabelle 1: Ergebnisse des Verfassungsreferendums (insgesamt, nur Türkei, Ausland und Deutschland).

	Türkei + Ausland	Nur Türkei	Ausland	Deutschland
Wahlberechtigte	58.366.647	55.408.777*	2.957.870	1.430.132
Abgegebene Stimmen	49.799.163	48.374.936*	1.424.227	660.666
Gültige Stimmen	48.934.116	47.527.543	1.406.573	653.502
Ungültige Stimmen	865.047	847.393*	17.654	7.164
Wahlbeteiligung (%)	85,32	87,30	48,18	46,22
Ja (%)	51,41	51,18	59,09	63,07
Gültige Stimmen Ja	25.157.025	24.325.817	831.208	412.149
Nein (%)	48,59	48,82	40,91	36,93
Gültige Stimmen Nein	23.777.091	23.201.726	575.365	241.353

Quelle: Anadolu Agentur, Hürriyet; eigene Berechnungen.

Das Referendum ging – bei einer sehr hohen Wahlbeteiligung in der Türkei und einer moderaten im Ausland – sehr knapp für die Position (Ja) der AKP aus. Deutlich wurde dabei, dass die „Auslandstürken" noch stärker als in der Türkei die Position der AKP unterstützten; Deutschland ragte mit mehr als 63 Prozent Ja-Stimmen heraus.

Am 24. Juni 2018 fanden – vorgezogene (geplant war die Wahl für November 2019) – Präsidentschafts- und Parlamentswahlen statt.

Tabelle 2: Ergebnisse der Präsidentschaftswahl vom 24. Juni 2018

	Türkei + Ausland	Nur Türkei	Ausland	Deutschland
Stimmen insgesamt	59.354.840	56.322.634	3.032.206	1.443.684
Abgegebene Stimmen	51.187.468*	49.669.129	1.518.339	660.341
Gültige Stimmen	50.058.220*	48.559.856	1.498.364	651.151
Ungültige Stimmen	1.129.248*	1.109.273	19.975	9.190
Wahlbeteiligung (%)	86,23*	88,19	50,07	45,74
Tayyip Recep Erdoğan in %	52,59	52,38	59,4	64,78
Muharrem Ince in %	30,64	30,79	25,76	21,88
Selahattin Demirtaş in %	8,4	8,32	11,06	9,98
Meral Akşener in %	7,29	7,42	2,99	2,58

Quelle: Anadolu Agentur, Milliyet; eigene Berechnungen. Großer Dank gilt meinem Mitarbeiter, Herrn Yunus Ulusoy (Programmleiter für deutsch-türkische Beziehungen am ZfTI), für seine wertvollen Vorarbeiten und die Erstellung von Tabellen.

Erdoğan gewann die Wahlen knapp. In der Türkei betrug sein Vorsprung etwas mehr als zwei Prozentpunkte über die erforderliche Fünfzigprozentmarke. Im Ausland lag das Ergebnis jedoch erneut weit darüber: etwa neun Prozentpunkte mehr im Ausland insgesamt und stolze 14 Prozentpunkte mehr in Deutschland. Bei den Parlamentswahlen hatte Erdoğans Wahlallianz etwa 53 Prozent in der Türkei bekommen, im Ausland jedoch etwa knapp 60 Prozent und in Deutschland wiederum etwa 64 Prozent.

Wirft man nun einen Blick auf die jüngste Wahl am 14. Mai 2023 und auf die zwei Wochen später erfolgende Stichwahl am 28. Mai 2023, so ergibt sich folgendes Bild.

Tabelle 3: Amtliche Ergebnisse der Präsidentschaftswahl; Vergleich 14. Mai und Stichwahl 28. Mai 2023

	In- und Ausland		Nur Türkei		Ausland mit Grenzübergängen	
	14. Mai	28. Mai	14. Mai	28. Mai	14. Mai	28. Mai
Wahlberechtigte insgesamt	64.145.504	64.197.454	60.721.745	60.771.236	3.423.759	3.426.218
Abgegebene Stimmen	55.833.153	54.023.601	53.993.683	52.093.375	1.839.470	1.930.226
Gültige Stimmen	54.796.049	53.339.313	52.972.934	51.418.556	1.823.155	1.920.757
Ungültige Stimmen	1.037.104	684.288	1.020.749	674.819	16.355	9.469
Wahlbeteiligung in %	87,04	84,15	88,92	85,72	53,73	56,34
Erdoğan	27.133.849	27.834.589	26.086.102	26.690.529	1.047.747	1.144.060
Kılıçdaroğlu	24.595.178	25.504.724	23.873.749	24.728.027	721.429	776.697

Erdoğan in %	49,52	52,18	49,24	51,91	57,47	59,56
Kılıçdaroğlu in %	44,88	47,82	45,07	48,09	39,57	40,43

Quelle: Hohe Wahlkommission der Republik Türkei. Die Ergebnisse der beiden ausgeschiedenen Kandidaten Ince und Oğan wurden nicht berücksichtigt.

Auch hier lag Erdoğan mit knapp fünf Prozent vorn, obwohl eine substanziell hohe Zahl von Wahlprognosen und Umfragedaten diesmal einen „echten Wechsel" vorhergesagt hatten – u. a. infolge der galoppierenden Inflation und immer schlechter werdender Wirtschaftsdaten; aber zuletzt auch durch die Unzufriedenheit mit dem Missmanagement bei der Erdbebenkatastrophe vom 6. Februar 2023 im Südosten der Türkei mit über 50.000 Toten. In einige Regionen kamen die Hilfe- und Rettungstrupps erst Tage später an, regierungsnahe Institutionen wie der türkische Halbmond gerieten durch Zeltverkäufe an NGOs – statt direkter Hilfen an die Betroffenen – in Misskredit. Erdoğan und seine Allianz konnten aber trotz Wirtschaftskrise und verheerender Erdbebenfolgen eine knappe Mehrheit hinter sich bringen. Dieses Ergebnis war mit teuren populistischen Wahlgeschenken wie etwa einem Frühverrentungsprogramm sowie hohen Zuschlägen für Rentenbeziehende, Staatsbedienstete oder Mindestlohnempfänger erkauft worden, die nicht nur den ohnehin defizitären Haushalt und die Leistungsbilanz der Türkei weiteren Belastungen aussetzten, sondern auch knapp zwei Monaten nach der Wahl mit einer enormen Preissteigerung vor allem auf Energie, Lebensmittel und Mieten wieder zunichte gemacht wurden.

Da jedoch mit Blick auf die Wahl des Staatspräsidenten kein Kandidat im ersten Wahldurchgang die erforderlichen 50 Prozent bekam, wurde eine Stichwahl notwendig, deren Termin auf den 28. Mai 2023 festgelegt war. Während die Wahlbeteiligung bei der Stichwahl im Inland um 3,2 Prozent zurückging, stieg sie im Ausland im Vergleich zum 14. Mai auf einen neuen Rekordwert von 56,3 Prozent. Dies zeigt, dass das Interesse an der türkischen Politik anhaltend hoch blieb.

Zuletzt sei der Blick geweitet und auf das Wahlverhalten Türkeistämmiger (fokussiert auf die Stichwahl) in ausgewählten europäischen und außereuropäischen Staaten gelenkt.

Tabelle 4: Ergebnisse der Stichwahl nach ausgewählten Ländern vom 28. Mai 2023, in Prozent

	Wahlberechtigte	Wahlbeteiligung	Erdoğan	Kılıçdaroğlu
Weltweit insgesamt	3.426.218	56,3	59,6	40,4
Deutschland	1.505.489	50,4	67,2	32,8
Frankreich	398.087	51,9	66,8	33,2
Holland	287.404	54,1	70,6	29,4
Belgien	153.826	59,4	74,7	25,3
Großbritannien	127.633	53,3	19,6	80,4

Österreich	112.173	58,9	73,9	26,2
Schweiz	105.925	62,5	43,0	57,0
Schweden	42.820	33,2	47,0	53,0
Dänemark	36.773	43,6	62,1	37,9
Russische Föderation	14.403	33,2	43,5	56,5
Vereinigte Arabische Emirate	12.778	63,5	35,3	64,7
USA	134.607	41,3	17,3	82,7
Kanada	40.505	56,9	19,2	80,8
Australien	53.967	39,3	43,5	56,5

Quelle: Hohe Wahlkommission der Republik Türkei; Wahlbeteiligung: Anadolu-Agentur.

Erdoğan gewann die Wahlen mit großem Vorsprung insbesondere in den klassischen „Gastarbeiteranwerbeländern" wie Deutschland, Holland, Belgien und Österreich (Werte zwischen 66 und knapp 75 Prozent). Die Zahlen verdeutlichen darüber hinaus jedoch auch Folgendes: Zum einen war die Wahlbeteiligung in der Türkei deutlich höher als im Ausland. Der wichtigste Grund dafür ist die in der Türkei geltende Wahlpflicht. Erfahrungsgemäß liegt in allen Ländern mit Wahlpflicht die Wahlbeteiligung über 80 Prozent. Zum anderen wird ersichtlich, dass der Einfluss der Auslandstürken stark überschätzt wird. Obwohl die Auslandstürken insgesamt 5,34 Prozent und die Deutsch-Türken 2,35 Prozent aller Wahlberechtigten ausmachen, sank ihre Bedeutung bei den für Erdoğan abgegebenen Stimmen aufgrund der niedrigeren Wahlbeteiligung im Vergleich zum Inland auf 2,35 Prozent bei den Auslandstürken bzw. 1,41 Prozent bei den Deutsch-Türken, betrachtet man die absoluten Stimmen.

Doch die zentrale Frage lautet: Warum wiederholte sich das Muster- gerade mit Blick auf das europäische Ausland bzw. noch spezifischer, auf Deutschland –, dass am Ende immer die AKP bzw. deren Parteivorsitzender Recep Tayyip Erdoğan gewann? Hierzu bieten sich einige Erklärungen an, die migrationsgeschichtliche und politisch-psychologische Gesichtspunkte berücksichtigen.

5. Erklärungen für die parteipolitischen Präferenzen

5.1. Migrationsgeschichtliche Ursachen

Mit Blick auf das Wahlverhalten Türkeistämmiger in Deutschland bei den Türkeiwahlen lassen sich die politischen Präferenzen zunächst zu einem großen Teil mit den unterschiedlichen Migrationswellen und Migrationsmotiven erklären. In der ersten Phase der Migration, von 1961 bis 1973, rekrutierten sich die damaligen „Gastarbeiter" weitestgehend aus der ländlichen, konservativ-islamisch geprägten Bevölkerung. In Deutschland organisierte sich die frühe „Gastarbeitergeneration" über landsmannschaftliche Vereine (oft als „Kulturvereine" tituliert) sowie über Moscheevereine, die schon immer eher konservative Parteien wählten und gegenwärtig das Wählerreservoir der regierenden AKP bilden.[10] Diese konservativ-religiösen Haltungen werden in den Familien an die nachfolgenden Generationen tradiert, wobei zu berücksichtigen ist, dass im Allgemeinen die intergenerationelle Wertetransmission bei Zuwanderern stark ausgeprägt ist.[11] Insbesondere für NRW ist bezeichnend, dass im Kontext der Gastarbeiteranwerbung vor allem Arbeitskräfte für die Montanindustrie gesucht wurden, die sich aus den Bergbauregionen der Türkei (primär von der Schwarzmeerküste) rekrutierten, also aus einer Region, die sowohl in ihrer Historie als auch gegenwärtig aus konservativ-religiösen Wählerschichten stammt. Nebenbei bemerkt stammt auch Erdoğans Familie aus Rize (nordöstliche Schwarzmeerküste). Daher verwundert es nicht, dass NRW und insbesondere der Generalkonsulatsbezirk Essen überproportional hohe Anteile an AKP-Wählern (zwischen 60 bis 75 Prozent) aufweist.

Die zweite größere Migrationswelle kann auf die Zeit des Militärputsches (1980 bis 1983) sowie auf die Phase nach den langandauernden Unruhen im Südosten der Türkei in den 1990er Jahren datiert werden. Diesmal kamen verstärkt asylsuchende Menschen mit einer eher politisch linken Gesinnung oder aus den überwiegend von Kurden bewohnten Gebieten im Osten und Südosten der Türkei nach Deutschland. Auch heute noch stellen neben (hier aufgewachsenen) linksliberalen Intellektuellen insbesondere kurdische und auch alevitische Gemeinden (mit ihrer historischen Spannung zum sunnitischen Islam) die größten Unterstützungspotenziale für die kurdische HDP bzw. linke Parteien und haben eine kritische Haltung zur AKP. Die türkische Sozialdemokratie in Gestalt der CHP mit der Betonung des Laizismus, der Atatürk'schen Reformen etc. bietet den Türkeistämmigen in Deutschland kein scharfes Profil. Ihre zentralen Streitthemen (wie der Laizismus/Trennung von Staat und Religion) berühren die Lebenswelt hier kaum, da ihr Adressatenkreis eher eine westlich, weltlich und städtisch orientierte Elite in der Türkei ist. In der Türkei stellt die Sozialdemokratie zwar die stärkste Opposition bzw. die zweitstärkste Partei. Ihr Stimmenanteil in Deutschland ist jedoch deutlich geringer.

Die Auswanderung unterschiedlicher Gruppen erklärt zum Teil auch die auffälligen Differenzen im Ländervergleich. So haben beispielsweise in den USA, Kanada und Großbritannien nur zwischen 17 und 20 Prozent der Türkeistämmigen ihre Stimme für Erdoğan abgegeben, denn dort sind vor allem Studierende und Akademiker mit hoher Bildung ausgewandert, die klassisch eher linke oder liberale Wähler sind.

---

10 Vgl. Haci-Halil Uslucan, Türkeistämmige in Deutschland. Heimatlos oder überall zuhause?, in: Aus Politik und Zeitgeschichte 67 (2017), H. 11–12, S. 31–37.
11 Vgl. Irina Mchitarjan/Rainer Reisenzein, Kulturtransmission bei Minderheiten: Ein Theorieentwurf, in: Zeitschrift für Soziologie der Erziehung und Sozialisation 30 (2010), S. 421–435.

5.2. Identifikationssuche

Der wirtschaftliche Aufschwung der Türkei in der ersten Phase der AKP-Regierung, etwa von 2002 bis 2013, war mit einem deutlichen Anstieg des Bruttoinlandsprodukts, des Pro-Kopf-Einkommens und, damit einhergehend, der internationalen politischen Bedeutsamkeit des Landes verbunden. Auf diese Weise wurde das Herkunftsland für in Deutschland lebende Türkeistämmige als Identifikationsquelle immer attraktiver – vor allem dann, wenn mit längerer Aufenthaltsdauer in Deutschland keine bessere Einbindung und Akzeptanz in der Gesellschaft einhergingen. Menschen haben das Bedürfnis, Teil eines starken „Wirs" zu sein und bei fehlenden Identifikationsangeboten in der deutschen Mehrheitsgesellschaft wurde und wird diese dann in einer „starken Türkei", in einem „starken Islam" etc. gesucht. Diese Annahme stützt der Befund einer starken religiösen Orientierung der (türkeistämmigen) Muslime in Deutschland. Dies zeigte sich sowohl im Verhältnis zur deutschen Durchschnittsbevölkerung als auch im internationalen Vergleich in der Teilstudie des Bertelsmann-Religionsmonitors.[12] Zu ähnlichen Resultaten gelangt die Studie von Claudia Diehl und Matthias Koenig.[13] Demnach weist die allgemeine Religiosität Türkeistämmiger eine über Generationen hinweg vorzufindende Stabilität auf, die weitestgehend unabhängig von sozialen Schichtmerkmalen ist. Nicht zuletzt konnte auch das Zentrum für Türkeistudien und Integrationsforschung (ZfTI) in seinen empirischen Studien eine Relevanzzunahme muslimischer Religiosität im Zeitverlauf (2000 bis 2013) dokumentieren. Der Anteil der „eher" bis „sehr" Religiösen stieg von 56,7 Prozent im Jahre 2000 auf knapp 82 Prozent im Jahre 2013. Zugleich war eine markante Abnahme der „weniger" Religiösen von rund 40 Prozent auf etwa 18 Prozent festzustellen.[14] Und gerade „religiöse Gruppen" finden in der AKP ihre parteipolitischen Interessenvertreter.

Darüber hinaus werden die integrationspolitischen Debatten in Deutschland von den Türkeistämmigen oft als Zurückweisung erlebt. Die Klagen über die angeblich misslungene Integration kreist vielfach um „die Türken" und um „die Muslime". Die Erfolge: etwa, dass es inzwischen in Deutschland einen türkischen Mittelstand, eine hohe Zahl von „Bildungsaufsteigern" gibt und große „Integrationsleistungen" erbracht wurden, werden in der Diskussion oft nicht angemessen berücksichtigt. Insbesondere die mit den Polemiken von Sarrazin eingeleitete „Integrationsdebatte", die zum Teil als „Döner-Morde" titulierten NSU-Untaten und das Aufkommen und Erstarken der AfD haben seit 2010 eine antitürkische, antimigrantische Haltung in Teilen der Gesellschaft erzeugt, die in der türkeistämmigen Bevölkerung zu Reaktionen geführt hat. Auch wenn Personen nicht immer selber eine konkrete Ausgrenzungs- bzw. Diskriminierungserfahrung gemacht haben, lässt sich ein großer Teil

---

12 Vgl. Dirk Halm/Martina Sauer, Lebenswelten deutscher Muslime, Gütersloh 2015.
13 Vgl. Claudia Diehl/Matthias Koenig, Religiosität türkischer Migranten im Generationenverlauf. Ein Befund und einige Erklärungsversuche, in: Zeitschrift für Soziologie 38 (2009), H. 4, S. 300–319.
14 Vgl. Sauer (FN 9).

der Betroffenheit in diesem Diskurs über Muster sozialer Identifikation erklären: Man fühlt sich auch selbst angesprochen, wenn Deutsche beispielsweise polemisch über „die Türken" oder „die Muslime" reden. Und wenn beide Gruppen zusammen gedacht werden, erfasst man genau die Wählerschaft von Erdoğan, die sich ihrerseits auch als national/nationalistisch und islamisch versteht.

Fast zeitgleich mit diesen Debatten signalisierte die türkische Regierung mit der Errichtung eines eigenen Ministeriums (Ministerium für Auslandstürken und verwandtschaftliche Beziehungen) und seinen Ablegern[15] im Ausland: Der deutsche Staat, in dem Ihr lebt, kümmert sich nicht genug um Euch – aber wir kümmern uns um Euch! Diese Umarmungsstrategie schuf eine kulturelle Rückbindung. Beides zusammen, die Erfahrung der Zurückweisung in Deutschland und die Werbung aus der Heimat haben Effekte einer Re-Ethnisierung ausgelöst. Push- und Pull-Faktoren wirkten zusammen. Hemmend für die Sozialintegration wirkt sich ebenfalls aus, dass im Alltag Türkeistämmige aus deutscher Sicht nicht selten pauschal für Erdoğan „in Haft genommen werden", d. h. mit der Politik in der Türkei identifiziert und unter Rechtfertigungsdruck gesetzt werden, obwohl sie ihn vielleicht gar nicht gewählt haben oder kritisch zur türkischen Regierung stehen.

Transnationale Netzwerke, Familienbande und Freundschaftsbeziehungen in die Türkei sowie bei jungen Menschen ethnisch-kulturelle Rückbesinnungseffekte führen vielfach zu einer stärkeren Ideologisierung, zu einem Relevanzgewinn politischer Vorstellung in der (vermeintlichen) Diaspora. Die räumliche Distanz, der fehlende Bewährungsdruck der Ideologie im Alltag, die weitestgehende Verschonung von den politischen Repressionen (das AKP-Klientel ist vom politischen Druck kaum betroffen) sowie die Nichtbetroffenheit von den materiellen Sorgen der Daseinsbewältigung in der Türkei (weil man im politisch und ökonomisch abgesicherten Deutschland lebt) nähren Identifikationen und Stilisierungen der „heimatlichen Größe und Macht", insbesondere dann, wenn die entsprechenden Identifikationsangebote fehlen.

Und für die Türkei darf nicht vergessen werden, dass vor politischen Wahlen fast systematisch die Terrorgefahr (Kämpfe mit der verbotenen kurdischen Terrororganisation PKK), Ängste vor einer Spaltung des Landes, ein angeblich schädlicher Einfluss durch „ausländische Mächte", auf die Türkei etc. in den türkischen Medien und der offiziellen Regierungspolitik dramatisierend beschworen und aufgebauscht werden. Dies wiederum löst bei einem großen Teil der Bevölkerung, im Sinne einer autoritären Reaktion, Verunsicherung aus und führt zur Suche nach Schutz bei Mächtigen: in der Regel bei der gegenwärtigen Regierung. Aus der politischen Psychologie ist seit Längerem bekannt, dass die Erzeugung von Angst stets ein probates Mittel ist, um Herrschaft zu stabilisieren. Rainer Mausfeld bringt es treffend auf den Punkt: „Angst führt zu einer Verengung des Aufmerksamkeitsfeldes und des Denkens; eine kollektive Angsterzeugung lässt sich daher nutzen, um je nach Bedarf der Machtausübenden Vorgänge für die Öffentlichkeit unsichtbar zu machen.

---

15 Vgl. Anaz/Köse (FN 8).

Angst blockiert die Befähigung, aus den eigenen gesellschaftlichen Erfahrungen angemessene Schlussfolgerungen zu ziehen."[16] Die übermächtige Rolle der regierungsnahen Medien und staatlichen Institutionen (mit geschätztem Anteil von etwa 90 Prozent), die weitestgehend affirmative Berichterstattung und Wahlpropaganda für die Erdoğan-Allianz betrieben haben, wären ein Thema für sich, auf das hier nicht näher eingegangen werden kann.

6. Fazit

Doch wie soll es künftig weiter gehen mit Erdoğan und der AKP? Wir haben in Europa einen verstellten Blick auf Erdoğan. Er ist eine Reizfigur, auch weil wir – idealtypisch – an einer sachlichen Politik orientiert sind, hinter der persönliche Eitelkeiten und Größenfantasien des einzelnen Politikers zurückzutreten haben. In der Türkei wird Erdoğan jedoch gerade deshalb von seinen Anhängern geliebt, weil er Macht und Präsenz zeigt, in einer sehr volksnahen Sprache spricht und er ihnen immer wieder Selbstwirksamkeit vermittelt: Ihr könnt auf Euch stolz sein; Ihr könnt mehr, als Euch viele zutrauen! Insbesondere Frauen aus einkommensschwachen sozialen Gruppen und eher bildungsfernen traditionellen Kontexten holte er in die politische Öffentlichkeit hinein und gab ihnen Aufgaben (so funktioniert etwa das gut ausgebaute Frauennetzwerk der AKP).

Insofern muss für die politische Bildungsarbeit in Deutschland zunächst eines der Ziele darin liegen, die Gruppe der Erdoğan-Wähler nicht systematisch auszugrenzen oder zu dämonisieren, sondern sie viel stärker in hiesige politische Prozesse einzubinden. Gerade Impulse aus Deutschland, dem wichtigsten ausländischem Partner der Türkei, können beim Umgang des Staates mit seinen Bürgern bedeutsam sein, um Alternativen zum Status quo (des repressiven Umganges mit Minderheiten in der Türkei) aufzuzeigen. Eine Stärkung der politischen Partizipation türkeistämmiger Zuwanderer könnte demokratiedistante Haltungen reduzieren. Im Mittelpunkt sollten dabei eine staatsbürgerliche, soziale und kulturelle Gleichberechtigung sowie Akzeptanz und Abbau von Diskriminierung in der Bildungs- und Arbeitswelt stehen. Denn wenn umgekehrt Menschen im Alltag eher das Gefühl vermittelt bekommen, „ausgegrenzt", also nicht dazu gehörig zu sein, erscheint es für sie psychologisch widersinnig, an einer Wertewelt jener Gruppe teilzuhaben, die sie zugleich gar nicht in ihrer Mitte haben will. Das lässt sich auch mit den empirischen Daten des ZfTI belegen: Wer Mitwirkungsmöglichkeiten höher einschätzt, entwickelt auch höhere Zugehörigkeitsgefühle.[17] Darüber hinaus zeigen Forschungen, dass eine hohe

---

16 Rainer Mausfeld, Angst und Macht. Herrschaftstechniken der Angsterzeugung in kapitalistischen Demokratien, Frankfurt a. M. 2021, S. 21.
17 Vgl. Martina Sauer, Identifikation und politische Partizipation türkeistämmiger Zugewanderter in Nordrhein-Westfalen und in Deutschland. Ergebnisse der erweiterten Mehrthemenbefragung 2017 (2018), unter: https://cdn.website-editor.net/09fe2713f5da44ff99ead273b339f17d/files/uploaded/2017.pdf (30. Juli 2023).

Partizipation von Zuwanderern auch mit höheren Wohlbefindens- und Lebenszufriedenheitswerten einhergeht.[18]

Ferner zeigen Forschungen zu Autoritarismusneigungen Jugendlicher[19], aber auch kulturvergleichende Untersuchungen[20] sowie Studien im innerdeutschen Vergleich[21], dass eine hohe Bildung im Allgemeinen mit geringeren Autoritarismuswerten korreliert und insbesondere von der gymnasialen Bildung ein liberalisierender Effekt ausgeht. Schüler, die über höhere kognitive Fähigkeiten verfügen, sind auch eher in der Lage, gesellschaftliche Hintergründe differenzierter zu betrachten, politische Propaganda zu erkennen und Schwarz-Weiss-Denken zu widerstehen. Mit Blick auf Türkeistämmige zeigt etwa eine Studie aus dem Jahre 2016 ein deutlich geringeres politisches Wissen (bezogen auf die Politik in Deutschland) bei türkeistämmigen Jugendlichen im Vergleich mit Jugendlichen anderer ethnischer Hintergründe.[22]

Ferner zeigen gedächtnispsychologische Untersuchungen, dass Menschen sich bei ihren Urteilen umso stärker von affektiven (und dadurch letztlich sozialpolitisch noch schwieriger steuerbaren) Einflüssen leiten lassen, je weniger Detailinformationen sie zum gegebenen Sachverhalt besitzen.[23] Dies unterstreicht die Bedeutung politischer Bildung – jenseits ethnokultureller Hintergründe. Insbesondere Angst spielt eine wichtige Rolle bei der Einstellungsänderung: Menschen in geringen Dosen Furcht einzuflößen kann zu gravierenden Einstellungsänderungen führen. Hingegen führt eine zu starke, zu intensive angstbesetzte Kommunikation eher dazu, dass Menschen sich den Inhalten verschließen, die Botschaften ausblenden bzw. diese aus Selbstschutz (Schutz vor überwältigenden negativen Gefühlen) erst gar nicht wahrnehmen.[24]

Nicht zuletzt konnten bislang neben den Bildungseffekten auch häufig Geschlechtseffekte im Jugendalter identifiziert werden. In der Regel wiesen männliche Probanden höhere Autoritarismuswerte auf.[25] Insofern lässt sich schlussfolgernd als pädagogische Implikation und zur Prävention einer künftigen autoritätsaffinen

---

18 Vgl. Daniela Marzana/Sara Alfieri/Elena Marta, Does Participating in National and Ethnic Associations Promote Migrant Integration? A Study with Young First- and Second-Generation Migrants, in: Nikola Balvin/Daniel J. Christie (Hrsg.), Children and Peace. From Research to Action, Wiesbaden 2020, S. 103–118.
19 Vgl. Uslucan (FN 6).
20 Vgl. Sam McFarland/Vladimir Ageyev/Marina Abalakina, The Authoritarian Personality in the United States and the Former Soviet Union: Comparative Studies, in: William F. Stone/Gerda Lederer/Richard Christie (Hrsg.), Strength and Weakness. The Authoritarian Personality Today, New York 1993, S. 199–225.
21 Vgl. Oesterreich (FN 7).
22 Vgl. Anna Greßer, Ethnische Ungleichheiten im politischen Wissen. Politische Lernprozesse türkischstämmiger Jugendlicher in Deutschland, Wiesbaden 2016.
23 Vgl. Karl Christoph Klauer, Einstellungen. Der Einfluß der affektiven Komponente auf das kognitive Urteilen, Göttingen 1991.
24 Vgl. Haci-Halil Uslucan, Migrantische Selbst- und Fremdplatzierungen, in: Bertelsmann Stiftung (Hrsg.), Wer gehört dazu? Zugehörigkeit als Voraussetzung für Integration, Gütersloh 2011, S. 199–218.
25 Vgl. Uslucan (FN 6).

Haltung festhalten, dass bei der Förderung der politischen Bildung dringender Handlungsbedarf besteht und die politische Bildungsarbeit verstärkt auf junge türkeistämmige Männer (mit Zuwanderungsgeschichte) ausgerichtet werden sollte. Dabei gilt es, das Interesse und die Bindungen an das politische Geschehen im Herkunftsland (der Eltern oder Großeltern) nicht von vornherein zu skandalisieren, sondern diese als Ergänzung zur Zugehörigkeit zu Deutschland anzuerkennen. Erst durch eine von Verständnis geleitete Haltung gegenüber der transnationalen Orientierung der „Deutsch-Türken" entsteht die Chance, politisches Engagement auch mit Blick auf Deutschland zu entwickeln. Im selben Atemzug muss eine deutliche Steigerung der Interessenvertretung von Zuwanderern durch mehrheitsgesellschaftliche Institutionen erfolgen, um die Anfälligkeit gegenüber Angeboten von außen zu reduzieren. Mit einer transkulturelle Aspekte stärker berücksichtigenden politischen Bildung kann mittelfristig die Anfälligkeit für populistische und nationalistische Propaganda reduziert werden.

Biographisches Porträt: Abul Baraa

Evelyn Bokler

1. Lebenslauf

Es ist nicht viel bekannt über Ahmad Armih alias Abul Baraa. Es ist nicht einmal gesichert, ob sein Name tatsächlich so lautet oder nur ein Alias bedeutet.[1] Bekannt aber ist die wichtige Rolle, die Abul Baraa in der salafistischen[2] Szene in Deutschland spielt: Auf YouTube zählt sein Kanal *Abul Baraa Tube*[3] fast 85.000 Abonnenten, und seine Videos weisen hohe Klickzahlen auf, mitunter im sechsstelligen Bereich. Bei Tiktok sind zahlreiche seiner Shorts (Kurzvideos) sogar millionenfach aufgerufen. Immer wieder tritt Abul Baraa in den sozialen Netzwerken sowie in Moscheen als islamischer Geistlicher auf, der im Rahmen von Vorträgen und Fragerunden seine Zuhörer in islamischen Glaubensdingen unterweist – nach seiner fundamentalistischen Lesart. Dies unterstreicht sein Erscheinungsbild. In eine Dschallabiya gewandet, mit einer Takke (Gebetskappe) und oftmals der Kufiya, einem Tuch, bedeckt, setzt er sich bewusst vom westlichen Kleidungsstil ab. Sein Vollbart betont sein bäriges Äußeres, und in seinen Reden baut er regelmäßig flotte Sprüche ein, die mitunter durchaus selbstironisch sein können. Wer Fragen stellt, muss zudem mit einer markigen Antwort rechnen, die ihm die überwiegend jungen Zuhörer allerdings nicht übelnehmen – dies ist zumindest dem wohlwollenden Gelächter aus dem Hintergrund zu entnehmen. So entsteht rasch der Eindruck einer familiären Atmosphäre zwischen den Teilnehmern, die trotz aller Ernsthaftigkeit bei den behandelten Themen etwas Heiteres bei ihrer Zusammenkunft auszeichnet. Wer also ist dieser Mann, der so viel Aufmerksamkeit auf sich lenkt und vorgibt, den „wahren" Islam zu lehren?

Geboren wurde Ahmad Armih wohl 1973 im Libanon als Sohn palästinensischer Eltern.[4] Dort lebte er als Flüchtlingskind in ärmlichen Verhältnissen, bis er mit seiner Familie vor dem Bürgerkrieg nach Deutschland floh. Im Erwachsenenalter folgte nach seinen Angaben ein Studium der Wirtschaftswissenschaften, wobei

---

1 Vgl. Shams Ul-Haq, Eure Gesetze interessieren uns nicht! Undercover in europäischen Moscheen – wie Muslime radikalisiert werden, Zürich 2018, S. 149.
2 Vgl. zu den Begriffen Salafismus, Islamismus und Dschihadismus Hazim Fouad/Behnam Said, Islamismus, Salafismus, Dschihadismus. Hintergründe zur Historie und Begriffsbestimmung, in: Stefan E. Hößl/Lobna Jamal/Frank Schellenberg (Hrsg.), Politische Bildung im Kontext von Islam und Islamismus, Bonn 2020, S. 74–98.
3 www.youtube.com/@abulbaraatube1927 (1. Juli 2023).
4 Vgl. Annemieke Munderloh, „Unterwerfung ist von dir verlangt, nicht überlegen". Wer ist Ahmad „Abul Baraa"? Ein Portrait, in: Demokratie Dialog 5 (2019), S. 48–57.

nicht sicher ist, ob er dieses abgeschlossen hat.[5] Über eine klassische theologische Ausbildung ist ebenfalls nichts bekannt. Über sie dürfte er nicht verfügen – was seinen eklektizistischen Stil erklären könnte, der eher auf das Islamverständnis eines Autodidakten hinweist. Laut *Tagesspiegel* aus Berlin ist Abul Baraa mit Serpin C. (Jahrgang 1977?) verheiratet, mit der er fünf Kinder haben soll. Sie betreibe online einen Bekleidungshandel für Musliminnen.[6]

Als Prediger trat Abul Baraa zunächst in Berlin in Erscheinung, das als ein deutsches Zentrum des Salafismus gilt. In der As-Sahaba-Moschee im Berliner Wedding predigte er seit ihrer Eröffnung 2010 als Imam.[7] Die As-Sahaba-Moschee bot von Beginn an bekannten Akteuren der salafistischen Szene in Deutschland einen Raum, unter anderem dem späteren IS-Dschihadisten Denis Cuspert, früher bekannt als Rapper Deso Dogg. Mitglied des Moschee-Trägervereins war zudem Reda Seyam, der als einer der wenigen deutschen Dschihadisten als „Bildungs- und Kulturminister" eine einflussreiche Position im *Islamischen Staat* (IS) einnehmen konnte.[8]

Der syrische Bürgerkrieg infolge des Arabischen Frühlings ab Dezember 2010 und die Entstehung des IS im Juli 2014 sollten auch Auswirkungen auf Abul Baraa und die As-Sahaba-Moschee zeigen. In der dschihadistischen Szene kam es mit der Proklamation des „Kalifats" zu einem tiefen Bruch zwischen *al-Qaida*-Sympathisanten und ihrem syrischen Ableger, damals *an-Nusra* genannt, auf der einen Seite und den IS-Anhängern auf der anderen.[9] Abul Baraa positionierte sich eindeutig gegen den IS und bezog hierzu deutlich Stellung[10] – was sodann den Zorn der IS-Dschihadisten erregte. Einige unter ihnen waren bis zu ihrer Emigration in den IS regelmäßige Besucher der As-Sahaba-Moschee. Man kannte sich. Der Frust über den Bruch mit ihrem Scheich Abul Baraa entlud sich auch in ihrem Unverständnis: „Du hast uns doch radikalisiert [...] warum sagst Du Dich jetzt von uns los?"[11] ist auf einer Fotomontage seines ehemaligen Schülers Sven K. zu lesen, die ihn mit seinem Scheich Abul Baraa zeigt. Abul Baraas Konflikt mit dem IS sollte nicht als Persilschein für dessen vermeintlich unextremistische Haltung interpretiert werden.

---

5 Vgl. Ul-Haq (FN 1), S. 158.
6 Vgl. Frank Jansen, Anklage gegen salafistischen Prediger: Berliner Islamist betrog offenbar bei Corona-Soforthilfe, in: Der Tagesspiegel vom 30. April 2021, unter: www.tagesspiegel.de/berlin/berliner-islamist-betrog-offenbar-bei-corona-soforthilfe-4246828.html (10. Juni 2023).
7 Vgl. Munderloh (FN 4), S. 48.
8 Vgl. Florian Flade, Der ranghöchste Deutsche beim IS, Reda Seyam, soll tot sein, in: Die Welt vom 27. Juli 2018, unter: www.welt.de/politik/deutschland/article180026322/Terrorismus-Der-ranghoechste-Deutsche-beim-IS-Reda-Seyam-soll-tot-sein.html (10. Juni 2023).
9 Vgl. statt vieler Cole Bunzel, The Caliphate's Scholar-in-Arms (9. Juli 2014), unter: www.jihadica.com/the-caliphate's-scholar-in-arms/ (12. Juni 2023).
10 Hans Friedolin, Wer sind die ISIS? Sollte ein Muslim sie unterstützen? (22. August 2014), unter: www.youtube.com/watch?v=7aga57rlLVo (10. Juni 2023); sowie, besonders emotional, Abul Baraas klare Ablehnung von Frauen, die in den Dschihad ziehen: Muhammad al-Suri, Muslimische Mädchen und Syrien – Ahmad Abul Baraa (11. Mai 2016), unter: www.youtube.com/watch?v=bBP-inFmt8M (10. Juni 2023).
11 Erasmus-Monitor (a. A.), Bruderkampf – ISIS und die Berliner Salafisten (o. J.), unter: erasmus-monitor.blogspot.com/p/blog-page_7.html (15. Juni 2023).

Biographisches Porträt: Abul Baraa

Hier zeigt sich vielmehr der Bruderkampf im dschihadistischen Lager, dessen Auswirkungen bis nach Deutschland spürbar waren.[12]

Im Dezember 2018 erfolgte ein Durchsuchungsbefehl der As-Sahaba-Moschee wegen des Verdachts auf Terrorismusfinanzierung. Aufgrund der dschihadistischen Umtriebe im Umfeld der Moschee sowie der Tatsache, dass sie unter Beobachtung des Verfassungsschutzes stand, war der Vermieter der Räumlichkeiten 2018 nicht bereit, den Mietvertrag zu verlängern. Die Moschee wurde daher im Januar 2020 geschlossen.[13]

Die Jahre der Corona-Pandemie hinterließen ebenfalls Spuren in den Moscheegemeinden. Die Aktivitäten verlagerten sich zunehmend ins Internet, so auch bei Abul Baraa und seinen Anhängern. In letzter Zeit soll er seinen Vortragsschwerpunkt nach Braunschweig, zur *Deutschsprachigen Muslimischen Gemeinschaft e. V.* (DMG), verlagert haben.[14] Aufgrund seiner hohen Reisetätigkeit, die auf YouTube den veröffentlichten Gastvorträgen aus Moscheen in ganz Deutschland zu entnehmen ist, spielt dies jedoch keine größere Rolle, was Abul Baraas Reichweite betrifft. Diese führt deutlich über den lokalen Raum hinaus.

Neben seiner Tätigkeit als Prediger organisieren Abul Baraa und sein Umfeld Pilgerreisen nach Mekka, unter anderem mit Bakkah-Reisen, die der Salafist Pierre Vogel leitet.[15] Sie zeigen, wie gut Abul Baraa in der salafistischen Szene Deutschlands vernetzt ist. Die Fahrten werden ebenfalls für die Sozialen Medien aufbereitet, so dass auch hier seine Anhänger nah an seiner Lehre und seinem Leben als muslimischer Gläubiger bleiben können.[16]

Während der Corona-Pandemie schaffte es Abul Baraa als Schlagzeile in mehrere große Zeitungen, da er die deutschen Behörden um Corona-Soforthilfen in Höhe von 18.000 Euro betrogen haben soll. Ein Urteil steht noch aus, weshalb zunächst die rechtstaatliche Unschuldsvermutung gilt. Diese spiegelte sich allerdings nicht in der erheblichen Vorverurteilung in den deutschen Medien wider, wo zahlreiche Zeitungen den Fall aufgriffen.[17] Insbesondere der *Bild* war der Anklagepunkt

---

12 Vgl. Behnam T. Said, Islamischer Staat. IS-Miliz, al-Qaida und die deutschen Brigaden, Bonn 2015, S. 118–174.
13 So beschrieben in einem Urteil des Berliner Verwaltungsgerichts: VG Berlin, Urteil vom 10.05.2021 – 4 K 380/20, unter: openjur.de/u/2341782.html (13. Juni 2023).
14 Vgl. Verfassungsschutz Niedersachsen, Wirken des überregionalen Predigers Abul Baraa (30. September 2020), unter: http://www.verfassungsschutz.niedersachsen.de/startseite/aktuelles_service/aktuelle_meldungen/wirken-des-uberregionalen-predigers-abul-baraa-193038.html (2. Juni 2023).
15 Vgl. www.instagram.com/bakkah_reisen_official/?hl=de (10. Juni 2023).
16 Abul Baraa Tube, Die Umrah-Gruppe auf dem Weg nach Mekkah_Wir vermissen Euch! (27. Dezember 2022), unter: www.youtube.com/watch?v=MSiNaWBqQ8E (10. Juni 2023); emotional besonders ergriffen zeigt sich Abul Baraa heftig weinend am Arafat-Tag seiner Pilgerreise 2022: Dawah in Deutschland, Abul Baraa weint am Tage von Arafah [sic!] (Emotionale Rede) (21. Juni 2022), unter: www.youtube.com/watch?v=4VysI0MmTGg (10. Juni 2023).
17 Vgl. statt vieler: RTL (a. A.), Hassprediger soll sich Corona-Soforthilfe für „Honig-Handel" erschlichen haben (20. April 2020), unter: www.rtl.de/cms/corona-soforthilfe-fuer-erfundenen-honig-handel-kassiert-berliner-hassprediger-droht-mit-klage-keine-stellungnahme-4525140.html

mehrere Schlagzeilen wert.[18] Diese tendenziöse Berichterstattung führte zu einer erheblichen Emotionalisierung bei Abul Baraas Anhängern, die darin gezielte Diffamierungskampagnen seitens der deutschen Medien vermuteten. Der bei Islamisten gängigen Verbreitung eines muslimischen Opfernarrativs arbeiten diese medialen Darstellungen daher in die Hände. So nimmt Abul Baraa ebenfalls Stellung zu den Vorwürfen, um sie einerseits zu entkräften und andererseits eine vermutete extreme Islamfeindlichkeit in den deutschen Medien anzuprangern.[19] Er erreicht damit zahlreiche Muslime auch außerhalb der Szene, die dieses Narrativ übernehmen, wie der junge YouTuber Ahmad.[20] In einem YouTube-Beitrag sieht Ahmad 2021 Abul Baraa durch die Vorverurteilung als Opfer einer strukturellen Islamfeindlichkeit in der deutschen Presse.[21] Abul Baraa und seine Anhänger werden sich über Ahmads Beitrag freuen. Ihre Weltaufteilung in „wir wahre Muslime" und „die anderen"[22] erfährt dadurch eine erhebliche Festigung.

2. Würdigung

Welche Rolle spielt nun Abul Baraa innerhalb der muslimischen Gemeinschaft? Wie anknüpfungsfähig sind seine Thesen an den Islam und was bedeutet dies für die deutsche Gesellschaft? Um diese Fragen angemessen beantworten zu können, ist zunächst ein Hinweis wichtig. Abul Baraa wird zwar vom Verfassungsschutz beobachtet, ist bisher aber nicht als strafrechtlich verurteilt in Erscheinung getreten. Seine Strategie wird als legalistischer Islamismus bezeichnet, da er in seinen Vorträgen und Predigten ausdrücklich auf die Anwendung von Gewalt oder gar Terror verzichtet und sich dezidiert gegen explizite Gewaltaufrufe richtet.[23] So versucht

---

(10. Juni 2023); Markus Wehner, Razzia in der salafistischen Szene Berlins, in: Frankfurter Allgemeine Zeitung vom 7. Mai 2020, unter: www.faz.net/aktuell/gesellschaft/kriminalitaet/berlin-razzia-in-salafistischer-szene-wegen-corona-betrugs-16758183.html (10. Juni 2023).

18 Vgl. Matthias Lukaschewitsch, Berliner Hassprediger zockte 18.000 Euro Corona-Hilfe ab, in: Bild vom 17. April 2020, unter: www.bild.de/regional/berlin/berlin-aktuell/trotz-sozialleistungen-hassprediger-zockte-18000-euro-corona-hilfe-ab-70083790.bild.html (10. Juni 2023).

19 Vgl. Deutschsprachige Muslimische Gemeinschaft e. V., Statement zu Corona-Subventionen von Sh. A. Abul Baraa (7. Dezember 2020), unter: www.youtube.com/watch?v=kE8u5sW6eRY (19. Juni 2023).

20 Ahmad zählt immerhin 108.000 Abonnenten und gehört (wahrscheinlich) nicht in das salafistische Umfeld. Er würde sonst wohl keine Videos produzieren, die ausdrücklich das Christentum vor Verunglimpfungen zu verteidigen suchen. Vgl. Ahmad, Wie Influencer das Christentum beschmutzen (25. Mai 2023), unter: www.youtube.com/watch?v=a-NnLNt_eus (10. Juni 2023).

21 Ahmad, Die ganze Wahrheit über „Abul Baraa" (21. September 2021), unter: www.youtube.com/watch?v=-y7ScfXqpWU (10. Juni 2023). Über 140.000 Menschen haben dieses meinungsstarke Video angeklickt.

22 Abul Baraa Tube, Eine Brandrede von Abul Baraa über die ungerechte Behandlung der Muslime in diesem Land (10. Juli 2018), unter: www.youtube.com/watch?v=mkfE96IoJWc (10. Juni 2023); vgl. hierzu auch Munderloh (FN 4), S. 54.

23 Abul Baraa verbietet mit Verweis auf Sure 60:6–9 ausdrücklich, den Kuffar (Ungläubigen) gegenüber „übel" zu sein oder „ihr Blut zu vergießen". Er ruft zu einem „gütigen und gerechten

er, Grundrechte wie die Religions- und Meinungsfreiheit auszunutzen, um sie für seine menschenrechtsfeindliche und folglich verfassungsfeindliche Interpretation des Islams zu missbrauchen.[24] Abul Baraas gesellschaftspolitische Vorstellungen richten sich gegen die freiheitliche demokratische Grundordnung (FDGO) und deren drei Grundprinzipien: die Würde des Menschen, das Demokratieprinzip sowie das Rechtsstaatsprinzip.[25] Wie und wo wird im Folgenden skizziert.

Doch nicht nur die Sicherheitsbehörden sollten sich mit Abul Baraas Einfluss befassen. Auch für die Muslime in Deutschland stellt er eine theologische Herausforderung dar, da sein fundamentalistischer Rigorismus nicht nur eine nach Deutungsmacht strebende Minderheitenposition innerhalb der vielfältigen Strömungen des Islams bedeutet. Nach seiner Auffassung sind die Muslime, die sich seinem Islamverständnis entziehen, keine Muslime mehr, sondern vom wahren Glauben abgefallen[26] – ein gravierender Vorwurf, der nach einem konservativen Islamverständnis schwerer wiegt, als zum Beispiel Anhänger des Christentums zu sein. Dies *kann* – wie andere seiner Ansichten – weitreichende gesellschaftspolitische Konsequenzen nach sich ziehen, da seine Einlassungen den innerislamischen Religionsfrieden in empfindlichem Maße stören. Ebenso problematisch ist Abul Baraas Verhältnis zu Nicht-Muslimen, die er in eindeutig negativer Konnotation als Ungläubige (Kuffar) bezeichnet. Damit wendet er sich gegen die „ungläubige" Mehrheitsgesellschaft, die er als „die Anderen" negativ markiert.

Was die Relevanz Abul Baraas betrifft, ist zunächst eine Tatsache entscheidend. Abul Baraa, wie auch andere salafistische Akteure, dominieren YouTube und andere Soziale Medien mit einer erheblichen Dichte an Beiträgen, die von Shorts bis zu über eine Stunde langen Vorträgen reichen. Sie alle dienen dazu, Da'wa, das heißt Missionierung, zu betreiben. Diese Da'wa hat sich jüngst verstärkt ins Internet verlagert, da dort die Ansprache ihrer primären Zielgruppe – junge Menschen, die auf der

---

Umgang" mit ihnen auf, solange sie die Muslime nicht angreifen, aus ihren Häusern vertreiben usw. (Sure 60:9). Dies bedeutet natürlich ausdrücklich nicht, dass man sie respektieren oder gar ihre Haltung anerkennen dürfe, denn sie sind bewusst fehlgläubig und verweigern sich der einen Wahrheit. Dennoch: Die übelsten unter den Menschen sind die Muslime, so Abul Baraa, die Blut unter den Nicht-Muslimen vergießen. „Wir sind fern von diesen Leuten und sie sind fern von uns." Habibi Flo Dawah Produktion, Ahmad Abul Baraa – Das Benehmen gegenüber den Nichtmuslimen! (14. Oktober 2022), unter: www.youtube.com/watch?v=dFtJgBAVoTU&list=PLetE9EfOBBz7g_3oNhETbGzhnxJy6yUEy&index=19 (10. Juni 2023), ab Minute 21:41.

24 Vgl. hierzu auch Friedhelm Hartwig, Der Islam auf YouTube, in: Philipp W. Hildmann/Susanne Schmid (Hrsg.), Salafismus in Deutschland und Bayern. Ein Problemaufriss. Aktuelle Analysen 84 (2021) (Hanns-Seidel-Stiftung), S. 110–122, hier: S. 111 f.
25 Vgl. BVerfGE 144, 20–367, bes. Rn. 538, 542, 547.
26 Konkret wird dies zum Beispiel deutlich in einem Beitrag, in dem Abul Baraa den YouTube-Kanal „Datteltäter" verunglimpft und die Produzenten als abgefallene Muslime beschimpft: Einladung zum Erfolg CH, Die Datteltäter (Übeltäter) – Ahmad Abul Baraa #Datteltäter (11. Februar 2019), unter: www.youtube.com/watch?v=luRJHlKM6yQ (12. Juni 2023). Die Datteltäter sind junge Musliminnen und Muslime, die sich v. a. mit dem Thema Islam in der deutschen Einwanderungsgesellschaft befassen und sehr erfolgreich sind. 2017 haben sie u. a. zwei Grimme Online Awards gewonnen. Der Kanal zählt über 500.000 Abonnenten. Auf YouTube unter: @datteltater.

Suche nach sich selbst und einem Sinn des Lebens sind – am besten gelingen kann.[27] Auf mehreren Kanälen wie *Abul Baraa Tube* oder *Deutschsprachige Muslimische Gemeinschaft e. V.* veröffentlichen sie fast täglich Beiträge, in denen sie einem jungen Publikum Alltagsfragen beantworten und auf diese Art ihr Islamverständnis vermitteln. Da Jugendliche vor allem das Internet nutzen, um Themen zu recherchieren, sich auszutauschen oder weiterzubilden, werden sie rasch mit diesen Inhalten konfrontiert.[28] Die Corona-Pandemie hat diese Entwicklung zusätzlich befeuert.[29] Differenzierte theologische Darstellungen eines gemäßigten Islams nutzen kaum diese medialen Formate,[30] weshalb die Jugendlichen rasch in eine salafistische Filterblase rutschen, deren Wirkung denen einer Echokammer gleicht.[31] Dieser Einfluss auf die religiöse Bildung Jugendlicher ist zwar schwer zu quantifizieren, kann aber mindestens zu einem erheblichen Maße angenommen werden. Vor allem, wenn es Jugendlichen an alternativen Angeboten wie islamischem Religionsunterricht an Schulen mangelt. Quellen zu Abul Baraa liegen daher fast ausschließlich in Form von Vorträgen und Fragerunden vor. Als erste Buchveröffentlichung ist seit dem Frühjahr 2023 über seine Sozialen Medien eine Publikation von ihm erhältlich, in der er sein Glaubensverständnis zusammenfasst.[32]

Die Videos, die Abul Baraa und sein Team auf YouTube hochladen, sind Aufzeichnungen von Veranstaltungen in ausgewählten Moscheen. Diese Vorträge werden allerdings gekürzt ins Netz gestellt, was den Verdacht aufkommen lässt, dass nicht alle Inhalte für die breite Öffentlichkeit bestimmt sind. Der Investigativjournalist Shams Ul-Haq bestätigt diesen Eindruck.[33] Er selbst hat zahlreiche Vorträge von Abul Baraa live gehört und mit den veröffentlichten Versionen abgeglichen. Dabei kommt er zu der Einschätzung, dass inhaltlich besonders heikle Passagen herausgekürzt werden, um nicht unnötig die Aufmerksamkeit der Sicherheitsdienste auf sich zu lenken.

Thematisch befasst sich Abul Baraa mit Fragen, die sich grob in drei Gruppen unterteilen lassen: das wahre Leben als wahre Muslimin und wahrer Muslim; Muslime untereinander sowie das Verhältnis der Muslime zur deutschen Mehrheitsgesellschaft bzw. zum „Westen". Zur ersten Kategorie gehören vor allem persönliche Aspekte der Lebensführung, besonders das Verhältnis zwischen den Geschlechtern und wie man im Alltag ein guter Muslim ist, um nach dem Tod ins Paradies zu

---

27 Vgl. Lino Klevesath u. a., Radikalislamische YouTube-Propaganda. Eine qualitative Rezeptionsstudie unter jungen Erwachsenen, Bielefeld 2021, S. 12, S. 24 ff.
28 Vgl. hierzu Mahmud El-Wereny, Radikalisierung im Cyberspace. Die virtuelle Welt des Salafismus im deutschsprachigen Raum – ein Weg zur islamistischen Radikalisierung?, Bonn 2021, S. 126 f.
29 Vgl. Heiner Vogel, „Ein Haufen Schutt". Die salafistisch-dschihadistische Szene im Umbruch (22. November 2022), unter: www.bpb.de/themen/infodienst/515398/ein-haufen-schutt/ (10. Juni 2023).
30 Vgl. hierzu El-Wereny (FN 28).
31 Vgl. Hartwig (FN 24), S. 111.
32 Abul Baraa Tube, Die Bücher sind da!!! Greift zu!! (23. März 2023), unter: www.youtube.com/watch?v=4VysI0MmTGg (12. Juni 2023).
33 Ul-Haq (FN 1).

kommen. Das Geschlechterbild spielt eine wichtige Rolle, was die Lebenswirklichkeit insbesondere junger Menschen widerspiegelt: das Kennenlernen von Mann und Frau, Körperlichkeit, Ehe, Sexualität und, in geringerem Maße, Kindererziehung (das Publikum ist noch jung). Ein Video zum Thema „Was darf man beim Geschlechtsverkehr tun und was ist absolut verboten" erfreut sich mit mehr als 270.000 Klicks besonderer Beliebtheit: Hier konnten offen Fragen gestellt werden, und Abul Baraa beantwortet sie alle ernsthaft und geduldig.[34]

Was didaktisch direkt auffällt, ist die klare schwarze Pädagogik, derer sich Abul Baraa in der Glaubensunterweisung bedient. Seine Welt folgt einer strikten Schwarz-Weiß-Malerei, die keinerlei Raum für Zwischentöne zulässt. Sein Denken ist unmissverständlich in *haram* (verboten) und *halal* (geboten) strukturiert. Dies erleichtert ihm und seinen Anhängern die Lebensführung in einer freiheitlichen Gesellschaft, die als außerordentlich komplex und kompliziert sowie grundsätzlich moralisch verdorben wahrgenommen wird. Durch diese explizite Haltung, die er bewusst einsetzt, polarisiert Abul Baraa Jugendliche, wie jüngst die Studie von Klevesath u. a. belegen konnte. Viele Befragte empfinden sein Auftreten als „böse", „radikal" sowie aggressiv und lehnen es aus diesen Gründen ab.[35] Dennoch zeigen die rapide steigenden Zahlen seiner Abonnenten in den Sozialen Medien eine Akzeptanz in bestimmten Kreisen, die sich dadurch angesprochen fühlen.

Das mag unter anderem an Abul Baraas klarem Gottesbild und dem daraus abgeleiteten Machtverständnis liegen. Es ist patriarchalisch und streng autoritär gezeichnet. An der Spitze steht Gott als allmächtiger Herrscher und Richter. Ihm sind die Gläubigen zu unhinterfragter und absoluter Unterwerfung verpflichtet.[36] Dieses stark hierarchisch-patriarchalische Weltbild mit Gott an der Spitze einer vertikal durchherrschten gläubigen Gemeinschaft überträgt Abul Baraa auf alle Lebensbereiche: auf die Familie, die Gesellschaft und die Politik. Im Zentrum habe der starke Mann zu stehen, der klar und konsequent herrscht und dem alles unterzuordnen sei. Abul Baraa bewegt sich hier in *einer* islamischen Tradition, die daraus ihre politischen Ordnungsvorstellungen ableitet.[37] Einer vertikalen und horizontalen Gewaltenteilung, wie sie das Rechtsstaatsprinzip der FDGO vorsieht, steht dieses monopolistische Machtverständnis diametral gegenüber: Eine Teilung von Macht wird als Schwäche aufgefasst, die zu Chaos und Unordnung führe.

Das mit dem Gottesbild verbundene Liebesverständnis ist von erheblicher Relevanz. Denn so wie der Muslim Gott zu lieben habe, müsse er dessen Feinde hassen

---

34 Abul Baraa Tube, Was darf man beim Geschlechtsverkehr tun und was ist absolut verboten? (6. Oktober 2020), unter: www.youtube.com/watch?v=NQKi3a6n924 (10. Juni 2023).
35 Vgl. Klevesath (FN 27), S. 82–85.
36 Vgl. statt vieler: Habibiflo Dawah Produktion, Ahmad Abul Baraa – Das Benehmen gegenüber den Nichtmuslimen! (14. Oktober 2022), unter: www.youtube.com/watch?v=dFtJgBAVoTU&list=PLetE9EfOBBz7g_3oNhETbGzhnxJy6yUEy&index=19 (10. Juni 2023), ab Minute 18:25.
37 Mit Blick auf die Familie ist die Entwicklung dieses islamischen Geschlechterverständnisses ausgeführt bei Fatema Mernissi, Der politische Harem. Mohammed und die Frauen, Freiburg i. Br. 1992, bes. S. 205–214.

– als Ausdruck seiner unbedingten Treue und Hingabe an den einen Herrscher dieser Welten. Politisch gewendet vermag dies weitreichende Folgen zu entfalten: Wie geht der „wahre Muslim" mit den Feinden Gottes um? Mit jenen, die ihm lästern, seine Anweisungen nicht so befolgen, wie Abul Baraa es für richtig erachtet, und die sich seinen geoffenbarten Gesetzen in den Weg stellen, ihn womöglich sogar leugnen? Sind die „wahren" Muslime nach Abul Baraas Verständnis nun dazu aufgerufen, sich diesen Frevlern in den Weg zu stellen, wenn sie an der praktischen Ausübung ihres Glaubens behindert werden – zum Beispiel durch erzwungenen Schwimmunterricht oder Sexualkunde in den Schulen? Beides lehnt Abul Baraa als schmutzig, religiös falsch und gegen jeden Anstand ab, Lehrer werden beschimpft und verunglimpft.[38]

Eigentlich müsste ein aktives Handeln dagegen aus Abul Baraas Sicht erforderlich sein, denn es gibt im Islam die klare Aufforderung: „das Rechte zu gebieten und das Verwerfliche zu verbieten."[39] Dieses Diktum ist ebenfalls für Abul Baraa verpflichtend. Die Frage ist nur, was ist „das Rechte", wie genau soll „das Verwerfliche" unterbunden werden – und das lässt Abul Baraa bewusst offen. Schließlich weiß er um die Beobachtung seiner Person durch die Sicherheitsbehörden. Vor allem für jüngere Menschen bietet dieser Graubereich einen erheblichen Interpretationsspielraum, der in Richtung radikale Lesarten ausgeweitet werden kann. Es erklärt das oben ausgeführte Unverständnis seiner ehemaligen Jünger, die sich nach seinen Glaubensunterweisungen radikalisierten und sich weitgehend in Übereinstimmung mit ihrem Scheich wähnten: Wenn Abul Baraa es denn ernst meine mit seinem Glauben, dann müsse er nach Syrien gehen und für die unterdrückten Brüder und Schwestern kämpfen, denn diese würden angegriffen – vom „Westen". Sonst zeige der Scheich sich nur als angepasster Heuchler.[40] Abul Baraa lehnte jedoch von Anfang an die IS-dschihadistische Lehre ab[41] und machte daraus keinen Hehl.[42] Die Argumente, die Abul Baraa gegen den IS aufgreift, entsprechen jenen *al-Qaidas* – seine Frontstellung zum IS muss daher innerhalb eines strategischen innerdschihadistischen Konflikts kontextualisiert werden. Mit Ausrufung des „Kalifats" 2014 ging zum einen ein klarer Führungsanspruch des IS-Dschihadisten Abu Bakr al-Baghdadi in die islamistische Welt hinaus. Er wollte nun der oberste Anführer aller „wahren" Gläubigen sein – und wies konkurrierende Ansprüche etwa az-Zawahiris von *al-Qaida* zurück. Damit verbunden war die klare Forderung an alle

---

38 Vgl. u. a.: Deutschsprachige Muslimische Gemeinschaft e. V., Gezwungen zum Schwimmunterricht – was tun? mit Sh. A. Abul Baraa in Braunschweig (9. Oktober 2021), unter: ww.youtube.com/watch?v=wUxU7nOu6fY (12. Juni 2023).
39 Vgl. Koran 3:110; 7:157; 9:71; 9:112; 22:41.
40 Vgl. Vogel (FN 29).
41 Ein YouTube-Video von einer Freitagspredigt im August 2014, in dem Abul Baraa seine Sympathien für an-Nusra-Kämpfer bekundet, wurde wegen gewaltverherrlichender Inhalte aus dem Netz genommen. Eine Aussage aus der Predigt, welche diese Haltung verdeutlicht, ist zitiert bei: Erasmus-Monitor (FN 11).
42 Vgl. statt vieler Muhammad al-Suri, Muslimische Frauen und Syrien – Ahmad Abul Baraa (11. Mai 2016), unter: www.youtube.com/watch?v=bBP-inFmt8M (10. Juni 2023).

Muslime weltweit, sich dem IS anzuschließen und in das Kalifat auszuwandern. Wer sich nicht einreihen wolle, sei ein Kafir (Ungläubiger) bzw. ein Abtrünniger und verdiene den Tod, da er weiterhin unter Ungläubigen leben wolle und nicht helfe, den Gottesstaat zu errichten.

Mit dem IS-Dschihadismus ist zudem eine radikale Haltung gegenüber anderen Muslimen wie den Schiiten verbunden: Auch sie verdienten den Tod.[43] Dieses Verständnis hatte bereits früher zu einem erbitterten innerdschihadistischen Lagerkampf geführt[44], der nun, mit der Proklamation des „Kalifats" und seinem realpolitischen Führungsanspruch, voll ausbrach. Abul Baraa war mit diesen Fragen ebenfalls konfrontiert, wie die engen Verflechtungen einiger Moscheebesucher mit dem IS dokumentieren. Er entschied sich, für *al-Qaida* bzw. *an-Nusra* Position zu ergreifen. Das Ziel aller Gruppierungen ist bei allen divergierenden Erwägungen stets dasselbe: die Errichtung eines Gottesstaates mit einer geschlossenen Gesellschaftsordnung, in der das Rechte geboten und das Verwerfliche unterbunden werde.

Diese Gesellschaftsordnung baut auf einem klaren binären Geschlechterverständnis auf. Das Rollenbild, das Abul Baraa verkündet, ist zwar rigide definiert und lässt wenig Interpretationsspielraum: Gott sage, Männer seien „so" und Frauen „so" und der Mann habe über die Frau zu bestimmen. Dennoch verkündet Abul Baraa in letzter Zeit keine explizit frauenverachtenden Parolen mehr, sondern predigt vielmehr den gütigen sowie respektvollen Umgang von Männern mit Frauen. Insbesondere die Rolle der Mutter hebt er nach traditionell-islamischem Verständnis hervor und gemahnt seine Zuhörer ausdrücklich, diese stets zu achten, niemals zu schlagen und sogar zu respektieren, wenn sie in ihren Glaubensansichten vom „wahren" Islam abweiche.[45] Hier bewegt sich Abul Baraa im konservativen Mainstream traditionalistischer Gläubiger, belegt mit zahlreichen Überlieferungen: Das Paradies liege zu Füßen der Mütter. Eindeutig verurteilt Abul Baraa in jüngster Zeit Gewalt an Frauen und droht den Männern, die ihre Frauen schlagen, an, den Propheten am Tage des Jüngsten Gerichts als Gegner zu haben, so wie es die islamische Überlieferung besagt.[46] Die Polygamie hält Abul Baraa mit Verweis auf die islamische Tradition für den Normalfall, betont aber auch die „Anstrengungen", welche für den Mann

---

43 Hier ist klar der wahhabitische Einfluss der saudischen Dschihadisten erkennbar. Vgl. Rüdiger Lohlker, Die Salafisten. Der Aufstand der Frommen, Saudi-Arabien und der Islam, München 2017, S. 131 f.
44 Vgl. Abu Musʻab al-Zarqawi: Auszüge aus dem „Brief an Bin Laden und al-Zawahiri", in: Gilles Kepel/Jean-Pierre Milelli (Hrsg.), Al-Qaida. Texte des Terrors, München 2006, S. 458–481, hier: S. 463 f.
45 Vgl. statt vieler: Deutschsprachige Muslimische Gemeinschaft e. V., Islam ehrt die Frau mit Abul Baraa in Braunschweig (6. April 2023), unter: www.youtube.com/watch?v=bDGRu5bbCLw (19. Juni 2023).
46 Vgl. statt vieler Abul Bara: „Wenn du deine Frau schlägst und schlecht behandelst und ihr nicht die Rechte gibst, die ihr zustehen, dann wirst du Razul Allah [den Gesandten Gottes] als Gegner haben." Deutschsprachige Muslimische Gemeinschaft e. V., Wann ist ein Man [sic!] ein Mann mit Sh. A. Abul Baraa in Braunschweig (15. Juni 2021), unter: www.youtube.com/watch?v=z0k6blFMOT4 (12. Juni 2023), ab Minute 1:28. In zahlreichen Videos verurteilt er immer wieder, aus der islamischen Tradition heraus, Gewalt an Frauen.

damit verbunden seien. Zudem müsse der Mann ausdrücklich nicht die Zustimmung der Frau einholen, wenn er eine weitere Ehe eingeht.[47]

Was den weiteren Umgang der Geschlechter betrifft, so ist dieses Verhältnis, wie bereits oben erwähnt, von einem klaren hierarchisch-patriarchalischen Machtverständnis geprägt. Der Mann steht der Familie als Ernährer und Beschützer vor. Er habe seine Frau zwar zu respektieren und gütig zu behandeln, dürfe, ja müsse ihren unbedingten Gehorsam aber erwarten.[48] Das Frauenbild, das sich dahinter verbirgt, geht eindeutig von einer geringeren Mündigkeit der Frau aus – was nicht bedeuten muss, dass sie weniger wert ist. Gleich Kindern müsse sie als schwaches Geschlecht beschützt und versorgt werden, da sie ihr Leben nicht alleine meistern könne bzw. solle. Grillen oder Zickigkeiten sind ihr daher gleich einem Kinde bis zu einem bestimmten Grad (der nicht eindeutig definiert ist) nachzusehen, wobei klar ist, dass der Mann für ihre Erziehung und ihr Benehmen durchaus verantwortlich ist. Für Frauen, die sich in der Öffentlichkeit nicht nach Abul Baraas Vorstellungen zu verhalten wissen, sind daher die Ehemänner bzw. bei nicht verheirateten Frauen die Väter und/oder Brüder verantwortlich: Bei Verhaltensverstößen der Frauen seien sie nicht ihren Pflichten als Mann nachgekommen und müssen ebenfalls, neben den Frauen, entsprechend bestraft werden – diese Haltung und alltägliche Praxis findet sich auch in Saudi-Arabien oder beim *Islamischen Staat*.

Zudem folgt Abul Baraa erzkonservativen Vorstellungen des Islams, die in der Frau einerseits die Hüterin der Familienehre erkennen und andererseits in ihr die eigentliche Verführerin sehen, vor der sich „der" Mann hüten müsse. Dies erklärt ihre Pflicht, den weiblichen Körper vollständig zu verhüllen, um den Mann nicht vom geraden Weg abzubringen – und sich selbst natürlich auch nicht. Da die Frau somit stets potenzielle Verführerin und für Zwietracht (Fitna) verantwortlich sei, lässt sich kein unbelastetes Verhältnis zwischen den Geschlechtern aufbauen – zumal ohnehin der Teufel sofort zugegen sei, wenn sich Mann und Frau allein in einem Raum aufhielten.[49] Frauen, die sich nicht verhüllen, entschieden sich dafür nur aus einem einzigen Grund: Sie *möchten* belästigt werden. Deshalb sei es moralisch nicht verwerflich, wenn ihnen dies widerfahre.[50] Für den gesellschaftlichen Frieden hierzulande ist eine solche Haltung hochgradig problematisch und strafrechtlich relevant.

---

47 Habibiflo Dawah Produktion, Ahmad Abul Baraa – Die Mehrehe und ihre Regeln (Polygamie) Teil 2 (15. Februar 2015), unter: www.youtube.com/watch?v=_6kCeZfvlqE (10. Juni 2023), ab Minute 15:35.
48 Abul Baraa Tube, Dieses ist der Grund warum die meisten Höllenbewohner Frauen sind (29. Januar 2019), unter: www.youtube.com/watch?v=_VosvZPltxQ (10. Juni 2023), ab Minute 0:02.
49 Abul Baraa Tube, Das Übel, wenn sich Frauen mit Männer [sic!] mischen (6. Dezember 2018), unter: www.youtube.com/watch?v=y5wc-_OM7s8 (10. Juni 2023).
50 Abul Baraa Tube, Dürfen die Frauen einen bunten Hijab tragen oder wie muss der aussehen? (16. März 2018), unter: www.youtube.com/watch?v=vgsKVYhh6dM (12. Juni 2023), ab Minute 3:00.

Abuls Baraas Geschlechtervorstellung rechtfertigt daher zwar keine physische Gewalt (mehr) in muslimischen Ehen und mag auch zum respektvollen sowie barmherzigen Umgang mit Frauen verpflichten, widerspricht aber dem Gleichheitssatz der FDGO: Männer und Frauen sind bei ihm nicht gleichermaßen mündige Bürger. Frauen hätten kein Recht auf ein selbstbestimmtes Leben, vielmehr benötigten sie stets einen Beschützer an ihrer Seite.

Welche gesellschaftspolitischen Vorstellungen lassen sich nun aus Abul Baraas Islamverständnis ableiten? Abul Baraa vertritt zunächst die klassische muslimische Auffassung, dass Gott allen Menschen Gesetze offenbart habe, nach denen diese zu leben hätten. Die Erfüllung eines rechtschaffenen muslimischen Lebens werde daran bemessen, wie konsequent diese der Einzelne umsetze. Wer nicht nach den Geboten lebe, komme in die Hölle. Spätestens hier fängt die islamische Reflexion an, was darunter zu verstehen sei.[51]

Wenn nun gesellschaftspolitische Gesetze im Gegensatz zu diesen göttlichen Geboten stehen, sind erstere nach Abul Baraa abzulehnen, da sie „nur" von Menschen geschaffen seien und nicht von Gott. So weit, so gut. Denn je nach Exegese weisen aufgrund der hochgradigen Ambiguitätstoleranz des Islams dessen Werte bzw. das islamische Recht einen erheblichen Interpretationsspielraum auf, der durchaus eine Kompatibilität mit der deutschen Verfassung ermöglicht.[52] Positives Recht steht dann nicht im Gegensatz zum islamischen Recht. Genau diese Elastizität negiert Abul Baraa vehement. Vielmehr argumentiert er anhand eines geschlossenen Religionsverständnisses, das nach einer literalistischen Methode funktioniert. Alle Formulierungen in den religiösen Quellen werden wörtlich genommen und weder in den historischen Kontext eingeordnet noch auf die Bedeutung nach dem damaligen Verständnis hin interpretiert. Abul Baraa postuliert so eine Eindeutigkeit in den islamischen Überlieferungen, die zu keiner Zeit gegeben war[53] und weder aus der islamischen Geschichte noch aus den Quellen selbst ableitbar ist.[54] Allein die Widersprüchlichkeiten und die mitunter gegensätzlichen Überlieferungen machen diesen literalistischen Ansatz als einzig gültigen unmöglich.

Diese Vereindeutigung, die Abul Baraa vornimmt, entspricht einem methodischen Muster in der Exegese historischer Schriften, das sich immer wieder in der Menschheitsgeschichte zeigt – vor allem zu Zeiten des Krieges und seiner damit einhergehenden Kriegslogik, welche die Welt in Freund und Feind aufzuteilen wünscht. Die islamische Geschichte hat diese Interpretationen ebenso inkorporiert

---

51 Vgl. Mouhanad Khorchide, Das Jenseits als Ort der Transformation statt des Gerichts – Eine andere Lesart der islamischen Eschatologie, in: Jürgen Werbick/Sven Kalisch/Klaus von Stosch (Hrsg.), Glaubensgewissheit und Gewalt. Eschatologische Erkundungen in Islam und Christentum, Paderborn 2011, S. 37–48.
52 Vgl. Mathias Rohe, Der Islam in Deutschland. Eine Bestandsaufnahme, Bonn 2017, S. 236 f.
53 Vgl. statt vieler Mouhanad Khorchide, Gottes falsche Anwälte. Der Verrat am Islam, Freiburg i. Br. 2020.
54 Vgl. grundsätzlich zur Ambiguität des Korans sowie zu einer nicht literalistischen, sondern ästhetischen Lesart Navid Kermani, Gott ist schön. Das ästhetische Erleben des Koran, München 2000.

wie friedliche Lesarten des Islams – nicht zuletzt, weil die jeweilige Exegese durch Gläubige durchgeführt wird, die zu einer bestimmten Zeit in einem bestimmten Kontext sozialisiert wurden. Und da sich religiöse Symbolsprache und Semantik stets außerordentlich ambig zeigen,[55] sind sie an verschiedene politische Umstände anpassungsfähig. Zudem galt unter den muslimischen Gelehrten das Gebot, am Ende wisse nur Gott die richtige Antwort – allahu 'allam.[56]

Abul Baraa hingegen kennt die *eine* richtige Antwort, obgleich er sich immer wieder in aufgesetzter Bescheidenheit äußert.[57] Denn seinen Zuhörern gegenüber weiß er genau zu berichten, wie das Paradies aussieht[58], wer dort hinkommt und welche konkreten Strafen in der Hölle auf diejenigen warten, die sich seiner „einzig wahren" islamistischen Lesart widersetzen.[59] Das gilt natürlich auch und besonders für Muslime, die sich ihm nicht anschließen. Die Foltermethoden der unzähligen Teufel in der Hölle kennt Abul Baraa bis in die kleinsten Einzelheiten, da es bereits zu früheren Zeiten Gelehrte gab, die sich ebenfalls in Kenntnis dieser Details wähnten – und diese zitiert Abul Baraa ausführlich.[60] Einen metaphorischen Zugang zu diesen Quellen schließt er aus: Was geschrieben steht, verhält sich genau so in der Wirklichkeit. Abul Baraa berichtet daher meist nicht wirklich etwas Neues, sondern trägt Quellen eklektizistisch zusammen. In seinen Augen ist eine Neuerung, eine Bid'a, strengstens abzulehnen. So wählt er die Quellen aus, welche sein oben angesprochenes Gottesbild sowie sein Machtverständnis bestätigen, und verstümmelt den Islam zu einer reinen Unterwerfungsdoktrin, die nur in Schwarz-Weiß-Kategorien denkt.

Abul Baraas methodisches Vorgehen sowie sein selektiver Umgang mit den Quellen haben gesellschaftspolitische Probleme zur Folge. Sie wirken in hohem Maße polarisierend, da sich die gesamte Welt in richtig und falsch, gut und böse, Freund und Feind, haram und halal strukturiert. Darüber hinaus muss er die westliche Demokratie und ihre Menschenrechte als normative Grundlage ablehnen.[61] Die explizite Neutralität des Staates in Glaubensfragen ist für ihn haram, da es nur *ein* wahres Gesetz gebe und dieses sei „die" Scharia. Wenn es zu einer Staatsgründung

---

55 Vgl. Hans G. Kippenberg, Gewalt als Gottesdienst. Religionskriege im Zeitalter der Globalisierung, München 2008, S. 11–28.
56 Vgl. hierzu Thomas Bauer, Die Kultur der Ambiguität. Eine andere Geschichte des Islams, Berlin 2019.
57 Deutschsprachige Muslimische Gemeinschaft e. V., Das Paradies mit Sh. A. Abul Baraa (4. April 2021), unter: www.youtube.com/watch?v=yN8I1Es6ULI (15. Juni 2023), ab Minute 32:00.
58 Ebd.
59 Vgl. statt vieler unzähliger Berichte Abul Baraas über die Hölle: Deutschsprachige Muslimische Gemeinschaft e. V., Die Strafen der Hölle mit A. Abul Baraa in Braunschweig (10. September 2022), unter: www.youtube.com/watch?v=T6Un5PDUh-s (10. Juni 2023).
60 Ebd.
61 Vgl. Deutschsprachige Muslimische Gemeinschaft e. V., Wählen erlaubt? Mit A. Abul Baraa in Braunschweig (5. Dezember 2021), unter: www.youtube.com/watch?v=_TCgbtojBKg (10. Juni 2023); sowie etwas älter: Abul Baraa Tube, Darf man als Muslim wählen? (4. Februar 2018), unter: www.youtube.com/watch?v=hFiOQ8KqIZI (10. Juni 2023).

durch eine Gemeinschaft komme, dient diese nach seinem Verständnis stets einem höheren Zweck: „die Scharia" innerhalb einer gottesfürchtigen Gemeinschaft als Gottesstaat zu vollenden. Der säkulare Staat kennt hingegen keinen höheren Zweck, schon gar keinen religiösen. Er müsse daher für „wahre Muslime" verboten sein. Wenn ein Muslim wählen gehe und sich dadurch als Wähler an der Demokratie beteilige, sei dies nur gedeckt, wenn er dies als kleineres Übel unternehme, um eine Partei zu unterstützen, welche die Interessen der „wahren Muslime" vertrete – er selbst begrüßt nicht einmal diese Motivation zur Wahl.[62] Aus denselben Gründen lehnt Abul Baraa ausdrücklich das deutsche Rechtssystem ab. Ein Muslim dürfe niemals Jura studieren oder gar als Anwalt tätig sein.[63]

Die Verfassung macht zudem gleich, was ungleich sei – Männer und Frauen, Gläubige wie Ungläubige etc. Sie toleriert Homosexualität sowie das Recht auf freie Religionsausübung – was ausdrücklich das Recht auf Austritt aus der Glaubensgemeinschaft umfasst. Für Abul Baraa bedeutet dies allerdings einen klaren Verstoß gegen seine Scharia-Vorstellung. Wie mit diesem Verstoß konkret umzugehen ist, lässt er, wie gesagt, offen. Mindestens aber wünscht er sich regelmäßig, Gott möge diese Menschen bestrafen und sie für ihre Untaten zur Rechenschaft ziehen – spätestens am Tage des Jüngsten Gerichts.

Da der deutsche Staat bzw. die Gesellschaft diese Regeln, die Abul Baraa aus der Scharia ableitet, nicht beachtet, habe sich ein Muslim von dieser Gesellschaft fernzuhalten, denn es gelte das Diktum „Al-wala wa-l-bara" (frei übersetzt: Loyalität der eigenen Gruppe gegenüber und Lossagung von den Anderen).[64] Dies diene nicht zuletzt dem Selbstschutz, denn durch einen zu engen Kontakt mit „den Anderen" könne die Reinheit des eigenen Glaubens beschmutzt werden bzw. durch eine zu starke Assimilation verdunsten.[65] Die Herausforderung von Integration und Assimilation ist tatsächlich jeder Gemeinschaft auferlegt, die sich in einer heterogenen Gesellschaft bewegt, in der mitunter andere Werte gelten: Wie sehr muss sich diese Minderheit anpassen, und wie stark darf sie an ihren eigenen Werten festhalten? Für Abul Baraas simpel strukturiertes Weltbild ist die Frage leicht zu beantworten: Jedes Stückchen Aufeinanderzugehen ist schon ein Schritt zu viel. Am sichersten ist es daher, den Kontakt und den Umgang mit „den Anderen" rigoros zu vermeiden. Einer Zivilgesellschaft, die auf den loyalen Zusammenhalt ihrer Mitglieder angewiesen ist, wird mit dieser Einstellung das Fundament entzogen. Abul Baraas Predigten wirken daher desintegrierend und verfolgen mindestens genau dieses Ziel: Die wahren Muslime sollen sich in dieser Gesellschaftsordnung auf keinen Fall zuhause fühlen. Die Konstruktion von „wir" und „die Anderen" ist ein Grundpfeiler seiner Da'wa.[66]

---

62 Ebd, Wählen erlaubt?
63 Dawah zum Tauhid, Darf man als Rechtsanwalt arbeiten? Abul Baraa (5. Januar 2020), unter: www.youtube.com/watch?v=civhk5cbaWM (10. Juni 2023).
64 Zu dem Konzept vgl. statt vieler Sabine Damir-Geilsdorf/Yasmina Hedider/Mira Menzfeld, Salafistische Kontroversen um die Auslegung des Glaubens und Alltagspraktiken: Pierre Vogel und andere Akteure in Deutschland, CoRE NRW Report 2 (2018), S. 11–30.
65 Vgl. hierzu auch Klevesath (FN 27), S. 86 f.
66 Abul Baraa (FN 22).

Ein weiterer Aspekt ist relevant. Abul Baraa predigt (derzeit) ausdrücklich, friedlich mit Ungläubigen zusammen zu leben und diese nicht anzugreifen – solange die Muslime selbst nicht angegriffen werden.[67] Das klingt zunächst friedenswahrend, birgt aber ein erhebliches Konfliktpotenzial: Was ist, wenn sich unter den Muslimen das dschihadistische Narrativ verbreitet, „der Westen" greife sie an – und zu „dem Westen" auch die deutsche Regierung und sogar die deutsche Gesellschaft gehöre? Seien sie als Muslime zudem nicht verpflichtet, ihren Brüdern und Schwestern im Nahen Osten beizustehen? Der dschihadistische Terror erkennt genau hier sein vermeintliches Defensivrecht zum Dschihad als Notwehr der Muslime, die vom Westen unterdrückt, gefoltert und bekämpft würden.[68] *Al-Qaida* führt nach eigener Ansicht einen gerechten Verteidigungskrieg gegen ungläubige Aggressoren, die sie und ihre Religion zerstören wollen. Dieses Argument ist das sensibelste bei einer Auseinandersetzung mit dschihadistischen Lesarten des Islams. Denn schließlich hat völkerrechtlich jede Gemeinschaft das Recht, sich zu verteidigen, wenn sie angegriffen wird – und der IS wird angegriffen. Das spannungsgeladene Verhältnis der Palästinenser zum Staat Israel wirkt hier zusätzlich wie ein Brandbeschleuniger für diese Argumentation, da es das Bild der Muslime als Opfer stärkt.

Abul Baraa hat immer betont, wie ungerecht die Muslime auch in Deutschland behandelt würden, dass die deutschen Behörden sie schikanierten und ihren Glauben angriffen, sie ihre Religion nicht wirklich leben dürften und ihre Glaubensbrüder im Nahen Osten durch westliche Bomben, auch aus deutscher Hand, stürben. Genau hier beginnt wieder der Graubereich, der zu einer Radikalisierung im Namen eines angegriffenen Islams führen kann. Die Übergänge sind daher, wie vielfach bereits auch von Seiten des Verfassungsschutzes betont, fließend.[69]

Da Abul Baraa im Sinne seines Islamverständnisses missioniert und erhebliche Energien in die Gewinnung vor allem junger Anhänger investiert, ist davon auszugehen, dass er weiter reichende Pläne verfolgt als einfach „nur" seine Art des Glaubens leben zu dürfen: nämlich die Umgestaltung der deutschen Gesellschaft nach seinen Islamvorstellungen – die unmittelbar politisch wirken –, um endlich als „wahrer" Muslim ein Leben gemäß der Gebote führen zu können, ohne daran von der deutschen ungläubigen Mehrheitsgesellschaft – welche ausdrücklich auch die absolute Mehrheit der Muslime umfasst – und ihren Gesetzen gehindert zu werden.

---

67 Habibiflo Dawah Produktion (FN 23).
68 Vgl. Evelyn Bokler-Völkel, Die Diktatur des Islamischen Staates und seine normative Grundlage, Baden-Baden 2023, S. 228–256.
69 Vgl. statt vieler: Senatsverwaltung für Inneres, Digitalisierung und Sport Berlin (Hrsg.), Verfassungsschutzbericht Berlin 2021 (2022), unter: www.berlin.de/sen/inneres/verfassungsschutz/publikationen/verfassungsschutzberichte/ (10. Juni 2023), S. 54.

3. Literatur

Abul Baraa beschäftigt bisher vor allem die Sicherheitsbehörden sowie die Medien, die immer wieder über ihn berichten, weniger die Wissenschaft. Eine Ausnahme bildet die Forschung, die unter anderem zu seiner Person am Göttinger Institut für Demokratieforschung durchgeführt wird.[70] Mit Abul Baraa und seinem Netzwerk befassen sich vor allem Präventionsprogramme gegen Radikalisierung bzw. Deradikalisierungsprojekte wie z. B. das *Violence Prevention Network* in Berlin oder die Beratungsstelle *Hayat*, die von der renommierten Islamismus-Expertin Claudia Dantschke geleitet wird. Der Umgang mit den Sozialen Medien, in denen Abul Baraa wirkt[71], und ihrem Radikalisierungspotenzial ist daher oftmals Gegenstand der Sozialen Arbeit bzw. der Sozialwissenschaften, die eine hohe praktische Expertise aufweisen – die absolut geboten ist –, weniger aber einen gründlichen theoretischen Diskurs führen. Dies spiegelt sich im Mangel entsprechender wissenschaftlicher Literatur wider. Eine allgemeine Auseinandersetzung mit dem radikalen Islam bzw. Islamismus findet hingegen zunehmend statt, bedeutet aber ein hochpolitisiertes Feld, was allein die mitunter emotionale Diskussion um Begrifflichkeiten wie „politischer Islam" dokumentiert. Einflussnahmen auf Definitionen und Deutungshoheiten von islamistischer Seite zu ihren Gunsten, wie zum Beispiel durch die Muslimbrüder, sind unverkennbar bzw. Teil ihrer verfassungsfeindlichen Strategie.[72]

Die Förderlinie *Gesellschaftliche Ursachen und Wirkungen des radikalen Islam in Deutschland und Europa* fasst bundesweit zwölf Forschungsprojekte an Universitäten und Forschungsinstituten zusammen, die sich mit diesem Themenfeld befassen.[73] Auch an der Universität Münster befindet sich eine Forschungsstelle „Islam und Politik", die u. a. Abul Baraa, seine Radikalisierungsstrategie sowie Fragen zum Verhältnis von Islam und Islamismus untersucht.[74]

Eine konzise innerislamische Widerlegung von Abul Baraas Islamverständnis durch islamische Theologen steht noch aus, stellt aber ein klares Forschungsdesiderat dar, das auch so wahrgenommen wird. Da sich das kleine Fach erst seit wenigen Jahren etabliert und noch in einer Aufbauphase befindet, ist es mit einer Vielzahl an wissenschaftlichen Fragen konfrontiert. Die Auseinandersetzung mit fundamentalistischen Predigern wie Abul Baraa ist eine davon.

Was Abul Baraa selbst betrifft, so vermochte er es, in den letzten Jahren seinen medialen Einfluss erheblich zu vergrößern. Sein Kanal *Abul Baraa Tube* zählte 2019 5.935 Abonnenten. Ende 2020 waren es schon 35.900 und aktuell sind es bereits 84.700 (Juni 2023). Er überholt damit Pierre Vogel, der aber ebenfalls

---

70 Vgl. Munderloh (FN 4); Klevesath (FN 27).
71 Vgl. El-Wereny (FN 30); Hößl (FN 2).
72 Vgl. Trends Forschungs- und Beratungszentrum (Hrsg.), Internationale Organisation der Muslimbruderschaft. Netzwerke des Einflusses in der Welt, 5. Band, VAE 2021.
73 Vgl. www.radis-forschung.de/projekte (10. Juni 2023).
74 www.uni-muenster.de/ZIT/Religionspaedagogik/forschungsstelleislamundpolitik/index.html (10. Juni 2023).

eine Steigerung von 41.100 (Stand 2020) auf 62.000 Abonnenten aufweisen kann. Weitere Kanäle, die als Spiegelkanäle fungieren und so Abul Baraas Videos zusätzlich zugänglich machen, verzeichnen ebenfalls erhebliche Zuwächse wie der Kanal *Deutschsprachige Muslimische Gemeinschaft e. V.*. Dieser wies 2019 noch 3.585 Abonnenten auf, 2020 waren es bereits 20.200 und aktuell sind es 71.400 (Juni 2023).[75] Im März 2023 erschien Abul Baraas erste kleine Schrift, die wohl als einzige Literatur von ihm vorliegt.[76]

Bei Abul Baraa und dem (wissenschaftlichen) Diskurs zu seinen islamistischen Positionen zeigt sich, wie herausfordernd es ist, in einer offenen Gesellschaft, die sich ausdrücklich zu Religionsfreiheit, Minderheitenschutz und Pluralität bekennt, eine Auseinandersetzung mit Menschen zu führen, die versuchen, im Namen dieser Werte die Gesellschaft zwar legalistisch, aber dennoch radikal zu verändern. Denn es herrscht in Deutschland keine Akklamationsdiktatur. Niemand ist gezwungen, die Regierung oder die Gesellschaft gut zu heißen – nur die Anerkennung der Verfassung ist einzufordern. Die Einhaltung ihrer Normen darf und muss verlangt werden, die Übernahme von bestimmten Werten nicht.[77] Dies sollte der Maßstab in der wissenschaftlichen Auseinandersetzung sein. Wie gezeigt, verlieren gerade die Medien oftmals diesen Maßstab aus den Augen. Sie bedienen so das Opfernarrativ der unterdrückten und vorverurteilten Muslime in Deutschland, was Islamisten gezielt verbreiten, um ihre Integration zu verhindern.

Das Interesse, auf das Abul Baraas Positionen vor allem bei Jugendlichen stoßen kann, belegt, wie sich aufgrund der Mehrheitsverhältnisse sowie mangelnder Islamkenntnisse diese Religion vielfach in einer doppelten Diasporastellung befindet: Der Islam ist Minderheitenreligion im Vergleich zum Christentum und seine Gemeinschaft bewegt sich zudem in einer zunehmend religiös unmusikalischen, erheblich säkularisierten Gesellschaft. Die Gefahr von Stigmatisierungen und Vorverurteilungen von Muslimen durch die Mehrheitsgesellschaft ist daher durchaus vorhanden – eine Verfassung, die davor schützen muss, ebenfalls. Der wissenschaftliche Diskurs muss diese Fragen aufgreifen und sine ira et studio behandeln – für Deutschland als Einwanderungsland mit etwa sechs Millionen Muslimen ist diese Diskussion unerlässlich, sonst liegt sie allein in den Händen von Abul Baraa und Gefolgsleuten. Dies kann nicht im Sinne eines Staates sein, der sich für eine religionsoffene-neutrale Säkularität gegenüber *allen* Religionen und Weltanschauungen entschieden hat, solange diese nicht gegen die FDGO verstoßen.

---

75 Alle Zahlen zu 2019/2020 sind aus Hartwig (FN 24), S. 113 ff.
76 Vgl. Abul Baraa Tube (FN 32).
77 Vgl. Hans Joas/Robert Spaemann, Beten bei Nebel. Hat der Glaube eine Zukunft?, Freiburg im Brsg. 2018, S. 73.

Länderporträt: Ukraine

Von Tom Thieme

1. Darstellung

1.1. Einführung

„Ich habe [...] in Übereinstimmung mit Artikel 51 Absatz 7 der Charta der Vereinten Nationen [...] den Beschluss gefasst, einen militärischen Spezialeinsatz durchzuführen. Er dient dem Schutz jener Menschen, die seit acht Jahren den Schikanen und dem durch das Kiewer Regime verübten Genozid ausgesetzt sind. Um sie zu schützen, streben wir die Entmilitarisierung und Entnazifizierung der Ukraine an."[1] Der Missbrauch des Extremismus-Begriffs, um politische Gegner und unliebsame Positionen zu diffamieren, ist hierzulande wie anderswo gängige Praxis – ein Schicksal, das er mit anderen normativen Termini wie „Demokratie", „Freiheit" und selbst der Vokabel „Frieden" teilt, die von Extremisten und Autokraten vereinnahmt, umgedeutet oder ins Gegenteil verkehrt werden.[2] Doch nirgendwo sind die Folgen einer solchen Extremismus-Propaganda gravierender als auf dem Staatsgebiet der Ukraine. So basiert Vladimir Putins Begründung des russischen Angriffskrieges (euphemistisch „Spezialoperation" genannt) maßgeblich auf Behauptungen von einem als „extremistisch", „neonazistisch" oder „faschistisch" bezeichneten ukrainischen Regime, das die Existenz Russlands bedrohe und seine Bevölkerung terrorisiere.[3] Freilich stellt die militärische Invasion in einen souveränen Staat einen Akt der Aggression und keine Notwehrhandlung dar. Zugleich ist es für Politik, Öffentlichkeit und Wissenschaft wesentlich zu erfahren, welchen Wahrheitsgehalt denn die zentrale Legitimationsgrundlage des sogenannten „Spezialeinsatzes" besitzt. Welche Akteure prägen den politischen Extremismus, zuvörderst den Rechtsextremismus, aber auch den Linksextremismus, in der Ukraine? Welchen Einfluss üben sie in Politik, Militär und Gesellschaft aus? Und umgekehrt: Welche Merkmale weist die politische Kultur der Ukraine im Verhältnis zum Extremismus aus?

Die Darstellung des Extremismus in der Ukraine setzt zunächst eine Einordnung der gesellschaftspolitischen Rahmenbedingungen voraus. Die Charakterisierung des

---

1 Vladimir Putin, „Unser Vorgehen dient der Selbstverteidigung", Rede am 24. Februar 2022, in: Osteuropa 72 (2022), H. 1–3, S. 141–148, hier: S. 146.
2 Siehe als lesenswerten Überblick zur Instrumentalisierung politischer Begriffe den Band von Gereon Flümann (Hrsg.), Umkämpfte Begriffe. Deutungen zwischen Demokratie und Extremismus, Bonn 2017.
3 Als Staatsbürger der Russländischen Föderation gelten nach russischer Lesart auch die Bewohner der sogenannten Volksrepubliken Donezk und Luhansk im Osten der Ukraine.

politischen Systems in der Fachliteratur zeigt seit der Unabhängigkeit des Landes 1991 ein hohes Maß an Kontinuität – die etablierten Demokratie-Indizes bewerten die Ukraine bei geringfügigen Schwankungen (z. B. im Zuge der Orangenen Revolution 2004) fast durchgängig und gegenwärtig als „defekte Demokratie"[4], „hybrides Regime"[5] oder „halbfreies System".[6] Auch die Ursachen der Defizite sind weitgehend identisch: ein hohes Maß an Korruption im politischen und sozioökonomischen Bereich, die mangelnde Transparenz der Politik, die Begrenzung der Pressefreiheit und Einschränkungen bei der Gewaltenteilung mit einer starken Dominanz des Präsidenten.[7] Zwar attestierte der SWP-Analyst André Härtel dem ukrainischen Präsidenten Wolodymyr Selenskyj im Februar 2022 ein entwickelteres Demokratieverständnis als seinen Vorgängern Leonid Kutschma und Wiktor Janukowytsch. Dennoch sieht er in der Marginalisierung von Verfassungsinstitutionen (Justiz, Parlament) und in der Machtkonzentration in dem vom Präsidenten dominierten Sicherheitsrat Anzeichen eines „populistischen Autoritarismus".[8] Die Exekutiv-Dominanz hat sich seit dem Beginn des Krieges und der Verhängung des Kriegsrechts naturgemäß weiter verstärkt.

Vor allem das Fehlen einer einheitlichen nationalen Identität stellt seit Jahren das Hauptproblem der Ukraine dar, was bereits vor dem Krieg zu einer regionalen und kulturellen Spaltung des Landes zwischen ethnischen Ukrainern im Westen und einer russischen bzw. russophonen Bevölkerungsmehrheit im Osten geführt hat.[9] Die Auseinandersetzung um das Thema „Sprache" belegt die Spannungen zwischen den Landesteilen. Nach dem Sturz des prorussischen Präsidenten Wiktor Janukowytsch im Zuge der Majdan-Revolution wurde der Status der ukrainischen Sprache auf- und der russischen abgewertet.[10] Russland sah hierin wiederum ein Zeichen der Diskriminierung und benutzte das Thema nicht zuletzt als Vorwand bei der Annektierung der Krim, worauf die ukrainischen Regierungen unter Präsident

---

4 Vgl. BTI Transformation Index, BTI-Atlas, unter: https://bti-project.org/de/reports/country-dashboard/UKR (1. Juli 2023).
5 Vgl. Economist Intelligence, Democracy Index 2022. Frontline democracy and the battle for Ukraine, unter: https://www.eiu.com/n/campaigns/democracy-index-2022/ (1. Juli 2023).
6 Vgl. Freedom House (Hrsg.), Freedom in the World 2002. Ukraine Country Report, unter: https://freedomhouse.org/country/ukraine/freedom-world/2022 (1. Juli 2023).
7 Vgl. Ellen Bos, Das politische System der Ukraine, in: Wolfgang Ismayr (Hrsg.), Die politischen Systeme Osteuropas, 3. Aufl., Wiesbaden 2010, S. 527–581, hier: S. 565–569; Freedom House (FN 6). Steffen Kailitz spricht angesichts des verfassungstheoretisch semipräsidentiellen, in der Verfassungspraxis jedoch dominanten Rolle des Präsidenten von einem quasi-präsidentiellen Regierungssystem. Ders., Zur Unterscheidung demokratischer Regierungsformen – Vorschlag einer polythetischen Typologie, in: Alexander Gallus/Thomas Schubert/Tom Thieme (Hrsg.), Deutsche Kontroversen. Festschrift für Eckhard Jesse, Baden-Baden 2013, S. 345–356, hier: S. 356.
8 Vgl. André Härtel, Die Ukraine unter Präsident Selenskyj. Entwicklung hin zum „populistischen Autoritarismus"?, in: SWP-Aktuell, Nr. 9/2022; ders., Fragmentiert, instabil, plural. Das politische System der Ukraine vor dem Krieg, in: Osteuropa 72 (2022), H. 1–3, S. 319–329, hier: S. 326 f.
9 Vgl. Bos (FN 7), S. 566.
10 Vgl. Volodymyr Kulyk, Einheit und Identität. Sprachpolitik nach dem Majdan, in: Osteuropa 64 (2014), H. 5–6, S. 227–237.

Petro Poroschenko und dessen Nachfolger Selenskyj wiederum mit einer weiteren Verschärfung der Sprachpolitik (Ukrainisch als Pflichtsprache in der Schule und im öffentlichen Dienst) reagierten. Doch die Frage nach der ethno-kulturellen Zugehörigkeit ist kompliziert und definiert sich nicht nur über die Sprache. Es gibt viele russischsprachige Ukrainer, die ihre ukrainische Identität betonen – mit zunehmender Tendenz seit Kriegsbeginn. Umgekehrt fand die Zurückdrängung des Russischen aus dem Alltag beim überwiegend ukrainisch sprechenden Teil der Bevölkerung laut Umfragen keine Unterstützung.[11] Diese Tatsache deckt sich mit den Merkmalen, die seit Jahrzehnten die politische Kultur in der Ukraine kennzeichnen, zumindest bis zum Beginn des russischen Angriffskrieges: ein hohes Maß an Politikverdrossenheit, die Überzeugung, keinen Einfluss auf die Politik nehmen zu können, sowie die Wahrnehmung der Demokratie als System von Oligarchen und Kriminellen.[12] Solche Aussagen stehen zwar einerseits im Kontrast zu den Revolutionen 2004 und 2014, in deren Zuge eine breite gesellschaftliche Mobilisierung zu grundlegenden Veränderungen im Herrschaftsgefüge führte. Andererseits drückt sich darin aber auch die Enttäuschung über den Fortgang der Umbrüche aus; von unerfüllten Versprechen und enttäuschten Erwartungen.

Die gesellschaftspolitischen Gegebenheiten in der Ukraine schwächen und stärken den Einfluss des Extremismus im Land folglich gleichermaßen. Sie schwächen ihn, da angesichts der Präsidialdominanz der Einfluss extremistischer Parteien wie der *Kommunistischen Partei der Ukraine* (KPU) – in den 1990er Jahren bei Parlamentswahlen stärkste Kraft – gering blieb. Auch extremistische Werthaltungen (von autoritär-sozialistischen bis hin zu stark nationalistischen) finden sich nicht ausschließlich bei antidemokratischen Akteuren, zudem entziehen sie sich klassischen Rechts-Links-Einordnungen.[13] Somit fehlt Extremisten ein Alleinstellungsmerkmal. Stärken resultieren umgekehrt aus eben jenem Fehlen eines antiextremistischen Konsenses. Antidemokratische Kräfte, vor allem von rechts, werden als Verteidiger der nationalen Selbstbestimmung des Landes anerkannt, haben nicht zuletzt im Abwehrkampf gegen die russische Armee eine Aufwertung erfahren, wie maßgeblich die *Azov-Bewegung* im Kampf um die Stadt Mariupol. Wie weit extremistische Auffassungen in der Ukraine in den nationalen Konsens der Ukraine vorgedrungen sind, zeigt u. a. das ambivalente Geschichtsbild in der Auseinandersetzung mit dem rechtsextremen Nationalismus der 1930er und 1940er Jahre und um die Person Stepan Bandera.

---

11 Vgl. Denis Trubetskoy, Ukrainisch per Dekret: Schulbeginn in der Ukraine, in: MDR-aktuell vom 2. September 2020, unter: https://www.mdr.de/nachrichten/welt/osteuropa/politik/ukrainisch-pflicht-schule-ukraine-100.html (1. Juli 2023).
12 Bos (FN 7), S. 565 f.
13 Vgl. Gerhard Simon. Die Erosion des Postkommunismus. Politische Kultur in der Ukraine im Wandel, in: Osteuropa 57 (2007), H. 10, S. 29–42, hier: S. 37.

Daten, Dokumente, Dossiers

1.2. Rechtsextremismus

1.2.1. Parteien

Ein Überblick zur Wahlentwicklung rechtextremistischer Parteien in der Ukraine ist ein schwieriges Unterfangen. Zahlreiche Kleinparteien entstanden, lösten sich wieder auf oder benannten sich um, bildeten wechselnde Bündnisse und Wahlallianzen (innerhalb des rechtsextremen Lagers, aber auch mit demokratischen Kräften), die meist mit Aus- und Übertritten ihrer führenden Repräsentanten einhergingen. So sind im Handbuch „Elections in Europe"[14] für die Wahlen im Zeitraum von 1994 bis 2010 zehn proukrainische rechtsextreme Parteien oder Parteienbündnisse aufgeführt.[15] Die meisten von ihnen blieben zumindest bei Wahlen bedeutungslos – ihre Relevanz als Teil von breiteren rechtsextremen Bewegungen und deren paramilitärischen Flügeln steht auf einem anderen Blatt. So gelang in den ersten 20 Jahren nach der staatlichen Unabhängigkeit bei den Parlamentswahlen mit Ausnahme einiger Direktmandate keiner rechtsextremen Parteifraktion der Einzug in die Werchowna Rada (Oberster Rat). Bei den Präsidentschaftswahlen blieben ihre Kandidaten chancenlose Außenseiter.

Die Schwäche des parteiförmigen Rechtsextremismus überrascht, nicht zuletzt im Vergleich mit den westlichen Nachbarn der Ukraine (Rumänien, Slowakei, Ungarn), wo rechtsextreme Parteien vor allem während des Übergangsjahrzehnts Wahlerfolge feierten.[16] Denn die z. T. ähnlichen Gelegenheitsstrukturen zur Etablierung (rechts-)extremistischer Parteien waren in der ehemaligen Sowjetrepublik noch günstiger: die tiefgreifende sozioökonomische Krise nach dem Zusammenbruch des Kommunismus, die enorme soziale Kluft zwischen Oligarchen und verarmter Bevölkerung und damit verbunden die grassierende Korruption, die relativ niedrige Sperrhürde bei Parlamentswahlen von drei bzw. später vier Prozent, das Fehlen einer EU-Perspektive sowie das von jeher ambivalente Verhältnis zu Russland. Die Erfolglosigkeit rechtsextremer Parteien erklärt sich daher vor allem mit der Konkurrenzsituation im ukrainischen Parteiensystem. Einerseits wurde ein proukrainischer Nationalismus von nahezu allen nicht an Russland orientierten Parteien verfochten; andererseits absorbierte die KPU das Gros der Transformations-Verlierer. So erreichten die drei größten rechtsextremen Parteien der 1990er Jahre, der *Kongress Ukrainischer Nationalisten* (KUN), die *Ukrainische Nationalversammlung* (UNA) und die *Sozial-Nationale Partei der Ukraine* (SNPU) bei den Wahlen 1994 gemeinsam gera-

---

14 Vgl. Sarah Birch, Ukraine, in: Dieter Nohlen/Philip Stöver (Hrsg.), Elections in Europe. A Data Handbook, Baden-Baden 2010, S. 1967–1999, hier: S. 1978–1982.
15 Hinzu kommen mehrere rechtsextreme Parteien aus dem russisch-nationalistischem Spektrum wie der „Russische Block" und die „Slawische Partei", die bei Wahlen jedoch bedeutungslos blieben. Vgl. Mridula Ghosh, Ukraine, in: Ralf Melzer/Sebastian Serafin (Hrsg.), Rechtsextremismus in Europa. Länderanalysen, Gegenstrategien und arbeitsmarktorientierte Ausstiegsarbeit, Friedrich-Ebert-Stiftung, Berlin 2013, S. 213–245, hier: S. 216.
16 Siehe hierzu die Beiträge in Eckhard Jesse/Tom Thieme (Hrsg.), Extremismus in den EU-Staaten, Wiesbaden 2011.

Länderporträt: Ukraine

de einmal zwei Prozent der Stimmen (Tabelle 1). Ein Wahlbündnis unter Einschluss weiterer rechtsextremer Kleinstparteien unter der Bezeichnung *Nationale Front* (NF) schnitt 1998 nur unwesentlich besser ab. Was die Ergebnisse auf nationaler Ebene indes unterschlagen: In ihren westukrainischen Hochburgen erzielten sie mehrfach Ergebnisse von über 20 Prozent[17]; einigen Direktkandidaten gelang sogar der Einzug die Werchowna Rada, in den 2000er Jahren zudem über die Listenverbindung des proukrainischen Wahlbündnisses *Unsere Ukraine* um den damaligen Präsidenten Wiktor Juschtschenko.

Tabelle 1: Ergebnisse der rechtsextremen Parteien bei den ukrainischen Parlamentswahlen (in Prozent)*

	1994	1998	2002	2006	2007	2012	2014	2019
SNPU/ Swoboda	0,2	---	---	0,4	0,8	10,5	4,7	2,4
KUN/NF	1,3	2,8	---	---	---	---	0,1	---
UNA	0,5	0,4	---	---	---	---	---	---
Rechter Sektor	---	---	---	---	---	---	1,8	---

* Ohne Wahlergebnisse von Parteienbündnissen und Wahlallianzen unter Einschluss rechtsextremer Parteien.

Quelle: https://www.cvk.gov.ua/, eigene Zusammenstellung.

Die Parlamentswahlen im Jahr 2012 wurden zur Zäsur. Die aus der SNPU hervorgegangene *Allukrainische Vereinigung Swoboda* (Freiheit) erreichte 10,5 Prozent der Stimmen und bildete anschließend eine Koalition mit der *Vaterlandspartei* Julija Tymoschenkos. Nach Einschätzung von Shekhovtsov/Umland begünstigten zwei Faktoren den Aufstieg von *Swoboda*: die von vielen Ukrainern als unpatriotisch bzw. antiukrainisch wahrgenommene prorussische Politik von Präsident Janukowytsch und der Glaubwürdigkeitsverlust der Juschtschenko- und Tymoschenko-Parteien, aus deren Reihen mehrere Abgeordnete nach den Wahlsiegen der prorussischen Kräfte 2007 das Lager gewechselt hatten.[18] Nun galt die „Freiheits-Union [als] die entschiedenste und disziplinierteste Opponentin zu Janukowytsch & Co".[19] Zwar beteiligte sich *Swoboda* in der Folgezeit maßgeblich an den Majdan-Protesten, die schließlich zur Absetzung Janukowytschs führten. Davon profitieren konnte sie jedoch nicht. Das lag erstens an der neuen Konkurrenzsituation im rechtsextremen Lager. Die mit dem paramilitärischen *Ukrainischen Freiwilligenkorps* verbundene

---

17 Vgl. Anton Shekhovtsov/Andreas Umland, Die Entstehung des ukrainophonen parteiförmigen Rechtsextremismus in der Ukraine der 1990er, in: Ukraine-Analysen Nr. 105/2012, S. 15–19, hier: S. 16.
18 Vgl. Dies., Die ukrainische radikale Rechte, die europäische Integration und die neofaschistische Gefahr, in: Ukraine-Analysen Nr. 133/2014, S. 7–11, hier: S. 10.
19 Ebd.

Partei *Rechter Sektor* entwickelte sich zum Sammelbecken jener Nationalisten, denen die Regierungspartei *Swoboda* nicht radikal genug war. Im Ergebnis der Parlamentswahl 2014 verfehlten beide die seit 2012 geltende Fünf-Prozent-Hürde; ihnen blieben jedoch 13 Direktmandate und damit etwa ein Drittel der Sitze von 2012 (37).[20] Zweitens lehnten die überwiegend gemäßigten proeuropäischen Anhänger der Majdan-Bewegung die Radikalität und Gewaltaffinität *Swobodas* ab, die der Partei zwei Jahre zuvor aus Protest gegenüber dem Janukowytsch-Regime ihre Stimme gegeben hatten. Drittens verlor sie ihr Alleinstellungsmerkmal „Patriotismus", da nach der russischen Krim-Invasion nahezu alle Parteien die Themen „Nation" und „ukrainische Identität" stark intensivierten.[21] An dieser Grundkonstellation hat sich trotz der neuerlichen Konzentrationsversuche im rechtsextremen Parteienspektrum nichts geändert – ein Bündnis um *Swoboda* mit dem *Rechten Sektor* sowie dem *Nationalen Korps* als dem politischen Arm der *Azov-Bewegung* scheiterte 2019 mit 2,4 Prozent deutlich am Parlamentseinzug und gewann lediglich ein Direktmandat.

Ideologisch stehen sämtliche Parteien des proukrainischen Rechtsextremismus in Kontinuität zur *Organisation der Ukrainischen Nationalisten* (OUN) der 1930er und 1940er Jahre.[22] Die Gruppierung und ihre zentrale Führungsfigur Stepan Bandera sind bis heute hochgradig umstritten. Aufgrund ihrer Beteiligung an den Kriegsverbrechen der Nationalsozialisten, ihres Antisemitismus und Ethnozentrismus gilt sie in der Fachliteratur als eindeutig rechtsextrem, jedoch nicht zwangsläufig als neonationalsozialistisch – sie strebte in erster Linie nach der ukrainischen Unabhängigkeit, nicht nach deutscher Hegemonie. Entsprechend unterschiedlich fällt die Bewertung der OUN und Banderas im gesellschaftspolitischen Diskurs der Ukraine aus: Vor allem im Westen des Landes als Held und Freiheitskämpfer verehrt, hat sich insbesondere um Bandera ein Personenkult entwickelt, der nicht nur von Nationalisten/Rechtsextremisten unterstützt wird, sondern von weiten Teilen der ukrainischen Bevölkerung und Eliten.[23] Im Süden und vor allem im Osten des Landes sowie in Russland, aber auch in Polen gilt Bandera hingegen als NS-Kollaborateur und Kriegsverbrecher. Andreas Umland bringt die Widersprüchlichkeit in Zusammenhang mit der OUN und Bandera wie folgt auf den Punkt: „Der ukrainische

---

20 Vgl. Andreas Umland, Ein kleiner Regimewechsel in Kiew. Reformpolitische Implikationen der Parlamentswahl vom 26. Oktober 2014, in: Ukraine-Analysen Nr. 142/2014, S. 7 f.
21 Vgl. Anton Shekhovtsov, Entwicklungsperspektiven der rechtsradikalen Kräfte in der Ukraine, in: Ukraine-Analysen Nr. 144/2014, S. 7–10, hier: S. 7.
22 Siehe hierzu die Beiträge in Andreas Umland/Oleksandr Zaitsev, The Ukrainian Radical Right in Past and Present. Studies in Ideology, Memory and Politics, in: Communist and Post-Communist Studies (Special Issue) 48 (2015), S. 169–271; Olena Petrenko, Geschlecht, Gewalt, Nation. Die Organisation Ukrainischer Nationalisten und die Frau, in: Osteuropa 66 (2016), H. 4, S. 83–93.
23 So hat beispielsweise die Bezeichnung Banderas als „Freiheitskämpfer" durch den ehemaligen ukrainischen Botschafter in Deutschland und heutigen Vize-Außenminister Andrij Melnyk eine Kontroverse ausgelöst. Vgl. als Überblick Nils Metzger, Debatte um Ukraine-Botschafter: Experten kritisieren Melnyks Bandera-Aussagen, in: ZDF vom 1. Juli 2022, unter: https://www.zdf.de/nachrichten/politik/melnyk-bandera-interview-botschafter-ukraine-100.html (1. Juli 2023).

Ethnozentrismus war damals sowohl rechtsextrem als auch befreiungsnationalistisch und daher als Nationalbewegung ambivalent. Der militärische Arm der OUN, die *Ukrainische Aufstandsarmee* UPA, etwa kämpfte nicht nur gegen die Rote Armee, sondern vereinzelt auch gegen SS und Wehrmacht. [...] Das ändert wenig daran, dass die Ideologie [...] zu dieser Zeit faschistisch und daher selbst totalitär war. Auch an der Schuld, die sich die ukrainische ‚Befreiungsbewegung' durch Aktionen, wie das UPA-Massaker an der polnischen Zivilbevölkerung Wolyniens 1943, auflud, besteht kein Zweifel. Nichtsdestoweniger sind bestimmte Facetten der Aktivitäten der ukrainischen Aufständischen in den 1940er und 1950er Jahren trotz des Faschismus ihrer Führung und genozidalen Tendenzen an der Basis als – im deutschen Sprachgebrauch – ‚Widerstand' qualifizierbar. Die Kompliziertheit des gleichzeitig rechtsextremen und freiheitlichen Impetus bzw. der Widerspruch zwischen dem antitotalitären Selbstverständnis der Aufstandsarmee und der totalitären OUN-Ideologie ihrer Führung sorgt bis heute für frustrierende Missverständnisse, tiefe Verbitterung und anhaltende Entfremdung unter Ukrainern verschiedener politischer Couleur sowie in den Beziehungen zwischen national orientierten Ukrainern auf der einen Seite und Polen, Juden, Russen usw. auf der anderen."[24]

Dem gemeinsamen historischen Vorbild entsprechend sind alle rechtsextremen Parteien in der Ukraine als ethnozentrisch, chauvinistisch und dezidiert antisemitisch sowie antiislamisch einzuschätzen. Sie streben nach einer ukrainischen Volksgemeinschaft, der als vollwertige Mitglieder ausschließlich ethnische Ukrainer angehören sollen – definiert über das Bekenntnis zur ukrainischen Geschichte, Sprache und Kultur des Landes („Die Ukraine den Ukrainern"[25]). Zwar orientieren sie sich an der Ideologie und Symbolik des Nationalsozialismus. Doch zugleich unterscheidet sich ihr Nationalismus vom dem des historischen NS ebenso wie panslawistischen Ideen – aufgrund der politischen Realitäten: Er zielt nicht auf Großmachtvorstellungen und die Expansion der Ukraine, sondern sieht sich im Überlebenskampf gegenüber russischen Aggressoren, weniger gegenüber dem „Westen". Zudem eint den parteiförmigen Rechtsextremismus ein massiver Antikommunismus, der wiederum die Argumentationsgrundlage für antirussische und antisemitische Anfeindungen liefert. So sprach der seit 2004 amtierende *Swoboda*-Vorsitzende Oleg Tjahnybok von der „jüdischen Mafia Moskaus".[26] Seine Partei fordert die Verbannung alles Russischen aus der Öffentlichkeit und im Gegenzug die Würdigung aller Kämpfer gegen den Bolschewismus, so auch der SS-Division „Galizien". Der Gründung des militärischen Arms der OUN, der *Ukrainischen Aufstandsarmee*, am 14. Oktober soll durch einen staatlichen Feiertag gedacht werden.[27]

---

24 Andreas Umland, Der ukrainische Nationalismus zwischen Stereotyp und Wirklichkeit. Zu einigen Komplikationen bei der Interpretation von befreiungs- vs. ultranationalistischen Tendenzen in der modernen Ukraine, in: Ukraine-Analysen Nr. 107/2012, S. 7–10, hier: S. 7 f.
25 Programm Swoboda vom 27. Februar 2020, unter: https://svoboda.org.ua/party/program/ (1. Juli 2023).
26 Oleg Tjahnybok zit. nach Ghosh (FN 15), S. 236.
27 Vgl. Nico Lange/Anna Reismann/Andreas Stein, Wahlhandbuch Ukraine 2010. Die Ukraine vor den Präsidentschaftswahlen im Januar und Februar 2010, in: Konrad-Adenauer-Stiftung

Worin sich die rechtsextremen Parteien unterscheiden, ist die Intensität ihres Extremismus bzw. ihr Gewaltverständnis. Vor allem *Swoboda* trat während ihrer Regierungszeit gemäßigter auf als der *Rechte Sektor* und der KUN. Dieser Umstand ist insofern bemerkenswert, da die SNPU als Vorgängerorganisation *Swobodas* in der 1990er Jahren innerhalb des rechtsextremen Parteienspektrums am deutlichsten in der Tradition des Nationalsozialismus stand, offen erkennbar sowohl an der Bezeichnung „sozial-national" als auch an der Partei-Symbolik einer modifizierten Wolfsangel, wie sie von Nationalsozialisten bzw. der SS verwendet wurde. Doch nicht nur die Ursprünge der Partei lassen darauf schließen, dass die Mäßigung unter Tjahnybok, der sich z. B. in Interviews mehrfach proisraelisch äußerte, zuvörderst strategische Gründe hatte, um größere Wählermilieus jenseits des harten Kerns der rechtsextremen Szene zu erschließen. So unterhält *Swoboda* Kontakte zu nationalsozialistisch geprägten Parteien wie der NPD, Ungarns *Jobbik* und der *British National Party* (BNP).[28] Auch von der hohen Gewaltbereitschaft ihrer Anhänger distanzierte sich die Partei erst auf Druck ihrer Regierungspartner, nachdem ein *Swoboda*-Mitglied mit einer Granate drei Personen getötet hatte.[29] Um nicht zuletzt ihrer zunehmenden Bedeutungslosigkeit entgegenzuwirken, kam es seit 2018 zur Wiederannäherung an die Parteien mit engen Verbindungen zum bewegungsförmigen bzw. paramilitärischen Rechtsextremismus.

1.2.2. Nichtparteiförmiger Rechtsextremismus

Die Grenzen zwischen rechtsextremen Parteien und nicht-parteiförmigen Vereinigungen sind in der Ukraine fließend, was maßgeblich an der Doppel- bzw. Dreifachstruktur des bewegungsförmigen Rechtsextremismus liegt – mit einem politischen Flügel (Partei), einem (para-)militärischen Flügel (Milizen und Freiwilligenverbände) und einem subkulturellen Flügel („Szene", Kampfsportmilieus). Personelle Überlappungen und Mehrfachzugehörigkeiten liegen auf der Hand. Eine Schlüsselrolle im ukrainischen Rechtsextremismus, aber auch im Widerstand gegen die russische Invasion spielt die *Azov-Bewegung*. Anders als die rechtsextremen Parteien mit ihren Hochburgen in der Westukraine agiert *Azov* – benannt nach dem Asowschen Meer – überwiegend im Südosten des Landes. Und ihre Anhänger sprechen

---

vom 18. Dezember 2009, unter: https://www.kas.de/c/document_library/get_file?uuid=f0a30cf1-7044-3d90-715b-dce6f65fd91b&groupId=252038 (1. Juli 2023).

28 Vgl. Anton Maegerle, Die Rechten vom Maidan, in: Kontext: Wochenzeitung vom 12. März 2014, unter: https://www.kontextwochenzeitung.de/ueberm-kesselrand/154/die-rechten-vom-maidan-2075.html (1. Juli 2023). Im Zuge der Krim-Invasion und dem russischen Angriffskrieg auf die Ukraine haben sich die Beziehungen jedoch massiv verschlechtert, was maßgeblich mit den Sympathien der meisten rechtsextremen Parteien Europas für das Putin-Regime zusammenhängt.

29 Vgl. Rosa-Luxemburg-Stiftung, Rechtsextremismus in der Ukraine. Gruppierungen und ihre Aktivitäten im Überblick, März 2019, unter: https://www.rosalux.de/fileadmin/rls_uploads/pdfs/Presse/pdf/Rechtsextremismus_in_der_Ukraine.pdf (1. Juli 2023).

überwiegend russisch, während im westlichen Landesteil speziell die Sprache als Zeichen der ukrainischen Identität Verwendung findet. Ihr paramilitärischer Arm, das *Azov-Bataillon*, stellt eine der zahlreichen Milizen bzw. Freiwilligen-Verbände dar, die 2014 als Reaktion auf die militärischen Auseinandersetzungen mit Separatisten und Russen in der Ostukraine entstanden.[30] Nach Erfolgen im Kampf gegen die prorussischen Separatisten im Donbass wurde die Miliz im Herbst 2014 als Sondereinsatzregiment des ukrainischen Innenministeriums offiziell in die Nationalgarde des Landes integriert. Die gesamte *Azov-Bewegung*, bestehend aus Regiment, politischer Partei (*Nationales Korps*) und einer Bürgerwehr, zählt etwa 20.000 Anhänger; dem militärischen Verband werden etwa 1.500 Personen zugerechnet.[31] Weitere Milizen und Freiwilligenverbände mit engen Verbindungen zu Parteien und Organisationen der rechtsextremen Subkultur sind *Ajdar*, *Mirotvorec*, *Rechter Sektor* und *Freikorps*.[32]

Azovs Ursprünge gehen zurück auf das neonationalsozialistische Milieu. Ihre Führung bestand vor allem in den Anfangsjahren aus Mitgliedern der rechtsextremen Parteien, zuvörderst der erste Kommandeur des *Azov-Regiments*, Andrij Bilezkyj. Er gilt als Gründer der offen neonationalsozialistischen Bewegung *Patriot der Ukraine* (PU) und saß wegen der Vorbereitung eines Terroranschlages mehrere Jahre im Gefängnis. Ihm und anderen Mitgliedern der späteren *Azov*-Führung wurden von Beobachtern des ukrainischen Rechtsextremismus die Beteiligung an kriminellen Strukturen, enge Kontakte zur rechtsextremen Hooligan- und Kampfsportszene sowie die Provokation öffentlicher Gewalteskalationen vorgeworfen.[33] Bis zur Eskalation des Konfliktes mit Russland zählten weniger die östlichen Nachbarn als vielmehr Juden, Muslime sowie sexuelle Minderheiten zu den zentralen Feindbildern. 2010 erklärte Bilezkyj, sein Ziel sei, „die weiße Rasse in einen letzten Kreuzzug gegen semitische Untermenschen zu führen".[34] Dessen ungeachtet gewann Bilezkyj durch die militärischen Erfolge des Regiments im Donbass ab 2014 landesweit Bekanntheit und Anerkennung. Er erhielt den ukrainischen Tapferkeitsorden 3. Klasse und wurde als unabhängiger Direktkandidat ins Parlament gewählt.[35] Zur gleichen Zeit kam es zur stärkeren Differenzierung innerhalb der *Azov-Bewegung*. Mit der Integration des Regiments in die ukrainische Nationalgarde lösten sich einige personelle Verquickungen. Ein Teil der rechtsextremen Führungspersonen aus den

---

30 Vgl. hier und im Folgenden Tetjana Bezruk/Andreas Umland, Der Fall Azov. Freiwilligenbataillone in der Ukraine, in: Osteuropa 65 (2015), H. 1–2, S. 33–41.
31 Vgl. Iwan Gomza, Das Asow-Regiment und die russische Invasion, in: Ukraine-Analysen Nr. 270/2022, S. 6–9, hier: S. 7.
32 Vgl. hier und im Folgenden Ekaterina Sergackova, Freiwillig. Kleines Who´s Who ukrainischer Bataillonskommandeure, in: Osteuropa 65 (2015), H. 1–2, S. 23–31, sowie Rosa-Luxemburg-Stiftung (FN 29).
33 Vgl. Bezruk/Umland (FN 30), S. 37.
34 Andrij Bilezkyi zit. nach Marc Bennetts, Ukraine's National Militia: ‚We're not neo-Nazis, we just want to make our country better', in: The Guardian vom 13. März 2018, unter: https://www.theguardian.com/world/2018/mar/13/ukraine-far-right-national-militia-takes-law-into-own-hands-neo-nazi-links (1. Juli 2023).
35 Vgl. Bezruk/Umland (FN 30), S. 40.

Anfangstagen der Miliz machte (kurzzeitig) politische Karrieren und zog sich aus den militärischen Strukturen zurück. Zudem trat 2016 ein Gesetz in Kraft, das die politische Agitation innerhalb der Armee und damit innerhalb des *Azov-Regiments* verbot. Ob gegenwärtig eine Kluft zwischen der rechtsextremen *Azov-Bewegung* im Allgemeinen und ihrem rein militärisch agierenden Ableger im Besonderen existiert, wie Ivan Gomza herausstellt[36], ist angesichts der diffusen Interessen- und Informationslage, insbesondere seit Kriegsbeginn 2022, zumindest fraglich.

1.3. Linksextremismus

1.3.1. Parteien

Anders als im parteiförmigen Rechtsextremismus kennzeichnet das linksextremistische Parteienspektrum weitgehende Kontinuität, wenngleich es auch hier zu einigen Abspaltungen kam. Dominierende Kraft ist seit Beginn der 1990er Jahre die KPU. Nach dem Verbot der ukrainischen Teilorganisation der KPdSU als Folge des Augustputsches 1991 wurden deren Mitgliedschaften aufgelöst und das Parteivermögen vom ukrainischen Staat übernommen. 1993 kam es zur Neugründung. Obwohl nicht Rechtsnachfolgerin der *Kommunistischen Partei der ukrainischen Sowjetrepublik* sieht sich die KPU in ihrem Selbstverständnis als Erbin der früheren Staatspartei.[37] Sie erzielte bei den Parlamentswahlen 1994 und 1998 die meisten und 2002 die zweitmeisten Stimmen, ohne jedoch in der Folge in Regierungsverantwortung zu gelangen (Abbildung 2). Dies geschah paradoxerweise erst nach der Erdrutschniederlage der Kommunisten vier Jahre später. Die Orangene Revolution 2004 verschärfte die bis heute anhaltende gesellschaftspolitische Polarisierung, im Zuge derer die *Partei der Regionen* (PR) an die Stelle der KPU als Sammelbecken der prorussischen Kräfte trat. Die gemeinsame Regierung zerfiel wegen der Parlamentsauflösung durch Präsident Juschtschenko bereits nach einem Jahr. Die KPU gelangte – trotz marginaler Zugewinne – erneut in die Opposition. Von dem folgenden jahrelangen politischen Tauziehen des prowestlichen und prorussischen Lagers konnten die Kommunisten bei den Wahlen 2012 profitieren und feierten mit 13,2 Prozent ihr politisches Comeback. Doch vor dem Hintergrund der Eskalation des ukrainisch-russischen Konfliktes im Osten des Landes und der Sezession der selbsternannten Volksrepubliken Donezk und Luhansk – Hochburgen der KPU, in denen keine Wahl stattfand – scheiterte die KPU 2014 an der Fünfprozenthürde und war nach 20 Jahren Parlamentszugehörigkeit erstmals nicht in der Werchowna Rada vertreten. 2015 wurden die KPU ebenso wie die *Erneuerte Kommunistische Partei der Ukraine* (KPUo) und die *Kommunistische Partei der Arbeiter und Bauern* (KPAB)

---

36 Vgl. Gomza (FN 31), S. 8.
37 Vgl. hier und im Folgenden Abel Polese, Ukraine 1991 – 2006 – Where Have All the Communists Gone?, in: Uwe Backes/Patrick Moreau (Hrsg.), Communist and Post-Communist Parties in Europe, Göttingen 2008, S. 371–401.

zunächst wegen ihrer kommunistischen Ideologie, später wegen der Unterstützung der separatistischen Kräfte sowie der Verletzung der territorialen Souveränität der Ukraine vom Justizministerium verboten. 2022 folgten elf weitere als separatistisch eingestufte Parteien.[38] Seit 2015 existiert eine mit der KPU verbundene *Kommunistische Partei der Volksrepublik Donezk*.

Tabelle 2: Ergebnisse der linksextremen Parteien bei den ukrainischen Parlamentswahlen (in Prozent)*

	1994	1998	2002	2006	2007	2012	2014	2019
KPU	13,6	25,4	20,8	3,7	5,6	13,2	3,9	---
KPU (o)	---	---	1,5	---	0,3	---	---	---
KPAB	---	---	0,4	---	---	---	---	---
PSPU	---	4,2	---	---	1,4	---	---	---

* Ohne Wahlergebnisse von Parteienbündnissen und Wahlallianzen unter Einschluss linksextremer Parteien.
Quelle: https://www.cvk.gov.ua/, eigene Zusammenstellung.

Die beiden KPU-Abspaltungen KPU(o) und KPAB als Folge personeller Rivalitäten blieben bei ihren wenigen Wahlteilnahmen auf nationaler Ebene bedeutungslos, was jedoch bis zu ihren Verboten nicht zur Aufgabe der Parteistrukturen führte. Dagegen gelang es der 1996 formierten *Progressiven Sozialistischen Partei der Ukraine* (PSPU), bei den Wahlen 1998 ins Parlament einzuziehen. Später agierte sie in verschiedenen Wahlallianzen, konnte jedoch weder da noch als Einzelpartei an die Zustimmung Ende der 1990er Jahre anknüpfen. Bei der PSPU handelt es sich um eine Abspaltung der *Sozialistischen Partei der Ukraine* (SPU), deren Führung den gemäßigt-demokratischen Kurs der Mutterpartei kritisierte und ihr Revisionismus vorwarf. Die SPU hatte nach dem Verbot der sowjetischen KPU 1991 zunächst deren inoffizielle Nachfolge angetreten; das Gros der Hardliner verließ nach der Wiederbegründung der KPU jedoch die Partei der Reformsozialisten. Die PSPU wiederum wird in der Literatur als national-bolschewistisch charakterisiert, deren Programmatik Berührungspunkte zur Ideologie des russischen Rechtsextremisten Alexander Dugin aufweist.[39] Im Kern von dessen neoeurasischen Vorstellungen steht ein Kulturkampf zwischen dem demokratisch-liberalen Modell des Westens und einer antikapitalistisch-autoritären politischen Ordnung unter Führung Russlands im gesamten postkommunistischen Raum.[40] Auch die PSPU wurde 2022 offiziell verboten.

---

38 Vgl. Baha Kirlidokme, Kritik an Selenskyjs Verbot unliebsamer Parteien, in: Frankfurter Rundschau vom 22. Juni 2022.
39 Vgl. Olexiy Haran/Kerstin Zimmer, Unfriendly takeover: Successor parties in Ukraine, in: Communist and Post-Communist Studies 41 (2008), S. 541–561, hier: S. 548.
40 Vgl. Tom Thieme, Hammer, Sichel, Hakenkreuz. Parteipolitischer Extremismus in Osteuropa. Entstehungsbedingungen und Erscheinungsformen, Baden-Baden 2007, S. 216.

Nicht nur bei der PSPU findet sich die im postkommunistischen Raum verbreitete Vermischung links- und rechtsextremer Ideologeme.[41] Sie kennzeichnet das gesamte Spektrum der in der Tradition des Sowjetkommunismus stehenden Parteien. Auf der soziöökomischen Konfliktlinie sind die KPU und ihre Abspaltungen eindeutig links zu verorten. Das Finanzsystem und die Wirtschaft der Ukraine seien zu verstaatlichen, das Privateigentum zu verbieten. Wie das Festhalten an der Bezeichnung als „KP" ebenso wie die Verwendung der traditionellen Symbole Hammer und Sichel belegt, orientieren sich die Kommunisten am Erbe der Sowjetunion unter russischer Hegemonie nach dem Vorbild Lenins. Dieser „Sowjetpatriotismus"[42] geht auf der soziokulturellen Konfliktlinie mit rechtsextremen Positionen einher. Anders als in Ostmitteleuropa, wo linksextreme Parteien versuchen, die diskreditierte kommunistische Ideologie mit den jeweils eigenen nationalistischen Traditionen zu kompensieren, verficht die KPU einen klar russophilen Nationalismus. Setzte sie sich in den 1990er und 2000er Jahren noch verhältnismäßig moderat für die Stärkung der russischen Kultur und Sprache ein, wandelte sich dies mit der Intensivierung der Konflikte in der Ukraine stärker in Richtung einer eurasischen Ideologie von der Vereinigung der slawischen Völker unter der Dominanz Russlands. Für die ukrainische Regierung nach dem Sturz Janukowytschs 2014 war dies der Beweis für den Separatismus der Kommunisten und der Grund für das Verbot ihrer Parteien. Inwieweit das parteiförmige Spektrum tatsächlich an den Angriffen auf die territoriale Integrität der Ukraine beteiligt war und ist, lässt sich nicht zuletzt aufgrund der diffusen Informationslage aus den Kriegsregionen kaum präzisieren. Dass es sich ausschließlich um eine ungerechtfertigte „Hexenjagd"[43] auf Kommunisten handelt, darf jedoch bezweifelt werden. So pflegt die KPU enge Kontakte zur *Kommunistischen Partei der Russländischen Föderation* (KPRF), die offen den militärischen Kampf ihrer Anhänger zur Verteidigung der Volksrepubliken Donezk und Luhansk propagiert.[44] Und auch selbst macht die KPU aus dem Separatismus und der Ablehnung des ukrainischen Staates keinen Hehl. So erklärt ein Mitglied des Zentralkomitees der Partei in der DKP-Wochenzeitung *Unsere Zeit*: „Daher betrachten wir die Zeit von 2014 bis 2022 nicht nur als eine Zeit des Bürgerkriegs, sondern auch als eine Etappe im nationalen Befreiungskampf der Einwohner des Donbass, von Bürgern der Ukraine gegen das neonazistische Regime, das die Macht im Land ergriffen hat."[45]

---

41 Siehe dazu Timm Beichelt/Michael Minkenberg, Rechtsradikalismus in Transformationsgesellschaften. Entstehungsbedingungen und Erklärungsmodell, in: Osteuropa 52 (2002), S. 247–262, hier: S. 252.
42 Vgl. Andrew Wilson, Reinventing the Ukrainian Left: Assessing Adaptability and Change, 1991–2000, in: The Slavonic and East European Review 80 (2002), H. 1, S. 21–59, hier: S. 31.
43 Vgl. Melina Deymann, Kein Frieden mit dem Marionettenregime. Interview mit der KP der Ukraine, in: Unsere Zeit vom 9. Dezember 2022, unter: https://www.unsere-zeit.de/kein-frieden-mit-dem-marionettenregime-4775049/ (1. Juli 2023).
44 Vgl. Vyacheslav Tetekin, What is happening in and around Ukraine, unter: https://cprf.ru/what-is-happening-in-and-around-ukraine/ (1. Juli 2023).
45 Interview KPU (FN 43).

Länderporträt: Ukraine

1.3.2. Nichtparteiförmiger Linksextremismus

„So wie die Kommunisten den übergroßen Teil ihrer Wählerschaft im Süden und Osten des Landes haben, so erhalten die Nationalisten den Großteil ihrer Unterstützung im Zentrum und Westen der Ukraine."[46] Während sich die von Andreas Umland konstatierte regionale Spaltung der Ukraine im parteiförmigen Extremismus entlang des Russland-Ukraine-Konflikts recht klar herausarbeiten lässt, sind die Frontverläufe im nichtparteiförmigen bzw. unstrukturierten extremistischen Spektrum unübersichtlich. Vor allem im industriell geprägten Donbass stehen die Gewerkschaften in der Tradition der Sowjetunion und sind partiell mit den linksextremen Parteien verbunden. Einige von ihnen vertreten – quasi als Gegenmodell zur in der Ukraine verbreiteten Oligarchie und Korruption – klassisch marxistische Forderungen einer Vergesellschaftung von Produktionsmitteln durch die Arbeiterschaft.[47] Der gewerkschaftliche Einfluss hat in den vergangenen Jahren jedoch stark abgenommen: zum einen da Funktionäre selbst in Bestechungen verwickelt waren, zum anderen, da linke Politik in der Ukraine insbesondere seit 2014 weithin diskreditiert ist. Die Verknüpfung „links = sowjetnostalgisch = prorussisch"[48] gebrauche die Regierung, um unliebsame Positionen zu schwächen oder auszuschließen. Die massive Einschränkung der Gewerkschaftsrechte im Jahr 2022 wurde offiziell mit der Notwendigkeit der Kriegswirtschaft begründet, dürfte aber ebenso dem Ziel der Zurückdrängung linker, vermeintlich prorussischer Organisationen dienen. Westliche Gewerkschaften kritisierten das Vorgehen scharf.[49]

In der Realität liegen die Positionen im Linksaußenspektrum quer zur russisch-ukrainischen Konfliktlinie. Neben den eher in Sowjettradition stehenden Organisationen innerhalb der *Föderation der Gewerkschaften der Ukraine* existieren zahlreiche, aber kaum wahrnehmbare marxistische, trotzkistische und anarchistische Gruppierungen ohne Sowjetbezug wie der *Ukrainische kommunistische Arbeiterbund*, der *Autonome Bund der Werktätigen* oder die *Revolutionäre Konföderation der Anarchosyndikalisten*.[50] In entsprechend hohem Maße ist das unstrukturierte linksextremistische Milieu von ideologischer Heterogenität geprägt, verstärkt durch das Kriegsgeschehen. So existieren quasi zwei *Antifas*: eine prorussische, die als Hauptfeind die vermeintlich faschistische Regierung in Kiew und ihre Verbünde-

---

46 Andreas Umland, Eine typische Spielart von europäischem Rechtsradikalismus? Drei Besonderheiten der ukrainischen Freiheitspartei aus vergleichender Perspektive, in: Ukraine-Analysen Nr. 117/2012, S. 5–10, hier: S. 7.
47 Vgl. Vladimir Korobov, Die „neue" linke Bewegung in der Ukraine, in: Rosa-Luxemburg-Stiftung vom 30. April 2013, S. 3, unter: https://www.rosalux.de/fileadmin/rls_uploads/pdfs/Ausland/Die_neue_linke_Bewegung_in_der_Ukraine.pdf (1. Juli 2023).
48 So Jan Ole Arps, Was macht die ukrainische Linke?, in: Der Freitag vom 12. Januar 2023, S. 3.
49 Vgl. statt vieler Eric Balthasar, Ukraine: Angriff auf Arbeitnehmer*innen im Schatten des Krieges, in: Deutscher Gewerkschaftsbund vom 22. September 2022, unter: https://www.dgb.de/uber-uns/dgb-heute/internationale-und-europaeische-gewerkschaftspolitik/++co++e2ba94b4-38dd-11ed-a5c9-001a4a160123 (1. Juli 2023).
50 Vgl. Vladimir Korobov (FN 47), S. 5.

ten USA und NATO ausmacht und in Kampfhandlungen involviert ist;[51] und eine proukrainische, die sich wiederum gegen die prorussischen linksextremen Parteien wendet und auf Seiten der ukrainischen Armee am Krieg beteiligt. Ein Teil des in der Westukraine überschaubaren anarchistischen und autonomen Milieus unterstützt zwar die Forderungen einer (Wieder-)Anerkennung der russischen Sprache und wendet sich gegen den Rechtsextremismus im Land, mehr aber noch gegen die russische Invasion. So entstand in der gemeinsamen Abwehr des Angriffs eine extremistische Querfront, wiewohl das Bündnis von Seiten der Linken auch aus strategischen Gründen resultiert – durch den aktiven Kampf ihre geringe Reputation in der ukrainischen Bevölkerung zu steigern und so die gesellschaftliche Isolation zu durchbrechen.[52]

2. Würdigung

Wie lässt sich in der Gesamtschau der Einfluss extremistischer Akteure in der Ukraine bewerten? Auf der einen Seite entbehrt Russlands Propaganda eines vom Westen manipulierten Neonazi-Regimes in Kiew jeder Grundlage.[53] Bei den weitgehend freien Wahlen 2014 und 2019 setzten sich demokratische proeuropäische Kräfte durch. Mit Ausnahme einiger Einzelkandidaten blieben rechtsextremistische randständig – die Regierungsbeteiligung von *Swoboda* (2012–2014) eine Ausnahme. Im Vergleich zu den ostmitteleuropäischen Nachbarstaaten ist der parteiförmige Rechtsextremismus in der Ukraine sogar eher schwach ausgeprägt. Der Linksextremismus spielt seit der De-Facto-Spaltung des Landes und dem Verbot von prorussischen Kommunisten und Sozialisten keinerlei Rolle. Auf der anderen Seite stellt der Rechtsextremismus mehr als eine harmlose Randerscheinung dar. Die politische Kultur der Bevölkerung und innerhalb der politischen Eliten kennt kaum Berührungsängste gegenüber ultranationalistischen Positionen und wenn überhaupt, dann zumeist aufgrund des Drucks der außenpolitischen Partner. In großen Teilen der Gesellschaft fehlt die Bereitschaft, rechtsextreme Einstellungen und Handlungen als solche zu benennen und ihnen entgegenzutreten – im Gegenteil: Die aktive Beteiligung extremistischer Strukturen an der Verteidigung des Landes hat deren gesellschaftliche Reputation erhöht. Gerade wegen ihrer ideologischen Überzeugung engagieren sich Rechtsextremisten hochgradig motiviert – viele Ukrainer assoziieren mit ihnen daher nicht Rassismus und Chauvinismus, sondern Freiheitskampf und

---

51 Vgl. Guillermo Quintero, Antifa-Karawane bleibt sich treu. Der versteckte Teil des Krieges, in: Unsere Zeit (ohne Datum), unter: https://www.unsere-zeit.de/antifa-karawane-bleibt-sich-treu-4777612/ (1. Juli 2023).
52 Vgl. Jan Ole Arps, Neun Monate Krieg, in: analyse&kritik vom 13. Dezember 2022, unter: https://www.akweb.de/bewegung/neun-monate-krieg-ukraine-linke-besuch-in-kiew/ (1. Juli 2023).
53 Siehe hierzu die Neujahrsansprache von Vladimir Putin vom 31. Dezember 2022, in: Osteuropa 72 (2022), H. 12, S. 111–113,

Heldentum. Dass angesichts der Existenzbedrohung durch Russland und des tagtäglichen Überlebenskampfes der Ukraine nationalistische Werthaltungen die politische Kultur des Landes dominieren, kann kaum überraschen. Inwieweit diese im Falle einer – momentan unabsehbaren – Normalisierung der Lage mit den Prinzipien freiheitlicher Demokratie vereinbar sind, bleibt abzuwarten.

Die Ambivalenzen, die für den Extremismus in der Ukraine insgesamt gelten, treffen im Speziellen auch auf die politisch, medial und wissenschaftlich am meisten beachtete Kraft im gegenwärtigen ukrainischen Extremismus zu – die *Azov*-Bewegung. In Russlands Propaganda gilt vor allem sie als Ausweis für den neonazistischen Charakter von Politik, Staat und Militär.[54] Tatsächlich aber dominiert das *Azov-Regiment* weder die ukrainische Armee, noch gehört das Gros ihrer Kämpfer dem extremistischen Spektrum an. Allerdings unterschlägt die Einschätzung des Kiewer Politikwissenschaftlers Ivan Gomza, es handele sich um eine „entpolitisierte, reguläre und professionelle Einheit der ukrainischen Armee"[55], maßgeblich deren extremistische Potenziale. Nach wie vor verwendet das Regiment als Emblem (wie einst die SNPU) eine spiegelverkehrte Wolfsangel. Die Assoziation zur SS-Symbolik wird geleugnet – „I" und „N" stünden für „Idee der Nation" („Ideja Nacii").[56] Zudem kämpfen in den *Azov*-Reihen bis heute bzw. verstärkt wieder seit Kriegsbeginn 2022 Rechtsextremisten aus ganz Europa, obwohl dies dem Regiment als regulärer Einheit der ukrainischen Armee untersagt ist.[57] Vor allem aber scheint es kaum realistisch, dass sich die extremistische Intensität unter den nationalistischen Hardlinern ausgerechnet zu einem Zeitpunkt abgeschwächt hat, in dem die Ukraine angesichts des russischen Angriffskrieges grundlegend in ihrer Existenz bedroht ist.

3. Literatur

Obschon kein Desiderat der Forschung, fällt die Literaturlage zum politischen System der Ukraine im Allgemeinen und zum Extremismus im Besonderen deutlich hinter der zu den Nachbarn Polen und Russland zurück. So existieren allein über den westlichen Nachbarn sieben deutschsprachige Landeskunden;[58] die einzige zur

---

54 Vgl. Tara John/Tim Lister, A far-right battalion has a key role in Ukraine's resistance. Its neo-Nazi history has been exploited by Putin, in: CNN vom 30. März 2022, unter: https://edition.cnn.com/2022/03/29/europe/ukraine-azov-movement-far-right-intl-cmd/index.html (1. Juli 2023).
55 Gomza (FN 31). S. 9.
56 Vgl. Bezruk/Umland (FN 30), S. 39 f.
57 Vgl. Kacper Rekawek, Western Extremists and the Russian Invasion of Ukraine in 2022, Counter Extremism Project, May 2022, unter: https://www.counterextremism.com/content/western-extremists-and-russian-invasion-ukraine-2022 (1. Juli 2023).
58 Siehe in chronologischer Reihenfolge Dieter Bingen, Die Republik Polen. Eine kleine politische Landeskunde, 2. Aufl., München 1999; Jochen Franzke (Hrsg.), Das moderne Polen. Staat und Gesellschaft im Wandel, Potsdam 2003; Brigitte Jäger-Dabek, Polen. Eine Nachbarschaftkunde, Bonn 2003; Thomas Urban, Polen, 2. Aufl., München 2003; Dieter Bingen/Krzysztof Ruchniewiz (Hrsg.), Länderbericht Polen, Bonn 2009; Klaus Ziemer, Das politische System

Politik in der Ukraine, die vor Beginn der russischen Invasion erschien, datiert aus dem Jahr 2008.[59] Zudem veröffentlichte die Zeitschrift *Osteuropa* 2010 ein Themenheft zu den politischen, sozialen und ökonomischen Wandlungsprozessen des Landes.[60] Durch den Krieg hat sich das Interesse allerdings schlagartig vergrößert. Seit 2022 erschienen mehrere Überblicksdarstellungen zur Geschichte, Politik und Gesellschaft der Ukraine[61], zudem eine Vielzahl an Büchern zu den Ursachen und zum Verlauf des Krieges.[62] Fragen des Extremismus, genauer gesagt des Rechtsextremismus, werden darin entweder im Zusammenhang mit der Entstehung des ukrainischen Nationalismus in der Zwischen- und Weltkriegszeit oder mit Blick auf das Parteiensystem und die politische Kultur des Landes behandelt. Zudem bieten die gemeinsam von der Forschungsstelle Osteuropa der Universität Bremen, dem Zentrum für Osteuropa- und internationale Studien, der Deutschen Gesellschaft für Osteuropakunde u. a. herausgegebenen Ukraine-Analysen regelmäßig verlässliche Informationen über die politischen Entwicklungen im Land; so auch zum Rechtsextremismus. Eine phänomenübergreifende Überblicksdarstellung zum politischen Extremismus liegt indes nicht vor.

Das in der internationalen Forschung zum politischen Extremismus ausgeprägte Ungleichgewicht zugunsten von Veröffentlichungen im Bereich des Rechtsextremismus im Vergleich zum Linksextremismus lässt sich auch für die Ukraine konstatieren. Für erstgenannten ist das von Andreas Umland und Oleksandr Zaitsev herausgegebene Themenheft „The Ukrainian radical right in past and present" der Zeitschrift *Communist and Post-Communist Studies* aus dem Jahr 2015 von zentraler Bedeutung.[63] Schwerpunkte der Ausgabe sind einerseits Beiträge zur historischen Genese des ukrainischen Nationalismus/Faschismus in den 1920er bis 1940er Jahren, andererseits zu den rechtsextremen Parteien *Swoboda* und *Rechter Sektor*. Außerdem wurde der ukrainische Rechtsextremismus im Rahmen einiger vergleichender Untersuchungen des postkommunistischen Raums gewürdigt.[64] Speziell auf die

---

Polens. Eine Einführung, Wiesbaden 2013; Gerhard Gnauk, Polen Verstehen. Geschichte, Politik, Gesellschaft, Stuttgart 2018.

59 Cornelia Göls, Die politischen Parteien in der Ukraine. Eine Analyse ihrer Funktionsfähigkeit in Wahlen, Parlament, Regierung, Frankfurt a. M. 2008.

60 Vgl. Manfred Sapper/Volker Weichsel (Hrsg.), Schichtwechsel. Politische Metamorphosen in der Ukraine, in: Osteruropa 60 (2010), H. 2–4.

61 Steffen Dobbert, Ukraine verstehen. Geschichte, Politik und Freiheitskampf, Stuttgart 2022; Andreas Kappeler, Kleine Geschichte der Ukraine, München 2022; Serhii Plokhy, Das Tor Europas: Die Geschichte der Ukraine, Frankfurt a. M. 2022; Kerstin S. Jobst, Geschichte der Ukraine, Berlin 2022.

62 Siehe u. a. Gwendolyn Sasse, Der Krieg gegen die Ukraine. Hintergründe, Ereignisse, Folgen, München 2022; Serhii Plokhy, Die Frontlinie. Warum die Ukraine zum Schauplatz eines neuen Ost-West-Konflikts wurde, Hamburg 2022; ders., Der Angriff: Russlands Krieg gegen die Ukraine und seine Folgen für die Welt, Frankfurt a. M. 2023.

63 Umland/Zaitsev (FN 22).

64 Roman Solchanyk, The Radical Right in Ukraine, in: Sabrina P. Ramet (Hrsg.), The Radical Right in Central ans Eastern Europe since 1989, Pennsylvania 1999, S. 279–296; Cas Mudde, Populist Radical Right Parties in Europe, Cambridge 2007; Michael Minkenberg (Hrsg.), Historical Legacies and the Radical Right in Post-Cold War Central and Eastern Europe, Stuttgart

Azov-Bewegung bzw. ihren militärischer Ableger (*Azov-Regiment*) richtete sich in den vergangenen Jahren der Fokus mehrerer Studien.[65] Wie die gesamte Debatte um den Stellenwert rechtsextremer Politik in der Ukraine ist auch die Bewertung *Azovs* von einem hohen Maß an Kontroversität geprägt. Gilt sie manchen als reguläre Armeeeinheit und als verdienstvoll im (demokratischen) Abwehrkampf gegen die russische Diktatur, betonen andere den nationalistisch-rassistischen Charakter der Organisation.[66] Seit Kriegsbeginn sind die kritischen Stimmen internationaler Beobachter gegenüber *Azov* seltener geworden. Ob dies auf eine Mäßigung der Anhängerschaft zurückgeht oder eher der Solidarität mit der Ukraine im Abwehrkampf gegen Russland geschuldet ist (oder beides) lässt sich, wie in Abschnitt 1.2.2. dargestellt, nicht mit Gewissheit sagen.

Der ukrainische Linksextremismus ist dagegen ein weitgehend vernachlässigtes Themenfeld. Es liegen einige Untersuchungen zur KPU vor, die jedoch weniger die Frage des antidemokratischen Charakters der Partei behandeln als vielmehr im Kontext der (Post-)Kommunismusforschung den Kontinuitäten und Brüchen der Akteure, Programme und Elektorate der Partei nachgehen.[67] Arbeiten zum nichtparteiförmigen Linksextremismus fehlen vollständig. Gleiches gilt für vergleichende Arbeiten über die „Szenen". Dabei wiegt das Fehlen einer komparativen Extremismusforschung wohl kaum irgendwo schwerer als in der Ukraine, gründen doch sowohl der russische Angriffskrieg als auch zahlreiche Parteiverbote auf zweifelhaften Extremismusvorwürfen. Vor diesem realpolitischen Hintergrund wäre eine umfassende wie quellengesättigte Erforschung der extremistischen Bestrebungen in der Ukraine anstelle der verbreiteten Desinformationskampagnen und Propaganda von herausragender Bedeutung.

2010; Alexander Motyl, National Questions. Theoretical Reflections on Nations and Nationalism in Eastern Europe, Stuttgart 2022.

65 Bezruk/Umland (FN 30); Andreas Umland, Irregular Militias and Radical Nationalism in Post-Euromaidan Ukraine: The Prehistory and Emergence of the „Asow" Battalion in 2014, in: Terrorism and Political Violence 31 (2019), H. 1, S. 105–131; Michael Colborne, From the fires of war: Ukraine's Azov Movement and the Global Far Right, Stuttgart 2022.

66 Dazu der hörenswerte Podcast Das Asow-Regiment – Neonazis oder Elitekämpfer?, in: Der Spiegel vom 3. Mai 2022, unter: https://www.spiegel.de/ausland/ukraine-das-asow-regiment-neonazis-oder-elitekaempfer-acht-milliarden-podcast-a-a413843c-c090-41d9-9cb5-545082ac759d (1. Juli 2023).

67 So Andras Bozoki/John T. Ishiyama, The Communist Successor Parties of Central and Eastern Europe, New York 2002; Polese (FN 37); Alexander Korab, Das Parteiensystem der Ukraine, in: Dieter Segert/Richard Stöss/Oskar Niedermayer (Hrsg.), Parteiensysteme in postkommunistischen Gesellschaften Osteuropas, Wiesbaden 1997, S. 340–376.

Medienporträt: MSZ – Gegen die Kosten der Freiheit

Von Jürgen P. Lang

1. Darstellung

In den wenigen schwachen Momenten haderte die *Münchner Studentenzeitung* (MSZ), wie sie sich bei ihrer Entstehung nannte, damit, nicht verstanden, missinterpretiert oder ignoriert zu werden. „All das hat uns schwer getroffen"[1], gab der enge Kreis der Autoren und Herausgeber – ab Mitte der 1970er Jahre identisch mit der Führung der *Marxistischen Gruppe* (MG) – einmal zu. Man grämte sich, zu Wendezeiten 1990 in die Ecke der Verteidiger des Realsozialismus gestellt zu werden, in der man gar nicht sein wollte – und tatsächlich auch nicht war. Solche Eingeständnisse setzten einen bemerkenswerten Kontrapunkt zu den ellenlangen theoretischen Ausführungen, die die Blattmacher ab Ende der 1970er Jahre mit scharfer Polemik zu popularisieren suchten. Die Texte der MSZ verstand oft nur, wer über ein Sensorium für Ironie und Sarkasmus, einen langen Atem und die nötige Ruhe verfügte, um die in nicht ganz einfachem Satzbau transportierte abstrakte Logik zu erfassen.

Diese Defizite kompensierte die MG mit der Wucht der Agitation. Als sie 1991 ihre Auflösung erklärte, resümierte Georg Fülberth: „Realistischerweise rechnete die MG damit, dass gerade diejenigen, welche es anging, sich für ihre Argumente besonders wenig interessierten. Sie baute deshalb – vor allem an den Hochschulen – einen aufwendigen Agitations-Apparat auf, der viele Leute nerve."[2] Wesentlicher Teil des Apparats war die MSZ, die zu ihren Hochzeiten eine Auflage von rund 10.000 Exemplaren pro Ausgabe erreichte.[3] Dazu kamen die berüchtigten „Seminar-Sprengungen" sowie jährlich hunderte Veranstaltungen. „Diskussionen" im Sinn eines Austauschs von Argumenten auf Augenhöhe ließ die MG dort allerdings nicht zu – auch nicht in der MSZ. Die Rubrik „Korrespondenz" (Mitte 1985 bis Mitte 1987) gestattete zwar Leserkritik. Der belehrende Ton der Antworten ließ aber keine Zweifel daran, wer am Ende Recht behielt. Das erinnerte an die Lektionen, die einst die Chefideologen der *Deutschen Kommunistischen Partei* (DKP) dem noch nicht ganz sattelfesten Kadernachwuchs erteilten. Damit endeten aber schon die Gemeinsamkeiten.

Die intellektuelle Hybris, das ausgeprägte Sendungsbewusstsein und die ideologische Rigidität stellten selbst die linksextremistische Konkurrenz in den Schatten und trugen der MG – hier vonseiten der selbst straff organisierten DKP – den

---
1 In eigener Sache: Unser „Verhältnis" zu denen in Moskau, in: MSZ vom 17. Mai 1990, S. 35.
2 Georg Fülberth, Ein Fall von Panik, in: Konkret, 7/1991, S. 21.
3 Vgl. Der Bundesminister des Innern, Verfassungsschutzbericht 1985, Bonn 1986, S. 104.

Vorwurf eines „religiös anmutenden Sektendasein[s]"[4] ein. Für die Unverständigen in diesem Spektrum hatte die MSZ im Gegenzug wenig Schmeichelhaftes übrig. Beleidigung gehörte zum Repertoire, das mit Kraftausdrücken nicht sparte. Man strafte die gesamte Linke mit Verachtung. Eine Kostprobe des für die MG typischen Zynismus: „Was die Linken ins Kräfteverhältnis einbringen, sieht dann so aus: braune Grüne, grüne Grüne, grünes Mittelfeld, bunte Grüne, rote Grüne, alternative Bunte, super-rote grüne Frauen, bunte Schwulen [sic!]. Alles in allem ganz viel Alternative auf der Höhe der Zeit."[5] Offenkundig hatte die MSZ eine solche Tirade nötig, obwohl sie sich ideologisch ohnehin deutlich vom großen Rest abhob. Auch das war Ausdruck des Gefühls ständigen Unverstandenseins.

Die MG nannte sich marxistisch, berief sich aber ausschließlich auf die Erkenntnisse zu Lohnarbeit und Kapital, die Marx in seiner *Kritik der politischen Ökonomie* dargelegt hatte. Wer die MSZ-Ausgaben durchforstet, wird dort über mehr als zwei Jahrzehnte hinweg nichts zu Dialektik und Revolution finden. Revolutionäre Naherwartungen oder die Organisation des Umbruchs – beides Diskussionen, die die übrige extreme Linke entscheidend prägten – waren für die MSZ kein Thema. Der harte Materialismus der MSZ verbannte alles, was aus ihrer Sicht vom ideologischen Kern abwich, ins Reich der „Moral". Dieser notorisch verwendete Begriff war die Keule, mit der die MSZ die politische Konkurrenz erschlagen wollte. Parallelen zu heutigen gesellschaftspolitischen Auseinandersetzungen, in denen eine „woke" Linke von einer populistischen Rechten des Moralisierens bezichtigt wird, sind nicht völlig von der Hand zu weisen. Schon früh wollte die MSZ aufzeigen, wie man „bloß moralischen Protest überwindet, um zu einer Analyse der wirklichen Ursachen des Imperialismus zu gelangen."[6] Friedensbewegung, Umweltschutz, selbst den Terrorismus hielt sie für moralgetrieben und deshalb grundsätzlich affirmativ: „So sehr schätzen Moralisten des Allgemeinwohls den gewöhnlichen Gang von Geschäft und Gewalt, dass sie die politische Herrschaft des Kapitals zum Anwalt des sterbenden Waldes, des Friedens und der ‚sozial Schwachen' ernennen!"[7] Moral sei „das gute Gewissen der Klassengesellschaft".[8]

Was den Titel der Zeitschrift betrifft, blieb nur das Akronym MSZ am Platz, während Namen ebenso wie Aufmachung, Struktur und inhaltliche Schwerpunkte wechselten. Ende 1983 gaben die Herausgeber den Versuch nach nur zwei Nummern auf, die Zeitschrift *MZ – Marxistische Zeitung* zu nennen. Bekannt wurde die MSZ als *Marxistische Studentenzeitung*, dem anfänglichen Titel nach Gründung der MG im Jahr 1974. In den letzten Jahren hieß sie *MSZ – Gegen die Kosten der Freiheit*. Das offenkundig publikumswirksame Kürzel spiegelte sich nur noch in dem etwas

---

4 Zitiert nach Neue Sympathisanten-Plena der Marxistischen Gruppe, in: MSZ vom 22. Januar 1979, S. 2.
5 Der Fortschritt des westdeutschen Sozialismus: Die Linke bewegt sich weiter, in: MSZ vom 28. April 1980, S. 21.
6 Moralische Entrüstung oder Klassenkampf?, in: MSZ vom 30. Mai 1972, S. 4.
7 Profit als moralische Kategorie, in: MSZ vom 19. Dezember 1984, S. 21.
8 Moral – das gute Gewissen der Klassengesellschaft, in: MSZ, Januar 1986, S. 39.

konstruierten Untertitel „Marxistische Streit- und Zeitschrift" wider. Gestartet war die MSZ bereits Ende 1968 als *Münchner Studentenzeitung*, dem Organ des Allgemeinen Studentenausschusses (AStA) der Ludwig-Maximilians-Universität (LMU) in der bayerischen Landeshauptstadt. De facto war sie die Zeitung der örtlichen *Roten Zellen*, eines der Zerfallsprodukte des *Sozialistischen Deutschen Studentenbunds* (SDS), die den AStA dauerhaft bis zu seiner Auflösung 1974 dominierten. Die *Münchner Studentenzeitung* machte ihrem Namen alle Ehre. Sie erschien in Semesterzeiten in etwa zweiwöchentlich (in den Ferien seltener) im kleinen Zeitungsformat, mit höchstens 16 Seiten und spärlicher Aufmachung. Studentische Themen wie Hochschulpolitik im Allgemeinen und speziell in München nahmen breiten Raum ein. Die Artikelserie „Sozialistisches Studium" klopfte die unterschiedlichen Fachbereiche auf ihren „materialistischen" Gehalt hin ab.

1971 spalteten sich die *Roten Zellen* in eine *AK-Fraktion* und den sogenannten *Zentralverband der Roten Zellen*. Letztgenannter näherte sich traditionell-kommunistischen K-Gruppen an, während die *AK-Fraktion*, die Keimzelle der späteren MG, eine knappe Mehrheit und damit auch die MSZ behielt. Aus einem anderen Organ der *Roten Zellen*, dem *Roten Blatt München*, schied die *AK-Fraktion* dagegen aus. Deren Angriff auf die „Unfähigkeit" der Minderheit, „den Zusammenhang zwischen dem Bewusstsein der Studenten als den Adressaten ihrer Politik und der allgemeinen Einsicht zu erkennen, dass das Wesen dieser Gesellschaft kapitalistisch ist"[9], folgte auf dem Fuß. „An die Stelle methodologischer Überlegungen über das materialistische Herangehen an die politische Ökonomie" trete eine erkenntnistheoretische Spekulation, in deren Verlaufe es den Studenten verboten wird, Theorie zu treiben, weil sie ‚Zwischenschichten' [zwischen Bourgeoisie und Proletariat] sind."[10]

Hier war bereits früh angedeutet, dass die Vorläufer der MG in den Studenten keine untätige „Zwischenschicht", sondern den Hauptakteur bei der Indoktrination der Arbeiter sahen. Schon vor der Spaltung stand der Anspruch fest: „Die Roten Zellen sind die Organisation, welche das Verhältnis zwischen Intellektuellenbewegung einerseits und proletarischer Organisation andererseits korrekt zu bestimmen trachten."[11] Im Mai 1973 – es war das einzige Mal, dass sie sich einschlägig äußerte – elaborierte die MSZ ein Schulungskonzept, das die MG später in die Tat umsetzen sollte. Die Schulung sei „konzipiert als Nachvollzug der Marxschen Kritik der politischen Ökonomie als Voraussetzung politischen gesellschaftsverändernden Handelns".[12] Sie sei „für die Beteiligten ein Prozess der Ausbildung für die Arbeit in der sozialistischen Organisation der AK-Fraktion. Er impliziert das fortschreitende Begreifen auch der Teilbereiche der Politik von AStA und AK-Fraktion, die zunächst als mehr oder minder willkürliche Aktivität erscheinen mögen: die Durcharbeitung des ‚Kapital' ist also zunächst wissenschaftliche Tätigkeit [...]. Die Einsichten, die

---

9 Rote Zellen gespalten!, in: MSZ vom 20. Oktober 1971, S. 2.
10 Sektengründung statt Politik: Warnung vor KSV, KHB und ähnlichem, in: ebd., S. 3.
11 Die Junge Union der D„K"P, in: MSZ vom 22. April 1970, S. 5.
12 Zur Schulungsarbeit der AK-Fraktion, in: MSZ vom 4. Mai 1973, S. 11.

die Teilnehmer einer Schulung bei der Aneignung des ‚Kapital' gewinnen, enthalten […] den Anspruch, zum Inhalt auch des praktischen Verhaltens zu werden."[13] Die Teach-ins der MG zu Karl Marx' Hauptwerk *Das Kapital* besuchten später Tausende, sie waren Voraussetzung für den Erwerb des Sympathisantenstatus. Nach der ideologischen Druckbetankung folgte meist das frustrierende Geschäft, vor Betrieben Flugblätter zu verteilen – oder die MSZ vor Hochschulen.

Der ideologische, strategische und organisatorische Kern der *AK-Fraktion* zählte vier Köpfe. Allen voran ist Karl Held zu nennen, den Ulf Poschardt jüngst als „den kühlen Kopf der Marxistischen Gruppe"[14] würdigte. Held war Mitgründer des SDS in Erlangen und wechselte 1968 nach München. Mit Peter Decker verfasste er mehrere Schriften im MG-eigenen Resultate-Verlag. Decker übernahm von Held nach dessen Tod im Jahr 2010 die Leitung der MSZ-Nachfolgezeitschrift *Gegenstandpunkt*.[15] Zum Quatuorvirat der *AK-Fraktion* und der späteren MG zählten außerdem der zeitweilige AStA-Vorsitzende Theo Ebel und der langjährige Pressesprecher Herbert Ludwig Fertl. Mit Ebel veröffentlichte Held das einzige Werk, das außerhalb des Publikationskosmos der MG erschien, im Suhrkamp Verlag.[16] Gemeinsam elaborierten die vier die Ideologie der MG und schrieben – nicht zuordenbar – sämtliche Texte der MSZ, die, bis auf zwei Ausnahmen in der Frühzeit, als sich Held und Fertl 1970 zum Imperialismus äußerten,[17] durchweg anonym erschienen. Das Arbeitspensum der Belesenen muss, zumal angesichts der umfangreichen und theoretisch anspruchsvollen MSZ-Beiträge und zahlreicher Veranstaltungen, enorm gewesen sein. Ihr überbordendes Sendungsbewusstsein trieb sie an. Die MSZ war ein Organ der Denker, nicht der Straßenkämpfer. Nur dreimal, während der Anti-NATO-Proteste zwischen 1981 und 1983, ließ sich die MG zur Teilnahme an Demonstrationen hinreißen – und rechtfertigte sich im Anschluss dafür.[18]

Auf breitere Resonanz stieß Helds Veröffentlichung *Die Psychologie des bürgerlichen Individuums,* in dem sich der Autor unter anderem mit dem Problem des freien Willens auseinandersetzte. In folgendem Zitat verdichtet sich Helds Denken, das der MSZ unverkennbar eine geistige Richtschnur vorgab: „Es ist so, dass [das bürgerliche Subjekt] die Welt […] als verfügbares Material seines bereits kontrol-

---

13 Ebd.
14 Ulf Poschardt, Der Sündenfall der Linken? Sie hat die Klassenfrage vollkommen ausgeblendet, in: Die Welt vom 7. Oktober 2022.
15 Andreas Fraude, Zeitschriftenporträt: Gegenstandpunkt, in: Uwe Backes/Eckhard Jesse (Hrsg.), Jahrbuch Extremismus & Demokratie, Bd. 15, Baden-Baden 2003, S. 247–262.
16 Karl Held/Theo Ebel, Krieg und Frieden. Politische Ökonomie des Weltfriedens, Frankfurt a. M. 1983.
17 Vgl. Herbert L. Fertl, Zur Aktualität des Leninismus. Grundprobleme einer revolutionären Theorie, in: MSZ vom 22. April 1970, S. 2; Karl Held: Zur Aktualität des Leninismus. Lenin, gegen seine Liebhaber in Schutz genommen, in: ebd., S. 3.
18 Vgl. Gegen BRD-Imperialismus und NATO-Weltherrschaft, in: MSZ vom 7. Dezember 1981, S. 8; Aufruf zur Demonstration der Marxistischen Gruppe (MG) gegen den NATO-Imperialismus und die deutsch-amerikanische Kriegsallianz, in: MSZ vom 26. Mai 1982, S. 84; Demonstration von MG und BWK am 17. Juni 1983 in Bonn: Antiimperialistisch gegen NATO, in: MSZ vom 1. Juli 1983, S. 14.

lierten Willens auffasst, dass es so und nur so seine individuelle Freiheit genießt: das Individuum anerkennt die bürgerlichen Verhältnisse in dem, was es darf."[19] Übersetzt: Der Mensch meint, einen freien Willen zu besitzen, ein Trugbild, weil nur das als freier Wille erkannt wird, was der kontrollierende Staat erlaubt. Das Buch, insbesondere die Ausführungen zum Selbstmord, rezipierte seinerzeit Ernst Jünger wohlwollend, wenngleich ihm der ironische Unterton Helds entgangen sein dürfte.[20]

Die MSZ wollte durch wissenschaftliche Evidenz überzeugen, nicht durch moralische Appelle. Adressaten waren – in diesem Punkt ganz klassisch – die Arbeiter, denen man, oft abfällig als „Proleten" bezeichnet, allerdings nicht zutraute, ihre Umstände ohne Unterstützung durch die Intelligenz empirisch zu erfassen. Eine revolutionäre Avantgarde als Vorhut der Arbeiterklasse im Sinne Lenins sah die MG gleichwohl nicht vor. Grundsätzlich ging sie davon aus, dass jeder Mensch, also auch der spätere Arbeiter, im Sinne des Hegel'schen Ideals, mit einem freien Willen gesegnet sei. Alles, was diesen Willen beeinträchtigt, stellte sie unter Ideologieverdacht. Sie begab sich damit in einem elementaren Baustein ihrer Ideologie außerhalb des Marxismus. Eine Gesellschaft, bestehend aus Menschen mit einem uneingeschränkten freien Willen, ist implizit der Urzustand, in den die MG – durch Einsicht in vermeintliche empirische Tatsachen – zurückmöchte. Interessengegensätze seien, so kann man es herauslesen, unter kapitalistischen Bedingungen aber fehlgeleitet. Ganz anders als der zeitgenössische Linksextremismus erkannte die MSZ die grundsätzliche Offenheit der bestehenden Gesellschaften an und kritisierte insbesondere „die ML-Wissenschaft" dafür, dass sie „den hierzulande als Freiheit des Denkens verehrten Pluralismus nicht zu schätzen weiß."[21]

Als – wenn man so will – Ursünde fungierte in der MG-Ideologie, ganz bei Marx, das Eigentum, das letztlich das freie Spiel der Interessen auf eine Veranstaltung für einige wenige reduziere: „Das staatlich gewollte und etablierte Prinzip, das jenseits aller naturwüchsigen Kollisionen und Streitigkeiten die zivilisatorische Gleichung von Interesse und Interessensgegensatz so selbstverständlich, eine beaufsichtigende Gewalt so fraglos notwendig macht, ist das Eigentum: Der durch hoheitliche Gewalt gesetzte Ausschluss des Willens und Interessen aller anderen von Gütern, die dadurch den Charakter des Privaten erhalten."[22] Damit war der rote Faden, der die MSZ insgesamt durchzog, gesponnen: der Staat als (flexibles) Instrument zur Sicherung spezieller (aber eben nicht aller) Interessen. In einer Twitter-Diskussion mit dem Autor dieses Beitrages erklärte ein Angehöriger des *Gegenstandpunkt*-Projekts den Zusammenhang zwischen freiem Willen und Interessen in einem kapitalistischen Klassenstaat wie folgt: „Der Staat macht die Menschen unter seinem Recht zu

---

19 Marxistische Gruppe (Hrsg.), Die Psychologie des bürgerlichen Individuums, 4. Aufl., München 1990, S. 19.
20 Vgl. Michael Klein, Jünger, Marx und der Selbstmord, in: Ossietzky, 15–16/2011, S. 50.
21 Die dialektischen Umtriebe der „marxistisch-leninistischen" Wissenschaft, in: MSZ-Kollektiv (Hrsg.), MSZ – Marxistische Studentenzeitung. Hochschulzeitung der Roten Zellen und Marxistischen Gruppen. Nachdruck aus dem 1. Jahrgang (Nr. 1–7), München 1976, S. 18.
22 Gegenstandpunkt: Die Gewalt, in: MSZ, März 1985, S. 39.

freien und gleichen Eigentümern, zu Menschen mit ‚privaten Sonderinteressen‘, die sozusagen auf eigene Rechnung durchs Leben kommen müssen. Weil das erst einmal die Sachlage ist, mit der die Leute konfrontiert sind, ist es nicht verwunderlich, dass sie vom Standpunkt ihres praktischen (Eigentümer-)Interesses aus wollen".[23] Diese „Sonderinteressen" würden als freier Wille wahrgenommen.

Der fundamentale Anti-Etatismus – und auch das ist ein Gegensatz zum klassischen Linksextremismus – machte keinen Unterschied zwischen Diktatur oder Demokratie, rechts- oder linksgerichteten Systemen. So standen auch DDR oder die Sowjetunion – ich komme darauf noch zurück – als Staaten da, von denen funktional dieselben Zwänge zu Lasten der Arbeiterinteressen ausgingen wie von kapitalistischen. Mehrere große Analysen befassten sich schon früh mit der Rolle des Staates[24] und unterstrichen damit deren große ideologische Bedeutung. Anders als bei Lenin bestimmte der Staat die in der MSZ durchweg präsente Auseinandersetzung mit dem Imperialismus. Der leninistischen Imperialismustheorie warf die MSZ vor, Politik allein aus der „Ökonomie des modernen Kapitalismus"[25] abzuleiten. Lenins in weiten Teilen des orthodoxen Kommunismus sakrosankte Schrift *Der Imperialismus als höchstes Stadium des Kapitalismus* komme „einer handfesten Revision der Marxistischen Erklärung der Ökonomie" gleich und sei „ein Schatzkästlein des ‚bürgerlichen Moralismus‘". Zwar treibe die ungebrochene Entfaltung der Kapitalgesetze [...] die Kapitalisten, nach Zurichtung des eigenen Landes, auf Gedeih und Verderb in die Welt hinaus."[26] Doch es seien Staaten, nicht wie bei Lenin Monopole, die diese Expansion vorantrieben.

Im Gegensatz zu „klassischen" Kommunisten war in der MSZ nie von einer Staat und Gesellschaft in eins setzenden „Kapitalherrschaft" die Rede. Der Kapitalismus galt vielmehr als ein rein gesellschaftliches Phänomen. Der Staat beziehe sich lediglich „auf die Oberfläche der kap[italistischen] Gesellschaft; er reflektiert von dort her als abgetrennter Bereich auf die Interessen dieser Gesellschaft" und könne auf die „Selbständigkeit und Vorausgesetztheit der ökonomischen Bewegung [...] lediglich reagiere[n]."[27] Er erscheint aus Sicht der MSZ als ein der Gesellschaft bloß nachgeordnetes Regulativ verschiedener Kapitalinteressen. Erst in Krisenzeiten schlage die „Enthaltsamkeit" des Staates in Interventionismus um. „Faschismus" sei in diesem Zusammenhang „eine spezifische Reaktionsweise des bürgerlichen Staates auf die krisenhafte Zuspitzung der Widersprüche in der kapitalistischen Konkurrenz"[28] – eine Auffassung, der orthodoxe Kommunisten noch zustimmen würden. Anders als diese erblickte die MSZ im Faschismus jedoch keine Form von Klassenherrschaft (und auch keine Variante staatlicher Gewaltausübung). Vielmehr legte

---

23 Twitter-Account @regenstrandfunk, Tweet vom 21. April 2023, 06.46 Uhr.
24 Vgl. Zum Wahlzirkus '72: 2 Programme – 1 Staat, in: MSZ vom 31. Oktober 1972, S. 4 f.
25 Ein aktueller, aber falscher Klassiker: Lenin, Der Imperialismus als höchstes Stadium des Kapitalismus, in: MSZ vom 21. Mai 1981, S. 74.
26 Ebd., S. 77.
27 Grundrisse einer Kritik des Faschismus, in: MSZ vom 12. Juli 1973, S. 8.
28 Ebd.

sie Wert auf die Feststellung, dass Faschismus als eine gesellschaftliche Form „nur [...] auf Basis einer Massenbewegung"[29] durchsetzbar ist – ein expliziter Affront gegen die in weiten Teilen der (extremen) Linken nachwirkende Dimitroff-Doktrin der Komintern in den 1930er Jahren. Mit dem Faschismusbegriff operierte die MSZ weitaus deliberativer als im Linksextremismus üblich.

Die MSZ dachte von unten her, ausgehend von der Gesellschaft, nicht von oben herab, ausgehend von einer bestimmten politischen Herrschaft. Proteste, Gewalt und Terrorismus gegen den Staat erklärte sie aus diesem Grund für nebensächlich, unwirksam, in der Konsequenz affirmativ; sie dienten allenfalls dem guten Gewissen. „Die Anarchisten [gemeint waren RAF und die Bewegung 2. Juni] [...] proklamieren die Befreiung für alle, machen sich gemeinsam stark für die Interessen und Bedürfnisse der Bevölkerung, und gehen daher gegen den Staat vor, ohne falsches Bewusstsein und seine Praxis im Handeln der Privatpersonen anzutasten."[30] Nicht am Staat, sondern am „falschen Bewusstsein" – für Marx ein zentraler Begriff – der Menschen musste Veränderung aus Sicht der MG ansetzen.

Linke Befindlichkeiten strafte die MSZ mit Verachtung. Frauenemanzipation sei „bürgerlich"; die Diskussion um Abtreibung eine „Pseudodebatte".[31] Überhaupt degradierte die MSZ alle die Linke der 1970er Jahre prägenden ideologischen Schlachtfelder zu Nebenkriegsschauplätzen: Den Einsatz für die Dritte Welt, Vietnam oder allgemein den Frieden bezeichnete sie als revisionistisch. Das kam einer Absage an linksextremistische Strategien gleich, die danach trachteten, jegliches Protestpotenzial zu bündeln und zu instrumentalisieren. Den Befund der Wirkungslosigkeit machte der MSZ selbstverständlich auch für die Teilnahme systemgegnerischer Parteien an Wahlen geltend. Insbesondere der DKP warf die MSZ Staatsapologetik und „eine falsche Bestimmung des Staates und seiner Institutionen"[32] vor. Man könne die „Macht des Großkapitals" nicht dadurch „schwächen, dass Kommunisten ins Parlament einziehen".[33] Mit ihrem fundamentalen Anti-Etatismus legte die MSZ frühzeitig den Grundstein für die systematische Verächtlichmachung staatlicher Institutionen in den 1980er Jahren. Sie reagierte stets hochsensibel auf nationalistische und staatsfixierte Tendenzen innerhalb der Linken weltweit. „Befreiungsbewegungen", einst Vorbild des SDS, waren für die MSZ allenfalls pseudosozialistisch.[34]

Mit viel Energie arbeitete sich die *Münchner Studentenzeitung* an der Novelle des Bayerischen Hochschulgesetzes ab, deren Inkrafttreten am 1. Oktober 1974 das Ende der Studentenvertretungen im Freistaat bedeutete und damit auch der *AK-Fraktion* als Hauptakteur des LMU-AStA. Das Versprechen, es sei „weiterhin Aufgabe, die Agitation von Intellektuellen und die Arbeit der agitierten Intellektuellen an der

---

29 Ebd., S. 10.
30 Was wollen die Anarchisten? Durch Selbstzerstörung zum Sieg über die Staatsgewalt, in: MSZ-Kollektiv (FN 21), S. 96.
31 Nach dem 1. Oktober: Politik ohne AstA, in: MSZ vom 18. Juli 1974, S. 2.
32 Zum Wahlzirkus (FN 24), S. 4.
33 Ebd., S. 5.
34 Vgl. Zur Kritik des arabischen Pseudosozialismus, in: MSZ vom 2. November 1973, S. 6.

revolutionären Theorie"³⁵ (die die MG in Wirklichkeit nie entwickelte) fortzusetzen, und eine „Programmatische Erklärung"³⁶ der *AK-Fraktion* markierten den Neuanfang, der ideologisch gesehen keiner war. Nach einer konzeptionellen und finanziellen Findungsphase – die ersten sieben Nummern bestanden aus hektographierten Blättern – erschien die MSZ als *Marxistische Studentenzeitung* bis 1980 in unveränderter Aufmachung. In dieser kurzen Übergangszeit etablierte die nunmehrige MG das Blatt an anderen westdeutschen Universitäten, weshalb „München" aus dem Titel verschwinden musste und Hochschulpolitisches aus anderen Städten einzog.

Analysen zu wissenschaftstheoretischen Fragen blieben. Die lose Reihe „Aus der Welt der Wissenschaft" stellte sich hochabstrakten Problemen. Die Seitenhiebe in Richtung des Marxismus-Leninismus mündeten in eine Fundamentalkritik an der DDR-Wissenschaft. Sie habe sich „in den Dienst eines Staates begeben, dem sie die Rechtfertigung und die Ideale für die praktische Niederhaltung der Ansprüche seiner Bürger liefert".³⁷ Solche Befunde nahmen die scharfe Missbilligung des Realsozialismus vorweg, die die MSZ ab den frühen 1980er Jahren prägte. In dieser zweiten MSZ-Ära – zwischen 1974 und 1980 – ging die Zahl rein theoretischer Beiträge jedoch zurück, zugunsten zunehmend polemischer Kommentierungen aktueller Ereignisse. Mit ihrem beachtenswerten „Bericht zur geistigen Lage der Nation 1978" gelang den Autoren ein umfang- und geistreicher Essay, der kaum etwas ausließ. Der Rundumschlag traf Politik, Medien, Wissenschaft und linke Konkurrenz gleichermaßen – und endete in Larmoyanz: „Normal sein heißt, umstandslos ihren [der Ideologien der bürgerlichen Wissenschaft] Zweck propagieren und offensiv vertreten gegenüber jedem, der anders verfährt. Das beste Übungsgerät sind Flugblattverteiler und Agitatoren von links. Statt Befolgung des Rats selbständige Tat. Intelligenz heute, das heißt, sie nur soweit benützen, wie sie zu einem wohlgeformten Bekenntnis taugt."³⁸

Den inhaltlichen Schwerpunkt bildete nun der „US-Imperialismus". Doch einem platten Antiamerikanismus gab sich die MSZ nicht hin. Die USA erfuhren keine Pauschalverdammung; man erkannte an, dass Demokratie und die dahinterstehende Intelligenz Faktoren waren, die zur längerfristigen Stabilität beitrugen: „Auch unser Beitrag zur 200-Jahr-Feier [...] stellte klar, dass von dieser Nation die Welt noch einiges zu erwarten hat, womit wir dem dummen Gerede vom Niedergang der USA im weltweiten Maßstab entgegentraten [...]. Und auch hier nutzen wir die Möglichkeit, ein Vorurteil auszuräumen, das da meint, Geist vertrüge sich schlecht mit Kaugummi, Wallstreet und Napalm."³⁹ An der antiimperialistischen Ausrichtung der MSZ kann kein Zweifel bestehen; das Thema dominierte alle anderen bei wei-

---

35 Politik ohne AStA (FN 31).
36 Programmatische Erklärung der Roten Zellen/AK, in: Resultate der Arbeitskonferenz, 1/1974, S. 6–46.
37 Die dialektischen Umtriebe (FN 21).
38 Bericht zur geistigen Lage der Nation 1978, in: MSZ vom 11. Dezember 1978, S. 1.
39 Der Siegeszug der amerikanischen Wissenschaft. Die Modernisierung des abendländischen Geistes, in: MSZ vom 29. April 1977, S. 10.

tem. Doch das Blatt mochte in die – „moralische" – Kritik der übrigen Linken an amerikanischen Menschenrechtsverletzungen nicht einstimmen. Mit ihrem Vorwurf, die USA missachteten die Menschenrechte, verhinderten die „Revisionisten" die „Schlussfolgerung, dass die CIA für Demokratie und Menschenrechte eben notwendig ist. In der Reihe von Institutionen, die sich die Demokratie zu ihrer Selbsterhaltung schafft – wofür ihr jedes Mittel recht ist –, ist der militärische Geheimdienst der vorletzte".[40] Menschenrechte waren für die MSZ keine Frage von Emotionen oder Werten, sondern Elemente einer Machtlogik.

Mit Vehemenz verwarf die MSZ die linke Dichotomie, die der (verwerflichen) NATO den (mit hehren Zielen ausgestatteten) Warschauer Pakt entgegenstellte. Es „werden die Warschauer Pakt-Staaten [...] ob ihrer Entspannungsliebe und Konstruktivität gepriesen und die Destruktivität der NATO als Hindernis in der Entwicklung des Weltfriedens angeprangert. Die Differenz zu analogen Kommentaren in der bürgerlichen Presse besteht darin, dass es genau umgekehrt steht – das Schema ist dasselbe: ein moralisches Urteil, bei dem es lediglich auf den Standort ankommt."[41] Die MSZ benannte Defizite der Sowjetunion, die sie dem „bürgerlichen" Staat in derselben Weise angekreidet hatte. Zum 60. Jahrestag der Oktoberrevolution merkte sie an, „dass die Lohnarbeit auch dann kein Vergnügen ist, wenn sie nicht den Reichtum von Couponschneidern, Abs und Flicks und sonstigen Monopolisten nährt, beweisen auch die vielen staatlich verordneten Festivitäten."[42] Den Ost-West-Konflikt verdichtete sie zu einer Auseinandersetzung zweier strukturell ähnlich ausbeuterischer Systeme, von denen eines (USA) das stärkere und aggressivere, das andere (Sowjetunion) das schwächere sei.[43] Eine weitergehende Bewertung in Kategorien von Gut und Böse lehnte sie ab.

Es taten sich weitere tiefe Gräben zwischen MSZ und der übrigen extremen Linken auf. Die Zeitschrift setzte sich intensiv (weniger extensiv) mit dem Rechtsextremismus auseinander, machte sich die verbreitete Antifa-Ideologie jedoch nicht zu eigen. Zum Beispiel offenbarte ein Beitrag zur NPD Anfang Januar 1978 eine – vom sarkastischen Tonfall einmal abgesehen – nüchterne Analyse, der auch manch „bürgerlicher" Wissenschaftler wird zustimmen können: „Mit dem ideologischen Trick, Volksherrschaft [als Identität von Staat und Volk] mit Herrschaft des Volkes gleichzusetzen, leugnet die NPD den Gegensatz zwischen Staat und Bürgern in der Demokratie, greift die Regierung an, dass sie den Massen ‚echte Demokratie' vorenthalte und würgt schließlich dem geliebten Volk rein, dass Demokratie aufgrund seiner Blödheit gar nicht möglich sei. Die Bekenntnisse der NPD zur Demokratie sind nichts anderes als die demokratisch verbrämte [...] Bekundung des Willens,

---

40 CIA-Staatsbeamte mit Geheimauftrag: Krieg im Frieden, in: MSZ-Kollektiv (FN 21), S. 68.
41 Ein mieses Blatt in mieser Zeit, in: MSZ vom 5. Juni 1976, S. 7.
42 Vgl. 60 Jahre nach der Sozialistischen Oktoberrevolution: Sowjetunion heute, in: MSZ vom 26. Oktober 1977, S. 3–8.
43 Vgl. Gegen BRD-Imperialismus (FN 18).

einen alternativen Staat zu machen".[44] Man kann der MSZ vieles vorwerfen, kaum aber, sich im Rahmen ihrer ideologischen Grundannahmen nicht um einen unverstellten Blick auf die Gegebenheiten bemüht zu haben. Mit diesem Anspruch versehen, tut sich jede Propaganda schwer.

Das Jahr 1980 markiert den Beginn der dritten Ära der MSZ. Aus der Zeitung, die ihren Untertitel zwischenzeitlich in „Hochschulzeitung der Marxistischen Gruppe" geändert hatte, wurde eine Zeitschrift im Magazin-Format mit 60 bis 80 Seiten Umfang und zweimonatlichem, später monatlichem Erscheinungsrhythmus. Rubriken zogen ein, die MSZ bekam eine klarere Struktur. Die wichtigste Rubrik erhielt (ab 1983) den Namen „Gegenstandpunkt" und versammelte essayistische, im Vergleich zu den oft schwer zu lesenden MSZ-Beiträgen sprachlich geschliffenere Texte. Inhaltlich verabschiedete man sich von Hochschulthemen, auch die Beiträge zur Wissenschaftstheorie verschwanden. Dieses Geschäft übernahmen die in mehreren westdeutschen Universitätsstädten gegründeten *Marxistischen Hochschulzeitungen*, (MHZ) von denen die Ausgabe in München die bekannteste gewesen sein dürfte. Die MSZ war nun keine Studentenzeitschrift mehr. Ab 1983 lautete der Untertitel „Das politische Magazin der MG".

An die Seite eher theoretisch geprägter Artikel war schon kurz vorher dick aufgetragene Polemik mit geringerem Tiefgang gerückt. Ein Beispiel dieser Entwicklung, für das ein längeres Zitat erlaubt sei; Anlass war das 30. Gründungsjubiläum der Bundesrepublik 1979: „Angesichts der bei allen Missverständnissen weitreichenden Liebe zu diesem weitreichenden Staatsakt der ersten Stunde bleibt nun auch der Marxistischen Studentenzeitung, die nicht umhin kann zuzugeben, eine deutsche zu sein, nichts anderes übrig, als ihren Beitrag zur Feier abzuliefern: dem deutschen Volk, das sich 1949 genötigt sah, ‚im Bewusstsein der Verantwortung vor Gott und den Menschen' sich einen ‚Willen' zuzulegen, nämlich den, ‚seine staatliche Einheit zu wahren' und ‚dem staatlichen Leben für eine Übergangszeit eine neue Ordnung zu geben, ist in den 30 Jahren mit Hilfe eines grundgesetzlich geordneten Willens eine präsentable Ordnung gelungen. Herzlichen Glückwunsch, Herr Volk!"[45] Gleichwohl bediente die MSZ weiterhin die bisherigen Themenfelder, ohne einen Wandel in den Interpretationen oder den theoretischen Grundannahmen zu vollziehen. Die folgenden Ausführungen konzentrieren sich deshalb auf den Gegenstand, der die gesamte dritte Phase der MSZ entscheidend prägte: die Auseinandersetzung mit dem Niedergang des Kommunismus in Osteuropa.

Das eingangs zitierte „All das hat uns schwer getroffen" war eine Reaktion auf ein Missverständnis. Als es mit der DDR und dann der Sowjetunion zu Ende ging, wollten offenbar nicht wenige Leser in den MSZ-Analysen eine Verteidigung des Realsozialismus erkannt haben. Dass das exakte Gegenteil der Fall war, hätte selbst bei nicht allzu aufmerksamer Lektüre schon 1980 auffallen können. Die

---

44 Nationalismus in der BRD: Wir sind wer oder Warum aus der NPD nichts wird, in: MSZ vom 28. Januar 1978, S. 7.
45 30 Jahre Bundesrepublik Deutschland: In bester Verfassung, in: MSZ vom 28. Mai 1979, S. 1.

Entwicklungen in Polen beobachtete die MSZ damals aufmerksam. Die Auseinandersetzung zwischen einem „nationalistischen" Proletariat und einer ebenfalls „nationalistischen" politischen Führung war für sie ein Nullsummenspiel, in dem die Konfrontation der gesellschaftlichen Opposition mit dem Staat ins Leere lief: Dieser sei „institutionalisiert worden, und ab sofort findet nicht nur ein staatlich dekretierter Produktionskampf um die Planerfüllung statt, sondern auch der Kampf einer Klasse um ihr Auskommen in einem Staat, der als einziger Adressat und Gegner bei jeder Forderung fungiert. Das führt zu Kompromissen, die den nationalistisch gesinnten Arbeitern bisher nur Anerkennung gebracht haben."[46]

Notorisch sprach die MSZ von „DDR-Nationalismus"[47] und zog Schlüsse, die mehr der Logik als der Ideologie folgten. Ein Beispiel: „Die Erfolge, die die bundesdeutsche Politik bei der friedlichen Vereinnahmung des anderen Deutschland zu verzeichnen hat, bringen das in der Mauer vergegenständlichte ‚Unrecht' nicht zum Verschwinden."[48] Natürlich ging es der „moralbefreiten" MSZ nicht um das „Unrecht" an sich – die Anführungszeichen sollten den Begriff als westdeutsche Position kennzeichnen –, aber sie stimmte nicht in den linken Chor des Schönredens und Ausblendens ein. Anlässlich des Honecker-Besuchs in der Bundesrepublik kritisierte die Zeitschrift den „nationalen Geltungsdrang" der DDR und resümierte: „Da die Staatspartei [...] gleichzeitig in gut revisionistischer Manier jeden Zwiespalt zwischen werktätigem Volk und sozialistischer Führung leugnet – statt ihn auszutragen – blamiert sie sich reichlich."[49]

1987 und 1988 arbeitete sich die MSZ flächendeckend an Gorbatschow ab. Perestroika und Glasnost – so kann man den Tenor einschlägiger Artikel zusammenfassen – machten keinen grundsätzlichen Unterschied zum staatsdominierten Realsozialismus, der eben neue Wege der Herrschaftssicherung suchen müsse. Die MSZ nahm zur Kenntnis, dass die Sowjetbürger nun in den Genuss politischer Freiheiten kamen. Doch an den Mechanismen der Ausbeutung, die in der Planwirtschaft ohnehin schon walteten, ändere sich nichts. Sie bekämen nun durch den Kapitalismus mehr Effizienz und Menschlichkeit. „Bei aller Ungerechtigkeit erscheint den vom Menschen enttäuschten Linken der Kapitalismus als das überlegene, weil menschengerechtere System."[50] Der Staat gewähre politische und wirtschaftliche Freiheiten, um als solcher zu überleben. Das „kapitalistische Dürfen" wirke im Realsozialismus auf dieselbe Weise: „Dass sich die sozial betreuten Leute [in der DDR] vielleicht die Wohnungen und die Brötchen lässig leisten könnten, wenn ihre Arbeit und ihr Arbeitsertrag nicht erst für die Erwirtschaftung einer für den Staat ausschlaggebenden Kennziffer namens Gewinn herhalten müssten, fällt einem

---

46 Klarstellungen zu Polen, in: MSZ vom 22. Oktober 1980, S. 1.
47 9331 Tage Berliner Mauer: Eine bestrittene Grenze, in: MSZ, September 1986, S. 16.
48 Ebd.
49 Das einzige und das bessere Deutschland, in: MSZ, September 1987, S. 5.
50 Die BRD-Linken – von einer Hypothek entlastet, zwischen Hoffen und Bangen: Wir schätzen Gorbatschow ein!, in: MSZ vom 25. Mai 1989, S. 18.

DDR-Sozialpolitiker offenbar genausowenig ein wie seinen Kollegen in Bonn".[51] Dieser im MSZ-typischen Jargon formulierte Satz erschien kurz vor dem Fall der Mauer.

Umfangreiche ökonomische Analysen zur Wiedervereinigung[52] prägten die letzten beiden MSZ-Jahre 1990 und 1991. Gleichzeitig wehrte sich die Zeitschrift gegen Medienberichte, die auf Recherchen zu den Finanzquellen der MG fußten. Die Gruppe konterte: „Die Umtriebe, das ‚Unwesen' der MG [...] beruhen eindeutig darauf, dass die paar Kommunisten der Nation auch ein paar Märker für ihre Flugblätter und Saalmieten übrig haben."[53] Der letzte Punkt des Artikels bestand nur aus den eigentlich nicht druckreifen Worten: „8. Leckt uns am Arsch."[54] Man kann davon ausgehen, dass die Frustration nicht gespielt war. Mitte 1991 erschien die MSZ zum letzten Mal. Auf der Titelseite prangte ein anderes Cover, nämlich das einer vom Bundesinnenministerium herausgegebenen Broschüre zur MG. Darin wurde unter anderem auf das sektenähnliche, konspirative Gebaren der Gruppe verwiesen: „Der Apparat der MG bespitzelt in umfassender Form auch deren eigene Mitglieder."[55] Die Reaktion in der MSZ offenbart: Die MG war offenbar so von ihrer Indoktrination überzeugt, dass sie zu Selbstreflexion und Außenwahrnehmung schlicht nicht in der Lage war. Andernfalls hätte sie folgende Sätze nicht geschrieben: „Die MG tut allerhand, um für ihre Sache Mitmacher zu gewinnen; und was sie tut, ist auch ziemlich zweckmäßig".[56] Es gehe „um die Vermittlung der Einsichten über die bürgerliche Welt, die die MG für entscheidend hält und mit denen sie ihre Agitation bestreitet [...]. Dass das Pochen auf diese Sorte ‚Kompetenz' ein einziger Angriff auf jeglichen Führer-Gehorsam ist, können nämlich jene Leute nicht begreifen, die von vornherein bei ‚Verstehen' nichts als ‚Gehorchen' denken und bei ‚Erklären' automatisch ‚Befehlen'".[57] Die Beobachtung durch den Verfassungsschutz – die MSZ beklagte die Anwerbung von V-Leuten – trug sicherlich zur Auflösung der Gruppe und zum Ende der MSZ bei, war aber nicht der alleinige Grund. Letztlich scheiterte die MG am eigenen Anspruch, mit ihren Überzeugungen ohne weiteres andere überzeugen zu können.

---

51 Eine Bilanz von 40 Jahren DDR: Realer Sozialismus deutscher Nation, in: MSZ vom 26. Oktober 1989, S. 6.
52 Vgl. „Wiedervereinigung": Politische Ökonomie einer friedlichen Eroberung, in: MSZ vom 5. April 1990, S. 7–22.
53 Notizen zur Tätigkeit der Staatssicherheit (West), in: ebd., S. 2.
54 Ebd., S. 4.
55 Der Bundesminister des Innern (Hrsg.), Die „Marxistische Gruppe" (MG). Ideologie, Ziele und Arbeitsmethoden eines kommunistischen Geheimbundes, Bonn 1991, S. 63.
56 Psychoterror in subversiver Absicht: Zum Sektenvorwurf, in: MSZ vom 13. Juni 1991, S. 11.
57 Ebd., S. 12.

2. Würdigung

Die Indoktrination, das merkte die MG schnell, war kein Selbstläufer. Sie musste gegen alle Widerstände erzwungen werden. Dabei bewies die Gruppe eine erstaunliche Hartnäckigkeit. Zu Zeiten, als es noch kein Internet gab, spann sie im Rahmen ihrer finanziellen und organisatorischen Möglichkeiten ein vielfältiges Publikationsnetzwerk, innerhalb dessen die MSZ zum Flaggschiff aufstieg. In den 1980er Jahren existierten nicht weniger als 100 MG-Publikationen, zumeist parallel. Nicht alle hatten einen nennenswerten Umfang und die Erscheinungsweise variierte stark. Doch das Spektrum war breit gefächert: Sie gab *Marxistische Arbeiterzeitungen*, *Marxistische Hochschulzeitungen*, Fachbereichszeitungen und Schriften heraus, die an Betrieben verteilt wurden. Eigene Buchhandlungen vertrieben die Editionen des Resultate-Verlags. Die MSZ entwickelt sich in diesem Kosmos zum Zentralgestirn. Aus der einstigen *Münchner Studentenzeitung* wurde 1974 die bundesweite *Marxistische Studentenzeitung* und schließlich von 1980 an das Magazin, das in relativ hoher Auflage[58] der akademischen Welt entwachsen wollte.

Zwar hat dieser Beitrag vorrangig die ideologischen Filtrate analysiert, doch zu keinem Zeitpunkt war die MSZ ein reines Theorieorgan. Ihre hauptsächliche Funktion war stets, die Einsichten ihrer Autoren durch Analysen aktueller Ereignisse zu verbreiten. Hochschulpolitische Berichte gehörten in der ersten Phase zum Profil. Die spätere Polemik, sie ging den MSZ-Autoren gut von der Hand, erfüllte den Zweck der Lächerlichmachung der „offiziellen" Politik, der Parteien und des Staates. Hier handelte es sich um eine Art populistischen Appell, um die Neugier demokratiekritischer Geister zu wecken und für das Denken der MG zu gewinnen. Ansprache und verpackter Ideologietransfer waren das Hauptanliegen zu den Hochzeiten der MSZ. Die Erörterung marxistischer Dogmatik im engeren Sinn vermied die Zeitschrift vollständig; das blieb den Schulungen oder einzelnen separaten Publikationen vorbehalten.[59]

Weil die MG ihre Ideologie auf den kleinen, aber festen Kern des von Marx unterbreiteten Kapitalverhältnisses beschränkte und auch außerhalb davon auf Ableitbarkeit, „empirische" Evidenz und Logik achtete, bekamen die Texte der MSZ eine erstaunliche Stringenz. Dazu trug der enge Kreis der Autoren bei, der die Ideologie gemeinsam entwickelt hatte. Immanente Widersprüche konnte die MSZ deshalb gering halten. Die MG entwickelte ihre Ideologie jedoch nicht zu einem umfassenden Welterklärungsmodell weiter und kam deshalb nie in Versuchung, sie den Gegebenheiten ständig anpassen zu müssen. Umgekehrt vermied sie die Neigung anderer kommunistischer Organisationen, die Realität zurechtzubiegen oder schönzureden. Die Erklärung politischer und gesellschaftlicher Phänomene kam oft ganz ohne Marxismus aus. Für die MSZ stand immer fest, „dass es außerhalb

---

58 Der Verfassungsschutz ermittelte Anfang der 1990er Jahre für MSZ, MAZ und MHS zusammen eine jährliche Auflage von rund zehn Millionen Exemplaren. Vgl. Der Bundesminister (FN 55), S. 37.
59 Vgl. Der Aufbau des Kapital (II), in: AK – Resultate der Arbeitskonferenz, 2/1975, S. 5–21.

des Marxschen Kapitals [...] auch noch andere ‚ungelöste Probleme' gibt".[60] Diese Probleme ging sie eher unideologisch an, was Dogmen der linksextremistischen Konkurrenz grundlegend in Frage stellte. Die Rolle des ideologischen *Mavericks* pflegte die MG akribisch; wenn sie von „den" Kommunisten sprach, meinte sie nicht immer sich selbst.

Ich möchte an dieser Stelle den Horizont der MSZ erweitern und – wenn auch kurz – die Abweichungen der MG-Theorien gegenüber dem Marxismus-Leninismus herausarbeiten, um anschließend auf die Strategie der diskursiven Abschottung der Gruppe einzugehen, die bis heute nachwirkt. Ich habe Einschätzungen dieses Beitrags auf dem Mikroblog Twitter gegenüber Angehörigen und Sympathisanten des *Gegenstandpunkt* vorab zur Diskussion gestellt. Diese wehrten sich unter anderem vehement gegen die Anwendung des Ideologiebegriffs auf die MG; man betreibe „Wissenschaft".[61] „Ideologie" ist bei der MG durchweg abwertend konnotiert. Auf diesem Fundament ruht wesentlich die Abgrenzung zum „ideologischen" Linksextremismus. Zwei Elemente der MG-Theorie reichen in der Tat über dessen Rand hinaus: zum einen das Konzept des freien Willens, das im orthodoxen Marxismus alles andere als eine kardinale Rolle spielt und die Existenz einer „absolute[n] Willensfreiheit" verneint.[62] Im Denken der MG nimmt die Willensfreiheit dagegen eine zentrale Rolle ein. Der Wille sei „insofern ‚frei' als er nicht kausal determiniert ist. Aber er hat stets einen Inhalt, richtet sich auf seine Umwelt, zieht seine Schlüsse aus ihr."[63] Die Hervorhebung des freien Willens führt dazu, dass die MG alle „ideologischen" Einwirkungen auf ihn unbeschadet ihrer Provenienz ablehnen muss.

Das zweite Alleinstellungsmerkmal betrifft – damit zusammenhängend – die Rolle des Staates. In den 1970er Jahren war die MG Teil der am Ende fruchtlosen Staatsableitungsdebatte innerhalb des Neomarxismus, bei der es auch um die Frage der Identität oder der Trennung von Politik und Ökonomie ging.[64] Die MG stellte fest: „Der bürgerliche Staat ist die politische Gewalt der kapitalistischen Gesellschaft."[65] Er erscheint also ursprünglich nicht als Herrschaft einer kapitalistischen Klasse (zu der er gleichwohl werde), sondern als „freiwillige[r] Zusammenschluss" *aller* Bürger, der wiederum Ausdruck ihres „abstrakt-allgemeine[n]",[66] aber durch die Eigentumsinteressen unbewusst erzwungenen Willens sei. Ein solcher Wille komme zu dem Schluss, „dass zum Erreichen seiner Ziele die Beschränkung seiner selbst nötig ist, die Unterwerfung unter eine Herrschaft (Regierung)."[67] Diese

---

60 Zur Schulungsarbeit (FN 12).
61 Twitter-Account @Strolliver, Tweet vom 20. April 2023, 23.54 Uhr.
62 Vgl. Art. Willensfreiheit, in: Alfred Kosing, Wörterbuch der marxistisch-leninistischen Philosophie, Berlin (DDR) 1987, S. 566.
63 Twitter-Account @Strolliver, Tweet vom 20. April 2023, 23.41 Uhr.
64 Vgl. Bernhard Blanke, Entscheidungsanarchie und Staatsfunktionen: Zur Analyse der Legitimationsprozesse im politischen System des Spätkapitalismus, in: Rolf Ebbighausen (Hrsg.), Bürgerlicher Staat und politische Legitimation, Frankfurt a. M. 1976, S. 188–216.
65 Gegenstandpunkt (Hrsg.), Der bürgerliche Staat. Unveränderte Neuauflage der Ausgabe von 1980, München 2008, S. 11.
66 Ebd., S. 12.
67 Twitter-Account @Strolliver, Tweet vom 20. April 2023, 23.44 Uhr.

Staatsgenese von unten bildet einen Gegenentwurf zur marxistisch-leninistischen Auffassung, die im „bürgerlichen" Staat ein von oben inszeniertes Herrschaftsinstrument einer bestimmten Klasse erblickt. Lenins Bezeichnung „Diktatur der Bourgeoisie" hätte die MG nicht geteilt. Unklar bleibt freilich, wie die interessengeleitete Staatsbildung auf den Realsozialismus angewandt werden könnte.

Auch 32 Jahre nach Auflösung der MG verteidigen ihre geistigen Sachwalter die damaligen Theorien mit Zähnen und Klauen. In der Zeitschrift *Gegenstandpunkt* reüssierte die Rubrik „Korrespondenz", in der Leserfragen zu kardinalen MG-Texten in dem Sinn beantwortet werden, dass an deren Richtigkeit möglichst kein Zweifel mehr besteht.[68] Ich selbst habe mich der Diskussion der MG-Apologeten ausgesetzt mit folgender Erkenntnis: Es geht den *Gegenstandpunkt*-Theoretikern ausschließlich um die richtige Interpretation bzw. das Verständlichmachen der eigenen Position. Das Gegenüber soll die eigene Auffassung darlegen, die dann als „Missverständnis", „Fehldeutung"[69] oder „falsches Verständnis" in den ideologischen Reparaturbetrieb kommt. Man muss den MG-Apologeten zwar zugutehalten, dass sie sich tatsächlich viel Mühe geben, ihre Positionen zu erläutern. Letztlich handelt es sich aber um eine Art geistige Autoimmunisierung. Werden Argumente oder Beispiele außerhalb der eigenen Theorie herangezogen, herrscht beredtes Schweigen.

3. Literatur

Das ist der erste Aufsatz, der sich ausschließlich mit der MSZ beschäftigt. Analysen zur MG sind meist Teil größerer Veröffentlichungen. In Gerd Langguths umfangreichem Werk zur Neuen Linken nach 1968 nimmt die „Sondererscheinung"[70] MG gerade einmal dreieinhalb Seiten ein. Ich konzentriere mich hier auf zwei Untersuchungen zur MG, auf die die Bezeichnung Monographie mehr oder weniger zutrifft, zum einen die bereits erwähnte Broschüre aus dem Bundesinnenministerium, also vom Verfassungsschutz, zum anderen die Dissertation von Matthias Dapprich[71] aus dem Jahr 2013. Beide Publikationen sind von Intention und Methodik her denkbar unterschiedlich.

Die Broschüre, die die MG selbst als ihren Grabstein setzte, beabsichtigt aufzuklären und zu warnen. Der Hang, die Gruppe nicht nur zu analysieren, sondern auch in Misskredit zu bringen, ist unverkennbar und taucht die an sich wertvollen Erkenntnisse in schales Licht. Warum hatte man es nötig, ausgerechnet einen Bericht

---

68 Vgl. Zuschrift zu „Die Psychologie des bürgerlichen Individuums", in: Gegenstandpunkt, 4/2021, S. 81.
69 Twitter-Account @Strolliver, Tweet vom 20. April 2023, 23.45 Uhr.
70 Gerd Langguth, Protestbewegung. Entwicklung – Niedergang – Renaissance. Die Neue Linke seit 1968, Köln 1983, S. 128.
71 Matthias Dapprich, The Historical Development of West Germany's New Left from an Politico-theoretical Perspective with Particular Emphasis on the Marxistische Gruppe and Maoist K-Gruppen, Diss., Glasgow 2013.

der K-Gruppe *Kommunistischer Bund* zu einem „kleineren" Treffen der MG in Marburg zu zitieren, der das angebliche „besoffene Gestammel ihrer Vortänzer" kolportierte? Warum folgendes Zitat? „Höhepunkt der Zirkusnummer: Der Abgang des 2. Vorsitzenden Dr. Held ins Klo, um sich nach dem Genuss einen Kasten Biers auszukotzen (ein Teppich, um hineinzubeißen, war nicht vorhanden)."[72] Die Broschüre war darauf aus, die MG-Kader tendenziell als unzurechnungsfähige Spinner hinzustellen. Zu ihren Schriften hieß es: „Zum Verständnis von Sprache und Inhalt ist langjähriger Umgang mit den Denkschablonen der MG erforderlich. Außenstehende, die sich solcher ‚Gehirnwäsche' nicht unterzogen haben, wird ihr Inhalt wirr und unschlüssig erscheinen."[73] Dieses Urteil ist, zumindest mit Blick auf die MSZ, nicht haltbar. Sicherlich waren die Macher der Zeitschrift ideologisch borniert. Dass sie aber von ihrer Sache mit großem Ernst überzeugt sein könnten, kam den Autoren der Broschüre offenbar nicht in den Sinn. Die Analyse der Positionen nimmt die MG – dasselbe gilt für Langguth – zwar in den Kanon des marxistischen Linksextremismus, übersieht aber Elemente, die außerhalb liegen. Die Broschüre macht lediglich „ein distanziertes Verhältnis" zu den „Klassikern des Marxismus-Leninismus"[74] aus. Sie verkennt jedoch die in diesem Aufsatz dargelegten fundamentalen Unterschiede, wie sie etwa im Staatsbild, der Haltung zum Realsozialismus oder zum Rechtsextremismus zum Ausdruck kommen. Ein Abschnitt will sich mit dem „Revolutionskonzept der MG"[75] befassen, das in Wahrheit nie elaboriert wurde und stets im Dunkeln blieb.

Dapprich betont demgegenüber die außermarxistischen Einflüsse auf die MG-Ideologie und hebt die Bedeutung und theoretische Funktion des freien Willens im (demokratischen) Staat heraus: „In summary, the theory of abstract free will formed a key element of the MG's body of thought, and defined the group's approach to the object of its agitation." Im Denken der MG agiere der Staat als „‚ideal practical capitalist', whose interests are not identical to those of any specific class interest".[76] Der Staat übe nur dann Zwang aus, wenn sich die Individuen dem kapitalistischen Wettbewerb widersetzten. Dapprich schließt sich den Befunden des linken Rechtstheoretikers Albert Krölls[77] an, wenn er feststellt, dass in den Vorstellungen der MG die Anerkennung des freien Willens „is the most abstract but also its most comprehensive form to commit the free will to act in accordance with the requirements of state authority."[78] Die Broschüre aus dem Innenministerium und die Dissertation Dapprichs ergänzen einander, ohne sich zu überschneiden. Die vollständige Erfassung der MG-Ideologie wird weder hier noch dort geleistet.

---

72 Arbeiterkampf vom 16. Februar 1981, S. 4, zitiert nach Der Bundesminister (FN 55), S. 11.
73 Der Bundesminister des Innern (FN 55), S. 37.
74 Ebd., S. 21.
75 Ebd., S. 25.
76 Dapprich (FN 71), S. 176.
77 Vgl. Albert Krölls, Freiheit, Gleichheit, Eigentum, Sozialstaat – So gut wie ihr Ruf?, Bremen 2002; ders., Kritik der Psychologie, Hamburg 2006; ders., Das Grundgesetz – ein Grund zum Feiern?, Hamburg 2009.
78 Dapprich (FN 71), S. 181.

Literatur

Literaturbericht:

„Cancel Culture" – Extremismusindiz, Bedrohung der Wissenschaftsfreiheit oder Themenverfehlung?

Von Mitchell G. Ash

Helen Pluckrose/James Lindsay, Zynische Theorien. Wie aktivistische Wissenschaft Race, Gender und Identität über alles stellt – und warum das niemandem nützt, München 2022 (*C. H. Beck*), 380 S.
Ulrike Ackermann, Die neue Schweigespirale. Wie die Politisierung der Wissenschaft unsere Freiheit einschränkt, Darmstadt 2022 (*wbg Theiss*), 176 S.
Adrian Daub, Cancel Culture Transfer. Wie eine moralische Panik die Welt erfasst, Berlin 2022 (*Suhrkamp*), 371 S.
John McWhorter, Die Erwählten. Wie der neue Antirassismus die Gesellschaft spaltet, Hamburg 2022 (*Hoffmann & Campe*), 256 S.
Laure Murat, Wer cancelt was?, Wien/Hamburg 2022 (*Edition Konturen*), 48 S.
René Pfister, Ein falsches Wort. Wie eine neue linke Ideologie aus Amerika unsere Meinungsfreiheit bedroht, 3. Aufl., München 2022 (*DVA*), 254 S.
Ben Shapiro, Der autoritäre Terror. Wie Cancel Culture und Gutmenschentum den Westen verändern, München 2022 (*LMV*), 324 S.

1. Einleitung

Seit mehreren Jahren ist der Slogan-Terminus „Cancel Culture" im Gespräch. Aus den USA kommend, sind er und die weiteren mit ihm oft gepaarten Slogan-Termini „woke" bzw. „Wokeness" inzwischen eingedeutscht worden. Dabei scheint allerdings nicht immer klar zu sein, ob es sich bei „Cancel Culture" oder „Wokeness" um klar umrissene Begriffe oder nicht vielmehr um freischwebende Zeichen handelt, deren beliebige, meist denunziatorische Verwendungen als Sprechakte in die politische Debatte eingehen. Zur öffentlichen Debatte der vergangenen Jahre um das Thema gehören mehrere Buchpublikationen, von denen im Folgenden eine Auswahl zu besprechen sein wird. Allerdings wird in diesem Text das übliche Format der Sammelrezension, demzufolge mehrere wissenschaftliche Publikationen zu einem Themenfeld behandelt werden, verlassen, und zwar aus dem folgenden Grund: Obwohl diese Bücher allesamt mit Fußnoten daherkommen, sind sie mit einer Ausnahme nicht wissenschaftliche Analysen dieser Debatte, sondern Beiträge zu ihr. Sie werden daher im Folgenden als Zeitdokumente behandelt. Da das Buch von Adrian Daub Analyse und Debattenbeitrag zugleich sein will, erfolgt eine ausführlichere Kritik.

Um die Besprechung übersichtlicher zu gestalten, wird sie in drei thematischen Rubriken untergliedert: (1) Woher kommt das alles? Die Auseinandersetzung über „Cancel Culture" und „Wokeness" in den USA. (2) Warum sollte diese Debatte für eine deutschsprachige Leserschaft überhaupt von Interesse sein? Zur Rezeption der „Cancel Culture"-Kontroverse in Deutschland. (3) Geht es tatsächlich um die Wissenschaftsfreiheit, wie häufig behauptet wird, oder vielmehr um die Rede- und Meinungsfreiheit, oder werden die beiden Grundrechte in dieser Literatur vermischt? Abschließend kommen weitere Aspekte dieser Thematik zur Sprache, die für die Demokratie- und Extremismusforschung von Relevanz sind oder sein könnten.

2. Die Auseinandersetzung über „Cancel Culture" und „Wokeness" in den USA

Das Buch *Zynische Theorien* von Pluckrose und Lindsay präsentiert sich als einführender Überblick über die Entstehung nicht allein der „Cancel Culture", sondern der von ihnen wie von mehreren Beteiligten so genannten „Social Justice"-Bewegung insgesamt. Einigendes Band der Kapitelüberschriften wie der Komponenten dieser Bewegung ist nach ihrer Darstellung das Wort *Theory*, welches sie mit Bedacht kursiv setzen, um dessen programmatische Bedeutung in diesem Zusammenhang hervorzuheben. Auf die Dauer wirkt dieser Kniff aber zunehmend antiakademisch, obwohl Pluckrose Historikerin und Lindsay Mathematiker ist.[1]

In einem ersten Schritt beginnen sie mit einer kurzen Besprechung der intellektuellen Grundlagen der Bewegung, namentlich des Dekonstruktivismus, des Postmodernismus, der Diskurs- und Machtbegriffe Michel Foucaults und der Postkolonialen Theorie, die in den 1960er und 1970er Jahren entstanden sind. In einem zweiten Schritt konstatieren sie eine Phase des „angewandten Postmodernismus", die in den 1980er und 1990er Jahren begann und in deren Verlauf unter anderen die „Critical Race Theory" und die Intersektionalität, die „Queer-Theorie", verschiedene feministische Ansätze und Gender Studies, sowie zuletzt die „Disability Studies" und „Fat Studies" vorgelegt wurden. In einer dritten Phase, die zur Jahrtausendwende begonnen und sich seit 2010 intensiviert habe, sei es zur Verdinglichung der postmodernen Theoreme gekommen, insbesondere der Intersektionalität, in deren Verlauf die als Denkanstöße formulierten Theorieansätze zu dogmatischen Setzungen geworden seien. Diese Setzungen seien nun die Grundlagen einer hermetisch versiegelten „Social Justice"-Ideologie, die alles auf Identitätspolitik reduziere und kritische Einwände als zwecklosen Widerstand oder gar als Verrat an der guten Sache abtue.

---

[1] Der Wikipedia-Eintrag zum Buch zitiert neben mehreren positiven und negativen Rezensionen auch eine recht unflätige Antwort Lindsays auf akademische Kritik, die einen grundsätzlichen Animus zu belegen scheint, unter: https://en.wikipedia.org/wiki/Cynical_Theories (28. Juni 2023).

Gemeinsames Fundament von alledem sei der Primat der Sprache, die Machtverhältnisse nicht mehr abbilde, sondern diese erst schaffe. „Zynisch" seien diese Theorien demnach, weil sie auf den relativistischen Grundannahmen fußen, dass die so genannte „objektive Wirklichkeit" ein soziales Konstrukt sei und die systembildenden Machtdiskurse deshalb allein durch diversitätsbildende Gegendiskurse zu besiegen seien. Demgegenüber treten Pluckrose und Lindsay als Anwälte einer liberalen Vernunft auf, die soziale Probleme mithilfe einer evidenzbasierten Wissenschaft lösen will.

Mit alldem machen Pluckrose und Lindsay immerhin klar, dass die „Cancel Culture" keinesfalls allein für sich, sondern am Ende einer längeren Entwicklung innerhalb des postmarxistischen linken Denkens steht. Obwohl sie mehr oder weniger chronologisch vorgehen, handelt es sich jedoch nicht um eine historische Analyse im strengen Sinne, sondern, wie sie selbst sagen, um eine Art Touristenführer für Laien. Die hohen Verkaufszahlen des amerikanischen Originals (das Buch erschien 2020 und war lange Zeit auf der Bestsellerliste der *New York Times*) belegen den Bedarf nach einer solchen leicht lesbaren Überblicksdarstellung. Sie mögen aber auch als Indiz einer mangelhaften politischen Bildung des Lesepublikums gelten. Die Behauptung von Pluckrose und Lindsay im ersten Kapitel, als vermittelnde Führer durch die Sitten einer fremden Kultur agieren zu wollen, mangelt es an Glaubwürdigkeit; schließlich haben sie sich nicht um irgendeinen direkten Kontakt mit den zu beschauenden „Einheimischen", geschweige denn um deren Konsens bemüht. Diese Selbststilisierung halten sie ohnehin nicht aufrecht; vielmehr gehen sie in den letzten Kapiteln zu einer herben Kritik an eben dieser „Social-Justice"-Ideologie über, deren dogmatischen Theoriebildungen und politischen Ausschlusspraktiken sie als eine Art säkuläre Religion beschreiben.

Trotz seiner zum Teil inkonsistenten Argumentation mag dieses Buch nützlich sein, weil es darauf hinweist, wie viele der Grundbausteine dieser amerikanischen „Theorie"-Kultur aus Deutschland und Frankreich oder aus Großbritannien kamen. Andere Komponenten des „Social Justice"-Komplexes (z. B. Self-Esteem und Inklusivität als Zielvorstellungen der körperbezogenen Ansätze wie „Fat Theory") sind amerikanischen Ursprungs und zum Teil auch vor dem Postmodernismus entstanden. Gleichwohl wird mit dieser Darstellung zumindest implizit ein Grundpfeiler der heute in Europa gängigen Narrative einer aus den USA kommenden Bedrohung „unserer Freiheit", wie sie in mehreren der weiter unten zu besprechenden Bücher vertreten wird, relativiert. Bei genauer Betrachtung handelt es sich um eine transnationale Angelegenheit, mithin ein Ergebnis gerade der Globalisierung, die von der besagten Bewegung in der Kritik steht. Nicht abwegig ist auch der Hinweis von Lindsay und Pluckrose darauf, dass und wie die anfangs einigermaßen differenzierten Theoriebildungen der früheren Jahrzehnte in den vergangenen Jahren durch eine neue Generation infolge der „safe spaces", Occupy-, „Me Too"- und Black Lives Matter-Bewegungen identitätspolitisch dogmatisiert worden sind. Allerdings darf der Autor dieser Rezension aus eigenem Erleben anmerken, dass die Anhänger der Dekonstruktivistin und Vertreterin der „Subaltern Studies" Gayatri Chakravorty Spiwak in den 1980er Jahren nicht weniger dogmatisch aufgetreten sind.

Im Unterschied zum Band von Pluckrose und Lindsay ist das Buch von John McWhorter *Die Erwählten* (Original: *Woke Racism: How a New Religion Has Betrayed Black America*) kein Laienprojekt, sondern der Aufschrei eines erfolgreichen Insiders – McWhorter ist Associate Professor für Sprachwissenschaft an der Columbia University und erfolgreicher Kolumnist der *New York Times* – gegen die „woke culture". Das Wort „woke" war zunächst eine Art Slang für hohe Wachsamkeit gegen rassistische Äußerungen und Handlungen (Stichwort „Mikroaggressionen") unter jungen schwarzen Amerikanern. Es erhielt durch die schon 2013 entstandenen „Black Lives Matter"-Bewegung und die Proteste gegen die Ermordung George Floyds 2020 starken Auftrieb und wurde gerade dadurch in einer breiteren Öffentlichkeit sichtbar. Daraufhin mutierten die Worte „woke" und „wokism" zu Angriffsgegenständen rechter Politik. Sie fungieren derzeit als Zielscheiben im Wahlkampf mehrerer Republikaner, allen voran Donald Trump und Ron De Santis – passen sie doch hervorragend in die von dieser Partei seit Jahrzehnten verfolgten Strategie, neben ihrer klassischen Opposition gegen alles, was der New Deal an sozialstaatlichen Strukturen mit sich gebracht hat, auf die mobilisierende Wirkung der harten Kämpfe um Wertehaltungen (die von ihnen selbst „wedge issues" genannt werden) zu setzen.

McWhorter behauptet nun merkwürdigerweise, dass nicht die Republikaner, sondern Formen des „neuen Antirassismus" die Gesellschaft spalten und dieser daher gerade der schwarzen Bevölkerung schade, deren Fortschritt sie dienen soll. Mit ihrer Opposition gegen jegliche „kulturelle Aneignung" vermeintlich rein schwarzer Kulturleistungen wie Blues oder Hip-Hop leugnen sie, so McWhorter, die Individualität und Vielfalt der schwarzen Bevölkerung und degradieren Schwarze insgesamt zu Exemplaren eines Stereotyps der Unterdrückten, der sich vermeintlich aus der alles bestimmenden Sklavenherkunft ableitet. Zu Ende gedacht komme dies dem Rassismus eines Goebbels oder Göring besorgniserregend nahe. Versuche von talentierten Schwarzen wie McWhorter selbst, mittels eigener Leistungen rassistische Erwartungen zu widerlegen, werden demnach als Anpassung an die Kultur der „white supremacy" denunziert, genauso wie in früheren Zeiten anpassungsfähige und -willige Schwarze von schwarzen Separatisten als „Onkel Toms" gebrandmarkt wurden.

Das Argument McWhorters ist leicht nachvollziehbar, seine Bedeutung im Kontext der „Cancel Culture"-Debatte jedoch nicht einfach einzuschätzen. In einer Hinsicht spricht McWhorter als erfolgreicher Schwarzer stellvertretend für Liberale jeglicher Hautfarbe, in dem er für allgemeingültige Leistungsstandards eintritt. Zu deren Entsprechung soll schwarzen Menschen mit unzureichender Vorbildung geholfen werden, aber nicht durch reparationsähnliche Quoten oder die Verwässerung der Leistungsstandards selbst. Dass Befürworter gerade solcher Positionen jetzt als Reaktionäre oder gar als sich selbst hassende Rassisten von Anhängern der „woke culture" denunziert werden, erfüllt ihn mit Sorge. Die Angst vor solchen Beschimpfungen, so seine leider recht simple Analyse, bringt die Vertreter der liberalen Mitte dazu, den Forderungen der Extremisten nachzugeben, was zur schleichenden Aushöhlung der Leistungsgesellschaft insgesamt führe. Insofern befindet sich McWhorter vielleicht ungewollt auf einer Linie mit konservativen Kritikern der „cancel culture", die gegen „Affirmative Action"-Programme opponieren, wie sie seit Jahrzehnten zur verstärkten Mitberücksichtigung von Faktoren wie Rassenzugehörigkeit bei der Aufnahme an den Hochschulen oder der Anstellung in öffentlichen Einrichtungen in Verwendung sind und Ende Juni 2023 von der konservativen Mehrheit des Supreme Court für verfassungswidrig erklärt wurden. Gerade solche Programme haben wesentlich zur Erfolgsgeschichte der Schwarzen in den USA der vergangenen Jahre beigetragen, die McWhorter eigentlich zelebrieren möchte. In anderer Hinsicht ist sein Buch aber auch ein Indiz einer Auseinandersetzung innerhalb der schwarzen Mittelschicht. Historisch betrachtet reiht es sich mühelos in das scheinbar ewige Ringen von gut angepassten, erfolgreichen Schwarzen um Anerkennung durch die herrschenden Weißen wie auch der militanten Schwarzen ein.

Ben Shapiro, ein Jungkonservativer mit Leidenschaft (Jahrgang 1984), geht in seinem Buch *Der autoritäre Terror. Wie Cancel Culture und Gutmenschentum den Westen verändern* (Original: *The Authoritarian Moment*) mit weitaus schärferen Argumenten gegen „Cancel Culture" vor. Auch er sieht (wie Pluckrose und Lindsay) eine neue linke Bewegung am Werk, die gegen ihre Kritiker wie eine Sekte agiere. Diese will er allerdings weniger als Ersatzreligion abhandeln, wie sowohl Pluckrose und Lindsay als auch McWhorter dies tun, denn als einen Autoritarismus von links, dessen Vorhandensein er mit einer sozialwissenschaftlichen Studie aus dem Jahr 1996 zu belegen meint, und der seiner Meinung nach genauso gefährlich, wenn nicht gar gefährlicher sei als der schon bekannte und von ihm nicht geleugnete Autoritarismus von rechts. Diese neueste Fassung der „political correctness" habe sich nämlich von den Hochschulen in die Gesellschaft bis hin zu den Schulen ausgebreitet und auch die höchsten Türme der Macht erklommen. Dabei versteht Shapiro unter der „Macht" nicht allein den Staat, sondern die großen Technologiekonzerne und etablierte Medien wie die *New York Times* und CNN, die mit der Regierung an einem Strang ziehen, um die Meinungsfreiheit vor allem von Konservativen einzuschränken. Die noch immer mächtigen Wirtschafts- und Waffenlobbys werden in seiner Schilderung der „Macht" ebenso wenig erwähnt wie Großspender auf konservativ-reaktionärer Seite wie die Gebrüder Koch. Wegen der zweifellos eloquenten, aber offenkundig tendenziösen Vorbringungen Shapiros kann dieses Buch als weiteres Indiz der Polarisierung der politischen Kultur der USA eingeordnet werden.

Zur „neuen Herrscherklasse" (S. 113) zählt Shapiro auch Hochschullehrer, die seiner Meinung nach keine Wissenschaft mehr, sondern identitätspolitisch richtige „Wissenschaft" betreiben. Dabei ist es unklar, ob er damit allein die Sozial- und Kulturwissenschaften, die ihnen – angeblich – willfährigen Universitätsleitungen oder doch die ganzen Universitäten meint. Ebenfalls problematisch für diese Argumentation ist seine Schilderung eines vermeintlichen Beispiels von „Cancel Culture" aus der Zeitschrift *Angewandte Chemie*. In einem dort veröffentlichten Beitrag behauptete Tomás Hudlický, dass die Forderung nach mehr Diversität bei der Anstellung zu einer Reduzierung der Forschungsqualität in der Chemie geführt habe. Dagegen protestierte die Mehrheit des Fachbeirats der Zeitschrift, die in einem über Twitter mitgeteilten Statement das Gegenteil meinte und die Gleichberechtigung am Arbeitsplatz außerdem als „moralisch die einzig vertretbare Position" (S. 148) verteidigte. Shapiro kann den Beiratsmitgliedern, darunter drei Nobelpreisträgern, ihren Status als hochrangige Wissenschaftler kaum absprechen; trotzdem denunziert er das Statement als Absage an die objektive Wissenschaft zugunsten einer politisch korrekten „Wissenschaft". Dabei verschweigt er, dass Hudlický den betreffenden Text in einen Review-Artikel über die Arbeit der vergangenen 20 Jahre in seinem Teilgebiet der Chemie unvermittelt eingefügt und keinen Beleg für seine Behauptung angeführt hatte. Die darauffolgende Entschuldigung und Rücknahme des Beitrags sowie die Suspendierung der für die Annahme des Artikels verantwortlichen Redaktionsmitglieder durch die Redaktionsleitung der Zeitschrift war kein Einknicken vor einem Twitter-Mob, wie Shapiro impliziert, sondern das Eingeständnis eines eklatanten Versagens im Peer Review-Prozess.[2]

3. Zur Rezeption der „Cancel Culture"-Kontroverse in Deutschland

Mit seinem Buch *Ein falsches Wort. Wie eine neue linke Ideologie aus Amerika unsere Meinungsfreiheit bedroht*, versucht René Pfister, seit 2019 *Spiegel*-Korrespondent in Washington D. C., aufgrund der eigenen Erfahrungen und Recherchen diese Frage zu beantworten. Dabei setzt er wie viele andere vornehmlich auf einprägsame Anekdoten. Den Einstieg bildet die erzwungene Entlassung von Ian Buruma als Chefredakteur der *New York Review of Books* nach nur wenigen Wochen, weil seine Entscheidung, die Selbstdarstellung des wegen sexueller Belästigung angeklagten und freigesprochenen kanadischen Rockmusikers und Moderators Jian Ghomeshi drucken zu lassen, als Affront gegen die #MeToo-Bewegung im Twitter angeprangert wurde. Mit mehreren weiteren, ähnlich aufgebauten Fallbeispielen will Pfister unter anderem ein wiederkehrendes Muster aufzeigen: Verdiente Persönlichkeiten, die sich für Meinungsvielfalt und eine auf Fakten begründete offene Debatte einsetzen, werden wegen einzelner inkriminierter Äußerungen über Twitter von linken Dogmatikern angezettelten Empörungskampagnen unter Druck gesetzt; die Vorgesetzten verwechseln diese gekonnt inszenierte Erregung einer Minderheit mit der Meinung des Leserpublikums insgesamt und knicken ängstlich ein, anstatt für ihre angegriffenen Angestellten geradezustehen. Am Ende eines dieser Beispiele bringt

---

[2] Vgl. hierzu die ausführliche Behandlung dieses Falles in Mitchell G. Ash, Diskurskontrolle an deutschen Universitäten – Bedrohung der Wissenschaftsfreiheit?, Wissenschaftspolitik im Dialog 21, Berlin 2022.

Pfister eine nützliche Definition von „Cancel Culture" als „eine systematisch entfachte moralische Entrüstung, die an Erkenntnis kein Interesse hat" (S. 140).

Besonders aufschlussreich ist Pfisters Schilderung dieser mikrosozialen Dynamik innerhalb der Medien, denn die Empörungskampagnen kommen häufig genug von Mitarbeitern der Institutionen selbst. Als „Wegscheide in der Geschichte des liberalen Journalismus in den USA" (S. 115) stuft Pfister wohl etwas überzogen den Fall von James Bennett ein, der als künftiger Chefredakteur der *New York Times* gehandelt wurde, bis er mitten in den Protesten gegen die Ermordung von George Floyd, die mehrmals von Brandsetzungen und Plünderungen gefolgt waren, einen Kommentar des republikanischen Senators und bekannten Scharfmachers Tom Cotton mit dem Titel „Send in the Troops" im Namen einer Pluralisierung der Meinungsseite des Blattes ungelesen drucken ließ. Der darauffolgende Protest mehrerer Mitarbeiter über Twitter führte zu seiner Entlassung und einer zerknirschten Abbitte des amtierenden Chefredakteurs Dean Baquet. Pfister stellt daraufhin die Objektivität der Berichterstattung dieser Zeitung in Frage, aber später im Buch zitiert er trotzdem Aussagen oder Texte aus diesem Blatt, wenn sie seine Argumentation unterstützen. Er merkt auch nicht an, dass die auf Meinungsvielfalt und ethnische Diversität gerichtete Strategie der Zeitung weiterhin gilt; Kolumnen von Konservativen wie Ross Douthat oder Bret Stephens erscheinen noch immer neben solchen von linken Schwarzen wie Charles Blow oder moderaten Schwarzen wie John McWhorter. Ausgerechnet von Douthat übernimmt Pfister den Begriff „woke capitalism" als griffige Bezeichnung für das zynische Geschäftsmodell von Firmen wie Amazon, die sich besonders progressiv gerieren, um ihre Belegschaft von jedem Versuch, eine Gewerkschaft zu organisieren, fernzuhalten, sowie für das kühne Vorgehen von Linken wie der Soziologin Robin Di Angelo, deren Bestseller wie *White Fragility* zur Pflichtlektüre der von ihr selbst geleiteten antirassistischen Trainings gehört.

Relevant an dieser Stelle sind Pfisters Verweise auf ähnliche Konflikte auch in Deutschland. Diese schildert er allerdings nicht in einem eigenen Kapitel; stattdessen unterbricht er seine US-Erzählungen plötzlich und unerwartet mit geeignet erscheinenden deutschen Vorfällen. Besonders spektakulär wirkt die Kontroverse über eine Kolumne der Autorin Hengameh Yagoobifarah in der Berliner *taz*, in der sie sich Polizisten als „Müllmenschen" (S. 63) auf die Deponie wünschte; daraufhin wurde das Recht von weißen Redaktionsmitgliedern darauf, sich von derartigen Meinungen zu distanzieren, in Frage gestellt. In einem weiteren bemerkenswerten Fall soll der Bremer Regisseur Armin Petras bei den Proben zu einer Adaption von *Dantons Tod* in Düsseldorf den schwarzen Darsteller Ron Iyamu, der „Toussaint Louverture, ein ehemaliger Sklave" spielte, kurz „Sklave" genannt haben. Wie so oft in den USA folgte dem zweiten Vorfall eine zerknirschte Abbitte von Petras, woraufhin er und sein Chef, der Bremer Intendant Michael Börgerding, ihre Stellen behalten durften. Pfister gesteht ein, dass derartige Episoden noch keine grundsätzliche Bedrohung der Meinungsfreiheit in Deutschland belegen. Gleichwohl warnt er, dass ein Generationenkampf zwischen älteren Redaktionsmitgliedern oder Intendanten und ihren jüngeren, auf Identitätspolitik geschulten Kollegen bereits begonnen habe.

Weniger als Erfahrungsbericht denn als wissenschaftliche Analyse präsentiert sich das Buch von Adrian Daub: *Cancel Culture Transfer. Wie eine moralische Panik die Welt erfasst.* Daub, der Deutsche Literaturwissenschaft in Stanford lehrt, unternimmt den provokanten Versuch, zunächst einmal das Ausmaß des ganzen Phänomens „Cancel Culture" in Frage zu stellen und die so konstituierte Differenz zwischen Realität und Aufregung mit der These zu erklären, dass der ganze Komplex auf einer „moral panic" beruht, die von konservativen Aktivisten und Medien geschürt und aufgebauscht werde. Demnach seien die verzerrten Darstellungen der Panikmacher daraufhin von Redaktionen in Deutschland kritiklos übernommen und auf deutsche Umstände umstandslos umgelegt worden.

Bemerkenswert ist, dass Daub zunächst keine Textanalysen unternimmt, sondern nach sozialwissenschaftlichen Mitteln greift. So versucht er das Ausmaß der Folgen von „Cancel Culture" zu erfassen, in dem er die zum Teil sehr eingehenden journalistischen Berichte wie „The New Puritans" von Anne Applebaum in *The Atlantic*[3] als Anekdoten abtut und sich auf eine quantitative Untersuchung einlässt. Nach einer kritischen Behandlung der vielen Listen, mittels derer versucht wird, konkrete Fälle von „Cancel Culture" und ihren Folgen zu erfassen, kommt er zu dem überraschenden Schluss, dass die vielen „Cancel"-Maßnahmen, die auf diesen Listen nach sehr unterschiedlichen Kriterien aufgenommen werden, nur in wenigen Fällen tatsächlich zum Verlust der Arbeitsstelle der jeweils Betroffenen geführt hätten. Dass dies jedenfalls bei den akademischen Fällen am Tenure-System der amerikanischen Hochschulen liegen mag, weshalb überwiegend Menschen auf Junior- oder Adjunkt-Stellen als Entlassungskandidaten in Frage kommen, stellt Daub immerhin fest.

Gleichwohl bleibt Daub bei der These einer eklatanten Diskrepanz zwischen den realen, relativ kleinen Auswirkungen von „Cancel Culture" und der großen Aufregung um sie. Zur Erklärung dieser Diskrepanz argumentiert Daub sozialpsychologisch, indem er die Hypothese aufstellt, dass es sich bei alledem um eine Art „moral panic" handele. Dieser von dem Soziologen Stanley Cohen 1972 formulierte Begriff ist seitdem für die Stigmatisierung abweichender Gruppen von der Hexenverfolgung der Frühen Neuzeit bis hin zu den feministischen Kampagnen gegen Pornografie angewendet worden.[4] Unplausibel ist diese Hypothese nicht. Doch warum sollte eine derartige „Panik" unter weißen Liberalen in den USA, von denen mehrere gesicherte Stellen haben, um sich greifen? Und warum soll das alles für Deutsche interessant sein?

---

[3] Vgl. Anne Applebaum, The New Puritans, in: The Atlantic vom 31. August 2021, unter: https://www.theatlantic.com/magazine/archive/2021/10/new-puritans-mob-justice-canceled/619818/ (30. Juni 2023).

[4] Vgl. Erich Goode/Nachman Ben-Yehuda, Moral Panics. The Social Construction of Deviance, 2. Aufl., New York 2009.

Hier greift die zweite Hauptthese Daubs, die in seinem Bereich der Literatur- und Kulturwissenschaften angesiedelt ist, aber eine politische Komponente hat. Sie lautet sinngemäß, dass die Rede von „Cancel Culture" zwar, wie Mediensoziologen herausgefunden haben, erstmals im „Black Twitter" als eine Art ironische Selbstbezeichnung entstand, aber erst dann politisch relevant wurde, als sie von konservativen Publizisten und Politikern aufgegriffen und maßlos aufgebauscht worden sei. Genau dies hätten Dinesh de Souza und andere konservative Intellektuelle schon mit der Rede von „political correctness" angestellt, die in den USA Anfang der 1990er Jahre Hochkonjunktur hatte und im Deutschen noch immer gängig sei. In beiden Fällen ging und gehe es den Konservativen darum, die Meinungsführerschaft im kulturellen Kampf für sich zu beanspruchen, in der eigenen Wählerschaft Stimmung zu machen und die Angst von Wählern der Mitte vor Linksextremisten zu schüren.

Im Grunde genommen ist die Rede von „Cancel Culture" nach Daub eine literarische Fiktion, deren Wirkung sich auf scheinbar einschlägige, in den Medien immer wieder tradierte Anekdoten stützt, die sich beim näheren Hinsehen häufig als „urban legends" oder aber als geschickt verdrehte Versionen tatsächlicher Begebenheiten herausstellen. Der Ort vieler solcher schockierender, melodramatischer Mininarrative mag zwar der Campus einer Universität sein, aber dieser habe in solchen Anekdoten einen eher virtuellen Charakter und funktioniere mehr als Projektionsfläche denn als realer Ort. Selbst dann, wenn die in den Medien skandalisierten Fälle tatsächlich geschehen sind, würden wesentliche Details in der Weitererzählung entweder fortgelassen oder bewusst verdreht und nach den Regeln des Genres Gerichtssaal-Drama neu aufbereitet, um sie im Sinne einer vermeintlichen Bedrohung der Rede- oder der Wissenschaftsfreiheit gefügig zu machen.

Als Belege dieser These analysiert Daub zahlreiche Beispiele, darunter eine Episode im Roman *Der menschliche Makel* von Philip Roth, in dem ein Professor von einer Elite-Universität gehen muss, weil er von schwarzen Studenten des Rassismus bezichtigt wird. Wie Daub berichtet, erzählte Roth später, dass diese Story auf einer wahren Begebenheit an der Princeton University basiert, doch fand diese nicht 1985, wie Roth berichtet hat, sondern schon 1976 statt. Daub weist darauf hin, dass diese Episode in Frankreich und Deutschland, nicht zuletzt von keinem Geringeren als Joachim Gauck in seiner Autobiografie, ohne Hinweis auf ihren fiktiven Charakter als typisches Beispiel der gegenwärtigen Missstände an amerikanischen Hochschulen zitiert wird.

Damit wird eine dritte These Daubs schon angedeutet, nämlich dass die Version der Rede von „political correctness" und „Cancel Culture", gerade wie sie von konservativen Publizisten propagiert wurde und wird, mitsamt den dazugehörigen Anekdoten von deutschen Kommentatoren unhinterfragt übernommen und auf die Verhältnisse im jeweils eigenen Land umgelegt werde, obwohl die tatsächliche Situation hier kaum vergleichbar sei mit der in den USA. Als triftige Belege für diese These führt er Leitartikel namhafter Kommentatoren an, beispielsweise von Josef Joffe in der *Zeit*. Die Möglichkeit, dass es sich dabei um ein vereinfachtes journalistisches Arbeiten nach dem Muster handelt: Wenn das in der *New York Times* steht, muss es so stimmen, räumt Daub ein. Selbst dann fragt er sich aber, warum man sich die Arbeit so einfach machen zu können meint.

Nach Daub ist eine derart kritiklose Übernahme möglich, weil die deutsche Diskussion überwiegend im Feuilleton der so genannten „Qualitätspresse" geschieht. Statt Panikmache kann dort ein Ton der Überlegenheit gegenüber den Amerikanern vorkommen: „Wir sind die Ruhigen, die Unaufgeregten, die ehrlich und rational argumentieren" (S. 259). Doch gerade in diesem Medium ortet Daub einen anderen Trend. Seit jeher arbeite das Feuilleton essayistisch mit Anekdoten, die als Aufhänger für große Behauptungen dienen. Jetzt drohe aber eine Konkurrenz aus dem Netz, das von einem jüngeren Publikum bedient wird, während die Leserschaft der Printmedien älter wird. Nach Daub versuchen Zeitungsredaktionen ihre sinkenden Abonnentenzahlen mit Aufreger-Fällen und steilen Thesen zu erhöhen. Als Beleg für diese Argumentation zitiert Daub neben zahlreichen Gesprächen mit Redakteuren wieder Josef Joffe, der es in der *Neuen Zürcher Zeitung* im Mai 2021 wagte, „Cancel Culture"-Fälle mit dem Terror der Französischen Revolution in eine Reihe zu stellen; immerhin zielen die „woke"-Leute nur „auf den sozialen, nicht den physischen Tod" (S. 298).

Trotz des reißerischen Titels – von „der Welt" ist in diesem Text wahrhaftig nicht die Rede – ist Daub eine kenntnisreiche Analyse gelungen, die allerdings Längen und Wiederholungen aufweist. Als nicht ganz unwichtiges Detail am Rande sei angemerkt, dass er einen Vorläufer der Rede vom „Canceling" übersehen zu haben scheint. In einem Krimi-Thriller namens *New Jack City* von Mario Van Peebles aus dem Jahre 1991 schmeißt ein schwarzer Gangster namens Nino, gespielt von Wesley Snopes, eine Frau, die ihm Paroli bieten wollte, auf einen Tisch, übergießt sie mit Champagner und sagt, „cancel that bitch, I'll buy me a new one". 2010 zitierte der Hip-Hop-Star Lil Wayne die Filmszene im Lied „I'm Single": „Yeah, I'm single/ n__ had to cancel that bitch like Nino."[5] Erst danach soll das Wort „cancelled" auf Black Twitter aufgegriffen worden sein. Unrichtig zu sein scheint demnach die weithin und auch von Daub geteilte Annahme, das Phänomen „Cancel Culture" sei auf Universitätsgeländen entstanden und habe von dort aus auf die weitere Gesellschaft und Kultur ausgestrahlt. Dass der Campus durchlässig für Popkultur ist, sollte eigentlich keine Überraschung sein. Im vorliegenden Falle handelt es sich also keineswegs um einen linearen Transfer von A nach B, sondern um eine Zirkulation misogyner kultureller Inhalte, in deren Verlauf sie eine andere politische Bedeutung erhielten.

Zum Abschluss dieses Abschnitts mag ein kurzer Blick über den deutsch-amerikanischen Tellerrand dienlich sein. In ihrem kurzen Essay *Wer cancelt was?* erinnert uns die in Berkeley tätige Romanistin Laure Murat daran, dass eine Auslöschung von politisch bedeutenden Symbolen und Namen, wie sie mittlerweile nicht nur an

---

[5] Vgl. hierzu Susanna Goldsborough, Cancel culture: What is it, and when did it begin?, in: The Telegraph vom 30. Juli 2020, unter: https://www.telegraph.co.uk/music/what-to-listen-to/cancel-culture-did_begin/ (6. Juni 2023).

Hochschulen, sondern auch durch die Entfernung traditioneller Heldendenkmäler von öffentlichen Plätzen in den USA und in Großbritannien geschieht, seit der *damnatio memoriae* der Römerzeit bekannt ist und während der Französischen Revolution besonders starke Auswüchse erfuhr. Die schlagartige Entfernung der Berliner Mauer sowie von Lenin- und Stalindenkmälern in der ehemaligen Sowjetunion sind für sie Fortsetzungen dieser langen Tradition. Wichtig von einer globalhistorischen Perspektive aus gesehen sind die von Murat ausgeführten Beispiele aus den ehemaligen französischen Kolonien, allen voran die Kontroverse um Victor Schoelcher, Vertreter (1848–1849) und Abgeordneter (1871–1875) von Martinique und Abgeordneter von Guadaloupe (1849–1851), später Senator auf Lebenszeit. Murat betont die Ambivalenz um den Ruf dieses (weißen) Mannes: Wegen seines Kampfes gegen die Sklaverei wurden ihm Denkmäler gesetzt, die in neuester Zeit von Aktivisten wegen – vermeintlich – rassistischen Aussagen in seinen Reden beschmiert und gestürzt wurden. Nach Murat taugt in solchen Fällen der erste ikonoklastische Impuls zum Denkmalsturz zwar dazu, eine Kontroverse zu beginnen, aber selten dazu, sie auch noch zu beenden. Gerade weil die „Cancel Culture"-Debatte sie dazu gebracht hat, sich mit dieser Thematik zu befassen, meint sie, dass ihr trotz allem Destruktiven doch einiges abzugewinnen sein mag – wenn man genau hinschaue und die gebotene Gelassenheit an den Tag lege.

4. Akademische Redefreiheit versus Wissenschaftsfreiheit

Zentrale Bedeutung für die Demokratie- und Extremismusforschung hat die Behauptung, dass „Cancel Culture" eine Bedrohung der Rede- und der Wissenschaftsfreiheit darstelle. Um diese Behauptung überprüfen zu können, erscheint es zunächst einmal notwendig, einen verfassungsrechtlichen Vergleich vorzunehmen. In Deutschland und in Österreich stehen zwei Grundrechte im Verfassungsrang, namentlich das Grundrecht auf freie Meinungsäußerung (Art. 5 Abs. 1 GG) und das der Freiheit der wissenschaftlichen Forschung und Lehre sowie der Künste (Art. 5 Abs. 3 GG). In den USA ist die verfassungsrechtliche Lage eine andere. Unter der Rubrik „academic freedom" werden die Freiheit der wissenschaftlichen Forschung und Lehre als Untergröße des Grundrechts auf freie Meinungsäußerung abgehandelt, das im ersten Zusatzartikel der Verfassung der USA seit 1794 garantiert ist, wobei ein Spruch des Supreme Court von 1957 der „academic freedom" eine Art Sonderstatus zuerkannt hat.[6] Die eingangs behandelten Bücher aus den USA setzen dieses Verständnis von „academic freedom" als eine Spielart der Meinungsfreiheit auch im akademischen Kontext voraus.

---

6 Vgl. Jürgen Herbst, Akademische Freiheit in den USA. Privileg der Professoren oder Bürgerrecht?, in: Rainer E. Müller/Rainer C. Schwinges (Hrsg.), Wissenschaftsfreiheit in Vergangenheit und Gegenwart, Basel 2008, S. 317–330, hier: S. 318.

Darüber, was deutsche Verlage motiviert haben mag, diese Bücher übersetzen zu lassen, kann hier nur spekuliert werden. Die hohe Anzahl solcher Übersetzungen könnte als Beleg für die Vermengung der beiden Grundrechte der Meinungs- und der Wissenschaftsfreiheit auch im öffentlichen Bewusstsein der Bundesrepublik trotz der grundlegend anderen verfassungsrechtlichen Lage begriffen werden. Deshalb fragt es sich: Wird in der „Cancel Culture"-Debatte in Deutschland das eine Grundrecht mit dem anderen zuweilen unreflektiert oder gar willentlich vermischt?

Als Dokument einer solchen Ineinssetzung der beiden Grundrechte kann das Buch von Ulrike Ackermann – *Die neue Schweigespirale. Wie die Politisierung der Wissenschaft unsere Freiheit einschränkt* – pars pro toto genommen werden, steht die Vermengung der beiden Grundrechte doch schon in mehreren der Kapitel- und Abschnittstitel des Bandes. Bereits im ersten Teil schreibt Ackermann von „der Meinungs- und Wissenschaftsfreiheit", die im Artikel 5 GG festgelegt seien, und behandelt die beiden oben genannten Grundrechte offenbar bewusst als geschlossene Einheit, ohne deren klare Unterscheidung im Text des Grundgesetzes mit einem Wort zu reflektieren. Die juristische Diskussion um das Verhältnis dieser Grundrechte zueinander scheint ihr, wie vielen anderen der Beteiligten der Debatte, unbekannt zu sein.[7]

Dieser Mangel an Differenzierung ist bezeichnend für die Argumentation Ackermanns insgesamt. Die Lektüre des Bandes wirkt wie ein nicht besonders streng organisierter Spaziergang durch den diskursiven Gemüsegarten, in dessen Verlauf die These, dass eine Revolte gegen die liberale Moderne im Gange sei, regelmäßig wiederholt wird. Zu Beginn konstatiert Ackermann Freiheitsbedrohungen von rechts, von links und vom Islamismus, doch dann gibt sie ohne nähere Begründung an, sich auf die Bedrohung von links konzentrieren zu wollen. Im Text konstatiert sie mehrfach und auch völlig zu Recht essentialistische, also antiindividualistische Zuschreibungen unterschiedlicher Art sowie eine grundsätzliche Ablehnung des liberalen Individualismus bei allen drei Lagern. Durch ihre starke Fokussierung auf die Bedrohung von links nimmt sich Ackermann jedoch einen potenziellen Vorteil im Kontext der „Cancel Culture"-Debatte. Stattdessen stehen hier dieselben Behauptungen einer Dogmatisierung des Rassismusvorwurfs nach „Critical Race Theory", einer Zersplitterung des Gemeinwesens durch Identitätspolitik und dergleichen mehr, wie sie in der oben bereits besprochenen, aus den USA kommenden Literatur hervorgebracht worden sind. An einer Stelle zitiert Ackermann Pluckrose und Lindsay direkt als Beleg für die Behauptung, die Ideen der „Critical Social Justice"-Bewegung seien zum „Metanarrativ" (S. 131) geworden. Ebenfalls wie Pluckrose und Lindsay erklärt Ackermann den gesellschaftlichen Rassismus für bereits überwunden und tut rassistische Meinungsäußerungen und Vorurteile als gelegentliche Abweichungen vom Gleichheitskonsens ab, während sie „affirmative action"-Programme als in der Pra-

---

[7] Vgl. Klaus Ferdinand Gärditz, Wehrhafte Hochschulen und Wissenschaftsfreiheit vom 23. Oktober 2022, unter: https://verfassungsblog.de/wehrhafte-hochschulen-und-wissenschaftsfreiheit/ (8. November 2022).

xis rassistisch anprangert. Dabei stellt Ackermann diese Programme fälschlicherweise so dar, als seien sie das Ergebnis der „Social Justice"-Bewegung und nicht gerade der von ihr ansonsten zelebrierten Bürgerrechtsbewegung der 1960er Jahre.

Dass die linksdogmatische „Social Justice"-Bewegung auch in Deutschland angekommen sei, versucht Ackermann anhand mehrerer Einzelfälle, vornehmlich von Vortragsausladungen, nachzuweisen. Sie betont dabei die schwache Haltung der jeweiligen Universitätsleitungen, welche die protestierende Studentenschaft gelegentlich sogar unterstützten. Leider bespricht Ackermann diese Fälle nur kursorisch, wobei die angestrebte Beweisführung gelegentlich schiefgeht. Vortragsausladungen sind mit einem „Berufsverbot" im eigentlichen Sinne nicht gleichzusetzen, wie Ackermann nahezulegen scheint. Der von ihr zitierte, weithin bekannte Fall des Politikwissenschaftlers Herfried Münkler, dessen Vorlesungen an der Humboldt-Universität zu Berlin 2015 von trotzkistischen Studenten im Netz als „imperialistisch" denunziert wurden, eignet sich nicht für ihre Thesenbildung, denn gerade Münkler wurde eben nicht „gecancelt", sondern verstand es bestens, sich in der Öffentlichkeit zur Wehr zu setzen. Als Beleg für eine Beeinflussung der Forschung zitiert Ackermann einen Passus aus den Richtlinien der DFG zur Antragsstellung, der vermeintlich eine „Reflexion von Geschlecht und Vielfältigkeit" (S. 54) verlange. Bei genauer Lektüre stellt der Text keine verpflichtende Regel auf, sondern wird explizit als eine Kannbestimmung für Anträge mit geeigneter Themenstellung formuliert. Dass Hochschullehrer in den USA entlassen werden, weil sie sich zum universitären Leitbild DEI (Diversity, Equity, Inclusion) nicht bekennen wollen, belegt Ackermann ebenso wenig wie die Behauptung, „Wer den Dogmen der Critical Race Theory nicht folgt, riskiert seinen Job" (S. 68). Den konservativen Historiker Niall Ferguson zitiert sie als Beleg der Behauptung, man fühle sich durch das radikale Verhalten der Studentenschaft an die Kulturrevolution in China erinnert, ohne den eklatanten Machtunterschied zwischen den Studenten einerseits und der kommunistischen Diktatur andererseits in Erwägung zu ziehen.

Immer wieder zeigt es sich, wie für Ackermann Generationen alte Klischeebilder als Versatzstücke der polemischen Argumentation herhalten. Beispielsweise verrät ihre Behandlung der Aufklärung eine erstaunliche Ignoranz der inzwischen recht umfangreichen Literatur darüber, dass und wie Emotionales zu jener Zeit eine wichtige Rolle spielte.[8] Statt sich mit dem neuen Forschungsstand auseinanderzusetzen, zieht Ackermann es vor, das vertraute Klischeebild eines „Zeitalters der Vernunft" zu zelebrieren, damit sie dessen Demontage in der Gegenwart als „Abschied von Universalismus" (S. 76) effektiver untermauern kann. Dass im Text der Erklärung der Rechte des Menschen und des Bürgers von 1789 vom Frauenwahlrecht keine Rede ist, bleibt hier genauso unerwähnt wie die Tatsache, dass die von ihr (bezüglich der Wertehaltung wohl zu Recht) hochgelobte Allgemeine Erklärung der Menschen-

---

8 Vgl. statt vieler Anne Fleig, Entstehung und Konzeption der Gefühle in Aufklärung und Empfindsamkeit, in: Hermann Kappelhoff u. a. (Hrsg.), Emotionen. Ein interdisziplinäres Handbuch, Stuttgart 2019, S. 33–40.

rechte von 1948 weder Verfassungsrang noch Gesetzeskraft besitzt. Die Gegenschrift zur Erklärung von 1789 von Olympe de Gouges, *Erklärung über die Rechte der Frau und Bürgerin* von 1791, erwähnt Ackermann schon, aber erst im Kapitel über den Feminismus.

Im abschließenden Kapitel darüber, was gegen den von ihr konstatierten Angriff auf den Universalismus der Aufklärung zu tun sein sollte, kann Ackermann lediglich auf Möglichkeiten der Gegenrede wie die Webseite „Netzwerk Wissenschaftsfreiheit" hinweisen und dafür plädieren, Anhänger einer liberalen Debattenkultur mögen sich dort stärker engagieren. Dass dieses Engagement tatsächlich geschieht, ist bekannt, aber Zweifel darüber, dass Gegenrede allein eine derart von sich selbst überzeugte Bewegung, wie die von Ackermann beklagte, besiegen kann, sind angebracht.

An einer Stelle liegt Ackermann richtig, und zwar im Kapitel 10, wo sie den Strukturwandel der Universitäten unter dem Titel „Was falsch läuft" (S. 135) behandelt. Dort ist von einer Verringerung der Eigenmittel der Lehrstühle und einem verstärkten Druck in Richtung zur Drittmitteleinwerbung, der Bildung von thematisch orientierten Forschungsgruppen zu Lasten der Einzelforschung und einem „Mainstreaming" der Themenwahl und der Publikationsformate sowie von einer Bürokratisierung der Lehre infolge des Bologna-Prozesses die Rede. Gerade auf dem Mittelbau, der mittlerweile 80 Prozent des Personals ausmache, laste dieser Druck wegen der überwiegend befristeten Verträge besonders stark. Ackermann zitiert sogar eine vom Deutschen Hochschulverband beauftragte Erhebung dahingehend, dass „die meisten Hochschullehrer" in solchen Problemen „noch größere Forschungshindernisse als etwa in der Atmosphäre der Intoleranz" (S. 140) sehen. Was diese plausible Diagnose mit der restlichen Argumentation des Buches zu tun hat, bleibt jedoch ungeklärt.

5. Schluss

Aus den hier besprochenen Werken geht vor allem eines hervor: Die Termini „Cancel Culture" und „Wokism" sind keine Selbst-, sondern denunziatorische Fremdzuschreibungen. Die Gemeinten reden zwar schon mal von „canceln" und nennen sich und andere „woke", aber sie bezeichnen sich nicht als Anhänger einer Doktrin namens „Cancel Culture" oder „Wokism". Damit mag die politische Funktion dieser Termini klar genug umrissen sein.

In den Büchern kommen die Natur-, Medizin- oder Technikwissenschaften selten vor. Dass es versuchte Diskurskontrollen auch gegen diese Disziplinen gibt, zeigt unter anderem die Debatte um „Sex und Gender", die im Sommer 2022 infolge des Protestes gegen den angekündigten Vortrag einer Doktorandin der Biologie im Rahmen der „Langen Nacht der Wissenschaften" an der Humboldt-Universität zu Berlin aufflammte. Dort ging es sogar zum Teil um eine Politisierung der beiden Wissenschaftstypen Natur- versus Kulturwissenschaft im Kampf um die Deutungshoheit.[9] Vielleicht ist es trotzdem nicht zufällig, dass die Interventionen von Studenten und ihren aktivistischen Alliierten außerhalb der Hochschulen, die als Beispiele von „Cancel Culture" in den Medien berichtet werden, überwiegend von Akteuren aus den Sozial- und Kulturwissenschaften zu kommen scheinen. Die Suche nach der eigenen Identität mag in der späten Adoleszenz ohnehin vollkommen normal sein, aber gerade in diesen Disziplinen ist Identität zum zentralen Fachinhalt geworden, also mag dort eine Verschränkung des Persönlichen mit dem Politischen besonders nahe liegen.

Die Kontroverse hat auf beiden Kontinenten neben dem generationellen auch einen sozialen Hintergrund in der verstärkten Diversifizierung der sozialen Herkunft der Studentenschaft. Gerade an dieser Stelle macht sich jedoch ein bedeutender Unterschied bemerkbar. In den USA ist das Primat der Kategorie „Rasse" aufgrund ihrer zentralen Bedeutung für die Geschichte des Landes insgesamt eindeutig gegeben, auch wenn Geschlechter-, Sexualitäts- und Diversitätsfragen sich dort ebenfalls behaupten. Im deutschsprachigen Raum scheinen die Kämpfe von der inhaltlichen Ausrichtung her weniger deutlich gegliedert zu sein. Politisch betrachtet ist die Auseinandersetzung auf den jeweiligen Seiten des Atlantiks anders gelagert. In den USA beherrschen Radikalkonservative die öffentliche Debatte, die sich gegen eine vermeintliche Meinungsherrschaft „der Linken" bzw. der von diesen – angeblich – getragenen „Wokeness" zum Angriff wenden[10], während diejenigen, die sich bislang als Vertreter eines Konsenses der liberalen Mitte wähnten, sich von beiden Seiten angegriffen sehen oder gar auf die Seite der Konservativen begeben haben.

Was da vielleicht nicht überall, aber an mehreren Universitäten und Colleges in den USA tatsächlich in Frage gestellt wird, ist das Ideal der Hochschule als Freiraum, in dem junge Menschen ihre Überzeugungen anhand der Lektüre bedeutender Texte und der offenen Diskussion im Unterricht zur Debatte zu stellen lernen, um sich dann autonom zu entscheiden, wohin ihre jeweils eigene Identitätssuche geht. Im deutschsprachigen Raum belegen hingegen bis auf die wenigen namentlich ausfindig gemachten AfD-Anhänger eher konservative Ordinarien und ihre Anhänger diesen Pol des Meinungsspektrums. Doch selbst in Deutschland scheint der liberale Grundkonsens, falls er jemals bestanden hat, vor einer großen Herausforderung zu stehen. Was in allen der hier besprochenen Bücher fehlt, ist eine Analyse der Machtverhältnisse an den Hochschulen, ohne die eine politische Einordnung des Phänomens „Cancel Culture", die den Namen verdient, kaum möglich sein kann.

Zum Abschluss dieser Besprechung sei noch einmal an die obigen Bemerkungen über die beiden Grundrechte der Rede- und Meinungs- und der Wissenschaftsfreiheit erinnert. Folgen wir der Analyse von Daub, handelt es sich bei alldem, was hier besprochen wurde, um Debatten, die unter der Rubrik der Meinungsfreiheit zu

---

9 Vgl. hierzu Mitchell G. Ash, Welche Art Freiheit gebührt der Wissenschaft, und welche tut ihr gut? Thesen zur Diskurskontrolle an deutschen Universitäten, in: Forschung 15 (2022), S. 94–100 und die dort zitierte Literatur.
10 Vgl. hierzu neuerdings Susan Neiman, Links ist nicht Woke, Berlin 2023.

behandeln sind. Die Wissenschaftsfreiheit, auch die der Lehre, scheint in Wirklichkeit nicht so existenziell bedroht zu sein, wie von Pfister, Ackermann und anderen anhand von erregenden Anekdoten behauptet oder in den Medien suggeriert wird. Fest steht jedoch, dass die institutionellen Strukturen der akademischen Diskussion sich grundlegend gewandelt haben. Infolge des explosionsartigen Gebrauchs des World Wide Web für die Wissenschaftskommunikation sowie des unleugbaren Sittenwandels in den sogenannten „sozialen", eigentlich eher asozial gewordenen Medien scheint die Abgrenzung eines mit eigenen Freiheiten ausgestatteten akademischen Raums, wo Lehrer und Studentenschaft miteinander offen reden, nur mehr ein nostalgischer Traum geworden oder den „safe spaces" der identitätssuchenden Minderheiten gewichen zu sein.

Es sei denn, die Hochschulleitungen würden weitaus entschiedener für die Freiheit der akademischen Rede eintreten. Beispiele einer solchen klaren Haltung in den USA (an der University of Chicago) wie in Deutschland (durch den Präsidenten der Leibniz-Universität Hannover) gibt es, aber allzu häufig nehmen Hochschulleitungen unklare Positionen gegenüber dem Druck radikalisierter Studenten ein. Die Gründe dafür verdienen eine eigene Analyse. Die erstrebenswerten Ideale eines freien akademischen Austauschs in respektvoller Atmosphäre klar zu formulieren und zu begründen sowie Anleitungen dazu zu geben, so dass auch Studienanfänger sie verstehen und für sich annehmen, wäre wünschenswert. Doch aus den Kontroversen der vergangenen Jahre um „Cancel Culture" erwächst trotz der hitzigen Debatte um sie keine grundlegende Bedrohung der Demokratie.

Potenziell weitaus bedrohlicher für die Wissenschaftsfreiheit im eigentlichen Sinne scheint aber der oben erwähnte Strukturwandel der Universitäten zu sein. Befunde einer Interdisziplinären Arbeitsgruppe der Berlin-Brandenburgischen Akademie der Wissenschaften deuten darauf hin, dass die Forderung nach einer „Strategiefähigkeit" der Hochschulen, die Reduzierung der Grundforschungsmittel an den Lehrstühlen, der dadurch entstandene, zunehmende Druck auf Drittmitteleinwerbung und die strukturelle Prekarisierung der wissenschaftlichen Arbeit unterhalb der Professorenebene zu einer Einschränkung der Wissenschaftsfreiheit im Sinne einer möglichst nicht gesteuerten Wahl der Forschungsthemen und -methoden führen können.[11] Diese tiefgreifende Strukturwandlung hat in den Medien bisher weit weniger Aufmerksamkeit erhalten als die vielfach berichteten Ausladungen von Rednern oder die Störungen im Hörsaal und im Seminarraum. Die Frage danach, ob und inwiefern dieser Strukturwandel der Universitäten als Thema für die Demokratie- und Extremismusforschung aufzugreifen sein mag, bleibt noch offen.

---

11 Vgl. hierzu Ash (FN 2) sowie Otto Hüther/Uwe Schimank, Debatten zur Wissenschaftsfreiheit in Deutschland – aktuelle Themen und Positionen und deren historische Einordnung, Wissenschaftspolitik im Dialog 23, Berlin 2022.

Sammelrezension:

Terrorismus in Vergangenheit und Gegenwart

Von Tobias Wunschik

Jannis Jost/Joachim Krause (Hrsg.), Jahrbuch Terrorismus 2019–2021, Opladen 2022 (Barbara Budrich), 423 S.
Liane Rothenberger/Joachim Krause/Jannis Jost/Kira Frankenthal (Hrsg.), Terrorismusforschung. Interdisziplinäres Handbuch für Wissenschaft und Praxis, Baden-Baden 2022 (Nomos), 862 S.
Jan-Hinrick Pesch, Linksterrorismus zwischen Konkurrenz und Basissolidarität. Entwicklung und Bedingungsfaktoren der Beziehungen zwischen „Roter Armee Fraktion", „Tupamaros Westberlin" / „Bewegung 2. Juni" und „Revolutionären Zellen", Baden-Baden 2022 (Nomos), 1270 S.
Tobias Hof, Die Geschichte des Terrorismus. Von der Antike bis zur Gegenwart, München 2022 (UTB), 320 S.
Kai-Daniel Weil, Terrorismus(-strafrecht). Eine vergleichende Analyse des Phänomens und seiner (straf-)rechtlichen Erfassung, Baden-Baden 2022 (Nomos), 604 S.
Jana Kärgel, Terrorismus im 21. Jahrhundert. Perspektiven. Kontroversen. Blinde Flecken, Bonn 2022 (Bundeszentrale für Politische Bildung), 488 S.

Extreme Formen menschlichen Handelns, wie die politisch motivierte Gewaltanwendung von Terroristen, verlangen ganz besonders nach einer Erklärung. So wurde der bundesdeutsche Linksterrorismus bald nach seiner Entstehung wissenschaftlich intensiv untersucht, insbesondere in der ersten Hälfte der 1980er Jahre mit der vom Bundesinnenministerium herausgegebenen Buchreihe *Analysen zum Terrorismus*. Fragte die Forschung seinerzeit vor allem nach den Ursachen des „Terrors im Schlaraffenland" der Bundesrepublik, ging sie anschließend immer mehr in die Breite. So wurden nach und nach Themenfelder analysiert wie die staatlichen Gegenmaßnahmen, die Opfer der Gewalt oder die Gender-Dimension. Dass dann zunehmend auch die Perzeptionsgeschichte erforscht wurde, signalisierte, wie so oft, das Anbrechen der Spätphase der wissenschaftlichen Betrachtung eines historischen Phänomens. Von einem Stillstand der Forschung kann gleichwohl bis heute nicht die Rede sein, schon deshalb nicht, weil mit wachsendem zeitlichem und ideologischem Abstand weitere Beteiligte ihre Autobiographien veröffentlichen und sich so die Quellenbasis merklich erweitert. Zudem eröffnen vorwiegend junge Autoren neue theoretische Zugänge, wie etwa Jan-Hinrick Pesch mit seiner Arbeit über die Kontakte linksterroristischer Gruppen in der Bundesrepublik.

Und doch steht seit 2001 der islamistische Terror ganz im Fokus des Forschungsinteresses. Denn dieser tritt noch stärker global in Erscheinung, kostet wesentlich mehr Menschen das Leben, versteht es geschickt, die Sozialen Medien für sich zu nutzen, und konnte (mit dem Siegeszug des Islamischen Staates/IS) zeitweilig sogar ganze Landstriche erobern. Fraglich ist nur, ob die so losgetretene Welle an wissenschaftlicher Literatur auch einen entsprechenden Erkenntnisgewinn brachte, gemessen an den eingesetzten Mitteln und der bereits vergangenen Zeit seit dem 11. September 2001. Denn in der Terrorismusforschung werden bis heute überwiegend solche Bücher zitiert, die vor der Jahrhundertwende erschienen sind (Liane Rothenberger im Handbuch Terrorismusforschung, S. 757). Dies lässt sich als Qualitätsnachweis der Standardwerke, ebenso als Armutszeugnis für die methodische Innovationsfähigkeit der Terrorismusforschung insgesamt interpretieren. Vielleicht liegt der unbefriedigende Kenntnisgewinn aber auch nur darin begründet, dass die Verfolgungsbehörden und Geheimdienste im Feld des islamistischen Terrors ihre Archive keinen Spalt breit geöffnet haben, anders als es in der Bundesrepublik für die *Analysen zum Terrorismus* bereits wenige Jahre nach dem „Höhepunkt" der (linksterroristischen) Gewalt im Jahre 1977 möglich war. Selbst Autobiographien von „Aussteigern" sucht man bislang fast vergebens.

Eine respektable Größe in der neueren Terrorismusforschung ist auf jeden Fall seit dem Jahr 2006 das *Jahrbuch Terrorismus* des Instituts für Sicherheitspolitik der Universität Kiel. Joachim Krause, Direktor des Hauses, und Jannis Jost, Leiter der dortigen Abteilung Terrorismus- und Radikalisierungsforschung, haben nun das Jahrbuch herausgegeben, das den Zeitraum 2019 bis 2021 abdeckt. Wegen einer redaktionell bedingten Verzögerung der Drucklegung werden jetzt Ereignisse und Entwicklungen im Bereich des weltweiten Terrorismus aus drei (statt wie sonst aus ein oder zwei) Jahren rekapituliert. Dadurch haben die teils 2018 verfassten Beiträge zwar schuldlos etwas Patina angesetzt, aber etwa die Zahlenreihen zu Anschlägen und Opfern lassen sich durch die längere Perspektive sogar komfortabler vergleichen. Vielleicht wäre die Bedrohungslage weltweit noch besser einzuschätzen, wenn die länderspezifischen Opferzahlen in Relation zur Einwohnerzahl gesetzt würden. Kira Frankenthal, Olha Husieva und Moritz Jänicke waren jedenfalls bemüht, für das Jahrbuch alle Fälle politisch motivierter Gewalt weltweit zu ermitteln. Ihre sorgfältige Erhebung kontrastiert mit den höheren, doch analytisch diffuseren Zahlen der Global Terrorism Database (GTB) der Universität Maryland. Weiter hinten im Jahrbuch greift Christian Hermann allerdings wieder auf die Zahlen der GTD zurück, statt auf die seiner Kollegen, wenn er die Frage des Zerfalls terroristischer Gruppen untersucht. Dabei analysiert er auch, warum Einzeltäter der Gewalt abschwören. Doch greifen hier teils andere Mechanismen als in Gruppen – und die Abgrenzung zu Amokläufern fällt dann auch sichtlich schwer.

Abgesehen von dem „Überblick" und dem klar definierten Regionalteil des Jahrbuchs ist die Anordnung der anderen Fachbeiträge in den Rubriken „Allgemeine Trends und Probleme", „Politikfragen" und „theoretisch-methodische Diskussion" zwar nicht immer zwingend. Doch den einzelnen Beiträgen nimmt dies nichts von ihrer Qualität: Recht instruktiv ist etwa der Beitrag von Norman Sievert über apokalyptische Szenarien als Bestandteil rechtsextremer Geisteshaltungen. Hier sieht er auch Parallelen zum Linksextremismus. Vielleicht hätte sich ein Vergleich mit islamistischen Fanatikern noch mehr aufgedrängt. Die terroristische Bedrohung ins „rechte" Maß rückt auch der Beitrag von Martin Eickhoff über die medizinische Versorgung von Terroropfern, indem er die absoluten Zahlen von Toten im Straßenverkehr nennt, es aber dem Leser überlässt, darüber zu befinden, ob dieser Vergleich nicht vielleicht „hinkt". Die Zahl der in Verbandskästen nach DIN-Norm vorgeschriebenen Heftpflaster darzulegen, mag für den Katastrophenschutz nützlich sein, politikwissenschaftlich oder zeitgeschichtlich sind diese Größen weniger relevant.

Der Beitrag von Harald Bergsdorf über die RAF-Propaganda fördert wenig Neues zu Tage. Für die Einschätzung seiner Wirkmächtigkeit wäre auch stärker das Publikum zu untersuchen, also zwischen der alarmierten Allgemeinheit und dem Zulauf aus der wohlmeinenden Sympathisantenszene zu unterscheiden. Der Autor verweist auf die berühmte Allensbach-Umfrage, der zufolge fünf Prozent der Bundesbürger einem gesuchten RAF-Angehörigen Unterschlupf gewähren würden. Gerade Wolfgang Kraushaar hat aber verschiedentlich darauf hingewiesen, dass die Umfrage lediglich eine Momentaufnahme in der Frühphase der politisch motivierten Gewalt abbildet und die Fragestellung eher auf spontane Hilfsbereitschaft als auf ideologische Übereinstimmung zielte. Bergsdorf diagnostiziert so ein Nachlassen der Sympathien über die Jahre, insgesamt schätzt er die ablehnende Haltung der Bundesbürger wohl ganz richtig ein. Der vielleicht wichtigste Einzelbeitrag stammt von Linda Schlegel, die die – bislang stiefmütterlich behandelte – Resilienz der Gesamtgesellschaft gegen Extremismus und Terrorismus untersucht und nachlassende Bindekräfte diagnostiziert. Als Gegenmittel empfiehlt sie die stärkere Ausbildung einer (dann allerdings unscharfen) gesamtgesellschaftlichen Identität.

Das besagte Kieler Institut hat auch das voluminöse *Handbuch Terrorismusforschung* mit herausgegeben. In dem überzeugend gegliederten, interdisziplinären Werk nähern sich fast 100 Autoren aus den Feldern der Psychologie, Politikwissenschaft, Ethnologie, Neurologie und Kommunikationswissenschaft verschiedenen Forschungsfragen. Unter den Verfassern befinden sich Koryphäen der Terrorismusforschung wie Alex P. Schmid, aber auch viele junge Forscher am Beginn ihrer Karriere. Zumeist stammen die Autoren aus dem deutschen Sprachraum, schreiben jedoch über den Terrorismus weltweit und ergänzen die enorm gewachsene Zahl englischsprachiger Handbücher zum Terrorismus nun erstmals um einen deutschsprachigen Band. Die Herausgeber rechtfertigen dies mit dessen besserer Zugänglichkeit für ein breites Publikum – das fast 900 Seiten starke Werk werden vermutlich doch eher akademisch interessierte Leser zur Hand nehmen, die oft auch des Englischen mächtig wären. Bedingt verkaufsförderlich ist der Titel des Bandes, der mit der Forschung über den Terrorismus ganz auf den akademischen Diskurs zielt. Methodische Fragen werden „nur" auf etwa 100 Seiten untersucht, die inhaltlichen Fachbeiträge überwiegen bei weitem. Streng genommen handelt es sich also mehr um ein (deutschsprachiges) Handbuch zum Terrorismus sowie zur Terrorismusbekämpfung als zu dessen wissenschaftlicher Erforschung.

Hilfreich für interessierte Leser wird sein, dass jeder Beitrag nicht nur die verwendete Literatur angibt, sondern eine Auswahl davon kurz kommentiert und zur

Lektüre empfiehlt. Dem Konzept eines Handbuchs entsprechend folgen alle Autorenbeiträge einer ähnlichen Struktur, stellen eine Zusammenfassung an den Anfang und benennen die relevanten Schlüsselbegriffe. Allerdings wurden letzte nicht sämtlich in das Stichwortverzeichnis am Ende des Bandes aufgenommen (z. B. „Glaubenssystem", S. 169). Dort sucht man auch andere Stichworte vergeblich, die mit dem (deutschen) Terrorismus im Allgemeinen in Verbindung gebracht werden, wie etwa „Öffentlichkeit", „Sympathisanten" oder „Bewegung 2. Juni". Dabei wird beispielsweise das Stichwort „Öffentlichkeit" in dem interessanten Beitrag von Katharina Obens über individuelle und kollektive Terrorismusangst sehr wohl behandelt, aber „nur" mit den Begriffen „Terrorismusangst" und „Schrecken" verschlagwortet.

Wie ein Handbuch verspricht, werden die historischen Wurzeln und die enorme Spannbreite des Phänomens umfassend und präzise erörtert. Dabei steht, teils unausgesprochen, der aktuelle, weltweite, oft islamistische Terrorismus Pate. Gemessen an der Dichte der Darstellung und den unterschiedlichen Perspektiven kommt es jedoch zu erstaunlich wenigen Überschneidungen der insgesamt 70 Einzelbeiträge. So behandelt Gisela Diewald-Kerkmann historisch und systematisch die Beteiligung von Frauen in deutschen Terrorgruppen, während ein ganzes Autorenteam amerikanischer Neurowissenschaftler etwaige gehirnphysiologische Dispositionen von Frauen für terroristische Gewalt untersucht. Angesichts des Fokus des Bandes nicht zuletzt auf dem islamistischen Terrorismus überrascht, dass es keinen Beitrag zur Rolle von Frauen im „Heiligen Krieg" gibt. Dagegen enthält das gleichzeitig erschienene oben genannte Jahrbuch der teilweise identischen Herausgeber sehr wohl einen instruktiven Beitrag von Britt Ziolkowski über die „Schwarzen Witwen" und Veränderungen in der Rollenzuweisung für Frauen im Islamischen Staat.

Dafür werden solche Perspektiven aufgegriffen, die bislang wenig Beachtung in der Forschung fanden – wie etwa (in insgesamt vier Beiträgen) die Gegenmaßnahmen in den verschiedenen Phasen möglicher Prävention gegen eine terroristische Bedrohung. Aber auch viele andere Autoren formulieren explizit oder implizit Handlungsanleitungen, die Praktiker der Terrorismusbekämpfung nützen könnten. Zuvor wenig untersucht wurde etwa die Radikalisierung unter dem Einfluss von Musik (durch Maximilian Kreter und Alexandra Dick), die politisch motivierte Gewalt von Einzeltätern (Armin Pfahl-Traughber), der Schutz kritischer Infrastruktur vor Anschlägen (durch Frank Fiedrich und Tim Lukas) und die Auswirkungen des Terrorismus auf die Wirtschaft (Friedrich Schneider) und auf Sportveranstaltungen (Yannick Birlinger und Ricardo Martin Zimic Zare). So ist den Herausgebern hoch anzurechnen, dass sie ein derart komplexes Themenfeld multiperspektivisch überzeugend vermessen.

Ungleich stärker in die Tiefe als in die Breite geht Jan-Hinrick Pesch mit seiner Chemnitzer Dissertation über die drei wichtigsten linksterroristischen Gruppen in der Bundesrepublik, die *Rote Armee Fraktion* (RAF), die *Bewegung 2. Juni* und die *Revolutionären Zellen* (RZ). Ausführlich zeichnet er deren Entwicklungsgeschichte nach – er interessiert sich aber insbesondere für die Interaktion zwischen den Gruppierungen. Hervorzuheben sind die rund hundert Seiten an Vorüberlegungen und

Theorie, in deren Lichte er seine Untersuchungen konsequent vorantreibt. Dies spiegelt sich in einer sehr systematischen Gliederung, die bei allen drei Gruppierungen die Phasen der Entstehung, der Aktion und des Niedergangs unterscheidet. Auch Beispiele aus dem Feld des deutschen Rechtsterrorismus oder dem Nordirlandkonflikt zieht Pesch gelegentlich heran, wenn sie seine Thesen illustrieren. Bei der Fülle der Details und dem Volumen der Studie können gewisse Redundanzen wohl nicht ausbleiben, etwa was den (nicht umgesetzten) Beschluss eines RAF-„Volksgerichts" zur Hinrichtung des „Verräters" Peter Homann betrifft (S. 244, S. 689).

Asymmetrien im Forschungsstand zu den drei Gruppierungen vermag der Autor durch mühselige Suche nach Quellen teils zu kompensieren. In diesem hoch klandestinen Milieu ist dies besonders schwierig, doch liege „mittlerweile ein annehmbarer Fundus an Primärquellen" (S. 28) vor. Die Literaturlage zum Terrorismus überblickt Pesch insgesamt gut; wissenschaftlich nicht zitierfähige Literatur (wie die von Regine Igel) bibliographiert er zwar, erwähnt sie aber nicht. Außer Acht lässt er auch Wolfgang Kraushaars Buch über Verena Becker und den Verfassungsschutz. Er sinniert nicht über ihre mögliche Beteiligung an der Ermordung von Generalbundesanwalt Siegfried Buback. Dass der Autor das Reich der Spekulationen offenkundig meidet, spricht sehr für ihn. Doch Kritik am Verfassungsschutz unterbleibt selbst dort, wo sie offenkundig berechtigt wäre, insbesondere beim Umgang mit dem V-Mann Ulrich Schmücker, der dann von Unterstützern der *Bewegung 2. Juni* ermordet wurde. Das Heranschleusen des V-Mannes Klaus Steinmetz an die RAF und den Polizeieinsatz in Bad Kleinen 1993 schildert Pesch zutreffend; die hier spannende Eigendynamik von Terrorismus, Politik und Öffentlichkeit zu erörtern, hätte wohl vom Thema weggeführt.

Bezugnehmend auf die vier einschlägigen Autoren Christopher Daase, Assaf Moghadam, Ely Karmon und Tricia Bacon identifiziert Pesch deren unterschiedlich komplexe Modelle zur Erklärung der „interdependenten Relationen" zwischen Terrorgruppen, die er als die „abhängige Variable" (S. 79) seiner Untersuchung begreift. Er wägt diese Modelle bereits auf theoretischer Ebene kritisch gegeneinander ab. Doch Assaf Moghadam etwa hat sein Modell am Beispiel der mehrere tausend Mann starken islamistischen Terrorgruppen entwickelt, wohingegen im bundesdeutschen Linksterrorismus oft nur eine Handvoll Mitglieder eine Gruppierung bildete. Unterschiedliche Dimensionen der Kooperation wie „Vielfalt gemeinsamer Aktivitäten" (S. 91) sind hier weit schwerer einzuschätzen. An vielen Stellen deutet der Autor aber an, dass er sich der Gefahr durchaus bewusst ist, die Bedeutung der Interaktion zu überschätzen. Auch unterlässt er nicht die Quellenkritik, die angesichts des auf „Aussteigern" lastenden Rechtfertigungsdrucks dringend geboten erscheint.

Die Beziehungen zwischen den drei Gruppen untersucht Pesch hauptsächlich hinsichtlich ihrer Organisation und Strategie als Grundvoraussetzungen ihrer Existenz. Konkret stellt er fest, dass die unterschiedliche Ideologie von RAF, *Bewegung 2. Juni* und RZ keinen nennenswerten Einfluss auf die Kontakte hatte. Hingegen waren die unterschiedlichen Strategien und Organisationsformen von entscheidender Bedeutung. In der RAF etablierte sich eine Führungsclique, deren Zugehörigkeit sich nach Erfahrung, persönlichen Fähigkeiten und Auftreten bestimmte. Während sich in dieser Gruppe fast Kommandostrukturen etablierten, zeichneten sich die RZ durch flachere Hierarchien und ein noch höheres Aktionsniveau aus. Die *Bewegung 2. Juni* ist zwischen diesen beiden Extremen zu verorten. Sie professionalisierte die Aufnahme neuer Mitglieder im Laufe der Jahre erheblich, indem sie die charakterlichen Anforderungen verschärfte. Hingegen teilten sich die abgetauchten Mitglieder einen gemeinsamen Pool von Herrschaftswissen und begrenzten ihre Verletzlichkeit durch Verrat nicht durch ein Zellensystem, wie sonst (etwa unter illegalen Parteien) üblich. Aus weltanschaulichen Gründen sollten alle Mitglieder des illegalen Kollektivs auch alle anfallenden Tätigkeiten verrichten können, wenngleich sich aus praktischen Gründen immer wieder Spezialistentum herausbildete.

Entscheidend sind für Jan-Hinrick Pesch die direkten Kontakte zwischen den drei Gruppen, während er weiteren Außenkontakten (etwa zum Staatssicherheitsdienst der DDR) wenig Bedeutung beimisst. Doch neben der RAF genoss auch der „internationale Arm" der RZ in Ostberlin verfolgungsfreien Aufenthalt, dies ist eine wesentliche Voraussetzung seiner Existenz gewesen. Ebenso ersuchte eine mögliche Neugründung der *Bewegung 2. Juni* in Ostberlin um Unterstützung. Zudem hätten sich ohne die Hilfe der Palästinenser in der Startphase vermutlich weder RAF noch *Tupamaros* etablieren können. In der Darstellung der Entwicklungsgeschichte der drei Gruppierungen räumt der Autor dem Nahen Osten als Trainingscenter und Kontaktbörse zwar den gebührenden Raum ein, aber diese Verbindungen werden nicht in das Theoriemodell integriert. Seinem Ansatz entsprechend müssen auch andere Einflussfaktoren auf die Existenz der Gruppe unberücksichtigt bleiben, wie die staatliche Terrorismusbekämpfung oder die öffentliche Meinung; hier besteht weiterhin Forschungsbedarf.

Erhellend sind die Ausführungen von Pesch zu den Umständen eines Ausstiegs aus einer der Terrorgruppen. So hätten die RZ Umkehrwilligen den geringsten Widerstand entgegengesetzt und nie öffentlich drastische Gegenmaßnahmen gefordert. Bei der RAF seien die Chancen des einzelnen Gruppenmitglieds zum Ausstieg aus der Gruppe geringer gewesen als etwa bei den *Tupamaros*, doch erwähnt Pesch an dieser Stelle nicht die Ermordung Ulrich Schmückers durch die unmittelbare Nachfolgeorganisation der *Tupamaros*, die *Bewegung 2. Juni*. Dies wird zwar 250 Seiten weiter vorne zutreffend geschildert, könnte dem ein oder anderen Leser bis dahin aber wieder in Vergessenheit geraten sein. Ein Personenregister hätte der voluminösen, detailreichen Studie daher gut zu Gesicht gestanden.

Der Experte für den deutschen und italienischen Linksterrorismus Tobias Hof hat demgegenüber ein Lehrbuch über den Terrorismus geschrieben, das Wissen stark komprimiert, mit kürzeren Quellentexten veranschaulicht und an Fußnoten naturgemäß spart. Seine gut lesbare Überblicksdarstellung reicht von der Antike bis zur Gegenwart und von St. Petersburg bis Montevideo. Der Schwerpunkt liegt dabei auf den historischen Wurzeln: Nicht einmal die Hälfte des Buches befasst sich mit dem modernen Terrorismus, der mit den Flugzeugentführungen durch Palästinenser im Jahre 1968 begann. Statt historisch gar so weit auszuholen, wäre es vielleicht doch

Sammelrezension

erhellender gewesen, Aspekte wie Gender und Cyber-Terrorismus zu behandeln, die Hof eigens ausklammert.

Zugrunde liegen seiner Darstellung genaue Überlegungen, welche Phänomene seit wann zum Terrorismus zu rechnen sind. Hof benennt als Eingangsvoraussetzungen u. a. die politische Motivation der Täter, die Anwendung oder Androhung von Gewalt und das Schielen auf die Öffentlichkeit. Der Vorwurf, der Begriff werde von Politik und Medien nicht trennscharf, sondern stigmatisierend verwendet, trifft sicherlich zu – und läuft zugleich etwas in die Irre, denn eine wertfreie und wirklich operationalisierbare Definition hat auch die Wissenschaft bislang nicht bereitgestellt. Hofs Abgrenzung von Terroristen und Freiheitskämpfern überzeugt jedenfalls nicht: Letztgenannte kämen mehr „in der nationalistischen Geschichtsschreibung" (S. 22) vor, was schon hinsichtlich des Widerstandes gegen den Nationalsozialismus nicht richtig greift. Die Ambivalenz der Begrifflichkeit spiegelt sich dann bei der Charakterisierung der PLO als einer „Befreiungsbewegung, deren Mitglieder terroristische Aktionen begingen" (S. 162). Dass Anschläge von rechts seltener als andere „terroristisch" (S. 16) genannt würden, wäre ebenfalls noch genauer zu untersuchen.

Während Hof aus gutem Grund den Staatsterrorismus ausklammert, behandelt er sehr wohl die staatliche Terrorismusbekämpfung – sofern sie Wirkung zeigte. Diese Eingrenzung ist widersprüchlich, denn gerade das Scheitern aller Gegenmaßnahmen macht die Genese des Terrorismus aus und lässt diesen erst zur Hydra werden. Allerdings vermag Hof diese Eingrenzung später gar nicht durchzuhalten. Seine insgesamt empathische Herangehensweise bleibt an einigen Stellen zu blass, um die Motivation der Täter wirklich zu verstehen – etwa wenn bei den (teils durch die Palästinenser mitverschuldeten) Massakern der jordanischen Armee in palästinensischen Lagern im „Schwarzen September" 1970 kein einziges Todesopfer Erwähnung findet. Diese Gräueltaten zu rächen, war jedoch ein wichtiger Antrieb für die heranwachsende Generation palästinensischer wie deutscher Terroristen. Auch die Einschätzung, dass Wolfgang Grams in Bad Kleinen durch „Beamte der GSG 9 erschossen" (S. 182) wurde, widerspricht allen Erkenntnissen der Behörden sowie der Beschlusslage der Gerichte. Im Allgemeinen referiert Hof jedoch zutreffend den letzten Forschungsstand, etwa zu Tatbeteiligungen der Terroristen oder Geheimverhandlungen westlicher Regierungen.

Die strafrechtliche Terrorismusbekämpfung weit intensiver behandeln kann Kai-Daniel Weil in seiner juristischen Dissertation, die für eine Qualifikationsarbeit bemerkenswert anschaulich formuliert ist. Bereits in die Erörterung der Definitionsfrage fließen viele juristische Sachverhalte ein und auch bei der langen Darstellung der Geschichte und der Ursachen terroristischer Gewalt zitiert Kai-Daniel Weil eher die juristische als die einschlägige politik- und geschichtswissenschaftliche Literatur. Im Hauptteil der Arbeit untersucht er dann die Vorverlagerung der Strafbarkeit terroristischer Taten als Antwort auf den Linksterrorismus in den 1970er Jahren – und attestiert eine ähnliche Reaktion auf den islamistischen Terror ab dem Jahre 2001. Der Gesetzgeber habe zwischenzeitlich die Lücke für Einzeltäter im Strafrecht

– allerdings in überzogenem Maße – geschlossen und die polizeiliche Figur des „Gefährders" geschaffen.

Allerdings fehle es den verschiedenen Straftatbeständen im Bereich terroristischer Gewalt an Kohärenz und Systematik, was auf die strittige und unpräzise Definition des Terrorismus zurückzuführen sei. Kai-Daniel Weil wünscht sich hier vom Gesetzgeber eine „Klärung der Bedeutung des Phänomens" (S. 326), was vielleicht an den Möglichkeiten der Politik- und Geschichtswissenschaften vorbei geht, und anschließend eine stringentere Fassung des Strafrechts zur Bekämpfung des Terrorismus. Recht plausibel weist er Unzulänglichkeiten sowie überflüssige Regelungen und andere Versäumnisse im Terrorismusstrafrecht nach. „Demzufolge sollte es der Gesetzgeber zukünftig unbedingt unterlassen – dem terroristischen Entwicklungsdrang hintereilend – zwanghaft strafbewehrte Verbotsnormen zu erlassen. Der mit den jeweiligen Reformen zum Ausdruck gebrachte Tatendrang hat sich nämlich großteils als blinder Aktionismus entpuppt, da die verfassungsrechtlichen Grenzen bei der Ausgestaltung des Terrorismusstrafrechts i. e. S. de lege lata vielfach missachtet wurden" (S. 540). Der Autor entwickelt vor diesem Hintergrund sogar eine alternative Formulierung für den Paragraphen 129 StGB. Insgesamt dürfte seine Studie freilich mehr für Rechtsexperten als für Zeithistoriker von Interesse sein.

Abseits dieses juristischen Zugangs stützt sich die Herausgeberin Jana Kärgel in ihrem Bildband über die aktuelle Bedrohung durch den Terrorismus mehr auf die scheinbare Beweiskraft von Bildern. Doch etwa das Foto eines beinamputierten Mannes inmitten von Häuserruinen des syrischen Bürgerkriegs belegt eher den Einsatz von Minen oder Geschossen als die (vielfach bezeugte und in der Sache kaum zu bestreitende) Verwendung von Chemiewaffen, wie die Bildunterschrift nahelegt (S. 317). Der großformatige Band zeigt mithilfe vieler Bilder zwar die enorme Spannbreite politisch motivierter Gewalt „von unten" in Deutschland und der Welt. Aber diese wird nicht nach ihrer politischen Couleur, ihren regionalen Wurzeln oder dem Aktionsraum voneinander unterschieden, sondern der Band gliedert sich hauptsächlich danach, ob die terroristische Gewalt vor oder nach dem 11. September 2001 ausbrach. Zudem verschwimmen in der Darstellung die Grenzen zwischen der Terrorismusbekämpfung des Staates und dem Bürgerkrieg. Diese phänomenologische Betrachtungsweise führt eher zu einem visuellen Potpourri des Schreckens als zu einer systematischen Analyse der Entstehungsbedingungen oder zumindest der Erscheinungsformen terroristischer Gewalt.

Viele Aspekte des Terrorismus werden dafür in Fachbeiträgen renommierter Autoren oder in Bildunterschriften angesprochen, wenngleich sie nicht wirklich als „Forschungskontroversen" erörtert werden, wie der Titel verspricht. Seinen ambitionierten Untertiteln vermag der Band deshalb nur teilweise gerecht zu werden – wie sollte auch gerade ein Bildband „blinde Flecken" darstellen? Im Bildteil wird das Spektrum sogar noch auf die militärische Terrorismusbekämpfung erweitert: Die Kriege im Irak, Syrien und Afghanistan liefern zwar eindrucksvolle, kuriose und grausame Bilder, standen aber in einem sehr unterschiedlichen Kontext. Hinsichtlich des (Bürger-)Krieges am Hindukusch bleiben das Debakel des Rückzugs und die Kunduz-Affäre der Bundeswehr unerwähnt.

Etwas ärgerlich ist das Inhaltsverzeichnis, das durch Sammelüberschriften und überwiegend fehlende Seitenzahlen das Auffinden von Fachbeiträgen fast unmöglich macht. Dabei enthält der Band durchaus wichtige Beiträge, wie etwa von Hanno Balz zur medialen und künstlerischen Rezeption des Terrorismus oder von Martin Kahl zur weltweiten Terrorismusbekämpfung. Interessant sind Porträts von Attentätern wie Anders Behring Breivik (von Nahlah Saimeh) und Anis Amri (von Volkmar Kabisch), zurecht analytisch abgegrenzt von dem birmesischen Ethnonationalisten Mönch Wirathu (Judith Beyer). Die abgedruckten Zeitzeugenberichte der Hinterbliebenen terroristischer Anschläge werden weder im Inhalts- noch im Autorenverzeichnis erwähnt. Vielleicht löst dies nicht gleich eine Retraumatisierung der Betroffenen aus, doch besonders überzeugend ist diese Verfahrensweise nicht, wenn zugleich die Geringschätzung von Opfern terroristischer Gewalt beklagt wird.

Die Namen der von Terroristen Getöteten wiederzugeben oder nicht zu nennen, hat die Herausgeberin den Autoren der Fachbeiträge überlassen – dies führt zu einer gewissen Uneinheitlichkeit. Problembewusst hat Jana Kärgel zudem auf Fotos der Täter und Täterinnen verzichtet, um den Terroristen keine weitere Bühne zu bieten. Stattdessen wurden bewusst unscharf gezeichnete Konterfeis aufgenommen, die noch dazu mit einigen entlarvenden Worten Dritter in großformatiger Schrift überdeckt werden. Vielleicht hätte der Betrachter sich hier eher ein entlarvendes Zitat der Gewalttäter selbst gewünscht, selbst auf die Gefahr hin, dass interessierte Kreise dies als Werbung missverstehen könnten. Insoweit wirft die Art der visuellen Aufbereitung des internationalen Terrorismus durch Jana Kärgel Licht und Schatten.

»Kontrovers besprochen«:

Historiker streiten über Gewalt und Holocaust

Susan Neiman/Michael Wildt (Hrsg.), Historiker streiten. Gewalt und Holocaust – Die Debatte, Berlin 2022 (*Propyläen*), 366 S.

Von Klaus Große Kracht (1)

1984 veröffentlichte Jürgen Habermas in der Wochenzeitung *Die Zeit* einen Essay, in dem er ebenso prägnant wie alarmiert von einer „neuen Unübersichtlichkeit" der intellektuellen Lage in der Bundesrepublik sprach. Alle Anhaltspunkte seien aufgelöst, ein „eigentümlicher Synkretismus" mache sich breit. Drei Tendenzen machte der Frankfurter Sozialphilosoph dafür verantwortlich: ein historischer und ethnographischer „Kontextualismus", die Ablösung der „Bewußtseinsphilosophie" durch linguistische und performative Ansätze sowie vor allem eine radikale allgemeine Vernunftkritik im Zeichen der Postmoderne.[1]

Vielleicht war es eben jene diffuse Angst des Spätaufklärers vor der „neuen Unübersichtlichkeit", die Habermas veranlasste, zwei Jahre später an gleicher Stelle vor „apologetischen Tendenzen" in der deutschen Zeitgeschichtsforschung zu warnen und damit eine Debatte auszulösen, die als „Historikerstreit" in die Geschichtsbücher eingegangen ist.[2] Im Mittelpunkt der damaligen Kontroverse stand die Frage der „Singularität" des Holocaust und das Ethos seines öffentlichen Gedenkens, das Habermas zum verfassungspatriotischen Kernbestand der bundesrepublikanischen Werteordnung erklärte. Die Debatte erscheint rückblickend als eine wichtige Grundsatzkontroverse zum nationalen Geschichtsbild der Deutschen, das seinen Stresstest in den Jahren nach der Wiedervereinigung erfolgreich bestanden hat.

Mochte die geschichtspolitische Übersichtlichkeit damit zunächst wieder hergestellt worden sein, so schwelten die drei von Habermas ausgemachten Verunsicherungen gleichwohl weiter. Insbesondere die Verbindung poststrukturalistischer und kolonialismuskritischer Ansätze – das, was Habermas etwas antiquiert als „ethnographischen Kontextualismus" bezeichnete – führte zu einer immer radikaleren Kritik am Eurozentrismus in den aktuellen intellektuellen und kulturwissenschaftlichen Debatten. Die postkoloniale Forderung nach einer Dezentrierung Europas und der Einbeziehung der Erfahrungsräume und Denkansätze „subalterner" Akteure machte auch vor der Geschichtswissenschaft nicht halt. Insofern war es nur eine Frage der Zeit, bis die Debatte um die „Singularität" des Holocaust wieder aufbrechen

---

1 Vgl. Jürgen Habermas, Untiefen der Rationalitätskritik, in: Die Zeit vom 10. August 1984.
2 Ders., Eine Art Schadensabwicklung, in: Die Zeit vom 11. Juli 1986.

musste. Inzwischen führen wir eine zum Teil sehr hitzige Kontroverse um die Vergleichbarkeit des Holocaust mit anderen Genoziden der neueren Geschichte, insbesondere mit den Kolonialverbrechen, und ringen darum, wie diesen in einer pluralen Geschichtskultur angemessen gedacht werden kann, ohne die Verbrechen des nationalsozialistischen Deutschlands zu relativieren.

Diese in den Feuilletons als „Historikerstreit 2.0" bezeichnete Debatte hat viele Auslöser und ist wesentlich „unübersichtlicher" als der Historikerstreit der 1980er Jahre, als der Graben zwischen den Kontrahenten relativ klar gezogen war. Die Auseinandersetzung damals ließ und lässt sich über eine Dokumentation des Piper-Verlags im Taschenbuchformat gut nachvollziehen.[3] Leider ist dies bei der aktuellen Kontroverse nicht der Fall und auch der vorliegende Band kann die Lücke nicht schließen. Der Großteil der darin enthaltenen Aufsätze geht auf ein Symposion am Potsdamer Einstein-Forum zurück.[4] Hinzu kommen Texte, die bereits an anderen Orten erschienen sind, sowie Originalbeiträge für die Buchveröffentlichung. Auch wenn die kritische Sichtung der diversen „Singularitätseffekte" (Sami Khatib) des gegenwärtigen Holocaust-Gedenkens in vielen Beiträgen überwiegt, so kommen mit Yehuda Bauer, Omer Bartov und Volkhard Knigge ebenso Stimmen zu Wort, die vor den Gefahren einer erneuten „Entsorgung" (Habermas) der deutschen Vergangenheit – diesmal in postkolonialen Zusammenhängen – warnen. Um sich einen ausgeglichenen Überblick über die Debatte zu verschaffen, ist es gleichwohl angeraten, neben dem vorliegenden Band die kürzlich erschienene Aufsatzsammlung *Ein Verbrechen ohne Namen* zu konsultieren, in der Saul Friedländer, Dan Diner und andere vor der Gefahr einer neuerlichen Relativierung des Holocaust eindringlich warnen.[5]

Der Band *Historiker streiten* enthält leider keine Einleitung, mit der sich die Leser einen Überblick über den aktuellen Debattenverlauf verschaffen könnten. Stattdessen zeichnet am Ende des Bandes Michael Wildt als (Mit-)Herausgeber die großen geschichtskulturellen Entwicklungslinien nach, die vom „Historikerstreit 1.0" zum „Historikerstreit 2.0" führen. Wildt bringt die Streitpunkte der aktuellen Debatte konzis auf den Punkt: Die empirische Frage nach der Kontinuität zwischen Kolonialverbrechen und Holocaust, die politische Intervention gegen den international renommierten postkolonialen Historiker Achille Mbembe, die eher theoretisch-konzeptionellen Ansätzen zu einer globalen „multidirektionalen" Erinnerung (Michael Rothberg) bis hin zur polemischen Zuspitzung der gegenwärtigen Debatte durch den australischen, in den USA lehrenden Historiker A. Dirk Moses. Dieser hatte in einem Online-Beitrag im Mai 2021 die normativen Leitplanken des aktuel-

---

[3] Vgl. den Band: „Historikerstreit". Die Dokumentation der Kontroverse um die Einzigartigkeit der nationalsozialistischen Judenvernichtung, München 1987.
[4] Aber nicht alle Vorträge des Symposiums sind im Buch enthalten, siehe: Benet Lehmann, „Historiker streiten": Über den stolpernden Versuch, die Debatte zu bündeln, in: Berliner Zeitung vom 6. Oktober 2022.
[5] Saul Friedländer u. a., Ein Verbrechen ohne Namen. Anmerkungen zum neuen Streit über den Holocaust, München 2022.

len deutschen Holocaustgedenkens einer polemisch überspitzten Kritik unterzogen. So sprach er provokativ von einem geschichtskulturellen „Katechismus der Deutschen", durch den die „Hohepriester" des Gedenkens – linksliberale Intellektuelle und Historiker – die Unvergleichbarkeit des Holocaust mit anderen Genoziden herausstellten und diesen damit sakralisierten. Kritische Anfragen an die Singularität der Judenvernichtung, aber auch an die Politik Israels würden pauschal unter Antisemitismusverdacht gestellt und dieser – der Antisemitismus – über andere Formen des Rassismus erhoben.[6]

Die Auseinandersetzung um den „Katechismus der Deutschen" steht auch im Mittelpunkt dieses Bandes. Moses selbst gibt hier in einem ausführlichen, mehr als 40 Seiten langen Aufsatz Auskunft über Anlass und Rezeption seines polemischen Essays, ohne freilich von seiner Position abzuweichen. Stattdessen spitzt er diese weiter zu und hält nicht nur metaphorisch an der Verwendung religiösen Vokabulars zur Beschreibung der aktuellen deutschen Erinnerungskultur fest, gewürzt mit Seitenhieben gegen die „toxische Maskulinität" des deutschen Feuilletons. In seinem im Jahr 2021 mit Volkhard Knigge für *Die Zeit* geführten Gespräch, das erneut abgedruckt ist, hatte Moses noch wesentlich moderater formuliert, zumal Knigge hier eine Formulierung fand, die zumindest in wissenschaftlicher Hinsicht als Konsensformel gelten kann: „Der Holocaust ist singulär und vergleichbar".

Die weniger polemischen Beiträge des Bandes bemühen sich, genau diesen Spagat auszuleuchten, so etwa Sebastian Conrad, dessen Essay über „Erinnerung im globalen Zeitalter" aus dem *Merkur* 2021 erweitert abgedruckt ist. Andere Beiträge des Bandes stehen hingegen in eher loser Verbindung zum gegenwärtigen „Historikerstreit", was sie gleichwohl nicht weniger lesenswert macht. So blickt z. B. Jan Philipp Reemtsma auf die öffentlichen Debatten um die beiden, an seinem Haus entstandenen, sogenannten „Wehrmachtsausstellungen" der späten 1990er und 2000er Jahre zurück. Der Soziologe und Osteuropahistoriker Mischa Gabowitsch erinnert zudem aus gegebenem Anlass an die deutschen Kriegsverbrechen auf dem Territorium der heutigen Ukraine und plädiert für eine „Osterweiterung der deutschen Erinnerung", wie er treffend formuliert. Mario Keßler erinnert an heute vergessene Pioniere einer kolonialismuskritischen Geschichtsschreibung sozialistischer Provenienz; die Schriftsteller Eva Menasse und Per Leo blicken eher zeitdiagnostisch und essayistisch auf die gegenwärtige geschichtskulturelle Lage.

Historiker streiten ist insofern ein durchaus breit angelegter Band, der eher einen Einblick in als einen Überblick über aktuelle historische Streitthemen im Hinblick auf das Stichwort von der „Singularität des Holocaust" gibt. Heute kann es aber nicht darum gehen, die Fronten entlang der Debatte der 1980er Jahre erneut zu ziehen. Die Rede vom „Historikerstreit 2.0" ist insofern wenig hilfreich. Aber auch die Verwendung religiöser Begriffe zur Beschreibung der aktuellen geschichtskulturellen Lage ist nicht wirklich überzeugend. Die aktuelle Kontroverse zeigt doch

---

6 A. Dirk Moses, Der Katechismus der Deutschen, in: Geschichte der Gegenwart vom 23. Mai 2021, unter: https://geschichtedergegenwart.ch/der-katechismus-der-deutschen/ (9. Mai 2023).

gerade, dass wir von einem verbindlichen „Katechismus" in erinnerungspolitischer und wissenschaftlicher Hinsicht weiter entfernt sind als vor 40 Jahren. Die „Hohepriester" der Geschichte haben im „Historikerstreit 1.0" ihre Hierarchien vielleicht zum letzten Mal zurechtgerückt. In Zeiten des „memory booms" und der „public history", der postkolonialen Kritik und Identitätspolitik, von „social media" und „virtual realities" hat sich ihre Deutungshoheit jedenfalls schon längst in Luft aufgelöst. Die aktuelle geschichtskulturelle Lage ist dadurch erneut „unübersichtlich" geworden – und sie wird es vermutlich auch bleiben.

Von Ilko-Sascha Kowalczuk (2)

Seit einigen Jahren streiten Intellektuelle in Deutschland in einer größeren Öffentlichkeit neuerlich über die Frage, ob der Holocaust ein historisch singuläres Ereignis war. Es geht um Gewalt in der Geschichte und hier konkret um die Frage, in welchem Verhältnis Kolonialismus und Holocaust stehen. Einige Beteiligte werteten ihre eigene Wichtigkeit auf, indem sie den Streit vorschnell als „Historikerstreit 2.0" betitelten. Der „Historikerstreit" von 1986/87 war zwar kein Streit zwischen Historikern, aber es war ein Streit, bei dem es um die Frage ging, ob der Holocaust einzigartig war und inwiefern, wie Ernst Nolte behauptete, es einen Nexus zwischen Bolschewismus und Faschismus gab und so der Holocaust eine durch den Bolschewismus miterzeugte „Abwehrmaßnahme" darstellte. Kennzeichen dieses Streits war der bezeichnende Umstand, dass daran kein einziger Experte für die Geschichte des Kommunismus beteiligt war. Gleichwohl war dieser Streit für das Selbstverständnis der Bundesrepublik von enormer Bedeutung. Die Debatte war nötig, um den Nationalsozialismus mit aller Wucht zur geschichtspolitischen Leiterinnerung der Bundesrepublik zu befördern, und sie war schädlich, weil sie mit großer Wucht den Bolschewismus auf einen historisch nachrangigen Platz verbannte, in Deutschland bis heute sehr erfolgreich.

Zu diesem „Historikerstreit" gibt es eine frappierende Parallele, die auch dieser Sammelband spiegelt. Bundesdeutsche Kolonialhistoriker sind kaum vertreten, in dem Band taucht nur Sebastian Conrad auf, der aber gerade über die kolonisierten Gesellschaften nicht forscht. Der wichtigste deutsche Historiker, der schon seit 25 Jahren in seinen vielen Forschungen über die Kontinuitäten und Diskontinuitäten von Kolonialismus und Nationalsozialismus schreibt – und dafür regelrecht angefeindet worden ist –, Jürgen Zimmerer aus Hamburg, kommt zum Beispiel nicht zu Wort. Aber Anthony Dirk Moses, ein australischer Historiker, der diesen neuesten Streit mit seinen Thesen, wonach in Deutschland an der Einzigartigkeit des Holocaust festgehalten werde, gerade um die Komplexität der Geschichte nicht zu erfassen, weil nur so die gesellschaftspolitische Aufarbeitung des deutschen Kolonialismus weiter umgangen werden kann, kommt auf Zimmerer zurück. Das folgende Zitat von Moses bringt auf den Punkt, was schiefläuft: „[A]ls die etablierten NS-Historiker Norbert Frei und Sybille Steinbacher im Januar 2022 diese Fragen mit dem Afrika- und Kolonialhistoriker Jürgen Zimmerer [...] im Südwestradio diskutierten", gab Ersterer „unumwunden zu, dass sie die Kolonialgeschichte Zimmerer und anderen überlassen hätten, weil ihnen die Kompetenz fehle, bestand aber darauf, dass es keinen Zusammenhang zwischen dem Holocaust und dem Kolonialismus gebe. Zimmerer fragte sie natürlich, wie sie zu dieser Schlussfolgerung kommen konnten, wenn sie nichts über die Kolonialgeschichte wüssten; darauf hatten sie keine Antwort" (S. 233). Frei gab noch zu, er sehe es nicht als seine Aufgabe an, die Staatsräson der Bundesrepublik mit Blick auf die Sicherheit Israels in Frage zu stellen. Solche Zirkelschlüsse nennt man Geschichtspolitik und nicht Geschichtswissenschaft. Und genau davon ist dieser Streit, der weit entfernt davon ist, eine ähnliche Wirkung wie der „Historikerstreit" zu entfalten, charakterisiert. Komparatistische Fragestellungen, historische Zusammenhänge und die Mehrdeutigkeit von Geschichte werden schon im Ansatz als unbotmäßig hingestellt, um ein geschichtspolitisches Axiom unangetastet zu lassen.

Der Subtext auch dieses an sich verdienstvollen und interessanten Sammelbandes lautet, ob die Shoa mit irgendetwas verglichen werden darf – in Deutschland. In der akademischen Welt ist das weltweit üblich, der transatlantische Menschenhandel wird schon länger als „Black Holocaust" bezeichnet. Ohne Vergleichen gibt es gar keine Wissenschaft. Bei diesem Band wird die bundesdeutsche Geschichtspolitik weniger an dem Inhalt deutlich, denn hier stehen in guter Tradition gegensätzliche Auffassungen zu einzelnen Themen nebeneinander. Vielmehr schlägt das durch bei einem Beitrag, der zwar auf der dem Band zugrundeliegende Tagung gehalten, aber dann von den beiden Herausgebern für den Druck abgelehnt worden ist: Zoe Samudzi sprach über „A German History of Namibia or a Namibian History of Germany?" und befasste sich mit der Geschichtsschreibung über Genozide aus der Perspektive von Tätern. Wildt und Neiman meinten, das passe nicht in den Band, und schlossen so kurzerhand die zunächst eingeladene Autorin wieder aus. Das schlug hohe Wellen in den Sozialen Medien, wo Samudzi dankenswerterweise den Vorgang öffentlich machte. Die Herausgeber versuchten zu beschwichtigen und machten es dadurch nur noch schlimmer. Denn ohne die Stimmen von Schwarzen Autoren wird die Debatte in Deutschland nicht nur unseriös und provinziell, sondern auch unsachlich und unergiebig.

Der von Susan Neiman und Michael Wildt herausgegebene Sammelband wird dereinst als historisches Dokument, als eine Momentaufnahme einer noch nicht begonnenen Debatte in Deutschland Geltung beanspruchen. Er bildet die Debatte so unvollständig ab, wie er über größere Passagen unkonkret bleibt. Auch deswegen ist der Band selbst ein Dokument. Und dass ausgerechnet der nach eigenen Worten – und ja, ihnen ist nicht zu widersprechen – nicht sonderlich kompetente Ingo Schulze in einer Art Zeitzeugenbericht über den Umgang mit dem Holocaust in der DDR berichtet und dabei seiner Empörung freien Lauf lässt, was – angeblich – nach 1990 alles zurückgedreht worden sei, spricht nicht gerade dafür, dass es dem Einstein-Forum, das die dem Band zugrundliegende Tagung organisierte, um eine ausgewogene Debatte ging. Neben Schulze kommt ein zweiter ostdeutscher Autor zu Wort. Der lässt die seit Jahrzehnten in Verruf geratene DDR-Ideologiegeschichtswissenschaft als einen ansehnlichen Pfad der „Faschismusforschung" in einem Maße auferstehen, dass zu hoffen bleibt, wenigstens dieser Aufsatz und das Gespräch mit Schulze werden ausschließlich von Experten rezipiert und finden keinen Eingang in allgemeine, von einem breiten Publikum wahrgenommene Schriften.

Insofern bleibt ein zwiespältiger Eindruck. Die wichtigste Botschaft dieses Bandes freilich lautet: Die deutsche Gesellschaft braucht endlich eine gesellschaftspolitische Aufarbeitung des deutschen und europäischen Kolonialismus, Menschheitsverbrechen unvorstellbaren Ausmaßes. Wahrscheinlich wird irgendwann „herauskommen", dass sich Geschichte aus vielen Singularitäten zusammensetzt, die nicht nur scheinbar zusammenhängen. Ich glaube, dann wird auch bald jemand kommen und laut und vernehmlich rufen, so neu ist das aber nun auch wieder nicht.

Von Helmut Walser Smith (3)

Historiker streiten ist eine pointierte, mutige, teils elegante, teils ärgerliche Sammlung von Essays. Für jeden, der sich für die Debatte über das Gedenken an den Holocaust versus das Gedenken an koloniale Gewalt interessiert, ist der Band Pflichtlektüre. Viele werden gegen das „versus" in diesem Satz Einspruch erheben. Multidirektionalität gibt uns hier eher das Gefühl dafür, dass es bei der Interpretation manchmal um Inklusivität geht. Häufiger geht es jedoch darum, wo Schwerpunkte gesetzt werden. Für einige Autoren liegt der Schwerpunkt auf der Vernichtung der europäischen Juden. Für andere liegt der Schwerpunkt auf dem weiteren Rahmen der kolonialen Gewalt, in den auch der Holocaust fällt. Für Deutschland impliziert dieser Rahmen den Hochimperialismus und umfasst hier insbesondere den Völkermord an den Nama und Herero. Aus einer weiteren europäischen Perspektive muss die längere Geschichte des Kolonialismus und der Sklaverei in den Blick genommen werden. Die Debatte an sich ist völlig legitim. Doch ihr Tonfall entgleist des öfteren. Für Deutschland oder vielmehr seine „Erinnerungskultur" hat diese Debatte erhebliche Konsequenzen.

Die Aufsätze in diesem Band gehen auf eine prominent besetzte virtuelle Konferenz zurück, die im Oktober 2021 im Berliner Einstein Forum stattfand. Sie war eine Reaktion auf die Debatte, die im Sommer zuvor durch die Veröffentlichung des Artikels „The German Catechism" von Dirk Moses auf der Online-Plattform *Geschichte der Gegenwart* ausgelöst worden war. Die ersten Reaktionen, die in *The New Fascism Syllabus* veröffentlicht wurden, kamen vor allem von nordamerikanischen und einigen wenigen europäischen Wissenschaftlern. Es handelte sich um eine Mischung aus kritischen, unterstützenden und vermittelnden Positionen. Für einige war die Polemik polarisierend genug, um Freundschaften zu belasten oder gar zu zerbrechen. Die zweite Gruppe von Reaktionen, die stärker in der deutschen wissenschaftlichen und journalistischen Kultur verankert war, erwies sich sogar als noch kritischer. Auf der Konferenz im Einstein Forum und im vorliegenden Band antwortete Moses hauptsächlich seinen deutschen Kritikern. Der Leser kann diese Antwort im Band unter dem Titel „Deutschlands Erinnerungskultur und der ‚Terror der Geschichte'" nachlesen (oder den Konferenzbeitrag mit dem Titel „Rhetorical Excess and Discursive Defensiveness in German Debates" online anhören) und selbst entscheiden.

In dem vorliegenden Band geht es nicht nur um den sogenannten „deutschen Katechismus". Laut Susan Neiman, Mitherausgeberin und Leiterin des Einstein Forums, geht es um Kernfragen: Wie verhalten sich der erste und der zweite Historikerstreit zueinander und wie wirken beide auf die gegenwärtige deutsche Erinnerungskultur? Beginnen wir also mit der ersten Kernfrage zum Verhältnis von Historikerstreit 1.0 und Historikerstreit 2.0. In der deutschen Erinnerungskultur hat der erste Historikerstreit den Holocaust als historische Singularität etabliert und diese Singularität zu einem Glaubenssatz erhoben. Zugegeben, die Idee der Einzigartigkeit des Holocaust ist älter, und vor allem außerhalb der Wissenschaft, wo bereits viel Erinnerungsarbeit geleistet wurde, hatte sich diese Idee sowohl im christlichen als auch im jüdischen Kontext durchgesetzt. Der zweite Historikerstreit hat gezeigt, dass dieser Glaubenssatz inzwischen der Vergangenheit angehört. In diesem Sinne beginnt Susan Neiman den Band mit einem Requiem auf die Singularitätsthese. Ob man es gutheißt oder nicht, sie hat damit Recht. Aber wohin führt das?

In einem analytisch scharfen Essay, der zuvor im *Merkur* erschienen ist, sieht Sebastian Conrad uns in einem fast unausweichlichen Übergang von „Erinnerung I", die sich auf die Nachkriegserzählung konzentriert und auf die Aufarbeitung der deutschen Schuld am Holocaust ausgerichtet ist, zu „Erinnerung II", die sich auf die Herausforderungen der Globalisierung konzentriert. In dem Maße, in dem Deutschland zu einer Einwanderernation werde, müsse sich seine Erinnerungskultur den Interessen seiner immer vielfältigeren Bevölkerung beugen. Auch das ist wahrscheinlich richtig – obwohl ich aus der Sicht einer anderen Einwanderernation, den Vereinigten Staaten, hinzufügen möchte, dass der Übergang sehr lange dauern kann.

Wie wird dieser Übergang aussehen? Hier sind Denkmäler ein guter Anhaltspunkt. In den späten 1940er und frühen 1950er Jahren hatten alliierte Soldaten und KZ-Überlebende überall in Deutschland Gedenkstätten für die Toten errichtet. Doch viele dieser Mahnmale, wie das zu Ehren der deportierten Juden am S-Bahnhof Grunewald, wurden in späteren Jahren wieder entfernt. Werden Denkmäler für den „Holocaust-Exzeptionalismus" zukünftig abgerissen, weil wir sie als Hindernisse für die Erfassung anderer Arten von Gewalt ansehen? Oder wird es eine multidirektionale Schichtung von Mahnmalen für Deutschlands schwierige Vergangenheit geben, jedes mit seiner eigenen Berechtigung?

Es gibt noch eine dritte Möglichkeit. In seinem Beitrag für *Historiker streiten* erzählt Michael Wildt von einem in Berlin geborenen türkischen Studenten, der der Auffassung war, man könne Deutschland nicht verstehen, ohne den Nationalsozialismus und den Holocaust zu verstehen. Ich finde, die Bemerkung des Studenten hat etwas sehr Treffendes. Wenn man über die amerikanische Geschichte spricht, spricht man über die Sklaverei. Wenn man aus Vietnam in die Vereinigten Staaten kommt, bringt man eine andere Geschichte und eine andere Perspektive mit. Aber man kommt nicht umhin, die zentrale Bedeutung der Sklaverei für die amerikanische Geschichte zu thematisieren.

Der erste Historikerstreit signalisierte einen dramatischen Wandel der entstehenden Erinnerungskultur in Deutschland, bewirkte ihn aber nicht. Anhand seiner eigenen Biografie zeigt Omer Bartov in *Historiker streiten* die Wandlungen dieser Kultur auf. Der zweite Historikerstreit konfrontiere uns nun mit zentralen Fragen, wie zum Beispiel: Wer kann objektiv über deutsche Geschichte und den Holocaust schreiben? Selbst von den Höhen des Instituts für Zeitgeschichte in München sei fast immer die Antwort zurückgehalten: „Die Deutschen – es ist schließlich ihre Geschichte." Man vergesse dabei leicht, dass Mitte der 1980er Jahre die Einsicht in die Bedeutung einer mitfühlenden Geschichte des Anderen noch nicht gegeben war. Bartov merkt an, dass der konservative Historiker Andreas Hillgruber, eine wichtige Figur in der Holocaust-Forschung, mit erschreckender Klarheit die Frage gestellt habe, mit wem sich ein deutscher Historiker identifizieren sollte, wenn er die Ostfront im Winter 1944/45 untersucht? Sollte er sich mit der deutschen Armee identifizieren, die den Ansturm der sowjetischen Truppen verzweifelt zurückhielt, oder mit den verbliebenen Juden, deren Leben von einem schnellen Ende des Krieges abhing? Wie die meisten Deutschen in den vorangegangenen vier Jahrzehnten habe Hillgruber argumentiert, dass der Historiker sich mit der deutschen Armee identifizieren sollte. Doch dies war nun nicht länger selbstverständlich. Das Semaphor war gefallen. Die Weichen stellten sich um.

Welche Spurwechsel werden im Historikerstreit 2.0 vollzogen? Einer der spannendsten Abschnitte in *Historiker streiten* ist das zuerst in der *Zeit* erschienene Gespräch zwischen Dirk Moses und dem Direktor der Gedenkstätte Buchenwald Volkhard Knigge. Grob vereinfacht verteidigt Knigge das, was Conrad als „Erinnerung I" bezeichnet, während Moses auf dem Übergang zur „Erinnerung II" insistiert. Doch auch hier gibt es eine Schnittmenge. Knigge unterstützt zum Beispiel den Versuch, die Forschung und das Nachdenken über den Holocaust in Beziehung zu anderen großen historischen Prozessen zu setzen, die sich aus Rassismen ergaben, wie der Sklaverei, dem Kolonialismus und der Apartheid.

Des Pudels Kern ist dennoch erkennbar. Es ist die Identitätspolitik. Und es ist Israel. Knigge befürchtet eine „identitätspolitisch instrumentalisierte Erinnerungskultur", die sich nicht für das Phänomen des Holocaust interessiert, außer wenn es eine bestimmte Gruppe betrifft. „Es muss [...] doch um Erkenntnisgewinne, Anteilnahme und Verantwortung gehen", betont Knigge. Moses entgegnet, dass wir um Identitätspolitik nicht herumkommen, weil Völkermorde auf ethnischen Kategorien beruhen und weil „Deutschland [...] im identitätspolitischen Konflikt um Israel Position bezogen" (S. 290) hat. Kein seriöser Historiker bestreitet, dass Völkermorde auf konstruierten ethnischen Kategorien beruhen. Die Frage ist, was wir aus dieser Erkenntnis für unsere Praxis ableiten. Es ist auch nicht ganz klar, warum die Position der deutschen Regierung zu Israel notwendigerweise die historische Praxis diktiert. Zugegeben, Moses ist näher an der Wahrheit, wenn es um die Erinnerungspolitik geht, die vielschichtiger ist, als die Lektüre deutscher Feuilletons uns vermuten lässt. Sie liegt auch stärker in den Händen der Regierung – auf Bundes-, Landes- und kommunaler Ebene – als dies in den letzten beiden Jahrzehnten des 20. Jahrhunderts der Fall war.

Wie haben diese beiden Historikerdebatten die heutige deutsche Erinnerungskultur verändert? Um diese Frage zu beantworten, ist es hilfreich, sich daran zu erinnern, dass in den ersten Nachkriegsjahrzehnten diejenigen, die wir heute als Identitätsgruppen bezeichnen würden, einen großen Teil der Erinnerungsarbeit geleistet haben. Nichtjüdische Deutsche kümmerten sich um ihre Erinnerungen, jüdische Deutsche um die ihren (einschließlich der Errichtung vieler der frühen Gedenkstätten in Deutschland), deutsche Vertriebene taten dasselbe und so weiter. Erst in den frühen 1960er Jahren, und dann mit unterschiedlichen zeitlichen Abläufen, kreuzten sich regionale, lokale und manchmal auch individuelle Initiativen. Wenn dies geschah, zeigte sich das, was wir in Anlehnung an den in Prag geborenen Literaturwissenschaftler Peter Demetz als die Präsenz des Mitgefühls bezeichnen könnten.

Dieses gruppenübergreifende Mitgefühl nahm Ende der 1970er und Anfang der 1980er Jahre sprunghaft zu, als vier Ereignisse zusammenkamen: 1978 der 40. Jahrestag des Novemberpogroms von 1938; 1979 die Ausstrahlung der US-amerikanischen TV-Miniserie *Holocaust* in Deutschland; im selben Jahr das Ende einer jahrzehntelangen Debatte über die Verjährung von NS-Verbrechen; und 1981 ein großer, bundesweiter Aufsatzwettbewerb für Oberstufenschüler mit rund 13.000 Einsendungen zum Thema „Alltag im Nationalsozialismus". Heutzutage erinnert man sich nur noch an die *Holocaust*-Serie. Aber es war das Zusammenwirken von allen Faktoren, das in den Städten und Gemeinden Deutschlands den entscheidenden Durchbruch brachte.

Der erste Historikerstreit, das sollte man hinzufügen, kam erst später und wurde von einer starken Strömung lokaler Bemühungen und Initiativen getragen. Er war nicht die Ursache für die sich wandelnde Erinnerungskultur in Deutschland. Bestenfalls beschleunigte er bestimmte Tendenzen innerhalb dieser Kultur. Aber er war nicht die Sache selbst.

Entscheidend war das lokale Gedenken: die Ehrlichkeit darüber, was in der eigenen Heimatstadt oder im Kiez geschehen war. Hier nimmt die Wahrheit ihren Anfang oder erstirbt. In Deutschland, erst im Westen, dann im Osten, haben sich buchstäblich tausende von Städten, wenn auch unvollkommen, der Wahrheit ihrer Vergangenheit gestellt: der lokalen Verfolgung von Juden, Kommunisten, Behinderten, Sinti und Roma, Homosexuellen, sogenannten Asozialen, von Fremd- und Zwangsarbeitern, russischen und anderen Kriegsgefangenen sowie politischen Häftlingen in Konzentrations- und Arbeitslagern. Die Stolpersteine haben diese Form der lokalen Wahrheitsfindung befördert. Aber abgesehen von den Zusammenkünften bei ihrer Verlegung sind die einzelnen Stolpersteine keine Gemeinschaftsangelegenheiten.

In Deutschland ist es diese lokale, gemeinschaftliche Erinnerungskultur, die Schwierigkeiten gegenübersteht. Es gibt praktisch keine Überlebenden mehr, die deutsche Schulen besuchen könnten. Die Städte können allenfalls Söhne und Töchter der Überlebenden einladen. Aber auch sie ergrauen, ebenso wie die Bürgerinnen und Bürger, die ihre Zeit und ihr Herzblut in den Aufbau der deutschen Erinnerungskultur gegeben haben. „Compassion is an unstable emotion", schreibt Susan Sontag in *Regarding the Pain of Others*: „It needs to be translated into action, or it withers." Um die zunehmend fragile „Erinnerung I" zu stützen, wie Sebastian Conrad sie nennt, und vielleicht auch, um Durchbrüche zur „Erinnerung II" zu schaffen, müssen wir über mehr als nur über Verhalten nachdenken. Wir müssen darüber nachdenken, was zu tun ist.

Von Barbara Zehnpfennig (4)

Das ideologische Dilemma, dessen Ausdruck dieses Buch ist, erschließt sich dem Leser erst allmählich; zu disparat sind die 16 in diesem Band versammelten Artikel, zu ungeordnet werden sie einem präsentiert. Zwar findet sich zu Beginn des Bandes ein Beitrag der Herausgeberin Susan Neiman über den „Zusammenhang der beiden Historikerstreite" (S. 7) – denn um diesen geht es. Doch ihre Ausführungen sind eher kryptisch, wenn man den genauen Kontext nicht schon kennt, und zudem mit solch starken subjektiven Wertungen versehen, dass der Beitrag als Information wenig geeignet ist. Viel mehr Orientierung über den Hintergrund und Verlauf der Debatten bietet der Artikel des anderen Herausgebers, Michael Wildt, aber dieser steht merkwürdigerweise am Ende des Buches. Dazwischen gibt es eine jeder Strukturierung ermangelnde Fülle von Beiträgen, zwei in Form von Gesprächen, die von Historikern oder Schriftstellern verfasst wurden und allesamt ziemlich klar Stellung beziehen – politisch Stellung beziehen, wohlgemerkt, denn wie schon im ersten Historikerstreit ist auch im zweiten (ist es überhaupt einer?) die wissenschaftliche Kontroverse eher Vehikel denn Auslöser eines politischen Streits.

Welches ist nun das eingangs genannte ideologische Dilemma? Im ersten Historikerstreit in den 1980er Jahren hatte Ernst Nolte mit seiner Behauptung eines kausalen Nexus zwischen Bolschewismus und Nationalsozialismus auch die Vergleichbarkeit beider suggeriert. Zusammen mit Martin Broszats Aufforderung, den Nationalsozialismus zu historisieren, drohte das einen Paradigmenwechsel in der Wahrnehmung des Nationalsozialismus einzuleiten, der von linker Seite heftig pariert wurde. Denn diese befürchtete eine Relativierung der NS-Verbrechen und einen neuen Nationalismus. Vor allem Jürgen Habermas, der den Deutschen anstelle neuer nationaler Anwandlungen nur einen Verfassungspatriotismus gestatten wollte und die Einzigartigkeit des Mords an den Juden beschwor, tat sich hier hervor. Die Singularitätsthese war fortan sozusagen sakrosankt. Der Judenmord stellte einen „Zivilisationsbruch" dar und war als Verbrechen unvergleichlich.

Wer sich dieser Sicht anschloss, stand auf der moralisch richtigen Seite. Doch als in den letzten Jahren die Kolonialismus- und Rassismusdebatte, nicht zuletzt aufgrund vermehrter Zuwanderung, an Fahrt aufnahm, musste man als Linker moralisch ins Schleudern geraten. Dass die Singularitätsthese die Opfer des Kommunismus auf den zweiten Rang in der Opferhierarchie verwiesen hatte, war nie ein Problem gewesen. Aber konnte man das auch bei den Opfern des Kolonialismus zulassen, die doch auf kapitalistische Gier zurückzuführen waren? Das ging ganz offensichtlich nicht, und da lieferte der australische Politikwissenschaftler Anthony Dirk Moses mit seinem Vorwurf, die Deutschen folgten in ihrer Erinnerung an den Holocaust einem quasi-religiösen Katechismus, eine Steilvorlage für die Umwertung der Werte. Moses kanzelte es nämlich als bloße Glaubensartikel ab, dass der Holocaust einzigartig sei, weil hier erstmals ein Volk aus rein ideologischen Gründen ausgelöscht werden sollte; dass die Erinnerung an den Zivilisationsbruch das moralische Fundament der deutschen Nation darstelle; dass sich daraus eine besondere Verpflichtung Israel gegenüber ergebe; dass Antisemitismus nicht einfach Rassismus, sondern ein (deutsches) Phänomen sui generis sei; und dass Antizionismus Antisemitismus bedeute.

Wenn man all dies als bloße Glaubensgrundsätze entlarvte, konnte man nicht nur die Kolonialverbrechen aufwerten, sondern hatte auch freie Hand in Bezug auf die Palästinenserfrage – ein Problem, das die Linke schon lange gespalten hatte, nämlich in Anti-Deutsche und Anti-Imperialisten. Die Last einer besonderen Fürsorge für Israel loszuwerden, wirkte auf manche geradezu befreiend. So weisen auffallend viele Autoren des Bandes auf die in ihren Augen ungerechte Ächtung des BDS hin, also jenes Bündnisses, das Boykott, De-Investment und Sanktionen gegen Israel wegen dessen Behandlung der Palästinenser fordert. Dabei wird allerdings großzügig übersehen, dass der BDS u. a. von der Hamas unterstützt wird und diverse seiner Anhänger das Existenzrecht Israels bestreiten.

Ungeachtet dessen befürworten fast alle Autoren nun die „multidirektionale Erinnerung", die postkolonial ist und die Erfahrungen der Migranten mit denen der Deutschen amalgamiert. Nur einer, nämlich Volkhard Knigge, weist darauf hin, dass die Sache einen Haken haben könnte – wenn es nämlich z. B. arabische Migranten bedauern, „dass Hitler das mit den Juden nicht zu Ende gebracht hat" (S. 285). Wie man diese Sicht auf die Geschichte mit der deutschen zusammenführen will, hätte man schon gerne gewusst. Allerdings ist sie anschlussfähig an die rechtsextreme Geschichtsdeutung. Doch dass die Autoren dieses Bandes es mit dem neuen Pluralismus in der Erinnerung so weit treiben wollten, auch diese zu integrieren, darf bezweifelt werden. Nun gibt es auch keinen Grund, rechtsextremer Geschichtsklitterung Raum zu gewähren. Ihre Ähnlichkeit mit dem Geschichtsbild in manchen migrantischen Milieus sollte dennoch Anlass zum Nachdenken geben, wenn man die neue Diversität in Deutschland so begrüßt, wie es in diesem Buch geschieht.

Die politische Verortung der meisten an diesem Buch Beteiligten ist hingegen nicht so divers. Und auch wenn einige Autoren die zu starke Vereinfachung der Moses-Position kritisieren (z. B. Bartov und Wildt), die dieser noch einmal in zwei Beiträgen entfaltet, gibt es dazu doch nur eine dezidierte Gegenposition im vorliegenden Band, nämlich die des früheren Direktors des Zentrums für Holocaust-Forschung der Gedenkstätte Yad Vashem, Yehuda Bauer. Dieser beharrt darauf, dass der Judenmord nicht in die Geschichte des Kolonialismus und Rassismus einzuordnen ist. Vielmehr sei der Antisemitismus ein historisches „Unikum" (S. 131), der Zivilisationsbruch eine „Tatsache" (S. 133) und ein Schlussstrich unvertretbar. Zudem gehe Antizionismus in der Tat in Antisemitismus über, nämlich wenn die Kritik an der aktuellen israelischen Politik zur Infragestellung des Existenzrechts Israels führt. Letzter will übrigens wohl keiner der Autoren dieses Bandes das Wort reden. Doch die Verharmlosung des BDS, die in vielen Artikeln zu spüren ist, könnte trotzdem den Weg dorthin weisen.

Die Disparität der 16 Artikel, was Stil und konkrete Themenstellung angeht, macht es schwer, einen bündigen Überblick über den gesamten Band zu liefern. Zwei Beiträge fallen auf: stilistisch der von Eva Menasse, die sich in plumper Polemik gegen „die deutsche Antisemitismus-Debatte" (S. 19) ergeht, und thematisch der von Jan Philipp Reemtsma, der sich selbst wegen der von ihm verantworteten „Wehrmachtsausstellung" einen entscheidenden Anteil an einem neuen Geschichtsbewusstsein zuschreibt. Die übrigen Beiträge bewegen sich mehr oder weniger im Umfeld der Diskussion über die bisherige Holocaust-Aufarbeitung und eine neue, postkolonial inspirierte Geschichtssicht. Dabei gibt es erstaunliche Wendungen, wenn z. B. der Historiker Mario Keßler den Umgang, den die DDR mit der kolonialen Vergangenheit pflegte, als irgendwie vorbildlich darstellt. Denn auch wenn er zart gewisse Einschränkungen der Wissenschaftsfreiheit in der DDR andeutet, findet er die Ergebnisse der Forschung nach wie vor wegweisend, zumal sie die alte Imperialismusthese hochhalten – der Kapitalismus bedient sich des Imperialismus, und dieser erklärt wiederum den Kolonialismus und letztlich den Holocaust. Es ist sehr bedauerlich, dass sich die Geschichte nicht an solch schöne, monokausale Erklärungen zu halten pflegt. Wie viel einfacher wäre doch ihre Deutung!

Die transnationale Perspektive auf andere Weise als via Imperialismustheorie zur Geltung zu bringen, unternimmt der Beitrag von Sebastian Conrad, in dem er den Einfluss globaler Prozesse auf die Art des historischen Erinnerns betont. Zu den Folgen der Internationalisierung und Globalisierung zählt er allerdings auch den „aktuellen und alltäglichen Rassismus" (S. 52) gegenüber Migranten, den er ganz fraglos unterstellt. Wiederum eine andere Art, die historische Erinnerung von der Fixierung auf Deutschland zu lösen, stellt der Artikel von Mischa Gabowitsch vor: Für ihn unterschlägt das Ausspielen der Opfer des Kolonialismus gegen die Opfer des Holocaust eine wesentliche Dimension des deutschen Vernichtungskriegs. Er richtete sich nämlich auch massiv gegen Osteuropäer, nicht zuletzt gegen die Ukrainer, die Putin zu opfern jetzt wieder viele Deutsche, allen voran namhafte Intellektuelle, bereit sind. Diese Geschichtsvergessenheit geißelt Gabowitsch zu Recht. Auf einen anderen blinden Fleck im historischen Gedächtnis weist er ebenfalls hin, wenn auch nur en passant: die Opfer der kommunistischen Gewalt. Diese angemessen zu würdigen, kann die Linke sich immer noch nicht durchringen, wie auch dieser Band zeigt. Das vermindert ihre Glaubwürdigkeit beträchtlich, wenn sie sich zum Anwalt aller Unterdrückten und Entrechteten in Vergangenheit, Gegenwart und Zukunft erklärt.

Rezensionsessay:

Gemeinwohl und Migrationspolitik

Von Josef Isensee

Peter Graf Kielmansegg, Gemeinwohl und Weltverantwortung, Stuttgart 2022 (*Alfred Kröner*), 143 S.

Lange Zeit wussten die Staatswissenschaften mit der Idee des Gemeinwohls nichts Rechtes mehr anzufangen. Sie erschien ihnen wie eine pompös-unnütze Antiquität, die, halb aus Pietät gegenüber früheren Generationen, halb aus Gleichgültigkeit, stehen geblieben ist inmitten der funktionalen Einrichtung des Verfassungsstaates. Die Idee weist zurück auf Aristoteles: sein Leitbild von der griechischen Polis als einer „Gemeinschaft in einem guten Leben unter Häusern und Geschlechtern zum Zwecke eines vollkommenen und sich selbst genügenden Daseins".[1] Gemeinwohl bedeutet nach Cicero das Wohl des Volkes als der Einheit einer Menge, die auf gemeinsame Anerkennung des Rechts und auf gemeinsame Interessen gebaut ist: res publica res populi.[2] Schlicht definiert: Gemeinwohl, das ist der Inbegriff aller legitimen öffentlichen Interessen und darin die Grundausrichtung allen staatlichen Handelns. Nach klassischen Kriterien ist die Demokratie noch nicht deshalb, weil sie Herrschaft *durch* das Volk ist, schon eine legitime Staatsform (res publica), vielmehr allein deshalb, weil sie sich in den Dienst des Gemeinwohls stellt. Wenn sie sich davon abkehrt und eigen- wie gruppennützige Interessen verfolgt, pervertiert Demokratie zu Ochlokratie.

Die Idee des Gemeinwohls gehört zum Kontinuum des politischen Ethos in Europa: res publica perennis. Auf dieses Ethos baut der Verfassungsstaat, wie er sich seit dem 18. Jahrhundert herausbildet. Doch verliert es seine literarische Bedeutung, je dichter dessen Institutionen und Normen das staatliche Handeln determinieren. Die traditionelle Gewissheit darüber, was das Gemeinwohl erheischt, löst sich in der Moderne auf. Das Gemeinwohl ist nicht mehr die inhaltliche Vorgabe, die sich der Vernunft erschließt, sondern die Aufgabe, die der vernunftgeleitete politische Wille zu bewältigen hat. Kritische Rechtstheoretiker glauben, hier nur noch eine Leerformel vorzufinden. Das Gesetzesrecht greift aber weiterhin auf den Begriff des Gemeinwohls zurück. Das Grundgesetz verwendet seine Synonyme im Amtseid des Bundespräsidenten („dem Wohle des ganzen Volkes"), im Status des Abgeordneten („Vertreter des ganzen Volkes"), im Ziel des Eigentumsgebrauchs und in der Rechtfertigung der Enteignung („dem Wohle der Allgemeinheit"). Die praxisbezogene

---

1 Aristoteles, Politik, III, 9 [280 b].
2 Cicero, De re publica, 25, 39, III, 1.

Jurisprudenz, gewohnt mit unbestimmten Rechtsbegriffen umzugehen, bewältigt routinemäßig die Interpretationsprobleme, die sich hier erheben. In der Staatstheorie aber herrscht Stille um das Thema, nachdem die NS-Rhetorik das Gemeinwohl-Vokabular weidlich benutzt hatte[3] und auch die DDR sich seiner in sozialistischer Färbung kräftig bediente. Seit dieser Zeit kursiert das Klischee, dass die Idee des Gemeinwohls unlösbar mit dem autoritären Staat verbunden sei und nicht in eine freiheitliche Ordnung passe. Im Übrigen weckt eine gravitätische Großformel wie das Gemeinwohl leicht den Argwohn der Heuchelei. „Wer Gemeinwohl sagt, der will betrügen."[4]

Das Blatt hat sich gewendet. Das wissenschaftliche Interesse am Gemeinwohl ist in den vergangenen 50 Jahren neu erwacht. Graf Kielmansegg stellt bei der Präsentation seines Großessays fest: „Das Reden vom Gemeinwohl steht vielleicht noch unter kritischer Beobachtung, aber nicht mehr unter dem Generalverdacht, es diene doch nur der Verschleierung partikularer Interessen" (S. 16). Er traut der tradierten Idee zu, dass sie neuer Antworten auf gegenwärtige Fragen fähig ist.

Die Ausgangsthese Graf Kielmanseggs lautet: Die Denkfigur des Gemeinwohls ist unverzichtbar. Jede politische Ordnung brauche eine normative Vorgabe, an der staatliches Handeln kritisch gemessen werden könne. Diese Vorgabe lasse sich nicht verrechtlichen, sondern nur als regulative Idee verstehen, die, so Kant, den Vernunftgebrauch auf ein bestimmtes problematisches Ziel hinlenkt, auf eine Vollkommenheit hin, die wir suchen, ohne sie jemals zur Gänze und endgültig zu erlangen.[5] In einem freiheitlichen Gemeinwesen ist diese regulative Idee Impuls und Rahmen für einen immerwährenden Diskurs über das richtige politische Handeln, an dem alle Bürger teilnehmen können. Je markanter sich die konkurrierenden und einander widerstrebenden Partikularinteressen zur Geltung bringen, desto mehr bedarf es der staatlichen Autorität, die unter den Bedingungen knapper Ressourcen das *eine* Gemeinwohl herstellt. Politik stellt sich hier dar als „Gemeinwohlsuche in einem normativ umgrenzten Diskursraum" (S. 26). In diesem aber zeigt sich das Gemeinwohl zwar als offen, doch nicht als leer.

Das Gemeinwohl erscheint heute nicht als vorgegebenes, inhaltlich fertiges Programm (Gemeinwohl a priori), sondern als Aufgabe, ein solches Programm zu erarbeiten (Gemeinwohl a posteriori). Zur Erfüllung der Aufgaben stellt der Verfassungsstaat demokratische Verfahren bereit: offen gegenüber den jeweiligen Herausforderungen; als „gleiches Recht eines jeden, an der Bestimmung dessen, was für alle gelten soll, mitzuwirken"; als politische Ordnung mit dem Ziel, die Belange eines jeden zu berücksichtigen, „mit einer gewissen Verläßlichkeit" dafür, dass die verbindlichen (aber reversiblen) Entscheidungen für alle Beteiligten und Betroffenen „jedenfalls hinnehmbar sind" (S. 45 f.).

---

3 Dazu Michael Stolleis, Gemeinwohlformeln im nationalsozialistischen Recht, Berlin 1974.
4 Carl Schmitt, zitiert nach Josef Pieper, Noch wußte es niemand. Autobiographische Aufzeichnungen 1904–1945, München 1976, S. 197.
5 Immanuel Kant, Kritik der reinen Vernunft, 2. Aufl., Riga 1787, B 799.

In der politischen Philosophie des Grafen Kielmansegg erheb sich der Gemeinwohldiskurs über die Niederungen des demokratischen Lebens, die Kämpfe um Machterhalt und Machterwerb. Jedwedes Gemeinwohlprojekt soll sich einer Begründung unterziehen: dass es gegenüber allen Betroffenen (auch denen künftiger Generationen und auswärtiger Regionen) verantwortet werden kann. Der Wettbewerb der Parteien und der Interessenten um Macht und Einfluss mutiert hier zum Wettbewerb um die aus der Sicht des Gemeinwohls bessere Lösung. Die Demokratie verklärt sich zu einer Art von Gelehrtenrepublik, in der kompetent, gleichberechtigt und unbefangen die Probleme erörtert und gelöst werden.

Im Spiegel der politischen Philosophie entsteht ein Idealbild der Demokratie, die den „Erdenrest, zu tragen peinlich" abgestreift hat: den Wettbewerb um die Macht, die Wählerschmeichelei und die Klientelpolitik, die gemeinnützige Verschleierung der eigen- und gruppennützigen Motive, die souveräne Entscheidung des Wählers, der in geheimer Stimmabgabe seine verantwortungsfreien Launen ausleben kann wie nur je ein Alleinherrscher – und dem hier dennoch ein „ideelles Amt" (S. 58 f.) mit Gemeinwohlverantwortung zugesprochen wird. Überschätzt wird auch das Mehrheitsprinzip als der demokratische Entscheidungsmodus. Eine Entscheidung, die von der Mehrheit der Mitglieder eines Gremiums getroffen wird, bietet keine Gewähr dafür, dass sie dem Wohl des gesamten Verbandes gerecht wird. Das Verfahren an sich garantiert noch nicht die Richtigkeit in der Sache. Die Entscheidung kann in Parteilichkeit steckenbleiben. Jedenfalls müssen sich das Gremium als Repräsentation des ganzen Verbandes und dessen Mitglieder als ausschließlich dem Ganzen verpflichtete Amtsträger verstehen und betätigen.

Graf Kielmansegg verschmäht die altliberale Rechtfertigung des kompetitiven Egoismus als des absichtslosen, ethisch gleichgültigen Urhebers des allgemeinen Wohlstandes (Mandeville, Adam Smith). Er greift nicht auf Hegels Figur einer List der Vernunft zurück, obwohl diese so manche Phänomene in Staat und Gesellschaft zu erklären vermag. Er sucht die eigentliche Lösung auch nicht in den verfassungsrechtlichen (in seiner Sprache: „institutionellen") Prinzipien „Demokratie", „Grundrechte", „Verfahren", „Amt". Hier könnte sich immerhin erweisen, dass die Grundrechte in ihrer Abwehrfunktion das staatliche Handeln begrenzen, in ihrer Schutzfunktion das Gemeinwohl inhaltlich füllen und so immerhin teilweise konstituieren, und dass die Idee des Gemeinwohls über das Prinzip des öffentlichen Amtes in hohem Grade rechtspraktische Form annimmt. Allerdings lässt sich aus der Verfassung kein ganzheitliches, inhaltlich gefülltes Konzept des Gemeinwohls ableiten. Sie gibt nur einzelne Ziele und Aufgaben vor und überlässt es dem politischen Prozessn den weiten Rahmen, den sie offenhält, zu füllen. Im Übrigen steht im staatlichen Leben auch nicht die Frage zur Entscheidung, was das Gemeinwohl an sich bedeutet, sondern nur, wie ein konkretes öffentliches Interesse zu bestimmen ist und ob dieses ein bestimmtes Handeln des Staates, etwa einen Grundrechtseingriff oder eine Förderleistung, rechtfertigt. Das Recht versucht erst gar nicht, dem politischen, dem philosophischen wie dem wissenschaftlichen Diskurs das abstrakte Thema des Gemeinwohls vollständig abzunehmen.

Graf Kielmansegg setzt in den offenen Fragen des Gemeinwohls auf die Einsicht und die Tugend der politischen Akteure, der Bürger wie der Amtsträger. Unter den Freiheits- und Ungewissheitsbedingungen der Moderne hat sich die weiterhin lebendige republikanische Tradition zu bewähren. In der Tat: Die Institutionen der liberalen Demokratie bauen auf dem staatsethischen Fundament der res publica perennis Europae.

Eine gängige Meinung bezieht das Gemeinwohl auf das geschlossene staatliche Gemeinwesen (Prototyp: der Nationalstaat des 19. Jahrhunderts). Ein solcher „monadischer" Verband fordert von seinen Bürgern um des allgemeinen Nutzens wegen bestimmte Opfer: also ein altruistisches Konzept nach innen. Nach außen aber, in seinen internationalen Beziehungen, waltet sacro egoismo: das Ziel des Staates, die eigenen Belange zu behaupten und seine Güter zu mehren. Schon für Cicero schließt die Sorge für die Bürgerschaft die Nichtbürger (externi) nicht aus. Denn im Lichte seiner stoischen Philosophie ist die res publica eingebettet in die universale Gemeinschaft des Menschengeschlechts.[6] Heute herrscht in liberalen Demokratien generell das Leitbild einer offenen Staatlichkeit, die sich einem humanitären Universalismus verpflichtet.

Graf Kielmansegg stellt sich dem Problem, ob und wie das staatliche Eigenwohl und die globale Verantwortung als Komponenten des staatlichen Gemeinwohls zum Ausgleich gebracht werden können. Unter demokratischen Bedingungen bilde sich eine belastbare kollektive Identität, die ein Wir-Gefühl schaffe, nur innerhalb von Grenzen, zumal von räumlichen Grenzen. Ein Wir-Gefühl setze immer das Gegenüber eines Ihr voraus. Die Demokratie, die mittels des Mehrheitsprinzips regiert, wie der mit ihr „symbiotisch verbundene umverteilende Sozialstaat", sei angewiesen auf umgreifende Solidarität. Diese gründe in der Einheit der Nation. Doch in dieser erschöpfe sich die Idee des Gemeinwohls nicht. „Weil die begrenzten Gemeinwohlgemeinschaften nicht in einer universalen Gemeinwohlgemeinschaft, der Menschheit, aufgehen können [...], müssen sie lernen, über ihre Grenzen hinauszudenken, ohne dabei sich selbst aufzugeben" (S. 88). Doch nur wenn sie ihre Weltverantwortung ernst nehmen, so die These, bleiben sie die primären Gemeinwohlgemeinschaften. Die Weltverantwortung des Staates bezieht sich vor allem auf „Menschheitsgüter" wie den Staatenfrieden und den Bürgerfrieden, den Schutz der „Menschheitsallmenden" (Meere, Urwälder, Atmosphäre), die Gewähr der Menschenrechte, die Entwicklungshilfe. Ein solcher Katalog völkerrechtlicher und humanitärer Gemeinwohlaufgaben hebt aber die Unterscheidung zwischen dem Innen und Außen der Staatlichkeit nicht auf, und er setzt sich nicht darüber hinweg, daß der Staat seinen Bürgern „anderes schuldet als der Menschheit" (S. 93). Zu ergänzen ist, dass die Realisierung solcher Aufgaben nicht oberlehrerhafte Penetranz und nicht weltmissionarische Attitüde im Namen der Demokratie verträgt, vollends nicht invasive Eingriffe in autochthone Kulturen und politische Systeme aus gutgemeintem Weltgemeinwohlaltruismus.

---

6 Cicero, De officiis, III, 6 (28).

Die stetige Entwicklung des Völkerrechts hat den Staaten ihre Weltverantwortung nicht abgenommen und wird diese auch nicht erübrigen, solange es keinen Weltstaat gibt, mit dem aber die Gefahr einer Welttyrannei drohen würde. Ungeachtet der Europäischen Union mit ihren eigenen Gemeinwohlzielen nach innen wie nach außen, bleiben die Staaten für absehbare Zukunft die entscheidenden Akteure. „Die Probleme werden nicht notwendig kleiner, wenn die Gemeinwohlgemeinschaften größer werden" (S. 106).

Drei von seinen insgesamt vier Kapiteln widmet der Autor der Idee des Gemeinwohls, und hält sich auf den Höhen philosophischer Abstraktion. Im letzten Kapitel aber steigt er in die Niederungen hinab, dorthin, wo sich hart im Raume die Sachen stoßen. Die Ergebnisse philosophischer Reflexion werden dort erprobt in der Anwendung auf das wohl schwierigste und brisanteste Problem der Gegenwart, die Massenimmigration. Hier reißt die Antinomie auf zwischen dem nationalen Gemeinwohl und seiner übernationalen Verantwortung.

Die einseitige Lösung eines Menschenrechts auf Zuwanderung in einen globalen Freiraum ohne Grenzen stieße auf Widerstand im demokratischen Prinzip. Denn die Demokratie, wiewohl auf universale Menschenrechte gegründet, könne sich nur selbst regieren, wenn sie auch selbst darüber entscheide, wer ihr angehört. Demokratie sei nur als partikulares Gemeinwesen möglich, eine Menschheitsdemokratie „nicht denkbar" (S. 110).

Dennoch öffnen sich die deutschen wie die europäischen Grenzen für jedermann aus aller Welt, der an ihre Tore gelangt ist und das Wort „Asyl" ausspricht. Das bloße Wort verschafft den Anspruch auf ein rechtsstaatliches, mehrstufiges Verfahren darüber, ob die realen Voraussetzungen eines Aufenthaltsrechts vorliegen. Um der Durchführung dieses Verfahrens willen bekommt der Antragsteller ein vorläufiges Aufenthaltsrecht, das sich aber auch nach einer Niederlage im Verfahren verlängert in den Schutz gegen drohende Abschiebung. In dieser „Praxis der Willkür" kommt es nicht darauf an, ob dem Asylbewerber in seiner Heimat wirklich politische Verfolgung droht, wie es das Asylrecht des Grundgesetzes vorsieht. Er braucht überhaupt keinen irgendwie rechtlich belastbaren Status aufzuweisen. Es reicht, wenn er – menschlich völlig verständlich – im globalen Wohlstands-, Sicherheits- und Freiheitsgefälle einen günstigeren Lebensort sucht.

„Migration ist oft ein chaotisches Geschehen, das das Raisonnement vernunftgeleiteter Humanität einfach überrennt" (S. 120). Doch darum braucht die vernunftgeleitete Humanität nicht zu verstummen. Auf diesem von der political correctness verminten Themenfeld ist jedoch jedes freimütige Wort riskant. Der obwaltende migrationspolitische Moralismus sucht die freie Rede zu unterdrücken; das gilt auch für den unbefangenen wissenschaftlichen Diskurs. Doch Graf Kielmansegg hat keine Furcht vor den Hütern heiliger Kühe. Er respektiert noch nicht einmal das Argument, dass Bootsflüchtlinge, die das Risiko der Seenot auf sich genommen haben, um nach Europa zu gelangen, schon deshalb bevorzugt aufgenommen werden müssten.

Seine Prämisse lautet, dass kein Einwanderungsland den politischen Kollaps riskieren muss. Als Kriterium, das die Zuwanderung steuern und begrenzen kann, gilt ihm die Integrationsfähigkeit des Aufnahmelandes. Diese hängt ab von der Kapazität von Schule und Arbeitsmarkt, vor allem von den „sozialmoralischen Ressourcen" der Bürgerschaft, mit ihnen vom Vertrauen zu den Regierenden, dass sie die Zuwanderung unter Kontrolle halten, keine Überfremdungsängste aufkommen lassen, nicht selbstgewählten moralischen Imperativen folgen ohne Rücksicht auf die Kosten für das Land (Wink mit dem Zaunpfahl auf den humanitären Staatsstreich der Bundeskanzlerin im Jahre 2015?). Besondere Umsicht ist geboten für die Einbürgerung, die Fremde nicht ipso iure zu Mitbürgern macht. Hier ließe sich ergänzen, dass der Ausländer herkömmlich die Integration als Vorleistung der Einbürgerung zu erbringen hatte, in jüngster Zeit aber die Einbürgerung zur Vorleistung der staatlichen Gemeinschaft geraten ist, um im Fremden die Bereitschaft zur Integration zu wecken. Die Motivation zur Entwicklung eines umgreifenden Wir-Gefühls von Alt- und Neubürgern in der Aufnahmegesellschaft wird erheblich abgeschwächt durch die Beibehaltung der bisherigen Staatsangehörigkeit, mithin die Statusungleichheit zwischen Auch-Deutschen und Nur-Deutschen als Gefahr für den inneren Frieden des Gemeinwesens. Damit wird sogar die Entwicklung eines Verfassungspatriotismus à la Habermas gehemmt, jenes dünnen Surrogats für einen auf Land und Leute bezogenen Patriotismus und für ein Vaterland, das Deutschland nicht mehr sein will.

Das rechtspolitische Resümee der Untersuchung fällt hart aus: Das Asylregime der EU lasse sich auf Dauer nicht aufrechterhalten. Die Flüchtlingshilfe solle ihrer rechtsstaatlichen Hypertrophien entledigt, das Asylrecht auf seinen originären Sinn zurückgeführt werden. Die positive Kompensation dieser Reduktion der Zugangsmöglichkeiten soll der Ausbau rechtsverbindlicher Verpflichtungen der wohlhabenden Länder ergeben, jenseits der Grenzen Hilfe zu leisten, wo sie gebraucht wird, insbesondere Arbeitsplätze zu schaffen. Maßnahmen dieser Art, so ließe sich den Argumenten hinzufügen, könnte dem sich schon heute abzeichnenden Umschlagen der aktuell gesinnungsethischen Positionen entgegenwirken: dass nämlich die gutgemeinte Öffnung der Grenzen für Zuwanderungsaspiranten morgen geschmäht wird als klandestine Abwerbung der Eliten aus ihren Herkunftsländern, als neokolonialistischer Greuel.

Es erheben sich ernste Zweifel, ob die Änderungsvorschläge praktische Wirkungen zeitigen werden. Das tut jedoch dem intellektuellen Reiz und Rang des Essays keinen Abbruch. Im Gegenteil: „Den lieb' ich, der Unmögliches begehrt." Die politische Philosophie erbringt hier den Beweis, dass junges Sinnpotenzial in der klassischen Idee des Gemeinwohls steckt, dass sie resilienzfähig ist und hier und heute die Hoffnung wachhält, dass sich staatliche Selbstbehauptung mit tätiger Weltverantwortung verbindet.

»Wieder gelesen«:

Ein Jahrhundert wird abgewählt

Von Dirk Dalberg

Timothy Garton Ash, Ein Jahrhundert wird abgewählt. Aus den Zentren Mitteleuropas 1980–1990, München/Wien 1990 (*Hanser*), 476 S.

Der im Jahre 1955 in London geborene britische Historiker und Publizist Timothy Garton Ash studierte in Oxford Geschichte und ist an der dortigen Universität seit 2004 Professor für Europäische Studien. Seine Bücher, die sich vor allem mit der Zeitgeschichte der Staaten und Länder in Ost- und Mitteleuropa beschäftigen, wurden in verschiedene Sprachen übersetzt. Seinen Ruf als ausgewiesener Kenner dieser Region erarbeitete er sich in den 1980er Jahren, als er während eines Forschungsaufenthaltes in der DDR begann, diese sowie Polen, Ungarn und die Tschechoslowakei zu bereisen. Seine Beobachtungen und Erlebnisse schrieb er, auch Pseudonyme nutzend, in Essays nieder, die in Zeitschriften wie *New York Review of Books, Spectator, Granta, New Republic* und *Times Literary Supplement* veröffentlicht wurden. Später erschienen sie in den Buchbänden *The Uses of Adversity on the Fate of Central Europe* und *We The People. The Revolution of 89*.[1] Im Jahre 1990 wurden diese beiden Bücher unter dem Titel *Ein Jahrhundert wird abgewählt. Aus den Zentren Mitteleuropas 1980–1990* in einem Band auf Deutsch publiziert.[2] Dieser ist in zwei unterschiedlich umfangreiche Teile, die „Früchte der Widerwärtigkeit" (322 S.) und „Wir sind das Volk" (140 S.) sowie in 20 durchgehend nummerierte Kapitel gegliedert.

Der deutsche Titel des Buches erinnert in gewisser Weise an den von Iván Tibor Berend geprägten und von Eric Hobsbawm populär gemachten Begriff des kurzen, vom Ersten Weltkrieg bis zum Ende der Blockkonfrontation dauernden 20. Jahrhunderts.[3] Auch für Garton Ash endete es mit dem Niedergang der staatssozialistischen Systeme. Anders ausgedrückt wurde das „Jahrhundert der Diktaturen" (Gerhard Besier) von der Bevölkerung im östlichen Europa abgewählt.

---

1 Timothy Garton Ash, The Uses of Adversity on the Fate of Central Europe, Cambridge 1989; ders., We The People. The Revolution of 89, London 1990.
2 Die von Yvonne Badal stammende Übersetzung ist manchmal nicht ganz treffend. Dies betrifft tschechische, slowakische oder polnische Namen bzw. Bezeichnungen von Organisationen. Diese wurden aus dem Englischen ins Deutsche übersetzt, was hier und da zu Ungenauigkeiten führt.
3 Eric Hobsbawm, Das Zeitalter der Extreme. Weltgeschichte des 20. Jahrhunderts, München 1995, S. 11.

»Wieder gelesen«

Das Buch ist ferner ein an Montesquieus *Reisen in Deutschland* erinnernder Reisebericht.[4] Ähnlich diesem bereist Garton Ash fremde Länder: Polen, Ungarn, die Tschechoslowakei und die DDR. In seinem umfangreichen Essay „Mitteleuropa – aber wo liegt es?" ordnet er diese Länder im Sinne von Jenö Szücz der geografischen, aber auch geopolitischen Region Mittel- bzw. Ostmitteleuropa zu.[5] Der Begriff (Ost-)Mitteleuropa hat für ihn eine normative Bedeutung. Seinen westlichen Lesern, seinem maßgeblichen Publikum, will er mit Blick auf Milan Kunderas Essays „Die Tragödie Mitteleuropas"[6] aufzeigen, „dass Sibirien nicht am Checkpoint Charlie beginnt" (S. 189) und eine eigenständige Region ist. Heute wird das an der Haltung dieser Staaten – mit Ausnahme Ungarns – gegenüber Russland im Zusammenhang mit dem Krieg in der Ukraine deutlich.

Die Leitfrage des ersten Buchteils „Früchte der Widerwärtigkeit" lautet: Wie lebt es sich im realen Sozialismus? Die Reisen durch die Region dienen Garton Ash als Erkenntnisquelle. Dem Engländer geht es um die Schilderung der (politischen und gesellschaftlichen) Realität in der DDR, Polen, Ungarn und der Tschechoslowakei in den 1980er Jahren. Auch wenn er die dortige Realität als westlicher Beobachter subjektiv wahrnahm, zeichnet er dennoch ein wirklichkeitsgetreues Bild der (ost-)mitteleuropäischen Gesellschaften, vom Leben der Dissidenten und der „normalen" Bürger, vom Wirken der Staatssicherheit und deren Apparat. Seine Berichte bieten deshalb einen intimen Einblick in die Lebensbezüge und Alltagswelten von Ostdeutschen, Polen, Tschechen (und Slowaken) sowie Ungarn. Zur Glaubwürdigkeit seiner Beobachtungen tragen Bekanntschaften mit Dissidenten wie „einfachen" Bürgern bei. Ein – wiewohl nicht explizit formuliertes – Ziel Garton Ashs ist die Aufklärung des Westens über das im Osten vorherrschende politische und gesellschaftliche System, das, wie er feststellte, auch im westlichen Teil Europas auf Sympathien stieß.

Auch wenn (Ost-)Mitteleuropa für Garton Ash kein einheitlicher Block war, so enthüllt er am Beispiel der dissidentischen Kritik strukturelle Gemeinsamkeiten der Funktionsweise ihrer politischen Systeme. Da es sich bei seinen Texten weniger um wissenschaftliche Aufsätze als um Essays, Skizzen und Berichte handelt, benennt Garton Ash seine Quellen nur selten.[7] Beim mit dissidentischer Literatur vertrauten Leser rufen seine Beobachtungen einen Aha-Effekt hervor, vor allem dort, wo er – bewusst oder unbewusst – dissidentische Interpretationen des Lebens im realen Sozialismus aufgreift.

In den der DDR gewidmeten „Skizzen aus einem anderen Deutschland" spricht Garton Ash im Jahre 1981 von einem Doppelleben als einem „Phänomen aller Ostblockländer" (S. 25). Er meint hiermit die „Teilung" des Menschen in eine in der Öffentlichkeit dem System zustimmende und eine im Privaten diesem ablehnend ge-

---

4 Charles de Montesquieu, Meine Reisen in Deutschland 1728–1729, Stuttgart 2014.
5 Jenö Szücs, Die drei historischen Regionen Europas, Frankfurt a. M. 1990.
6 Milan Kundera, Die Tragödie Mitteleuropas [1983], in: Erhard Busek/Gerhard Wilfinger (Hrsg.), Aufbruch nach Mitteleuropa, Wien 1986, S. 133–144.
7 Einen Anmerkungsapparat gibt es nur bei wenigen Beiträgen (Text 10 und 13).

genüberstehende Person: „Öffentlich applaudiere ich staatlichen Entscheidungen, die ich im privaten Bereich niemals billigen würde". Der Rollenwechsel zwischen den Personentypen habe sich „wie von selbst, auch schon bei Vierzehnjährigen" (S. 25) vollzogen. Mit Blick auf die DDR spricht er von einer inneren Emigration und einer gleichsam typisch deutschen Apolitie. Zugleich erblickt er ein Paradox. Während der unpolitische Bürger den staatlichen Entscheidungen öffentlich zustimme und an Wahlen teilnehme, schweige der politische Bürger in der Öffentlichkeit und nehme nicht an den Wahlen teil.

Im Polen gewidmeten Essay „Die Früchte der Widerwärtigkeit" spricht Garton Ash zwei Interpretationen an: das „Als ob" (S. 104) sowie den „Newspeak" (S. 112). Während „als ob" bedeute, „Versuche zu leben, als ob du in einem freien Land lebtest" (S. 104), zeige sich der „Newspeak" darin, dass Kritik vonseiten der Staatsführung nicht direkt ausgesprochen werde. Hier wird vor dem „‚Mangel an Verständnis für Polens Staatsräson in einigen Künstlerkreisen' gewarnt [...] (im Klartext: einige Künstler machen spitze Bemerkungen über die Russen)" (S. 112). Von Garton Ash weitgehend unbeachtet sprachen auch die Dissidenten in der Tschechoslowakei vom „als ob" und erblickten einen „Newspeak". Beide Begriffe gehörten hier zu deren kritischem Vokabular. Sie hatten indes einen etwas anderen Inhalt als in Polen: In der Tschechoslowakei tat der Bürger im Sinne des Doppellebens so, als ob er an den Sozialismus glaube.[8] Allerdings lebe auch die Staats- und Parteiführung nach diesem Motto und tue so, als ob sie den Sozialismus aufbaue.[9] Hinsichtlich des „Newspeak" beobachteten Milan Šimečka und Miroslav Kusý die Erschaffung einiger neuer Ausdrücke bspw. für die Polizei (Öffentliche Sicherheit), die sie mit Blick auf Orwell als „Neusprech" bezeichneten und mit dem Doppelleben verbanden.[10]

Im Beitrag „Die Tschechoslowakei unter Eis" spricht Garton Ash von einem „ungeschriebene[n] Gesetz": „Vergesst die Politik. Im Gegenzug dafür werden wir euch ein komfortables, sicheres Leben bieten. Es wird Lebensmittel in den Geschäften geben und billiges Bier in den Kneipen. Ihr werdet Euch auch ein Auto leisten können und vielleicht sogar ein kleines Haus auf dem Land" (S. 61). Dass dies in einem Beitrag zur Tschechoslowakei geschieht, ist wenig überraschend. Dort sprach der in der Slowakei wirkende tschechische Dissident Milan Šimečka von einem „ungeschriebene[n] Gesellschaftsvertrag"[11] zwischen der Bevölkerung und der kommunistischen Regierung, „wie ihn sich Jean Jacques [sic!] nur schwer hätte ausdenken können".[12] Václav Havel beschrieb diesen Vertrag aus Sicht der Regierung folgendermaßen: „Mensch, um die Politik sollst du dich nicht kümmern, das ist unser Bier, tu

---

8 Miroslav Kusý, Charta 77 a reálny socializmus [1978], in: Ders., Eseje, Pressburg 1991, S. 5–33; Milan Šimečka, Obnovení pořádku [1979], Brünn 1990, S. 160–169.
9 Neben anderen Kusý (FN 9); Václav Havel, Versuch, in der Wahrheit zu leben [1978], Reinbek bei Hamburg 1990, S. 18; Milan Šimečka, Das Ende der Unbeweglichkeit, Frankfurt a. M. 1992, S. 95 f.
10 Milan Šimečka, Náš soudruh Winston Smith. Československý doslov k románu George Orwella [1984], in: George Orwell, 1984, Prag 1991, S. 206–268, hier: S. 256–262.
11 Šimečka (FN 10), S. 95.
12 Šimečka (FN 9), S. 168.

nur, was wir dir sagen, philosophiere nicht und stecke nicht deine Nase in Sachen, die dich nichts angehen, schweige, mach deine Arbeit und kümmere dich nur um dich selbst – und du wirst glücklich sein."[13] Wenn Garton Ash mitgeteilt bekommt, dass es sich hierbei um „Husáks Sozialvertrag" (S. 61) handele, so haben sie eine Aussage von Gustáv Husák im Sinn. Der damalige Generalsekretär der KSČ und tschechoslowakische Staatspräsident versprach den Bürgern „ein ruhiges Leben, die Wahrung des Rechtsfriedens [...], günstige Bedingungen für eine ungestörte wirtschaftliche Entwicklung, Stabilität, soziale und existenzielle Sicherheit, Perspektiven [...], damit sie nicht allein von Woche zu Woche leben und es keine Panik wegen der Versorgung oder der Währung" gebe.[14]

Auch die Berichte im zweiten Teil des Buches „Wir sind das Volk" wenden sich an das westliche Publikum. Garton Ash beobachtet „große" Geschichte und ist Augenzeuge von Ereignissen, die neben einer symbolischen auch eine reale weltpolitische Bedeutung hatten. Gemeint sind erstens die halbfreien Wahlen in Polen im Juni 1989, bei denen die *Vereinigte Polnische Arbeiterpartei* eine deutliche Niederlage hinnehmen musste. Zweitens das posthume Begräbnis von Imre Nagy, des im Jahre 1958 hingerichteten kommunistischen Politikers, der beim ungarischen Aufstand im Jahre 1956 eine bedeutende Rolle spielte, am 16. Juni 1989. Drittens der Fall der Berliner Mauer am 9. November 1989. Ebenso war er Augenzeuge der samtenen Revolution in Prag.[15] Garton Ashs Bericht zeigt, wie schnell die Systeme des realen Sozialismus ohne innere Gegenwehr verschwanden, obgleich sie in den 1980er Jahren noch stabil erschienen. Sie wurden auf der Straße von den Bürgern gestürzt. Auffällig ist die in Ungarn und der Tschechoslowakei den ehemaligen kommunistischen Führern Alexander Dubček und Imre Nagy im Jahre 1989 entgegengebrachte Hochachtung.[16] Heute sind die kommunistischen Parteien bzw. ihre Nachfolger in der Bedeutungslosigkeit verschwunden. Lediglich in Tschechien konnten sie sich bis in die 2020er Jahre einer gewissen Beliebtheit erfreuen.

Verständnisvoll, aber nicht unkritisch beschreibt Garton Ash die Schwierigkeiten, die die reale Politik bei denjenigen Personen hervorrief, die bis dahin vom realen politischen Wirken und auch aus dem öffentlichen Leben ausgeschlossen waren. Plötzlich im Rampenlicht, überforderte die neue Situation die ehemaligen Dissidenten teilweise. Zwar waren sie, wie ihre Kritik am realen Sozialismus verdeutlicht, politische Menschen. Ihre kritischen Betrachtungen aus den 1970er und 1980er Jahren dienten jedoch nicht dazu, sich als Opposition zu positionieren und für einen Regierungswechsel bereitzustehen. Vielmehr ging es ihnen darum, die tschechoslowakische Gesellschaft über sich aufzuklären und die Widersprüche zwischen der

---

13 Václav Havel, Offener Brief an Gustáv Husák [1975], in: Ders., Am Anfang war das Wort, Reinbek bei Hamburg 1990, S. 33–80, hier: S. 50 f.
14 Gustáv Husák, Prečo bol január nevyhnutý, in: Ders., State a prejavy. Apríl 1969 – apríl 1970, Pressburg 1970, S. 294–312, hier: S. 312.
15 Auf die Ereignisse in der Slowakei geht Garton Ash nur am Rande ein. Die samtene Revolution begann hier bereits am 16. November.
16 Der Slowake Alexander Dubček war das Gesicht des tschechoslowakischen Reformprozesses im Jahre 1968.

offiziellen Ideologie und der Realität aufzuzeigen. Obgleich also nur die wenigsten politische Ambitionen hatten, mussten sie nun Verantwortung übernehmen.

Wie wenig ihnen dies behagte, belegt ihr recht schneller Rückzug aus der Politik, was ihnen auch vorgeworfen wurde.[17] Die Aufgabe der ehemaligen Dissidenten bestand nicht (mehr) in der Reflexion jenseits des öffentlichen Lebens im Sinne Julien Bendas, sondern in der vita activa.[18] Ist der Grund für das gegenwärtige kritische Verhältnis der tschechischen und slowakischen Bevölkerung zur Politik eine späte Folge der Flucht der auch als moralische Instanzen betrachteten Dissidenten aus der Politik? Die letzten Präsidentschaftswahlen, bei denen die Wahlbeteiligung verhältnismäßig hoch war, legen diese Vermutung nahe. Mit Zuzana Čaputová in der Slowakei und Petr Pavel in Tschechien stellten sich zwei als integer angesehene Kandidaten zur Wahl und gewannen diese.

Garton Ashs Reiseberichte und Beobachtungen aus den 1980er Jahren bieten dem Leser in Ost und West noch immer anregende Einblicke in die Funktionsweise eines untergegangenen Gesellschaftssystems und in das politische Denken im Dissens in der Region (Ost-)Mitteleuropa. Darüber hinaus regen Garton Ashs Beobachtungen auch zur Reflexion über die gegenwärtigen demokratischen Systeme und deren Probleme an. Man fragt sich: Inwieweit sind von ihm benannte dissidentische Beobachtungen wie das „Doppelleben" und der Orwell'sche „Newspeak" heute – noch oder vielleicht wieder – von Bedeutung?

---

[17] Ausnahmen waren Václav Havel und Lech Wałęsa, die in Tschechien bzw. Polen das Präsidentenamt bekleideten.
[18] Julien Benda, Der Verrat der Intellektuellen [1927], Frankfurt a. M. 1988.

Literatur aus der „Szene":

Vom Linksextremisten zum Rechtsextremisten

Von Armin Pfahl-Traughber

Jürgen Elsässer, Ich bin Deutscher. Wie ein Linker zum Patrioten wurde, Berlin 2022 (*dtw-buch*), 574 S.

Gelegentlich entwickeln sich frühere Linksextremisten zu Rechtsextremisten. Dabei geht es eher um Einzelfälle und nicht um ein Massenphänomen, gleichwohl gibt es einschlägige Fälle, wie etwa den Horst Mahlers, mit besonderer Relevanz. Dieser entwickelte sich gar von einem aktiven Linksterroristen zu einem holocaustleugnenden Rechtsextremisten.[1] Wie erklären sich Phänomene eines so gravierenden Wandels? Zwar gibt es bei diversen Extremisten strukturelle Gemeinsamkeiten in den propagierten Ideologien, diese stehen aber häufig in einem inhaltlichen Konfliktverhältnis aufgrund der normativen Schwerpunktsetzungen und anderer Zusammenhänge. Wie kann beispielsweise ein Antifaschist zu einem Faschisten, ein Internationalist zu einem Nationalisten, ein Räteanhänger zu einem Totalitaristen werden? Antworten auf diese Fragen liegen bislang meist nur in Fallstudien vor. Eine vergleichende Analyse anhand verschiedener Beispiele fehlt bislang in der Forschung.[2]

Eine Autobiographie liefert dafür nur eingeschränkt persönliches Material. Dies gilt auch für die Lebensbeschreibung des gegenwärtig wohl einflussreichsten „Seitenwechslers": Jürgen Elsässer.[3] Er gibt das monatlich erscheinende *Compac*t-Magazin heraus, das in einer Auflage von etwa 40.000 Exemplaren erscheint.[4] Darin finden sich eher schlicht gehaltene Artikel auf dubioser Faktengrundlage, die mit

---

1 Vgl. als ausführliche Fallstudie dazu: Manuel Seitenbecher, Mahler, Maschke und Co. Rechtes Denken in der 68er-Bewegung?, Paderborn 2013.
2 Ansätze dazu finden sich in: Daniel Koehler, From Traitor to Zealot. Exploring the Phenomenon of Side-Switching in Extremism and Terrorism, Cambridge 2021. Ein Analysemodell zu derartigen Phänomenen schlägt vor: Marcel Muth, Das Phänomen des politischen „Seitenwechsels" im Extremismus. Ein Analyseschema zur Untersuchung von Motiven, Einflussfaktoren und Ursachen, in: Hendrik Hansen/Armin Pfahl-Traughber (Hrsg.), Jahrbuch für Extremismus- und Terrorismusforschung 2021/2022, Brühl 2023, i. E.
3 Vgl. als Darstellung aus der Extremismusforschung zu seiner Person: Jürgen P. Lang, Biographisches Portrait: Jürgen Elsässer, in: Uwe Backes/Alexander Gallus/Eckhard Jesse (Hrsg.), Jahrbuch Extremismus & Demokratie, Bd. 28, Baden-Baden 2016, S. 225–240.
4 Vgl. Michael Barthel/Anna-Lena Herkenhoff, Die Zeitschrift „Compact" und die Soziale Frage, in: Andrea Becker/Simon Eberhardt/Helmut Kellershohn (Hrsg.), Zwischen Neoliberalismus und völkischem „Antikapitalismus". Sozial- und wirtschaftspolitische Konzepte und Debatten innerhalb der AfD und Neuen Rechten, Münster 2019, S. 148–158; Felix Schilk, Souveränität statt Komplexität. Wie das Querfront-Magazin Compact die politische Legitimationskrise der

emotionalisierender und polarisierender Sprache wirken wollen. Häufig schüren die Autoren gegenüber Flüchtlingen einschlägige Ressentiments. Meist sind auch die polemisierenden Beiträge über die *Grünen* von hetzerischen Zerrbildern geprägt. Eine derartige Darstellungsform kennzeichnet auch Kommentare zu anderen politischen Parteien. Eine Ausnahme bildet die AfD, die in den Beiträgen meist in einem hellen Licht erscheint. Dies gilt nicht für die dort als gemäßigt Geltenden, dafür aber umso mehr für die dem „Flügel" zurechenbaren Repräsentanten.

Diese Ausrichtung verwundert in Form und Inhalt, wenn man auf die Biographie Elsässers blickt: Der *Compact*-Leiter arbeitete zunächst für ganz andere Publikationsorgane: *Konkret, Junge Welt, Neues Deutschland.* Politisch sozialisiert wurde er im *Kommunistischen Bund*, einer K-Gruppe der 1970er und 1980er Jahre. Seine politische Entwicklung machte Elsässer zum Gegenstand seiner Autobiographie. Sie behandelt auch die Entwicklung der jeweiligen politischen Milieus, in denen sich der Verfasser bewegte. Bei einer Autobiographie ist es konstitutiv, dass die subjektive Dimension dominiert. Bei diesem Autor kommen noch ein gerüttelt Maß an Eitelkeit und Selbstgefälligkeit hinzu, das zeigt auch die Auswahl der Fotos mit Kommentaren. Diese lassen Elsässer als coolen Typen, häufig lässig mit Zigarette, erscheinen.

Dennoch verdient die Darstellung Beachtung. Zunächst fällt der Blick auf Elsässers politische Entwicklung, die ihn früh in den Linksextremismus führte. Erstaunlicherweise werden die Gründe für diesen Prozess nicht näher thematisiert. Eigentlich wäre eine ausführlichere Darstellung darüber zu erwarten gewesen, welche – angeblichen oder tatsächlichen – Gegebenheiten in Gesellschaft, Staat oder Wirtschaft hierfür relevant waren. Deren Aufarbeitung und Deutung könnten dann Elsässers eigene Ideologisierung und Politisierung erklären. Zum Beginn bemerkt er: „Über die Verlockungen sexueller Freizügigkeit rutschen wir ins linke Lager" (S. 58). Das wäre dann eine Aussage zur Frage, wie es um die Ernsthaftigkeit seiner Positionen bestellt ist. Bedenkt man die Eitelkeit Elsässers, so scheinen derartige Bedürfnisse für seine Handlungen immer von herausragender Relevanz gewesen zu sein.

In der Autobiographie entsteht so der Eindruck, dass es um politische Abweichungen um der politischen Abweichungen willen geht. Elsässer schildert ausführlich seine Entwicklung innerhalb des Linkextremismus, wobei etwa am Beispiel der *Jungen Welt* interne Konflikte angesprochen werden. So brach er immer wieder mit Redaktionen, ohne die inhaltlichen Gründe genauer zu thematisieren. Insofern ist der „Seitenwechsel" vom Linksextremismus zum Rechtsextremismus nicht unmittelbar verständlich. Immerhin führt Elsässer dafür ein Schlüsselereignis an. Als entscheidenden Gesichtspunkt nennt er die Serbien-Solidarität, die für ihn während der Auseinandersetzung Ende der 1990er Jahre um den Jugoslawien-Konflikt aufkam: „Mein serbischer Patriotismus war der Geburtshelfer meines deutschen" (S. 239). Dabei kritisierte Elsässer nicht nur die NATO und deren Vorgehen, er positionierte

---

Gegenwart bearbeitet, Münster 2017. Neben dieser aus dem Antifa-Bereich stammenden Literatur mangelt es an breiter angelegten Untersuchungen.

sich auch zugunsten des als Kriegsverbrecher verurteilten Slobodan Milošević und dessen Politik.

Ein zweiter interessanter Aspekt der Autobiographie ist der Blick in das Innenleben der jeweiligen politischen Szenen. So wird etwa eine Diskussion mit Götz Kubitschek, der das Institut für Staatspolitik gründete und für die „Neue Rechte" als Organisator und Stratege wirkt, entgegen dessen Wünschen nachgedruckt. Darin lassen sich Gemeinsamkeiten und Unterschiede deutlich erkennen[5], was die Aufmerksamkeit für einige Zitate erklärt. Elsässer bemerkte: „Aufgabe der oppositionellen Medien ist es, zum Sturz des Regimes beizutragen, und dabei gehen wir Schulter an Schulter." Die *Sezession* „sorgt für die Tiefe, und wir sorgen für die Breite." Kubitschek reagierte darauf mit folgendem Statement: „Also ich würde von der Sprache her diesen Gestus auf eine ganz andere Art ziehen. […] Ich meine in manchem dasselbe und drücke es anders aus" (S. 450, 452).

Elsässer formuliert seine Positionen und sein Wollen unverblümt. Damit will er breiter in die Gesellschaft hineinwirken, während die „Neue Rechte" in die intellektuelle Tiefe gehen solle. Hinsichtlich der genannten Absicht handelte es sich bei Elsässer nicht um einen sprachlichen Ausrutscher. Am Ende der Monographie skizziert er seine Zukunftshoffnung: Anders als die „Neue Rechte" will er sich nicht auf eine geistige Revolution beschränken. Auch diese Aussagen verdienen in ganzen Sätzen zitiert zu werden: „Die Macht wird nach dem Modell des Sturms auf den Winterpalais erobert, also nicht durch Begriffs-, Text- und Bildproduktionen in den Wolkenschlössern des gesellschaftlichen Überbaus, sondern durch die physische Inbesitznahme der Kommandohöhen der Staatsapparate: Regierungssitz, Fernsehstationen, Verkehrsknotenpunkte, Medienhäuser, Kasernen, Glasfasernetze. Mussolini übrigens ist bei seinem Marsch auf Rom ganz nach der Methode Lenins vorgegangen" (S. 510). Hier bestehen bei Elsässer somit Kontinuitäten.

Und dann sind die Aktivitäten und Kontakte bedeutsam, mit denen sich Elsässer immer wieder ins gefällige Licht zu rücken vermag. Ihm gelang es häufig, für die *Compact*-Konferenzen prominente Redner zu gewinnen, wobei die meist älteren Geladenen womöglich gar nicht verstanden, in welchen Kontexten sie sich jeweils bewegten. Egon Bahr oder Peter Scholl-Latour gehörten dazu. Insbesondere bei NATO-kritischen und Russland-freundlichen Positionen waren derartige Referenten für die öffentliche Wirkung überaus interessant. Elsässer stellt darüber hinaus klar, dass er die AfD in ihrer Fundamentalopposition bestärken will. Am Ende seiner politischen Lebensbetrachtung stellt er auf andere Protagonisten ab, die „Querdenker und Impfkritiker" (S. 527), die für ihn als widerständige Massenbewegung wohl das neue revolutionäre Subjekt sein sollen.

Kurz nachdem die Autobiographie erschienen war, druckte *Compact* einen kurzen Text: Es gebe „Kriegserklärungen" gegen das Publikationsorgan. Das Buch

---

[5] Vgl. Armin Pfahl-Traughber, Intellektuelle Rechtsextremisten. Das Gefahrenpotenzial der Neuen Rechten, Bonn 2022, S. 118 f. Der zitierte Dialog macht die extremistische Orientierung beider Personen bzw. Publikationsorgane deutlich.

solle vom Markt genommen und eine Unterlassungserklärung unterzeichnet werden. Direkt nach dieser Information an die Leser sei es aber zu Massenbestellungen gekommen. Wider Willen hätten die „Feinde der Meinungsfreiheit" gegenteilige Wirkungen ausgelöst.[6] Was war geschehen? Der bekannte dtv-Verlag hatte gegen den dtw-Verlag, der die Autobiographie von Elsässer herausgab, geklagt. Dessen Schriftzug sah dem renommierten Verlag zu ähnlich, womit dessen Markenrechte verletzt seien. Zu dieser Einschätzung kam das zuständige Gericht. Es ging demnach nicht um eine Einschränkung der Meinungsfreiheit, sondern um die Unterbindung von Elsässers „Trickserei". Der *Compact*-Herausgeber informierte demnach seine Leserschaft offenkundig falsch und inszenierte sich als Opfer.[7]

---

6 Vgl. o. A., COMPACT ist stärker, in: Compact, Nr. 8/2022, S. 8.
7 Vgl. Wolf Wiedmann-Schmidt, Rechtsextremisten-Biografie darf so nicht mehr verkauft werden, in: Der Spiegel vom 12. August 2022, S. 19.

Einzelbesprechungen:

Der Wandel des Autoritarismus in der heutigen Gesellschaft

Von Frank Decker

Carolin Amlinger/Oliver Nachtwey, Gekränkte Freiheit. Aspekte des libertären Autoritarismus, Berlin 2022 (*Suhrkamp*), 480 S.

Libertarismus und Autoritarismus bilden auf den ersten Blick ein unmögliches Gegensatzpaar. Das libertäre Denken stellt eine Extremform des Liberalismus dar, die die individuelle Freiheit als Wert verabsolutiert und die Eingriffe des Staates auf ein Minimum begrenzen möchte. Autoritäre Politik zeichnet sich demgegenüber durch einen starken, machtvollen Staat aus, der seine Wert- und Ordnungsvorstellungen der Gesellschaft oktroyiert. Die Einschränkung der individuellen Freiheiten basiert dabei entweder auf freiwilliger Unterwerfung oder wird – auch gegen mögliches Widerstreben – von oben durchgesetzt.

Wie können diese gegensätzlichen Haltungen zusammengehen? Die Literaturwissenschaftlerin Carolin Amlinger und der Soziologe Oliver Nachtwey, beide an der Universität Basel ansässig und lehrend, argumentieren, dass die Verabsolutierung der individuellen Freiheit, die der Libertarismus propagiert, selbst autoritäre Züge annimmt, weil sie sich über die Rechte anderer hinwegsetzt oder diese ausblendet. Dieses Denken breite sich heute in der Gesellschaft immer mehr aus. Ins Bewusstsein gerückt wurde das durch die zum Teil massiven Proteste gegen die Coronamaßnahmen, die in Deutschland vor allem von der sogenannten *Querdenker-Bewegung* ausgingen und in ähnlicher Form in der Schweiz und in Österreich anzutreffen waren.

Folgt man Amlingers und Nachtweys Analyse, trifft der Begriff „quer" insoweit zu, als sich die Protestierenden weder soziologisch noch parteipolitisch über einen Kamm scheren ließen. Unter den Rebellen befänden sich Personen, die zivilisiert aufträten, und solche, die zu Militanz und Gewalt neigten. Ihren gemeinsamen Nenner bildeten starke Entfremdungsgefühle gegenüber der etablierten Politik und den staatlichen Institutionen sowie eine hohe Affinität zu Verschwörungstheorien. Beides zusammengenommen erklärt, warum der Protest auch auf andere Themen übertragbar und an diese anschlussfähig gewesen sei. Stellten die 2015 beginnenden *Pegida*-Demonstrationen[1] gegen die vermeintliche „Islamisierung des Abendlandes" einen Vorboten der *Querdenker-Bewegung* dar, richteten sich die Proteste nach Abflauen der Coronapandemie gleichzeitig und nacheinander gegen die staatlich

---

[1] Vgl. Lars Geiges/Stine Marg/Franz Walter, PEGIDA. Die schmutzige Seite der Zivilgesellschaft, Bielefeld 2015.

verhängten Klimaschutzmaßnahmen, die sogenannte Identitätspolitik und die Parteinahme für die Ukraine im Konflikt mit Putin und Russland.

Amlinger und Nachtwey knüpfen bei ihrer Bestimmung des „libertären Autoritarismus" an die klassischen Arbeiten der Frankfurter Schule zur autoritären Persönlichkeit an, etwa Adornos *Studien zum autoritären Charakter*[2], Marcuses *Der eindimensionale Mensch*[3] und Fromms *Die Furcht vor der Freiheit*.[4] Den Unterschied des heutigen zum traditionalistischen Autoritarismus machen sie am Freiheitsverständnis fest. Anders als dort sei bei den libertären Autoritären eine besonders ausgeprägte Unterwürfigkeit gegenüber staatlichen und sonstigen gesellschaftlichen Autoritäten, etwa aus der Wissenschaft, nicht zu erkennen. Häufig lehnten sie diese gerade ab. „Die einzige Autorität, die sie anerkennen, sind sie selbst. Freiheit ist für sie ein unbedingter Wert, den sie nicht mit anderen abgleichen oder gar einschränken wollen. [...] Sie werten jene ab, die ein anderes Verständnis von Freiheit vertreten" (S. 338). Diese Unbedingtheit und Rigorosität, die in soziale Rücksichtslosigkeit münde und die Solidarität mit vulnerablen Gruppen verweigere, markiere den Umschlag ins Autoritäre.

Amlinger und Nachtwey stützen ihre Untersuchung zum einen auf eine Online-Befragung von gut 1.000 „Querdenkern", zum anderen haben sie ausführliche Interviews mit 60 Personen aus der Szene geführt, darunter auch Anhänger der AfD. Diese werden in den Text gekonnt eingearbeitet. Unterschiedliche Varianten des libertären Autoritarismus beleuchten die Autoren in drei Fallstudien. Die erste gilt den Intellektuellen, die sich in ihrem Wirkungskreis beschnitten sähen und unter dem Label der „Cancel Culture" verdrehte Freiheitskämpfe ausföchten. Exemplarisch dafür stehe der Philosoph Peter Sloterdijk, dem ein kurzer Exkurs gewidmet wird. Die zweite Fallstudie nimmt die *Querdenker*-Szene in den Blick. Sie rekrutiere sich mehrheitlich aus Personen, die von links kämen, vielfach aus den Ausläufern der alten Alternativmilieus stammten, sich aber nun nach rechts bewegten. Die dritte Fallstudie, die im Vorfeld der seinerzeitigen Bundestagswahl bereits 2017 durchgeführt wurde, untersucht die Affinität von manchen Anhängern der als progressiv eingestuften Nichtregierungsorganisation *Campact* zur rechtspopulistischen AfD.

Die Ursachen der Entstehung des libertären Autoritarismus sehen die Autoren in der Entwicklung der kapitalistischen Gesellschaft. Mit diesem linken Ansatz knüpfen sie an frühere Arbeiten Oliver Nachtweys zur Sozialstrukturanalyse der heutigen Gesellschaft an.[5] Die libertären Autoritären werden als Nebenfolge spätmoderner Gesellschaften betrachtet. Deren Versprechen der individuellen Selbstverwirklichung berge ein Kränkungspotenzial, das in Frustration und Ressentiment

---

2 Theodor W. Adorno, Studien zum autoritären Charakter, hrsg. von Ludwig von Friedeburg, Frankfurt a. M. 1973.
3 Herbert Marcuse, Der eindimensionale Mensch. Studien zur Ideologie der fortgeschrittenen Industriegesellschaft, Frankfurt a. M. 1967.
4 Erich Fromm, Die Furcht vor der Freiheit, hrsg. von Rainer Funk, München 1993.
5 Vgl. Oliver Nachtwey, Die Abstiegsgesellschaft. Über das Aufbegehren in der regressiven Moderne, Berlin 2016.

umschlagen könne. Freiheit sei aus der Sicht der sich gekränkt fühlenden Menschen kein geteilter gesellschaftlicher Zustand, sondern ein gesellschaftlicher Besitzstand, den es gegen staatliche Übergriffe und Bevormundung zu verteidigen gelte.

Auch wenn diese Erklärung zu kurz gegriffen sein mag, trifft das Buch einen für das Verständnis der zunehmend aufgeladenen gesellschaftlichen und politischen Konflikte, mit denen wir es seit geraumer Zeit zu tun haben, wichtigen Nerv. So wie der Sinn für Gemeinschaftlichkeit und das solidarische Miteinander in der *Gesellschaft der Singularitäten*[6] schwindet, gerät durch die starke Betonung der Grund- und Bürgerrechte im hiesigen Staats- und Verfassungsdenken auch die Gemeinwohlorientierung der Politik heute vermehrt unter Druck.[7] Liberale treten an die Stelle republikanischer Werte. Dass letztgenannte auch Pflichten einschließen und die Bürger in ihrem Verhältnis zum Staat nicht auf die Rolle von Kunden reduzierbar sind, ist im öffentlichen Bewusstsein weitgehend verloren gegangen. Es dorthin wieder zurückzuholen, dürfte allein deshalb schwierig sein, weil auch die Öffentlichkeit im demokratischen Staat immer stärker fragmentiert – ein Aspekt, auf den Amlinger und Nachtwey leider nur am Rande eingehen.[8]

Der Verkaufserfolg und die überwiegend positiven Besprechungen, die das Buch im ersten Jahr nach Erscheinen erfahren hat, hängen nicht nur mit seiner inhaltlichen Qualität zusammen, sondern auch mit seiner Lesbarkeit. Wiewohl den Autoren der soziologische Fachjargon nicht fremd ist und die eine oder andere Redundanz vermeidbar gewesen wäre, verspricht der gut geschriebene Text über weite Strecken eine kurzweilige, bisweilen unterhaltsame Lektüre. Dass sich das Vergnügen nicht unbedingt auf den Inhalt erstreckt, muss wohl so sein. Wenngleich Amlinger und Nachtwey die Leser nicht ganz ohne Hoffnung zurücklassen wollen, bestehen für sie keine Zweifel daran, dass wir uns in Zukunft auf eine weitere Zunahme des von ihnen beschriebenen Phänomens einzustellen haben. Dabei verweisen sie auf die Konflikte, die durch die Transformation der Arbeitswelt, die Digitalisierung und den Klimawandel drohen. Ihre Lösungsangebote, die am Ende nur kurz angedeutet werden, setzen erwartbarerweise auf einen aktiveren, planerisch tätigen und besser vorsorgenden Staat sowie eine Demokratisierung der Wirtschaft als Alternative zum kaum gezügelten Kapitalismus. Die Freiheit der Zukunft brauche Solidarität.

---

6 Andreas Reckwitz, Die Gesellschaft der Singularitäten. Zum Strukturwandel der Moderne, Berlin 2017. Dass die Menschen das durchaus selbst so sehen, belegen zwei Studien zum „Vertrauen in Demokratie", die der Verfasser im Auftrag der Friedrich-Ebert-Stiftung 2019 – also noch vor der Coronakrise – und 2022 mit einem Forschungsteam der Universität Bonn zusammen durchgeführt hat. Nach den Ursachen für den rückläufigen gesellschaftlichen Zusammenhalt gefragt, stimmten danach 90,7 (2019) beziehungsweise 87,6 Prozent (2022) der Ansicht zu, Egoismus gelte heute mehr als Solidarität. Vgl. Frank Decker u. a., Vertrauen in Demokratie. Wie zufrieden sind die Menschen in Deutschland mit Regierung, Staat und Politik?, Bonn 2019; Volker Best u. a., Demokratievertrauen in Krisenzeiten. Wie blicken die Menschen in Deutschland auf Politik, Institutionen und Gesellschaft?, Bonn 2023.

7 Vgl. Felix Heidenreich, Demokratie als Zumutung. Für eine andere Bürgerlichkeit, Stuttgart 2022.

8 Vgl. Jürgen Habermas, Ein neuer Strukturwandel der Öffentlichkeit und die deliberative Politik, Berlin 2022.

Die trügerische Wettervorhersage unter dem Hakenkreuz

Von Kevin Scheibel

Tillmann Bendikowski, Hitlerwetter. Das ganz normale Leben in der Diktatur: Die Deutschen und das Dritte Reich 1938/39, München 2022 (*C. Bertelsmann*), 560 S.

Bücher über den Nationalsozialismus und dessen Aufstieg sowie Umbau der gesellschaftlichen Landschaft im Deutschland der 1930er Jahre gibt es wie Sand am Meer. Oft werden in ihnen Schlüsselereignisse und Zäsuren wie etwa die Olympischen Spiele 1936 oder die Novemberpogrome 1938 näher beleuchtet und in einen übergeordneten historischen Gesamtkontext gesetzt. Das einfache Alltagsleben unter dem Hakenkreuz bildet dabei nur eine Randnotiz, dessen Erläuterung selten über einige plakative Eckdaten hinausreicht. Ganz anders nähert sich Tillmann Bendikowski dem dunkelsten Kapitel deutscher Geschichte: Mit *Hitlerwetter* beleuchtet er nicht nur einen vielfach unbeachteten Aspekt des Dritten Reichs, sondern er führt den Leser auch über eine überraschend lebhafte und greifbare Zeitreise durch das Leben der Deutschen im Nationalsozialismus.

Mit einem Umfang von 560 Seiten gehört Bendikowskis Buch nicht zu den kompakten Überblickswerken über das Dritte Reich, wohl aber zu den eingängigsten Publikationen. Durch seine plastische Erzählweise, die sich über einen Zeitraum von einem Jahr – Ende 1938 bis kurz nach Ausbruch des Krieges – erstreckt, schafft der Autor ein fesselndes Leseerlebnis. Jedes der zwölf einzelnen Kapitel widmet sich dabei einem anderen Kalendermonat nebst einschlägigen Ereignissen und Feiertagen. Untermalt mit Fotografien und unzähligen Beispielen wird schnell deutlich, dass der Alltag trotz der politischen Zäsuren, dem Bruch mit der Weimarer Demokratie und der tiefgreifenden nationalsozialistischen Propaganda einen trügerischen wie unheimlichen Charme beibehielt – sofern man zu den deutschen „Volksgenossen" gehörte.

Bendikowski beginnt seine Ausführungen im Winter 1938 mit der Vorbereitung auf das Weihnachtsfest. Trotz der gerade einmal fünf Jahre zurückliegenden „Machtergreifung" schafften es die Nationalsozialisten ohne breiten Widerstand, das heilige Fest von seinem christlichen Ursprung zu entkoppeln, so dass etwa traditionelle Weihnachtslieder mit religiösem Inhalt dem Liederkanon der neuen Machthaber wichen. Während nach den ausgedehnten Novemberpogromen unzählige, als Feinde des Regimes deklarierte Juden, Sinti und Roma, Kommunisten und Sozialdemokraten die Feiertage in den Konzentrationslagern verbringen, folgt das Leben der „Volksgenossen" dem Pfad von altbewährter Ordnung und banaler Normalität: Geschäftige Weihnachtseinkäufe, Festmahle im Kreise der Familie sowie gemeinsames Kochen und Backen unterstreichen deutsche Traditionen, deren Wurzeln gewiss tiefer reichen als die kurze Erfolgsgeschichte Hitlers und seiner NSDAP. Der Eingriff der Propaganda in das festliche Treiben erfolgt dabei nicht mit dem Brecheisen, sondern unterschwellig mit Präzision und Berechnung: Nationalsozialistische Literatur, die „Bücher der Bewegung", werden von gleichgeschalteten Medien und Massenorganisationen als wohlwollende Geschenke für Familienangehörige empfohlen. Preise für Rundfunkgeräte, die „Volksempfänger", werden auf ein erschwingliches Maß reduziert, so dass mittels moderner Technologie in möglichst allen Haushalten die Reden des Führers erklingen können. Nicht zuletzt ersetzen zuweilen abstrakte „germanische" Kulturveranstaltungen und Neologismen die üblichen christlichen Gepflogenheiten, ohne diese neu zu erfinden: Aus dem „Christbaum" wird der „Lichtbaum". Jesus hat es nicht leicht, in diesen Tagen seiner Stimme Geltung zu verschaffen.

Dabei stellt das Weihnachtsfest nur ein Beispiel für die überaus detaillierte und weitreichende Recherchearbeit des Historikers Bendikowski dar: Der Geburtstag Hitlers, der Muttertag sowie unzählige Aktionen des Regimes – etwa der Hitlerjugend – werden ebenso ausführlich geschildert wie die Perzeption des Kriegsausbruchs oder der knapp gescheiterte Attentatsversuch Georg Elsers im Münchener Bürgerbräukeller vom November 1939 sowie dessen Verarbeitung in den zeitgenössischen Medien. Dabei reicht das erzählerische Spektrum von der skurrilen Banalität zahlloser ungewöhnlicher Geschenke an Hitler von Privatleuten bis hin zu den Wohltaten, mit denen sich das NS-Regime den Zuspruch der Deutschen sicherte und kritischem Hinterfragen durch die langersehnte wirtschaftliche und soziale Stabilität nach den harten letzten Jahren der Weimarer Republik weitgehend vorbeugen konnte. Die unangenehmen Seiten der Diktatur, nicht für den Blick der Öffentlichkeit bestimmt, konnten etwa durch die neu gebauten „Kraft-durch-Freude"-Linienkreuzer geschickt umschifft werden. Mit ausgedehnten Urlaubsressorts etablierte sich Hitler nicht zuletzt zum größten Reiseführer des Landes.

Die allumfassende „Trunkenheit", mit der die deutsche Wahrnehmung an den Schrecken der Zeit vorbeitaumelt, zieht sich wie ein roter Faden durch die Ausführungen Bendikowskis. Der nationalsozialistische Terror bleibt in seinem Buch nicht unerwähnt, wird jedoch immer von Erklärungen darüber begleitet, warum er für den deutschen „Volksgenossen" weitgehend unsichtbar und im Verborgenen existieren konnte. „Trunkenheit" ist dabei an dieser Stelle alles andere als lediglich ein bildsprachliches Mittel: Tatsächlich stieg der Alkoholkonsum der Deutschen in bester nationalsozialistischer Stammtisch- und Wirtshaustradition deutlich.

Insgesamt zeichnet Bendikowski das Bild einer von sozialem Druck geprägten, aber zugleich weitgehend zufriedenen Gesellschaft, in der das konsolidierte NS-Regime jeden umgarnt, der sich mit den strengen Spielregeln der Diktatur arrangieren kann. Er beschreibt vermeintlich harmlose Ernteeinsätze, Arbeitsaktionen und Veranstaltungen der NSDAP-Massenorganisationen, von denen sich die Deutschen offenkundig nur allzu gern über die verbrecherische Seite ihrer Regierung hinwegtäuschen ließen. Dass die vermeintlich warmherzigen Umarmungen der Nationalsozialisten, etwa durch die Wohltaten des „Kraft-durch-Freude"-Programms, durch den

Einzug propagandistischer Verblendung in die gesamte Lebenswelt der Menschen erdrückend und einschnürend waren, störte die Wenigsten nicht zuletzt deswegen, da Eingriffe in den gewöhnlichen Alltag häufig unterschwellig und selten zum direkt sichtbaren Nachteil der Menschen erfolgten. *Hitlerwetter* gewährt damit nicht nur den Einblick in eine vergangene Epoche deutscher Geschichte, sondern zeigt streckenweise auch lehrreich die Effizienz manipulativer Propaganda-Techniken, wie sie diktatorische Systeme bis in unsere Zeit anwenden. Sprechen manche Rechtsextremisten heute etwa von den Errungenschaften des Dritten Reichs, spiegeln ihre Ausführungen nicht selten jene Maßnahmen des NS-Regimes wider, die Bendikowski in seinem Werk als bewusste Täuschungsmanöver der totalitären Unterdrückung entlarvt.

Insofern ist das Buch nicht nur für den geschichtsinteressierten Leser empfehlenswert, sondern erfüllt zu Beginn der 2020er Jahre – einer unsicheren, politisch polarisierenden und keinesfalls goldenen Zeit – eine aufklärende Funktion in unserer demokratischen Gesellschaft: über die Gefahren von Täuschung, die Möglichkeiten gezielter Manipulation von öffentlicher Meinung und darüber, dass auch auf trügerisch sonniges Wetter schnell ein unberechenbarer Sturm folgen kann.

Revolution 1848/49

Von Hans-Ulrich Thamer

Jörg Bong, Die Flamme der Freiheit. Die deutsche Revolution 1848/49, Köln 2022 (*Kiepenheuer & Witsch*), 560 S.

Ende April 1848 kommt der badische Revolutionär Friedrich Hecker, nach der Niederlage der radikalen Demokraten im badischen Volksaufstand und mittlerweile in die Schweiz geflohen, zu der zweifelhaften Erkenntnis: „Schon jetzt hat die Zeit gelehrt, dass der Sieg des Volkes, seine wahrhaftige, nachhaltige Befreiung nur mit dem Schwert konnte bewerkstelligt werden." Er schließt seinen Bericht über die *Erhebung des Volkes in Baden für die deutsche Republik im Frühjahr 1848* mit dem Satz: „Ohne Republik keine schöpferische Entwicklung des Volkes, ohne Republik kein Wohlstand des Volkes, ohne Republik keine Einheitskraft im Innern und nach Außen, ohne Republik keine Freiheit und keine Freiheit auf Dauer" (S. 502 f.).

Mit diesem programmatischen Bekenntnis eines der führenden Demokraten der Revolution von 1848 schließt Jörg Bong, Literaturwissenschaftler und langjähriger Verleger des S. Fischer Verlags, den ersten Band seiner geplanten Trilogie zur deutschen Revolution von 1848/49 ab. Die Folgebände seiner, wie er es im Klappentext formuliert, „leidenschaftliche[n] Würdigung der frühen deutschen Demokratinnen und Demokraten" sollen Ende 2024 abgeschlossen sein. Ein bemerkenswertes und auf jeden Fall gut zu lesendes Werk. Denn im Unterschied zu einigen neueren Publikationen aus der Feder von Historikern überzeugt diese neue Revolutionsgeschichte, aus aktuellem Anlass des 175-jährigen Jubiläums der 1848er Revolution erschienen, durch ihre spannungsreiche Lebendigkeit und erzählerische Anschaulichkeit. Das erreicht der erfahrene Autor nicht nur durch eine souveräne Kenntnis der zeitgenössischen Publizistik wie der einschlägigen wissenschaftlichen Literatur, sondern vor allem auch durch seine dramaturgische Fähigkeit zur Komposition von Texten zu einem Geschichtsdrama, vor allem mit Zitaten aus der Rede- und Programmpublizistik der Revolutionszeit einschließlich der Memoirenliteratur. Geschichtswissenschaftlicher Lehrmeister und Anreger ist für Bong der Klassiker der liberal-demokratischen Revolutionsforschung, Veit Valentin.

Durch diese sorgfältige und spannungsförderliche Komposition unterschiedlicher Textbausteine gelingt es dem Autor, ein großes Spektakulum der Revolutionsgeschichte der ersten Monate vom Februar 1848 bis Ende April 1848, dem Augenblick der Beendigung des Vorparlamentes und dem Scheitern des „Heckerzuges", zu entfalten; beides deutliche Signale für die Niederlage der demokratischen Bewegung in ihrer immer schärfer werdenden Auseinandersetzung mit den Repräsentanten der liberalen Mehrheit, die für eine konstitutionelle Monarchie und ein Bündnis mit den zur Reform zu verpflichtenden alten Mächten eintreten und damit im schroffen Gegensatz zu den radikalen Demokraten agieren, die für eine freiheitliche Republik streiten, ohne allerdings eine größere Volksbewegung für sich mobilisieren zu können.

Deren Wortführern, vor allem Friedrich Hecker und Gustav von Struve (der seinen Adelstitel demonstrativ ablegt) sowie Robert Blum, widmet Bong seine Geschichte und gibt ihnen und ihren Kampfgenossen ein plastisches und empathisches Gesicht. Zu dieser politischen Gesinnungsgemeinschaft gehören neben Advokaten und Publizisten Schriftsteller wie Georg Herwegh und seine Frau Emma; darunter auch andere Frauen, deren engagierte Rolle in der bisherigen Literatur kaum gewürdigt wird. Ihre einstigen oppositionellen liberalen Verbündeten, wie Heinrich von Gagern, Friedrich Bassermann und Karl Mathy, werden in ihrem Denken und Handeln kenntnisreich und anschaulich vorgestellt. Sie lebten und arbeiteten schon vor 1848, im politisch brodelnden Vormärz, vor allem in den konstitutionell verfassten süddeutschen Mittel- und Kleinstaaten und verfügten aus ihrer Zeit in den dortigen Landtagen über erste parlamentarisch-politische Erfahrungen, im Unterschied zu den meisten Demokraten, die teilweise im (französischen) Exil lebten und nun wie der wortgewaltige Karl Marx (vorübergehend) zurückkehrten. Während die einstigen oppositionellen Liberalen sich, obwohl sie im Grunde genommen aus einem vergleichbaren bürgerlichen sozialen Milieu kamen, zur konstitutionellen Monarchie bekannten und teilweise im März 1848 auch von einigen taktisch einsichtigeren Monarchen in die sogenannten März-Ministerien berufen wurden, blieben die Demokraten ihrem Ideal einer freiheitlich-demokratischen Republik treu – und in der entschiedenen Opposition. Bong steht mit seiner Darstellung in der Gewichtung wie in der Wertung sehr deutlich auf der Seite der idealistischen Demokraten, die für Ziele eintreten wie ein allgemeines Wahlrecht und eine stärkere Orientierung an der drängenden sozialen Frage (Themen und Rechtssysteme, die uns seit 100 Jahren mehr oder weniger vertraut und selbstverständlich sind). Das macht den eigentlichen Kern der Auseinandersetzungen aus, mit denen es die politische Revolutionsbewegung von 1848 zu tun hat. Das führt schließlich zur Kompromissbereitschaft der Liberalen mit der konstitutionellen Monarchie, die aus der Sicht ihrer demokratischen Konkurrenten Unterordnung unter die alten Mächte bedeutet; für diese war, wie von Bong kurz erwähnt, der März 1848 ein heftiger Weckruf im Sinne einer immer schon nur halbherzigen Revolutionsprophylaxe oder einer radikalen Gegenmobilisierung.

Was die Revolution angetrieben hat, wird in der episch breiten Darstellung von Jörg Bong vor allem an dem politischen Agieren und der politischen Rhetorik der Akteure der Revolution, überwiegend aus der Perspektive der Demokraten beschrieben. Ihnen möchte der Verfasser ein politisches Denkmal setzen; dazu gehören auch die Frauen der Revolution. Es entsteht eine lebendige ideengeschichtliche, quellengestützte und spannungsvoll angelegte Kammwanderung der revolutionären Bewegung in ihren politisch-programmatischen Gegensätzen. Sie sollten später neben anderen politischen und sozialen Widersprüchen und Ungleichzeitigkeiten zum

Scheitern der Revolution führen – das wird vermutlich Gegenstand der beiden Folgebände sein. Was die Revolution außerdem und in enger Verschränkung mit den handelnden Personen vorangetrieben hat, war die politische Mobilisierung durch eine entstehende Vereinsbewegung und eine sich differenzierende Presselandschaft mitsamt einer politischen Lagerbildung in Form von frühen Parteien. Das aber wird vom Autor immer nur kurz erwähnt, wenn es um den Handlungsrahmen der führenden demokratischen Revolutionäre geht. Sie machen die Geschichte, nicht aber die sozialen und politischen Bewegungen, die sich aus den wirtschafts- und sozialgeschichtlichen Krisen der unmittelbaren Vormärzzeit bilden. Sie werden nur angedeutet, und auch deren Wahrnehmung durch die bürgerlichen Revolutionäre spielt dabei kaum eine Rolle. Dazu gehört die widersprüchliche und teilweise beängstigende Erfahrung sozialer Protestbewegungen auf dem Lande. Deren Zuspitzung zu einer bäuerlichen Revolution hat, ähnlich wie in der Französischen Revolution von 1789, die politische Mobilisierung wesentlich vorangetrieben. Nachdem deren wesentliche Forderungen, in Vollendung der „Bauernbefreiung" des Jahrhundertbeginns, sehr rasch erfüllt worden waren, schieden die Bauern jedoch aus dem unkoordinierten Spektrum der Revolution aus und wechselten bald auf die Gegenseite. Vermutlich hatte auch die geringe Resonanz des „Heckerzuges" unter der ländlichen Bevölkerung darin einen ihrer Hintergründe. Es sind diese und andere sozial- und kommunikationspolitischen Hintergründe und Zusammenhänge (auch mit der Wahrnehmungsgeschichte der „Großen Französischen Revolution"), die in der breiten Erzählung Bongs allenfalls mit knappen Strichen angesprochen werden, die aber ganz wesentlich zur Dramatik und zu dem kurzfristigen Scheitern der Revolution beigetragen haben. Das aber vermisst man in dem grandiosen Panorama der Revolution, die ja auch eine politische Massenbewegung mit Langzeitwirkung herbeigeführt hat. Deren sozial- und kommunikationsgeschichtlichen Strukturen lassen sich vermutlich nur schwer in eine dramatische Sprache übersetzen. Aber wenn einem Autor dieser Transfer von der abstrakten Sprache der Sozialgeschichte in eine spannende Handlungsgeschichte gelingen könnte, dann vermutlich Jörg Bong. Es bleiben ja noch zwei Bände.

Chemnitz und „Risiko-Demokratie"

Von Claus Leggewie

Jenni Brichzin/Henning Laux/Ulf Bohmann, Risiko-Demokratie. Chemnitz zwischen rechtsradikalem Brennpunkt und europäischer Kulturhauptstadt, Bielefeld 2022 (*transcript*), 244 S.

Wer Chemnitz nicht kennt, hat (außer „ehemals Karl-Marx-Stadt") vermutlich zwei konträre Assoziationen: die sich weltoffen präsentierende Kulturhauptstadt Europa 2025 und die xenophoben „Ereignisse" im August 2018: „Ein Chemnitzer wird nachts am Rande des Stadtfestes erstochen, und noch bevor die Täter gesichert als Flüchtlinge identifiziert sind, brechen in der Stadt rechtsgerichtete Demonstrationen und rechtsradikale Ausschreitungen los; die Medien stürzen sich auf die Vorfälle und berichten sowohl deutschlandweit als auch international" (S. 8 f.). So erfuhr die halbe Welt, dass bei einem Fußballspiel des Regionalligavereins Chemnitzer FC mit einer Schweigeminute eines verstorbenen Fans des Chemnitzer Fußballclubs gedacht wurde, der einer rechtsradikalen Hooliganvereinigung vorstand und für die Stadionbetreuung zuständig war. Dass sich bis 2000 die Terrorvereinigung *Nationalsozialistischer Untergrund* (NSU) in Chemnitz versteckte, der Stadtteil Sonnenberg als Verlagsort rechtsradikaler Magazine und Plattenlabel als „national befreite Zone" deklariert wurde und diverse Rechtsradikale fast ein Viertel der Stadtratsverordneten bilden. Das Autorentrio – Sozialwissenschaftler (aus dem Westen) – kannte und schätzte Chemnitz dennoch als ihre „liebgewonnene Arbeitsheimat" und stand vor einem Rätsel: „Wie kann es sein, dass es in einer Stadt, die (uns) in vielerlei Hinsicht so unspektakulär erscheint, zu einer derart explosionsartigen (und aus demokratienormativer Sicht problematischen) Politisierung kommen konnte" (S. 9)?

Manchmal beginnt Wissenschaft wohl immer noch mit Staunen, wie in diesem Fall, wo sich das Team spontan zu einer ethnographischen Fallstudie der „Ereignisse" verabredete, wie die Vorfälle im Sommer 2018 ominös bezeichnet werden. Das Vorhaben, das fachlich wie karrieretechnisch einige Risiken in sich birgt, hat sich gelohnt, wie hier gleich bescheinigt werden soll. In acht Kapiteln entfalten die Autoren ein konzeptionelles Gerüst („Risikodemokratie"), zeichnen das Porträt einer dezidert „apolitischen Stadt", begeben sich an den rechten Hotspot Fußballstadion, lesen Spuren der radikalen Rechten in Sachsen, betrachten linke und bürgerliche Gegenbewegungen, streifen die Migration in Chemnitz, fragen nach den Folgen „im Schwebezustand" und bilanzieren die Risiken. Auf 241 Seiten ist so aus teilnehmender Beobachtung ein Wissen über die Stadt am Rand des Erzgebirges gesammelt worden, das wohl auch alteingesessene Chemnitzer so nicht parat hatten – beziehungsweise gerade sie nicht. Der Fremde – hier der ansässige „Wessi"-Forscher, der (eine Zeitlang) bleibt – erfährt oft mehr.

Methodisch entspricht die Herangehensweise der seit der Chicago School eingeübten Ethnographie urbaner Ballungsräume unter den drei (hier nicht erwähnten) Slogans „Go into the district, get the feeling, become acquainted with people" (Robert Ezra Park), bei denen so gut wie alles zu Ort und Quelle des Politischen erhoben und in Protokollen festgehalten wird. Die Kunst der politischen Ethnographie[1] besteht in der Aufrechterhaltung von Distanz, um voreilige Identifizierung zu vermeiden und nicht im Anekdotischen zu versinken, und in der Selektion der relevanten Informationen. Das Ergebnis sind bestenfalls „erzählerisch verdichtete, ethnografische Nahaufnahmen" (S. 34), die eine soziale Konstellation in ihrer Eigenart kartographieren. Apriori-Essenzialisierung und Expost-Generalisierung sind die Hauptfeinde der produktiven Methode, die in der Politikwissenschaft zu selten angewandt beziehungsweise als Feuilleton abgetan wird. In der Regel werden die Aufzeichnungsprotokolle aufbewahrt und Interessenten zur Verfügung gestellt.

Das Konzept lautet in Bezug auf Ulrich Becks klassische Analyse der Risikogesellschaft „Risikodemokratie", die Leitfragen sind konkret: „Wie wird eine ganze Stadt zum politischen Risikogebiet, warum ist gerade dieses Verbrechen [von 2018] der Auslöser dafür?" und allgemeiner: „Und was bedeutet die Präsenz solcher Risiken für die Demokratie, in der wir gegenwärtig leben" (S. 14)? Nicht nur methodisch sind die Verfasser „anti-essenzialistisch", und sie halten Essenzialismus exakt für das in Chemnitz zutage getretene, Risiken erzeugende und Demokratie gefährdende Phänomen: „Entsprechend interessiert sich eine anti-essenzialistische Untersuchung zur Risikodemokratie für das fortlaufend drohende Hereinbrechen von (Gruppen-)Essenzialisierungen in ein freiheitlich angelegtes politisches System, das derlei für bereits weitgehend überwunden gehalten hatte" (S. 27). Nicht nur die verschiedenen Varianten rechtsgerichteter Politik bedienen sich solcher Essenzialisierungen (am plattesten: der Hautfarbe), oft auch ihre Gegner, wodurch das gesamte Ensemble der Öffentlichkeit durch essenzialistische Politisierungen zerklüftet wird, die Zugehörigkeit und Andersartigkeit festzurren. Besonders brisant ist das, wenn es in einer dezidiert apolitischen Stadt wie Chemnitz im Gewand bewusster Entpolitisierung auftritt.

Unter diesem Gesichtspunkt bekommen die mit Chemnitz (Un-)Vertrauten so komplexe Einblicke in die bizarre Fußballszene, das banal-abstoßende Milieu der Ultra-Rechten und in Bemühungen ihrer Gegner, bei Demos und Festivals „mehr" Leute auf die Beine zu bringen – und dabei ungewollt in die Falle paradoxer Abhängigkeit von der Gegenseite zu tappen. Die Sicht der Migranten auf die „Ereignisse" wird nur gestreift. Die vielen Beobachtungen und Auswertungen können hier nicht detailliert behandelt werden, sie seien allen zur genauen Lektüre empfohlen, die vergleichende Einblicke in ähnliche oder auch ganz andersartige Soziotope bekommen

---

1 Vgl. Annett Bochmann/Dörte Negnal/Thomas Scheffer, Die Aufladung der Gegenstände. Das ethnographische Forschungsprogramm einer Politischen Soziologie, in: Soziologie 48 (2019), S. 438–441. Ihre Definition lautet: „Von Politischer Ethnographie wollen wir sprechen, wenn (I) im Zuge von (II) einer Feldforschung (III) eine Auseinandersetzung mit (IV) politisch aufgeladenen Gegenständen – (V) in primär wissenschaftlicher Absicht – geführt wird."

wollen oder, ganz ernsthaft, mit einem anspruchsvollen und nicht im soziologischen Jargon steckenden Reiseführer einen Besuch in der künftigen Kulturhauptstadt planen.

Um diese kulturpolitische Perspektive geht es im vorletzten Kapitel, das die Chancen des krisenhaften Chemnitzer Sommers rekapituliert. Hoffnungen beruhen auf dem 2020 entschiedenen Prozess der Kulturhauptstadtwerdung, die das einseitige Image der rechten Hochburg tilgen soll, genau wie den von der Bevölkerung selbst gepflegten Minderwertigkeitskomplex (im Vergleich zu Dresden und Leipzig). Dem entgegen steht das Selbstbild der „funktionierenden Stadt" und die Hoffnung auf ein brachliegendes Potenzial. Chemnitz stilisiert sich zum Präzedenzfall eines politischen Neuanfangs, der das Risiko des Reinfalls in sich birgt. Das Fazit-Kapitel resümiert, warum Chemnitz zum Risikofall werden konnte: Verantwortlich dafür sei die „bemerkenswert apolitische Haltung", die sich von Zumutungen des Politischen frei machen will, einer kollektiven Verständigung ausweicht (und damit die politische Rechte stärkt), überdies Ambiguitätstoleranz vermissen lässt und sich öffentlichen Konflikten ungern stellt.

Das erbringt bemerkenswerte verallgemeinerungsfähige Bewertungen der radikalen Rechten: Die Krise der Demokratie wird weniger durch deren Frontalattacke ausgelöst als durch demokratieimmanente Tendenzen politischer Apathie, die der schon von Beck konstatierten Entgrenzung des Politischen entspringen. So „ist es gerade die umfassende Durchsetzung jener demokratischen Prinzipien im Inneren, welche die etablierten Institutionen der Demokratie als zunehmend unzureichend erscheinen lässt. Einer der zentralen Mechanismen, durch die das geschieht, ist die gesellschaftliche Ausbreitung bzw. das *Allgemeinwerden demokratischer Ideen*. Wenn wir in Chemnitz beispielsweise beobachten, wie selbstverständlich Vertreter*innen rechtsradikaler Politik sich auf den Begriff der ‚Volkssouveränität' beziehen, wie sie sich als pflichtbewusste Gemeinschaft im Einsatz für demokratische (Rede-, Presse-, Freiheits-)Rechte darstellen, wie sie sich mit Vehemenz gegen den vermeintlichen Machtmissbrauch durch die Regierung (bzw. ‚die da oben') wenden, so halten wir es für wichtig, dies nicht allein als Symptom des demokratischen Niedergangs zu interpretieren" (S. 222, Hervorhebung im Original). Demokratie ginge demnach an ihrem eigenen Erfolg zugrunde. Und wie bewertet man dann die Attacken der radikalen Rechten? Mit Gegenattacke, sofern sie drei Grundlagen der Demokratie verletzen: das Gleichwertigkeitsprinzip, indem sie die absolute Überlegenheit der eigenen Gruppe behaupten, das Vernichtungsverbot der politischen Gegner nicht anerkennen und im Verstoß gegen das Absolutheitsverbot eigene Weltentwürfe, politische Positionen oder Gruppen absolut setzen. Das spricht gegen die Wunschvorstellung, „durch einen verabsolutierenden Kampf das radikal Rechte ein für alle Mal ausmerzen und damit eine ‚gesäuberte' Demokratie schaffen zu können" (S. 226).

Chemnitz könnte also auch in anderer Hinsicht ein Modellfall sein. Die Fallstudie von Brichzin, Laux und Bohmann bietet eine sehr lesenswerte politische Ethnographie und reichert die zahlreichen Abhandlungen zur radikalen Rechten an. Ihre Stärken liegen in der dichten Beschreibung der Chemnitzer Verhältnisse und der

Akzentuierung der Demokratieproblematik; theoretisch stapelt sie bisweilen etwas hoch, doch bietet sie auch Einblicke in die allgemeine soziale Lage, die mit dem alten Risikobegriff kaum noch einzufangen sein dürfte. Die radikale Rechte macht sich diffuse Stimmungen in der aktuellen „Polykrise" zunutze, ihr Niedergang ist weder durch Ausgrenzung noch durch Umarmung zu provozieren. Die NPD scheiterte an ihrer Radikalisierung, die *Republikaner* am Verlust ihres Themas Wiedervereinigung, während eine zunehmend radikalisierte AfD aus allen Gegenwartsrisiken Gewinn zu ziehen vermag.

Ursachen des Niedergangs des französischen Kommunismus

Von Patrick Moreau

Stéphane Courtois/Marc Lazar, Histoire du Parti communiste français, Paris 2022 (*PUF*), 729 S.

Die 1920 gegründete *Kommunistische Partei Frankreichs* (KPF) war lange Zeit eine der prägenden Kräfte des politischen Lebens des Landes. Seit mehreren Jahrzehnten befindet sie sich in einem – irreversiblen – Prozess des Niedergangs. Ihre Geschichte bis zum Jahr 2021 haben die Historiker Stéphane Courtois und Marc Lazar, beide herausragende Experten des europäischen und französischen Kommunismus, auf brillante Weise beschrieben und analysiert. In zehn Kapiteln verfolgen sie die Entwicklung der Partei von ihrer Entstehung über ihren Aufstieg bis zum Fall. Der Leser erhält eine genaue Beschreibung ihrer ideologischen Mutationen, ihrer Organisationsentwicklung, ihres Parteiapparats und der Parteielite, ihrer Stellung innerhalb der französischen Gesellschaft und bei den Intellektuellen, nicht zuletzt auch ihrer internen Krisen und Auseinandersetzungen sowie ihrer internationalen Beziehungen.

Will man die Leistung der Autoren würdigen, kann man mit einer kurzen Lagebeschreibung beginnen. Denn das Abschneiden der KPF bei den französischen Präsidentschafts- und Parlamentswahlen 2022 bestätigt den von den Autoren diagnostizierten Zusammenbruch. Seit 2018 wird die Partei von Fabien Roussel geleitet, einem kommunistischen Apparatschik, der seine ganze Laufbahn innerhalb der Partei verbracht hat. Aus einer kommunistischen Familie stammend, hat er seine Weltsicht und seine Pläne zur Rückeroberung der einstigen Stellung in einem Manifest für eine kommunistische Partei des 21. Jahrhunderts[1] dargelegt. Das Mindeste, was man sagen kann: Der Erneuerungswille hat keine Früchte getragen.

2021 wies die Partei noch 43.888 beitragszahlende Mitglieder aus – gegenüber 281.004 1994. Bei den Parlamentswahlen erzielte sie 2,3 Prozent der Stimmen, erhielt aber immerhin 12 Mandate (von 577). In der Rangliste der französischen Parteien nach Stimmenzahl landete sie auf Platz zehn. Zum Vergleich: 1967 gewann die Partei 22,5 Prozent der Stimmen und entsandte 73 (von 487) Abgeordnete in die Nationalversammlung. Bei den – für den Erwerb politischer Macht entscheidenden – Präsidentschaftswahlen von 2022 erhielt Fabien Roussel 2,3 Prozent der Stimmen und firmierte abgeschlagen auf Platz acht, während Jacques Duclos 1969 21,3 Prozent erzielt hatte und damit drittstärkster Bewerber geworden war. Die KPF

---

[1] Vgl. Fabien Roussel, Manifeste pour un Parti communiste du XXIe siècle, unter: https://enavantlemanifeste. fr/2020/03/18/pour-un-manifeste-du-parti-communiste-du-xxie-siecle-2/ (22. März 2023).

konnte 2023 noch 14 von 348 Senatoren stellen, 59 Regionalräte von 1758, 161 Departementräte von 4058 und 15 von 279 der Bürgermeister in Städten mit mehr als 30.000 Einwohnern. Diese Bilanz wird der ganzen Dramatik der Lage nicht einmal voll gerecht: Die KPF verdankt ihre Mandatsträger der Unterstützung durch andere linke Parteien: den Sozialisten, den Grünen und der von Jean-Luc Mélenchon geführten *Nouvelle union populaire écologique et sociale* (Nupes). Ein – nicht unwahrscheinlicher – Bruch mit der Nupes könnte die KPF im Falle vorgezogener Parlamentswahlen in ein komplettes Desaster führen.

Differenziert beschreiben die Autoren die komplexen Ursachen des Niedergangs der KPF. Der wichtigste Erklärungsfaktor ist das Ende der Sowjetunion und mit ihr der kommunistischen Regime in Europa. Das sowjetische Modell war als Traum wie Hoffnung der zentrale utopische Bezugspunkt des französischen Kommunismus – und sein Scheitern verursachte ein Trauma, dessen Folgen bis heute nachwirken. Die Bezugnahme auf die Sowjetunion bildete den Kern der Parteiidentität. Diese Vergötterung, abgemildert bei eurokommunistischen Kritikern innerhalb der Partei, beruhte auch auf den Finanzströmen aus der Sowjetunion und – in den 1980er Jahren – der DDR. Die beträchtliche materielle Unterstützung ermöglichte der Partei die Unterhaltung eines enormen Apparats, der weite Teile der französischen Gesellschaft durchdrang: Kultur und Presse, Gemeindeverwaltungen und Parlamente, Gewerkschaften und öffentlicher Dienst, Bildungswesen etc. Das Versiegen dieser Quelle im Osten zwang die KPF von den 1990er Jahren an, den Parteiapparat drastisch zu verschlanken und viele hauptamtliche Funktionäre auf allen Organisationsebenen zu entlassen. Ihre lokalen Hochburgen erlaubten noch eine Zeitlang, Teile des Apparats aufrecht zu erhalten, aber infolge ihres Niedergangs bei Wahlen und des Rückgangs der Zuflüsse aus der staatlichen Parteienfinanzierung verlor sie auch diese Trümpfe. 1945 regierte die Partei 2000 Gemeinden mit mehr als 1000 Einwohnern, 1983 waren es noch 1400, 2019 nur mehr 700.

Trotzdem glauben die Autoren noch nicht an ein völliges Verschwinden der Partei und ihrer kommunistischen Ideologie. Umfragen aus dem Jahr 2023 bestätigen diese Annahme. Zwar hält nur eine Minderheit den Kommunismus für eine Idee der Zukunft (19 Prozent), aber unter den 35-Jährigen sind es 29 Prozent und unter den sozial am schlechtesten Gestellten 27 Prozent. Nur 42 Prozent der Befragten glauben, die KPF werde verschwinden. Und der Parteivorsitzende Fabien Roussel verfügte bei vielen Befragten über ein positives Image.[2]

Die KPF spielt daher weiterhin eine gewisse Rolle als Teil der Linken und der Opposition im Parlament. Ihre 40.000 Mitglieder mögen überaltert sein, wissen aber, wie man Wahlkämpfe und Proteste (etwa beim Kampf gegen die Erhöhung des Renteneintrittsalters) organisiert. Die Partei behauptet ihre Eigenständigkeit im Verhältnis zur populistischen Linken Mélenchons, indem sie mit vielen anderen Partnern Allianzen bildet. Allerdings zeigen Umfragen, dass sie den Konkurrenzkampf um

---

[2] Vgl. O.A., Les Français le le communisme, unter: https://www.ifop.com/publication/les-francais-et-le-communisme-ifop-lhumanite/ (12. März 2023).

die sozial schwächsten Teile der Bevölkerung an die Bewegung Le Pens verloren hat.[3]

Wie die Autoren belegen, ist eine Stärke der Partei ihre historische Verbindung mit der Gewerkschaft CGT, auch wenn diese sich von der KPF längst entfernt hat. Jedoch sind viele CGT-Funktionäre Kommunisten geblieben, so dass die KPF einen Teil ihres Einflusses auf die französischen Beschäftigten (vor allem Arbeiter und öffentliche Bedienstete sowie Rentner) bewahren konnte. Zweifellos hat die Partei keine einflussreichen Intellektuellen mehr in ihren Reihen (wie einst Gide, Malraux, Sartre u. a.), aber sie kann nach wie vor auf Unterstützung bei einem Teil der Beschäftigten an Schulen und Universitäten und bei den Forschern (CNRS) zählen. Auch sind ihr noch einige Hochburgen in ländlichen oder von Deindustrialisierung geprägten Departements (Zentralmassiv, Lozère, Somme, Seine-Maritime, Val-de-Marne, Seine-Saint-Denis) geblieben.

In den historischen Kapiteln des Werkes wenden sich die Autoren gegen die These vom archaischen Charakter der KPF. Das Gegenteil treffe zu: Bis zum Ende der 1950er Jahre habe die Partei die industrielle Modernisierung des Landes begleitet und dazu konstruktive Vorschläge unterbreitet. Sie bildete eine Art „Schutzstruktur" aus, die in den unteren sozialen Schichten die verheerendsten Auswirkungen der industriellen Transformation abmilderte und neue Formen des Wohlfahrtsstaates hervorbrachte. Auf diese Weise hatte sie an einer besonderen Art des Zugangs zu den materiellen Vorteilen der Metamorphose Frankreichs teil, deren Auswirkungen sich wiederum gegen sie richteten.

In den 1960er und 1970er Jahren sah sich die Partei mit der Deindustrialisierung und der Entstehung einer postindustriellen Gesellschaft konfrontiert. Die traditionelle Arbeiterschaft brach auseinander. Gleichzeitig verstand es die KPF nicht, mit einer neuen Arbeiterschicht zu kommunizieren, die häufig einen Migrationshintergrund hatte und sich auf dem Weg der Verarmung, Entsolidarisierung und Marginalisierung befand. Zu Recht stellen die Autoren fest: „Die Treue der KPF zu ihrer Arbeitersingularität und zu ihrem Modell der Modernität oder der Eingliederung in die französische Moderne wurde ihr zum Verhängnis" (S. 692). Dieser Niedergang war in der Landwirtschaft ebenso ausgeprägt, da die Zahl der Kleinbauern immer weiter zurückging.

Der Versuch in den 1980er Jahren, andere soziale Gruppen – Lehrer, Angestellte, Beamte, Techniker, Sozialarbeiter, allesamt mit Hochschulabschluss – anzusprechen, scheiterte, da diese sich lieber der *Sozialistischen Partei* zuwandten. Darüber hinaus hatte die Partei aufgrund ihres Produktivitätsfetischismus große Schwierigkeiten, das Aufkommen von Umweltschutzthemen, feministischen Forderungen und sexuellen Minderheitenanliegen zu berücksichtigen. Die aktuellen Debatten in der Partei um den „Wokismus" unterstreichen dies. Aus diesen Gründen flüchtete ein Teil der

---

3 Vgl. O. A., Qui a voté quoi? La sociologie de l'électorat, unter: https://www.ipsos.com/fr-fr/legislatives-2022/qui-vote-quoi-la-sociologie-de-lelectorat (12. März 2023).

Stammwählerschaft in die Wahlenthaltung, wählte Marine Le Pens *Rassemblement National* oder Jean-Luc Mélenchons *La France insoumise*.

Mit Blick auf die ideologische Bilanz des französischen Kommunismus bemerken die Autoren, die KPF habe die revolutionäre Leidenschaft verkörpert und kultiviert, die mit der Französischen Revolution begann. Sie habe zwar an Schwung verloren, sei aber in vielen Kreisen der Gesellschaft noch immer präsent, etwa mit dem chronischen Misstrauen gegenüber dem demokratischen Individualismus, der ständigen Forderung nach Gleichheit, dem unstillbaren Durst nach Utopien, der Suche nach einer menschlichen Universalität und der radikalen Kritik am Kapitalismus. In diesem Sinne habe die KPF als eine Art „Vektor der politischen Radikalität" (S. 694) gedient. Dennoch profitiere sie davon kaum noch. Zum einen, weil sie mit den kommunistischen Regimen in Verbindung gebracht werde, die heute weitgehend in Verruf geraten seien. Zum anderen und vor allem, weil sie zu einer „traditionellen Partei geworden ist" (S. 695), die sich der massiven Ablehnung der politischen Klasse und der politischen Parteien generell nicht entziehen könne. Ihre Lage sei folglich auch ein Symptom der tiefen Krise der repräsentativen und liberalen Demokratie Frankreichs.

Was sind Deutschlands nationale Interessen?

Von Wilfried von Bredow

Klaus von Dohnanyi, Nationale Interessen. Orientierung für deutsche und europäische Politik, München 2022 (*Siedler*), 238 S.

Ein gut sichtbarer Aufkleber auf dem Schutzumschlag dieses Buches weist es als *Spiegel*-Bestseller aus. Die Bedingungen solcher zertifizierten Beförderung in die Höhen des allgemeinen öffentlichen Interesses sind zwar nicht völlig durchschaubar. Aber auf jeden Fall ist begrüßenswert, dass ein Buch zur deutschen Außen- und Sicherheitspolitik es dahin geschafft hat – und kurz nach Erscheinen zu mehreren Auflagen. Diesem großflächigen Politikbereich ist hierzulande auch nach dem Ende des Ost-West-Konflikts im politischen Selbst- und Weltverständigungsdiskurs viel zu wenig Aufmerksamkeit gewidmet worden. Klaus von Dohnanyi gehört seit mehreren Jahrzehnten zu der sehr kleinen Schar von Politikern, die sich als Intellektuelle verstehen und mit ihren Publikationen und Debattenbeiträgen das geistige Klima in diesem Land ein Stück weit beeinflusst haben. Sein jüngstes Buch verspricht Orientierung für deutsche und europäische Politik, allerdings von einem nur scheinbar objektiven Standpunkt aus, nämlich dem von in ihren Grundzügen unverrückbaren nationalen Interessen.

Der schwierige Begriff „nationales Interesse" hat in unserer politischen Kultur, in der aus nachvollziehbaren Gründen post-nationale Perspektiven sich auch unter den Fachleuten großer Beliebtheit erfreuen, bis heute etwas Anrüchiges. Den Autor ficht das zu Recht nicht an. Aber nur auf den ersten Blick ist der Begriff klar konturiert und besitzt er historische Tiefendimension. Grundsätzlich geht es um das Gedeihen des Staates und das Wohl seiner Bürger. Eine ganze Reihe zeitlich und räumlich stabiler Faktoren beeinflusst das nationale Interesse eines Staates, angefangen von der geographischen Lage und Beschaffenheit eines Landes sowie seinem Ressourcenreichtum bis hin zu seiner demographischen Stärke. Aber unvermeidbar verändern sich die Umrisse des nationalen Interesses eben doch, etwa wenn sich die außenpolitischen Bedingungen wandeln. Außerdem kommen subjektive Wertungen (von einzelnen oder von Gruppen) ins Spiel und führen zu alternativen Deutungen des nationalen Interesses. Was in einer gegebenen politischen Konstellation im nationalen Interesse liegt oder gerade nicht, das ist so gut wie immer umstritten. Oder, wie der Autor selbst unumwunden zugibt: „Natürlich haben die Dinge immer auch eine andere Seite" (S. 69). In diesem Sinne sind Dohnanyis weltpolitische Lagebeurteilung und die sich daraus ergebenden Empfehlungen für die Bundesregierung durchaus einseitig (und für einige der Koalitionäre unwillkommen). Das sollte aber nicht mit

„abseitig" oder „nicht diskussionswürdig" verwechselt werden. Davor schützt den Autor allein schon die Breite seiner politischen Erfahrungen.

Er plädiert für eine kräftige Akzentverlagerung der deutschen Außen- und Sicherheitspolitik. Und so nennt er sein Buch eine „Streitschrift", die „Debatten eröffnen soll" (S. 11). Es handelt sich gewissermaßen um eine Fortsetzung jener „Streitschrift zu Macht, Sicherheit und Außenpolitik", die Egon Bahr 1998 unter dem Titel *Deutsche Interessen* veröffentlicht hat. Auf den manchmal etwas verschwommenen Hintergrund einer kursorischen, historisch weit ausgreifenden weltpolitischen Betrachtung über das Agieren der Weltmächte, insbesondere der USA, projiziert der Autor sein Erklärungskonzept für die gegenwärtige „Welt im Umbruch" (S. 20). Die globale Bedrohung durch den Klimawandel macht in seiner Sicht eine intensive Kooperation der Großmächte USA, China und Russland nötiger denn je. Zugleich wertet sie militärische Stärke als Ausweis staatlicher Durchsetzungsmacht ab. Das ist nun allerdings eine kontra-empirische Behauptung, denn alle Statistiken weltweiter Rüstungsprozesse machen deutlich, dass überall auf der Welt militärische Stärke mehr denn je angestrebt wird.

Von Dohnanyi hat sein Buch kurz *vor* dem russischen Überfall auf die Ukraine veröffentlicht. Am 24. Februar 2022 wurde einem Teil seiner Vorstellungen über die Weltlage und darüber, wie die Großmächte ticken, der Teppich unter den Füßen weggezogen. Russland, dessen Besetzung der Krim 2014 er noch als einen „Sonderfall" (S. 38) charakterisiert, verurteilt er inzwischen in zahlreichen Presse- und Rundfunkinterviews genauso nachdrücklich wie die meisten Menschen hierzulande und in anderen westlichen Demokratien. Aber die Gelegenheit zur Überprüfung seiner weltpolitischen Lagebeurteilung hat er trotzdem nicht genutzt. Seine Empfehlungen an die Adresse der Bundesregierung sind nach dem 24. Februar 2022 um kein Jota verändert.

Zum Kern dieser weltpolitischen Lagebeurteilung gehört die Überzeugung von der Kontinuität des amerikanischen Imperialismus, von der im Wesentlichen auf Handelsinteressen und nicht auf Eroberungen ausgerichteten Politik Chinas und von der letztlich defensiven Einstellung Russlands, welche durch die für das Land bedrohliche Politik des Westens und speziell der als Herrschaftsinstrument Washingtons dienenden NATO gereizt und zu Militäraktionen herausgefordert wird. Wer wie der Autor seine weltpolitischen Analysen ganz auf nationale Interessen konzentriert, dem sind die inneren Verhältnisse in den einzelnen Ländern nachrangig. Er schreibt zwar völlig zu Recht, dass die Erwartung einer von außen her bewirkten Demokratisierung autoritärer Regierungsformen nichts als eine „Illusion" (S. 41) sei. Das gälte auch für alle Versuche, einen entsprechenden Regimewandel extern in Gang zu bringen und zu halten. Allerdings behauptet er an anderer Stelle, es sei selbstverständlich ein zentrales Interesse Deutschlands und Europas, universelle Werte auf der Welt durchzusetzen. Den Begriff Werte setzt er dabei in Distanz ausdrückende Anführungsstriche, weil er die *mainstream*-Rhetorik über die westliche Wertegemeinschaft für hohl hält. Man kann ihm folgen, wenn er unterstreicht, dass gemeinsame westliche Werte nationale Interessen keineswegs außer Kraft setzen würden. Der

Text geht allerdings weit darüber hinaus und suggeriert an vielen Stellen, eine westliche Wertegemeinschaft gäbe es gar nicht, ja könne es gar nicht geben. Das hat dem Buch eine ätzende Kritik von Heinrich August Winkler eingebracht[1], dem Doyen der Geschichtsschreibung über den Westen und seine Werte.

Das erste der fünf Hauptkapitel des Buches beschäftigt sich mit der Position Deutschlands und Europas zwischen den Interessen der Großmächte. Im Mittelpunkt steht die vehemente Kritik an den USA und den Ungleichgewichten in den transatlantischen Beziehungen, wie sie von Zeit zu Zeit auch vom französischen Präsidenten Macron zu hören ist. „Europa muss sich endlich eingestehen: Wir Europäer sind Objekt US-amerikanischen geopolitischen Interesses und waren niemals wirklich Verbündete" (S. 37). Um diesem Status zu entkommen, dürfe sich Europa nicht in die hauptsächlich von den USA angefachten Konflikte mit anderen Großmächten hineinziehen lassen. Seine Empfehlung an Europa lautet daher: Nicht auf die amerikanische Propaganda hereinfallen, stattdessen Ausbau der Wirtschaftsbeziehungen mit China und vertiefte Kooperation mit Russland.

Speziell um das Verhältnis Europas zu Russland geht es im zweiten Kapitel. Hier haben die Ereignisse seit dem Februar 2022 die Position des Autors am nachhaltigsten untergraben. Er spricht sich gegen europäische Sanktionen gegen Russland wegen dessen Krim-Eroberung aus – „folgenloses, bedeutungsloses Knurren" (S. 105). Handel mit Russland sei per se friedensfördernd. Eingebettet sind diese sehr gewagten Behauptungen in Überlegungen über die Furcht Washingtons vor einer sicherheitspolitischen Unabhängigkeit Europas, die Bedrohlichkeit der NATO für Russland und die Klugheit Finnlands, der NATO *nicht* beizutreten. Letztes hat sich inzwischen erledigt. Im Widerspruch dazu steht die Aussage: „Die NATO heute aufzukündigen, wäre ein gefährlicher Fehler" (S. 112). Die Betonung liegt auf *heute*. Denn als mittel- oder längerfristige Perspektive schlägt er für Europa eine „allianzneutrale Position" (S. 119) vor. Eigene Streitkräfte und eine unabhängige militärische Potenz brauche Europa nicht zur Sicherheit vor Russland, sondern für Friedensmissionen außerhalb des Kontinents.

Im folgenden Kapitel skizziert der Autor eine Reihe von Fehlentwicklungen der Europäischen Union. Das geschieht unter Rückgriff auf eine Phalanx renommierter EU-kritischer Autoren wie Streeck, James, Crouch oder Ronen und richtet sich vor allem gegen die in Deutschland prominente Idee einer *ever closer union*. Diese Kritik verdient durchaus Zustimmung, wenngleich das Loblied auf de Gaulles Europa-Vision ein paar Töne zu hoch ausfällt. Das Europa-Thema beherrscht auch das nächste Kapitel mit vielen anregenden Bemerkungen zur wirtschaftlichen Zusammenarbeit der EU-Mitgliedsstaaten. Der Autor stellt sich das künftige Europa als ein Gebilde vor, welches die Unterschiede zwischen den nationalen politischen Kulturen und Interessen der Mitgliedsstaaten nicht einebnet. Hingegen soll es durch eine gemeinsame Industriepolitik und einen regelmäßigen inner-europäischen Finanzaus-

---

[1] Vgl. Heinrich August Winkler, Dieses Buch eignet sich nicht als Agenda für die Ampel, in: Handelsblatt vom 6. März 2022.

gleich samt der Möglichkeit „einer organisierten Staatsinsolvenz" (S. 203) zu einer stabilen und bei der Globalisierung mithaltenden Wirtschaftsmacht werden.

Im Schlusskapitel mit dem drängenden Titel „Was jetzt zu tun ist" plädiert von Dohnanyi für den Ausbau eines vorbeugenden Klimawandelfolgen-Schutzes. Das ist die sachverständigste Empfehlung dieses Buches. Die Bundesregierung sollte sie unverzüglich und tatkräftig aufgreifen. Ansonsten aber gilt das Diktum Heinrich August Winklers, dieses Buch eigne sich nicht als Agenda für die Bundesregierung. Man liest es trotzdem gerne und mit einigem Gewinn, denn es ist schnörkellos geschrieben und motiviert dazu, mit den Ansichten des Autors gründlich zu streiten.

Autoritarismus im Lackmustest

Von Uwe Backes

Günter Frankenberg/Wilhelm Heitmeyer (Hrsg.), Treiber des Autoritären. Pfade von Entwicklungen zu Beginn des 21. Jahrhunderts, Frankfurt a. M./New York 2022 (*Campus*), 532 S.

„Autoritarismus" verbindet sich in der Forschung vor allem mit zwei Konzepten: Auf der Individualebene geht es um Einstellungen, die das menschliche Zusammenleben im Sinne der Ideale von Freiheit, Gleichheit und Brüderlichkeit gefährden. Wegweisend war das von den Frankfurter Sozialwissenschaftlern um Theodor W. Adorno im US-amerikanischen Exil entwickelte Theorem der „autoritären Persönlichkeit", das nach dem Krieg weiterentwickelt wurde und in verschiedenen Varianten bis in die Gegenwart für die Bestimmung und Messung „antidemokratischer" Potenziale bedeutsam ist. Diese Entwicklung dokumentiert Oliver Decker, Direktor des Leipziger Else-Frenkel-Brunswik-Instituts, in einem Essay, der die „Verschiebung der autoritären Dynamik" der Gegenwart wesentlich auf die Nichterfüllung der „Heilsversprechen" einer „kapitalistischen Ökonomie" zurückführt.

Das Konzept „Autoritarismus" findet daneben vor allem Verwendung in der vergleichenden Regimelehre, wo der von Juan J. Linz zunächst (in der zweiten Hälfte der 1960er Jahre) am Beispiel Franco-Spaniens entwickelte Typus der Abgrenzung zu liberal-demokratischen wie totalitären Systemen diente und kanonische Geltung erlangte. Die weltweit abnehmende Bedeutung totalitärer Formen nach dem Ende des „real existierenden Sozialismus" begünstigte dann die Tendenz, den „Autoritarismus" auf der Systemebene zum Synonym für alle Arten autokratischer Herrschaft werden zu lassen – und entsprechende Subtypen zu bilden. Diesem in der internationalen Forschung inzwischen verbreiteten Begriffsverständnis sucht Michael Zürn, Direktor der Abteilung Global Governance am Wissenschaftszentrum für Sozialforschung Berlin, zu entsprechen, indem er zwischen „militärischem", „sozialistischem", „theokratischem", „technokratischem" und „populistischem" Totalitarismus differenziert und deren weltweite Bedeutung in einem so kenntnisreichen wie breit angelegten Überblick bestimmt.

Zwischen diesen beiden Eckpunkten (autoritäre Regime, autoritäre Einstellungen) leuchten die Autoren des Bandes ein breiteres Spektrum von Autoritarismen samt deren Triebkräften aus. Schwerpunkte bilden die Prozesse der „Autokratisierung" in demokratisch-rechtsstaatlichen Systemen (Lars Rensmann), verbunden mit einer erneuerten „ideologische[n] Attraktivität des Autoritären" (Klaus Günther), etwa durch die Flucht in den „Konkretismus einer Volksgemeinschaft" (S. 191); die Gefahr eines „radikalisierten Konservatismus", der rechtsextremistische Züge annehme (Natascha Strobl); die gesellschaftlichen Krisen in „kapitalistischen Ökonomien" als begünstigende Rahmenbedingungen autoritärer Entwicklungen (Klaus Dörre, Wilhelm Heitmeyer, Maximilian Pichl); autoritäre „Kulturidentitäten" (Volker Weiß), wie sie u. a. „Spenglers politische Erbverwalter" (S. 325) in „neu-rechten" Zirkeln, bei der AfD und in deren Orbit ventilieren; die Herausforderung des Feminismus durch den „autoritären Populismus" (Birgit Sauer, Brigitte Bargatz, Nina Elena Eggers); die Bedeutung massenmedialer „Hyperrealität" für die „diskursive Artikulation, Kommunikation und Inszenierung rechtspopulistischer und rechtsextremistischer Akteure" (Paula Diehl, S. 416); und schließlich Gefahren und Tendenzen autoritärer Transformation in demokratischen Rechtsstaaten, wo Individualrechte durch ein entgrenztes „Gefahrenabwehr- und Infektionsschutzrecht" (Günter Frankenberg) oder eine unzureichend kontrollierte „Überwachungsindustrie" (Kai Biermann) systematisch verletzt werden oder unter die Räder zu geraten drohen.

Worin besteht der gemeinsame Nenner all dieser „autoritären" Tendenzen? Die Herausgeber weisen gleich zu Beginn darauf hin, dass der Band „unterschiedliche Forschungslinien des Autoritären" bündelt, die konzeptionell voneinander abweichen. Sie selbst bemühen sich, dem Begriff Konturen zu verleihen und ihn von anderen trennscharf abzugrenzen. „Extremismus" oder „Radikalismus" sparen sie dabei sorgsam aus, obwohl zumindest „Rechtsextremismus" ein Thema zahlreicher Beiträge ist. Ernstzunehmende Konkurrenten sehen Günter Frankenberg und Wilhelm Heitmeyer in den Konzepten des „Populismus" und „Illiberalismus". Dabei sei „Populismus" „populär", und die Verfechter des Konzepts in seinen diversen Varianten ließen sich lautstark im „Crescendo" vernehmen, während „Illiberalismus" „auf leisen Sohlen" (S. 26) daherkomme. Allerdings fällt es ihnen nicht leicht, die Vorzüge des Autoritarismuskonzepts im Verhältnis zu dessen Alternativen überzeugend zu begründen. Sie meinen, dem „Deutungsbetrieb des Populismus" sei es bisher nicht gelungen, ein „wirklich konsentiertes Interpretationsmuster anzubieten" (S. 23). Aber zugleich räumen sie freimütig ein, auch „Autoritarismus" sei ein „contested concept" (S. 30). Wie könnte es in einem pluralen Wissenschaftsbetrieb angesichts der Komplexität der damit verbundenen Erklärungs- und Deutungsfragen auch anders sein?

Ob eine Definition des Autoritarismus wirklich ohne einen Gegenbegriff auszukommen vermag, wie die Herausgeber meinen, dürften auch jene Leser bezweifeln, die „Antiautoritarismus" mit den Herausgebern für keine sinnvolle Antithese halten. Die grundsätzliche Notwendigkeit von Autorität ziehen diese nämlich nicht in Zweifel. Autorität werde dann autoritär, wenn „Willfährigkeit aufgenötigt, Unterwerfung durch Täuschung bewirkt, Gehorsam durch Drohung oder handgreifliche Gewalt erzwungen wird" (S. 32). Allerdings: Muss Rechtsgehorsam nicht auch von einer durch Mehrheiten, breite Anerkennung und Regelkonformität legitimierten Staatlichkeit immer wieder bei Individuen und Gruppen durchgesetzt werden, die grundlegende Werte und Verfahrensregeln missachten?

Es zeugt von der Souveränität der Herausgeber, dass sie einem Zweifler an der Sinnhaftigkeit des Autoritarismuskonzepts das Schlusswort einräumen. Zum einen weist der Berliner Bewegungsforscher Dieter Rucht auf das ungeklärte Verhältnis zum Totalitarismus hin: Merkmale wie „die Alles-oder-nichts-Struktur, die Abwehr gegen ‚Überfremdung', die Neigung zu Gewalt" zeichneten „auch totalitäres Denken und Handeln aus" (S. 499). Folglich schlägt er vor, Totalitarismus als Steigerungsform des Autoritarismus zu fassen. Zum anderen kommt seine Bilanz der Ansätze zur Erklärung des Autoritarismus zu dem Ergebnis: „Für nahezu jede allgemeine Behauptung zur Entstehung und Ausweitung autoritärer Bewegungen lassen sich auch Gegenbeispiele anführen" (S. 522). Er warnt vor „unzulässigen Verallgemeinerungen" und plädiert dafür, den Vergleich autoritärer Bewegungen über die im Band angesprochenen Untersuchungsfelder hinaus auszuweiten: 1) auf die Untersuchung von Ausprägungen und Entfaltungsbedingungen „in ähnlichen wie auch in stark kontrastierenden gesellschaftlichen Kontexten"; 2) auf die Unterschiede und Gemeinsamkeiten „rechts- und linksautoritärer Bewegungen"; 3) auf einen „Lackmustest für eine Theorie des Entstehens autoritärer Bewegungen" mittels der „Einbeziehung religiös-fundamentalistischer Bewegungen im Vergleich zum säkularen Autoritarismus" (S. 522 f.).

Zumindest einer der Beiträge des Bandes folgt der Empfehlung Nr. 2. Was der Berliner Dramaturg Bernd Stegemann über „Linke Identitätspolitik als Treiber autoritärer Entwicklungen" schreibt, dürfte für einige Autoren des Bandes schwer verdauliche Kost sein. Die „autoritäre Geste linker Identitätspolitik" sieht er in deren Modus operandi angelegt: „Indem sie die politische Macht der Identität gleichzeitig mit der Dekonstruktion und der unkritisierbaren Opferidentität begründet, führt ihre Methode zwangsläufig zu doppelten Standards. Und je erfolgreicher sie damit bei der Durchsetzung ihrer Sonderrechte ist, desto mehr wird der Universalismus durch diese doppelten Standards zerstört" (S. 361). Solche Hinweise auf wenig ausgelotete Tiefen erhöhen den Wert des Bandes. Dieser bietet mit den weitaus meisten seiner Beiträge eine lehrreiche und inspirierende Lektüre auch für all jene, die „Autoritarismus" nicht als „master frame" für die Analyse und Deutung von Entwicklungen sehen, die Freiheit und Menschenwürde bedrohen.

Houston Stewart Chamberlain als völkischer Intellektueller

Von Thomas Gräfe

Sven Fritz, Houston Stewart Chamberlain. Rassenwahn und Welterlösung, Paderborn 2022 (*Ferdinand Schöningh*), 873 S.

Der Deutsch-Brite Houston Stewart Chamberlain ist mit dem Forschungsboom zu den völkischen Vorläufern des Nationalsozialismus – aber auch mit der Renaissance völkischen Denkens durch den globalen Siegeszug des Rechtspopulismus – wieder ins Bewusstsein einer breiteren Öffentlichkeit gerückt. Als Wagnerianer avancierte er zum Chefideologen des Bayreuther Kreises und dogmatisierte gemeinsam mit Wagners Witwe Cosima die radikal völkische Lesart der Musikdramen des „Meisters" auf dem Grünen Hügel und darüber hinaus. Mit seinem geschichtsphilosophischen Bestseller *Die Grundlagen des neunzehnten Jahrhunderts* machte er sich zum entscheidenden Vordenker des Rassenantisemitismus und zum Vordenker Hitlers, dem er sich im Vorfeld des Münchener Putsches 1923 wortreich anbiederte.

Gibt es neue Erkenntnisse über Chamberlain, die eine 800-seitige Biografie rechtfertigen, wie sie jetzt der Hamburger Historiker und Musikwissenschaftler Sven Fritz vorgelegt hat? Erst 2015 hatte Udo Bermbach eine erschöpfende Lebensbeschreibung veröffentlicht. Der Politikwissenschaftler und Wagner-Experte rückte den Bayreuther Gelehrten von den Völkischen und Nationalsozialisten ab, indem er ihn als Kosmopolit, Feingeist und Bildungsbürger schilderte. Sein Antisemitismus habe sich allein an eine einschlägige Leserklientel gewandt und stehe im Kontrast zu seiner toleranteren Privatmeinung über das Judentum. Schließlich pflegte der Bayreuther Gelehrte auch Kontakte zu jüdischen Bildungsbürgern. Chamberlains Werke seien von den Nationalsozialisten missverstanden und instrumentalisiert worden – zu einem Zeitpunkt, als sich der Autor aus gesundheitlichen Gründen nicht mehr dagegen wehren konnte. Ergibt es nicht in der Tat Sinn, den eigenwilligen Kulturphilosophen aus dem ideengeschichtlichen Kontext des 19. Jahrhunderts zu verstehen, anstatt aus der Ex-post-Perspektive des Dritten Reiches? Für Skepsis hätte sorgen müssen, dass Bermbach diesem Anspruch selbst nicht gerecht wurde, sondern Chamberlains Antisemitismus vor der Kulisse der nationalsozialistischen Gewaltherrschaft als weniger „schlimm" präsentierte. 2015 meldeten dennoch nur wenige Rezensenten Bedenken gegenüber dieser revisionistischen Deutung an.[1] Sven Fritz zeigt nun, dass diese Bedenken gerechtfertigt waren.

---

1 Vgl. Udo Bermbach, Houston Stewart Chamberlain. Wagners Schwiegersohn – Hitlers Vordenker, Stuttgart 2015; Thomas Gräfe, Der entnazifizierte Chamberlain und der nazifizierte Wagner. Anmerkungen zu den geschichtspolitischen Irrwegen der Wagnerianismusforschung, in: Jahrbuch für Antisemitismusforschung 26 (2017), S. 415–433.

Der Autor rekonstruiert minutiös den Briefwechsel mit Cosima Wagner und belegt, dass Chamberlain schon in seiner Wiener Zeit eng in den Bayreuther Kreis einbezogen war. Er brachte die Wagnervereine auf Linie, verfasste eine kanonisierte Biografie des „Meisters" und wirkte an der antisemitischen Besetzungspraxis der Festspiele mit. Als Autor der „Grundlagen" emanzipierte sich Chamberlain ein Stück weit vom orthodoxen Wagnerianismus. Er mutierte zum völkischen Intellektuellen, der in gehobener bildungsbürgerlicher Sprache ein eigenes Weltanschauungsangebot unterbreitete, das sich im Kern aus Rassismus, Nationalismus, Antisemitismus und Antiultramontanismus zusammensetzte. Mit seinen Büchern über Kant und Goethe, seinen Kriegsaufsätzen und unzähligen weniger beachteten Schriften gelang es Chamberlain, völkisches Gedankengut in aktuelle Debatten und Kontroversen einzuschleusen, wo es ohne sein Engagement geringe Verbreitungschancen gehabt hätte. Chamberlain war kein unpolitischer Kulturphilosoph, sondern spätestens seit dem Ersten Weltkrieg institutionell in Presse und Vereinswesen der völkischen Bewegung eingebunden. Im Unterschied zu anderen Völkischen begnügte sich der Philosoph aber nicht mit einer Binnenwirkung, sondern pflegte Kontakte zur Wilhelminischen Elite bis hinauf zum Kaiser persönlich. Zur Wahrung bildungsbürgerlicher Respektabilität betrieb Chamberlain eine geschickte Imagepflege, die sich flexibel an die jeweilige Zielgruppe anpasste. Für die „Grundlagen" und die auf ihnen aufbauenden Folgewerke begeisterten sich auch berühmte Exponenten eines kosmopolitischen Kulturprotestantismus wie Adolf von Harnack, Werner Sombart, Albert Schweitzer und Hermann Graf Keyserling. Wer über den Rassenwahn in Chamberlains Schriften hinwegsehen wollte, wurde von dem Bayreuther Gelehrten ebenso gekonnt bedient, wie jene, die sich den Rassenwahn zum Vorbild zu nehmen gedachten. Die zu Chamberlains Entlastung aufgeführten jüdischen Bildungsbürger entpuppen sich bei genauerer Betrachtung als Wagnerianer, Konvertierte und Ausgetretene, die in unterschiedlicher Intensität mit ihrer jüdischen Herkunft haderten und Chamberlain in seinem Antisemitismus noch bestärkten.[2]

Vermittelt über Winifred Wagner gehörten von 1923 an Adolf Hitler und die Nationalsozialisten zur Zielgruppe. Nicht Hitler biederte sich Chamberlain an und missbrauchte dessen Schrifttum. Die Initiative ging von Chamberlain aus, der Hitler und die NSDAP für geeignet hielt, seine Weltanschauung einem unterbürgerlichen Publikum zu vermitteln und in die politische Praxis zu übersetzen. Inwiefern das tatsächlich stattfand, beantwortet Fritz' Darstellung leider nicht mehr, denn sie endet mit Chamberlains Tod. Abgesehen von Barbara Liedtkes Spezialstudie über die „Deutschen Christen"[3], ist die Weiterverfolgung der Rezeptionsgeschichte bis ins Dritte Reich erst noch zu leisten. Das muss erstaunen, wenn man bedenkt, dass

---

[2] Vgl. Sven Brömsel, Exzentrik und Bürgertum. Houston Stewart Chamberlain im Kreis jüdischer Intellektueller, Berlin 2015. Zwar auch mit apologetischer Tendenz, aber mit einer zuverlässigen Quellenkritik, die von Bermbach fortgelassen wurde.

[3] Vgl. Barbara Liedtke, Völkisches Denken und Verkündigung des Evangeliums. Die Rezeption Houston Stewart Chamberlains in evangelischer Theologie und Kirche in der Zeit des Dritten Reiches, Leipzig 2012.

sich ein Großteil der Literatur implizit oder explizit die Aufgabe gestellt hat, die Kontinuität zum Nationalsozialismus zu behaupten oder zu bestreiten.

Der große Vorzug der Chamberlain-Biografie von Sven Fritz ist, dass sie sich nicht auf die Analyse der bekanntesten Veröffentlichungen beschränkt, sondern auch die Korrespondenz und diverse Zeitschriftenbeiträge des Philosophen auswertet. Auch hält sich die Biografie von der heute leider gängigen Psychopathologisierung von Extremismus fern, die die rationalen Identifikationsangebote von deviantem Denken unterschätzt. So gelingt es dem Autor zu zeigen, wie Chamberlain durch Rezeptionslenkung und Imagepflege ein ultraradikaler Völkischer sein konnte, ohne von den bildungsbürgerlichen Zeitgenossen – und von manchen Historikern – als solcher erkannt zu werden. Die an sich lobenswerte Widerlegung von Apologieversuchen hat allerdings einen problematischen Nebeneffekt. Indem Sven Fritz Chamberlain wieder zum fanatischen Wagnerianer und völkischen Intellektuellen erklärt, distanziert er ihn unausgesprochen vom „seriösen" Bildungsbürgertum. Damit verpasst der Autor die Gelegenheit, das falsche Glaubensbekenntnis der deutschen humanistischen Bildungstradition zu hinterfragen, dass hohe geisteswissenschaftliche Bildung eine überlegene Ethik hervorbringe und vor Extremismus schütze. Wenn Bildung sich nicht in der Akkumulation von objektiven Wissensbeständen erschöpfen soll, sondern beansprucht, Persönlichkeit zu formen sowie Sinn und Identität zu stiften, macht sie Menschen gegenüber identitären und ganzheitlichen Weltanschauungen strukturell anfällig. Sie entwertet wissenschaftliche Überprüfbarkeit zugunsten vermeintlich höherer Zwecke.[4] Wie kein anderer vor und nach ihm hat es Chamberlain verstanden, die falschen Dogmen der deutschen humanistischen Bildungstradition gegen sie selbst auszuspielen.

---

[4] Die Mainstreamtauglichkeit völkischen Denkens wird zwar zunehmend erkannt, aber einseitig auf die Aneignung bildungsbürgerlicher Sprache und Topoi durch radikale Aktivisten zurückgeführt, anstatt sie aus der Nachfragesituation im Bildungsbürgertum und der Dysfunktionalität humanistischer Bildung zu erklären. Vgl. Anja Lobenstein-Reichmann, Houston Stewart Chamberlain – Zur textlichen Konstruktion einer Weltanschauung. Eine sprach-, diskurs- und ideologiegeschichtliche Analyse, Berlin 2008; Julian Köck, „Die Geschichte hat immer Recht". Die völkische Bewegung im Spiegel ihrer Geschichtsbilder, Frankfurt a. M. 2015.

Francis Fukuyamas Liberalismus

Von Jens Hacke

Francis Fukuyama, Der Liberalismus und seine Feinde, Hamburg 2022 (*Hoffmann und Campe*), 220 S.

Selten geschieht es, dass ein Autorenname nahezu zum Synonym eines Buchtitels wird. Francis Fukuyamas im Sommer 1989 erschienener Aufsatz „The End of History?" wurde zur Chiffre der Epochenwende, als die Welt unter dem Eindruck der „samtenen Revolution" in Osteuropa und der gewaltsamen Unterdrückung von Studentenprotesten in Peking stand. Fukuyamas drei Jahre später erschienener Bestseller kassierte das Fragezeichen und thematisierte den Triumph des Westens in einer Weise, die eine Finalisierung der Geschichte auf den Spuren von Hegel und Alexandre Kojève unternahm. Seine damals einleuchtende These lief darauf hinaus, dass sich die politischen Utopien erschöpft und die liberale Demokratie als bester aller denkbaren politischen Ordnungsentwürfe erwiesen hätten. Es ist zur wenig originellen Gepflogenheit geworden, die veränderte Weltlage, die internationale Bedrängnis der westlichen Demokratie seit dem 11. September 2001, spätestens aber seit dem Angriff Russlands auf die Ukraine, als Beleg für den Irrtum des amerikanischen Politikwissenschaftlers zu markieren. Fast im gleichen Atemzuge halten Kritiker ihm vor, seinen Irrtum nie aufgearbeitet zu haben.

Aber treffen solche Vorwürfe überhaupt den Kern seines ideengeschichtlichen Arguments? Sind nicht Mutmaßungen über das Ende der Geschichte stets Aussagen über menschliches Vorstellungs- und Planungsvermögen und daher mit der Reflexion utopischer Visionen verbunden? Schon die Diagnose eines postideologischen Zeitalters, die in den 1950er Jahren – erstaunlicherweise auf dem Höhepunkt des Kalten Krieges – die Gemüter bewegte, verstand sich eher als einen Aufruf zur Nüchternheit denn als siegesgewisse Pose des Westens. „Cold War Liberals" wie Raymond Aron und Daniel Bell richteten ihren Befund vom Ende der Ideologie vor allem an Linksintellektuelle, deren Salonmarxismus ihnen weltfremd erschien. Die politische Anerkennung und Deckungsgleichheit von westlichem Lebensstil und freiheitlicher Lebensform waren ihr eigentliches Thema. In dieser Tradition sah sich Fukuyama.

Schwerlich war ihm vorzuwerfen, selbstgefällig die Alternativlosigkeit des liberalen, mit dem Kapitalismus identifizierten Verfassungsstaates proklamiert zu haben, denn am Ende des Buches warnte er eindrücklich vor den Selbstgefährdungen der liberalen Demokratien und markierte die Erhaltung demokratischer Freiheiten als eine anspruchsvolle Aufgabe. Wenn er damals im Postheroismus einer selbstgenügsam konsumierenden westlichen Zivilisation den Keim der Dekadenz sah und die kriegerische Bewährung als Rückbesinnung auf Werte thematisierte, sprach dies kaum für die Prognose posthistorischer Ereignislosigkeit, wie sie etwa Arnold Gehlen als Zustand industriegesellschaftlicher Kristallisation entworfen hatte. Odo Marquard sprach daher 1989 treffenderweise von einer „Rückkehr der Geschichte", denn Offenheit und Kontingenz, nicht Heilsgewissheit und ideologische Zielbestimmung dominierten nun die Gemütslage.

Anders als der konservative Gehlen war und ist Fukuyama ein Liberaler, der sich als Erbe des klassischen Fortschrittsoptimismus versteht. Für ihn ist die liberale Idee der Schlüssel für die Selbstverbesserung moderner Gesellschaften; er glaubt im Gegensatz zu Gehlen an die Problembewältigungskapazität der menschlichen Vernunft und macht keinen Hehl daraus, dass die moralische Überlegenheit des Westens sich in der stetigen Anwendung und Selbstüberprüfung liberaler Werte zeigt. Fukuyama schreibt darum nicht als Ideenhistoriker oder politischer Theoretiker, sondern sympathischerweise als Parteigänger des Liberalismus, dessen Verständnis der liberalen Idee zentristisch bleibt: Verfassungsstaat, Freiheitsrechte, Kapitalismus, Toleranz. Mit Unbehagen erkennt Fukuyama, dass autodestruktive Kräfte die Prinzipien der liberalen Demokratie unterminieren. Der Verfassungsstaat und der Parlamentarismus führen zur Frustrationserfahrung von Immobilismus und bürgerlichem Unbeteiligtsein; die Freiheitsrechte befördern Extremismus und Verschwörungstheorien; der Kapitalismus entgleist zur neoliberalen Selbstbereicherung von Eliten; die Identitätspolitik verschiedener Gruppen führt das Toleranz- und Gleichheitsgebot des bürgerlichen Gemeinsinns ad absurdum: „Diese Extremversionen des Liberalismus riefen eine Gegenreaktion hervor, in der die Ursprünge sowohl des Rechtspopulismus als auch der linksprogressiven Bewegungen zu sehen sind, die den Liberalismus in unserer Zeit bedrohen" (S. 34).

Fukuyamas Bestandsaufnahme ist in ihrer Grundtendenz eine Zusammenfassung aller rezenten Krisenschriften, an denen in den vergangenen Jahren kein Mangel herrschte. Die Baustelle ist riesig, die Welt groß. Er kämpft mit der wesentlichen Frage, warum es so schlimm steht, wenn doch vorher alles richtig und gut schien. Man wird in seiner Schrift inhaltlich nicht so viel Neues erkennen können. Dies liegt vor allem an seinem allgemeinen globalen Blick, der ständig Kollektivsingulare dort gegeneinander antreten lässt, wo wir es in Wahrheit mit sehr spezifischen kulturellen und regionalen Problemlagen zu tun haben. Vielleicht ist dies folgerichtig für eine liberale Perspektive, die immer auf Universalisierung und weltumspannende gesellschaftliche Durchdringung eines Zivilisationsmodells setzte, zu dessen Vorzügen persönliche Freiheit, ökonomische Potenz und Wohlstand zählten. Fukuyama bleibt häufig in alten Denkschablonen befangen, wenn er stereotype Ideologien – Sozialismus, Konservatismus, Nationalismus – gegeneinander antreten lässt und die liberale Achillesferse traditionell im fehlenden Gemeinschaftsgefühl verortet. Seinem Plädoyer für liberale Mäßigung wird niemand widersprechen wollen, aber die Argumente sind spätestens seit der Kommunitarismusdebatte vertraut. Fukuyama richtet sich weiterhin an die Adresse des klassischen individualistischen und staatsskeptischen Marktliberalismus, der zumindest in der Theorie kaum noch vertreten wird.

Das Problem liegt weniger darin, dass man dem Autor widersprechen möchte, als vielmehr in der Aussparung der drängendsten Streitfragen. Wer will nicht gegen „hemmungslose" Konsumorientierung Partei ergreifen, den Rechtsstaat schützen und einen Mittelweg zwischen individueller Selbstentfaltung und Toleranz befürworten? Wer wünscht sich nicht die Rückkehr zur Vernunft angesichts des grassierenden Populismus? Allein, Fukuyama vermag nicht zu erklären, welche „Kurskorrekturen" die liberalen Gesellschaften „vornehmen müssen, wenn sie mit den aufsteigenden autoritären Weltmächten erfolgreich konkurrieren wollen" (S. 173). Mäßigung wird nicht der Schlüssel sein, um den Liberalismus wieder in die Rolle des Spielgestalters zu bringen.

Wenn allerdings die oft belobigte liberale Problemlösungskompetenz aufgerufen wird, gilt es erst einmal zu benennen, wo die Herausforderungen für moderne Gesellschaften überhaupt liegen – und in welche Richtung der Kurs eingeschlagen werden müsste. Das hat nicht nur mit klassischer *piecemeal policy* zu tun, sondern auch mit einer Vorstellung von Zukunft, die über die Gewährleistung von Wohlstand und individueller Freiheit hinausgeht. Fukuyama lässt allenfalls durchscheinen, dass wir womöglich unsere Vorstellung von Freiheit neu entwerfen müssen.

Aber der Grund, warum sein Buch oft im Ton raunender Ratlosigkeit verharrt, ist wohl darin zu sehen, dass er vor allem drei Komplexe ausspart, auf die der Liberalismus (wenn man annehmen will, dass es ihn als Entität gibt!) Antworten geben muss, anstatt sich die Agenda von einer populistischen Reaktion vorschreiben zu lassen. Erstens erfahren die Leser des Buches kaum etwas über Fragen sozialer Gerechtigkeit, die nicht allein materiell im Sinne einer Verteilungsgerechtigkeit, also im klassischen Paradigma des Wohlfahrtsstaates zu lösen sind, sondern ebenso sehr im Modus der gesellschaftlichen Teilhabe, der Bildungs- und Lebenschancen. Zweitens wird das Problem der Machtlagerung innerhalb des westlichen Modells ignoriert: Weder kümmert sich Fukuyama um den tiefer werdenden Graben zwischen „neoliberalen" Profiteuren und Eliten auf der einen Seite, Abgehängten und Modernisierungsverlierern auf der anderen Seite; auch in globaler Hinsicht finden sich bei Fukuyama keine weiterführenden Überlegungen zum Verhältnis zwischen dem liberalen Westen und dem globalen Süden, schon gar nicht im Hinblick auf die oft gewaltsam ausgetragenen Konflikte, die das Ausmaß des Kalten Krieges zu übertreffen drohen. Denn China und Russland tun besonders in Afrika, in der arabischen Welt und in Asien alles dafür, ihren Einfluss auszubauen und liberale Globalisierungsillusionen zu zerstören. Drittens schließlich kommt Fukuyama in keiner Zeile seines Buches auf die Klimaproblematik zu sprechen. Die Notwendigkeit, nicht nur technisch neue Wege der Energiegewinnung, der ressourcenschonenden Produktion und Mobilität zu entwickeln, sondern unseren Lebensstil – und damit auch unser Verständnis von Freiheit – ökologisch neu zu definieren, findet bei ihm keinen Resonanzraum. Bei ihm ist die Zögerlichkeit geradezu greifbar, die Bedingungen des guten und verantwortlichen Lebens für die Bewahrung der Natur auch nur zu denken und sich eine Kurskorrektur des westlichen Lebensstils wenigstens vorzustellen. Unabsichtlich liefert uns Fukuyama damit womöglich einen Schlüssel, um die liberale Schwäche der Gegenwart zu verstehen. Das liberale Denken war immer dann attraktiv, wenn es eine bessere Zukunft ausmalen und sich als Motor des Fortschritts in Szene setzen konnte, auch in der Form einer Selbsterneuerung. Wie das Kaninchen vor der Schlange auf den Feind fixiert zu bleiben und auf eigene Visionen zu verzichten, kann hingegen nur in die Sackgasse führen. So war das Ende der Geschichte nie gedacht.

Die augenscheinliche Gefahr wird zu ihrer Rettung

Von Stephan Hilsberg

Antonia Grunenberg, Demokratie als Versprechen. Warum es sich lohnt, für die Freiheit zu kämpfen, München 2022 (*Europa Verlag*), 208 S.

Für Antonia Grunenberg ist Demokratie weit mehr als nur eine Staatsform, rechtsstaatlich verfasst, ihre Gewalten teilend und frei gewählt. Für die Autorin ist die Demokratie schlicht die Daseinsform unserer offenen Gesellschaft, nachhaltig, Gefährdungen aufnehmend, ja witternd und sie durch Streit und Debatte erkennend und bewältigend.

Während andere, in der Regel sogar die Mehrheit in der Gesellschaft sich eher gestört fühlen durch den offensiv vorgetragenen Klimaprotest, die LGBTQ-Bewegung, durch Phänomene wie Technikfeindlichkeit, Corona-Leugner oder Impfverweigerer, sind es solche Erscheinungen, die die Gesellschaft in Atem halten, die sie stören, in Bewegung setzen und zwingen, Selbstverständigungsdebatten zu führen.

Es ist wohl wahr. Auch eine offene Gesellschaft versteht es sehr gut, sich abzuschotten vor ihren Gefährdungen, nicht zur Kenntnis zu nehmen, was in ihr geschieht, und mehr mit Verdrängung und Tabuisierung zu reagieren als erhöhter Sensibilität für die Untiefen unserer gesamten Existenz. Das also, was die einen als Gefährdung unserer Demokratie ansehen: Proteste auf der Straße, Warnungen vor Untergang oder eines konservativen, autoritätsfixierten Glaubens an die Handlungsfähigkeit unseres Staates und der ihn führenden politischen Eliten, das stärkt eigentlich die Demokratie erst, macht sie resilient und überlebensfähig.

Antonia Grunenberg schreibt, sie sei froh gewesen, dass etwa durch die Corona-Leugner unsere Gesellschaft überhaupt wahrgenommen habe, wie sehr das Einschränken der Freiheitsrechte in Folge der Pandemie-Bekämpfung zu einer Gefahr für die Demokratie selbst geworden sei. Sie macht die Verkünder von Gefahren nicht verantwortlich für die Gefahr selbst. Für sie ist die Hauptgefahr der Demokratie das Nichtwahrhabenwollen von Trends und Entwicklungen, die unser Leben auf neue Grundlagen stellen. Und erst dieses z. T. sogar aggressive Vortragen und Hineintragen der Gefahren, ihre Bewusstmachung in unseren gemeinsamen Diskurs macht die Demokratie widerstands- und lebensfähig.

Das, in etwa, ist die Botschaft Antonia Grunenbergs. Und sie hat Recht damit. Sie rechtfertigt nicht die Grenzüberschreitungen, das Irrationale oder das Unvernünftige, das diesen Protest-Bewegungen immer wieder auch anhaftet. Ihr ist die Botschaft selbst wichtig. Wir müssen zur Kenntnis nehmen, was uns vor Augen geführt wird, wir müssen uns damit beschäftigen, und schauen, wie wir damit umgehen. Eines aber geht nicht: wegschauen, verdrängen, kriminalisieren.

Dieser Grundtopos durchzieht das ganze Buch. In ihrer Rückschau thematisiert sie das Aufnehmen anstößiger Themen in den gesellschaftlichen Diskurs. Natürlich kommt da die 68er-Bewegung zur Sprache, und ihr Abgleiten in den Terrorismus. Das aber erst, nachdem ihre Themen in den Diskurs aufgenommen wurden.

Schwächephasen sind in Demokratien nichts Ungewöhnliches. Offen rassistische, fremdenfeindliche Erscheinungen wie in den USA einerseits oder eine Art bleierne Lethargie wie in der Bundesrepublik der 1950er Jahre andererseits stehen im krassen Gegensatz zum Versprechen der Demokratie einer offenen, lebendigen Gesellschaft, in der die Werte Gleichheit und Gerechtigkeit gelebt werden und in der ein jeder sich entfalten können dürfte. Paradoxien nennt Antonia Grunenberg diese Zustände – sie schildert sie anschaulich anhand ihrer eigenen Erfahrung noch als Kind in beiden deutschen Staaten der 1950er Jahre und als Hochschullehrerin in den USA. Was mich allerdings als Leser daran gewundert hat, war die Schilderung ihres Dresdner Milieus nach dem Ende des Krieges bis in die 1950er Jahre hinein, das in ihren Augen Aufbruch und Hoffnung verkörperte. Gleichwohl musste die Familie fliehen. So viel Aufbruch kann es also gar nicht gewesen sein. Oder es war ein Aufbruch mit Scheuklappen für die alltäglichen politischen Repressalien, die die Gesellschaft in der DDR unter der stalinistischen SED damals erleiden musste. Dass die alte Bundesrepublik mit ihrer nicht aufgearbeiteten NS-Geschichte, über die sie nicht sprechen mochte, ja deren ehemalige Funktionsträger in allen möglichen neuen demokratischen Funktionen diese junge Republik ja auch repräsentierten, ebenso keine Werbung für die Demokratie gewesen war, kann man schon eher nachvollziehen. Aber hatte nicht die DDR-Gesellschaft ebenfalls ein NS-Problem? Bei Antonia Grunenberg liest man dergleichen nicht. Sie bleibt der eigenen persönlichen Innensicht verhaftet, die die Verhältnisse in der DDR nur als Zeitzeugin reflektiert. Und Zeitzeugen mögen ja authentisch sein, aber sie können zugleich hemmungslos subjektiv und unausgewogen daherkommen.

Überhaupt haftet ihren Schilderungen nicht selten etwas Klischeehaftes an. Spannend zu lesen wird ihr Buch (erst) im letzten Kapitel „Demokratie gefährdet sich selbst und hat die Fähigkeit zur Regeneration: Fünf Thesen", denn das ist ein leidenschaftliches Plädoyer für mehr Debatte und Streit miteinander, ein Plädoyer für Pluralität und Respekt voreinander. So gibt sie mit ihrer zweiten These zu bedenken, dass „das Volk immer die anderen" sei. Das ist richtig und wird nur selten zu Ende dekliniert. Wir, die wir in unseren eigenen spezifischen Milieus, dem Freundes-, Familien und Kollegenkreis, unseren beruflichen und sozialen und Kommunikationsbezügen leben, nehmen die Diversität unserer Gesellschaft nur selten zur Gänze wahr. Das sind in unseren Augen die anderen. Aber sie gehören ja dazu, sind genauso Teil unserer Gesellschaft wie wir. Wir sollten nicht in die Falle gehen, unsere eigene alltägliche Welt, unseren persönlichen Erfahrungshintergrund oder unsere spezifische Blase in den sozialen Netzwerken, in der wir gerade unterwegs sind, für das Ganze zu halten. Die Demokratie beinhaltet die gesamte Gesellschaft und nicht nur unsere persönliche, meist begrenzte Welt. Die Lebenswelten der anderen darf man nicht wegzudiskutieren versuchen. Die Erfahrungen, die hier reflektiert und in den Diskurs eingespeist werden, sind genauso Teil unserer gesellschaftlichen Wirklichkeit wie unsere. Und deshalb müssen sie nicht einfach nur ausgehalten, nein, eigentlich müssen sie sogar begrüßt werden, selbst da, wo sie gelegentlich als irrational oder zumindest unvernünftig daherkommen mögen.

Das erinnert an Adorno und Horkheimer, die in der *Dialektik der Aufklärung* sehr schön beschrieben haben, dass alle Narrative, mit denen die Menschen die Erscheinungen um sich herum zu beschreiben versuchen, aufeinander Bezug nehmen, und sich gegenseitig weiterentwickeln. Und doch geht es dabei nicht um die Vision einer innergesellschaftlichen Harmonie schlechthin, auch nicht um die Idealisierung eines friedlichen und gutnachbarschaftlichen Miteinanderlebens. Denn es muss schon gesagt werden, wenn jemand fremdenfeindlich, hasserfüllt, antisemitisch auftritt. Aber muss man jemandem den Mund verbieten, wenn er die scheinbar falschen Themen anspricht, die scheinbar falschen Worte benutzt? Kommen wir mit Sprachtabus und Cancel Culture wirklich weiter? Löst das unsere innergesellschaftlichen Konflikte?

Demokratie verspricht Gleichheit. Und Demokratie verspricht Entfaltung. Das bedeutet, dass jeder und jede das Recht hat, sich einzubringen, in den Diskurs, in den öffentlichen Protest und in unsere politischen Entscheidungsprozesse. Das mag gelegentlich stören, das mag in Frage stellen, und das verändert unsere Gesellschaft. Aber genau dadurch regeneriert sie sich, wie Antonia Grunenberg bemerkt. Das gilt im Übrigen innen- wie außenpolitisch.

Und genau deshalb lohnt es sich, für die Freiheit zu kämpfen. Sie ist ein Gut der Demokratie, ihre Voraussetzung genauso wie ihr Garant. Das hat Antonia Grunenberg schön herausgearbeitet. Und doch ist das nur die halbe Wahrheit. Denn was tun, wenn eine politische Kraft beginnt, zur Gewalt zu greifen, ja sie in ihre politische Konzeption mit einzubeziehen, wenn sie gar beginnt, mit dem Mittel des Terrors zu arbeiten. So weit sind ja nun einige Aktivisten der Klimabewegung nicht davon weg. Wir erleben das gerade bei der „Letzten Generation".

Und was ist, wenn eine politische Kraft, ganz bewusst fremdenfeindlich, rassistisch, gar antisemitisch ist oder wird? Als die Nationalsozialisten seinerzeit zwar zur Macht griffen, da taten sie beides, zu Mitteln des Terrors greifen und auf der antisemitischen Klaviatur spielen. Sie lehnten ganz offen die Demokratie ab und versprachen, sie abzuschaffen. Sicher fußte ihr politischer Erfolg auch auf der Weltwirtschaftskrise und ihren schlimmen Folgen sozialer Verelendung.

Das von Grunenberg empfohlene Konzept der Integration der Themen, die von neuen politischen Bewegungen in die Gesellschaft getragen werden, hat dort seine Grenzen, wo es um die Demokratie als solche geht, wo sie abgelehnt wird oder gar abgeschafft werden soll, und es hat Grenzen, wo eine politische Kraft anderen Menschen bei uns das Daseins- oder sogar das Lebensrecht abspricht.

So richtig es ist, sich neuen, auch unangenehmen Themen zu stellen und sie in den demokratischen Diskurs mit aufzunehmen, so wenig darf man sich etwas vormachen, wenn es um die Demokratie als solche geht. Die funktioniert nur, wenn sich ein hinreichend großer Teil der Gesellschaft in Wort und Tat zu den Prinzipien des demokratischen Zusammenlebens bekennt. Wo das nicht der Fall ist, ist eine

Demokratie in Gefahr. Und deshalb muss eine demokratische Gesellschaft für sich selbst werben. Dazu gehört sicher, die politischen Anliegen aller ernst zu nehmen, dazu gehört ein fairer und respektvoller Umgang untereinander, und natürlich gehört Bildungsarbeit dazu. Aber es gibt Situationen, da reicht das nicht aus, da muss man kämpfen, da muss man deutlich werden, und da muss man auch zu staatlichen Mitteln, polizeilichen und juristischen Mitteln greifen. Dann muss man auch auf die Straße gehen oder gar zum Mittel des Generalstreiks greifen. Es kann sein, dass das zum Schluss alles nicht hilft. Aber es muss gemacht werden.

Demokratie fußt auf Freiwilligkeit und auf Bekenntnis. Dafür müssen die Menschen frei sein. Vernunft gedeiht in der Freiheit am besten. Aber eine Garantie dafür gibt es nicht. So gesehen hat sich Antonia Grunenberg wieder nur einmal an diesen ewig währenden Versuchen beteiligt, für die Stabilität einer Demokratie eine Patentlösung zu liefern, die es doch gar nicht geben kann.

Theoriegeschichte als Fortsetzungsroman

Von Hendrikje J. Schauer

Jürgen Habermas, Ein neuer Strukturwandel der Öffentlichkeit und die deliberative Politik, Berlin 2022 (*Suhrkamp*), 108 S.

„Öffentlichkeit" als politischen Begriff konturiert zu haben, beschreibt Jürgen Habermas rückblickend als eine der Leistungen seiner 1962 erschienenen Habilitationsschrift. Das Buch enthalte „eine sozialgeschichtliche und begriffshistorische Darstellung der ‚Öffentlichkeit', die viel Kritik auf sich gezogen, aber auch neue Impulse gegeben" (S. 9) habe, resümiert er die eigene Leistung in nüchterner Bescheidenheit.[1] Den Anlass für die kurze Selbstrezension bot ein Sonderband der Zeitschrift *Leviathan*, der unter dem Titel *Ein neuer Strukturwandel der Öffentlichkeit?* ausgehend von Habermas' klassischer Studie nach dem Verhältnis von Öffentlichkeit und Demokratie fragt.[2]

Habermas selbst ist dort mit einem Beitrag vertreten: Unter dem tentativen Titel „Überlegungen und Hypothesen zu einem erneuten Strukturwandel der politischen Öffentlichkeit" legt er einen essayistischen Appendix zu seiner *Strukturwandel*-Studie vor. In leicht überarbeiteter Form, ergänzt um „zwei Erläuterungen zum Begriff deliberativer Politik" (S. 7), ist das gegenwartskritische Nachspiel zur *Strukturwandel*-Studie unter dem Titel *Ein neuer Strukturwandel der Öffentlichkeit und die deliberative Politik* 2022 bei Suhrkamp erschienen.[3]

Habermas' Überlegungen nehmen ihren argumentativen Ausgang von dem „Aufstieg der neuen Medien" (S. 11), genauer von der „einstweilen kaum regulierten Netzkommunikation" (S. 11). Mit der Frage nach dem Verhältnis von Demokratie und Öffentlichkeit knüpft er an die Ausarbeitungen seiner 1961 bei Wolfgang Abendroth eingereichten Qualifikationsschrift an, ohne den Faden der Argumentation direkt wieder aufzunehmen. Zwischen alter Studie und neuem Essay liegt der universalpragmatische *turn*. Demokratietheorie und begriffs- wie sozialgeschichtlicher Ansatz fügen sich nicht nahtlos ineinander. Wie die beiden methodischen Zugänge zusammenhängen, arbeiten die ersten drei Kapitel des Essays heraus.

---

1 Die Autorin der Rezension hat den Band bereits 2022 für den *Tagesspiegel* rezensiert; einzelne Passagen sind im Wortlaut übernommen aus Hendrikje J. Schauer, Demokratie und Öffentlichkeit: Selbstgestrickt und ferngetrollt. Der Philosoph Jürgen Habermas beschäftigt sich mit der schönen neuen Medienwelt, in: Tagesspiegel vom 21. September 2022.

2 Im Band überwiegen soziologische und politikwissenschaftliche Zugänge zum Thema. Vgl. Martin Seeliger/Sebastian Sevignani (Hrsg.), Ein neuer Strukturwandel der Öffentlichkeit? (Leviathan-Sonderband 37), Baden-Baden 2021.

3 Ein Überblick über die Rezensionen des Bandes findet sich hier: https://www.habermasforum.dk/reviews (1. Juli 2023).

Es sei das „Erfordernis der freien Deliberation, das die zentrale Rolle der Öffentlichkeit" (S. 22) erkläre, auf diese Kernformel lässt sich der Ansatz bringen: Habermas fragt, das verbindet die *Strukturwandel*-Studie mit der Demokratietheorie, nach dem inklusiven Sinn von Öffentlichkeit. Dabei bietet der Essay eine – *prima facie* – eingängige Definition von politischer Regression, die an die politikwissenschaftlichen Ausführungen von Armin Schäfer und Michael Zürn anzuschließen scheint.[4] Regression bemesse sich am Versiegen der „rationalisierenden Kraft der öffentlichen Auseinandersetzungen" (S. 27).[5] Dass es sich dabei allerdings um keine quantitativ oder qualitativ einfach bestimmbare Größe handelt, gehört zu den methodischen Problemen, mit denen der Essay ringt: Empirie und Theorie, das problematisiert Habermas selbst, sind stellenweise nur spekulativ verschränkt.[6]

Während die ersten drei Abschnitte die diskurstheoretischen Grundlagen der Untersuchung abstecken, befassen sich die letzten drei mit den Auswirkungen der veränderten digitalen Medienstruktur auf den politischen Prozess, insbesondere auf die Struktur und Wahrnehmung von Öffentlichkeit. Habermas knüpft an aktuelle soziologische und politikwissenschaftliche Krisendiagnosen an, wenn er in der „digitalisierten Kommunikation" (S. 11) eine problematische Entgrenzung und Fragmentierung der Öffentlichkeit erkennt und die Gegenwart als „Kampfplatz konkurrierender Öffentlichkeiten" (S. 63) beschreibt.

Mit der These vom erneuten Strukturwandel der Öffentlichkeit gibt Habermas seiner Krisendiagnose historische Tiefenschärfe: Hat die Erfindung des Buchdrucks alle zu potenziellen Lesern gemacht, dann mache die Digitalisierung alle zu potenziellen Autoren – so bringt Habermas die historische Zäsur auf den Begriff. Hat die *Strukturwandel*-Studie sich der Zeitspanne von den ersten beweglichen Lettern bis zur industrialisierten Massenpresse gewidmet, befasst der Essay sich mit den medialen Veränderungen im Computerzeitalter: „Unser Thema ist, wie die Digitalisierung das Mediensystem verändert hat, das diese Massenkommunikation steuert" (S. 39).

Anders als im *Strukturwandel*-Buch ist der Ansatz hier zunächst nur scheinbar strukturell: Zwar analysiert Habermas kontrastierend die „Infrastruktur der Öffentlichkeit", doch geht die Analyse von den Strukturen unvermittelt in die Betrachtung der Arten ihres „Gebrauchs" (S. 45) über. Die Menschen hätten „den Umgang mit den neuen Medien noch nicht hinreichend gelernt" (S. 46). Ob es an der noch ungenügenden medialen Aufklärung oder an infrastrukturellen Eigenheiten liege, dass die

---

4 Vgl. Armin Schäfer/Michael Zürn, Die demokratische Regression, Berlin 2021.
5 Dass viele Menschen sich von demokratischen Institutionen nicht mehr vertreten fühlten, stand im Zentrum der Regressionsüberlegungen von Schäfer und Zürn. Bei Habermas wird das in den politischen Konsequenzen ausbuchstabiert. Sollte man den „Sturm auf das Kapitol" tatsächlich als „expressiven Ausdruck von Wählern verstehen, die seit Jahrzehnten eine politische folgenreiche und spürbare Wahrnehmung ihrer vernachlässigten Interessen nicht mehr erkennen konnten" (S. 27)?
6 Ob die veränderte Mediennutzung, die Habermas durch eine Reihe von Studien konturiert, „auch die *deliberative Qualität* der öffentlichen Debatte" betreffe, sei „eine offene Frage" (S. 40, Hervorhebung im Original).

neuen Medien die Kommunikationsmuster grundlegend verändert haben, wird dabei zunächst nicht scharf gestellt.

Zwar habe der zweite Strukturwandel die Menschen potenziell ermächtigt, sie von den Zwängen eines redaktionellen Systems befreit, dessen Ungleichheiten und manipulative Gefahren die *Strukturwandel*-Studie kritisch analysiert hat. Doch habe die neue Mediennutzung de facto zu problematischen Formen ‚halböffentlicher' und vielfach selbstbezogener Kommunikation geführt. Dabei, das ist eine Pointe der Habermas'schen Ausführungen, verschwimme die Grenze zwischen öffentlich und privat, was zu einer für die Demokratie gefährlichen „Deformation der Wahrnehmung der politischen Öffentlichkeit" (S. 64) führe.

Es scheint passagenweise, als wünsche sich Habermas die guten alten Zeiten des bundesrepublikanischen Mediensystems zurück, jener massenmedialen Konfiguration also, die er in der *Strukturwandel*-Studie kritisch beschrieben hat. Ein melancholischer Grundton durchzieht die Gegenwartsdiagnosen, vom drohenden Aus für „traditionelle[n] Zeitungsverlage[n] und [...] Journalisten" (S. 11) bis zur „bedauernswerte[n] Auszehrung des Kinos" (S. 43). Revidiert Habermas „unter dem Eindruck der sozialen Medien" seine „Theorie der politischen Öffentlichkeit"?[7] Wer so argumentiert, legt den Akzent auf die subjektive Seite der Mediennutzung, deren Erörterung im Essay in der Tat großen Raum einnimmt: In den Sozialen Medien fehle es an Kriterien und Verfahren, nach denen entschieden wird, was öffentlich wird, was im Privaten bleibt. Habermas gewinnt der *Gatekeeper*-Funktion des institutionalisierten Mediensystems im aktuellen Essay aufklärerisches Potenzial ab. In der *Strukturwandel*-Studie mag diese Seite unterbelichtet geblieben sein. In seiner journalistischen Praxis hat Habermas sie immer mitgedacht und vorgeführt.

Allerdings ist der Niedergang der traditionellen Massenmedien, der Abbau professioneller Instanzen nur ein Aspekt dieses im Essay besonders exponiert dargestellten Wandels. Die andere Seite betrifft ökonomisch-juristische Strukturen: „Für die Medienstruktur der Öffentlichkeit ist dieser Plattformcharakter das eigentlich Neue an den neuen Medien" (S. 44), heißt es im Essay. Dass digitale Plattformen für die Verbreitung von Inhalten keine Haftung übernehmen müssen, sei der „Grundfehler" (S. 66). Mit dieser Analyse, die in politischen Forderungen mündet, ist der Essay methodisch nah an der *Strukturwandel*-Studie.

Das gilt noch in einer anderen Hinsicht: Die Diagnose lässt sich auch dann produktiv machen und weiterdenken, wenn die deliberative Demokratietheorie, in den ersten drei Kapiteln rekapitulierend vorgeführt, in ihrem normativ-empirischen Zugriff nicht übernommen wird. Das macht den Essay, wie die frühe Studie, für anders gelagerte Ansätze anschlussfähig. Wie die subjektive und die strukturelle Seite des Strukturwandels zusammenhängen, könnte indes noch schärfer gestellt werden: Wird die Kommunikationsstruktur der neuen Medien zunächst als egalitär beschrie-

---

7 Oliver Weber, Die wüsten Geräusche, in: Frankfurter Allgemeine Zeitung vom 27. Oktober 2021.

ben, die „prinzipiell" alle zu selbstständigen und gleichberechtigten Autoren erhebe (S. 44), wird sie später als „algorithmengesteuert" (S. 53) charakterisiert.

Begriffsarbeit im engeren Sinn leistet der neue Essay nicht – weder in historischer noch in politisch-soziologischer Perspektive. Habermas geht von einem Öffentlichkeitsverständnis aus, wie er es in der *Strukturwandel*-Studie entwickelt hat. Zentral bleibt der Fokus auf die Prozesse öffentlicher Meinungsbildung. Wenn Habermas im Essay das semantische Feld gleichwohl erweitert, dann um gegenwärtige Phänomene auf den Begriff zu bringen: Das reicht von „Halböffentlichkeit" (S. 63), einem Ausdruck, den die *intellectual history* in jüngerer Zeit auch zur Bezeichnung strukturell anders gelagerter Konstellationen vorgeschlagen hat[8], bis zu begrifflich heikleren Konstruktionen wie der „redaktionellen oder offiziellen Öffentlichkeit" (S. 58 f.). Die Frage, ob ein erneuter Strukturwandel der Öffentlichkeit auch zu semantischen Umbrüchen führt, die wiederum auf die Analyse zurückwirken, wird gar nicht erst gestellt.

---

8 Constantin Goschler, Radikalkonservative Intellektuelle in der frühen Bundesrepublik, in: Erhard Schütz/Peter Hohendahl (Hrsg.), Solitäre und Netzwerker. Akteure des kulturpolitischen Konservatismus nach 1945 in den Westzonen Deutschlands, Essen 2009, S. 23–33.

Warum gibt es in den USA keinen Sozialismus – oder vielleicht bald doch?

Von Bernd Greiner

Lukas Hermsmeier, Uprising. Amerikas Neue Linke, Stuttgart 2022 (*Klett-Cotta*), 319 S.

Die USA befinden sich im Würgegriff rechter Demagogen und falscher Propheten – das war der Eindruck zu Zeiten der Präsidentschaft Donald Trumps, diese Befürchtung greift angesichts der erneuten Kandidatur des großen Zerstörers abermals um sich. Dem widersprechen seit Jahren die Befunde diverser Meinungsumfragen. Amerikaner votieren mehrheitlich für das Recht auf Abtreibung; gegen laxe Waffengesetze; für die gleichgeschlechtliche Ehe; gegen Raubbau an der Umwelt; für staatliche Krankenversicherung; gegen die Diskriminierung von Minderheiten; für eine Trennung von Kirche und Staat; gegen polizeiliche Willkür; für Gleichberechtigung; gegen Rassismus; für starke Gewerkschaften; gegen den Abbau von Sozialleistungen; für Klimaschutz; gegen ungezügelte Märkte; für Anstand in der Politik; gegen Despoten im Weißen Haus – und so weiter und so fort im Fundus von Daten über ein „anderes Amerika" im Wartestand, welches die Schlacken einer bleiernen Zeit Stück für Stück abwirft und einer helleren Zukunft entgegensieht.

Ein Blick in die Geschichte der vergangenen hundert Jahre wappnet gegen hochfliegende Erwartungen. Seit dem „red scare" am Ende des Ersten Weltkrieges – einem Feldzug nicht nur gegen Kommunisten, sondern gegen sämtliche Bewegungen, die irgendwie mit Sozialisten oder Sozialdemokraten in Verbindung gebracht werden konnten – klafft in der amerikanischen Parteienlandschaft eine riesige Lücke. Der Traum einer dritten Partei, einer prägenden Kraft jenseits der oft zum Verwechseln ähnlichen *Republikaner* und *Demokraten*, hatte sich erledigt. Gewiss, die Gewerkschaftsbewegung erwachte während der Weltwirtschaftskrise zu neuem Leben, mit der AFL-CIO wurde sogar ein neuer und schlagkräftiger Dachverband gegründet. Auf Dauer aber fehlte der Arbeiterschaft zur Vertretung ihrer Interessen ein politischer Arm.

Dass für diese Amputation ein hoher Preis fällig war, liegt auf der Hand. Weil sie kaum reformerischen Druck fürchten mussten, konnten Abgeordnete der Südstaaten im Kongress eine Vetomacht aufbauen und alle möglichen Gesetzesvorhaben blockieren, die nicht in ihr rassistisch grundiertes Weltbild passten. Und weil die beiden großen Parteien keine Abwanderung links orientierter Wähler fürchten mussten, blieb der Sozialstaat ein Torso. Wie sehr die Legitimation des politischen Systems von alledem in Mitleidenschaft gezogen wurde, spielte in Zeiten wirtschaftlicher Prosperität kaum eine Rolle. Im Gefolge des neoliberalen Kahlschlags seit den 1980er Jahren und angesichts der multiplen Krisen des 21. Jahrhunderts tritt diese

Verletzlichkeit umso wuchtiger zu Tage. Die Forderung rechter Populisten, das gesamte „System" und den verhassten „deep state" zu schleifen, ist der sinnfälligste Ausdruck eines mittlerweile galoppierenden Vertrauensverlustes.

Diese Vorgeschichte kommt im Buch von Lukas Hermsmeier über *Amerikas Neue Linke* nur am Rande zur Sprache. Man sollte sie allerdings kennen, um die Tragweite seiner These zu würdigen. Der Autor nährt mit Verve die Hoffnung, dass die dunkle Vergangenheit an ihr Ende gekommen ist und Amerika einer politischen Neugründung entgegensieht – einem Aufbruch im Zeichen einer neuen Linken, die aus dem verschütteten Reservoir sozialistischen und sozialdemokratischen Gedankenguts zukunftstaugliche Lehren zieht.

Für diese Erwartung spricht in der Tat einiges, vorweg das neue Selbstbewusstsein unter Arbeitern aller möglichen Branchen. Ob bei Autobauern und Stahlkochern oder im High-Tech-Sektor, ob unter Pflegekräften, Dienstleistern großer Handelsketten oder Lehrern, es regt sich etwas gegen das zur Gewohnheit gewordene Diktat großer Unternehmen. Zwar liegt in der Privatwirtschaft der Anteil gewerkschaftlich Organisierter noch immer bei einem Allzeittief von 6,3 Prozent. Aber der Abwärtstrend scheint gestoppt, die Zahl der Streiks nimmt seit Jahren rasant zu und mit ihnen auch die Bereitschaft, sich in alten oder neuen Gewerkschaften zu engagieren. Angesichts der von Deregulierung und Lohndumping über Jahrzehnte angerichteten Verwüstungen kann dergleichen gar nicht hoch genug veranschlagt werden – obwohl der soziale Nachholbedarf im Vergleich zu den meisten hochindustrialisierten Staaten nach wie vor immens ist.

Grundstürzend neu ist ein anderer, von Lukas Hermsmeier zu Recht aus unterschiedlichen Blickwinkeln beleuchteter Aspekt. Was sich zusehends wandelt, ist das Verständnis von Fortschritt. Für amerikanische Verhältnisse geradezu unerhört, wird der Fetisch Wachstum und mit ihm das besinnungslose Anbeten von Akkumulation um der Akkumulation willen in Frage gestellt. Das signalisiert nichts weniger als das Bedürfnis nach einer generalüberholten Gesellschaft, die weder die Webfehler des real existierenden Kapitalismus endlos weiterspinnt, noch den hohlen Versprechen eines bankrotten Sozialismus anhängt. Es geht nicht mehr um das Produzieren schlechthin, sondern darum, welche Produktion man sich in Zukunft leisten will, kann und darf – unter Gesichtspunkten wie Sozialverträglichkeit, Umweltbelastung und Nachhaltigkeit. Damit wird ein altes Verständnis von Gemeinwohl auf die Höhe der Zeit gebracht. „Common Good" bedeutet eben nicht länger das ungehemmte Ausleben von Privatinteressen, sondern deren gezielte Einhegung. Anders gesagt: Vergemeinschaftetes oder verstaatlichtes Eigentum sind nicht tabu. Oder unzivilisiert. Oder „unamerikanisch".

Eben dies umschreibt den Resonanzraum der neuen Linken – die zunehmende Akzeptanz der Forderung, dass private Profitinteressen im Gesundheitswesen, im Bildungssystem und bei der Grundversorgung mit Wasser, Energie und anderen Lebensnotwendigkeiten nichts verloren haben. Und dass ein noch weiter gehender Umbau des Sozialen und Politischen Not tut. Sobald sich aber Gegenwartskritik mit einer positiven Erzählung der Zukunft zusammenfügt, ist die Kraft der Utopie nicht weit. Folglich können amerikanische Gesellschaftsentwürfe, man glaubt es kaum, auch andernorts versteinerte Verhältnisse zum Tanzen bringen. In den Worten von Lukas Hermsmeier: „Was eben noch viel zu radikal klang, strahlt plötzlich eine pragmatische Dringlichkeit aus. Oder andersrum: Was eben noch normal erschien, wirkt plötzlich ganz absurd".

Zum ersten Mal seit Menschengedenken macht sich also wieder eine Aufbruchstimmung von unten breit. Und zwar mit einer Wucht und Dringlichkeit, die man ansonsten nur aus Geschichtsbüchern kennt. Auch wenn *Occupy Wall Street* das Schicksal vieler Graswurzelbewegungen teilt und wegen der Aversion gegen politische Programme und Hierarchien sich selbst ins Abseits manövriert hat, so verstehen sich andere Initiativen viel besser auf die Bewirtschaftung politischer Energien: *Black Lives Matter, Sunrise Movement, Black Visions, Justice Democrats* und vor allem die *Democratic Socialists of America*. Letztgenannte haben in wenigen Jahren die Zahl ihrer Mitglieder auf 100.000 verzehnfacht und mit klug gewählten Kampagnen dafür gesorgt, dass in den Parlamenten zahlreicher Bundesstaaten so viele Sozialisten – im europäischen Sinne linke Sozialdemokraten – vertreten sind wie zuletzt vor hundert Jahren. Auf festem Grund steht das alles noch nicht. Aber auf diese Weise öffnen sich neue Räume und Möglichkeiten. Im Leben vieler Menschen wird Politik wieder entdeckt und geschätzt.

Man spürt bei der Lektüre förmlich, wie Vorurteile über die USA bröckeln und sich am Ende in Luft auflösen. Dem Autor gelingt dies, weil er sich seinen Protagonisten mit Verständnis nähert, aber bei aller Empathie selten die analytische Distanz verliert. Nur an einer Stelle ist die Betrachtung eingetrübt – ausgerechnet beim viel diskutierten Thema Identitätspolitik. Ja, der Vorwurf, dass mit linker „Cancel-Culture" die Entmündigung einer weniger wortgewandten Mehrheit betrieben wird, ist Unfug, ja, auf diesem Terrain geht es weniger um kulturelle Enteignung als um die gleichberechtigte Repräsentation jener, die viel zu lange weder Stimme noch Fürsprecher hatten. Und doch macht es sich Lukas Hermsmeier hier zu leicht. Sein Verstehen-Wollen kippt unter der Hand ins Einverständnis, weil er Irritierendes erst gar nicht thematisiert. Etwa die Frage, inwieweit der identitätspolitische Rigorismus vieler Linker sich in die uralte Tradition manichäischer Phantasien einreiht, die zu überwinden man angetreten ist. Oder die Frage, ob es einer sozialen Bewegung je gelungen ist, mit dem Mittel des Sprachdekrets ihre Anliegen durchzusetzen. Stattdessen schießt der Autor über das Ziel hinaus, ablesbar an Wortmonstern wie „Freundin*innen". Ernsthaft jetzt? Möchte man meinen und wünscht sich, dass eine solche Verrenkung auch im realen Leben das wäre, was sie im Buch ist: eine nervtötende Fußnote.

Wie auch immer. Wohin Amerika steuert, ist keineswegs ausgemacht. Allzu gut organisiert und allzu entschlossen ist die Phalanx der Widersacher, jener Koalition aus Rassisten, militanten Rechten und sonstigen Lautsprechern, die jenseits ihrer selbst auf nichts und niemanden Rücksicht nehmen. Allein ihretwegen – und nicht wegen der als kompromisslos denunzierten Linken – droht dem Land ein Endspiel um seine Demokratie. Lukas Hermsmeier kennt diese Abgründe. Doch sein Panorama führt eindrucksvoll vor Augen, dass es nie so kommen muss, wie es zu kommen scheint. Und dass Geschichte kein letztes Wort kennt, schon gar nicht, wenn Aktivisten wie die hier Porträtierten im Spiel sind – ebenso selbstsicher wie selbstkritisch, entschieden und undogmatisch zugleich, Grenzen in Frage stellend und sich doch ihrer eigenen Grenzen bewusst. In einem Satz: Dieses Buch gehört in den Kanon zeitdiagnostischer Pflichtlektüre.

Die AfD als digitale Massenkommunikationspartei

Von Marcel Lewandowsky

Johannes Hillje, Das „Wir" der AfD. Kommunikation und kollektive Identität im Rechtspopulismus, Frankfurt a. M./New York 2022 (*Campus*), 279 S.

Mit der AfD hat sich erstmals seit Bestehen der Bundesrepublik Deutschland eine rechtspopulistische Partei dauerhaft im Parteiensystem etabliert. Dabei galt in den ersten beiden Jahren ihres Bestehens nicht als ausgemacht, ob es sich tatsächlich um eine rechtsradikale bzw. -populistische Partei handelt.[1] Im Gegensatz zu den bekanntesten Vertretern dieser Parteienfamilie in Westeuropa – etwa dem *Front National* (heute: *Rassemblement National*) in Frankreich oder der *Partij voor de Vrijheid* in den Niederlanden – schienen ihr typische Bestandteile wie offene Islamfeindlichkeit oder klarer Rassismus zu fehlen. Mit der rechtspopulistischen Wende der Partei zu Jahresbeginn 2015 und insbesondere im Zuge der „Flüchtlingskrise" kann die AfD mit Gewissheit als Vertreterin der populistischen radikalen Rechten bezeichnet werden.[2] Im Zuge der Corona-Pandemie ab 2020 und unter dem Eindruck des russischen Überfalls auf die Ukraine im Februar 2022 hat die Partei ihr Profil nochmals geschärft. Sie tritt inzwischen mit einem klaren Anti-Establishment-Habitus auf, bezweifelt die demokratische Qualität der Bundesrepublik und präsentiert sich als Verwirklicherin einer „echten" Demokratie, in der das Volk über alles uneingeschränkt entscheidet.[3] Die Schwesterparteien der AfD sind nicht mehr nur in Westeuropa zu suchen. Ihre Ideologie weist Ähnlichkeiten mit der der ungarischen Regierungspartei *Fidesz* auf, und auch mit der *Republikanischen Partei* in den USA, die sich unter dem ehemaligen Präsidenten Donald Trump mehrheitlich zu einer rechtsradikalen Formation entwickelt hat, können ideologische Überschneidungen ausgemacht werden. Sie ist also mitnichten allein ein lokales Phänomen, sondern im Lichte des internationalen Aufstiegs illiberaler Parteien und Bewegungen zu betrachten. Abgesänge auf den Populismus, die nach zwischenzeitlichen elektoralen Einbrüchen immer wieder zu vernehmen waren, haben sich nicht bewahrheitet. Es verwundert also nicht, dass das wissenschaftliche Interesse am Populismus nach wie vor hoch ist.

---

1 Kai Arzheimer, The AfD: Finally a Successful Right-Wing Populist Eurosceptic Party for Germany?, in: West European Politics 38 (2015), S. 535–556.
2 Frank Decker, Die Alternative für Deutschland. Ein Porträt, in: Ders. u. a. (Hrsg.), Aufstand der Außenseiter. Die Herausforderung der europäischen Politik durch den neuen Populismus, Baden-Baden 2022, S. 133–150.
3 Marcel Lewandowsky/Christoph Leonhardt/Andreas Blätte, Germany: The Alternative for Germany in the COVID-19 Pandemic, in: Nils Ringe/Lucio Renno (Hrsg.), Populists and the Pandemic: How Populists around the World Respond to COVID-19, London 2022, S. 237–249.

Der Politikberater Johannes Hillje hat mit seiner Dissertationsschrift eine Untersuchung vorgelegt, die an den Forschungsdiskurs zur AfD anschließt und diesen durch detaillierte empirische Befunde ergänzt. Hillje nimmt dabei in zweierlei Hinsicht eine Engführung vor. Theoretisch-konzeptionell fokussiert er auf den Rechtspopulismus als Quelle von Identitätsframes, interessiert sich also zuvorderst für die politische Kommunikation der Partei, und er verengt diesen Blick abermals, indem er allein auf Soziale Medien abstellt. Empirisch stützt sich die Arbeit ausschließlich auf die Facebook-Seite der Bundespartei. Der Autor führt als Begründung für dieses Vorgehen eine Reihe von Argumenten ins Feld, die zum einen auf die Bedeutung von Facebook selbst, zum anderen auf die hohe Anzahl von Unterstützern der AfD auf dieser Plattform abstellen. Der auf Facebook basierten Untersuchung wird also eine gewisse Repräsentativität unterstellt, wobei diese, obschon argumentativ schlüssig, nicht in einem statistischen Sinne verstanden werden sollte.

Aus theoretischer Perspektive interessant ist Hilljes Typisierung der AfD als „digitale Massenkommunikationspartei" (S. 109). In Abgrenzung zu anderen Begriffen wird dies damit begründet, dass die AfD „ihre Partei-PR nicht nur als ein Instrument [versteht], mit dem sie den öffentlichen Diskurs und die journalistische Berichterstattung beeinflussen möchte, sondern dezidiert als ein Substitut für unabhängige Massenmedien" (ebd.). Kommunikation in sozialen Netzwerken stellt für populistische Parteien eine Verwirklichung ihrer Ideologie dar: Zum einen sind sie hier in der Lage, direkt – und nicht durch den Umweg der als „Gatekeeper" fungierenden Massenmedien – mit ihren Sympathisanten zu kommunizieren. Zum anderen vermögen sie über Likes und in großer Zahl geteilte Inhalte (etwa Retweets auf Twitter) genau die „Massenbewegung" zu symbolisieren, für die sie zu stehen vorgeben.[4] Das drückt sich bei der AfD auch dadurch aus, dass sie sich in ihren Bundestagsreden teilweise nicht nur an die Anwesenden, sondern auch an ihre Zuschauer in den sozialen Medien wendet.

Zur Analyse der Facebook-Posts der AfD zieht der Autor ein theoriegeleitetes, aus fünf Kapiteln und 17 Kategorien bestehendes Codebuch heran. Auf dieser Basis werden die Ingroups und Outgroups rekonstruiert, auf die sich die AfD in ihren Beiträgen bezieht. Hierzu identifiziert der Autor zunächst „Identitätsmarker" („wir", „uns", „unser" usw.), und er erörtert dann, zu welchen Gruppen diese kommunikative Verbindungen herstellen. Wenig überraschend beziehen sich Wir-Aussagen häufig auf die AfD selbst. Im Gegensatz zu anderen Ansätzen[5] ist die Herangehensweise des Autors allerdings für diese Möglichkeit offen und bezieht sie in die Analyse ein. Zugleich allerdings erscheint die Einteilung der Bezugsgruppen insbesondere in der Kategorie „Nation/Volk" relativ grob. Hier unterscheidet Hillje lediglich zwischen den Unterkategorien „Deutschland" und „Bürgerinnen und Bürger in Deutschland". Womöglich wäre es hilfreich gewesen, eine feinmaschigere Unterscheidung

---

4 Paolo Gerbaudo, Social media and populism: An elective affinity?, in: Media, Culture & Society 40 (2018), S. 745–753.
5 Matthijs Rooduijn/Teun Pauwels, Measuring Populism: Comparing Two Methods of Content Analysis, in: West European Politics 34 (2011), S. 1272–1283.

zu versuchen, zumal sich die Ingroup der AfD seit 2013 stark gewandelt hat: vom „Steuerzahler" hin zu einem nativistischen Verständnis der „Deutschen" als Kultur bzw. Nation. Etwas unklar bleibt auch der Mehrwert der Unterscheidung zwischen Primär- und Sekundärthemen in den Posts der AfD, zumal die Verteilung von Asyl/Migration sowie Innere Sicherheit die wichtigsten Themenkomplexe ausmachen, wenngleich in jeweils umgekehrter Reihenfolge.

Mit Blick auf die Ingroup der AfD kann der Autor zeigen, dass sich deren Konstruktion vor allem auf die vage ethnische deutsche Herkunft stützt und weitaus weniger auf andere Merkmale wie die Familie, den sozialen Status oder das Geschlecht. Einerseits ist das eingedenk des ideologischen Profils der heutigen AfD nicht überraschend. Andererseits ist dies in einer solchen Eindeutigkeit durchaus bemerkenswert. Immerhin hat die Partei nach dem Höhepunkt der „Flüchtlingskrise" den Fokus stark auf andere gesellschaftspolitische Themen wie die Ablehnung geschlechtergerechter Sprache oder die Bekämpfung des – vermeintlich – „woken" Mainstreams gelegt. Hilljes Schema und Befunde bieten Anlass, die Ingroup-Konstruktionen der AfD auch während und nach der Corona-Pandemie und dem russischen Krieg gegen die Ukraine genauer zu untersuchen. Es wäre anzunehmen, dass die Ausprägungen der Ingroup-Konstruktionen im Fall der AfD nicht statisch sind, sondern sich wandeln, je nachdem, auf welche – reale oder vermeintliche – Krise sie sich bezieht und wen sie als „wahres Volk" identifiziert, das gegen die Auswirkungen der Krise verteidigt werden muss.[6]

Bei den Outgroups unterscheidet Hillje erstens zwischen vertikalen Outgroups, die auf der „politischen" Achse des Populismus anzusiedeln sind. Dazu gehören vor allem die politischen Eliten, die als nutzlos, schädlich oder repressiv bzw. autoritär dargestellt werden. Die horizontalen Outgroups liegen zweitens auf der „gesellschaftlichen" Achse, bezeichnen also jene Gruppen, die nicht Teil des im kulturellen Sinne „wahren" Volkes sind.[7] Dies sind zuvorderst Geflüchtete und Migranten, in geringem Maße aber auch politisch Andersdenkende. Die AfD zeichnet diese Gruppen in drastischen negativen Bildern, etwa als gewalttätig, kriminell, kulturfremd, aber auch als ungebildet und Verursacher von Kosten.

Insgesamt rekonstruiert die Analyse der Facebook-Posts eine nahezu archetypische rechtspopulistische Partei, die mit einem ausgeprägten Anti-Establishment-Habitus auftritt und deren Volksbegriff – wenngleich vage – ethnisch geprägt ist. Hillje gelingt insbesondere im qualitativen Teil der Untersuchung eine detaillierte Rekonstruktion der Identitätsframes der AfD. Hervorzuheben ist speziell der Dualismus zwischen „Bedrohten" und „Rettern" (S. 219–228), der die Krisennarrative populistischer Parteien recht deutlich spiegelt.[8]

---

6 Vgl. Marcel Lewandowsky, Populismus. Eine Einführung, Wiesbaden 2022, S. 59–63.
7 Vgl. Cas Mudde/Cristóbal Rovira Kaltwasser, Exclusionary vs. Inclusionary Populism: Comparing Contemporary Europe and Latin America, in: Government and Opposition 48 (2013), S. 147–174.
8 Vgl. Benjamin Moffitt, How to Perform Crisis: A Model for Understanding the Key Role of Crisis in Contemporary Populism, in: Government and Opposition 50 (2015), S. 189–217.

Die empirische Analyse macht allerdings nur etwa ein Viertel der Arbeit aus. Ein Großteil des Buchs besteht aus der ausführlichen Reflexion des Forschungsstands, was der Stringenz der Arbeit nicht immer zugutekommt. Gleichwohl vermag der Autor dadurch seine Studie in die inzwischen kaum noch überschaubare Literatur zum Populismus einzuordnen.

Methodisch besteht die Arbeit aus qualitativen und quantitativen Elementen, wobei der Interpretation des Textmaterials deutlich höhere Bedeutung beigemessen werden muss als dem deskriptiv-statistischen Vorgehen, wie der Autor selbst einräumt. Hillje verzichtet auf inferenzstatistische Methoden zugunsten der extensiven Befassung mit dem gesammelten Material. Dadurch gelingt ihm eine „Tiefbohrung", die es erlaubt, die Identitätsframes der AfD am gesichteten Text unmittelbar nachzuvollziehen. Gleichzeitig hat dieses Vorgehen recht enge Grenzen. Der Autor untersucht allein die Facebook-Beiträge der AfD von 2019. Der Verweis darauf, dass es sich um eine „ausreichend große Stichprobe" handle und zudem im selben Jahr mehrere Wahlen stattgefunden haben, muss eher als Daumenregel verstanden werden denn als die Anwendung strenger Kriterien. Wenngleich dies der Güte der qualitativen Analyse keinen Abbruch tut, so ist mit Blick auf die Reichweite der Ergebnisse zu bedenken, dass sich die AfD seit ihrem Bestehen in einem beständigen programmatischen Wandel befindet. Es dürfte lohnenswert sein, die von Hillje herausgearbeiteten Frames nicht nur auf andere Kommunikationen der AfD zu übertragen, sondern sie auch anzuwenden, um die unterschiedlichen Bedeutungen dieser Frames in den jeweiligen Phasen nachzuvollziehen. Die Befunde bilden die Facebook-Kommunikation der AfD zu einem bestimmten Zeitpunkt ab, tun dies aber mit der angemessenen Tiefe und Sorgfalt.

Insgesamt muss Hilljes Arbeit vor allem als gelungener Versuch betrachtet werden, das – wie der Autor es selbst bezeichnet – „Identitätsangebot" der AfD im Kontext sozialer Medien nachzuvollziehen. Die genannten Grenzen der Studie bringen es mit sich, dass Fragen offenbleiben. Dennoch liegt mit *Das „Wir" der AfD* ein Buch vor, das sowohl für die politikwissenschaftliche Forschung als auch für die journalistische Praxis interessante Befunde bereithält. Insbesondere einem breiteren Publikum in politischen Organisationen wäre die Lektüre einer solch differenzierten Auseinandersetzung mit der AfD zu wünschen. Denn der Umgang mit dieser Partei krankt oftmals am Beharren auf althergebrachten Strategien und landläufigen Vorstellungen darüber, was Rechtspopulismus ist und wie er funktioniert. Vielleicht kann Hilljes Studie hier zur Aufklärung beitragen.

Vergessene Geschichte des Rechtsterrorismus?

Von Jost Dülffer

Uffa Jensen, Ein antisemitischer Doppelmord. Die vergessene Geschichte des Rechtsterrorismus in der Bundesrepublik, Berlin 2022 (*Suhrkamp*), 316 S.

Am 19. Dezember 1980 wurden in Erlangen Shlomo Lewin und seine Lebensgefährtin Frida Poeschke in ihrem Haus erschossen. Lewin war bis ins Vorjahr Vorsitzender der israelitischen Kultusgemeinde in Nürnberg gewesen und bemühte sich nun, in Erlangen eine jüdische Gemeinde zu gründen. Mit Poeschke, der Witwe des verstorbenen Erlanger Oberbürgermeisters, betätigte er sich u. a. in der Gesellschaft für christlich-jüdische Zusammenarbeit. Polizei und Staatsanwalt ermitteln zunächst in Poeschkes und Lewins persönlichem Umfeld, bis hin nach Israel, erst drei Monate später kommen die Behörden durch eine am Tatort gefundene Brille auf die Idee, sich das rechtsradikale Milieu näher anzusehen und bleiben dann auch an diesem Strang. Das betrifft die neonationalsozialistische *Wehrsportgruppe Hoffmann* (WSG) – und hier werden die Ermittlungen dann über Jahre hinweg fündig. Insbesondere das Mitglied der Gruppe Uwe Behrendt wird als Täter ermittelt. Letztlich dauert es aber bis zum Beginn eines Prozesses fast drei Jahre. Behrendt, mittlerweile im Libanon umgekommen, wird als wahrscheinlicher Mörder angesehen, Karl-Heinz Hoffmann selbst und seine Lebensgefährtin werden freigesprochen. Auch ein weiteres Verfahren, das bis 1986 dauert, mit langen Reden Hoffmanns, führt nicht zur Verurteilung Hoffmanns in der Sache des Doppelmordes.[1]

Uffa Jensen, Forschungsprofessor am Zentrum für Antisemitismusforschung in Berlin, geht in unterschiedlichen Kreisen von diesem Doppelmord aus dem Rechtsradikalismus und vor allem dem Rechtsterrorismus in der alten Bundesrepublik insgesamt nach, nicht zuletzt wohl motiviert durch den späteren ähnlichen Umgang der Staatsgewalt mit dem Rechtsterrorismus des *Nationalsozialistischen Untergrunds* (NSU) im ersten Jahrzehnt dieses Jahrhunderts. Er tut das mit dem Spürsinn des Historikers, der sich die Ermittlungsakten und Prozessaussagen in einem anderen Ansatz als die Juristen vornimmt und dabei behutsam immer wieder die eigene Subjektivität und damit verbleibende Unsicherheit über Vorgänge benennt.

Dabei geht es ihm nicht um Kritik am Justizsystem als solchem, aber er arbeitet doch gerade hierfür deutlich heraus, wie bei einem jüdischen Opfer zunächst in dessen Geschäften, seiner früheren Verbindung mit dem israelischen Militär Mosche

---

[1] Auf der Basis eines neuerdings aufgetauchten Berichts des bayerischen Verfassungsschutzes mit Mitteilungen aus dem Kreis der WSG werden die Freisprüche der Justiz noch schwerer verständlich. Vgl. Martina Renner/Sebastian Wehrhahn, Mit Blindheit geschlagen, in: Die Zeit vom 3. August 2023, S. 26.

Dajan gesucht wurde, kurz: in typisch jüdischen Kontexten. Erst zufällig tritt langsam auch und dann allein die rechtsradikale Szene um Hoffmann in den Fokus. Dann kommt die Biographie Behrendts in den Blick, dessen enge Verbindung, ja wohl auch Mordkomplizenschaft mit Hoffmann gerade im Fall Erlangen gezeigt wird. Hoffmann, der sich und seine Truppe nach dem Oktoberfest-Attentat von den Ermittlungsbehörden immer stärker in die Enge getrieben fühlte, suchte den Kontakt zur PLO. Nach Stasiunterlagen, von Jensen mitgeteilt, biederte er sich sogar mit einem Schreiben über seine – angeblich – zunehmend kritisch werdende Verfolgung in der Bundesrepublik den Palästinensern an. In diesem sah er sich im Herbst 1980 in einer Opferrolle – letztlich als ein Opfer der Israelis. Er verlagerte große Teile der Aktivitäten seiner Gruppe in den Libanon, so dass den späteren Ermittlern nicht ganz klar wurde, ob und wieweit Hoffmann aus Deutschland oder aus dem Libanon her agierte. Jensen bringt gute Gründe vor, dass der Rechtsterrorist im Kern weiter von seinem deutschen Landsitz aus alle Fäden in der Hand hatte.

Gerade in diesen Untersuchungen, die etwa die Hälfte des Bandes ausmachen, zeigt sich Jensen als behutsamer Kriminalermittler auf Quellenbasis. Er bedauert selbst, dass er weder israelische noch palästinensische Quellen heranziehen konnte – schon wegen mangelnder Sprachkenntnis. Das verschafft manchen Ergebnissen bisweilen einen eher tentativen, aber durchaus plausiblen Charakter. Während Gerichte nach einem „in dubio pro reo" zu urteilen hatten – und letztlich in Sachen WSG und Hoffmann zu Freisprüchen gelangten, vermag Jensen in aller Ausführlichkeit und Unsicherheit, ja Vorsicht den Leser für seine Sicht der Dinge einzunehmen. Das letzte Wort muss nicht zuletzt angesichts der internationalen Dimension zu manchen Fragen der konkreten Zusammenhänge von Hoffmann und seiner WSG noch nicht gesagt sein.

Letztlich hat Jensen für die Zusammenhänge der WSG mit dem Oktoberfest-Attentat wie mit dem Erlanger Doppelmord eine Erklärung: Es war eine antisemitische Sicht, die nicht nur in diesem Fall eine Rolle spielte. Dennoch bleibt er vorsichtig, ganz genau wisse man das nicht, ihm „leuchtet ein antisemitisches Motiv für den Erlanger Doppelmord ein" (S. 116). Das ist der eine, empirisch-kriminalistisch bedeutsame Teil der Studie.

Darüber hinaus holt der Verfasser weit aus: Antisemitismus habe gerade für den Rechtsradikalismus in der gesamten frühen Bundesrepublik eine zentrale Rolle gespielt. Hoffmann und seine WSG werden so zum herausragenden Beispiel einer längeren Entwicklung, die für Jensen noch kaum geklärt sei; jedenfalls sei sie zu wenig gerade im heutigen Bewusstsein verankert. 1980 sei das wichtigste Jahr rechtsradikalen Terrors gewesen, nicht zuletzt aufgrund des vorangegangenen Attentats auf das Münchener Oktoberfest war es das Ereignis mit den meisten Opfern. Von diesem Ausgangspunkt her rekonstruiert er in groben Zügen die Geschichte des westdeutschen Antisemitismus seit dem Zweiten Weltkrieg – dabei misst er der antisemitischen Welle 1959/60 besondere Bedeutung zu. Man habe insgesamt nicht länger mit den Verbrechen der NS-Zeit konfrontiert werden wollen. „Der sogenannte sekundäre oder Schuldabwehr-Mechanismus wurde ab den sechziger Jahren wichtiger" (S. 48).

Dieser sozialpsychologische Erklärungsansatz beruht nicht zuletzt auf einer Weiterführung der These des Ehepaars Mitscherlich von der „Unfähigkeit zu trauern" – wie alle solche sozialwissenschaftlichen Großthesen kaum schlüssig zu falsifizieren. In den 1970er Jahren habe dann auch der Rechtsterrorismus zugenommen, wie an entsprechenden Statistiken gezeigt wird, er sei aber kaum so wahrgenommen worden. Die Öffentlichkeit habe sich insgesamt stärker, ja fast ausschließlich für den Linksterrorismus, voran die *Rote Armee Fraktion*, interessiert. In dieser historischen Situation entstand auch die WSG Hoffmann.

Im Anschluss u. a. an Peter Waldmann wird Terrorismus als Kommunikationsform gegenüber der Öffentlichkeit verstanden. In der politischen Wahrnehmung der 1970er Jahre unterstellte man jedoch in der Bundesrepublik generell, dass ein solcher Terrorismus auf einer rationalen, sachlichen und konsistenten Ideologie beruhe, wie er eben von links praktiziert wurde; „Rechtsextremisten mussten durch das Raster dieses Vorverständnisses fast immer durchfallen" (S. 128). Sie wurden demnach allgemein eher als Einzelne, Kleingruppen ohne Ideologie, charakterisiert durch mangelnde Argumentation und hierarchische Orientierung an einem Führerprinzip, angesehen. Diese Sicht war jedoch „von subtilen Verharmlosungen geprägt. Insbesondere weigerte man sich, Antisemitismus, Rassismus und Nationalsozialismus als Ideologien ernst zu nehmen"; es seien eher irrationale Emotionen gewesen, „die man seitens der Politik nur mit Verachtung strafen könne" (ebd.).

Die Gesetzgebung und Rechtsprechung gerade gegenüber rechtem Terrorismus sei davon ausgegangen, es primär mit schwerer Kriminalität zu tun zu haben und – anders als beim linken Terrorismus – den politischen Ansatz zu verkennen. „Es scheint zweifelhaft, den Bereich des Politischen so zu begrenzen, dass man die politischen Veränderungsansprüche von Terroristinnen [Jensen gendert nicht, sondern gebraucht männliche oder weibliche Begriffe im Wechsel] so absurd und moralisch verwerflich sie uns erscheinen mögen – einfach ins Kriminelle auslagert" (S. 183). Zwar gab es nach Jensen bereits in der unmittelbaren Nachkriegszeit einflussreiche „minoritäre" Positionen, die gegen die „bleierne" Vergangenheitspolitik der Adenauer-Jahre protestierten, gegen das „Beschweigen, Ablehnen bzw. Ablenken und Aufarbeiten" (S. 208). Zwar hätten diese auch Widerhall in der Politik gefunden, „in einer gewisser Hinsicht verkannten selbst sie [die Mahner] wegen ihrer prägenden Erinnerungen an die NS-Gewaltherrschaft den wahren Charakter der Gefahr" durch rechten Terrorismus (S. 216). Erst im Rückblick lasse sich in den 1980er Jahren ein erinnerungspolitischer Wandel festmachen, der sich nicht zuletzt in zahlreichen Gedenkstätten und Erinnerungsorten niedergeschlagen habe, wobei das Einfühlen in die Position der jüdischen Opfer problematisch sei. Von dem Erlanger Doppelmord bis hin zum NSU habe man beim Rechtsterrorismus fälschlicherweise angenommen, es müsse sich um eine „Art ‚Brauner Armee Fraktion'" (S. 219) gehandelt haben, der kurz zuvor als „eine Art struktureller Antisemitismus" bezeichnet wird.

Die nicht erst von Jensen erhobene, aber differenzierte These, wonach die junge Bundesrepublik auf dem rechten Auge eher blind gewesen sei und sich erst 30 Jahre nach ihrer Gründung kritischere Maßstäbe durchgesetzt hätten, ist durch das Aufzeigen personeller und damit auch mentaler Kontinuitäten von Staat, Bürokratie und Öffentlichkeit im letzten Jahrzehnt breit untermauert worden. Es liegen jedoch auch Ergebnisse vor, welche die direkte Loslösung von NS-Gesinnung etc. schon wesentlich früher in nicht unwichtigen Ansätzen zu erkennen vermögen. Jensen arbeitet anhand des Erlanger Doppelmordes 1980 schlüssig eine erst langsam Platz greifende Zäsur im Umgang mit rechtem Radikalismus und Terror heraus, deren Tiefe wohl weiter zu diskutieren sein wird. Er selbst schließt: „Das Fazit dieses Buches ist trostlos [...]. Die nichtjüdische Gesellschaft und die Politik haben den Erlanger Doppelmord bis heute nicht als Ereignis verstanden" (S. 230). Die Bedeutung dieses Bandes gerade im Rahmen des diesem Jahrbuch zugrundeliegenden Forschungssektors liegt darin, dass Jensen grundsätzliche Unterschiede von linkem und rechtem Terrorismus herausarbeitet. Das wird weiterer Diskussion bedürfen. Dieser Beitrag ist dazu ein wesentlicher Baustein.

„Braunes Erbe"

Von Friedrich Kießling

David de Jong, Braunes Erbe. Die dunkle Geschichte der reichsten deutschen Unternehmerdynastien, Köln 2022 (*Kiepenheuer & Witsch*), 496 S.

Am Beginn von David de Jongs Buch *Braunes Erbe* über die NS-Verstrickungen einiger der reichsten deutschen Unternehmerfamilien stand vor allem ein journalistisches Interesse. 2011 war de Jong von *Bloomberg News* als Teil eines Redaktions-Teams damit beauftragt worden, das versteckte Vermögen der Superreichen zu recherchieren. Als Niederländer fiel ihm, wie er in der Einleitung schreibt, die Aufgabe zu, „den deutschsprachigen Raum mit abzudecken" (S. 19). Bei seinen Recherchen stieß de Jong, dessen teils protestantische, teils jüdische Großeltern selbst unter der NS-Besatzung gelitten hatten, den Morden aber knapp entkommen waren, schnell auf die NS-Vergangenheit einiger der reichsten deutschen Familien. Fünf von ihnen, den Quandts, den Familien Flick und von Finck, dem Porsche-Piëch-Clan sowie der Oetker-Dynastie ist nun sein Buch gewidmet. Auf die Familie Reimann wird ein Seitenblick geworfen. Im Vordergrund steht das Erstaunen, dass diese Familien in der Zeit des Nationalsozialismus nicht nur große Vermögen erwarben, sondern es ihnen auch gelang, diese nach 1945 zu bewahren und zum Grundstock ihres aktuellen Reichtums zu machen. Diese Geschichten, so de Jong, seien „bis heute außerhalb Deutschlands kaum erzählt worden" (S. 22).

Auch wenn der Autor für einige Passagen, etwa zu den Entnazifizierungsverfahren, Archivbestände herangezogen hat, baut die Studie überwiegend auf der inzwischen reichhaltigen Literatur zum Thema auf. Im ersten großen Kapitel wird auf dieser Basis der wirtschaftliche Aufstieg der fünf Familien vor und in der ersten Phase der NS-Herrschaft erzählt. Ziemlich ausgewogen wird dargestellt, dass in allen Fällen die Basis für den ökonomischen Erfolg bereits vor 1933 gelegt worden war, die jeweiligen Firmenpatriarchen dann aber beherzt die Chancen ergriffen, die ihnen der Nationalsozialismus zusätzlich bot. Von Ausnahmen abgesehen, vor allem August von Finck wird genannt, zeigt de Jong seine Protagonisten nicht als überzeugte Nationalsozialisten, sondern als hemmungslose Opportunisten, denen der geschäftliche Erfolg über alles ging. Moralische Standards, das legt die Darstellung nahe, mussten gar nicht überwunden werden, sie spielten für diese Leute einfach keine Rolle. Die meisten waren „kühl kalkulierende, skrupellose Opportunisten, die ihr Geschäft ausbauen wollten, egal um welchen Preis" (S. 24).

Dies führte dazu, dass sich die Unternehmen, wie de Jong in den nächsten beiden Kapiteln zeigt, bald auch an den NS-Verbrechen beteiligten. Durch „Arisierungen" wurde das eigene Unternehmen billig ausgebaut, frühere enge Geschäftspartner wie etwa Adolf Rosenberger, der jüdische Mitbegründer von Porsche, wurden ausgebootet und um ihre Anteile betrogen. Ganz selbstverständlich und wiederum ohne Skrupel betrieb man im Krieg das Zwangsarbeitersystem mit, wobei die Chefs zum Teil persönlich sadistisches Verhalten von Fabrikleitern deckten. Gleichzeitig wuchs die nächste Generation in das NS-System hinein, wurde Teil der Netzwerke der Reichen und Mächtigen. De Jong schildert das alles mit viel Sinn für aussagekräftige Details. Bisweilen verliert er sich allerdings in den jeweiligen Familiengeschichten. Vor allem gilt dies für die Ehe von Joseph und Magda Goebbels, der früheren Frau von Günther Quandt und Mutter von Harald Quandt. Hier war die Versuchung wohl doch zu groß, die Erzählung mit der Darstellung des Schicksals der NS-Prominenz noch weiter zu würzen.

Die abschließenden drei Kapitel und damit fast die Hälfte des Buches widmen sich der Zeit nach 1945. Die Schilderung reicht von den Entnazifizierungsverfahren, die am Ende bekanntlich fast alle glimpflich für die Firmenpatriarchen ausgingen, über die jeweilige Rückkehr an die Unternehmensspitze bis zu dem aktuellen Umgang der Erben mit den Belastungen ihrer Vorfahren, wobei hierin in einem „Hinweise zu den Quellen" überschriebenen Kapitel im Anhang auch die Reaktionen auf Anfragen des Autors eingeordnet werden. Trotz entsprechender Bemühungen von de Jong gegenüber allen Familien kam es nur im Falle von Gert-Rudolf Flick, dem Enkel von Friedrich Flick, zu einem direkten (E-Mail-)Kontakt mit einem der heutigen Erben. „Man könnte ihn kritischer sehen", schrieb Gert-Rudolf Flick über die NS-Verstrickungen seines Großvaters an de Jong, „aber ich habe ihn als sehr begabten Menschen in Erinnerung, und ich kann meine Gefühle nicht rückwirkend ändern" (S. 438). Wahrscheinlich beschreibt dieser Satz recht ehrlich das Verhältnis nicht weniger Deutscher zu ihren schuldig gewordenen Eltern und Großeltern, bei dem persönliche Sympathie und historischer Befund konkurrieren. Die anderen Familien bzw. Unternehmen lehnten Interviewwünsche ab. Meist wurde auf die in Auftrag gegebenen historischen Untersuchungen verwiesen. Man habe nicht die Absicht, „sich über das Veröffentlichte hinaus zu diesem Thema zu äußern" (S. 442), schrieb ein Sprecher der drei jüngsten Kinder von Rudolf-August Oetker, der nach dem Tod seiner Mutter und seines Stiefvaters bei einem Luftangriff auf Bielefeld im Jahr 1944 die Leitung der Firma übernommen hatte. Es gebe keine „weiteren oder neuen Erkenntnisse, [...] die über die Ergebnisse der 2011 veröffentlichten Studie hinausgehen" (S. 435), lautete die Antwort eines Quandt-Sprechers mit Hinweis auf die Studie von Joachim Scholtyseck über den „Aufstieg der Quandts".[1] Trotz allem markiert de Jong aber auch Unterschiede beim heutigen Umgang der Erben mit den NS-Belastungen ihrer Vorfahren. Während zumindest ein Teil der Oetker-Nachkommen inzwischen den Namen der Familien-Stiftung, der an ihre Großeltern erinnerte, geändert hat, stehen bei Quandt entsprechende Umbenennungen bis heute aus. Von den Familien Porsche und Piëch wiederum wird, so de Jong, bis heute die Rolle des aus

---

[1] Vgl. Joachim Scholtyseck, Der Aufstieg der Quandts. Eine deutsche Unternehmerdynastie, München 2011.

der Firma herausgedrängten Adolf Rosenberger kleingeredet. Und am Ende macht de Jong klar (angesichts der AfD-Verbindungen von August von Finck vielleicht dann doch etwas zu allgemein), was er von einem solchen Verhalten hält: „Viele deutsche Unternehmerdynastien scheuen eine vollständige Aufarbeitung der dunklen Geschichte, die ihr Vermögen befleckt. Und so werden die Geister des ‚Dritten Reichs' sie weiterverfolgen" (S. 421).

Will man dem Buch von de Jong abschließend gerecht werden, ist eine doppelte Perspektive notwendig. Gemessen an dem eigenen Anspruch eines „erzählende[n] Sachbuchs" (S. 443), das eine bekannte Geschichte für ein breites Publikum, ausdrücklich auch ein nicht-deutsches, aufbereitet, ist das Vorhaben gelungen. Die Darstellung bietet einen guten und solide recherchierten Überblick über die NS-Vergangenheiten von fünf der wichtigsten deutschen Unternehmerfamilien sowie deren Umgang damit nach 1945. Trotz des im gesamten Buch erkennbaren Erstaunens des Autors über diese Geschichte geschieht dies, von wenigen Ausnahmen abgesehen, ohne große Pauschalisierungen und bis in Einzelheiten hinein ausgewogen. Besonders überzeugend ist es, die Geschichte vor 1933 zu beginnen und bis in das Jahr 2021 reichen zu lassen. Die Leser erhalten so die ganze, in vielen Teilen ja tatsächlich ziemlich unglaubliche Geschichte. Aus wissenschaftlicher Perspektive fällt das Fazit etwas differenzierter aus. Zwar wird man auch aus dieser Sicht anerkennen, dass de Jong ein guter Überblick gelungen ist, der auf der wichtigsten aktuellen Literatur beruht. Als ereignishistorische Einführung in die engere Geschichte der jeweiligen Unternehmensdynastien lässt sich die Arbeit so mit Gewinn lesen. Eine Einordnung über die fünfeinhalb dargestellten Familien hinaus, die diese Geschichten zum Beispiel in das grundsätzliche Verhältnis von Nationalsozialismus und deutscher Wirtschaft oder in die verschiedenen Phasen der allgemeinen Vergangenheitsbewältigung nach dem Ende des Zweiten Weltkriegs in Westdeutschland einordnet, fehlt aber. Systematisch-analytisch bleibt de Jong somit ohne eigenen Anspruch. Auch wer sich etwa mit der Frage auseinandersetzen möchte, welche Handlungsspielräume Unternehmer im Nationalsozialismus hatten oder welche Bedeutung die NS-Belastungen der Wirtschaftseliten für den ökonomischen, vielleicht ebenso für den politisch-gesellschaftlichen Wiederaufbau nach 1945 spielten, wird zu anderen Arbeiten greifen müssen.

Massenmorde im Dritten Reich

Von Alexander Brakel

Alex J. Kay, Das Reich der Vernichtung. Eine Gesamtgeschichte des nationalsozialistischen Massenmordens, Darmstadt 2023 (*wbg Theiss*), 455 S.

In den ersten Jahrzehnten nach dem Ende des Zweiten Weltkriegs spielte der Holocaust keine große Rolle in der Forschung zum Dritten Reich. Die Historiker konzentrierten sich vor allem auf die NS-Führungsfiguren, die Errichtung und Wirkungsweisen des Dritten Reichs sowie die rein militärischen Aspekte des Zweiten Weltkriegs. Als Joachim Fest 1973 seine Hitler-Biographie veröffentlichte, widmete er der Judenvernichtung nur sechs der insgesamt über tausend Seiten. Bezeichnenderweise löste dies keinen Aufschrei aus. Vielmehr fand das Buch begeisterte Aufnahme unter Laien wie Fachleuten gleichermaßen. Dagegen hatten es Untersuchungen zur Schoa schwer. Die bahnbrechende Gesamtdarstellung von Raul Hilberg konnte 1961 nur in einem Nischenverlag erscheinen, weil größere Häuser kein Interesse gezeigt hatten. Erst in den 1980er und 1990er Jahren sollte sich dies ändern und der millionenfache Massenmord immer stärker in den Fokus der NS-Forschung rücken. Heute ist die Vernichtung der europäischen Juden so zentral für die Wahrnehmung des Dritten Reichs, dass sie alle anderen Aspekte zu überlagern droht, auch die anderen Massenverbrechen des Nationalsozialismus. Das ist umso erstaunlicher, als die historische Forschung auch letztgenannten in den vergangenen Jahrzehnten verstärkte Aufmerksamkeit geschenkt hat. Man denke etwa an die Flut von Veröffentlichungen zu den Verbrechen der Wehrmacht anlässlich der sogenannten „Wehrmachtsausstellung" und der öffentlichen Diskussion über sie.

Mit seiner Gesamtdarstellung der NS-Massenmorde will Kay erkennbar einen Kontrapunkt setzen. Dabei geht es ihm mitnichten um eine Relativierung des Holocausts, sondern um dessen Einbettung in den Kontext der Gewaltpolitik des Dritten Reichs. Diese strukturiert er in sieben Tatkomplexe: 1. den Mord an den Behinderten, 2. die Judenvernichtung, 3. den Massenmord an der Zivilbevölkerung im Zuge der Partisanenbekämpfung, 4. die Ermordung der Roma, 5. das Aushungern der sowjetischen Kriegsgefangenen, 6. die Hungerpolitik gegenüber der sowjetischen Zivilbevölkerung und 7. die Vernichtungspolitik gegenüber der polnischen Führungsschicht. Die Gliederung der Darstellung folgt dem chronologischen Ablauf der Ereignisse. Das geht zwar mitunter zu Lasten der inhaltlichen Kohärenz, hat aber den großen Vorteil, dass die Zusammenhänge zwischen den einzelnen Vorgängen der Verbrechensbekämpfung deutlich werden. Zudem setzt es die Perspektive der Zeitgenossen dem postfaktischen Blick der Nachwelt entgegen. So weist Kay beispielsweise darauf hin, dass Ende 1941 die größte Opfergruppe der deutschen Mordpolitik nicht die Juden, sondern die sowjetischen Kriegsgefangenen waren, da zu diesem Zeitpunkt zwar schon die Massenerschießungen der sowjetischen Juden begonnen hatten, die ersten Vernichtungslager sich aber erst im Aufbau befanden. Bis ins Jahr 1943 hinein waren zudem die Todesfabriken der „Aktion Reinhardt", Bełżec, Sobibór und Treblinka, und nicht Auschwitz, die Orte des größten Massenmords. Diesem widmet er ein eigenes Kapitel, in dem er das Zusammenwirken der unterschiedlichen Verbrechenskomplexe verdeutlicht: Das Lager wurde eingerichtet zur Internierung polnischer politischer Häftlinge und war somit Teil der deutschen Bekämpfung der polnischen gesellschaftlichen Elite. Nach dem deutschen Überfall auf die Sowjetunion wurden auch gefangengenommene Rotarmisten dort untergebracht. Mit dem Bau des Vernichtungslagers Auschwitz II (Birkenau) entstand schließlich der zentrale Ort der Judenvernichtung. Dort wurden ab Februar 1943 auch Tausende von Roma ermordet. Das dritte Lager, Auschwitz-Monowitz, wiederum diente als Zwangsarbeiterlager für unterschiedliche dort angesiedelte deutsche Industriebetriebe. Dies macht deutlich, wie sehr die Vernichtungspolitik mit den Anforderungen der Kriegswirtschaft verknüpft war.

Noch deutlicher wird letztgenannte bei der deutschen „Hungerpolitik". Auf der einen Seite wurde die bewusste Mangelernährung der sowjetischen Kriegsgefangenen und weiter Teile der Zivilbevölkerung und das daraus unweigerlich resultierende Massensterben bereits im Vorfeld des Angriffs auf die Sowjetunion geplant, um den Nahrungsmittelbedarf der Wehrmacht und des Deutschen Reichs sicherzustellen. Auf der anderen Seite diente der Hunger als bewusste Waffe zur Vernichtung der Bevölkerung, wie im Falle Leningrads. Hitler hatte sowohl die Annahme einer etwaigen Kapitulation als auch den Einsatz der Luftwaffe über der Stadt verboten. Der Hungertod sämtlicher Einwohner der Stadt war die einzig mögliche Konsequenz. Die Hauptopfer der deutschen Hungerpolitik waren allerdings die sowjetischen Kriegsgefangenen. Über drei Millionen von ihnen starben an systematischer Unterernährung. Hinzu kommt eine schwer zu bestimmende Zahl von Kriegsgefangenen, die unmittelbar nach ihrer Gefangennahme erschossen wurden, weil sie etwa politische Kommissare, Juden oder „Asiaten" waren oder aus anderen Gründen in den Augen der Deutschen keinen Kombattantenstatus verdient hatten. In allen Fällen war es die deutsche Rassenideologie, die die Wahrnehmung der Täter formte und den Massenmord erst möglich machte.

Gleiches gilt auch für die deutsche Partisanenbekämpfung, der über eine Million Zivilisten zum Opfer fielen, mehr als die Hälfte davon in der Sowjetunion. Während dort und auf dem Balkan systematisch Zivilisten als Geiseln oder „Bandenhelfer" erschossen wurden, legte sich die Besatzungsmacht in Frankreich eine gewisse Zurückhaltung auf. Zwar tötete sie auch dort über 20.000 Zivilpersonen, wahllose Massengewalt blieb aber eine Ausnahme. Deutlich wird dies etwa daran, dass dem einzigen Fall der vollständigen Zerstörung eines Ortes in Frankreich (Oradour-sur-Glane) über 600 komplett zerstörte Dörfer allein in der Belorussischen Sowjetrepublik gegenüberstehen. Mit besonderer Eindrücklichkeit schildert Kay zudem die

Niederschlagung des Warschauer Aufstands und die vollständige Vernichtung der Stadt.

Immer wieder betont Kay, dass die Vernichtungspolitik ohne die NS-Ideologie nicht möglich gewesen wäre. Nur weil der Krieg von vornherein als mörderischer Kolonialkrieg gegen einen als minderwertig angesehenen Gegner geplant war, kam der Massenmord als Strategie zum Gewinnen dieses Krieges überhaupt in Frage. Zugleich war der Krieg zentral für sämtliche Massenverbrechen, einschließlich der Ermordung der „Euthanasieopfer", weil letzte als unerträgliche Last für die „Volksgemeinschaft" und damit als Hindernis auf dem Weg zum „Endsieg" empfunden wurden.

So richtig all diese Überlegungen sind, so sinnvoll wäre doch eine stärkere Differenzierung zwischen den einzelnen Verbrechenskomplexen, vor allem zwischen der Hunger- und Repressionspolitik einerseits und dem Mord an Juden und Roma andererseits. Die Unbedingtheit der physischen Vernichtung der europäischen Juden gab es in den anderen Fällen nicht. Der Hungertod gefangener Rotarmisten und sowjetischer Zivilisten wurde bereits im Vorfeld des „Unternehmens Barbarossa" einkalkuliert. Er fand Eingang in die offiziellen Wirtschaftsplanungen, war jedoch nicht Hauptziel, sondern Nebenprodukt der deutschen Politik, die der eigenen Versorgung alles andere unterordnete. Von den sowjetischen Kriegsgefangenen in deutscher Hand kamen mindestens 58 Prozent um. Diese Zahl allerdings verblasst gegenüber den gerade einmal 500 Überlebenden der „Aktion Reinhardt", die mehr als anderthalb Millionen Juden das Leben kostete.

Ähnliches gilt für die Opfer der Partisanenbekämpfung. Mit Verweis auf Griechenland zeigt Kay, dass die geringere Partisanentätigkeit dort auch geringere deutsche Repressalien zur Folge hatte. Anders als Kay behauptet, waren die „Großaktionen" nicht wirkungslos, sondern fügten den Partisanen beträchtlichen Schaden zu. Das ändert allerdings nichts an Kays grundsätzlicher Einordnung. Die deutsche Partisanenbekämpfung in Osteuropa war zwar ausgelöst durch militärische Überlegungen, die Durchführung aber war bestimmt von den rassistischen Grundannahmen der NS-Ideologie. Folgerichtig subsumiert Kay das brutale Vorgehen der Wehrmacht deshalb unter der Kategorie der nationalsozialistischen Massengewalt. Eine Auseinandersetzung mit den militärischen Aspekten hätte sein Argument allerdings noch geschärft.

Relativ wenig Raum widmet Kay der sogenannten Täterforschung. Er verweist zu Recht darauf, dass die Täter aus allen Schichten der Gesellschaft und sämtlichen Alterskohorten stammten. Traumatisches Erlebnis für alle, einschließlich der nach 1918 Geborenen, sei die Niederlage im Ersten Weltkrieg gewesen. Der Wunsch, eine Wiederholung des militärischen Zusammenbruchs zu verhindern, stellt in Kays Augen die entscheidende Motivation für die Beteiligung an den Verbrechen dar. Wie amerikanische Meinungsumfragen unter deutschen Kriegsgefangenen belegen, machte sich ein großer Teil der deutschen Soldaten zumindest wichtige Elemente der NS-Weltanschauung einschließlich des Antisemitismus zu eigen. Beides, das Trauma der Niederlage und die rassistische Ideologie, prädisponierte die Deutschen besonders für die Verübung der Massenmorde. Diese Annahme hat eine gewisse Logik, bleibt aber hoch spekulativ. Hätten die Bewohner anderer Länder unter einem dem NS-Regime vergleichbaren System wirklich weniger willig gemordet? Und wie viel Indoktrination ist nötig, um Menschen von der Richtigkeit auch absurder ideologischer Vorannahmen zu überzeugen? Der Blick etwa auf den Jugoslawienkrieg führt zu Skepsis gegenüber Kays Grundannahmen. Sie schmälern allerdings nicht den Wert seines Buchs, das erkennbar andere Schwerpunkte hat.

Insgesamt ist Kay eine umfassende Gesamtschau der nationalsozialistischen Verbrechen gelungen, die überzeugend die Zusammenhänge zwischen den einzelnen Verbrechenskomplexen aufzeigt. Der Fachmann wird allerdings wenig Neues finden. Natürlich ersetzt sie nicht – und kann es auch gar nicht – umfangreichere Einzeldarstellungen. Wer den Holocaust, die Verbrechen der Wehrmacht in Osteuropa und auf dem Balkan oder die Euthanasieprogramme verstehen möchte, wird weiterhin zu spezialisierten Werken greifen müssen. Wer einen hervorragend recherchierten Überblick über alle Gewaltverbrechen des Dritten Reiches sucht, wird in Kays Buch ein zuverlässiges Standardwerk finden.

Erbauer und Zerstörer Europas

Von Herfried Münkler

Ian Kershaw, Der Mensch und die Macht. Über Erbauer und Zerstörer Europas im 20. Jahrhundert, München 2022 (*DVA*), 588 S.

Kershaws Buch lässt sich unter zweierlei Interesse lesen: dem an der Geschichte Europas im 20. Jahrhundert, dargestellt in Form von Porträts einflussreicher Politiker und Machthaber, ohne deren Wirken die europäische Geschichte einen anderen Verlauf genommen hätte, und dem an einer stärker systematischen Fragestellung, der nämlich, unter welchen Umständen und auf welche Weise diese Männer und eine Frau auf den Gang der Ereignisse Einfluss genommen haben und ob sich daraus womöglich Gesetz- oder Regelmäßigkeiten bei Beantwortung der Frage ableiten lassen, dass herausragende Einzelne nach wie vor „Geschichte machen". Um letztem nachzugehen, hat Kershaw aus der europäischen Geschichte des 20. Jahrhunderts elf Männer und eine Frau herausgegriffen, davon fünf, die ohne Abstriche als Diktatoren zu bezeichnen sind (Lenin und Stalin, Mussolini, Hitler und Franco), fünf, die in Demokratien an die Macht gelangten und diese unter Beachtung der demokratischen Regeln ausübten (Churchill, de Gaulle, Adenauer, Thatcher und Kohl), und zwei (Tito und Gorbatschow), die weder der einen noch der anderen Gruppe eindeutig zuzurechnen sind. Ein weiteres Auswahlkriterium war, dass das Wirken dieser „Geschichtsmacher", wie Kershaw sie nennt, nicht nur für das eigene Land, sondern auch für Europa und darüber hinaus Bedeutung hatte. Das wird man, wiewohl in unterschiedlichem Ausmaße, den Zwölfen zugestehen können.

Unter dem Aspekt der Repräsentativität sowohl unterschiedlicher Politikertypen als auch der diversen Abschnitte europäischer Geschichte des 20. Jahrhunderts ist gegen Kershaws Auswahl schwerlich etwas einzuwenden; eher kann man das bei der Frage tun, ob unter Zugrundelegung einer so kleinen Vergleichsgruppe tatsächlich generelle Aussagen über den Einfluss von Mächtigen auf den Gang der Geschichte getroffen werden können – oder ob die hier gewonnenen Erkenntnisse nicht doch auf die besonderen Verhältnisse Europas im 20. Jahrhundert begrenzt bleiben. Sozialwissenschaftler, die in der Regel mit größeren Grundgesamtheiten arbeiten, werden eher skeptisch sein und Kershaws Erkenntnissen eher den Status eines Pretests zusprechen, der in einer sehr viel breiteren Studie noch auf seine Solidität zu prüfen wäre. In der würde dann an die Stelle der zwölf Einzelporträts, die Leben und Wirkungsumstände der ausgewählten Politiker und Machthaber schildern, eine Abfolge von Kategorisierungen und Quantifizierungen des politischen Wirkens treten (de Gaulle und Stalin etwa würden hierbei nicht in derselben Rubrik auftauchen), die mit den Betreffenden sehr viel grobschlächtiger umgehen, als das in Kershaws ausgewogenen Einzelporträts der Fall ist. Man kann eben nicht beides zugleich haben: eine methodisch gut abgesicherte Überprüfung genereller Aussagen über das Verhältnis von Mensch und Macht und eine sorgsame Berücksichtigung der Umstände, unter denen Macht ausgeübt wird, und des Persönlichkeitstyps der jeweiligen „Geschichtemacher". Man muss sich nun einmal entscheiden, und da ist Kershaw eher Historiker geblieben als Sozialwissenschaftler geworden.

Dennoch führen ihn die Einleitung und die Schlussbetrachtung, von denen die zwölf Porträts gerahmt sind, stärker in sozialwissenschaftliche Nähe, als das bei Historikern sonst der Fall ist. Zunächst weist er die von Karl Marx in seiner Analyse des Bonapartismus vorgeschlagene Erklärung für herausstechende Handlungsmacht Einzelner – die Annahme eines Klassengleichgewichts, in dessen Folge sich die Kräfte des Fortschritts und der Reaktion gegenseitig blockieren, so dass Akteuren, die sonst weithin unbedeutend geblieben wären, unverhältnismäßig große Macht zufällt –, mit einer bei ihm andernorts kaum anzutreffenden Entschiedenheit zurück: Solche Klassengleichgewichte habe es im Europa des 20. Jahrhunderts nicht gegeben. Das ist indes die Frage, wenn man Marx' *Achtzehnten Brumaire des Louis Bonaparte* dahingehend liest, dass sich das Bürgertum eine liberale Herrschaft nicht mehr zugetraut und die Macht einem Politiker übertragen habe, der mit autoritären Methoden die bestehenden Sozialverhältnisse aufrechterhalten habe. Das Bündnis der konservativen Eliten mit kleinbürgerlichen und proletarisierten Parteiungen, durch das Mussolini wie Hitler an die Macht gelangten, wie Kershaw selbst es beschreibt, kann durchaus in diesem Sinn verstanden werden.

Schwieriger ist eine solche Deutung im Fall des Spanischen Bürgerkriegs, in dessen Verlauf General Francisco Franco an die Macht kam – und es bis in die 1970er Jahre hinein blieb, weil er sich aus dem Zweiten Weltkrieg heraushielt, nicht unbedingt aus eigener Weitsicht, wie Kershaw betont, sondern weil Spanien für einen solchen Krieg nicht gerüstet war. Hier ist freilich zu fragen, ob Franco wirklich Kershaws Auswahlkriterien für geschichtsmächtige Politiker genügt, wonach diese über das eigene Land hinaus Einfluss auf die europäische, wenn nicht die globale Geschichte gehabt haben müssen. Franco ist wohl eher der Parität wegen aufgenommen worden, um ein faschistisches Pendant zum Sozialisten Tito zu haben, der ebenfalls in einem (Bürger-)Krieg an die Macht gekommen ist und sich in Jugoslawien bis zu seinem Tod gehalten hat. Aber Tito hat infolge seines Bruchs mit Stalin, der daraus resultierenden Nichtzugehörigkeit Jugoslawiens zum Warschauer Pakt und der Rolle, die Tito in der Bewegung der Blockfreien spielte, einen die Grenzen Jugoslawiens überspringenden Einfluss auf die Geschichte gehabt. Sein politisches Lebenswerk hat seinen Tod jedoch nur ein knappes Jahrzehnt überstanden und ist dann in einem Bürgerkrieg zerfallen. Wirkliche Spuren in der europäischen Geschichte hinterlassen hat eher der Zerfall Jugoslawiens als sein Bestand. Wenn Spanien trotz starker zentrifugaler Kräfte im Baskenland und Katalonien ähnliches erspart geblieben ist: Lag das am politischen Geschick des Franco nachfolgenden Königs Juan Carlos oder an strukturellen Faktoren? Den Fall des Vermeidens anstelle des Gestaltens als Beispiel für die politische Gestaltungsmacht eines Einzelnen zu untersuchen, wäre eine alternative Option, der von Kershaw aufgeworfenen Frage nachzugehen. Kershaw selbst ist nur der sichtbaren Gestaltung oder Zerstörung als Ausdruck politischer Größe nachgegangen. Das läuft auf eine erhebliche Einschränkung des Beobachtungsfeldes hinaus.

Eine verbreitete Annahme lautet, Politiker in Demokratien hätten sehr viel geringere Spielräume bei der Durchsetzung ihrer Vorstellung als Diktatoren, die sich weder mit Parlamenten noch Gerichten, ja nicht einmal mit den sie tragenden Parteien herumschlagen müssten, sondern nach Lust und Laune durchsetzen könnten, was sie gerade wollen. Kershaw zeigt, dass dem so ohne weiteres nicht ist: Lenin brauchte mehrere Monate, bis er seine Mistreiter davon überzeugt hatte, mit dem Deutschen Reich unter gewaltigen Zugeständnissen Frieden zu schließen; Stalin fühlte sich ständig bedroht, selbst als er die alte Garde der Bolschewiki aus den Führungsgremien der Partei längst entfernt hatte, und auch Mussolini und Hitler mussten zunächst eine Reihe innerparteilicher Widersacher ausschalten, bevor sie ihren Willen ungehindert durchsetzen konnten. Sie wurden erst zu Diktatoren, indem sie sich Schritt für Schritt nicht nur ihrer Konkurrenten und Widersacher entledigten, sondern auch die institutionellen Beschränkungen ihres Handelns einrissen. Es sind offenbar nicht der Machtwille und die ideologische Unnachgiebigkeit, die den Unterschied zwischen Diktatoren und Demokraten als „Geschichtsmacher" markieren, denn Machtwille und ideologische Unnachgiebigkeit lassen sich auch bei Churchill und Thatcher sowie bei de Gaulle und Adenauer konstatieren, so Kershaw. Ohne beides, noch gepaart mit taktischem Geschick, wären sie nicht zu geschichtsmächtigen Akteuren geworden. Was die Differenz zwischen demokratischen Politikern, die durchaus Neigungen zum Autoritarismus aufweisen können, und Diktatoren – vielleicht sollte hier eher von Tyrannen die Rede sein – ausmacht, ist die Stabilität der Institutionen, mit denen sie es zu tun haben, und vor allem der Umgang mit Konkurrenten und Widersachern, die sie nicht mit Gewalt ausschalten, sondern gegen die sie sich nach den Regeln der Verfassungsordnung durchsetzen müssen. Kershaw umschreibt das mehr, als dass er es expliziert, denn die Beschäftigung mit den institutionellen Beschränkungen der Macht hätte den Blick von den handelnden Personen ab- und den Rahmenbedingungen zugewandt, was das Untersuchungsziel in Frage gestellt hätte.

Es bleibt als Ausnahmeerscheinung Michail Gorbatschow, der ein Amt mit quasi-diktatorischen Befugnissen und kaum institutionellen Beschränkungen übernahm und seine politischen Entscheidungsräume durch die Reform der Sowjetunion immer weiter verkleinerte. Auch er hatte Machtwillen und taktisches Geschick, aber die Ära seines Wirkens war gekennzeichnet durch ein fortschreitendes „Entlernen" der ideologischen Unnachgiebigkeit. Gorbatschow steht für die strukturelle Umkehrung des Entwicklungswegs der Diktatoren: Je weiter er voranschritt, desto kleiner wurde seine Handlungsmacht, auch weil seine Gegenspieler und Widersacher, seien es nun die Putschisten vom Sommer 1991, seien es die an nationaler Unabhängigkeit orientierten einstigen KP-Funktionäre in den sich verselbstständigenden Teilen des Imperiums, an Macht gewannen. Auch wenn Gorbatschow bei Kershaw der einzige ist, der diesen Politikertypus verkörpert: Sein Vorkommen legt die Vermutung nahe, dass die Frage nach dem Verhältnis von Mensch und Macht nicht zu eindeutigen Antworten führt, ebenso wenig zur Beobachtung eines durch die Umstände determinierten Handelns, sondern dass ein breites Feld des Kontingenten bleibt, das man nur schildern, aber kaum ergründen kann.

Ein Leben für den „wahren" Islam: der Gründer der Muslimbruderschaft in Ägypten

Von Christine Schirrmacher

Gudrun Krämer, Der Architekt des Islamismus. Hasan al-Banna und die Muslimbrüder. Eine Biographie, München 2022 (*C. H. Beck*), 528 S.

Zurecht gilt die Muslimbruderschaft, die 1928 in Ismailiyya gegründete erste organisierte Bewegung des Islamismus, als Ideengeberin für alle nachfolgenden politisch-islamischen Organisationen, seien sie quietistisch-salafistischer, seien sie politisch-aktivistischer, seien sie dschihadistischer Ausrichtung. Daher ist für ihr Verständnis diese quellenbasierte Biographie des Gründers der Muslimbruderschaft, die eine Forschungslücke schließt, von Bedeutung. Allerdings bleiben Fragen offen, da die Muslimbruderschaft in Ägypten heute als Terrororganisation gilt und bestimmte Archivmaterialien entweder Verschlusssache sind oder aber vernichtet worden sein könnten.

Die Verfasserin konzentriert sich auf eine biographische, nicht eine ideologie- oder wirkungsgeschichtliche Darstellung: Die Person al-Bannas steht vor dem Hintergrund der Zeitgeschichte bis Mitte des 20. Jahrhunderts und den politischen Entwicklungen Ägyptens zwischen Palast, britischer Besatzung und nationaler Bewegung im Fokus. Dennoch bleibt die Dschihad-Rhetorik al-Bannas nicht unberücksichtigt, die keineswegs eine spätere Entwicklung, sondern von der Geburtsstunde der Bewegung an Teil ihrer Identität war. Mitnichten entwickelte sich die Muslimbruderschaft, wie bisweilen angenommen, von einer antikolonial ausgerichteten Protest- und Sozialbewegung erst im Laufe der Jahrzehnte zu einer Kampf, Opfer und Märtyrertum verherrlichenden Vereinigung – im Gegenteil. Schon al-Banna betonte in seinen frühesten Schriften die Notwendigkeit, für den Islam mit Entschlossenheit bis zum Märtyrertod zu wirken.

Wie ist die Entwicklung der Muslimbruderschaft zur weltweit erfolgreichsten islamistischen Bewegung erklärbar? Viele ihrer Kernanliegen waren weder neu noch Alleinstellungsmerkmale: Die Betonung praktizierter Frömmigkeit und den Aufruf zu Selbstprüfung und Disziplinierung kannte der Sufismus; die Pflege der Gemeinschaft und der Männlichkeitsideale kannten Sport- und Jugendvereinigungen; den Patriotismus und Nationalismus die politischen Bewegungen; den Ruf zur aktivistischen Reorientierung auch der vorausgehende Reformislam. Neu war jedoch die Bündelung all dieser Elemente in einer Bewegung, die die Erneuerung der Gesellschaft ganz praktisch vorantrieb.

Neu war ebenso, dass es hier nicht um ein Ideengebäude für eine gebildete Elite ging, das auf intellektueller Ebene erörtert wurde, sondern die Massen angesprochen, sie ideologisch geschult und zum Aktivismus angeleitet wurden. Die Muslimbruderschaft war also eine Bewegung „von unten" für Handwerker und Arbeiter, während ihre Führer vorwiegend der Mittelschicht entstammten. Ziel waren nicht ferne Utopien, sondern praktische Frömmigkeit, Gemeinschaft unter Gleichgesinnten, Selbstdisziplinierung und die Islamisierung der Gesellschaft. Begründungen lieferte ein allgegenwärtiger Patriotismus, der die Notwendigkeit des Selbstschutzes vor der von außen drohenden Tyrannei und Fremdherrschaft erklärte, vor Zionismus und christlicher Mission, Säkularismus, Materialismus und Kommunismus. Gleichermaßen dringlich war der Schutz vor innerem Zerfall, der in Musik, Tanz, Glücksspiel, Alkohol und Prostitution seinen Ausdruck fand. Mittel dagegen war die Förderung von Bildung und moralischer Erziehung, sowie ein Glaube, der Wissen und Tat war, Haltung und Moral, Ordnung und Disziplinierung, Zusammenarbeit und Gehorsam.

Die Biographie umfasst neun Kapitel. Kapitel 1 widmet sich Herkunft und Elternhaus des 1906 geborenen al-Banna: Der Wunsch nach moralischer Überwachung, Kontrolle und Erziehung durchzieht al-Bannas Biographie von Jugend auf, auch wenn er nicht der einzige seiner Zeit war, der sich die Abwehr von Gottlosigkeit, Unmoral und Sittenverfall, westlichen Einflüssen und christlicher Mission auf die Fahnen geschrieben hatte: Bereits in der Grundschule gründete er mit einigen Freunden eine „Vereinigung des guten Betragens", die seine Mitglieder zum Gehorsam gegen Gott, die Eltern und Höherstehende ebenso verpflichtete wie zur Praktizierung der religiösen Gebote des Islam. In diese Zeit fällt eine Episode, nach der al-Banna durch Anzeige bei der Polizei auf Entfernung einer nackten hölzernen Gallionsfigur an einem Nil-Boot drängte. Schon bald folgte die Gründung der „Vereinigung zur Verhinderung des Verbotenen" durch al-Banna und einige Freunde mit dem Ziel, die öffentliche Moral und Ordnung zu überwachen und die Übertreter durch deren Familienväter ermahnen zu lassen. Eine weitere Gründung durch al-Banna war ein sufisch geprägter Wohltätigkeitsverein mit dem Ziel der Unterbindung des Verbotenen wie Alkoholkonsum, Glücksspiel und der Praktizierung von Aberglauben.

Kapitel 2 schildert die Entwicklung Hasan al-Bannas am Vorabend der Gründung der Muslimbruderschaft im Nildelta in Ismailiyya. Knapp 17 Jahre alt, hatte er 1923 das Lehrerseminar abgeschlossen, mit 21 Jahren wurde er Grundschullehrer für Arabisch. Es war die Zeit, in der das Kalifat durch Kemal Atatürk ein Ende gefunden hatte und verschiedene Bewegungen seine Wiederbelebung erstrebten. Das Empfinden, durch den westlichen Imperialismus Identität, Glaube und Tradition zu verlieren, muss für viele Menschen in dieser Umbruchzeit prägend gewesen sein.

Kapitel 3 widmet sich den Missionsaktivitäten al-Bannas, der 1924 begonnen hatte, nach dem Vorbild christlicher Missionare nachts in Kaffeehäusern zu predigen. Nach und nach gewann er Anhänger, hauptsächlich Arbeiter, Angestellte und Handwerker. Sechs von ihnen wurden Gründungsmitglieder der Muslimbruderschaft, legten 1928 gemeinsam einen Eid ab und verschrieben sich der Werbung (arab. *da'wa*) für den Islam: Dschihad, Märtyrertum und die Erziehung und Besserung der Menschen durch Bekämpfung der Unmoral wurden als Hauptaufgaben deklariert. Neben

Unterricht und Predigt wurde die Organisation auch nach außen durch Umzüge sichtbar, widmete sich 1931 in Ismailiyya dem Bau einer ersten Moschee, eröffnete eine Knaben- und im folgenden Jahr auch eine Mädchenschule, an der vor allem Haushaltsführung, Nähen, Hygiene und Kindererziehung gelehrt wurden; Kopftuch und strikte Geschlechtertrennung waren vorgeschrieben. Hinzu kamen Sozialprojekte wie die Eröffnung einer Bibliothek, eines Sportplatzes, einer Abendschule und eines Gebetsraums. Die Bewegung erhielt Zuspruch und Unterstützung, erregte aber auch Neid und Misstrauen, die sich in Form von Kritik am Führerkult, der absoluten Stellung al-Bannas und dem unbedingten Gehorsam ihm gegenüber entluden.

Kapitel 4 und 5 zeichnen die Entwicklung nach der Verlegung des Hauptquartiers nach Kairo 1932 und die Entfaltung der Aktivitäten mit der Gründung von Sport-, Jugend- und Pfadfindergruppen nach. Deren Mitglieder leisteten einen Eid der Hingabe, Reinheit, des Gehorsams und der Disziplin und mussten tägliche Rechenschaftsberichte über ihre Selbstkontrolle abgeben. Ziel war die Hervorbringung einer jugendlichen Elite, deren ideologische Schulung einher ging mit dem Studium von al-Bannas Werken, gemeinschaftlichem Gebet und dem Memorieren von Koran- und Überlieferungstexten. Diese Jugendgruppen wurden mit Hilfe von militärischen Übungen, Exkursionen, Aufmärschen und Sommerlagern auf die Bereitschaft für den Dschihad, die Kultivierung von Männlichkeit, praktische Frömmigkeit und die Verteidigung der muslimischen Gemeinschaft eingeschworen.

Kapitel 6 thematisiert die politisch-gesellschaftliche Instrumentalisierung des Islam durch Hassan al-Banna, der anders als die ihm vorausgegangenen Vertreter des Reformislam nicht über eine Anschlussfähigkeit des Islams an die Moderne theoretisierte, sondern eine moralische Aufrüstung und Aufwärtsentwicklung der im Niedergang befindlichen Gesellschaft erstrebte. Deren notwendige Rettung begründete er mit Verweis auf den Islam als ganzheitliches politisch-kämpferisches, gesellschaftliches und wirtschaftliches System. Er proklamierte die Rückeroberung ehemals islamischer Gebiete (Spanien, Sizilien), dann aber auch die Erlangung der Weltherrschaft und die Aufrichtung des Islam als einzigem Glauben auf Erden. 1936 rief er auf einer Konferenz der Saudischen Islamischen Jugend den Teilnehmern zu: „Ihr seid die Herren der Welt! [...] Entweder erreichen wir das Ziel oder wir treten dem Tod entgegen" (S. 273).

Kapitel 7 wirft einen Blick auf interne Konflikte innerhalb der Muslimbruderschaft zum Ende der 1930er Jahre hin, die nun vehementer eine vollständige Islamisierung des Landes und eine Wiedereinrichtung des Kalifats forderten. Al-Banna verschärfte seine Dschihad-Rhetorik und rief vermehrt zu Opfern und der Bereitschaft zum Martyrium auf, denn der Islam sei „Koran und Schwert" (S. 318).

Kapitel 8 behandelt die politische Etablierung der Muslimbruderschaft nach dem Zweiten Weltkrieg: Die Bewegung war umfassend in der Sozialarbeit aktiv, baute Koran- und Abendschulen, eröffnete Kliniken, Ambulanzen und Apotheken, publizierte Lehrmaterial und engagierte sich in Alphabetisierungskampagnen, finanzierte Schulbusse und gründete Wirtschaftsunternehmen. Während des Krieges konstituierte sich nun auch der Zweig der Frauensektion. Die Bewegung war ein mächtiger Faktor in der Gesellschaft Ägyptens geworden.

Ab 1940 entstand auch der Spezialapparat. Er war besonders für den kämpferischen Einsatz vorgesehen, operierte klandestin und war streng hierarchisch aufgebaut. Das paramilitärische Training zeichnete diese geheimdienstähnliche Organisation ebenso aus wie die Ausbildung an Waffen und Sprengstoff. In diese Zeit fällt eine innere Neuordnung der Muslimbruderschaft mit kleinen Gruppen enger verflochtener Gemeinschaften als „Familien", die in der späteren Verfolgungssituation von staatlicher Seite nur schwer zu unterwandern waren.

Kapitel 9 behandelt die Nachkriegszeit bis zum Tod des 1949 mutmaßlich von der Geheimpolizei erschossenen al-Banna. Das Klima des gewaltsamen Widerstands gegen die britische Besatzung bestimmte nun auch vermehrt die Muslimbruderschaft: Attentate und Attentatsversuche wurden von verschiedenen Gruppen verübt, so vom Spezialapparat der Muslimbrüder, der selbst vor Mord nicht zurückschreckte. 1948 löste das Innenministerium die Organisation daher unter Umsturz-Vorwürfen auf, es folgten groß angelegte Verhaftungen, Entlassungen und Verweise von Schulen und Hochschulen; möglicherweise besaß die Organisation damals bereits 250.000 Mitglieder.

Jetzt ging die Saat von al-Bannas Lehre vom erstrebenswerten Tod im Dschihad, solange dieser den richtigen Zielen diente, endgültig auf, wiewohl al-Banna Attentate immer wieder öffentlich verurteilte. Zwar sollte sich der bewaffnete Dschihad zunächst gegen die britischen Besatzer und Zionisten richten, aber er konnte auch als Kampf gegen den ägyptischen Staat Rechtfertigung finden, der sich nun gegen die Bewegung wandte.

Die Muslimbruderschaft als erste organisierte Bewegung des Islamismus war eine Erscheinung der Moderne, wenngleich alle theologischen Inhalte, aktivistischen Aufrufe und konstituierenden Elemente schon früher bekannt und benannt worden waren. Zu Beginn des 20. Jahrhunderts aber generierten diese Einzelmomente eine Bewegung, die sich zwar zunächst aus Antikolonialismus und der Abwehr westlicher Einflüsse speiste, sich aber aufgrund der Dschihad- und Märtyrerrhetorik und des Anspruchs, den „wahren" Islam zu vertreten, gegen jeden richten konnte, der sich diesem Anspruch entgegenstellte. Bis heute hat sich die Muslimbruderschaft von diesem Anspruch nicht abgewandt.

Der Tyrann in der Geschichte

Von Martin Sabrow

André Krischer/Barbara Stollberg-Rilinger (Hrsg.), Tyrannen. Eine Geschichte von Caligula bis Putin, München 2022 (*C. H. Beck*), 352 S.

Es ist Aufgabe der Geschichtswissenschaft, historische Orientierung für Fragen der Gegenwart zu bieten. Besonders Umbruchzeiten drängen nach historischer Vergewisserung und etablieren neue Perspektiven auf die Vergangenheit. Dies gilt namentlich für das Ende der zweiten *trente glorieuses*, die mit dem Zusammenbruch des europäischen Kommunismus und der Schleifung der Grenzen des Kalten Krieges nach 1989/90 einsetzten und dreißig Jahre lang das Selbstverständnis einer freiheitlichen Welt auf dem Wege der prosperierenden Globalisierung genährt hatten. Diese zeithistorische Meistererzählung stellt sich in der Zeitenwende unserer Gegenwart mehr und mehr als eine naive Illusion dar, die der Realität eines neuen Zeitalters globaler Krisen und neuer Grenzerfahrungen nicht mehr standzuhalten vermag.

Mit welcher Wucht die einsetzende Neuvermessung der Vergangenheit viele tradierte Gewissheiten und Sichtachsen in Frage stellt, zeigt sich eindrücklich an der anhaltenden Kontroverse über Bedeutung und Fortwirkungen der Kolonialgeschichte und der neu aufgebrochenen Debatte um die Singularität des Holocaust. Zeitlich noch weiter greift ein von André Krischer und Barbara Stollberg-Rilinger herausgegebener Sammelband über die historische Figur des Tyrannen, der in 30 Beiträgen von der Antike bis in die unmittelbare Gegenwart reicht und ein neues Licht auf das Wesen von Herrschaft zu werfen sucht. Die Konzeption des Bandes reicht deutlich hinter das Datum des russischen Überfalls auf die Ukraine zurück, wie sich der Vorbemerkung von Karl Schlögels Beitrag zu Wladimir Putin entnehmen lässt. Gleichwohl lesen sich in der Gesamtschau nahezu alle Texte nicht zuletzt als Suche nach einer historischen Antwort auf die Gegenwartsfrage, wie die zwei im Kalten Krieg an der Scheidelinie von Demokratie und Diktatur einander gegenüberstehenden Mächte USA und Sowjetunion heute beide als Bedrohung der freiheitlichen Ordnung der Welt in Erscheinung treten können.

So erklärt sich die auf den ersten Blick sehr befremdlich wirkende Auswahl der behandelten Machthaber, die mit Caligula und Nero anhebt und über mittelalterliche Herrscher wie den Salier Heinrich IV. und den englischen König Richard III. zu ikonischen Despoten wie Idi Amin und Augusto Pinochet vordringt, um mit einer Darstellung zum „authentischen Möchtegerndespoten" (S. 294) Donald Trump und einem „unvollendeten Porträt" (S. 310) zu Wladimir Putin als „Großverbrecher" abzuschließen. Die Problematik dieser Anordnung ist den Herausgebern durchaus bewusst, zumal der Band mit Hitler und Stalin die mörderischsten Herrscher des 20.

Jahrhunderts ebenso auslässt wie andere Machthaber, die wie Pol Pot oder Mao Zedong ihre Aufnahme in ein Pandämonium der Despotie mit gleichem oder größerem Recht verdient hätten als etwa die in dem Band vertretenen Katharina von Medici in Frankreich oder der „Soldatenkönig" Friedrich Wilhelm von Preußen.

Aber es geht den Beiträgern des Bandes nicht um eine enzyklopädische Parade des Bösen, sondern um eine exemplarische Spurensuche von Willkürherrschaft im Spiegel der Zeitgenossen und ihrer Nachwelt. Nur mit dieser Fokusverschiebung vom Wesen auf die Rezeption tyrannischer Machtausübung entgeht der Band in der Tat auch den Fallstricken einer typisierenden Herrschaftslehre, die sich schon in der vergleichenden Diktaturforschung weitgehend als Sackgasse erwiesen hat.

Vor diesem Hintergrund versammelt der Band eine Reihe aufschlussreicher Porträts, die durchweg bestätigen, dass das den behandelten Herrschern vielfach angeheftete Etikett des Tyrannen bzw. Despoten historisch nicht oder nur begrenzt angemessen ist. Aloys Winterling befreit im Einklang mit der jüngeren Forschung Caligula von dem Odium des grausamen Autokraten, zu dem er insbesondere durch Suetons tendenziöse Biographie avancierte, und führt die bis in das 20. Jahrhundert reichende Attraktivität des denunziatorischen Konstrukts auf seine universelle Verwendbarkeit zur Brandmarkung illegitimer Herrschaft in der Moderne zurück. Mit dieser Erkenntnis verbindet sich allerdings auch schon ein Zweifel an der analytischen Leistungskraft des Tyrannenbegriffs: Wie Winterling plausibel darlegt, „hängt es von den jeweiligen Zeitumständen ab, wer wann, warum und von wem als Tyrann tituliert wird" (S. 43). Wie sehr dieser Befund zutrifft, illustrieren so gut wie alle Beiträge des Bandes. Selbst Nero entzieht sich bei näherer Betrachtung einer plausiblen Verortung als Despot, wie Mischa Meier in seinem Beitrag zeigt. Denn Nero übte seine Verbrechensherrschaft offenbar weniger zur Sicherung seiner Macht, denn als ein von den Erinnyen verfolgter Künstler und mythischer Held, der auf sein Schicksal als irdischer Herrscher gelassen herabschaute und auch im Untergang lieber über die neuartigen Wasserorgeln nachdachte als über die Rettung seines Regimes, um am Ende zu seinem erzwungenen Suizid angeblich auszurufen: „Welch ein Künstler geht mit mir zugrunde!"

Freilich ist erneut Sueton der zweifelhafte Gewährsmann und die Evidenz allzu anekdotisch, um aus den antiken Quellen einen sicheren Befund abzuleiten. Doch auch tausend Jahre später stellt der Vorwurf der Tyrannis in Bezug auf den salischen Herrscher Heinrich IV. lediglich ein zugkräftiges Argument der Anklage in der Eskalation des Konflikts mit Papst Gregor VII. dar, das einer historischen Prüfung nicht standhält, und Gleiches gilt für Richard III. von England, dem Polydore Vergil und Thomas Morus noch vor William Shakespeare einen schurkischen Platz im kulturellen Gedächtnis zugewiesen haben, den André Krischer als wenn nicht willkürliche, so doch politisch motivierte Zuschreibung in Frage stellt. Für Mona Garloff war Katharina von Medici eine kontroverse Persönlichkeit, deren bis heute tradiertes Bild als eine böse und intrigante Despotin ebenso zweifelhaft ist wie das Maß ihrer Mitverantwortung für die Initiierung der Bartholomäusnacht 1572, die tausenden Hugenotten das Leben kostete. Selbst ein osmanischer Sultan wie

Ibrahim „der Wahnsinnige" oder „der Verrückte" sollte, wenn man der Argumentation Christine Vogels folgt, nicht vorschnell als die Inkarnation des orientalischen Despoten begriffen werden, als die er im *Othering* der europäischen Überlieferung gezeichnet wurde. Das von zahllosen Anekdoten getragene Bild einer in Luxus und Lüsternheit ertrinkenden Alleinherrschaft verdeckt, dass Ibrahim den Thron nach dem Tod seines Bruders Murad IV. in Wahrheit nur widerwillig bestieg, um sich dann seinen sexuellen Leidenschaften mit einer Obsession zu widmen, die ihn praktisch regierungsunfähig machte.

Auch in Bezug auf Russland, dem anderen großen Imaginationsraum despotischer Machtentfaltung, ergibt sich derselbe Befund: Ob Iwan der Schreckliche als Verkörperung staatszerrüttender Tyrannei und Peter der Große als Despoten zu beurteilen sind, lässt Jan Hennings als Autor eines beide vergleichenden Beitrags offen. Er zeichnet stattdessen die zeitgenössischen und späteren Sichtweisen nach, die den Charakter Peters zwischen einer Würdigung als großer Erneuerer und der Verdammung als Vorbereiter totalitärer Herrschaft schwanken lassen. Selbst das Bild von Iwan, dem historischen Tyrannen katexochen, changiert zwischen Despotenhass und Autokratenanerkennung. Etwas anders verhält es sich mit dem Ahnherrn des preußischen Militarismus Friedrich Wilhelm I., der sich im Einklang mit aufgeklärteren Zeitgenossen wie Montesquieu selbst zu einem „tirang" erklärte, aber vom späteren Sehepunkt des preußischen Machtstaates aus zu einem entschlossenen Wegbereiter der Moderne verklärt wurde. Doch auch ihm, den Barbara Stollberg-Rilinger mit kräftigen Strichen als einen am Rande der Geisteskrankheit balancierenden Despoten zeichnet, gebrach es an klassischen Merkmalen der Tyrannis: Der überaus gottesfürchtige Herrscher gab sich keinen sexuellen Ausschweifungen hin, sondern lebte seinen Untertanen eine geradezu musterhafte Ehe mit Sophia Dorothea von Hannover vor, was sich auch in Verbindung mit seiner zur Schau getragenen Misogynie und dem monarchischen Männerkult um Lange Kerls und rohe Geselligkeit im Tabakskollegium schwerlich als despotischer Habitus fassen lässt.

Mit Napoleon gewinnt der Begriff des Despoten, wie Daniel Schönpflug plausibel darlegt, neue Konturen und wird herrschaftstheoretisch klarer fassbar, ohne notwendigerweise an Aussagekraft zu gewinnen. Sobald sich der Terminus über charakterologische Werturteile hinaus den Gegenpol zur demokratischen Ordnung in der Moderne zu markieren anschickt, tritt er in Beziehung zu anderen Kennzeichnungen autokratischer Herrschaft als Diktatur oder Cäsarismus. In dieser Begriffskonkurrenz erscheint er bereits den Zeitgenossen der Französischen Revolution als eine historisch überholte Argumentationsfigur, selbst wenn Napoleon Bonaparte seine Alleinherrschaft in antike Kostüme zu kleiden liebte: „Die alten Wörter Despotismus und Tyrannei passen hier nicht mehr", urteilt Alexis de Tocqueville, weil sie die Art der Unterdrückung, die demokratische Völker bedroht, nicht zu fassen vermögen. Wie zukunftsweisend diese Erkenntnis ist, veranschaulichen die zehn Beiträge des Bandes, die sich autokratischen Machthabern des 19. bis 21. Jahrhunderts zuwenden. In König Leopold II. von Belgien porträtiert Julia Seibert einen Monarchen, der in seinem europäischen Land als philanthropischer Sozialreformer und liberaler Regent agierte, im 1885 gegründeten Kongo-Freistaat hingegen als mörderischer Machthaber, dessen Schreckensherrschaft Millionen Afrikaner zum Opfer fielen. Auf die von der Autorin abschließend gestellte Frage, „wer Leopold II. wirklich war" (S. 179), wird sich keine befriedigende biographische Antwort finden lassen. Vielmehr wird spätestens hier die Problematik eines akteurszentrierten Zugangs zum Wesen politischer Herrschaft greifbar, der primär auf die Person abstellt statt auf das politische System, in dem sie wirkt.

Mit dem spanischen Caudillo Francisco Franco wendet der Sammelband sich einer viel erörterten Frage der jüngeren Diktaturforschung zu, inwieweit das Franco-Regime als Spielart totalitärer Herrschaft zu begreifen ist und ob es eher faschistische oder nationalkatholische Züge trug. Über die Ergiebigkeit dieser nach 1989 insbesondere von Juan J. Linz neubelebten Diskussion mag man streiten; die hierbei gelegentlich verwandte Charakterisierung Francos als Despoten trägt zu ihr aber jedenfalls wenig bei, wenn sie auf mehr zielt als auf die bloße Brandmarkung illegitimer Herrschaft. Ohne Resonanz bleibt das Despotenetikett auch in Bezug auf die Gewaltherrschaft Mao Zedongs und seiner Frau Jiang Qing in der Volksrepublik China, während es in der Auseinandersetzung mit den Menschenrechtsverletzungen des Diktators Augusto Pinochets in Chile bis heute eine bedeutende Rolle spielt, maßgeblich befördert durch das ikonisch gewordene Foto des Diktators mit Sonnenbrille und brutalem Mienenspiel.

Bemerkenswert erscheint demgegenüber, dass Andreas Eckert in seinem Porträt des ugandischen Gewaltherrschers Idi Amin, den der *Spiegel* 2019 zum „Horrorclown unter den Despoten" erklärte, von einer solchen Wertung absieht und stattdessen das in vieler Hinsicht dysfunktionale Regime Amins aus den differenzierten tribalen und sozialen Gegebenheiten nach dem Ende der kolonialen Ära herleitet. Zu einer stärker systembezogenen Auskunft kommt auch Christoph Marx in seiner Bewertung des Staatspräsidenten Robert Mugabe in Simbabwe, dessen Idolisierung groteske Züge annahm und doch nicht vergessen machen darf, dass der uncharismatische Intellektuelle seine politische Karriere als Freiheitskämpfer in der afrikanischen Unabhängigkeitsbewegung begonnen hatte. Dennoch blieb er eine austauschbare Figur, die in Emmerson Mnangagwa einen kaum anders agierenden Nachfolger fand. Gleiches gilt für den syrischen Gewaltherrscher Baschar al-Assad, den despotischen Sohn seines despotischen Vaters Hafiz al-Assad, der ähnlich wie Mugabe einen hohen Bildungsgrad erreichte und dann im Präsidentenamt den Beruf des heilenden Augenarztes gegen den des mordenden Autokraten tauschte. Noch deutlicher drängt die Dominanz des Systems gegenüber der Persönlichkeit im Fall der nordkoreanischen Machthaber in den Blick – so unterschiedlich Kim Il-sung, Kim Jong-il und Kim Jong-un von Charakter und Sozialisation sein mochten, so übereinstimmend füllten und füllen sie ihre Rolle als Personifikation des totalitär verfassten Nordkorea aus.

Die drei abschließenden Beiträge behandeln den Sonderfall despotischer Entartung demokratischer Ordnungen der Gegenwart, deren Vivisektion höchstens vorläufige Urteile erlaubt. Im Fall Recep Tayyip Erdoğans schließt die Entwicklung des türkischen Präsidenten zum Autokraten im Verständnis Kader Konuks nicht die denkbare Rückkehr zur Demokratie durch Abwahl aus, und die luzide Analyse des „Systems Trump" von Michael Hochgeschwender lässt überhaupt offen, ob die in die Krise geratene Demokratie der USA durch den „Möchtegerndespoten" Donald Trump dauerhaft destabilisiert werden wird. Für Russland hingegen scheint die Frage entschieden; Karl Schlögels sprachmächtiges Verdikt über Wladimir Putin als Wegbereiter in den Polizeistaat versteht sich als nüchterne Beschreibung und ist doch ein fachlich fundierter Aufschrei gegen die durch den russischen Autokraten im pseudodemokratischen Gewand zerstörte Hoffnung auf eine freiheitliche Entwicklung des Reiches, das sich eben erst aus den Fesseln des diktatorischen Sozialismus herausgewunden hatte.

Aber auch Schlögel sieht den „Mann der vielen Eigenschaften" (S. 317) und „Meister der Eskalationsdominanz" (S. 326) weniger als Despoten, vielmehr als einen Getriebenen. Er lässt damit offen, was die dem Sammelband zugrunde gelegte Leitkategorie eigentlich zu leisten vermag. Wie der in der einheitlichen Gestaltung seiner Beiträge ansprechende Band veranschaulicht, ist die Frage nach der Tyrannis als Herrschaftstypus und -zuschreibung aufschlussreich genug, um eine Fülle von überraschenden Korrekturen und Differenzierungen an tradierten historischen Platzzuweisungen vorzunehmen. Und doch bleibt die Tyrannis eine analytisch unscharfe Kategorie, die wenig mehr erfasst als die willkürliche Zerstörung einer gesetzten oder durch Gewohnheit akzeptierten Rechtsordnung. Zu deutlich ist ihre wertende Funktion als moralisches Verdikt, die auch in diesem Band die Grenzen zwischen historischer Analyse und geschichtspolitischer Ambition verschwimmen lässt, wenn Andreas Eckert den Begriff des Tyrannen oder Despoten dezidiert vermeidet, um nicht rassistische Klischees vom Schwarzen Mann zu bedienen, und Stephan Ruderer ausdrücklich für dessen Nutzung wirbt, um die negative Erinnerung an Pinochet zu stärken. Im Ergebnis erweist sich die Geschichte vermeintlicher und wirklicher Despoten, wie sie sich im populären Gedächtnis festgeschrieben hat, als ein analytischer Bumerang, der über die so etikettierten Herrscher nicht mehr aussagt als über die, die sie bewerten.

Alternative Fakten, alternative Meinungen?

Von Thomas Petersen

Nils C. Kumkar, Alternative Fakten, Berlin 2022 (*Suhrkamp*), 336 S.

Das Buch lässt den Rezensenten etwas ratlos zurück. Es befasst sich mit einem wichtigen Thema, enthält viele aufschlussreiche Beobachtungen, bietet klare und zumindest zum Teil überzeugende Deutungen an und ist über weite Strecken angenehm zu lesen, zeugt sogar hier und da von Humor des Autors – nicht das Schlechteste, was man über ein sozialwissenschaftliches Buch sagen kann. Und doch legt man es aus der Hand mit dem Gefühl, dass es dem Gegenstand, dem es gewidmet ist, nicht wirklich gerecht geworden ist.

Die Einleitung und das erste Kapitel sind die besten Passagen des Bandes. Hier beschäftigt sich der Autor mit dem Ereignis, das den Begriff „alternative Fakten" hervorgebracht hat, die Amtseinführung Donald Trumps als Präsident der Vereinigten Staaten am 20. Januar 2017, bei der, verglichen mit der Amtseinführung Barack Obamas acht Jahre zuvor, deutlich weniger Menschen auf der großen Prachtstraße in Washington, der „National Mall", die Amtsübergabe verfolgten. Am Tag danach verkündete der damalige Sprecher des neuen Präsidenten, Sean Spicer, dennoch in höchst aggressivem Tonfall gegenüber den verblüfften Hauptstadtjournalisten, dies sei das größte Publikum gewesen, dass jemals einer Amtseinführungsfeier beigewohnt habe. Die Aussage war falsch. Sie ließ sich leicht mit Luftaufnahmen widerlegen. Einen weiteren Tag später interviewte der NBC-Moderator Chuck Todd Trumps Beraterin Kellyanne Conway und konfrontierte sie mit der Falschaussage Spicers. Von Todd in die Enge getrieben, sagte Conway schließlich, Spicers Bemerkung sei keine Falschaussage gewesen, sondern er habe „alternative Fakten" präsentiert. Damit war der Begriff in der Welt.

Warum behaupten Menschen in aller Öffentlichkeit offensichtlichen Unsinn? Warum halten sie an dem Unsinn fest, selbst wenn er für jedermann leicht erkennbar widerlegt ist? Das ist die Frage, der Nils Kumkar nachgeht. Um sie zu beantworten, bedient er sich eines auf den ersten Blick überraschend erscheinenden, aber plausiblen Kunstgriffs: Er klammert bewusst die Frage nach der Glaubwürdigkeit der betreffenden Aussagen aus und konzentriert sich ganz auf deren kommunikative Funktion. Seine Kernthese, die er im Buch wiederholt darlegt, ist in dem folgenden Zitat besonders knapp und klar zusammengefasst: Es zeige sich, „dass es sich nämlich bei alternativen Fakten, obwohl sie, für sich genommen, als Tatsachenbehauptungen vorgebracht werden, funktional gar nicht primär um solche handelt. Alternative Fakten funktionieren *nicht* als Tatsachenbehauptungen, sondern als *Widersprüche zu* Tatsachenbehauptungen. Sie wirken nicht als Beitrag zur Realitätskonstruktion, sondern als kommunikative *Realitätsdestruktion*, die es erlaubt, wider besseres Wissen weiterzumachen" (S. 34, Hervorhebungen im Original). Mit anderen Worten: Der Zweck alternativer Fakten besteht nicht darin, das Publikum zu überzeugen, sondern es zu verwirren und zu verunsichern, so dass das eigentlich offensichtlich Richtige nicht mehr als solches unzweifelhaft erkannt wird.

Das ist soweit klar und einleuchtend. Man kann sich an manchen Details der Argumentation reiben, aber die Lektüre ist allemal erhellend und anregend. Doch in den folgenden Kapiteln gerät das Gedankenkonstrukt nach dem Eindruck des Rezensenten aus der Bahn. Kumkar versucht sein Interpretationsschema auf andere Themenbereiche anzuwenden, das funktioniert nicht so recht. Zunächst kümmert er sich um alternative Fakten in der Wissenschaftskommunikation und wählt als Beispiel den Klimawandel. Was er als angebliche „alternative Fakten" zu diesem Thema präsentiert, sind, zumindest zum Teil, einfach Minderheitenpositionen. Sie mögen nach derzeitigem Wissensstand als unhaltbar erscheinen, sind aber deswegen nicht automatisch von vornherein erkennbarer Unsinn. Nichts spricht dafür, dass diejenigen, die sie vertreten, dies besseren Wissens tun. Dass sie Zweifel an der herrschenden Lehrmeinung säen, macht sie allein noch nicht zu „alternativen Fakten", es sei denn, man löst sich von der Ursprungssituation, in der der Begriff geprägt wurde, und erklärt alles zu „alternativen Fakten", was der wissenschaftlichen Mehrheitsmeinung widerspricht. Dann aber wären diese kein gesellschaftliches Problem, sondern die Voraussetzung für wissenschaftlichen Fortschritt. Kumkar bemerkt anscheinend das Problem und versucht, „alternative Fakten" in der Wissenschaft, deren kommunikativer Zweck die „unbestimmte Negation" sei, in Anlehnung an Hegel, von der „bestimmten Negation" abzugrenzen. Er argumentiert sinngemäß, dass die „bestimmte Negation" eine alternative Hypothese einführt, die dann den bisherigen Kenntnisstand ersetzt, während „alternative Fakten" nur die bisherige Kenntnis erschüttern, ohne sie durch etwas zu ersetzen. Dem Rezensenten leuchtet das nicht ein. Auch das bloße Erschüttern einer herrschenden Lehrmeinung kann ein wissenschaftlicher Fortschritt sein: Man weiß noch nicht, was richtig ist, aber man weiß immerhin, was nicht richtig sein kann.

Hier kommt der Autor erkennbar an die Grenzen seines Analyseprinzips: Gänzlich kann man die Frage nach der Ehrlichkeit der Aussage eben doch nicht ausklammern, wenn man das Phänomen „alternative Fakten" erfassen will. Es ist in diesem Zusammenhang eben nicht egal, ob jemand etwas sagt, was für jeden, auch für ihn selbst, leicht erkennbarer Unsinn ist, so dass man annehmen muss, dass er selbst nicht glaubt, was er da redet, oder ob er nur eine Meinung vertritt, die die Mehrheit für falsch hält.

Das schwächste Kapitel im Buch ist das über „alternative Fakten" in den Massenmedien. Kumkar schreibt den Medien bei der Definition „alternativer Fakten" eine – zumindest – ungewöhnliche Aufgabe zu: Die Voraussetzung, dass eine Aussage zum „alternativen Fakt" erklärt werden könne, sei, unter anderem, dass es eine nicht ignorierbare Information gebe, die in der massenmedialen Kommunikation als gesichert gelte. Eben darum aber eignen sich wissenschaftliche Themen kaum zur Untersuchung „alternativer Fakten", denn dass in den Medien weitgehender Konsens über die Deutung eines Sachverhalts besteht, bedeutet noch lange nicht die Existenz eines solchen Konsenses auch in der Wissenschaft. Der Gedanke, dass die Massenmedien nicht nur den – vermeintlichen – wissenschaftlichen Konsens zu transportieren hätten, sondern selbst Akteure der Meinungsbildung sind, die den Eindruck eines Konsenses erwecken können, wo tatsächlich keiner existiert, kommt Kumkar anscheinend gar nicht. Und selbst wenn es einen solchen Konsens gibt, lässt sich nur mit Mühe der Argumentation des Autors folgen, der der Ansicht zu sein scheint, es sei die Aufgabe der Medien, abweichende Meinungen zu unterdrücken. Er wundert sich, warum Politik und Medien der Minderheit derjenigen, die sich eine Lockerung der Corona-Maßnahmen wünschten, so viel Aufmerksamkeit geschenkt haben. Doch bei diesen Menschen handelte es sich nicht um eine winzige Gruppe von Wirrköpfen, die „alternative Fakten" verbreiteten, sondern, wie Umfragen des Instituts für Demoskopie Allensbach zeigen, um substanzielle Bevölkerungsteile: Im November 2021 sprachen sich 23 Prozent der Bevölkerung dafür aus, die Corona-Maßnahmen wie die Maskenpflicht und das Abstandsgebot aufzuheben (IfD-Umfrage Nr. 12046). Im März 2022 waren es 42 Prozent (IfD-Umfrage Nr. 12050). Die Zahl derer, die meinten, die Medien betrieben beim Thema Corona Panikmache, schwankte in der Zeit zwischen dem März 2020 und dem Januar 2022 in einer Bandbreite zwischen 28 und 47 Prozent (IfD-Umfragen Nr. 12017, 8233, 12029, 12048). Mag ja sein, dass die alle Unrecht hatten. Aber so zu tun, als seien sie irrelevant oder müssten nicht berücksichtigt werden, ist seltsam: Medien – zumindest öffentlich-rechtliche – müssen die ganze Breite des gesellschaftlichen Spektrums abbilden. Und die Politik ist auch gegenüber Minderheiten rechenschaftspflichtig.

Je weiter die Lektüre voranschreitet, desto mehr bekommt man den Eindruck, dass der Autor dazu neigt, als „alternative Fakten" zu bezeichnen, was er selbst für falsch hält und politischen Maßnahmen, die er für richtig hält, im Weg steht. „Alternative Fakten" sind für ihn letztlich Ausflüchte einer kleinen Gruppe von Ewiggestrigen, die sich nicht mehr anders zu helfen wissen.

Wird das noch der Situation gerecht, in der der Begriff entstanden ist? Sean Spicer hat die Behauptung, die Einführungsfeier sei die größte aller Zeiten gewesen, ja nicht aus einer Position der Schwäche heraus in den Raum geworfen, sondern aus einer Position der Stärke: Trump hatte gerade die Wahl gewonnen. Ganz ohne in Bedrängnis zu sein, schleuderte er seinem Publikum seinen Unsinn entgegen. Das war keine Verteidigung, sondern Angriff, verbunden mit, wie Kumkar auch ausdrücklich vermerkt, einer unverhohlenen Drohung gegenüber den anwesenden Journalisten. Vor diesem Hintergrund kommt man nicht um den Schluss herum, dass in dem Buch ein wesentlicher Aspekt des Themas fehlt, nämlich die Nutzung von „alternativen Fakten" als Machtdemonstration. Hier wäre eine Analyse politischer Propaganda, beispielsweise des Putin-Regimes, aufschlussreich gewesen, doch dieses Thema streift der Text nur kurz und erkennbar lustlos ganz am Ende des Bandes. Der prägnanteste Satz zu diesem Thema stammt von der Publizistin Marina Weisband, die in einem Facebook-Eintrag vom 22. Januar 2017 schrieb: „Wenn du steif und fest behauptest, der Himmel sei grün, ist dein Ziel nicht, dass ich dir glaube. Dein Ziel ist, das so lange zu tun, bis ich sage: ‚Das ist deine Meinung. Ich habe meine. Niemand kann objektiv sagen, welche Farbe der Himmel hat.' So legitimiert man das offensichtlich Falsche." Dieser Satz lehrt einen mindestens so viel über die Funktion alternativer Fakten wie dieses Buch.

US-amerikanische Demokratiegeschichte

Von Florian Grotz

Christian Lammert/Boris Vormann, Das Versprechen der Gleichheit. Legitimation und die Grenzen der Demokratie, Frankfurt a. M. 2022 (*Campus*), 254 S.

„Was [bedeutet] die aktuelle Krise der globalen Konstellation für die Demokratie […]? Welche neuen Legitimationskonstellationen deuten sich bereits an und welche halten wir für notwendig und praktikabel? Hat die Demokratie überhaupt eine Zukunft? Ist sie unter den aktuellen Gegebenheiten noch möglich oder haben die Faktoren, die sie möglich gemacht haben, sich erschöpft?" (S. 31) Das sind die Fragen, die Christian Lammert und Boris Vormann am Ende ihres Buches beantworten wollen. Folglich scheint es sich um einen allgemeinen Beitrag zur „demokratischen Krisenliteratur" zu handeln. Das Einleitungs- und das Schlusskapitel sprechen grundlegende Aspekte demokratischer Legitimität an und versuchen, sie angesichts aktueller Herausforderungen „neu" (S. 213) bzw. „global" (S. 228) zu überdenken. Im Hauptteil des Buches geht es jedoch allein um die USA, was weder dem Titel noch dem Untertitel zu entnehmen ist. Zweifellos sind die Vereinigten Staaten aufgrund ihrer historischen Vorreiterrolle und ihrer globalen Bedeutung, aber auch angesichts ihrer vielfältigen Ambivalenzen ein besonders instruktiver Fall für eine solche Studie. Doch inwieweit sind die Struktur- und Funktionsprobleme des US-amerikanischen Systems repräsentativ für den Zustand der Demokratie weltweit? Dazu geben die Autoren kaum Hinweise, was die Kohärenz ihrer Argumentation mindert und deren Nachvollzug erschwert.

Auch der Untersuchungsansatz erschließt sich nicht leicht. Mehrfach betonen Lammert und Vormann ihre „interdisziplinäre Herangehensweise" (S. 11), sie machen aber nicht deutlich, welche Disziplinen gemeint sind und wie sie diese genau verknüpfen. Zudem verstehen sie ihre Analyseperspektive als „Ausbruch aus konventionellen Betrachtungsordnungen" (S. 21), die aus ihrer Sicht eine fortschreitende Erweiterung individueller Rechte postulieren, „bis man gewissermaßen das Ende der Geschichte erreicht hätte" (S. 23). Doch außer der allfälligen Referenz auf Francis Fukuyama[1] finden sich keine Belege, dass dieses teleologische Geschichtsbild von der politikwissenschaftlichen Demokratieforschung mehrheitlich geteilt würde. Darüber hinaus vertreten die Autoren eine eigentümliche Auffassung von „methodologische[m] Nationalismus", den sie zu „überwinden" suchen (S. 21). Dass „die Gleichheit im nationalen Innern häufig mit Entwicklungen außerhalb der Nation zusammenhängt" (S. 23), ist richtig und eine wichtige Ergänzung einer rein binnenstaatlichen Betrachtung. Ungeachtet dessen bleibt der nationale Kontext der USA

---

1 Vgl. Francis Fukuyama, The End of History and the Last Man, New York 1992.

die zentrale Untersuchungseinheit der Studie, während andere Regierungen, internationale Organisationen oder transnationale Akteure bestenfalls randständig berücksichtigt werden.

Nicht zuletzt stolpert der Leser immer wieder über idiosynkratische Sprachbilder. „Der Illiberalismus ist eine Art Zwilling der liberalen Demokratie" (S. 26), der „in Krisenzeiten bei sinkender Legitimität die Oberhand gewinnen kann" (S. 27). Worauf zielt die Zwillingsmetapher ab: Hat der Illiberalismus dieselben „Eltern" wie die Demokratie? Gibt er sich den Anschein, der „echte Abkömmling" zu sein? Warum reicht es hier nicht aus, die illiberale Demokratie als Gegenbegriff zur liberalen Demokratie zu definieren? Ebenso ungewöhnlich wie unglücklich ist die Idee, den Staat als „Eheberater" für die Verbindung von Demokratie und Kapitalismus zu bezeichnen (S. 219). Dies suggeriert, dass der Staat immer dann als neutraler Dritter auf den Plan tritt, wenn es in der „Vernunftehe" zwischen den ungleichen Partnern kriselt. Doch selbst in den USA hat der Staat eine weit aktivere Rolle in der Entwicklung von Demokratie und kapitalistischer Wirtschaftsordnung gespielt, und er ist mit beiden in vielfältiger Weise verflochten. Am Ende konzedieren Lammert und Vormann selbst, dass der „Begriff des Eheberaters […] vielleicht zu vorsichtig" (S. 219) war.

Die genannten Darstellungsprobleme machen es unnötig schwer, zum argumentativen Kern des Buches vorzudringen. Sieht man von ihnen ab, handelt es sich um eine gleichermaßen ideengeschichtlich wie empirisch fundierte Studie zum „Versprechen der Gleichheit" in der US-amerikanischen Demokratie, die stringent angelegt ist. Grundsätzlich gehen die Autoren davon aus, dass das Gleichheitsideal die wichtigste Quelle demokratischer Legitimität bildet. Seine historische Durchsetzung erfolgte über drei Mechanismen. Zunächst schuf die Nationsbildung die erforderliche „Identität", damit sich die Mitglieder des Demos „als Gemeinschaft Gleicher" (S. 40) verstehen können. Daraufhin erfolgte die Demokratisierung über die „Institution" allgemeiner Wahlen, in der der politische Gleichheitsanspruch am sichtbarsten zum Ausdruck kommt. Der dritte Mechanismus ist weniger konventionell. Demnach „erwächst Legitimität nicht aus einer mehr oder minder rationalen Einsicht, sondern aus Indifferenz" (S. 49). Lammert und Vormann knüpfen hier an einen Literaturstrang an, der dem „stillschweigenden Einverständnis in die gesellschaftliche Ordnung" (S. 49) eine stabilisierende Wirkung zumisst. Zu diesem Zweck „erzeugt das System spezifische ökonomische Ressourcen und Güter, von denen die Bevölkerung profitieren [sic!]" (S. 51) und die in der repräsentativen Demokratie fair (um-)verteilt werden. Als wichtigstes Instrument zur Annäherung an dieses Gleichheitsideal dient der Sozialstaat. Die dafür notwendigen Mittel generiert hingegen der „Extraktionsstaat" (S. 63), indem er weitgehend risikolose Gewinne realisiert („Arbitrage"). Innergesellschaftlich erfolgt die „Arbitrage […] durch Ausgrenzung bestimmter Gruppierungen vom System der (Um-)Verteilung" (S. 53), z. B. Sklaven, während die „externe Arbitrage" durch „Unterjochung und Ausbeutung fremder Gesellschaften" zustande kommt (S. 54). Folglich lautet das Erfolgsrezept der liberalen Demokratie: „Man baut auf externe Ungleichheiten, um sich intern, also im nationalstaatlichen Kontext, dem Ideal der Gleichheit anzunähern" (S. 55).

Auf Basis dieser ebenso pointierten wie provokanten Hypothese unterscheiden die Autoren drei Perioden der US-amerikanischen Geschichte – sie arbeiten die jeweiligen Konstellationen von Extraktionsstaat, Sozialstaat und Demokratie detailliert heraus. In der „Frontierkonstellation", die von der Staatsgründung bis Anfang des 20. Jahrhunderts reicht, waren die USA „ein Paradebeispiel extraktiver Praxis", wobei „mit der Ausweitung demokratischer Rechte die Mechanismen der internen Arbitrage [...] immer schwieriger zu rechtfertigen waren" (S. 65). Als im Zuge der antikolonialen Bewegungen „auch die externe Arbitrage nur noch bedingt möglich war", entstand ab den 1920er Jahren die „fordistische Konstellation", in der sich das „Profil eines US-amerikanischen Sozialstaats" (S. 65) herausbildete. In der „globalen Konstellation", die in den 1970er Jahren begann, wurde schließlich das Prinzip der „Gleichheit der Vielen" durch die „(theoretische) Gleichheit aller" abgelöst (S. 29 f.). Zugleich wurde die sozialstaatliche Umverteilung „unter dem Label des Neoliberalismus [...] zunehmend schwierig und nur noch begrenzt einsetzbar" (S. 65). Weil auch die „Neuskalierung extraktiver Praktiken auf globaler Ebene [...] an ihre Grenzen gestoßen zu sein" scheint, steht „der US Staat [..] vor einer tiefen Sinnkrise – und mit ihm das internationale Staatensystem" (S. 65).

Damit ist Lammert und Volkmann eine eigenständige, inspirierende Interpretation der US-amerikanischen Demokratiegeschichte gelungen, die materialreich belegt und verständlich dargestellt wird. Die Fokussierung auf einen überwiegend sozioökonomisch verstandenen Gleichheitsbegriff bietet die Möglichkeit, bekannte und weniger bekannte Ereignisse und Entwicklungen unter einer einheitlichen Perspektive zu betrachten. Andere Gleichheitsaspekte – etwa bezüglich der zivilrechtlichen Stellung sexueller Minderheiten – bleiben indes unterbelichtet. Außerdem tendiert die politökonomische Argumentation dazu, die Mobilisierungs-, Selbstreinigungs- und Innovationskraft einer freiheitlich-demokratischen (Werte-)Ordnung zu unterschätzen, die sich auch langfristig positiv auf deren wirtschaftliche Performanz auswirken kann.[2] Das sozioökonomisch akzentuierte Niedergangsszenario der Demokratie in Amerika müsste also zumindest um eine soziokulturelle Dimension ergänzt werden.

---

2 Vgl. Christian Welzel, Freedom Rising: Human Empowerment and the Quest for Emancipation, Cambridge 2014; Torben Iversen/David Soskice, Democracy and Prosperity: Reinventing Capitalism through a Turbulent Century, Princeton 2020.

Kritik am Neoliberalismus

Von Thomas Biebricher

Ariane Leendertz, Der erschöpfte Staat. Eine andere Geschichte des Neoliberalismus, Hamburg 2022 (*Hamburger Edition*), 480 S.

Ariane Leendertz' Buch *Der erschöpfte Staat* bietet der Leserschaft auf den ersten Blick eine zeithistorische Policy-Analyse im Hinblick auf die Stadtpolitik der jüngeren Vergangenheit in den USA. Die Implikationen dieser Analyse sind aus Sicht der Autorin weitreichender, lasse sich damit doch auch *eine andere Geschichte des Neoliberalismus* rekonstruieren, wie der programmatische Untertitel des Buchs lautet.

Das vordergründige Thema des Buches ist also der Wandel der US-amerikanischen *Urban Policy* zwischen den 1960er und den 1990er Jahren, wobei hier die Besonderheit im Zugriff auf das Thema darin besteht, dass der Ausgangspunkt die Wissenschaftsgeschichte und -theorie ist. In den 1950er und 1960er Jahren habe sich ein Diskurs formiert, den Leendertz als *solutionism* charakterisiert: Die grundsätzliche politische Überzeugung, dass der Staat auf Basis sozialwissenschaftlicher Expertise dazu verpflichtet und auch in der Lage ist, urbane Probleme zu lösen. Die Hochzeit dieses *solutionism* ist die *Great Society* in den 1960er Jahren, als vor allem unter der Johnson-Regierung ambitionierte Ziele bei der Bekämpfung sozialer Probleme aller Art ausgegeben und entsprechende Reformen verabschiedet werden. Aber wie Leendertz zeigt, verflüchtigt sich dieser grundsätzliche Optimismus bei der Lösbarkeit gesellschaftlicher Probleme im Laufe der 1970er Jahre zusehends: Die politischen Akteure registrieren die Schwierigkeiten bei der Umsetzung der städtischen Agenda und wenden sich an die Sozialwissenschaft, die bessere Rezepte zur Problembearbeitung entwickeln solle. Beim Versuch, die Zusammenhänge urbaner Politik besser zu durchschauen und kausale Verbindungen zu identifizieren, gerät die Grundlage des *solutionism* immer mehr in Zweifel und zwar angesichts der *Komplexität* dieser Zusammenhänge, die eine immer prominentere Rolle in den entsprechenden Debatten spielt und die grundsätzliche Möglichkeit einer staatlich getragenen Stadtpolitik in Frage zu stellen scheint. Diese Erosion des *solutionism* fällt in die Amtszeit Jimmy Carters, der aber noch immer an dessen Prämissen festhält und eigentlich antritt, um eine *National Urban Policy* zu formulieren und zu implementieren, ein Projekt, das allerdings eher rudimentär bleibt. Und zwar nicht nur aufgrund von haushaltspolitischen Restriktionen, sondern eben auch, weil die Policy-Forscher als intellektuelle Zuarbeiter für politische Entscheidungsträger und staatliche Bürokratien, sich ihrer Rezepte nicht mehr sicher sind und angesichts der

Komplexität allenfalls noch streng inkrementelle Problemlösungsstrategien empfehlen, die zumindest eine höhere Korrigierbarkeit versprechen.

Mit dem Amtsantritt Reagans kommt es zur Zäsur in der Stadtpolitik: Unter dem Eindruck von Public Choice-Theorien, die die Ineffizienz staatlicher Bürokratien und verschlungener Mehrebenensysteme nicht zuletzt im Kontext des US-amerikanischen Föderalismus herausarbeiten und dementsprechend die Entflechtung staatlicher Ebenen, wie auch bisweilen die Privatisierung ganzer Apparate oder das „contracting out" bestimmter Funktionen empfehlen, um das Monopol des Leistungsstaates zu brechen, verschieben sich Agenda und Methoden. Nun heißt es, der Staat sei schlicht nicht zuständig für die Lösung städtischer Probleme, wenn man sie überhaupt als Probleme ansieht und nicht als quasi-natürliche Entwicklungen in der polit-ökonomischen Geographie und Demographie. Denn angesichts des kapitalistischen Strukturwandels der, obgleich durchaus politisch unterstützt, als exogener Faktor behandelt wird, gelte es geeignete Anpassungsstrategien zu entwickeln und jedenfalls nicht den Staat mit unlösbaren Aufgaben zu belasten. Dieser solle von direkten Eingriffen absehen, stattdessen in erster Linie über Subventionen der privaten Immobilienbranche agieren und sich im Übrigen auf die Förderung des Wirtschaftswachstums konzentrieren. Der staatliche Wohnungsbau wird stark eingeschränkt, wie auch insgesamt die Kapazitäten der Stadtpolitik auf Bundesebene massiv zurückgeschnitten werden, die aber grundsätzlich als Politikfeld dort verbleibt.

Die Ära Clinton schließt zumindest insofern an die Ära Carter an, als nun wieder ausdrücklich davon ausgegangen wird, dass der Staat zur Lösung stadtpolitischer Probleme beitragen kann und soll; allerdings hat sich auch hier eine Skepsis gegenüber staatlicher Gestaltungsfähigkeit abgelagert, die sich daran ablesen lässt, dass der Staat nur noch *ein* Akteur unter vielen sein soll. *Governance* ist das neue Stichwort für Problemlösungsstrategien über verschiedene Ebenen hinweg und in Zusammenarbeit von staatlichen wie nicht-staatlichen Akteuren, inklusive privaten Unternehmen und Zivilgesellschaft. Die entsprechenden Policy-Netzwerke gelten nun als Schlüssel zum Erfolg. Doch ab 1995 steht Clinton angesichts einer republikanischen Kongress-Mehrheit massiv unter Druck, und es kursieren sogar Pläne, das *Department of Housing and Urban Development* ganz abzuschaffen. Auch um solchen Forderungen den Wind aus den Segeln zu nehmen, kommt es aus dem Ministerium heraus zu einer Reforminitiative im Geiste des New Public Managements bei gleichzeitig weiterem Zusammenstreichen der Mittel. Insgesamt rekonstruiert Leendertz damit eine Entwicklung, in der Stadtpolitik von einer einstmals überaus prominenten Rolle im Rahmen der bundesstaatlichen Agenda zu einem komplett randständigen Politikfeld, das zwar auf bundesstaatlicher Ebene verbleibt, aber finanziell zusammengestutzt und politisch marginalisiert ist.

Mit dieser gut informierten, souverän geschriebenen und überaus anregenden Studie gelingt es Leendertz, eine ganze Reihe von Punkten plausibel zu machen. Entgegen einer leicht revisionistischen Geschichtsschreibung, die bezweifelt, dass die Präsidentschaft Reagans eine wirklich Zäsur darstellte und auch die Auswirkungen der Regierungspolitik für eher überschaubar hält, kann Leendertz überzeugend darlegen, dass zumindest für den Bereich der Stadtpolitik und hier insbesondere der Housing Policy beides zutrifft: Sicher musste auch schon Carter haushaltspolitisch die Zügel anziehen, aber erst unter Reagan wird das Bekenntnis zum *solutionism* aufgekündigt. Und zwar mögen bestimmte Teile des US-amerikanischen Leistungsstaates wie etwa die großen Entitlement-Programme Medicare und Social Security halbwegs unbeschadet aus der Reagan-Revolution hervorgegangen sein – für die Urban und Housing Policy gilt dies aber nicht. Hier war der Kahlschlag so massiv, dass sich das Politik-Portfolio danach nie wieder von diesem Schlag erholte.

Einer der wichtigsten und originellsten Aspekte in Leendertz' insgesamt äußerst gelungenen Studie ist, wie schon erwähnt, der Zugriff über die wissenschaftstheoretischen Debatten über soziale Komplexität und deren letztlich subversive Auswirkungen auf den *solutionism*. Denn so lässt sich zumindest bis zu einem gewissen Punkt in der Tat der Anspruch einlösen, eine *andere* Geschichte des Neoliberalismus zu erzählen, die nicht die üblichen Wege beschreitet und weniger über die Stagflationskrisen der 1970er Jahre, Hayek und Friedman spricht – die gleichwohl Erwähnung finden – als vielmehr über Komplexität, *solutionism* und Systemanalysen, die nicht zuletzt aus der Sicherheitspolitik importiert werden. Wobei in diesem Zusammenhang womöglich der Abgleich mit Daniel Stedman Jones' 2012 erschienener Studie *Masters of the Universe: Hayek, Friedman and the Birth of Neoliberal Politics* aufschlussreich gewesen wäre, der den Einfluss der beiden neoliberalen Galionsfiguren auf eben jenes Politikfeld der Housing Policy in Großbritannien beziehungsweise den USA rekonstruiert, dessen Buch aber unerwähnt bleibt.

Erlauben der *solutionism* und seine Erosion also tatsächlich eine andere Erzählung über die neoliberale Transformation, die sich vor allem darauf gründet, dass die gesellschaftliche Komplexität derart überbordend erscheint, dass der Staat überfordert und erschöpft wirkt, dann stellt sich die Frage, wie weit diese Erklärung trägt. Ja, Komplexität wird auch noch von den Reaganauts routinemäßig als Problembeschreibung herangezogen, aber zu diesem Zeitpunkt geht es genau genommen eigentlich gar nicht mehr um eine Problemanalyse, weil es kein zu lösendes Problem gibt – jedenfalls nicht für den Staat. An diesem Punkt verschiebt sich aber die Problematik von einer epistemologischen, aufgrund komplexer Kausalzusammenhänge, zu einer volitionalen, welche in den Fehlanreizen des Monopolisten „Staat" besteht, der im Spiel des Rent-Seekings gefangen ist, wie es von der nun zunehmend dominanten Schule des Public Choice durchdekliniert wird. Die hier skizzierte Problemverlagerung, die Leendertz auch erwähnt, wirft aber die Folgefrage auf, inwiefern die Geschichte, die ab diesem Punkt erzählt wird, eigentlich eine *andere* Geschichte des Neoliberalismus darstellt. Denn nun geht es um Phänomene und Entwicklungen (Public Choice, New Public Management usw.), die zumindest aus der anglo-amerikanischen Historiographie des Neoliberalismus nicht ganz unbekannt sind. Möglicherweise liegen hier die Grenzen des programmatischen Anspruchs, eine andere Geschichte des Neoliberalismus zu schreiben.

Dies soll aber die Vorzüge der Studie keinesfalls schmälern, zu denen abgesehen von ihrem wichtigen Beitrag zur Zeitgeschichte eine ganze Reihe von Anknüpfungspunkten zählt, die sie über disziplinäre Grenzen hinweg interessant macht. So ließe sich womöglich aus Foucaultianischer Perspektive aus dem Diskurs des *solutionism* eine Art sozialdemokratischer Gouvernementalität herauspräparieren, was die Diskussionen in den Governmentality Studies schon allein aufgrund von deren starkem Fokus auf neoliberale Regierungsweisen etwas beleben könnte. Anschlussfähig in Richtung der Wissenschaftstheorie und -soziologie im Sinne eines Bourdieu wäre auch Leendertz' Analyse der Policy-Studies und ihrem Versuch, sich als Zuträgerin der Politik als eigenständige Disziplin zu etablieren und unverzichtbar zu machen – mit der ironischen Pointe, dass die Diskussionen innerhalb dieser Proto-Disziplin über Herausforderungen gesellschaftlicher Komplexität letztlich das Politikfeld unterminieren, dem sie die Politikrezepte liefern sollte.

Leendertz' Buch ist daher nicht nur in der Zeitgeschichte, sondern auch darüber hinaus eine breite Leserschaft zu wünschen. Wer sich für die eine oder andere Geschichte des Neoliberalismus interessiert, dem sei das Buch jedenfalls ausdrücklich zur Lektüre empfohlen.

Die ganz normale Krise

Von Helge F. Jani

Stephan Lessenich, Nicht mehr normal. Gesellschaft am Rande des Nervenzusammenbruchs, Berlin 2022 (*Hanser Berlin*), 158 S.

Die nervöse Gesellschaft der Gegenwart erlebt Veränderungsprozesse, die sich teils als lautloser Wandel, teils als politisch gesteuerte Transformation, teils in einschneidenden Disruptionen bemerkbar machen. Die Analysen ventilieren in unterschiedlichen Akzentuierungen aufgewühlte Zustände von Unbehagen und Angst.[1] Diese reichen vom Abschied gewohnter Arbeitsverhältnisse, über Preissteigerungen beim täglichen Einkauf bis hin zur Digitalisierung und diffusen Bedrohungen der inneren und äußeren Sicherheit. Stephan Lessenich sieht ein Zeitalter heraufziehen, in dem bisherige Gewohnheiten, Selbstverständlichkeiten sowie tägliche Gewissheiten, also die allgemein als normal wahrgenommenen Lebenswelten, in Frage gestellt werden. Mit anderen Worten: „Die alte Normalität hat Risse bekommen, sie ist brüchig geworden" (S. 12).

Normalität ist kein einmalig erschaffener, statischer Zustand, sondern als soziale Konstruktion ein Produkt gesellschaftlich akzeptierter, wünschbarer und eingeübter Standards und Verhaltensweisen. Erst ihre dauerhafte Reproduktion führt zur „Normalisierung" (S. 26). Bewusst wahrgenommen wird sie erst, wenn sie „im Entschwinden begriffen ist" (S. 22). Im Moment dieser Verlusterfahrung wächst der „Wille zur Normalität" (S. 28) und der Wunsch, zu vormaligen sicheren Verhältnissen zurückzukehren. Stephan Lessenich fragt, wie eine Gesellschaft mit dem Verlust des Vertrauten umgeht und was passiert, wenn sie sich, „am Rande des Nervenzusammenbruchs" (S. 37) fühlt.

Sowohl der Titel als auch der Untertitel lassen aufhorchen: Der alarmistische Ton suggeriert einen fundamentalen Bruch mit bislang stabilen Verhältnissen. Die Frage liegt also nahe, ob die Zeiten tatsächlich so neu und dramatisch sind, wie Lessenich sie charakterisiert. Wird hier nicht „die gute, alte Zeit" glorifiziert (die es natürlich nie gegeben hat), die nur im Rückblick als übersichtlich, wohlstandssatt und bequem erscheint? Hat es in der jüngeren Vergangenheit überhaupt „normale", berechenbare, stabile Verhältnisse gegeben? Ein Land gänzlich frei von Krisen, ohne

---

1 Vgl. Harald Welzer/Claus Leggewie, Das Ende der Welt, wie wir sie kannten. Klima, Zukunft und die Chance der Demokratie, Frankfurt a. M. 2009; Heinz Bude, Gesellschaft der Angst, Hamburg 2014; Meinhard Miegel, Hybris. Die überforderte Gesellschaft, Berlin 2014; Bernhard Pörksen, Die große Gereiztheit. Wege aus der kollektiven Erregung, München 2018; Matthias Horx, Die Hoffnung nach der Krise. Wohin die Welt jetzt geht oder Wie Zukunft sich immer neu erfindet, Berlin 2021; Armin Nassehi, Unbehagen. Theorie der überforderten Gesellschaft, München 2021.

Verunsicherungen, ganz ohne Brüche? Eine ganze Gesellschaft, die unbehelligt im Windschatten eines scheinbar ereignislosen Jahrzehnts gesegelt ist? Vielleicht liegt im Untertitel lediglich eine attraktive Zugabe, gleichsam ein Soundverstärker, der das Thema zusätzlich publikumswirksam anschärft.

Die Entwicklung, die Lessenich als beispiellose Erosion von Normalität beschreibt, ist im Gewand multipler, teils anhaltender Krisen lange bekannt: Die überschießende Kaskade von Währungs- und Finanzkrise, Klima-, Migrations-, Inflations-, Energie- und Coronakrise hat anderthalb Jahrzehnte geprägt, in denen die Krise als gesellschaftlicher Aggregatzustand zu einer neuen Normalität geworden ist.[2] Wenn also der Verlust bisheriger Normalität und eine nicht abreißende Serie von Krisen zwei Seiten ein und derselben Medaille sind, würde Lessenichs aufgeregter, fiebriger Argumentation der Boden entzogen werden. Wird die Krise zum neuen Dauerzustand, kann darin auch eine – wiewohl unbequeme und anstrengende – neue Normalität begründet liegen.

Lessenich erbringt den empirischen Nachweis für seine These auf vier Politikfeldern, wobei seine Auswahl nur bedingt überzeugt. Zur Finanzkrise und Migrationspolitik (mit dem Schlüsseljahr 2015) bietet er kaum wirklich neue Erkenntnisse. Während die Infragestellung des gegenwärtigen Wirtschaftsmodells, das auf dem Verbrauch fossiler Ressourcen basiert (Lessenich spricht von „fossilen Mentalitäten"), das Ende der bisherigen volkswirtschaftlichen Normalität bedeutet, findet die einschneidende Corona-Pandemie lediglich kursorische Erwähnung zu Beginn des Buches. Der Epochenbruch des Ukraine-Krieges, unter dessen Eindruck das Buch entstanden ist, kommt ebenfalls nur knapp zur Sprache; stattdessen glaubt Lessenich in der in jüngster Zeit kontrovers geführten Debatte auf dem Feld der Identitätspolitik ernsthafte Anzeichen von Normalitätsverlust erkennen zu können.

Die ordnungspolitische Antwort in der Währungs- und Finanzkrise lag primär in der Stabilisierung der Finanzmärkte. Diese gelang mit Hilfe einer gleichsam grenzenlosen Ausweitung massiver Staatsverschuldung – eine Politik, die Lessenich als „monetäre Illusionskünste" (S. 45) beschreibt. Dem lag die Schöpfung von Liquidität zugrunde, die so tut, als ob sie nicht „durch wertschaffende Arbeit bezahlt werden müsste" (S. 51). Hierbei ging es um die Aufrechterhaltung von Normalitätsfassaden, als ein unverwundbar geglaubtes Wirtschaftssystem plötzlich in seinem Kern getroffen war.

Die Flüchtlingskrise des Herbstes 2015, die zunächst einen politischen Kontrollverlust offenbarte, führte in der Folge ebenfalls zu dem Bestreben, Normalität (mithin geregelte Grenzregimes an der Peripherie der EU) wiederherzustellen; eine Normalität, „die aber zugleich durch eine als Friedensmacht auftretende Staatengemeinschaft mit knallharten physischen Mitteln verteidigt wird" (S. 66). Angesichts der Klimakrise, eines rasant steigenden Verbrauchs natürlicher Ressourcen und des

---

[2] Vgl. Tim Haughton, Is Crisis the New Normal? The European Union in 2015, in: Nathaniel Copsey/Tim Haughton (Hrsg.), The JCMS Annual Review of the European Union in 2015 54 (2016), S. 5–7.

gleichzeitigen Ziels einer konsequenten Dekarbonisierung ganzer Volkswirtschaften gelangt „das ressourcenzehrende Höher-Schneller-Weiter der modernen Zivilisation" (S. 85) an sein Ende.

Auch in dem neuen gesellschaftspolitischen Feld der Identitätspolitik erkennt Lessenich eine Bedrohung der Normalität. Das Argument, dass es sich bei diesen Auseinandersetzungen um „ganz normale Kämpfe um Teilhabe" (S. 104) handeln könnte, erscheint durchaus nachvollziehbar. Doch in dieser Debatte die Bedrohung „männlicher Normalitätsvorstellungen und -erfahrungen" und sogar einen camoufliert geführten Verteidigungskampf „der älteren, weißen, heterosexuellen Männer" (S. 114) zu sehen, gründet in einer ebenso sperrigen wie missglückten Denkfigur.

Es liegt im Wesen moderner, hochkomplexer, technologisch entwickelter, wachstumsfixierter und damit hochgradig verletzbarer Industriegesellschaften, dass sie über unzählige Einfallstore für Gefährdungen und Destabilisierungen verfügen. Damit wird gesellschaftliche Normalität, verstanden als krisenfreier, berechenbarer, beinahe windstiller Zustand, zu einer denkbar schwachen Analysefolie von Gegenwartsgesellschaften. Vor nunmehr fast vier Jahrzehnten hat Ulrich Beck unter dem Eindruck kaum beherrschbarer Technologierisiken festgestellt, dass „der Ausnahmezustand zum Normalzustand zu werden" droht.[3] Und genau hier ließe sich eine unbeabsichtigte, versteckte Pointe in der Argumentation von Stephan Lessenich herausfiltern: Wenn die dichte Abfolge von Krisen der vergangenen Jahre zu einer Dauerkrise wird, ist es nur ein kleiner Schritt zu einer reformulierten Deutung von Normalitätserosion: Das unwiederbringliche Verschwinden von Normalität würde im selben Augenblick den Beginn einer neuen, anderen Normalität markieren.

Was also ist zu tun? Welche Imperative ergeben sich aus den skizzierten Befunden? Für Stephan Lessenich ist es an der Zeit, „die Macht der Illusionen zu brechen" (S. 129), mithin sich von alten, beständig wiederholten Antworten der Vergangenheit zu verabschieden. Es geht um eine neue Politik, „die nach den nicht-realisierten Potentialen des Anderen fragt" (S. 130); das umfasst ein Wirtschaftsmodell, das stärker als bisher die Endlichkeit natürlicher Ressourcen in den Blick nimmt, eine Gesellschaftspolitik, die sich der zügellosen Mobilisierung von Ressentiments und Vorurteilen entgegenstellt sowie andere Formen der politischen Partizipation, die mehr als bislang zum kollektiven Engagement ermuntern, anstatt die Bürger „mit den immer gleichen Diskursfragmenten und Wahlabendfloskeln zu malträtieren" (S. 130). Das alles klingt zunächst nachvollziehbar und keineswegs falsch. Doch wo Lessenich mit seinen Empfehlungen für die Zukunft eigentümlich konturlos bleibt, hätte man gern genauere Vorschläge gehört. Dies müsste auch die Warnung vor offiziell proklamierten Ausnahmezuständen einschließen: Sie erfordern schnelles Handeln, ani-

---

3 Ulrich Beck, Risikogesellschaft. Auf dem Weg in eine andere Moderne, Frankfurt a. M. 1986, S. 31. Siehe auch Armin Nassehi, Der Ausnahmezustand als Normalfall. Modernität als Krise, in: Ders./Peter Felixberger (Hrsg.), Kursbuch 170. Krisen lieben, Hamburg 2012, S. 34–49.

mieren damit zur Abkürzung politischer Verfahren und bieten mitunter auch die zweifelhafte Gelegenheit, „machtpolitische Pflöcke einzuschlagen".[4]

Am Ende geht es möglicherweise weniger um die Wiederherstellung von Normalität, vielmehr um den Umgang mit Unsicherheit und Unübersichtlichkeit. Gerade vor dem Hintergrund zukünftiger, vorstellbarer Krisen (wie Wasserknappheit, neuartiger Bedrohungslagen innerer oder äußerer Sicherheit, Migrationsströme) kommt es darauf an, Krisen möglichst angemessen einzuschätzen und zu beurteilen. Ausgestattet mit souveräner Krisen- und Risikokompetenz wäre die „postnormale Gesellschaft" (S. 12) fähig, die notwendige Widerstandsfähigkeit zu erwerben. Mit dieser Neucodierung der Wirklichkeit würde sich die Gesellschaft dagegenstemmen können, bei wiederkehrenden Normalitätsverlusten gleich die Nerven zu verlieren.

---

[4] Martin Florack, Die Krise als Normalzustand des Regierens: Semantik und Funktionalität, in: Ders./Karl-Rudolf Korte/Julia Schwanholz (Hrsg.), Coronakratie. Demokratisches Regieren in Ausnahmezeiten, Frankfurt a. M. 2021, S. 51–59, hier: S. 56.

„Leipziger Schule" versus „Frankfurter Schule"?

Von Karl-Siegbert Rehberg

Fabian Link, Demokratisierung nach Auschwitz. Eine Geschichte der westdeutschen Sozialwissenschaften in der Nachkriegszeit, Göttingen 2022 (*Wallstein*), 640 S.

Fabian Link hat ein monumentales, mit Blick auf die verarbeitete Literatur unverzichtbares Werk vorgelegt. Detailliert wird die Rolle der „westlichen Sozialwissenschaften" (genauer: der Soziologie in der Bundesrepublik Deutschland) in der Phase des frühen Kalten Krieges dargestellt. Ausgehend von der fiktiven „Stunde Null" und der oftmals peinlichen, in Einzelfällen demütigenden[1] und doch für den Ausbau der Sozialwissenschaften bedeutsamen Konfrontationen der „Rückkehrer" aus dem Exil in die Bundesrepublik auf der einen und der „Dabeigewesenen" (besser: „Daheimgebliebenen" als Ausdruck für die sich selbstberuhigend verstehenden Gesprächspartner) auf der anderen Seite geschildert. Dabei handelte es sich um Begegnungen, welche für alle Beteiligten riskant, jedoch durch die akademischen Umgangsformen scheinbar befriedet waren. Denkt man allerdings an Horkheimers oftmals vernichtende Beurteilung seiner durch die – von Leo Löwenthal und Herbert Marcuse sehr kritisierte – Rückkehr in das „Land der Täter" erzwungenen Begegnungen, sah man seine zum Teil vernichtenden Urteile über diese „Kollegen".[2] Es war übrigens eben dieses Schulhaupt, welches die *Zeitschrift für Sozialforschung*, weil zu „marxistisch", in den Keller des Instituts für Sozialforschung (IfS) verbannte, um den Aufstieg der um ihn gescharten Institutsmitglieder im Adenauer-Deutschland nicht zu gefährden. Eine ähnliche Besorgnis mag auch seine Verweigerung der Habilitation in Frankfurt des als „zu links" eingestuften Jürgen Habermas und später von Kurt Lenk bewirkt haben, weshalb diese beiden Anwärter auf eine Professur lieber in das Abendroth-Marburg geschickt wurden.

Als *basso continuo* in Links gesamten Buch wird der auch von den Alliierten geförderte Aufstieg der Soziologie – eingeschlossen einige durch Helmut Schelsky ins Spiel gebrachte ehemalige „Leipziger" – und die damit verbundenen Kooperationen für einen Neuanfang nach der NS-Diktatur vielschichtig dokumentiert. Das Fundament von Links gesamter Argumentation ist der Vergleich zwischen vor allem

---

[1] Ich denke beispielsweise an die schreckliche Formulierung Arnold Gehlens, der in einem Brief an Helmut Schelsky vom 9. Mai 1951 im Zusammenhang mit der Rückkehr einzelner Wissenschaftler aus dem Exil von „Sozialjuden" sprach.

[2] Vgl. Irmgard Pinn/Michael Nebelung, Kontinuität durch Verdrängung. Die „anthropologisch-soziologischen Konferenzen" 1949–1954, in: Hans-Joachim Hoffmann-Nowotny (Hrsg.), Kultur und Gesellschaft. Gemeinsamer Kongreß der Deutschen, der Österreichischen und der Schweizerischen Gesellschaft für Soziologie, Zürich 1988, Beiträge der Forschungskomitees, Sektionen und Ad-hoc-Gruppen, Zürich 1989, S. 724–727.

Max Horkheimer, Theodor W. Adorno und Friedrich Pollock auf der einen Seite und Helmut Schelsky sowie Arnold Gehlen (dessen sehr unterschiedliche Themenfelder trotz vielfacher Erwähnungen des Autors eher ignoriert werden und mit wenigen Ausnahmen aus der Sekundärliteratur stammen) auf der anderen.

Was allerdings die von Ludwik Fleck und Bernhard Waldenfels inspirierte Begrifflichkeit eines „Denkstils", ja sogar „Denkkollektivs" betrifft, erscheint diese mir sogar bei der tatsächlich institutionell formierten „Frankfurter Schule" (nach Adorno eine bloße „Taxi-Adresse") wenig einleuchtend, dieses bildhafte Etikett zu verwenden. Das könnte gerechtfertigt sein, wenn man an das ursprüngliche Projekt Max Horkheimers denkt, der unter seiner Leitung mit Fachleuten unterschiedlicher kultureller, psychologischer, ökonomischer u. a. Disziplinen eine integrativ-umfangreiche Darstellung der gesellschaftlichen Verhältnisse entwickeln wollte. Etwa die ersten international angelegten Studien über die sozialen Effekte unterschiedlicher Familienformen waren im Rahmen dieser Aufgabenverteilung konzipiert worden. Vor einem solchen Hintergrund hat Link zutreffend geschildert, wie etwa Adorno von Horkheimer ursprünglich überhaupt nur als Spezialist für die neue Musik für sein Großprojekt der Kritischen Theorie vorgesehen war. Nach dessen dreijährigem Studium am Merton College in Cambridge war er im Rahmen des Instituts für Sozialforschung durchaus ein Fremdkörper. Jedoch wurde die theoretische Arbeit des Instituts langfristig von Adornos faszinierendem, zuweilen auch manieriertem Denk- und Schreibstil geprägt. Einen gemeinsamen „Denkstil" mit Horkheimer und erst recht mit Friedrich Pollock vermag ich dabei nicht zu erkennen. Bitter mag es für Horkheimer als dem Patriarchen einer wirklichen „Schule" gewesen sein, dass er bis zuletzt von Adornos vielschichtigen Arbeiten überholt wurde.

Aber auch für Hans Freyers „Leipziger Schule" steht es um einen einheitlichen akademischen „Denkstil" schlecht. Trotz der gemeinsamen Idee der auch von großen Teilen der Jugendbewegung ersehnten Überwindung der Klassengesellschaft des 19. Jahrhunderts durch eine „völkische Gemeinschaft" wuchs doch kein „Denkkollektiv" heran. Vielmehr entwickelten sich unterschiedliche Ausprägungen der wissenschaftlichen Orientierungen im Rahmen des ersten, nur der Soziologie gewidmeten Lehrstuhls von Freyer (eine fachliche Festlegung, die er im Augenblick der Übergabe der Macht an Adolf Hitler in „Politische Wissenschaft" umtaufte und diese in einem Konglomerat verschiedener Einrichtungen und Aufgaben verwirklichte).[3] Wie unterschiedlich die Denkstile waren, belegt schon die suggestive Einzigartigkeit der expressionistischen, stilistisch überwältigen sollenden Aufrufe Freyers mit den Buchtiteln *Antäus* (1918), *Prometheus* (1923) sowie *Pallas Athene* (1935).

---

3 Vgl. Karl-Siegbert Rehberg, „Krisenwissenschaft", völkische Emphase und systemtheoretische Abkühlung. Die „Leipziger Schule" der Soziologie – Ein Mythos der Wissenschaftsgeschichtsschreibung?, in: Karl Acham/Stephan Moebius (Hrsg.), Soziologie der Zwischenkriegszeit. Ihre Hauptströmungen und zentralen Themen im deutschen Sprachraum, Bd. 1, Wiesbaden 2021, S. 383–411.

Erst recht können die Positionen und zeitweilig populären Bücher Helmut Schelskys kaum in irgendeiner Weise mit dem Denkstil Arnold Gehlens verknüpft werden, obwohl dessen umtriebiger und institutionell erfolgreicher einstmaliger Assistent und späterer Freund durchaus darunter litt, organisatorisch viel wirksamer, intellektuell jedoch dem Meister unterlegen zu sein. Auch sah Schelsky sich gerade durch seine akademischen Erfolge (stolz war er etwa darauf, dass CDU, FDP und SPD als die drei Parteien im damaligen Deutschen Bundestag ihn gleichermaßen einluden, für das Parlament zu kandidieren) und schließlich sogar als Gründungsdirektor der Universität Bielefeld von Gehlen, der sich „auf den Untergang vorbereitete", geradezu verachtet. So zerbrach auch die lange gepflegte Freundschaft durch Schelskys scharfsinnig-bitteren Brief vom 17. Juni 1970 mit einem vernichtenden Urteil über Gehlens letzte Monografie *Moral und Hypermoral*, in welchem er diesem eine „direkte Herrschaftsphilosophie" für die Starken und Eroberer vorwarf: „Du philosophierst über Staats-Ethos, als ob es die ganze Gesinnungsradikalisierung des staatlichen Dienens, Führens und Gehorchens in unserem Leben [!] nie gegeben habe."

Auch in Schelskys soziologischem Institut in Münster gab es kein Kollektiv, welches jeden Pluralismus erstickt hätte. So verwies er etwa mit Stolz auf seinen „kommunistischen" Assistenten Hans-Jürgen Krysmanski. Der überaus erfolgreiche Wissenschaftsorganisator teilte also einen „Denkstil" weder mit mancher „Altlast" aus Leipzig – etwa mit Hans Freyer, dem er noch in hohem Alter eine Professur in Münster beschafft hatte –, ganz zu schweigen von beispielsweise Niklas Luhmann, den er im Schnellverfahren zum Professor gemacht hatte. Auch eine – noch am ehesten zu vermutende – Ähnlichkeit mit dem Stil und der schließlich pessimistischen Weltdeutung Gehlens, dessen resignative Betrachtung von Gegenwart und Zukunft Theodor W. Adorno durchaus fasziniert hat[4], war Schelsky völlig fremd. Und etwa seine Leitung der Sozialforschungsstelle Dortmund als dem damals größten soziologischen Forschungsinstitut in Europa, das zuweilen etwas übertrieben als „Waschanlage für NS-Wissenschaftler" angesehen wurde, produzierte keinerlei „Denkgemeinschaft" von Seiten Schelskys.

Fabian Links eindrucksvolles Buch präsentiert keineswegs einseitige Beschreibungen, beispielsweise der nicht selten opportunistischen einstmaligen NSDAP-Mitglieder. Vielmehr beschreibt er auch deren Lernprozesse – nicht nur als Mimikry. Erstaunlich bleibt gleichwohl, dass seine materialreiche und an vielen Stellen subtile Darstellung dessen, was man nach dem Zusammenbruch der DDR verächtlich „Wendehälse" nannte, kaum reflektiert, dass all diese zum Teil skandalösen, häufig jedoch auch wirkliche Lernprozesse sichtbar gemacht habenden Anpassungen an demokratische Entwicklungen – gemessen an der feindlichen Haltung gerade auch der Mehrheit der akademischen Eliten in der Weimarer Republik – doch auch mitbewirkt haben, dass, von den westlichen Siegermächten durchgesetzt, schließlich

---

4 Vgl. Karl-Siegbert Rehberg, Theodor W. Adorno and Arnold Gehlen. Conflict and Consensus in Aesthetics and Cultural Criticism, in: Samir Gandesha/Johan Hartle/Stefano Marino (Hrsg.), The "Aging" of Adorno's Aesthetic Theory. Fifty Years Later, Sesto San Giovanni 2021, S. 239–262.

die wirklich demokratische Bundesrepublik Deutschland entstehen konnte. Ein mir leider entfallener Autor formulierte das mit Blick auf das „Wirtschaftswunder": „Den Westdeutschen ging es schließlich so gut, dass sie sogar Demokraten werden konnten".

Man braucht in einer Rezension nicht alle thematischen Aspekte wiederzugeben, denn was Link etwa über den Beitrag der „Sozialwissenschaften" an der Demokratisierung der Bundesrepublik oder über die Formen philosophisch-soziologischer Gesellschaftskritik beziehungsweise auch über die Bedingungen einer „erziehungspolitischen Wissensebene" und manches mehr schreibt, ist durchweg schlüssig. Eines dieser Kapitel, nämlich der Bericht über den „Positivismusstreit", scheint mir jedoch einen besonderen Status zu haben: Sehr ausufernd, aber durchaus informativ hat der Autor den berühmten Tübinger „Positivismusstreit" (einschließlich dessen intellektuelle Vorbereitungen) referiert, dabei jedoch, so scheint es mir, die problematische strategische Meisterleistung des von mir zumeist hoch geschätzten Adorno beiseitegelassen. Dieser hatte nämlich als nachträgliche Bewertung der kontroversen Positionen eine umfangreiche „Einleitung" nachgeschoben, in der er seine Deutung umfangreicher als in seinem Diskussionsbeitrag (auf den dann der Beitrag von Karl R. Popper gefolgt war) darlegen konnte.[5] Diesem diskursiven Muster entsprach übrigens – wie mir Hans Albert in einem Interview erzählte – auch eine monetäre Differenz: Der Suhrkamp Verlag hatte nämlich Adorno als einzigem der Diskutanten ein Honorar überwiesen.

In der Schlussbetrachtung seiner beachtlichen Monografie geht es zwar vor allem nochmals um die Gegensätze zwischen der Kritischen Theorie und den sehr zeitbezogenen soziologischen Arbeiten Schelskys in der unmittelbaren Nachkriegszeit, wobei Beiträge zur Demokratisierung auf beiden Seiten zu beobachten waren, aber mit ganz unterschiedlichen Weltbildern und durch das NS-Regime erzwungenen Positionen. Zitiert wird in diesem Zusammenhang Adorno, der im April 1952 an Thomas Mann schrieb, dass es für Remigranten „in einem zentralen Sinn eine Rückkunft nicht gibt", weshalb – wie Stefan Zweig es formuliert hat – die Emigranten gegenüber ihrer Umwelt „und gegenüber sich selbst misstrauisch" sein müssten: „Etwas von der natürlichen Identität mit meinem ursprünglichen und eigentlichen Ich blieb für immer zerstört".[6]

Diese erschütternden existenziellen Worte erinnern den Leser daran, dass die rein fachlich in diesem Buch gut dargestellten tiefgehenden Differenzen zwischen denen, die ihre Karrieren im NS-Deutschland begonnen hatten (wie Gehlen der – anfangs sogar gegen den Widerstand der NS-Regierung in Dresden – dreißigjährig Nachfolger seines Lehrers Hans Driesch in Leipzig wurde) und diese in der Bundesrepublik fortsetzen konnten oder wie Schelsky, der einen ersten Ruf nach Straßburg nicht

---

5 Theodor W. Adorno, Einleitung, in: Ders. (Hrsg.), Der Positivismusstreit in der deutschen Soziologie. Neuwied/Berlin 1972, S. 7–79.
6 Vgl. den Brief Adornos an Thomas Mann 13. April.1952, in: Theodor W. Adorno/Thomas Mann, Briefwechsel. Frankfurt a. M. 2002, S. 103 sowie Stefan Zweig, Die Welt von gestern. Erinnerungen eines Europäers, Frankfurt a. M. 1993, S. 468.

mehr hatte antreten können, einerseits und den „Remigranten", wie der Autor formuliert, während es sich in Wirklichkeit doch um Menschen aus dem *Exil* gehandelt hat, andererseits.

Dem überaus materialreichen und neue Gesichtspunkte eröffnenden Buch Fabian Links gegenüber sollen meine kritischen Einwände sein dokumentarisches Verdienst nicht schmälern. Aber meine Kritik besonders an Links Konzept der „Denkstile" und mehr noch „Denkkollektive" erscheint mir doch nicht marginal. Und noch ein Hinweis: Verfehlt fand ich von Anfang an den irreführenden Titel *Demokratisierung nach Auschwitz* – es war dies leider im frühen (!) Kalten Krieg kein wirklicher Bezugspunkt in beiden 1949 gegründeten deutschen Nachkriegsstaaten und deren Gesellschaften und war es etwa für Helmut Schelsky, Arnold Gehlen und viele andere Konservative – auch als längst bedeutende Bücher über den Völkermord vorlagen – später wohl kaum. Die westdeutsche Gesamtgesellschaft reagierte spät erst auf diese verstörenden Verbrechen, etwa durch die in den Vereinigten Staaten produzierte und 1979 erstmals in Deutschland gezeigte Fernsehserie über das Schicksal der „Familie Weiss", so dass man – trotz rechtsradikaler Anschläge – von einer „erinnerungsgeschichtlichen Zäsur" sprach und etwa in demselben Jahr im Bundestag und oft mit Bezug auf diese TV-Produktion die Verjährungsfrist für (eben erst recht diesen organisierten) Mord aufhob.

Marxistische Faschismusanalyse der Gegenwart

Von Arnd Bauerkämper

Paul Mason, Faschismus. Und wie man ihn stoppt, Berlin 2022 (*Suhrkamp*), 443 S.

Spätestens seit dem Wahlsieg Donald Trumps in den USA am 8. November 2016 und nochmals verstärkt nach dem Sturm seiner Anhänger auf das Kapitol am 6. Januar 2021 ist intensiv über die Anfälligkeit liberaler Demokratien gegenüber einem neuen Faschismus diskutiert worden.[1] Auch der Journalist, Aktivist und Marxist Peter Mason, der besonders mit seinem 2016 veröffentlichten Werk über den *Postkapitalismus* international beträchtliche Resonanz erfuhr, geht in seinem neuen Buch von dem Befund aus: „Der Faschismus ist zurück – ohne dass jemand nachhelfen musste" (S. 11). Er unterscheidet dabei zwischen Rechtsextremismus, Rechtspopulismus und autoritärem Konservatismus. Nach Mason zielen Rechtsextreme letztlich auf einen „Rassenkrieg", während Rechtspopulisten im Allgemeinen ohne Anwendung von Gewalt auf Massenmobilisierung setzen und Minderheiten stigmatisieren. Autoritäre Konservative unterstützen zwar die Agitation der Rechtspopulisten gegen das liberale „Establishment", bleiben aber mit staatlichen Institutionen und Netzwerken der Eliten verbunden. Trotz dieser Unterschiede wenden sich alle drei Bewegungen gegen die liberale Demokratie, den Rechtsstaat und eine regelbasierte internationale Ordnung. Deshalb ruft Mason alle Demokraten zur Wachsamkeit und zur Bildung einer neuen „Volksfront" (S. 335) auf.

Mason verbindet in seinem Buch politische Appelle mit geschichtswissenschaftlichen Betrachtungen und philosophischen Reflexionen. Den Faschismus führt er historisch und aktuell auf sozioökonomische Desintegrationsprozesse zurück, die das Selbstverständnis und Leben von Millionen Menschen erschüttert haben – die wirtschaftlichen und politischen Verwerfungen in Italien zu Beginn der 1920er Jahre und in Deutschland rund zehn Jahre später sowie seit 2008 auf die Finanz- und Klimakrise, die Belastungen der Globalisierung, die verstärkte Zuwanderung, die neuen Emanzipationsbewegungen, die Corona-Pandemie und die Herausbildung multikultureller Gesellschaften. Hier bleibt unklar, ob und inwiefern man vor allem die jüngeren Umwälzungsprozesse, die als Bedrohung wahrgenommen worden sind, einfach subsumieren kann. Letztlich bindet Mason den Faschismus in der Vergangenheit und Zukunft eng an Krisen, die „das kapitalistische System" (S. 23) ausgelöst habe.

---

[1] Dazu u. a. Madeleine Albright (mit Bill Woodward), Faschismus. Eine Warnung, Köln 2018, S. 379 f.; Umberto Eco, Der ewige Faschismus, München 2020. Zum Populismus auch: Jan-Werner Müller, Was ist Populismus? Ein Essay, Berlin 2016; Morten Reitmayer, Populismus als Untersuchungsfeld der Zeitgeschichte, in: Vierteljahrshefte für Zeitgeschichte 69 (2021), S. 573–606.

Zugleich wendet er sich jedoch gegen orthodox-marxistische Faschismustheorien (wie die Erklärung des bulgarischen Kommunisten Georgi Dimitroff auf dem VII. Weltkongress der Komintern 1935) und sogar gegen flexiblere, am Konzept des Bonapartismus orientierte Konzepte, die u. a. August Thalheimer und Leo Trotzki in den späten 1920er und frühen 1930er Jahren entwickelten. Mason wirft diesen Marxisten einen sozioökonomischen Reduktionismus und Determinismus vor, da sie an der überkommenen „Klassenkampf"-Doktrin festgehalten und damit breite Bündnisse gegen den Faschismus verhindert hätten. Demgegenüber tritt der Verfasser zwar für eine „materialistische Faschismustheorie" (S. 314) ein, verlangt aber „statt der Klasse oder des Kapitalismus den Menschen in den Mittelpunkt" (S. 315) zu rücken. Dies hat aus der Sicht Masons auch die neuere Faschismusforschung versäumt, die er hart kritisiert – von Ernst Nolte in den 1960er Jahren bis zu Roger Griffin drei Jahrzehnte später. Besonders Forschern, die wie Stanley Payne und Emilio Gentile die faschistischen Bewegungen und Regimes der Jahre 1918 bis 1945 anhand von Merkmalstypologien untersucht haben, wirft er vor, lediglich „Checklisten" (S. 293) vorgelegt und damit das Verständnis des Faschismus verstellt zu haben.

Demgegenüber hält Paul Mason eine sozialpsychologische Interpretation für überzeugender. An die frühen Studien Wilhelm Reichs, Erich Fromms und partiell auch Antonio Gramscis anknüpfend, führt er den Faschismus auf den Legitimitätsverlust liberaler Visionen und Zukunftshoffnungen sowie den Wunsch nach Autorität und Unterwerfung Schwächerer zurück. Der Faschismus habe die Zerrissenheit breiter Bevölkerungsgruppen „zwischen der Möglichkeit der Freiheit und der Furcht vor den Folgen dieser Freiheit" (S. 310) mit Hilfe emotionaler Appelle und Partizipationsangebote genutzt. Letztlich sei der „Faschismus Furcht vor der Freiheit, geweckt durch die Ablehnung von Freiheit" (S. 25).

Diese dialektische Definition soll in historischer Sicht besonders anhand des Aufstiegs der italienischen Faschisten und der Machtübertragung an Benito Mussolini am 30. Oktober 1922 belegt und veranschaulicht werden. Ausgehend von einem Verständnis des Faschismus als Prozess (nach dem Konzept Robert Paxtons), identifiziert Mason dazu fünf Phasen, die erhebliche Überschneidungen aufweisen und in der Darstellung auch nicht durchweg voneinander getrennt werden: 1) die gewalttätigen Übergriffe der faschistischen Kampfbünde (*squadre*) gegen aufständische Arbeiter und die Unterhöhlung des staatlichen Gewaltmonopols vom Herbst 1920 bis zum Mai 1921; 2) Avancen gegenüber den Eliten nach der Parlamentswahl vom Mai 1921; 3) der „Zusammenbruch der inneren Logik des Liberalismus" bis zum Juli 1922; 4) die Unterdrückung von Generalstreiks der Industriearbeiter in Norditalien und 5) die Machtübertragung an Mussolini infolge der Doppelstrategie von Drohungen mit Gewalt („Marsch auf Rom") einerseits und Gesprächen mit den traditionalen monarchischen und militärischen Eliten andererseits. Mehrere Gelegenheiten, die Faschisten aufzuhalten, seien durch die Verweigerung des italienischen Bürgertums, das die Forderung der Unterschichten nach Freiheit ablehnte, ebenso versäumt worden wie durch die Unfähigkeit der marxistischen Linken, die Arbeiter fest an sich zu binden und eine breitere Abwehrfront zu bilden. Grundsätzlich erkennt der

Verfasser in der Gegenwart ähnliche Herausforderungen wie in den frühen 1920er Jahren, so dass er für eine antifaschistische „Volksfront" von Sozialisten und Liberalen plädiert, damit der gegenwärtige Aufstieg des Rechtsextremismus, Rechtspopulismus und autoritären Konservatismus abgewehrt wird. Für die geforderte „wehrhafte Demokratie 2.0" (S. 335) dient ihm die erfolgreiche Abwehr des Sturms französischer Faschisten auf die Nationalversammlung am 6. Februar 1934 als Vorbild.

Paul Masons Buch bezieht die historische Perspektive auf gegenwärtige Herausforderungen. Dabei schließt es an die neuere Diskussion über die Anfälligkeit und Resilienz von Demokratien gegenüber ihren Gegnern an.[2] Dennoch bleiben jenseits allgemeiner Diagnosen wie der Angst vor der Freiheit und der Neigung zur Selbstviktimisierung Zweifel an der Übertragbarkeit der Problemkonstellationen und der Reaktionen auf diese vom frühen 20. Jahrhundert auf die Gegenwart. Warum konnten Faschisten – abgesehen von einzelnen Regimes unter deutscher Kuratel im Zweiten Weltkrieg – in den 1920er und 1930er Jahren nur in Italien, Deutschland und – mit Abstrichen – in Japan Diktaturen etablieren, nicht aber in anderen Staaten wie Großbritannien? Welche Rolle spielten Kontextbedingungen wie die (gefühlte) Niederlage im Ersten Weltkrieg und der Antikommunismus nach der Oktoberrevolution in Russland 1917 dabei? Zudem wird die sozialpsychologische Erklärung nicht stringent und konkret mit dem Antikapitalismus und der Forderung nach einer materialistischen Faschismustheorie verbunden. Bewahrt der Faschismus den Kapitalismus „nur, weil er jegliche Klassengesellschaft, jegliche Hierarchie und jegliche Form von Unterdrückung gegen die Aussicht auf menschliche Freiheit verteidigt" (S. 324)? Hier wird die Analyse zu allgemein, und der Verfasser hält auch die anfangs eingeführte Unterscheidung von Rechtsextremismus, Rechtspopulismus und autoritären Konservatismus nicht durch. Vielmehr verwendet er den Begriff „Faschismus" oft summarisch, so dass das Wechselverhältnis der drei Bewegungen in Vergangenheit und Gegenwart in der Darstellung der konkreten Radikalisierungsprozesse nicht klar hervortritt.

Unbeschadet dieser Einwände hat Paul Mason ein anregendes und gelegentlich provokatives Buch verfasst, das Statusängste und Verunsicherungserfahrungen von Eliten, aber auch größeren Bevölkerungsgruppen akzentuiert. Zweifellos ist eine Einheit der Demokraten gegen ihre rechtsradikalen, populistischen und autoritären Gegner notwendig, nicht nur innerhalb der einzelnen Länder, sondern auch international, denn die Staaten, Gesellschaften und politischen Bewegungen (auch der politischen Rechten) sind derzeit noch enger miteinander verflochten als in der Zwischenkriegszeit. Insgesamt lässt der Aufstieg der Faschisten in den 1920er und 1930er Jahren durchaus allgemeine Schlussfolgerungen zu, wenngleich man simplifizierende Analogien vermeiden und Kontextbezüge klar konturieren sollte.

---

2 Jan-Werner Müller, Freiheit, Gleichheit, Ungewissheit: Wie schafft man Demokratie?, Berlin 2021; Daniel Ziblatt/Steven Levitsky, How Democracies Die, New York 2018; Yascha Mounk, Der Zerfall der Demokratie. Wie der Populismus den Rechtsstaat bedroht, München 2018.

Thesen zur deutschen Demokratiegeschichte des 20. Jahrhunderts: Stabilisierung oder Überdruss?

Von Sebastian Liebold

Horst Möller, Deutsche Geschichte – die letzten hundert Jahre. Von Krieg und Diktatur zu Frieden und Demokratie, München 2022 (*Piper*), 649 S.

Eleganz streitet mit Thesenstärke – dieses Buch ist ein typisches Möller-Meisterwerk: Es setzt eigene Akzente, ohne zu verletzen, es kategorisiert trennscharf, ohne sprachliche Gefälligkeiten auszulassen. Schließlich versucht es sich in politischer Theorie, da der Autor nicht bei Gründen für „Irrationalitäten" stehenbleibt, sondern den „Purzelbäumen der Geschichte" (S. 32) immer wieder normative Setzungen gegenüberstellt, die sich stärker auf kulturgeschichtliche Evidenz als auf soziologische Alternativlosigkeit stützen. Am Ende wildert Möller mit der Frage des Sehers über dem Getümmel, warum Menschen oft nicht das offensichtlich Vernünftige entscheiden und tun, in der Sozialethik – eine Parallelstudie mag sich intensiver mit Hass und Wut als Antrieb in der Geschichte befassen.

Möller überblickt das 20. Jahrhundert mit dem Wissen eines von der Aufklärung, den bürgerlichen Revolutionen, der Demokratie- und Wirtschaftsgeschichte des 20. Jahrhunderts bis hin zur Strauß-Biografie beschlagenen Historikers, dessen Integrität unzählige Beiräte, deutsch-französische Einrichtungen, die deutsch-russische Historikerkommission und immer wieder das auf Demokratie und Einheit bedachte Bundesinnenministerium schätzen. Aufklärerische Forderungen, rational zu agieren, legt Möller als Richtmaß an die deutsche Geschichte im 20. Jahrhundert an. Sein Buch nennt keine sozialpsychologischen Prämissen – etwa das Beteiligtsein an politischen Entscheidungen und am Wohlstand; der Engel der Faktengeschichte sitzt auf der einen Schulter des vielgeehrten Wahlbayern aus Breslau.[1] Deuten die Worte „Frieden" und „Demokratie", so erstrebenswert beides ist, aber nicht doch auf eine Teleologie hin? Der Anspruch eines Überblickswerks und der einer Thesengeschichte sind hier uneins. Frieden und Demokratie – so der Thesenteufel auf Möllers anderer Schulter – geraten durch die Neigung zur Irrationalität immer wieder in Gefahr. Eine kurze Erklärung über den Kausalnexus von sozialer Fairness und demokratischer Zufriedenheit hätte Möllers Prolog gutgetan, da er im Umkehrschluss eine härtere Aussage birgt: Mehr soziale Spreizung bedeutet in der Regel mehr politischen Extremismus.[2]

---

1 Er beruft sich im Prolog auf Jacob Burckhardt und Alexander Rüstow (S. 38).
2 Dies analysiert u. a. Tom Mannewitz, Linksextremistische Parteien in Europa nach 1990. Ursachen für Wahlerfolge und -misserfolge, Baden-Baden 2012.

Warum die „neue Faszination der Irrationalität" nach allen durchlebten Extremen besonders in der Sorge vor einem „gläsernen Menschen" (S. 32) gipfelt, deutet der Schüler Ernst Noltes lediglich an: Positivismus, biologistische Politik und Transparenz kommen dabei nicht gut weg. Hingegen scheinen Werte wie Ausgleich, Skepsis und einige antisäkulare Prämissen wie Politik als das „Vorletzte", vor allem aber Privatheit als Grundbedingung einer Freiheitsordnung zuweilen blitzlichthaft auf. Motive wie Neid, Schreck oder Frustration gaben der Geschichte immer wieder neue Wendungen – dies wird mehrfach deutlich, ohne eine Einordnung zu erfahren.

Während Möller als Anwälte der Irrationalität mit langer Wirkmacht Carl Schmitt und Autoren der „konservativen Revolution" zitiert – und damit auf eine seiner am intensivsten beforschten Zeiten, die Zwischenkriegszeit, hinweist, kommen die Utopisten der Zeit um 1968 (auf den S. 462–467 geht es politikgeschichtlich um „Wertewandel und Protest") kaum, Alternativdenker um und nach 1990 (etwa als Befürworter eines Wandels zu mehr Nachhaltigkeit) gar nicht vor. Besonders verwundert angesichts der Rationalitätsfrage die Auslassung der fruchtbaren Studie *The Seduction of Unreason* von Richard Wolin.[3] Der amerikanische Historiker belässt es nicht beim Umfeld der NS-Denker (einschließlich eines Blicks nach Frankreich), sondern befasst sich – nicht immer ganz nachvollziehbar – mit Einwürfen von Botho Strauß, Martin Walser und Rainer Zitelmann, die ihm in der Postmoderne wenig hilfreich schienen. Damit steht die Frage der Zustimmung im Raum: Möller lobt Adenauer, gibt der Ära Kohl viel Kredit – die liberal-konservative Geistesgeschichte seit dem Zweiten Weltkrieg wird indes weder erwähnt noch bewertet.[4] Sieht er bei Konservativen eine zunehmende Bejahung der – nun grünenden – Demokratie, mahnt er, nicht in chaotische Vorzeiten zurückzufallen? Oder sieht er Überdruss in der Vorhand, um Modifikationen des Systems, das heutige Unsicherheiten nicht mehr abfedern kann, den Weg zu ebnen? Wie steht es um die Rationalität der Sozialdemokratie? Und parteiübergreifend aus der Mitte heraus gedacht: Welche systemstabilisierenden Großtaten kann die Bonner und nun die Berliner Republik verzeichnen? Möller ist ganz Altbundesrepublikaner, als Pluspunkte tauchen die europäische Einbindung und die Westbindung, die soziale Marktwirtschaft und die weitreichende Fähigkeit zum Konsens auf. Insgesamt bleibt das Buch – anders als verheißen – eine nüchterne Politikgeschichte (ohne dass die Akteure, die Überdruss äußern, etwa Extremisten, eine größere Rolle spielten[5]), glänzend im Faktenreferat, sicher vom Verlag außen populärer aufgemacht; es möchte nicht breite Leserschichten, sondern Informierte mit kleineren Zurechtrückungen erfreuen.

---

3 Richard Wolin, The Seduction of Unreason. The Intellectual Romance with Fascism from Nietzsche to Postmodernism, 2. Aufl., Princeton 2019.
4 Etwa Jens Hacke, Philosophie der Bürgerlichkeit. Die liberalkonservative Begründung der Bundesrepublik, Göttingen 2006; Sebastian Liebold/Frank Schale (Hrsg.), Neugründung auf alten Werten? Konservative Intellektuelle und Politik in der Bundesrepublik, Baden-Baden 2017.
5 Die gescheiterte Stabilisierung der Weimarer Demokratie hat Möller mit Blick auf Politik (S. 140–155) und auf Kultur und Gesellschaft (S. 166–178) dargelegt – und damit auch eine Summe im Miniaturformat seiner diagnostischen Werke (zu Deutschland und im europäischen Vergleich) vorgelegt.

Die 13 Kapitel des Buches haben den Vorzug sprechender Überschriften: Der Erste Weltkrieg erscheint als „Untergang des Abendlands" mit Fragezeichen, viel Raum bekommen Findung, Struktur und Krise der Weimarer Ordnung, detailreich geht Möller auf die Zementierung der NS-Herrschaft und den Zweiten Weltkrieg ein. Während die Jahre der Besatzungsherrschaft ausführliche Würdigung erfahren, sind die mittleren Jahre der „alten Bundesrepublik" die zweitschwächste Stelle des Buches, bevor Kohls Politik in außenpolitische Erfolge und die durchwachsenere wirtschaftliche Bilanz zerlegt wird. Häufige Registernennungen bekräftigen die Schwerpunktsetzung (hier alphabetisch): Adenauer, Brandt, Ebert, Goebbels, Hitler, Kohl, etwas aus der Reihe: Papen, Stalin, Strauß, Stresemann.

Obgleich Möller Fragen nach dem „Warum?" sonst kaum ausweicht, sticht eine Lücke heraus: Die an Irrationalität (etwa die sprichwörtlich gewordene Unberechenbarkeit der Verwaltung) reiche Geschichte der DDR kommt nur bruchstückhaft vor: so die Berlin-Krise und der Mauerbau 1961 (auf weniger als zwei Seiten), im Zeitraffer auch die Honecker-Ära. Als Pendants zur Macht des Bundeskanzlers und zur Ausgleichsfunktion des Föderalismus fehlen Aussagen zur Wirkung des Zentralismus der DDR (wie zur kulturellen Engführung). Systemkritik und die schleichende Delegitimierung von SED und Staatssicherheit werden erwähnt, wirken aber blass. Viele neuere Studien zu Kultur und Gesellschaft der DDR – Faktoren eher der Diktaturstabilisierung – nennt Möller nicht, vielleicht aus Einsicht in die begrenzte eigene Urteilskraft. So werden sich die Autoren von Studien über westdeutsche Umwälzungen um 1968 ärgern, die Möller ignoriert. Was aber sagt die „deutsche Geschichte" eines langjährigen Direktors des auf gesamtdeutsche Fragen durchaus fixierten Instituts für Zeitgeschichte, wenn Lebensbedingungen „im Osten", Stellschrauben für die signifikant niedrigere Repräsentation etwa bei Stellen, Eigentum und Deutungshoheit – und in der Folge einer höheren Unzufriedenheit mit der Demokratie im Alltag, historisch nicht vorkommen? Weder in den Epilog-Zeilen zur Kanzlerschaft von Schröder und Merkel noch in den Betrachtungen „Was gefährdet moderne Demokratien?" (S. 580) erfährt der Leser etwas über die Transformationsgeschichte Ostdeutschlands, die der Rezensent mit einem Vergleich erhellen möchte: Während Kohle und Stahl sich über 40 Jahre aus dem Ruhrgebiet verabschiedeten, schlossen auf dem Gebiet der DDR 1990/91 alle Kombinate (die verschlissen und konkurrenzunfähig waren); in Chemnitz, dem größten Maschinenbau- und Textilindustriestandort der DDR, wurden auf einen Schlag fast 100.000 Menschen arbeitslos.

Möllers Schlussthesen muten – nach einem Text mit 610 Fußnoten und abseits seiner Forschungsgebiete – kühn an: Die Unsicherheiten der Gegenwart markieren für ihn das verspätete Ende des 20. Jahrhunderts. Denkbare Einschnitte wie 2001, 2014, 2015 oder 2018 nennt er nicht. Hier opfert Möller die Logik dem Stil: Die Zeit nach 1990 bezeichnet er in aller historischen Abwägung als „freundliche Atempause" und schließt: „Dann sollten wir alles daransetzen, dieses Jahrhundert zu beenden und [...] ein neues Kapitel aufschlagen" (S. 587 f.). Schreck lass nach: Sollten wir uns vom Bemühen um Rechtsgeltung und der liberalen Idee von *Mitte und Maß*

(Herfried Münkler) abwenden und geistig in ein Jahrhundert der Unsicherheiten und aufflammenden Kriege stürzen? Hier brechen Geschichte und Sozialphilosophie auseinander: Das 21. Jahrhundert hat begonnen, die Periodisierung steht dahin. Ein Festhalten an demokratischen Prinzipien erscheint wichtiger denn je, um deren Folgen zu bewahren: Wohlstand, Zinseszins der Friedenszeiten für die nächste Ära, die keine Gewaltausbrüche verzeichnet und Überwindung des Kornspeicherprinzips, wonach Menschen aufgrund äußerer Gefahr ihre Vorräte und Reichtümer sichern müssen.

Gegenwart und Zukunft der Demokratie

Von Paul Nolte

Herfried Münkler, Die Zukunft der Demokratie, Wien 2022 (*Brandstätter*), 200 S.

Noch ein Buch, noch ein moralischer Traktat zur Lage, Krise und Zukunft der Demokratie? Dieser Essay lohnt die Lektüre, nicht nur, weil man danach die Position eines namhaften Autors und einflussreichen Public Intellectual kennt, sondern weil es Herfried Münkler gelingt, ganz ohne schrille Töne klare Akzente zu setzen und seinen Standort der Mitte und der Vermittlung mit Perspektiven zu verbinden, über die sich das Nachdenken und auch das Streiten lohnt. Denn auch die klugen Diagnosen der Demokratie sind nicht frei von Topoi, die durch guten Klang oder stete Wiederholung nicht überzeugender werden. Der Widerspruch beginnt deshalb schon beim Vorwort des Herausgebers Hannes Androsch, der den Berliner Star dazu bewegen konnte, seine Argumente der kleinen, aber feinen Reihe „Auf dem Punkt" des Wiener Brandstätter-Verlags statt seinem Stammhaus Rowohlt Berlin anzuvertrauen: Angeblich sterben Demokratien leicht „einen stillen Tod in Dunkelheit" (S. 7), eine Variation des elegischen und pathetischen „Democracy Dies in Darkness", das den Rezensenten jedes Mal bei der Lektüre der *Washington Post* ärgert. Denn nichts könnte empirisch-historisch falscher sein, und dabei muss man nicht gleich an Deutschland 1933 denken – aber doch auch! Die größte Gefahr für die Demokratie sind auch weiterhin manifeste Staatsstreiche aller Art, offen zu Tage tretende Repressionsmaßnahmen; selbst kleinste Schritte der Gefährdung von Freiheits- und Partizipationsrechten vollziehen sich in unseren Tagen im grellen Licht weltöffentlicher Kritik. Bei Münkler findet sich nur eine milde Variante dieser Sichtweise, die gleichwohl eng mit der Kernthese des Buches verknüpft ist: Der Schatten von Bürgerkrieg und Staatsstreich habe oft über der Demokratie gehangen; weniger beachtet sei jedoch „die Gefährdung der Demokratie durch ein schwindendes Interesse der Bürgerinnen und Bürger an der politischen Teilhabe" (S. 56). Ein solcher Schwund des politischen Interesses, genauer: des konkreten Engagements aber liege an der Wurzel der gegenwärtigen Krise. Die Demokratie braucht weniger institutionelle Reformen als „kompetente und engagierte Bürgerinnen und Bürger" (S. 138), so fordert es die Überschrift des letzten von vier Kapiteln.

Diese Diagnose ist kein wohlfeiler Appell, sondern wurzelt in Grundüberzeugungen, die sich bis in die Dissertation über Machiavelli und die Krise der Florentiner Republik zurückführen lassen: Münkler ist, demokratietheoretisch gesehen, „Republikaner", Demokratie fordert für ihn zuallererst Engagement, er ruft die Bürger im Moment der Krise zu den (metaphorischen) Waffen. Ob gegenwärtig überhaupt ein Mangel an Politisierung und demokratischem Bewusstsein zu beklagen ist, sollte freilich erst einmal genauer geprüft werden. Die USA versinken jedenfalls nicht in Apathie und Demokratie-Indifferenz; eher ist das Gegenteil der Fall; dort und anderswo ist die Wahlbeteiligung wieder gestiegen. Aber Münklers Demokratiebegriff ist komplexer. Er verbindet republikanische mit liberalen Elementen, indem er der Herrschaft des Volkes den liberalen Rechtsstaat und die institutionelle Ordnung der Gewaltenteilung, der „checks and balances", gleichwertig zur Seite stellt, mit Montesquieu und den *Federalist Papers*. Diesen zweiten Brennpunkt der Ellipse aus den Augen zu verlieren, wirft er, mit Recht, vor allem dem Populismus vor. Derselbe Einwand lässt sich aber immer wieder auch gegen linke, zumal linksschmittianische Theorieansätze geltend machen, wie sie etwa Chantal Mouffe einflussreich vertritt, oder gegen das Projekt einer sogenannten „radikalen Demokratie", das seinen Antiliberalismus nur mühsam verbergen kann.

Davon spricht Münkler nicht, obwohl er im ersten Teil seines Buches einen ebenso souveränen wie fairen und lehrreichen Überblick über vier demokratietheoretische Zeitdiagnosen gibt; sie verbinden sich mit den Namen Francis Fukuyama, Samuel Huntington, Colin Crouch und David Runciman. Darin spiegeln sich grundlegende Verlaufsmodelle: eine Fortschrittsgeschichte und die Überzeugung des Universalismus der westlichen Demokratie bei Fukuyama, ein Kreislaufmodell in Huntingtons Wellen und Gegenwellen, und Verfallstheorien in einer marxistischen und einer eher liberalen Variante bei Crouch und Runciman. Er registriert, dass diese vieldiskutierten Modelle allesamt angelsächsischen Ursprungs sind – gewiss, aber das zeigt auch Präferenzen und gewisse Blindstellen des Autors. Ein Essay ist keine Enzyklopädie, doch im Literaturverzeichnis fällt das Fehlen etwa von Pierre Rosanvallon auf, und von Jürgen Habermas. Diesen mag Münkler offenbar gar nicht; im sozialen Leben würde man sagen: er schneidet ihn; auch da, wo er von „deliberativer Demokratie" oder von Öffentlichkeit spricht, fällt der Name auffällig nicht. Und da wir dabei sind: Bei einem ja nicht quantitativ, sondern historisch denkenden und arbeitenden Politikwissenschaftler ist das Übersehen der geschichtswissenschaftlichen Beiträge zur Debatte bedauerlich (zum Beispiel von Hedwig Richter und Claudia Gatzka; aber auch zum Populismus von Norbert Frei oder Michael Wildt).

Dabei liegt auch seiner Diagnose ein historisches Narrativ zugrunde, das an größere Stränge der Forschung und Deutung anschließt. Zwei Themen stehen für die externen Faktoren einer potenziellen Schwächung der Demokratie im Vordergrund: erstens sozialökonomische Veränderungen mit ihren Folgen für Milieubindung und Engagement, zweitens der Medien- und Kommunikationswandel in der zunehmenden Auflösung jener „Gutenberg-Galaxis", die seit dem 18. Jahrhundert ein wesentlicher Nährboden der Demokratie war. Dass die Transformation von der hochorganisierten, fordistischen, kollektivistisch strukturierten Industriegesellschaft zur amorphen, individualisierten Dienstleistungsgesellschaft demokratische Beteiligung für viele Menschen schwieriger gemacht hat, steht außer Frage; von dem sozialen Abstieg von Facharbeiterschichten oder ehemals industrieller Regionen ganz abgesehen. Das schlägt sich, auch für Münkler, in der sinkenden Mitgliederzahl von Volksparteien und im politischen Vorfeld von Gewerkschaften, Verbänden und

Vereinen nieder. Die Zäsur liegt hier, im Einklang mit der historischen Forschung ebenso wie der politischen Theorie (z. B. Crouch), in den 1970er Jahren, und daraus resultiert häufig ein Verfallsnarrativ, hier als „Verfall light": Münkler vermeidet es wohltuend, einem Komplott des Neoliberalismus oder überhaupt einem strategischen Anschlag des Kapitalismus auf die Demokratie die Schuld in die Schuhe zu schieben.

Gleichwohl sind die Veränderungen des vergangenen halben Jahrhunderts differenzierter und ambivalenter, als Münkler sie macht. Zwar idealisiert er nicht, wie Colin Crouch und viele andere, die Demokratie der „trente glorieuses", aber irgendwie war damals die Welt der liberalen Demokratie doch besser, oder: korrespondierten die sozialen Strukturen besser mit dem institutionellen Modell der liberalen Demokratie. Man reibt sich verwundert die Augen, wurde doch zuletzt immer mehr (und nicht nur für die post-nationalsozialistische Bundesrepublik) der konservative, paternalistische, semi-autoritäre Grundzug westlicher Gesellschaften in den 1950er und 1960er Jahren betont, und damit auch: ihre geschlossene ethnische Homogenität; die Tatsache, dass es sich faktisch, jenseits des Wahlrechts, weiterhin um eine Männerdemokratie handelte. Die erheblichen Erweiterungen der Demokratie seit den 1970er Jahren kommen oft, auch bei Münkler, zu kurz. Zugleich mangelt es seinem soziologischen Blick an klassenanalytischer Schärfe. Während die akademischen Mittelschichten Gewinner der neuen, der entgrenzten, partizipativen, zivilgesellschaftlichen Formen von Demokratie sind, stehen die unteren Schichten, ohne die Einbindung in Milieugewebe und daraus resultierender Organisiertheit, ihnen weithin hilflos gegenüber und suchen dann Heimat in populistischen Bewegungen und Parteien.

Diese soziale Spaltung stellt auch die konkreten Vorschläge Herfried Münklers zur Revitalisierung der liberalen Demokratie vor Herausforderungen, so sehr man ihnen zustimmen mag, ebenso wie seiner Weigerung, die Axt an „das System" zu legen. Die „Graswurzeln", auf die Münkler seine Hoffnung setzt, enthalten im urbanen Bildungsmilieu eben viel mehr Nährstoffe als in der ländlichen Provinz, in Mittelschichtquartieren mehr als in den Wohnblöcken der neuen, auch ethnisch-kulturell heterogenen Unterschichten. Mangelnde Konkretion kann man dem Großdenker Münkler nicht vorwerfen: Jede Bürgerin und jeder Bürger solle im „nachschulischen Leben mindestens einmal an einem Kurs zur Medienkompetenz" (S. 148) teilnehmen. Da ist er wieder, der Republikaner, der tugendhafte Bürgermobilisierer! Warum eigentlich nachschulisch? Ist das nicht ein Eingeständnis des Versagens der Schule und der Elternhäuser? Sind die gewaltigen Bildungsanstrengungen seit den späten 1960er Jahren, als die Abiturquote in der Bundesrepublik nur bei zehn Prozent lag, völlig verpufft? Und welche nachschulischen Kurse wären dann mindestens genauso nötig: in persönlicher Ernährungskompetenz, Finanzkompetenz, Genderkompetenz, ... brave new world! Das ist gewiss nicht der Fluchtpunkt des Liberalen, der Herfried Münkler eben doch durch und durch ist, zeigt aber die Dilemmata der Lösungswege. Dazu zählen bei ihm auch „aleatorische Elemente" vor allem in der kommunalen Politik, also Losverfahren zur Bestimmung von Bürgerräten und ähnlichen konsultativen Gremien, die er kurz antippt.

Zu diesen Dilemmata gehört die (auch hier: moderate) Kritik an einer „bürokratisch-juristischen Verholzung" (S. 126) der Demokratie, am Übermaß von Bürokratie, Expertenherrschaft, Technokratie, die Münkler beklagt. Auch dagegen soll sich das Bürgerengagement aus den Graswurzeln richten. Ist aber nicht genau das ein Hauptstrang der populistischen Kritik, nicht zuletzt der EU, von „Brüssel"? Wenn die „Epistokratie" beklagenswert ist, haben dann nicht diejenigen recht, die sich im Politikmodell Karl Lauterbachs unwohl fühlen, das die Bürger mit Berufung auf die Wissenschaft an der kurzen Leine führen will? Vielleicht müsste man die bisherigen Narrative doch stärker in Frage stellen, als Münkler das in seiner Behutsamkeit einer Verteidigung der liberalen Demokratie tut: nicht im Sinne revolutionärer Vorschläge der Bürgermobilisierung, erst recht nicht des Umsturzes von Recht und Institutionen, aber als nüchternes Eingeständnis des Formwandels von Demokratie. Um 1970 war die Demokratie gewiss nicht besser als heute. Auch war die Welt damals nicht demokratischer, noch nicht einmal in Europa, vom Baltikum bis zur iberischen Halbinsel, von Griechenland bis Tschechien. Demokratie ist heute anders, und was wir als Krise immer neu beschreiben, ist in weiten Teilen längst Normalität geworden, die Normalität einer stärker entgrenzten, einer gewiss auch ruppigeren, einer rauen Demokratie. Was Münkler wenig reflektiert, sind die markanten nationalen Unterschiede in der Thematisierung der Krise, in der Diskursivierung der Demokratie. Die Briten haben in den vergangenen zehn Jahren ganz anderes durchgemacht, zweifeln aber nicht jeden Tag an ihrer Demokratie und haben, nüchtern betrachtet, bei allen Herausforderungen auch keinen Grund dazu. Insofern liegt die Zukunft der Demokratie am ehesten im beharrlichen Weiterwursteln, wie schon seit je. Dem würde Herfried Münkler vermutlich nicht einmal widersprechen. Man kann seinen dichten, abgewogenen und ungemein anregenden Essay auch als eine Verteidigung der Normalität der Demokratie lesen.

Die „Neue Rechte" – eine Gefahr für die Demokratie?

Von Hans-Gerd Jaschke

Armin Pfahl-Traughber, Intellektuelle Rechtsextremisten. Das Gefahrenpotential der Neuen Rechten, Bonn 2022 (*J. H. W. Dietz Nf.*), 182 S.

Nach dem Vorbild der französischen „Nouvelle droite" entstand in Deutschland Anfang der 1970er Jahre eine „Neue Rechte", die sich absetzen wollte von einer alten Rechten, die noch von ehemaligen Nationalsozialisten dominiert wurde und entsprechendem völkisch-nationalistischem Denken verhaftet blieb. Ein letztes Mal hatten die Altvorderen 1969 bei der Bundestagswahl aufgetrumpft, scheiterten aber mit 4,3 Prozent an der Fünfprozenthürde. Danach war der Weg frei für eine jüngere Generation. Die „Neue Rechte" war ein heterogener Gegenentwurf zur „Neuen Linken", die wesentlich die Protestbewegung der Achtundsechziger hervorgebracht hatte und im Verlauf der 1970er Jahre von den neuen sozialen Bewegungen wie der Umwelt-, Friedens- und Frauenbewegung abgelöst wurde. Die Auseinandersetzung mit politischen Theorien, die Entwicklung politischer Strategien und die Besetzung von Begriffen wie etwa „Ethnopluralismus" bestimmten das Auftreten der „Nouvelle droite" in Frankreich und kurze Zeit später auch in Deutschland. Während die „Neue Linke" als Begriff und politische Bewegung schon lange von der politischen Bildfläche verschwunden ist, setzt die „Neue Rechte" weiterhin ihre Bemühungen fort, die Demokratie zu attackieren. Die sozialwissenschaftliche Auseinandersetzung mit der „Neuen Rechten" begann in den 1980er Jahren und dauert bis heute fort. Während die einen ihre Funktion in der Modernisierung des Rechtsextremismus sehen und andere sie als Ableger der französischen „Neuen Rechten" betrachten, fokussieren sich wieder andere auf die Frage, ob es sich hier um neuartige Formen des Rechtsextremismus handelt.[1]

Doch was ist eigentlich die „Neue Rechte"? Pfahl-Traughbers Definition findet sich in ähnlicher Diktion vielfach in der einschlägigen Literatur: „Es handelt sich um einen informellen Intellektuellenkreis, der am Gedankengut der Konservativen Revolution der Weimarer Republik orientiert ist und durch eine ‚Kulturrevolution von rechts' einen grundlegenden politischen Wandel einleiten will" (S. 81). An anderer Stelle heißt es, es handele sich bei der Bezeichnung „Neue Rechte" „um ein Konstrukt [...], welches auf eine lose Intellektuellengruppe ohne verbindliche Weltanschauung bezogen ist" (S. 126). Ideologie, Strategie, der „Kampf um die Köpfe" und die gesellschaftlichen Wirkungen sind Ansätze in diesem Buch, um die „Neue Rech-

---

[1] Vgl. zum Forschungsstand Martin Langebach/Jan Raabe, Die „Neue Rechte" in der Bundesrepublik Deutschland, in: Fabian Virchow/Martin Langebach/Alexander Häusler (Hrsg.), Handbuch Rechtsextremismus, Wiesbaden 2016, S. 561–592.

te" besser verstehen und einordnen zu können. Pfahl-Traughbers Ansatz ist ideengeschichtlich und ideologiekritisch, Basis seiner Darstellung sind im Wesentlichen die Publikationen der „Neuen Rechten" und ihrer Vorläufer.[2]

Im ersten Teil geht es um die Konservative Revolution der Weimarer Republik, die der Autor als geistiges Vorbild für die „Neue Rechte" sieht. Inhaltlich sind die Ablehnung der Ideen der Aufklärung und des liberalen Denkens zentrale Gesichtspunkte und die Forderungen nach einem starken, diktatorischen Staat. Ernst Jünger, Carl Schmitt, Oswald Spengler, Moeller van den Bruck, Edgar Julius Jung und Werner Best werden als die wichtigsten Protagonisten vorgestellt. Zu ihrem Verständnis gehörte eine elitäre Grundhaltung, die davon ausging, eine Handvoll kluger Denker könnte die zentralen politischen Akteure und Multiplikatoren des konservativen Spektrums der Weimarer Republik entscheidend beeinflussen auf dem Weg zu einer aktiven Bekämpfung der Demokratie. Dieser Ansatz hat sich bis heute gehalten, und er gehört zum Grundverständnis der „Neuen Rechten".

Es folgt ein Kapitel über intellektuelle Vorbilder, die nicht der Tradition der „Neuen Rechten" angehören, gleichwohl aber Einfluss auf sie hatten. Dieser Aspekt wurde in der bisherigen Forschung kaum beachtet, umso origineller ist er hier. Dazu zählt Pfahl-Traughber Philosophen wie Fichte und Nietzsche, die die Ideen der Aufklärung ablehnten, Befürworter einer Elitenherrschaft wie Mosca, Pareto und Michels sowie Nationalrevolutionäre der Weimarer Zeit wie Niekisch und Paetel. Konservative Soziologen der Nachkriegszeit wie Freyer, Gehlen und Schelsky werden im Schrifttum der „Neuen Rechten" rezipiert, den wohl stärksten Einfluss hatte jedoch die französische Nouvelle Droite um ihren Kopf Alain de Benoist. Es entsteht in diesem Abschnitt ein breites, informatives Panorama der neurechten Geistes- und Ideengeschichte. Für Pfahl-Traughber handelt es sich hierbei um politische Instrumentalisierung, „denn es geht bei der Berufung auf die oben genannten Klassiker um den politischen Nutzen, nicht um eine von differenzierter Fachkenntnis geprägte wissenschaftliche Rezeption" (S. 53). Es folgen kurze biographische Porträts von Aktivisten der „Neuen Rechten" seit den 1950er Jahren. Der Bogen reicht von Armin Mohler über Alain de Benoist bis hin zu Götz Kubitschek.

In welcher Weise werden die Ideen der „Neuen Rechten" umgesetzt, was kennzeichnet ihre institutionelle Struktur? Das wird deutlicher bei einer Betrachtung von Einrichtungen, Publikationsorganen und Verlagen der „Neuen Rechten". Hier werden Zeitschriften wie *Criticon, Junge Freiheit* und *Sezession* porträtiert sowie Buchprogramme einschlägiger Verlage. Auf diese Weise entstehen Eindrücke über die alltägliche Praxis neurechter Politik einschließlich übergreifender Vernetzungen. Es ist jedoch bedauerlich, dass an dieser Stelle die seit einigen Jahren stark expandierende Internetpräsenz der „Neuen Rechten" keine Berücksichtigung findet, denn Mobilisierung, Rekrutierung und Meinungskämpfe finden zunehmend hier statt. Der bedeutendste Thinktank, das in Schnellroda bei Naumburg ansässige *Institut*

---

2 Vgl. zu diesem Ansatz auch David Meiering (Hrsg.), Schlüsseltexte der „Neuen Rechten", Wiesbaden 2022.

für Staatspolitik, im Jahre 2000 gegründet von Götz Kubitschek und Karlheinz Weißmann, verfügt über einen Verlag, eine Zeitschrift und führt regelmäßig Veranstaltungen durch. Gerade hier wäre eine Beschäftigung mit der Website des Instituts hilfreich gewesen, um Inhalte, Mobilisierungstechniken und Vernetzungen besser zu verstehen.[3] Das Institut wird seit 2019 vom Verfassungsschutz Sachsen-Anhalt als erwiesen rechtsextremistische Bestrebung geführt. Es ist unverständlich, dass in diesem Abschnitt zwar kleine und unbedeutende Organisationen wie das Thule-Seminar aufgeführt sind, nicht aber wichtige neue an der Schnittstelle zwischen Konservatismus und Rechtsextremismus. Hierzu gehört vor allem die 2012 in Berlin eröffnete *Bibliothek des Konservatismus*, die sich dezidiert einem intellektuellen rechten Publikum verschrieben hat und somit Pfahl-Traughbers Absicht einer kritischen Betrachtung der „rechtsextremen Intellektuellen" durchaus entspricht. Dabei wäre anzuknüpfen an neuere empirische Befunde: Eine Analyse auf Basis von 24 Veranstaltungsmitschnitten zeigt, dass vernichtende Kritik des liberalen Denkens und Plädoyers für nationalistische Strategien im Zentrum dieser rechten Denkfabrik stehen.[4]

Weitere Abschnitte referieren inhaltliche Positionen und Begriffe wie etwa „Ethnopluralismus" – das Plädoyer gegen eine multikulturelle Gesellschaft – und „Großer Austausch" – die Annahme eines von Eliten geförderten Austausches der europäischen Bevölkerung durch asiatisch-afrikanische Flüchtlinge. Die damit verbundenen Strategien sind der Ansatz einer Kulturrevolution und die neurechte Annahme einer „Metapolitik", die den vorpolitischen Raum als entscheidend für politische Veränderungen betrachtet. Zum Einflussraum der „Neuen Rechten" zählt Pfahl-Traughber unter anderem die AfD, die *Identitäre Bewegung*, *Pegida* und das Magazin *Compact*. Das Gefahrenpotenzial der „Neuen Rechten" für die Demokratie sieht er abschließend darin, dass ihre intellektuellen Produkte den traditionellen Rechtsextremismus, der kaum Anziehungskraft auf Intellektuelle hat, aufwertet und ideologische Verschiebungen hin zu neurechten Denkansätzen – zumal über die AfD – bewirken könnte.

Hervorzuheben ist der Charakter der Darstellung als guter Überblick über die „Neue Rechte". Aufgrund der kleinteiligen Gliederung ist sie auch als Informationsquelle und Nachschlagewerk zu empfehlen. Originell und bisher kaum erforscht sind die Verweise auf Denker, die nicht zur „Neuen Rechten" zählen, gleichwohl aber Einfluss auf sie hatten und haben. Kritisch anzumerken ist, dass offene und zukunftsweisende Forschungsfragen in dieser Darstellung nicht angesprochen werden, auch nicht in dem knappen und wenig informativen Abschnitt über die Forschungsentwicklung zur „Neuen Rechten".

Zu den künftigen Herausforderungen zählt vor allem ein Rahmen jenseits von Ideengeschichte und Ideologiekritik: Wie sieht ein methodisches Design aus, das die

---

3 Vgl. https://staatspolitik.de (1. Juli 2023).
4 Vgl. Lilian Hümmler, Wenn Rechte reden – Die Bibliothek des Konservatismus als (extrem) rechter Thinktank, Hamburg 2021.

Digitalisierung der „Neuen Rechten" berücksichtigt? Wie und mit welchem Erfolg mobilisieren, rekrutieren und agitieren die wesentlichen Vertreter der „Neuen Rechten" über ihre eigenen Websites? Wer sind die Adressaten? Wie können Interviews und Befragungen von Akteuren und Adressaten die Forschungen über die „Neue Rechte" voranbringen?

Rechtspopulismus als Herausforderung – auch für den Klimaschutz?

Von Manès Weisskircher

Matthias Quent/Christoph Richter/Axel Salheiser, Klimarassismus. Der Kampf der Rechten gegen die ökologische Wende, München 2022 (*Piper*), 288 S.

Erfolgreiche Rechtsaußen-Akteure in Europa und Nordamerika mobilisieren zunehmend zur Klima- und Energiepolitik.[1] In der Regel leugnen sie dabei nicht nur die anthropogene globale Erderwärmung, sondern lehnen auch konkrete klimapolitische Maßnahmen wie Steuern auf Treibstoff oder die Errichtung von Windkraftanlagen ab. In Deutschland kritisierte die AfD lautstark die angestrebte Energiewende[2] – und zwar bereits lange vor dem Krieg Russlands gegen die Ukraine. Das Thema des Buches ist also von hoher gesellschaftlicher Relevanz und verdeutlicht, dass Rechtsaußen-Akteure nicht mehr „bloß" Antieinwanderungspolitik betreiben.

Die Autoren bieten einen allgemeinverständlichen und breiten Überblick über den Themenkomplex Rechtsaußen-Mobilisierung und Klimapolitik. Die Einleitung unterscheidet zwischen „zwei Hauptrichtungen rechter Klimapositionen" (S. 17): der dominante Antiökologismus, der den anthropogenen Klimawandel als Projekt liberaler Eliten leugnet, und der zurzeit vergleichsweise marginale Ökofaschismus, der den Klimawandel völkisch-rassistisch als Konsequenz von „Überbevölkerung" interpretiert. Die ersten vier Kapitel bieten eine soziologische Einführung in die Debatte. Kapitel 1 versteht den Klimawandel als „kapitalismusgemacht" (S. 24), definiert den Begriff des „Klimarassismus" aus struktureller, ideologischer und strategischer Perspektive und unterscheidet zwischen dem Klimaskeptizismus der neoliberalen, wirtschaftsnahen und der radikalen Rechten. Kapitel 2 liefert die grundlegenden Fakten zum globalen Klimawandel und der Situation in Deutschland. In Kapitel 3 betonen die Autoren, dass nur „ein Teil der Menschheit [für den Klimawandel] verantwortlich" ist – die Industriestaaten des Westens – und äußern sich kritisch über den Begriff des „menschengemachten" Klimawandels, da er seine Ursachen individualisiere und privatisiere – und die ökonomisch-systemischen Ursachen ausblende. In Kapitel 4 heben sie hervor, dass die Auswirkungen des Klimawandels nicht alle gleich treffen, sondern Nicht-Weiße, Arme, Frauen und künftige Genera-

---

[1] Vgl. Bernhard Forchtner, The Far Right and the Environment. Politics, Discourse and Communication, Abingdon 2019.
[2] Vgl. Anne Küppers, 'Climate-Soviets', 'Alarmism', and 'Eco-Dictatorship': The Framing of Climate Change Scepticism by the Populist Radical Right Alternative for Germany, in: German Politics (2022), online first; Cyrill Otteni/Manès Weisskircher, Global warming and polarization. Wind turbines and the electoral success of the greens and the populist radical right, in: European Journal of Political Research 61 (2022), S. 1102–1122.

tionen überproportional benachteiligen. Kapitel 5 bis 12 sind akteurszentrierter und behandeln die Rechtsaußen-Mobilisierung im Bereich der Klimapolitik. Kapitel 5 leitet zum Thema über, in dem es die Rolle von diskriminierenden Ideologien anspricht. Kapitel 6 unterscheidet zwischen antiökologischer Mobilisierung (z. B. der AfD) und ökofaschistischer Mobilisierung (der Neuen Rechten) sowie dem ökofaschistischen Terrorismus. Kapitel 7 diskutiert den globalen Aufstieg des Klimaskeptizismus seit den 1970er Jahren und betont die Rolle von Unternehmen der Ölindustrie und wirtschaftsliberaler Thinktanks bei der Propagierung dieser Positionen. Kapitel 8 bietet eine Vielzahl an zeitgenössischen Beispielen zu klimapolitischer Rechtsaußen-Mobilisierung innerhalb und jenseits von Europa. Kapitel 9 diskutiert argumentative Strategien von Rechtsaußen wie „Cherrypicking" oder das Verneinen des wissenschaftlichen Konsenses zum Klimawandel. Kapitel 10 analysiert „verbindende Erzählungen der klimaskeptischen Antiökolog:innen", z. B. dass die Sonnenaktivität die Erderwärmung verursache, und betont die Relevanz von Maßnahmenskepsis. Dies wird in Kapitel 11 näher ausgeführt, das konkrete klimapolitische Konflikte wie über Windkraft, Kernkraft oder (Auto-)Mobilität bespricht. Kapitel 12 diskutiert vier „rechte Zukunftsszenarien in der Klimafrage" (S. 230), nämlich „klimarassistische Mobilisierung", „grüner Nationalismus", „libertäre Kleinstaaterei" und „Rollback in den rechtslibertären Fossilkapitalismus". Das abschließende Kapitel 13 plädiert dafür, dass eine „klimagerechte Welt [...] möglich" sei, wiederholt die Kritik am Kapitalismus und der Rechtsaußen-Politik und verbindet, wie schon an einigen Stellen zuvor, den Kampf gegen den Klimawandel mit dem Schutz der Demokratie und der „Unantastbarkeit der Menschenwürde" (S. 244). Am Ende des Buches definiert ein Glossar die wichtigsten Begriffe, von Antiökologismus bis Wissenschaftsfeindlichkeit.

Das Buch bietet umfassende Informationen über den Themenkomplex Rechtsaußen-Mobilisierung und Klimapolitik und beeindruckt durch eine große Vielfalt an empirischen Beispielen. Statt deutsche Nabelschau zu betreiben, diskutieren die Autoren Beispiele in unterschiedlichen Ländern und Weltregionen, z. B. auch den interessanten Fall der Klimaleugnung des ehemaligen tschechischen Ministerpräsidenten und Präsidenten Václav Klaus. Ebenso bespricht das Buch Akteurstypen jenseits der Parteipolitik – und zwar nicht nur die einflussreiche Rolle des US-amerikanischen Heartland-Instituts, sondern z. B. auch den Aktivismus des ehemaligen SPD-Umweltsenators Fritz Vahrenholt, nun klimaskeptischer Publizist, auf dessen Vortrag in einer Veranstaltungsreihe der sächsischen Staatsregierung und der Technischen Universität Dresden verwiesen wird. In der deutschen Debatte wird Rechtspopulismus oftmals als genuin „ostdeutsches" Problem missverstanden – das Buch betont zurecht: Es wäre „ein Fehler, die rechten und antiökologischen Gegenöffentlichkeiten als [...] bloß ostdeutsches Problem zu vernachlässigen; gegen Letzteres sprechen die Erfolge der äußersten Rechten in Frankreich, Italien, den USA, Österreich und anderen Ländern" (S. 232). Die umfassende Perspektive in Sachen Geographie und Akteurstypen entspricht der Realität der „vierten Welle" der Rechtsaußen-Mobilisierung im Nachkriegseuropa[3], die sich nicht bloß auf politische Parteien in wenigen Ländern Westeuropas beschränkt.

Eine weitere Stärke des Buches ist der Fokus auf den Zusammenhang zwischen (industriellem) Kapitalismus und Klimawandel sowie die Differenzierung zwischen der neoliberalen Rechten und den Rechtsaußen-Akteuren. Die Autoren stellen Rechtsaußen-Akteure somit nicht als den Ursprung allen Übels in der Klimapolitik dar, sondern betonen die Rolle der Fossilindustrie und neoliberaler Politik. Diese Perspektive stellt eine angenehme Abwechslung zum Feld der akteurszentrierten vergleichenden Politikwissenschaft dar, wo politischer Ökonomie und dem Einfluss (kapitalstarker) Akteure jenseits der Parteipolitik in der Regel zu wenig Bedeutung beigemessen wird. Gerade bei der komplexen Herausforderung der „climate obstruction" gilt es, die Rolle und Wirkungsmacht der unterschiedlichen organisierten Klimaleugner zu differenzieren.[4] In der Tat kritisiert das Buch die Rolle ökonomischer Strukturen und Akteure so überzeugend, dass der Leser verleitet ist, die Frage „Sollten wir in diesem Buch dann nicht besser von ‚Klimakapitalismus' [anstatt von ‚Klimarassismus'] sprechen?" (S. 24) mit einem „Ja" zu beantworten. Der Klimawandel wäre nach diesem Verständnis ein weiteres kapitalistisches Krisensymptom, das bereits bestehende Strukturen der Ungleichheiten, wie etwa strukturellen Rassismus, zusätzlich verstärkt.

Das Buch verbindet die populärwissenschaftliche Darstellung eines komplexen Themas mit aktivistischer Aufrüttelung. Bei den Problemen, die sowohl Klimawandel als auch Rechtspopulismus/-extremismus mit sich bringen, ist dieser Ansatz durchaus nachvollziehbar. Seine Konsequenz ist jedoch, dass manche Ambivalenzen der Klimapolitik nicht genug Aufmerksamkeit erhalten. Der politische Konflikt um den Klimawandel ist mehr als ein Kampf Gut gegen Böse, sondern voller Pfadabhängigkeiten, unterschiedlicher materieller und postmaterieller Interessen und begrenzter Handlungsspielräume. Nicht umsonst brillieren z. B. auch die *Grünen* in Regierungsfunktion in Deutschland oder Österreich nicht durch maßgebliche klimapolitische Fortschritte. Auch vertreten manche sozialdemokratische Parteien und Gewerkschaften im Zweifelsfall eher die Interessen von Arbeitnehmern, anstatt Klimaschutz zu verfolgen. Verschiedene umweltpolitische Organisationen sind bezüglich der Expansion von Windkraftanlagen skeptisch, z. B. auf Grund ihrer Auswirkungen auf Tiere. Auch trifft die Beobachtung: „Die allermeisten Rechten haben überhaupt nichts gegen den Kapitalismus, in der Regel schweigen sie sich über ihn aus" (S. 24), wohl auch auf die zeitgenössische Linke zu. Das Buch überzeugt, wenn es solche Ambivalenzen linker Politik andeutet, z. B. beim Verweis auf den Höhepunkt des Neoliberalismus in Deutschland: „In Deutschland zum Beispiel gelang der Durchbruch, von Ausnahmen abgesehen, erst unter der rot-grünen Schröder-Regie-

---

3 Vgl. Cas Mudde, The Far Right Today, Cambridge 2019.
4 Vgl. Kristoffer Ekberg u. a., Climate Obstruction. How Denial, Delay and Inaction are Heating the Planet, Abingdon 2023.

rung – mit umfangreichen Steuersenkungen und der Reform des Arbeitslosengeldes (Hartz IV)" (S. 125).

Es ist keine gewagte Prognose: Die Klima- und Energiepolitik wird die politische Debatte nicht nur in Deutschland langfristig prägen. Daraus resultierende ökonomische Unsicherheiten und symbolische Konflikte können Rechtsaußen-Mobilisierung weiterhin begünstigen. Die aktuelle Welle des Rechtspopulismus in Deutschland[5] ist von der zunehmenden Bedeutung antiökologischer Mobilisierung geprägt: Dabei verbindet die AfD Klimapolitik (noch?) so gut wie gar nicht mit ihrem Kernthema Migration. Die zunehmende Vielfalt an inhaltlichen „Kassenschlagern" jenseits von Einwanderung – Klima, Corona, Gender – macht die Herausforderung von Rechtsaußen mit Sicherheit nicht einfacher. Für die Frage der Rechtsaußen-Mobilisierung zum Klimawandel liefern die Autoren ein lesenswertes Buch, das vor allem durch seine breite empirische Perspektive und den Verweis auf die Rolle ökonomischer Strukturen überzeugt.

---

5 Vgl. Manès Weisskircher (Hrsg.), Contemporary Germany and the Fourth Wave of Far-Right Politics. From the Streets to Parliament, Abingdon 2023.

Antifaschismus: in der Schwebe zwischen Kritik und Rechtfertigung

Von Joseph Walthelm

Richard Rohrmoser, Antifa – Porträt einer linksradikalen Bewegung. Von den 1920er Jahren bis heute, München 2022 (*C. H. Beck*), 208 S.

Was ist „die Antifa"? Gibt es „die" eine Antifa? Und in welchem Verhältnis stehen Antifaschismus als Handlungsfeld und Antifa als Akteur? Einem pauschalen und unterkomplexen Bild der antifaschistischen Bewegungen versucht der promovierte Zeithistoriker Richard Rohrmoser mit seinem schmalen Buch zu entgehen. In einer Tour d'horizon – etwa 100 Jahre Geschichte werden auf knapp über 180 Seiten Text abgehandelt – schildert er die Historie des Antifaschismus, mit Schwerpunkt auf Deutschland. Der Beitrag zu einem Forschungsdesiderat ist gut lesbar und gut recherchiert. Dabei spannt der Autor den historischen Bogen in drei Hauptkapiteln von den Anfängen der antifaschistischen Bewegung in der ersten Hälfte des 20. Jahrhunderts über die Nachkriegsgeschichte bis in die Gegenwart. Den umfangreichsten Teil des Buches nimmt die Porträtierung verschiedener Gruppen der „Autonomen Antifa" seit dem Beginn der 1980er Jahre ein. Diese Gruppierungen prägen heute zum Teil das Bild des politischen Antifaschismus in der Öffentlichkeit aufgrund ihrer Gewaltbereitschaft. Gekonnt zeichnet der Autor Zäsuren und Konjunkturen der autonomen Antifa-Bewegung im zeithistorischen Kontext nach.

Während der historiographische Teil das Buch zu einer lohnenden Lektüre macht, trüben manche Unzulänglichkeiten den Gesamteindruck. Zwar zählt Rohrmoser Gewaltbereitschaft und Militanz zu den „zentralen Charakteristika" (S. 9) der autonomen Antifa-Bewegung, er sieht aber zugleich in der Einstufung als „extremistisch" eine „suggerierte Nähe" (S. 10) zum Rechtsextremismus. Rohrmosers unterkomplexe Rezeption der Extremismustheorie zeigt sich schon zu Beginn des Buches und wird im vierten Kapitel noch deutlicher. Er spricht von einer „fatalen Gleichsetzung" (S. 179) von Links- und Rechtsextremismus, vermag jedoch nicht den Unterschied zwischen Gleichsetzung und (wissenschaftlichem) Vergleich zu erkennen – dient doch letztgenannter dazu, als bewährte Methode Ähnlichkeiten, aber eben auch Unterschiede herauszuarbeiten.

Ebenfalls negativ zu bewerten sind irritierende Strohmannargumente: Statt sich mit einer sachlichen Kritik an der gewaltbereiten Antifa auseinanderzusetzen, arbeitet sich Rohrmoser an ideologisch überspitzten Aussagen von Konservativen bis Rechtsradikalen ab, etwa an der Forderung Donald Trumps, die autonome Antifa als Terrorgruppe einzustufen – eine Einschätzung, die in Deutschland von der AfD wohlwollend aufgegriffen wurde. Auch mit Blick auf die Extremismustheorie zeigt sich ein derartiges Scheinargument: Die – vermeintliche – Gleichsetzung von Links- und Rechtsextremismus sei falsch, weil sich beispielsweise die SPD als linke Partei seit dem 19. Jahrhundert für die Demokratisierung stark gemacht habe, während das dem Konservatismus erst nach 1945 gelungen sei. Fraglich ist nur, welcher – ernstzunehmende – Wissenschaftler die SPD als linksextremistisch einstuft. Diese Aufzählung ließe sich fortsetzen.

Im zweiten Kapitel schlägt dem Leser eine fragwürdige Geschichtsschreibung entgegen. Einerseits schimmert bei der Nennung des antitotalitären Konsenses der frühen Bundesrepublik eine gewisse Kritik durch, da aufgrund der „antikommunistischen Feindbildkonstruktion" der „Begriff ‚Antifaschismus' [...] tendenziell negativ konnotiert" war – als „Vokabel des antikommunistischen Jargons" (S. 58). Die totalitär herrschende SED-Führung in der SBZ/DDR habe andererseits aus „konsequenten Antifaschist*innen" (S. 59) bestanden – worin sich subkutanes Lob erkennen ließe. Weiterhin sei die Demokratie ein konstitutiver Bestandteil der DDR gewesen – diese unkritische Nennung unterschlägt die ideologische Verzerrung des Begriffes zur Selbstrechtfertigung der sozialistischen Diktatur. Zynisch erscheint zudem die Behauptung von der „konsequenteren" Entnazifizierung im öffentlichen Dienst und die Billigung der Internierung ehemaliger NS-Funktionäre in sogenannten Speziallagern. Dass in jenen Lagern in der DDR bis 1955 tausende Menschen unter menschenunwürdigen Bedingungen ums Leben kamen, nicht nur Kriegsverbrecher, sondern auch unschuldige Männer, Frauen und Kinder, wird unterschlagen, ebenso wie die Feindbild-Konstruktion mit Hilfe des Ideologems „Antifaschismus", die der Unterdrückung jeglicher Opposition in der DDR diente.

Immer wieder verdreht der Autor in seiner Argumentation Ursache und Wirkung. Mehrmals kolportiert Rohrmoser ein dezidiert negatives Bild der Polizei, der er unterschwellig Verantwortung für Todesfälle unter linken Aktivisten im Rahmen von gewaltsamen Ausschreitungen zuschreibt, ohne dass es dafür stichhaltige Beweise gibt. Exemplarisch verdeutlicht die Überschrift des vierten Kapitels dieses Problem: Rohrmoser sieht die autonome Antifa „zwischen zivilgesellschaftlichem Engagement und staatlichen Repressionen" (S. 171). Hier vermischt er zwei Betrachtungsebenen. Richtig wäre: Das Handlungsfeld der Antifa erstreckt sich zwischen legitimem Engagement und illegitimer Gewalt. Öffentliche Reaktionen darauf liegen in einem Spektrum zwischen gesellschaftlicher Anerkennung und – folgerichtiger – staatlicher Reaktion bzw. Repression. Durch die Vermischung der beiden Ebenen konstruiert Rohrmoser das Bild, die Antifa-Bewegung werde in ihrem „Beitrag zu einer demokratischen Zivilgesellschaft" (S. 184) gezielt durch den Staat unterdrückt. Auch der Vorwurf, die Extremismustheorie kriminalisiere durch ihre „Gleichsetzung von linken und rechten Aktionsformen" (S. 179) antifaschistische Initiativen, ist keine schlüssige Kritik, sondern (Selbst-)Viktimisierung: Nicht die Theorie macht die linken Bewegungen zu Kriminellen, sondern die von ihnen selbst ausgeübte Gewalt.

In der Gesamtschau zeigt sich eine mangelnde Distanz des Autors zum Gegenstand seiner Studie. Eine kritisch-konstruktive Auseinandersetzung kommt deutlich zu kurz. Obwohl er mehrmals Anlauf nimmt, die Gewalt der autonomen Antifa zu kritisieren, wird dies zugleich wieder relativiert. Die Inkonsequenz kommt im Abschluss des Buches deutlich zum Ausdruck. Zur Legitimation der antifaschistischen Bewegung bemüht Rohrmoser das Böckenförde-Diktum. Demnach steuere „die Antifa-Bewegung" als „normative Korrektivkraft" einen Teil zum moralischen Fundament des demokratischen Verfassungsstaates bei. Gewalt wird indes nicht explizit ausgeklammert: Sie bewege sich „in der Schwebe zwischen Legalität und Legitimität", überschreite diesen Rahmen auch, diene aber zugleich zur „Erweiterung des Diskurskorridors und [zu] Grenzverschiebungen" (S. 185). Im Zweifel obsiegt also der revolutionäre Geist? Die Unfähigkeit, Ross und Reiter beim Namen zu nennen, konterkariert die Darstellung „einer sehr facettenreichen und in weiten Teilen friedlichen Bewegung" (S. 184). Rohrmoser hätte ein besseres Buch schreiben können, wäre er kritischer mit der autonomen Antifa-Bewegung umgegangen.

Hessische Verhältnisse?

Von Martin Otto

Martin Sabrow, Der Rathenaumord und die deutsche Gegenrevolution, Göttingen 2022 (*Wallstein*), 334 S.

Martin Sabrow, damals Geschichtslehrer in Berlin, wurde 1992 an der Philologischen Fakultät der Albert-Ludwigs-Universität Freiburg bei Ernst Schulin zum Dr. phil. promoviert; über die näheren Umstände, etwa Wanderurlaube im Schwarzwald, berichtet Sabrow bis heute mit dem ihm eigenen Freimut gerne. 1994 erschien die Dissertation leicht gekürzt in Buchform unter dem Titel *Der Rathenaumord. Rekonstruktion einer Verschwörung gegen die Republik von Weimar.* Die Arbeit wurde positiv aufgenommen, negativ fiel allenfalls auf, dass der Mord an Walther Rathenau, ein politisches Ereignis ersten Ranges, erst relativ spät Gegenstand der Forschung wurde, was Sabrow nicht anzulasten ist. Und die Arbeit fand verdiente Aufmerksamkeit. 1999 erschien von Sabrows Dissertation die überarbeitete und leicht gekürzte Taschenbuchausgabe *Die verdrängte Verschwörung. Der Rathenau-Mord und die deutsche Gegenrevolution*, für die auch russisches Archivmaterial im „window of opportunity" der Jelzin-Jahre genutzt wurde. Zur hundertjährigen Wiederkehr der Ermordung Rathenaus am 24. Juni 2022 hat Sabrow auf Grundlage der Taschenbuchausgabe ein gebundenes Buch herausgebracht. Ein in Teilen identisches Buch mit einigen Jahren Abstand jeweils neu herauszubringen ist Ausweis gesunden Selbstbewusstseins. Die Neuauflage eines Buches ist legitim, Sabrow benennt die besondere Vorgeschichte seines jüngsten Buches zunächst etwas verklausuliert mit „stützt sich auf das Material, das ich 1994 in meiner Dissertation veröffentlicht habe" (S. 7), aber letztlich doch eindeutig und unmissverständlich: „Die vorliegende Untersuchung entstand vor nahezu drei Jahrzehnten" (S. 266). Als „Mehrwert" hat Sabrow die Neuausgabe um ein fast 30-seitiges Nachwort „Der Kopf des Komplotts" ergänzt, eine biographische Annäherung an „Kapitän Ehrhardt", den ehemaligen Korvettenkapitän der kaiserlichen Marine Hermann Ehrhardt (1881–1971), eine der eigenartigsten und bis heute obskursten politischen Figuren der Weimarer Republik. An Ehrhardts rechtsradikaler Gesinnung bestanden nie Zweifel, doch diese allein kann seine herausragende Rolle in der „deutschen Gegenrevolution" kaum erklären; einen angemessenen Biographen hatte Ehrhardt bislang nie gefunden. Dabei erreichte der erst 1971 in Österreich verstorbene Ehrhardt ein hohes Alter, es gibt sogar Fernsehaufnahmen, ein Interview des linksnationalen Journalisten Wolfgang Venohr von 1970 in Stern TV. Sabrow kann und will die Lücke nicht schließen, doch leistet er mit seinem Nachwort einen wichtigen Beitrag.

Insgesamt ist Sabrow ein höchst lesbares Buch gelungen. Er schildert anschaulich den feigen und grausamen Mord an Walther Rathenau wie die verstörende Perfektion der Netzwerke der „deutschen Gegenrevolution" und kontextualisiert mit zwei weiteren von dieser zu verantwortenden Verbrechen, dem Blausäureattentat auf Philipp Scheidemann am 4. Juni 1922 und dem Mord an Matthias Erzberger am 26. August 1921. Hinzu kommt ein Mordanschlag auf den Publizisten Maximilian Harden am 3. Juli 1922, den dieser schwer verletzt überlebte und der nichts mit der *Organisation Consul* zu tun hatte; vielmehr handelte es sich um das Werk „norddeutscher Desperados" (S. 171). Sabrow benennt den Antisemitismus unmissverständlich, warnt aber vor einfachen Schlussfolgerungen und monokausalen Erklärungsmustern; durchaus zustimmend wird Ernst von Salomon zitiert, als Mitglied der *Organisation Consul* und Mittäter des Attentats sozusagen ein Zeitzeuge, Rathenau „wurde getötet, obgleich er Jude war" (S. 199). Die „deutsche Gegenrevolution", zu der auch die *Organisation Consul* gehörte, bestand vornehmlich aus jungen Männern, in der Regel Offizieren des Ersten Weltkriegs, die nach dem Krieg in ihrem „erlernten Beruf" keine Verwendung mehr fanden und die neue Staatsform, der sie ohnehin Misstrauen entgegenbrachten, für ihre prekäre Situation verantwortlich machten. „Kapitän Ehrhardt" war dabei eine durchaus vielschichtige Persönlichkeit, der ein gewisses Charisma nicht abgesprochen werden kann; ausgerechnet der *Wiking*, die Zeitschrift der *Brigade Ehrhardt*, hatte Rathenau, „anders als die meisten rechtsstehenden Blätter" wenige Wochen vor seiner Ermordung für die Konferenz von Genua gelobt, Maximilian Harden hatte 1920 öffentlich Straffreiheit für Ehrhardt gefordert, der sich mit einem Brief trotz nicht bestrittener politischer Differenzen offensichtlich ehrlich bedankte. Als Marineoffizier hatte Pfarrerssohn Ehrhardt auch an der berüchtigten Strafexpedition gegen die Herero 1904 teilgenommen, doch er zollte dabei „Kampfkraft und Tapferkeit des Gegners Respekt" (S. 295) und zeigte keinen Rassismus. Das auch aus Sicht der Täter riskante Ziel der genau geplanten Mordanschläge auf Rathenau, Erzberger und Scheidemann war die Provokation politischer Unruhen, die der Republik den Todesstoß geben sollten, ein „Fahrplan zum Bürgerkrieg" (S. 253), bei dem bis zuletzt diffus blieb, was die elitären Freikorpskämpfer wollten, abgesehen von einer „vormodernen Diktatur" (S. 254). Tatsächlich erwies sich die „Republik ohne Republikaner" selbst im Krisenjahr 1923 als unerwartet resilient, wenn auch wie von Sabrow angenommen „weniger aus abwehrentschlossener Stärke, denn aus ahnungsloser Schwäche" (S. 7). Die Strafverfolgung der Täter agierte trotz einzelner hoher Strafen widersprüchlich; kaum verhohlene Sympathien für die Angeklagten auf Seiten der Justiz waren immer wieder zu beobachten. Zudem bestanden Beziehungen zwischen der *Organisation Consul* und der *Schwarzen Reichswehr* und auch der Reichsregierung, die in Oberschlesien auf die Freikorps gerne zurückgriff. Auch die bayerische Staatsregierung hatte, etwa bei der Überlassung von Räumlichkeiten, eine ambivalente Rolle gespielt, so dass alle Zusammenhänge, u. a. dank eines „nationalen Schweigekonsens", bis heute nicht abschließend aufgeklärt werden konnten. Sabrow beschreibt ferner die Geschichte nach 1933; keineswegs wurden alle Mitglieder der *Organisation Consul* zu

Nationalsozialisten, einige endeten sogar im Widerstand. Hermann Ehrhardt, der 1936 auch aus Angst vor der SS nach Österreich gegangen war und dort nach 1945 mit geschicktem Opportunismus als „politisch Verfolgter" bleiben konnte, ist dabei ein Einzelfall; für Hitler war der ehemalige Marineoffizier eher ein Negativbeispiel.

Sabrow kann in seiner Neuauflage nicht immer neueste Erkenntnisse bringen, was in erster Linie auch daran liegt, dass seine Pionierleistungen bereits Gemeingut der Forschung geworden sind. Einiges hat eigenartigerweise alle Ausgaben überlebt. Gedser, der dänische Fährhafen, in den die Rathenaumörder Kern und Fischer fliehen wollten, liegt nicht auf der Insel Lolland, sondern auf der Nachbarinsel Falster. Das Eigenschaftswort „hessisch" (etwa S. 40) ist im Kontext der Weimarer Republik missverständlich, da es dort auf den Volksstaat Hessen mit der Hauptstadt Darmstadt bezogen wurde. Die gemeinten Untersuchungsbehörden in Kassel und Frankfurt am Main nach dem Mordanschlag auf Scheidemann waren preußische, da auch der Tatort in der preußischen Provinz Hessen-Nassau lag. Die Bewertungen der Strafprozesse sollen nicht grundsätzlich in Frage gestellt werden, nicht immer sind diese aber einfach. Dass auf die „Gesinnung" der Angeklagten eingegangen wurde, war keine Spezialität der Weimarer Republik, auch war das Gerichtsverfahrensrecht von dem gegenwärtigen nicht grundverschieden; nicht immer ist klar feststellbar, ob die Beweislage wirklich nichts hergab oder ob dies von den Richtern so böswillig gewertet wurde; hier wird etwas die juristische Expertise vermisst, wie auch die Arbeit von Ingo Hueck zum Staatsgerichtshof zum Schutze der Republik[1] nicht berücksichtigt wurde. Das gilt ebenso für die Arbeit von Bert Wawrzinek zu Manfred von Killinger[2], die wegen des einschlägigen Verlages nicht behagen mag. Beeindruckend stellt Sabrow die politischen Unruhen nach der Ermordung Rathenaus dar; inwieweit die KPD zu den „republiktreuen Parteien" gerechnet werden kann, ist allerdings fraglich. Bei zumindest einigen Aktionen (Verwüstung einer DNVP-Geschäftsstelle in Karlsruhe, Misshandlung von zwei Abgeordneten der DVP in Darmstadt, militante Angriffe auf Gefängnisse und Polizeistationen, mehrere Todesfälle) nach der Ermordung kann die vorbildliche republikanische Gesinnung der Täter in Zweifel gezogen werden. Dass ein Bild des 1888 verstorbenen Kaisers Wilhelm I. im Reichstag zur Trauerfeier abgehängt werden sollte, verstand auch Rathenaus Mutter nicht. In Kiel war es zu Zwischenfällen mit den wenigen an Gymnasien gehissten schwarz-rot-goldenen Fahnen bei der Beerdigung von Rathenau gekommen; andernorts heißt es allerdings, gestützt auf die Deutsche Seewarte, am Tag der Beerdigung (27. Juni 1922) habe ein Sturm in Kiel die gehissten Flaggen heruntergerissen und Fahnenmasten umgeknickt. Am Ende fragt Sabrow nach möglichen Kontinuitäten des Rechtsterrorismus bis in die Bundesrepublik, die mit überzeugenden Gründen verneint werden. Dass Sabrow die Bundesrepublik und ihre Länder im Gegensatz zur Weimarer Republik „frei von jedem Verstrickungsverdacht" (S. 293) spricht, ver-

---

1 Vgl. Ingo J. Hueck, Der Staatsgerichtshof zum Schutze der Republik, Tübingen 1996.
2 Vgl. Bert Wawrzinek, Manfred von Killinger (1886–1944). Ein politischer Soldat zwischen Freikorps und Auswärtigem Amt, Preußisch Oldendorf 2003.

dient Zustimmung, doch ist die Rolle der staatlichen Behörden für Verfassungsschutz beim NSU-Terror insbesondere in Thüringen bis heute nicht ganz geklärt. Bei der Aufzählung politisch rechtsextremer Anschläge in der Bundesrepublik, eine bedrückende Liste, überraschen die Namen Oskar Lafontaine und Wolfgang Schäuble. Die beiden weit überdurchschnittlich begabten Politiker wurden zwar im gleichen Jahr 1990 nur mit wenigen Wochen Abstand Opfer heimtückischer Anschläge, die sie nur mit großem Glück überlebten. Nach allem, was bekannt ist, handelte es sich hier aber um psychisch kranke Einzeltäter. Das ist für die im Fall Schäubles bis heute präsenten Folgen unerheblich, aber als Opfer politisch motivierter Gewalt betrachten sich auch die beiden Politiker nicht. Insgesamt klingt Sabrow in diesen Ausführungen zum Ende mehr wie ein – kluger – „anchorman" oder politischer Kommentator.

Dies sind Kleinigkeiten. Sabrow hat mit der Ausgabe „letzter Hand" ein höchst lesenswertes Buch zu einem erschütternden Kapitel deutscher Geschichte geschrieben. Für weitere Forschungen zu Rathenaumord und deutscher Gegenrevolution bleibt es die Messlatte.

Nationalsozialistische Kontinuitäten im Bundesnachrichtendienst

Von Helmut Müller-Enbergs

Gerhard Sälter, NS-Kontinuitäten im BND. Rekrutierung, Diskurse, Vernetzungen, Berlin 2022 (*Ch. Links*), 832 S.

Ein regelrecht erschütterndes Resümee zieht der Historiker Gerhard Sälter auf Seite 783 seiner Analyse: „Wenn die Demokratie der Bundesrepublik erfolgreich verlaufen ist, dann jedenfalls nicht durch den BND und seine Mitarbeiter. Die Männer im BND bis hinauf zu ihrem Leiter […] bildeten ganz eindeutig ein retardierendes Element in diesem Prozess. Damit sind sie, wenn auch in ihren ideologischen Grundlagen prononcierter ausformuliert und zugleich persistenter als in anderen Zusammenhängen, nicht untypisch für die Sicherheitsbehörden der jungen Bundesrepublik."

Mit dieser Feststellung begnügt sich der Wissenschaftler nicht, sondern er fügt unzweideutig an: „Die Herausbildung eines von Pluralität und Liberalität getragenen demokratischen Rechtsstaates ist nicht den Institutionen zu verdanken, die seit 1949 zum Schutz des Staates und der Bürger ins Leben gerufen worden sind, sondern wurden gegen die in ihnen verborgenen personellen und ideellen NS-Kontinuitäten errungen" (ebd.). Das ist starker Tobak. Und unzweifelhaft zutreffend, denn Sälter beweist das kaum widerlegbar anhand von Hunderten von Akten aus dem BND-Archiv, dem Bundeskanzleramt, dem Stasi-Unterlagen-Archiv sowie jeweils den britischen und amerikanischen Nationalarchiven und nicht zuletzt an den vom amerikanischen Nachrichtendienst CIA freigegeben Akten.

Gerhard Sälters Analyse stellt als 15. Band der bald ein Dutzend Jahre lang arbeitenden Unabhängigen Historikerkommission zur Erforschung der Geschichte des Bundesnachrichtendienstes (1945–1968) den Schluss-, aber mehr noch den Höhepunkt dar. Die Untersuchung besteht aus den drei Teilen: Kontinuitäten bei der Rekrutierung des Org.- bzw. BND-Personals, dabei bestehende Netzwerke und schließlich Prägungen und Rechtfertigungen. Es gab NS-Kontinuitäten, wobei sich bei diesen „Überlebensgemeinschaften" Kettenrekrutierungen zeigten – aus allen Bereichen: SS, SD, Waffen-SS, GeStaPo, Geheime Feldpolizei, Einsatzgruppen usw. In der Summe innerhalb des Auslandsnachrichtendienstes etwa zehn bis zwanzig Prozent, die unmittelbar an „blutiger Repression", teils leitend beteiligt waren. Sie wurden verbeamtet, obgleich sie ihre Rolle im Nationalsozialismus verstetigten und kaschierten, darunter Beamte wie Helmut Schreiber, der in Oradour-sur-Glane 642 Männer, Frauen und Kinder mit ermordete. Von 1957 bis 1980 Mitarbeiter des BND, gehörte er vormals zum Führungsstab der SS-Division „Das Reich".

Im zweiten Teil seiner Analyse skizziert Sälter Netzwerke, darunter das von Adolf Puchta, der bereits 1924 der *Deutschen Nationalsozialistischen Arbeiterpartei* im Sudetenland angehörte und ab 1932 verschiedene nachrichtendienstliche Stationen durchlief, womöglich an dem Massaker im Dorf Lidice beteiligt, gewiss jedoch von 1942 an bis zuletzt „an dem Scharnier postiert" war, „an dem die Bevölkerungs- und Vernichtungspolitik für den Osten Europas vorbereitet und koordiniert wurde." Bei Kriegsende war er Obersturmbannführer; zwei Jahre später im Kontext der Organisation angesiedelt, teils mit doppelten Arbeitsverträgen. Zugleich war er in der Bundesrepublik in rechtsextremistischen Zusammenhängen eingebunden, zeitweilig, von 1953 bis 1960, beim Bundesamt für Verfassungsschutz im Phänomenbereich Linksextremismus tätig. Mit Hilfe seines Netzwerkes gelang ihm die Rückkehr zum BND. „Allein 42 Männer", so Sälter, „kannte er aus NS-Beziehungen vor 1945" (S. 595) sowie weitere 56 Personen aus dem Befehlsbereich des Reichsführers SS und Chefs der Polizei, die beim BND arbeiteten, von deren Klaridentität er wusste, obgleich innerhalb des Nachrichtendienstes Arbeitsnamen verwandt wurden. Das Auffällige an diesem Netzwerk war dessen „fortgesetzte rechtsextremistische Aktivität" (S. 596).

Der dritte Teil von Sälters Untersuchung, der besonders unter die Haut gehen muss, zeigt tradierte nationalsozialistische Anschauungen innerhalb des BND bzw. seines Vorläufers. Es gab sie, jene Mitarbeiter, die „weiterhin in einer politischen Vorstellungswelt zu Hause waren, deren Eckpfeiler Versatzstücke der nationalsozialistischen Ideologie bildeten" (S. 599). Das Dritte Reich lebte gewissermaßen in den Köpfen des BND weiter. „Die positive Bewertung eines bewussten Festhaltens an nationalsozialistischen Vorstellungen" beförderte die Einstellung beim Nachrichtendienst, kodiert als „anständig" (S. 600), „zuverlässig" (154) oder „charakterlich einwandfrei" (S. 232). Ein Ausschlussgrund hingegen war beispielsweise, wenn eine Ehefrau „aus einer jüdischen Familie" kam (S. 601). Wie selbstverständlich heißt es 1948 über die Grundlage der Organisation „im Endziel, unserem Deutschen Volke in dem seit Jahrhunderten gehörenden Raum Lebensraumentfaltungs- und Aufbaumöglichkeiten zu schaffen" (S. 606). Freilich waren dann im nationalsozialistischen Sinne SPD und KPD „marxistische Kräfte" (S. 606). Oder ein Mitarbeiter des Dienstes war „aufgrund seiner slawischen Mentalität für eine ordnungsgemäße Arbeit ungeeignet" (S. 608). Neben rassistischen Stereotypen und völkisch basierten Bildern gab es auch einen gepflegten Antisemitismus mit Topoi wie „typisch jüdisch aussehend" oder jemand sei „Jude oder Halbjude" oder jemand sei „jüdischer bzw. halbjüdischer Abstammung" oder jemand sei „Israelit" (S. 612). Sälter: „Die Unfähigkeit, sich im BND von nationalsozialistischem Gedankengut zu lösen, führte gelegentlich zu Konflikten zwischen Mitarbeitern", obgleich es bis in die 1960er Jahre eine „homogene Mentalität" (S. 778) gegeben habe. Eine Beschwerde im Juni 1963 über die Äußerung eines Mitarbeiters – „Man habe damals viel zu wenige Juden umgebracht" (S. 615) – blieb weithin folgenlos. Max Weingärtner, der aus Polen stammte, ansonsten für verschiedene SS-Einheiten tätig war, galt als problematisch, weil er „in jedem Falle [...] den Bruch mit der deutschen Vergangenheit" (S. 619) darstelle:

„Ein weiterer Schritt vom deutschen Volkstum weg bedeute die 1935 erfolgte Eheschließung" mit einer Frau „litauischer Abstammung" (S. 619). Weingärtner entging seiner Entlassung. Es mag folglich kaum überraschen, wenn Sälter vielfache Verbindungen und Aktivitäten im rechtsextremistischen Milieu feststellt, die er detailliert aufschlüsselt. Unter den heute noch bekannteren zählen der *Witikobund* bis hin zur NPD; oder gleich „mehrere Mitarbeiter" (S. 684) schrieben für die rechtsextreme Zeitschrift *Nation Europa*. Über seine nationalsozialistischen Verstrickungen hielt der BND „die schützende Hand". Sälter: „Trotz der wachsenden zeitlichen Distanz konnte sich niemand in der Leitung [des BND] öffentlich zu dem schlichten Eingeständnis durchringen, man habe mit der vielfachen Einstellung belasteter Personen einen erheblichen Fehler gemacht" (S. 758). Aber immerhin: „Mit der Beauftragung der UHK fand eine lange Geschichte des Verheimlichens von personellen NS-Kontinuitäten ihr Ende" (S. 763).

Diktatur des Proletariats: Zwischen Worthülse und Herrschaftsmodell

Von Jürgen P. Lang

Mike Schmeitzner (Hrsg.), Die Diktatur des Proletariats. Begriff – Staat – Revision, Baden-Baden 2022 (*Nomos*), 290 S.

Die Geschichte des Kommunismus ist wesentlich eine Geschichte des Unvermögens, das Proletariat, nach reiner marxistischer Lehre Subjekt des Umsturzes, zu vereinen. Dass die Arbeiter an revolutionären Versuchen beteiligt waren, ist unbestritten. Bei der Sicherung sozialistischer Staatsmacht spielten sie praktisch keine Rolle. Das, obwohl die „Diktatur des Proletariats" zur Legitimation einer solchen Herrschaft beschworen wurde. Es waren nicht zuletzt Arbeiter, die 1953 in der DDR und Anfang der 1980er Jahre in Polen gegen die realsozialistische Herrschaft aufbegehrten. Der von dem Dresdner Historiker Mike Schmeitzner herausgegebene Sammelband nähert sich mit diesem Begriff auf vielfältige Weise, was bereits in der Sache selbst liegt, nämlich an den unterschiedlichen Bedeutungen und Verwendungen in den sozialistischen Theorien und Praktiken: Für die einen war er nicht mehr als eine wohlklingende Leerformel, andere wussten sich seines integrativen Effekts zu bedienen, wieder andere diskutierten ihn als bestimmtes Herrschaftsmodell. Das Buch fokussiert sich auf den ersten Teil des Begriffs, die Diktatur, während das Proletariat als geschichtliche Größe hier eine sekundäre Rolle spielt. Das spiegelt die tatsächlichen Verhältnisse der Akteure wider. Über „das" Proletariat – dahingestellt, ob in Wunschvorstellungen oder in der Realität – wurde verfügt. Dass es von sich heraus eine Diktatur anstrebte, blieb ideologischer Traum von Klassenkämpfern.

Zwei Artikel befassen sich mit den (spärlichen) Versuchen, eine sozialistische Herrschaft an die Arbeiterklasse rückzubinden: Der Bonner Historiker Béla Bodó analysiert die Räterepublik in Ungarn, seine Münchner Kollegin Marie-Janine Calic den jugoslawischen „dritten Weg". Trotz zaghaftem kulturellen Pluralismus und Versuchen, den Arbeitern in den Betrieben zu mehr Mitbestimmung zu verhelfen, ist Calics Urteil eindeutig: Jugoslawien sei zwar „keine totalitäre Diktatur im ursprünglichen Sinn" (S. 246) gewesen, aber Titos „‚demokratischer Sozialismus' hielt ein repressives Instrumentarium vor, um die sozialistische Ordnung, die Alleinherrschaft der Kommunisten […] zu beschützen" (S. 247). Dennoch diente das System der Arbeiterselbstverwaltung „de facto dazu […], die Einparteienherrschaft zu rechtfertigen" (S. 246). Bodó geht es ebenfalls um die „praktische Anwendung des Konzeptes der Diktatur des Proletariats" (S. 111). Er urteilt, die ungarische Räterepublik habe „wenig Ähnlichkeit" gehabt mit der Parteidiktatur, die sich nach dem Bürgerkrieg in Sowjetrussland etablierte" (S. 119). Räte führten weitreichende Sozialreformen ein.

Unter dem Druck des Widerstands „griff das Regime" unter Béla Kun schließlich zu „Willkür und Terror" (S. 131), wobei auch in dieser Phase die Berufung auf die „Diktatur des Proletariats" eine apologetische Funktion besaß.

Zu einem ähnlichen Urteil kommen andere Beiträge. Der Osteuropa- und Diktaturhistoriker Jan C. Behrends untersucht „begriffliche Verschiebungen" unter der Herrschaft Stalins. „Mit der Parteidiktatur" habe er wie schon zuvor Lenin „eine neue Staatsform" konstituiert, „die sich institutionell auf den Parteiapparat, die Armee und die Geheimpolizei stützte" (S. 187). In der Stalin-Zeit habe der Begriff der „Diktatur des Proletariats" zwar an Strahlkraft eingebüßt, dennoch „blieb Stalin während seiner gesamten Herrschaft Bolschewik und Marxist" (S. 201). Bernward Anton vom Archiv der Münchner Arbeiterbewegung erkennt nach seiner kenntnisreichen Analyse der Räterepubliken in der bayerischen Landeshauptstadt „zwei deutlich unterscheidbare Interpretationen" (S. 156). Neben der leninistisch-stalinistischen existiere eine an Karl Kautsky angelehnte, die in der „Diktatur des Proletariats" ein Mittel sah, „um den Übergang vom kapitalistischen Obrigkeitsstaat zur sozialen Demokratie zu organisieren" (ebd.). Der Gebrauch des Begriffs, lautet Antons wohlwollendes Resümee, „wurde während der Revolutionsmonate zu einem Gegenstand der politischen Alltagspraxis" (S. 157).

Kann eine „Diktatur des Proletariats" in Weg oder Ziel demokratisch sein? Mehrere Beiträge des Buches verneinen es, wenn auch nur implizit: Alle theoretischen Überlegungen und praktischen Umsetzungen liefen auf die Exklusion des als „bürgerlich" bezeichneten Klassenfeindes hinaus, als ob im Umkehrschluss die Arbeiterklasse per se „sozialistisch" eingestellt gewesen wäre. Der Gegensatz von Diktatur – deren Geschichte Wilfried Nippel, Althistoriker in Berlin, bis in die Anfänge des römischen Reichs skizziert – und Demokratie ist kein expliziter Leitfaden des Bandes, obgleich nicht wenige Autoren die bolschewistische Herrschaft zum Maßstab nehmen. Helmut Altrichter, Spezialist für osteuropäische Geschichte, zeichnet die Entwicklung nach vom Anspruch direktdemokratischer Selbstverwaltung durch Räte zum zentralistischen System Lenins, dessen Hybris der Kaderpartei auf die Interessen der Arbeiter keine Rücksicht mehr nahm.

An manchen Stellen des Buches wäre es von Vorteil gewesen, abstrakt definierte Messlatten zur Unterscheidung von Diktatur und Demokratie einzuziehen. Der an sich instruktive Aufsatz aus der Feder des Politikwissenschaftlers Uli Schöler hätte sich damit aus einem gewissen Relativismus befreien können. Schöler vergleicht die Auffassungen des Menschewisten Julius Martow und der beiden Austromarxisten Max Adler und Otto Bauer zur „Diktatur des Proletariats" miteinander. Alle drei Protagonisten diskutierten die Begriffe Demokratie und Diktatur ausgiebig, werden aber nur zueinander in Bezug gesetzt. Einen ähnlichen Ansatz verfolgt Mike Schmeitzner. Sein Thema sind die zwischen 1918 und 1921 während Auseinandersetzungen zwischen Kautsky einerseits, Lenin und Trotzki andererseits. Kautsky, kein fundamentaler Anti-Parlamentarist, spürte wie kaum ein anderer, worauf die bolschewistische Strategie hinauslief. „Für den geistigen Nachlassverwalter von Marx und Engels war die Vorstellung [einer Parteidiktatur] unannehmbar, handelte es sich doch [...] nicht um eine demokratisch abgesicherte Herrschaft des Proletariats" (S. 60). Lenin und Trotzki waren geschickt genug, die „Diktatur des Proletariats" verbal aufrecht zu erhalten. Sie waren sich des enormen Legitimationspotenzials des Begriffs in der politischen Propaganda bewusst.

Dabei war die Formel bereits bei Marx und Engels keineswegs eindeutig, wie Wilfried Nippel nach akribischer Auswertung des Mammutwerks der beiden Theoretiker herausstreicht. Die über „vier Jahrzehnte verstreute[n] Textsplitter von Marx und Engels" vermittelten „kein kohärentes Bild davon [...], mit welchen Institutionen, Herrschaftsmitteln und ökonomischen Maßnahmen und unter welchen Zeithorizonten die Diktatur des Proletariats zur klassenlosen Gesellschaft und zur Abschaffung des Staates führen werde" (S. 38 f.). Anders als propagiert könnten die Paten des Kommunismus nicht einmal eindeutig das Urheberrecht an der aus der Revolutionszeit 1848/49 stammenden Formel beanspruchen. „Welche Rolle Marx bei der Verbreitung der Idee im deutschsprachigen Publikum gespielt hat, ist nicht eindeutig festzustellen" (S. 30).

Überblickt man die Ergebnisse des Sammelbands, kann man den praktischen Gebrauch dieser umstrittenen und uneinheitlichen Idee zwischen diktatorischer Herrschaftslegitimation und gescheiterten Versuchen einer Etablierung unter demokratischen Vorzeichen verorten. Diese Polarisierung wird in den beiden Artikeln des Jenaer Historikers Stefan Weise und Mario Keßlers vom Potsdamer Zentrum für Zeithistorische Forschung deutlich. Weise befasst sich mit dem Konzept der Arbeiterregierung während der Weimarer Republik, das in der Theorie zwischen den Vorstellungen Kautskys einer „Majorität der Arbeiterklasse innerhalb der parlamentarischen Demokratie" (S. 171), August Thalheimers, der darin eine revolutionäre Übergangsform erblickte, und den Ultralinken in der KPD oszillierte, die jedem Einheitsfrontgedanken eine Absage erteilten. In der Praxis der Arbeiterregierungen in Sachsen und Thüringen sollte das „‚rechte' politische Konzept unter den Vorzeichen einer ‚linken' Praxis umgesetzt werden" (S. 181). Als politisches Ziel standen am Ende Bewaffnung, Aufstand und Umsturz. Keßler lässt die DDR-Dissidenten Harich, Havemann, Bahro und Behrens zu Wort kommen, die die „Diktatur des Proletariats im Arbeiter- und Bauernstaat als ‚Trugbild' erkannten, das „den repressiven Charakter der scheinsozialistischen Gesellschaft verschleierte" (S. 224).

Historisch beerdigt wird die „Diktatur des Proletariats" in den Beiträgen des Bremer Sozialhistorikers Nikolas Dörr und des sächsischen Politologen Tom Thieme, die deren Bedeutung im Eurokommunismus bzw. im ostmitteleuropäischen Postkommunismus untersuchen. Nach Dörr führte vor allem im Falle des italienischen Reformismus die Hinwendung zu wirklicher Demokratie zu einem Ende aller Vorstellungen von einer „Diktatur des Proletariats". Später trug der Zusammenbruch des Staatssozialismus das seine dazu bei. Nach 1990 war der Diktaturbegriff auch unter den (post-)kommunistischen Parteien diskreditiert, mit nur wenigen Ausnahmen. Thieme fragt rhetorisch, was in Osteuropa von der „Diktatur des Proletariats" übriggeblieben sei, und antwortet: „nichts" (S. 285). In historischer Perspektive, das macht das Buch deutlich, war sie immer Diktatur, niemals Demokratie. Der enge thematische Fokus erleichtert solche Schlüsse. Dennoch mag man auch bei diesem Sammelband die fehlende Essenz beklagen. Die analytische Kraft liegt in den einzelnen Beiträgen, nicht jedoch im Gesamten. Eine Monographie wäre deshalb angebracht.

Regierungsbank und Plenarsaal

Von Benedikt Wintgens

Christoph Schönberger, Auf der Bank. Die Inszenierung der Regierung im Staatstheater des Parlaments, München 2022 (*C. H. Beck*), 282 S.

Das Buch von Christoph Schönberger ist charakterisiert durch Energie und Esprit, die sich einer Vielzahl von tatsächlichen oder vermeintlichen Gegensätzen verdanken. Geschrieben hat es ein Jurist: Schönberger ist Professor für Staatsrecht, Staatsphilosophie und Recht der Politik an der Universität Köln. Doch das Buch handelt von Architektur, genauer: von der Innenarchitektur parlamentarischer Sitzungssäle. Auch hierfür interessiert sich Schönberger gleich mehrfach – als Idee und Wirklichkeit, in Geschichte und Gegenwart, in Deutschland und andernorts, als Orte mit symbolischer Bedeutung ebenso wie als Schauplätze konkreter Kommunikationssituationen, als materieller Ausdruck von Verfassung sowie als Faktor der politischen Kultur. Seine Einsichten und Thesen schöpft Schönberger aus der breiten Lektüre von Quellen und Forschungsliteratur, nicht nur neueren Datums, und zusätzlich aus der eigenen Beobachtung des parlamentarischen Geschehens vor Ort, von der Besuchertribüne des Reichstagsgebäudes aus, hierbei dem Ansatz der Ethnologin Emma Crewe und dem Beispiel des Publizisten Roger Willemsen folgend. Pointiert ordnet er die historisch-politischen Prozesse der Parlamentarisierung und Demokratisierung ein in eine Geschichte der „Ausweitung des Sitzens".[1]

Ein Clou des Buches ist es, das Thema – die politisch-kulturelle Bedeutung parlamentarischer Innenarchitektur – nicht abstrakt oder theoretisch abzuhandeln, sondern konkret ausgehend von einem Gegenstand und der dadurch aufgeworfenen Frage nachzugehen: Wie gehen Parlamente mit der Regierung um, politisch, aber eben auch räumlich? Im Mittelpunkt des Interesses steht also die sogenannte Regierungsbank, stehen diejenigen Plätze im Parlamentssaal, auf denen die Vertreter der Regierung unterkommen. Am Beispiel ihrer Anordnung im parlamentarischen Raum entwirft Schönberger eine integrierte Verfassungs- und Architekturgeschichte, für die er den deutschen Fall mit anderen Typen, Vorbildern, Vergleichsformen in Zeit und Raum kontextualisiert. Dabei äußert sich Schönberger nicht als Anhänger der deutschen Plenarsaalgestaltung, auch wenn er so realistisch ist, die Chancen auf eine tiefgreifende Umgestaltung nicht allzu hoch einzuschätzen – kaum 25 Jahre nach dem Neubezug des Reichstagsgebäudes und angesichts der ohnehin starken Traditionsbestände und Pfadabhängigkeiten in der Parlamentsarchitektur.

---

[1] Vgl. auch Christoph Schönberger, Sitzen für die Demokratie. Die Plenarsitzung zwischen Debatte und Staffage, in: Zeitschrift für Ideengeschichte 16 (2022), H. 3, S. 61–74, hier: S. 62.

Allerdings bilde der Berliner Sitzungssaal, so Schönbergers Kritik, das parlamentarische Regierungssystem der Bundesrepublik nicht realitätsgetreu ab. Zudem wirke die Raumgestaltung kommunikationshemmend und trage so zu den seit langem und vielfach beklagten Defiziten in der Öffentlichkeitsfunktion des Parlaments bei. Das Problem der „kommunikativen Gehemmtheit" (S. 13) des deutschen Plenarsaals bestehe insbesondere darin, dass wer auch immer am Rednerpult steht – gleich ob Vertreterin der Koalition oder deren Kritiker von der Opposition –, nicht direkt die Regierung adressieren könne, sondern sich vielmehr einem Halbrund der anderen Abgeordneten gegenübersehe. Kanzler und Minister sitzen hingegen schräg hinter dem Rednerpult, rechts neben der Sitzungsleitung. In der Konsequenz dieser Raumdisposition könne die Person am Rednerpult entweder die Regierung nicht sehen oder sei gezwungen, sich halb umzudrehen – was zum einen keine angenehme, sehr souveräne Sprechsituation sei, zum anderen die übrigen Abgeordneten, insbesondere auf der linken Seite, aus dem Sichtfeld verschwinden lasse. Das Geschehen im Bundestag sei weder spontan noch konfrontativ, noch unterhaltsam, sondern im Gegenteil interaktionsarm. Atmosphärisch erinnere der Bundestag deshalb weder an ein Theater- oder Opernhaus wie in Frankreich noch an eine Kapelle wie in London, sondern eher an ein Büro, wo wenig diskutiert wird: „Die Topographie des Plenarsaals zielt nicht auf die Interaktion zwischen Parlament und Regierung, sondern allein auf den Austausch der Parlamentarier untereinander, dem die Regierung lediglich beiwohnt" (S. 140).

Diese Sitzungspraxis ist Schönberger zufolge eine Folge deutscher Plenarsäle in der Form, wie sie sich historisch entwickelt haben. Deshalb widmet sich der Hauptteil des Buches der ideengeschichtlichen und international vergleichenden Rekonstruktion der Regierungsbank in der Parlamentsarchitektur. In den Blick kommen dabei aufgrund der relativ späten Nationalstaatsbildung in Deutschland ältere Vorbilder in den Landtagen ebenso wie insbesondere die Parlamente in den USA, Frankreich und Großbritannien, ergänzt um Ausblicke nach Japan, Italien und Spanien. Auch bei diesen Vergleichen konzentriert sich die Analyse primär auf die Frage, wie die Parlamente – sowohl symbolisch als auch baulich-kommunikativ – mit der Regierung umgegangen sind. Kategorisch wurde diese Frage etwa in Washington D.C. beantwortet, wo gemäß einer strengen Interpretation der Gewaltenteilungsidee Regierungsvertreter überhaupt keinen Zugang zu den Plenarsälen von Repräsentantenhaus und Senat haben. Auch im britischen Unterhaus debattieren Abgeordnete mit Abgeordneten, weil der Monarch keinen Zutritt hat; durch die frühe und weitgehende Parlamentarisierung des Regierungssystems indes, das Westminster-Modell, haben Premierminister und Minister meist zugleich ein Mandat und konzentriert sich alle Aufmerksamkeit auf die konfrontative Gegenüberstellung von Regierungschef und Oppositionsführer. Dies markiert den Gegenpol auf der anderen Seite des Spektrums: die Praxis ganz verschiedener und auch unterschiedlich aussehender Plenarsäle, in denen sich die Regierungsplätze inmitten der Abgeordnetensitze befinden, in der Regel vorne. Das deutsche Modell kennzeichnet Schönberger hingegen als eine Mischform, weil die Regierung zwar mit im Plenarsaal sitzt, aber getrennt von den

Abgeordneten ist. Diese Gegenüberstellung „nach Art eines traditionellen Klassenzimmers" bevorzuge „die dogmatische Verkündigung" anstelle der „streitigen Diskussion" (S. 21). Und selbst bei den Mischformen, die das Gegenüber von Parlament und Regierung in einem Raum, aber konfrontativ anlegen, wird Deutschland nicht zum „interaktiven", sondern zum „interaktionsarmen" Grundtypus gezählt (S. 79).

Den Ursprung des deutschen Modells verortet Schönberger im Reichstag des Norddeutschen Bundes, der zwischen 1867 und 1870 im Preußischen Herrenhaus tagte, wo es eben eine separate Regierungsbank gab. Nach der Reichsgründung 1871 und auch im Neubau des Reichstagsgebäudes nach Plänen des Architekten Paul Wallot verschmolzen dann die Sitzordnung der Parlamentarier im Halbrund – nach egalitär-französischem Vorbild – mit der massiv-autoritären Regierungsbank aus dem preußischen Herrenhaus. Diese Raumlösung war zwar durchaus das „Ergebnis eines Zufalls" (S. 95), weil aber der Reichstag bis 1933 in dieser Ordnung tagte, wurde sie zur Tradition und Gewohnheit. Sogar in Bonn wurde die aus Kaiserreich und Weimarer Republik vertraute Plenarordnung übernommen. Zwar hätte 1949 der Architekt Hans Schwippert, der am Rhein einen Sitzungssaal im Geist der Moderne entwarf, mit viel Glas und klaren Formen, eine kreisrunde Sitzordnung bevorzugt. Doch konnte er damit Konrad Adenauer, den Präsidenten des Parlamentarischen Rates, nicht überzeugen. Von den 1990er Jahren abgesehen, als der Bundestag im Behnisch-Neubau und seiner kreisrunden Sitzordnung tagte, blieb es in Bonn bei dem – von Schönberger kritisierten – obrigkeitsstaatlichen Leitbild eines Staates, in dem Regierung und Verwaltung mehr Bedeutung gehabt hätten als die gewählte Volksvertretung. Mit der Rückkehr ins Reichstagsgebäude verabschiedete sich der Bundestag auch vom Experiment der kreisrunden Sitzordnung, weil sich nicht der Kreis, sondern der „Halbkreis mit erhöhter Rednertribüne" als Maßstab in Europa durchgesetzt hatte (S. 126). Was in Deutschland hingegen nie aufgegeben wurde, war die separate Regierungsbank rechts seitlich. In ihr sieht Schönberger eine „Hinterlassenschaft des Deutschen Kaiserreichs im zentralen Saal der bundesdeutschen Demokratie" (S. 13).

Auf rund 200 Textseiten entwirft Christoph Schönberger ein beeindruckend breites Panorama mit vielen anregenden Einsichten. Überzeugend ist der doppelte Ansatz, Parlamentsarchitektur einerseits als gebaute Verfassung, als symbolische Repräsentation zu verstehen, und andererseits ihre Folgen für Kommunikation und politische Kultur zu untersuchen. Ob man dabei alle Thesen teilen möchte, steht auf einem anderen Blatt, fällt aber nicht so sehr ins Gewicht. Besonders gelungen findet Schönberger beispielsweise das französische und italienische Modell einer Konfrontation zwischen Parlament und Regierung, die im Plenarsaal kommunikativ inszeniert wird. Allerdings wäre zu fragen, ob diese Priorisierung von Kritik und Kontrolle der Exekutive durch die Legislative nicht genauso spätdualistisch in den Verfassungsarrangements des 19. Jahrhunderts gefangen ist wie die deutsche Regierungsbank, die von Schönberger genau deshalb abgelehnt wird, weil sie Parlament und Regierung als getrennte Sphären präsentiert. Weitere Analyse verdient zudem die Frage, inwiefern Parlamentsarchitektur nicht nur symbolisch ein bestimmtes

Verfassungsverständnis visualisiert, sondern ihrerseits eine parlamentarische Kultur beeinflusst. Dazu müssten zusätzlich mehr Gebäude und andere Räume in den Blick genommen werden, denn zum Parlamentarismus gehören weit mehr als die Regierungsbank und ihre Anordnung im Plenarsaal.

Stärken und Schwächen des Westens

Von Antje Nötzold

Susanne Schröter, Global gescheitert? Der Westen zwischen Anmaßung und Selbsthass, Freiburg i. Br. 2022 (*Herder*), 234 S.

„Der Westen ist die freieste, wohlhabendste und sozialste Region der Welt" (S. 1). Nach dieser markanten Feststellung und kurzen Aufzählung der Vorteile des westlichen Staat- und Gesellschaftsmodels als Auftakt kommt Susanne Schröter schnell zum Fokus ihres Buches, dem drohenden Scheitern des Westens aufgrund einer „kruden Mischung aus Hybris und Selbsthass" (S. 1). Sie nimmt aktuelle Ereignisse und Entwicklungen wie den russischen Angriffskrieg gegen die Ukraine, das Scheitern in Afghanistan und Mali sowie die ideologisch aufgeladenen Debatten über Migration, Rassismus und *Cancel Culture* zum Anlass, um in einem Rundumschlag mit westlicher Überheblichkeit und Selbsthass abzurechnen. Schröter fordert vom Westen, „sich auf seine Grundlagen [zu] besinnen" sowie „die realistische Überprüfung eigener Stärken und Schwächen, […] um aus Fehlern zu lernen und die Zukunft […] zu sichern" (S. 10).

Sie behandelt verschiedene außen- wie innenpolitische Themen, die jedes für sich nicht nur brandaktuell sind und eine Bedrohung für den Erfolg des westlichen Werte- und Politikmodels darstellen, sondern auch miteinander verwoben sind und geballt die Zukunft des Westens herausfordern. Dazu zählen der russische Angriffskrieg gegen die Ukraine, Implikationen der Zeitenwende im Umgang mit Autokratien und deren realpolitische Grenzen, die Misserfolge der westlichen Militärinterventionen in Afghanistan und Mali, geopolitische Interessen und deren (linke) Kritiker ebenso wie die Herausforderungen im Umgang mit Islamismus und Fehlern in der Migrationspolitik, Postkolonialismus und die Auswirkungen darauf beruhender Identitätspolitik sowie die globale Breite und Tiefe des aktuellen Antisemitismus. Dabei zeichnet Schröter für jeden Themenbereich eine gut recherchierte, stringent argumentierende und in ihrer historischen Entwicklung hergeleitete lange Geschichte der Realitätsverkennung mit Blick auf den Glauben an die Exportierbarkeit von Demokratie nach. Der Westen gilt demnach als Vorbild, der seine Werte – zum Wohl aller und damit natürlich seiner selbst – in andere Länder und Regionen durchsetzt, die so durch Dialog und Handel dazu gebracht werden, sich auch politisch zu verwirklichen. Allerdings vernachlässige dieser Ansatz der universalen Passgenauigkeit des westlichen Modells die Anerkennung kultureller, ethnologischer Besonderheiten. Wenngleich ein Sendungsanspruch noch immer westliche Politik leitet – mit Blick auf (humanitäre) militärische Interventionen wie wirtschaftliche Verflechtungen und die Globalisierung des Handels –, stellt sich der Westen im Inneren mit den Debatten über Postkolonialismus, strukturellen Rassismus, Blindheit gegenüber einheimischem Islamismus und *Cancel Culture* selbst an den Pranger und verurteilt sich für alles Übel der Welt. Insgesamt zeichnet Schröter damit ein Bild der westlichen Staaten und Gesellschaften, die sich gleichzeitig über- wie unterschätzen, indem Verdrängen, Beschönigen und Moralisieren zu schlechten Entscheidungen in steter Wiederholung führen.

Gleichwohl fällt schon zu Beginn des Buches auf, dass Schröter allgemein vom „Westen" spricht und damit eine Gesamtheit oder gewisse Einheitlichkeit impliziert. Was genau sie unter den Begriff „Westen" fasst, dem sie im Laufe ihrer Ausführungen immer wieder Europa, die Europäische Union, die USA und die NATO zuordnet, bleibt sie allerdings bis zu ihrem Schlusskapitel schuldig: „Der Westen ist heute, obwohl historisch mit dem europäischen Kontinent verwurzelt, kein geographisch fixierbarer Raum, sondern an erster Stelle eine Idee und ein Lebenskonzept" (S. 191). Diese sehr breite, von staatlichen Strukturen stark entkoppelte Auffassung fängt Schröter zwar gleich wieder ein, wenn sie den Westen als „die am weitesten entwickelte Staatengemeinschaft der Welt" (S. 191) bewertet. Dennoch verdeutlicht dies, dass das Buch zwar seinen Mehrwert in der Verbindung der innen- wie außenpolitischen Herausforderungen an den Westen entfaltet, es Schröder jedoch nicht immer gelingt, konkret zu benennen, an wen ihre daraus abgeleiteten Forderungen sich richten.

Einige ihrer meinungsstarken Aussagen und Bewertungen, insbesondere wenn es um politische Fehleinschätzungen und Schuldzuweisungen geht, übertragen ferner eine deutsche Perspektive bzw. Kritik an der deutschen Politik (mindestens implizit) auf den gesamten „Westen". So moniert Schröter, dass „man die von Putin stets offen zur Schau gestellte Aufrüstung nicht als Bedrohungsszenario einstufte" (S. 1), was für die osteuropäischen Staaten und auch die transatlantischen Partner allerspätestens von 2014 an nicht mehr – wenn überhaupt jemals – galt.

Insgesamt legt Schröter mit ihrem zum Nachdenken und Diskutieren anregenden Buch politische Fehleinschätzungen in der Vergangenheit – insbesondere in Deutschland – analytisch scharf und schonungslos offen. Sie bietet einen „nüchterne[n] Blick auf die Ursachen der Misere" (S. 191). So gelte es, „von wohlfeilen Mythen der eigenen Omnipräsenz Abschied zu nehmen" (S. 191). Der Westen müsse zum einen akzeptieren, dass demokratische Systeme nicht einfach im globalen Süden implementiert werden können, besonders nicht mittels militärischer Interventionen, die immer „im Verdacht [stehen], primär geopolitisch motiviert zu sein" (S. 193) und damit den Vorwurf westlicher Doppelmoral untermauern. „Das Herz der Demokratie ist die Freiheit, und nur dann, wenn sie das Ergebnis einer freien Entscheidung ist, kann sie Bestand haben" (ebd.). Zum anderen existiere die für die Zeit des Kolonialismus und nach Zusammenbruch der Sowjetunion zu konstatierende „westliche Vorherrschaft [...] in dieser Form ohnehin nicht mehr" (S. 195). Schröter beklagt eine „Hybris des Westens" (S. 194), der wirtschaftlich und militärisch „nicht mehr unangefochten auf der Siegerseite" (S. 195) steht, sondern gerade im globalen Süden vor dem Hintergrund seiner kolonialen Vergangenheit in seiner

Akzeptanz und Machtstellung von China und Russland herausgefordert wird. Daher sieht Schröter eine Aufarbeitung des westlichen Kolonialismus als „richtig und notwendig" (S. 196), was Überbleibsel kolonialen Denkens kritisch reflektieren und in der westlichen Politik offenlegen solle – ohne jedoch in „einen pathologisch anmutenden Selbsthass" (S. 194) zu verfallen, da die strategischen Herausforderer Russland und China selbst nicht nur eine koloniale Vergangenheit, sondern vielmehr auch eine „koloniale Gegenwart" (S. 196) aufweisen.

Neben diesen außenpolitischen Bedrohungen von Demokratien fasst Schröter auch ihre Perspektive zur Herausforderung der inneren Aushöhlung zusammen. Sie konstatiert drei verzahnte Bereiche (linke Lobbyorganisationen, die den Staat vor sich hertreiben; eine Entkernung der Demokratie von rechter Seite sowie die Etablierung antidemokratischer Strukturen in Einwanderermilieus), die sich gegenseitig beflügeln und die Gesellschaft in unversöhnliche Lager spalten. Demzufolge seien die Migrationsthematik, insbesondere wie viele Zuwanderer ein Land vertragen kann, sowie Identitätspolitiken und Auswüchse des Konzepts des strukturellen Rassismus Themen, die für den Westen „zu einer Zerreißprobe geworden sind" (S. 200). Schröter sieht etablierte Rechtsordnungen und garantierte Freiheitsrechte des Individuums als wesentliche Merkmale des Westens und reklamiert, „dass der Westen im Namen der Identitätspolitik die Axt an seine normativen Grundlagen legt" (S. 204). Die Aufgabe des Staates sei es stattdessen, „seinen Bürgern die Wahrnehmung der garantierten Freiheitsrechte zu ermöglichen" (S. 205) – durch ausreichenden Schutz der Existenz des Staates vor Bedrohungen von außen wie durch geschützte Meinungs-, Wissenschafts- und Kunstfreiheit im Inneren.

So fordert sie, dass der Begriff Zeitenwende ernstgenommen und Politik „zukünftig [...] an den Werten des Westens ausgerichtet wird" (S. 169), obwohl es dafür bisher wenig optimistisch stimmende Anzeichen gibt. Wie das zu tun ist und realpolitischen Zwängen begegnet werden kann, dazu bleibt sie jedoch leider sehr unkonkret, sie oszilliert zwischen politischer und gesellschaftlicher Verantwortung als Adressaten ihrer Forderungen und schließt mit einem generellen Appell an mehr nüchternes Selbstwertgefühl und aktives Auftreten: „Der Westen tut gut daran, sich zu erinnern, was seine eigenen Wurzeln sind und worauf sein Gesellschaftssystem basiert. [...] Nur wer die Freiheitsrechte im eigenen Land stark macht, kann freiheitlich nach außen wirken – wer die Freiheit leichtfertig aufgibt, verspielt sein wichtigstes Gut" (S. 206).

Von Extremisten, Populisten und Demagogen

Von Teresa Nentwig

Pierre-André Taguieff, Qui est l'extrémiste?, Paris 2022 (*Édition Intervalles*), 176 S.

Rechtsextremistisch. Rechtsextrem. Extrem rechts. Rechtsaußen. Rechtsradikal. Rechts. Rechtspopulistisch. Rechtskonservativ. Um das zu benennen, was im politisch-ideologischen Spektrum rechts von den Konservativen angesiedelt ist, werden in Deutschland zahlreiche Begriffe verwendet. Ähnlich ist es in Frankreich, wo die Bandbreite von *extrême droite* („extrem rechts", „rechtsextrem" bzw. „rechtsextremistisch") und *droite extrême* („extreme Rechte")[1] über *ultra-droite* („ultrarechts") und *droite radicale* („radikale Rechte") bis hin zu *extrême droitier* („extrem rechtsstehend") und *extrême droite radicale* („radikal rechtsextrem") reicht, ganz zu schweigen von Bezeichnungen wie *ultra-réactionnaire* („ultra-reaktionär"), *ultra-national* („ultra-national"), *ultra-conservateur* („ultra-konservativ") und *à la droite de la droite* („rechts von der Rechten").[2] Auch von *néonazi* („neonazistisch") und *néofasciste* („neofaschistisch") ist oft die Rede. Während hier die Bedeutung relativ klar ist, bleibt sie bei den zuvor genannten Begriffen oft verschwommen.

Der französische Politikwissenschaftler Pierre-André Taguieff hat es sich in seinem neuen Buch *Qui est l'extrémiste?* zur Aufgabe gemacht, Licht ins Dunkel dieses Begriffswirrwarrs zu bringen. Dies sei notwendig, so der Autor, da in Frankreich in den Medien und der Wissenschaft keine trennscharfe Verwendung der unterschiedlichen Termini existiere und die „Grenzen zwischen der respektablen ‚Rechten' und der nicht hinnehmbaren extremen Rechten" (S. 56) unbestimmt seien. Wörter wie „radikal" würden nicht definiert (vgl. z. B. S. 62).

Auch die Politik kommt nicht gut weg: Taguieff wirft linken Politikerinnen und Politikern vor, das Wort „extreme Rechte" zu benutzen, um „die Rechten zu verteufeln und sie mit ihren ‚extremen' oder ‚extremistischen' Rändern in Verbindung zu bringen" (S. 104 f.). Dieses Verhalten nennt Taguieff „Delegitimierung durch Stigmatisierung" (S. 105). Konservative Politikerinnen und Politiker dagegen würden von „extremer Rechter" sprechen, um sich als „gemäßigt oder achtbar zu präsentieren, d. h. als würdig, um als regierungskompatible Rechte zu gelten, und um sich von ihren Konkurrenten und Gegnern abzugrenzen, die sich auch als ‚rechts' bezeichnen" (ebd.). Diese „Rechte" werde als „extremistisch" gescholten, als „unver-

---

1 Die Wörter *extrême droite* und *droite extrême* werden im Französischen teilweise synonym benutzt, teilweise nicht. Vgl. dazu ausführlich Évelyne Saunier, *Droite extrême* vs *extrême droite*: échiquier politique et position de l'adjectif, in: Mots. Les langages du politique 119 (2019), S. 129–149.
2 Bei diesen und allen weiteren Übersetzungen aus dem Französischen ins Deutsche handelt es sich um Übersetzungen durch die Verfasserin.

antwortlich, inkompetent, fanatisch, gewalttätig und folglich als gefährlich und vertrauensunwürdig" (ebd.). Dieses Vorgehen bezeichnet Taguieff als „Autolegitimation durch Differenzierung" (S. 103).

Vor diesem Hintergrund des begrifflichen „Potpourri" (S. 104) geht es dem Autor in seinem Buch darum, das Wort „Extremismus" zu definieren und es „für die Analyse von zeitgenössischen politischen Haltungen, Ideologien und Verhaltensweisen zu operationalisieren", wie es im Klappentext heißt. Um dieses Ziel zu erreichen, hat Taguieff sein Buch in 20 Kapitel (inklusive Einleitung und Konklusion) geteilt. Eingangs konstatiert er, „Extremismus" sei ein „schwammiger Begriff", der vor allem dazu diene, den Gegner „zu disqualifizieren und ihn aus der Debatte auszuschließen" (S. 7). Niemand bezeichne sich selbst als Extremist (S. 17). Der Autor schreibt dem Extremismus schlussendlich u. a. folgende Merkmale zu: eine „‚Radikalität' gegen das System", die sich in „dem utopischen Streben nach einer ‚anderen' Gesellschaft" äußern könne (S. 14); absoluter Wahrheitsanspruch (S. 155); damit verknüpft Kompromisslosigkeit und Intoleranz, die zur Ausübung von Gewalt führen können (S. 32, 66 f., 160); wiederum damit verbunden „die Legitimation von Gewalt als Mittel, um politische Probleme zu lösen" (S. 160); Fanatismus (ebd.). Extremisten sähen überall Feinde, seien es die Angehörigen der „Elite", seien es die „Eindringlinge" (S. 100) von außen, seien es die „liberal-pluralistischen Demokratien" (S. 161).

Politischer Extremismus, so Taguieff weiter, sei zudem untrennbar mit „einer verschwörungstheoretischen Sicht auf den Lauf der Dinge" (S. 100) verbunden. Alles in allem sei Extremismus ein „Denk- und Aktionsstil" (S. 69). Um die einzelnen Charakteristika zu veranschaulichen, greift er auf verschiedene Extremismusformen zurück: Rechts- und Linksextremismus sowie Islamismus, wobei die Beschäftigung mit „dem" Rechtsextremismus eindeutig dominiert.

Viel Raum nimmt zudem die Beschäftigung mit dem Nationalsozialismus ein, den Taguieff als *extrémisme hitlérien* (‚Extremismus à la Hitler', S. 78) bezeichnet. Dieser habe sich vor allem durch den „Kampf gegen die Juden" (ebd.) ausgezeichnet. Hitlers Antisemitismus sei hauptsächlich von einem „christlichen Antijudaismus" (S. 79) inspiriert und mit rassistischen Elementen aufgeladen worden. Heutigen rechtsextremistischen Gruppierungen und Einzelpersonen seien z. B. eine „radikal antimodernistische Sichtweise" (S. 31) und die Ablehnung der „Neuen Weltordnung" (S. 98) eigen. Der harte Kern der extremen Rechten bestehe auf Ideologieseite im Autoritarismus, auf der Seite des Verhaltens im Rückgriff auf Gewalt als „Mittel, Ideal oder wirksame Praxis" (S. 104).

Taguieff weist beharrlich darauf hin, dass die extreme Rechte kein „Produkt eines Rechtsrucks der Rechten" (S. 86) sei. Anders als vielfach behauptet, habe sie ihren Platz nicht „rechts von der Rechten" (S. 87). Sie sei vielmehr „weder rechts noch links" (S. 91) oder auch „die reale Antithese" zur „liberalen Rechten" (S. 97). Häufig werde zudem in ein und demselben Werk von der extremen Rechten im Singular und den extremen Rechten im Plural gesprochen. Taguieff plädiert für die zweite Verwendung, denn rechtsextremistische Gruppen und Strömungen zeichneten sich durch eine „große Vielfalt" (S. 88) aus. Sie seien „ideologisch heterogen" (ebd.) und stünden sich teilweise in Rivalität und Opposition gegenüber. Daher gebe es auch nicht so etwas wie eine „Essenz" der extremen Rechten, „die Grundlage für eine eindeutige und konsensfähige Definition" sei (S. 91).

Auf das „Phänomen Zemmour" geht Taguieff in seinem Buch mehrfach ein. Der Journalist Éric Zemmour war bei den französischen Präsidentschaftswahlen 2022 angetreten und im ersten Wahlgang mit seinem migrationsfeindlichen Kurs auf 7,1 Prozent der Stimmen gekommen. Zemmour stehe für eine in Frankreich weitverbreitete *lepénisation des esprits* (‚Lepenisierung der Köpfe'), für eine *lepénisation sans Le Pen* (‚Lepenisierung ohne Le Pen', S. 95), denn er halte Jean-Marie Le Pens Botschaften die Treue. Marine Le Pen dagegen, so die Einschätzung von Taguieff, habe sich in Teilen von den Ideen ihres Vaters entfernt – der Autor benutzt hierfür den Neologismus *délepéniser* –, „indem sie ihren Anti-Immigrations-Nationalismus entschärft und den ökonomischen Liberalismus des *Front national* zugunsten des vergesellschaftenden Populismus des *Rassemblement national* aufgegeben hat" (S. 94). Als ursächlich für den Aufstieg von Personen wie Zemmour sieht Taguieff den Zusammenbruch des bipolaren Parteiensystems.

Gefahren für die Demokratie gehen für ihn nicht nur vom Rechts-, sondern auch vom Linksextremismus aus. Gruppen wie die „Antifa" seien eine „schwere Bedrohung für die pluralistische Demokratie", so der Politikwissenschaftler (S. 116 f.). Er kritisiert eine „Verteufelung", „die man insbesondere in den sogenannten antifaschistischen Milieus antrifft" (S. 127). „Verteufelung" sei „ein ideologisch-rhetorischer Mechanismus, dessen Funktion oder Ziel es ist, den Gegner zu disqualifizieren und ihn auf diese Weise aus der Debatte auszuschließen" (S. 125). Dies sei „antidemokratisch" (ebd.). Hier ordnet Taguieff auch die Cancel Culture ein.

Sein Buch ist kein Nachschlagewerk, das Definitionen liefert, sondern eher ein Essay, in dem der Autor über viele verschiedene Begriffe und Entwicklungslinien reflektiert. So setzt sich der Politologe z. B. mit den Termini „Radikalisierung", „Fanatismus", „Demagogie", „Populismus" und „Postdemokratie" auseinander und analysiert historische wie zeitgenössische Entwicklungen in Frankreich, aber auch in anderen europäischen Ländern und in den USA.

Stets bezieht Taguieff internationale zeitgenössische Literatur (etwa von Uwe Backes, Cas Mudde und Michel Winock) wie auch politikwissenschaftliche Klassiker (etwa von Hannah Arendt, Carl Schmitt und Leo Strauss) ein und weist die entsprechenden Fundstellen in den Fußnoten nach. Seinen Gedankengängen und Argumentationen lässt sich stets gut folgen, auch weil er immer wieder auf noch nicht lange zurückliegende Ereignisse Bezug nimmt (beispielsweise auf den islamistischen Terroranschlag in Nizza 2016), um seine Ausführungen zu untermauern. Zugleich versucht Taguieff – bis auf wenige Ausnahmen – nie, der Leserin oder dem Leser seine Meinung aufzudrängen, im Gegenteil: Man kann sich selbst ein Bild machen, weil der Autor verschiedene Sichtweisen präsentiert und wiederholt Fragen an die Leserschaft stellt (vgl. z. B. S. 13). Manche dieser Fragen bleiben leider unbeantwortet, wie etwa diejenige, ob eine Person, die als „ultra-rechts" bezeichnet wird, „extremistischer" sei als ein Individuum, dem die Charakterisierung „rechtsextrem" anhaftet (S. 18). Hier muss man sich die Antwort nach der Lektüre selbst überlegen.

Es fällt stärker negativ ins Gewicht, dass Taguieff zum Ende seines Buches selbst dogmatisch wird, und zwar in Bezug auf die radikale Klimaschutzbewegung und die LGBTQIA+-Bewegung. Beiden wirft er „ideologische Tyrannei" (S. 131) vor; nach einem halben Jahrhundert „Provokationen, Propaganda- und Beeinflussungsaktionen" hätten sie es geschafft, den „Meinungskampf" zu gewinnen (ebd.). Angesichts des immer mehr greifbaren Klimawandels Klimaschutzaktivistinnen und -aktivisten pauschal die Verankerung „ihres abstoßenden Mythos von der ‚Großen Erderwärmung'" (ebd.) in den Köpfen der Menschen vorzuwerfen, ist reichlich weltfremd und passt zum Vokabular von Klimawandel-Leugnerinnen und -Leugnern.

Verfassungsschutzbericht 2021

Von Paul Schliefsteiner

Bundesministerium des Innern und für Heimat (Hrsg.), Verfassungsschutzbericht 2021, Berlin 2022 (Bezugsadresse: www.verfassungsschutz.de), 358 S.

Der Verfassungsschutzbericht 2021 ist in die Teilbereiche Rechtsextremismus/rechtsextremistischer Terrorismus, Reichsbürger/Selbstverwalter, Linksextremismus, Islamismus/islamistischer Terrorismus, Auslandsbezogener Extremismus, Spionage inklusive Cyberangriffe und sonstige Aktivitäten für eine fremde Macht sowie die Scientology-Organisation gegliedert. Neu ist die im April 2021 eingeführte Kategorie „Verfassungsschutzrelevante Delegitimierung des Staates", die strukturell zwischen Reichsbürgern und Selbstverwaltern und dem Abschnitt zum Linksextremismus eingegliedert wurde. Sie verdient besondere Aufmerksamkeit und wird daher weiter unten näher betrachtet.

Am rechten Rand des extremistischen Spektrums wurden in Deutschland 2021 insgesamt 33.900 Personen (2020: 33.300), davon nur mehr 11.800 (2020: 13.250) in Parteien, ausgemacht. Gesamt wurden 13.500 (2020:13.300) als gewaltorientiert eingestuft. Während die *Nationaldemokratische Partei Deutschlands* (NPD) und *Die Rechte* weiter erodierten, konnte die Kleinstpartei *Der III. Weg* (650 Mitglieder) ihren Strukturausbau vor allem in den östlichen Bundesländern fortsetzen. Bei ihrem erstmaligen Antritt bei Bundestagswahlen erhielt sie jedoch lediglich knapp 8.000 Zweitstimmen und damit 0,0 Prozent.

Neu hinzugekommen ist im Dezember 2020 die Beobachtung der seit 2004 bestehenden Website *PI News* (für politically incorrect), da diese sowohl von ihren Inhalten und der Form der Äußerung her als auch in der personellen Komponente, d. h. Autorinnen und Autoren, starke Überschneidungen mit Akteuren des Rechtsextremismus aufweist. Weiter beobachtet wird der Verdachtsfall *Junge Alternative*, die Jugendorganisation der *Alternative für Deutschland* (AfD) und Anhänger der bereits am 30. April 2020 offiziell aufgelösten innerparteilichen Struktur *Der Flügel* um Björn Höcke. Hier ist für den aus Österreich stammenden Rezensenten auffällig, dass gerade die Beobachtung der Mitglieder einer demokratisch legitimierten (da in diverse Legislativkörper und Ämter gewählten) Partei ohne Erläuterung und Begründungen auskommt; insbesondere, da diese für die Jugendorganisation durchaus ausführlich gegeben ist. Als Reichsbürger und Selbstverwalter galten im Jahr 2021 etwa 21.000 Personen (2020: 20.000), von denen rund ein Zehntel, also 2100 (2020: 2.000), als gewaltbereit eingestuft wurden. Rund fünf Prozent der Szene, daher 1.150 (2020: 1.000), sind zugleich Anhänger des rechtsextremen Milieus.

Die linksextreme Szene wurde für 2021 mit 34.700 Personen (2020: 34.300) beziffert, von denen 10.300 (2020: 9.600) gewaltorientiert waren. Unter diesen bilden die Autonomen mit 8.000 Anhängern (2020: 7.500) nach wie vor die stärkste Strömung. Den gewaltbereiten Linksextremisten wird ein hohes Radikalisierungsniveau attestiert, einige Personen sind derart gewaltbereit, dass sie sich selbst von anderen Gewaltbereiten abgrenzen und in kleinen, klandestinen Gruppen „eigene, akribisch geplante und häufig äußerst brutale Taten begehen" (S. 125). Mit Berlin, Hamburg und Leipzig gab es hier Schwerpunktregionen, allerdings gibt es auch für andere Teile des Bundesgebietes Anhaltspunkte für derartige Tendenzen. Die Angriffe im privaten sowie im beruflichen Umfeld nehmen in manchen Fällen sogar den Tod der Opfer in Kauf, urteilt der Verfassungsschutz. Die „[b]islang wesentlichen Punkte, wie die Vermittelbarkeit und Zielorientiertheit von Gewalt nur gegen Dinge und ohne Gefährdung Unbeteiligter, spielen immer weniger eine Rolle" (S. 126). Angesichts dieser Beschreibung der Entwicklungen überrascht es, dass man sich entschloss, beim Bereich Linksextremismus die Bezeichnung Terrorismus vollständig wegzulassen.

Der Islamismus und islamistische Terrorismus weist mit 28.290 Personen (2021: 28.715) einen leichten Rückgang von 1,5 Prozent auf. 11.900 (2020: 12.150) davon sind salafistischen Bestrebungen zuzuordnen. Gerade der Salafismus scheint an Attraktivität zu verlieren, was im Verfassungsschutzbericht unter anderem auf staatliche Maßnahmen wie Vereinsverbote und Haftstrafen gegen Szenevertreter zurückgeführt wird. Ebenso dürfte der Niedergang des IS und seines „Kalifates" eine wesentliche Rolle spielen, da damit ein gemeinsamer Referenzrahmen für die Szene verloren ging. Seit 2019 sind (versuchte) Ausreisen nach Syrien oder den Irak nur vereinzelt feststellbar. Offenbar haben sich (noch?) keine neuen Zielregionen für das Milieu etabliert. Die lange Zeit befürchteten Anschläge durch kampferfahrene Rückkehrer sind nicht eingetreten: Auch 2021 ergaben sich keine Hinweise auf konkrete Anschlagsplanungen. Die Coronapandemie beförderte zwar in diesen Kreisen ebenfalls teils antisemitisch konnotierte Verschwörungstheorien und wurde in unterschiedliche Narrative integriert (Corona als „Strafe Gottes"). Insgesamt spielte die Pandemie eine untergeordnete Rolle, die zu keinen gefährdungsrelevanten Aspekten führte.

Zum bereits erwähnten neuen Beobachtungsbereich „Verfassungsschutzrelevante Delegitimierung des Staates": Dieser hat seinen Ursprung laut Verfassungsschutz in der Coronapandemie und der Durchsetzung staatlicher Beschränkungsmaßnahmen, was in einigen Fällen dazu führte, dass „die öffentlich geäußerten Meinungen oder Aktionen [...] über einen [...] legitimen Protest hinaus [gingen] und tatsächliche Anhaltspunkte für verfassungsfeindliche Bestrebungen auf[wiesen]" (S. 112). Diese ließen sich jedoch keinem der bestehenden Phänomenbereiche zuordnen, weshalb im April 2021 die neue Kategorie geschaffen wurde. Grundsätzlich sollen jene beobachtet werden, welche demokratische Entscheidungsprozesse und Institutionen aller drei Staatsgewalten verächtlich machen, ihnen die Legitimität absprechen und zum Ignorieren behördlicher oder gerichtlicher Entscheidungen aufrufen. Die Objekte dieser Beobachtung, so die Argumentation des Verfassungsschutzes, zielen nämlich darauf, wesentliche Verfassungsgrundsätze außer Geltung zu setzen oder die Funktionsfähigkeit des deutschen Staates erheblich zu beeinträchtigen. Dabei werde jedoch nicht die Demokratie als solche direkt in Frage gestellt, sondern indirekt durch ständige Agitation und Verächtlichmachung ihrer legitimierten Repräsentanten, sowie deren Entscheidungen. Dadurch solle das Vertrauen in das staatliche System erschüttert und dessen Funktionsfähigkeit beeinträchtigt werden. Eine derartige Agitation stünde daher laut Verfassungsschutz in Widerspruch „zu elementaren Verfassungsgrundsätzen" wie dem Demokratieprinzip oder dem Rechtsstaatsprinzip. Im Kontext der Pandemie wurden Maßnahmen zur Bekämpfung als „diktatorisch" bezeichnet und Widerstand gegen diese staatlichen Maßnahmen und Entscheidungen propagiert. Es werde auch zu Gewalt aufgerufen bis hin zum Mord. In der Folge wurden verschiedene Gelegenheiten und (Groß-)Ereignisse aufgelistet, anhand derer der neue Phänomenbereich illustriert werden soll. Großteils handelte es sich dabei um nicht genehmigte Versammlungen, bei denen teils die – durchaus körperliche – Konfrontation mit der Polizei gesucht wurde. Polizei und Militär seien „aufgefordert" worden „einzuschreiten" und die gewählten Volksvertreter zu entmachten, da diese aus Sicht der nun Beobachteten ihre Kompetenzen überschritten und zu tyrannischen Machthabern jenseits der bis dahin bestehenden demokratischen Ordnung geworden seien. In einigen Fällen wurden Politiker verschiedener Ebenen an ihren Privatadressen aufgesucht, um dort zu demonstrieren und mit ihnen zu diskutieren, aber auch – so die Einschätzung des Verfassungsschutzes – um sie einzuschüchtern. Die beobachtete Szene weise Schnittmengen und dadurch eine gewisse Anschlussfähigkeit zur extremen Rechten sowie zu den Reichsbürgern und Selbstverwaltern auf. Immer wieder sei es zwischen diesen zu einem Austausch gekommen. Laut Bericht wird davon ausgegangen, dass über die Coronapandemie hinaus Krisensituationen genutzt werden, um „staatliche Stellen und politische Verantwortliche herabzusetzen. Hierzu [sei] beispielsweise eine verstärkte Thematisierung der politischen Maßnahmen zur Bewältigung des Klimawandels durch Akteure des Phänomenbereichs in Betracht zu ziehen. Hierdurch [würde] einem Verlust des Vertrauens der Bevölkerung in die Funktionsfähigkeit des demokratischen Staates Vorschub geleistet" (S. 120).

Die Einführung dieses neuen Phänomenbereichs war der Wahrnehmung des Rezensenten nach umstritten, und dies zu Recht: Der deutsche Verfassungsschutz schafft es nämlich selbst in seinem an sich sehr gut für die Öffentlichkeit aufbereiteten Bericht nicht, darzulegen, was genau diesen neuen Phänomenbereich von anderen Bereichen abhebt und vor allem wie die hier nunmehr Beobachteten sich vom Rest der Bevölkerung abgrenzen lassen. Welcher Protest, Widerspruch und Kritik vom Verfassungsschutz wird als „legitim" angesehen und wann genau gilt derartiges als „illegitim" und damit „verfassungsfeindlich"? Man begnügt sich lediglich mit der Feststellung, dass es dann in manchen Fällen eben über „das Legitime" hinausgegangen sei und man daher nun beobachten müsse (oder wolle). Nun soll mit dieser Kritik nicht der Aufruf zu Gewalttaten bis hin zur Ermordung von angefeindeten

Personen gerechtfertigt werden, denn diese sind jedenfalls zu verfolgen und strafrechtlich zu ahnden. Doch muten die im Bericht 2021 präsentierten Begründungen und Erläuterungen, wer genau hier wieso beobachtet wird, teils tautologisch und schwammig an. Aus einer Außenperspektive weckt der Abschnitt Assoziationen zu den Begriffen „Majestätsbeleidigung" und „Untertanenungehorsam"; erinnert er an den polizeilichen Zugang des Obrigkeitsstaats vergangener Tage. Um den Eindruck zu vermeiden, hier solle nun den „Wutbürgern", „Querdenkern" und sonstigen stark querulatorisch veranlagten Zeitgenossen „die Mauer gemacht werden", sei als Gedankenexperiment darauf verwiesen, das man auch die neueren Protestformen im Zusammenhang mit dem Klimaschutz als „Delegitimierung des Staates" in seiner derzeitigen demokratischen Form interpretieren kann: Hier werden ebenfalls regelmäßig von kleinen Gruppen rechtswidrige (da weder angemeldet noch in dieser Form zulässige) Versammlungen abgehalten, welche staatliche Normen missachten (insbesondere die Regelungen zu Versammlungen sowie die Straßenverkehrsordnung). Den gewählten Repräsentanten aber teils auch der Verwaltung und der Gerichtsbarkeit wird Untätigkeit und Verantwortungslosigkeit vorgeworfen, weil deren Maßnahmen zum Klimaschutz den „Aktivisten" nicht weit oder schnell genug gehen. Der Umstand, dass es zum einen nicht gelingt, derartige Aktionen zu unterbinden, und zum anderen dann ein gewisser Aufwand betrieben werden muss, um die Straßen wieder frei zu machen, nur um zumeist schon am nächsten Morgen oder einige Tage später wieder von vorne zu beginnen, ist – wenn auch mit einer anderen, wahrscheinlich langsameren Wirkdauer – wohl ebenso geeignet „einem Verlust des Vertrauens der Bevölkerung in die Funktionsfähigkeit des demokratischen Staates Vorschub [zu leisten]" (S. 120).

Es ist dabei vollkommen klar, dass gewisse Szenen und Netzwerke mit bestimmten Weltanschauungen ein erhöhtes Potenzial haben, in den Bereich der politischen Kriminalität und vielleicht in eine Staatsgefährdung abzugleiten, und daher einer gewissen Aufmerksamkeit des „Frühwarnsystems der Demokratie" bedürfen. Doch erscheint die gewählte Herangehensweise als kontraproduktiv und juristisch wie demokratiepolitisch schwer vertretbar. Hier bräuchte es entweder klare und öffentlich ausgehandelte und kommunizierte Kriterien, wann und unter welchen Bedingungen eine Beobachtung derartiger Individuen und Gruppen stattfindet – und diese Beobachtung ist sodann von den gewählten Abgeordneten noch einmal genauer zu kontrollieren, als dies andere Bereiche ohnehin schon werden. Oder die Individuen und Gruppen können gegebenenfalls einem der bereits bestehenden Spektren zugeordnet und eben im Rahmen dessen beobachtet werden. Anhand der Darstellung des Berichts 2021 läuft der deutsche Verfassungsschutz nämlich aus Sicht des Rezensenten Gefahr als „Gesinnungspolizei" wahrgenommen (oder gar als solche instrumentalisiert) zu werden, welche über die „korrekte" Form von Unmutsäußerungen und Protestformen „nach Gutdünken" entscheidet.

Trotz dieser Kritik kann man der Bundesrepublik Deutschland und ihrem Verfassungsschutz insgesamt zu ihrem Berichtswesen nur gratulieren: Der Verfassungsschutzbericht 2021 ist – wenn auch zum Teil etwas bürokratisch-formalistisch verpackt – sehr informativ und zugänglich, höchst professionell gestaltet und von seiner Erhältlichkeit (Zusendung an Interessierte im Ausland erfolgt ohne Probleme) vorbildlich. Aus Forschungssicht wäre es immer wünschenswert, wenn zu (abgeschlossenen) Fällen und Ereignissen mehr Details preisgegeben würden, doch ist die Befriedigung forscherischer Neugierde selbstverständlich nicht die Primäraufgabe einer derartigen Publikation.

Gesamtdarstellung zur deutschen Geschichte von 1918 bis 1945?

Von Ernst Piper

Michael Wildt, Zerborstene Zeit. Deutsche Geschichte 1918 bis 1945, München 2022 (*C. H. Beck*), 638 S.

Die Zeit ist eine physikalische Größe. Sie schreitet mit unerbittlichem Gleichmaß voran. Hans-Ulrich Wehler hat dafür das Bild geprägt, dass die Gegenwart für den Historiker „allenfalls die Breite eines Rasiermessers [hat], dessen Klinge unaufhörlich Teilstücke der Zukunft abschneidet und der Vergangenheit zuweist."[1] Ein Aquarium, dessen Wände dem Wasserdruck nicht mehr standhalten, kann zerbersten, auch ein Imperium, das eine wie immer geartete staatliche Ordnung geschaffen hat. Die Zeit kann nicht zerbersten, sie schreitet einfach immer weiter.

Das weiß auch Michael Wildt. Seine Einleitung macht deutlich, was er mit der Darstellung im Sinn hat. Er gibt einen souveränen Überblick über die Historiographie der vergangenen Jahrzehnte, erläutert die Unmöglichkeit einer totalen Geschichte und kommt zu der „Einsicht in die Pluralität, Vielgestaltigkeit und Vielzeitigkeit von Geschichten im 20. Jahrhundert" (S. 11). Dass es nicht nur um Geschichte, sondern auch um Geschichten geht, unterstreicht die Tatsache, dass Wildt extensiv aus Tagebüchern zitiert, insbesondere aus denen von Luise Solmitz, einer Hamburger Hausfrau und Hitlerverehrerin, die nahezu zu jedem der im Buch referierten Ereignisse zu Wort kommt. Die Tagebücher bilden „gewissermaßen einen roten Faden durch die Zeit von 1918 bis 1945" (S. 13).

Wildt fragt: „Muss wirklich noch einmal berichtet werden, dass Heinrich Brüning 1930 Reichskanzler geworden ist?" (S. 17). Diese Frage ist offensichtlich rhetorisch gemeint. Mit einem glatten Nein wird sie aber nur der beantworten wollen, der als seine Leserschaft vor allem Menschen im Auge hat, die das schon wissen. Der Autor verweist zwar darauf, dass man es auch bei Wikipedia nachschlagen könne. Aber man kann in einer historischen Darstellung nicht im Ernst einfach alle Fakten beiseitelassen, die irgendwo nachgeschlagen werden können. Viel eher wohl möchte der Autor seine „neue[n] deutsche[n] Geschichten" (ebd.) Lesern erzählen, die die alten deutschen Geschichten schon kennen. Mehr als 40 Historiker treten namentlich im Buch auf. Sie sind das imaginäre Publikum des Autors. Die Frage „Muss wirklich noch einmal berichtet werden, dass Albert Speer einer der mächtigsten Männer des NS-Regimes war?" stellt Wildt nicht. Aber er beantwortet sie: In seinem Buch kommt der Name Speer – im Gegensatz zum Namen Brüning – nicht vor.

Zerborstene Zeit hat zwölf Kapitel, die jeweils einem Jahr gewidmet sind. Von den 28 Jahren des behandelten Zeitraums werden so zwölf Jahre in den Fokus

---

[1] Hans-Ulrich Wehler, Geschichte als Historische Sozialwissenschaft, Frankfurt a. M. 1973, S. 16.

gerückt, allerdings in sehr unterschiedlicher Art und Weise. In den ersten beiden Kapiteln, den Jahren 1918 und 1919 gewidmet, werden auf der Basis umfassender Sachkenntnis, aber doch ganz traditionell, noch einmal ausführlich all die Ereignisse geschildert, die anlässlich der 100. Jahrestage 2018/19 schon Gegenstand zahlreicher Darstellungen gewesen sind – Kriegsende, Revolution, die Münchner Räterepubliken und ihre blutige Niederschlagung.

Die beiden folgenden Jahre fehlen, so dass der Vertrag von Rapallo, die Ermordung Walter Rathenaus und das Republikschutzgesetz in Wildts Buch nicht vorkommen. Das dritte Kapitel konzentriert sich auf das Jahr 1923. Der Hitler-Putsch wird auf zwei Seiten eher beiläufig abgehandelt. Viel mehr Aufmerksamkeit gilt der französischen Besetzung des Ruhrgebiets, die detailreich und interessant geschildert wird. Die Analyse dieses Krisenjahres der Weimarer Republik steht unter der Überschrift „Ausnahmezustand und Volksgemeinschaft", ein sehr passendes Bild für die Problemkonstellation jener Tage.

Das folgende Kapitel „Locarno 1925" ist fast vollständig der Konferenz von Locarno gewidmet und liefert gewissermaßen eine „dichte Beschreibung" dieses Ereignisses, des Ortes, der Teilnehmer, ihrer Verhandlungen im großen und im kleinen Kreis, der medialen Begleitung, der Nachwirkungen, zu denen nicht zuletzt die Verleihung des Friedensnobelpreises an Gustav Stresemann und Aristide Briand im Jahr darauf gehörte. Dieses Kapitel zeigt beispielhaft, welche neuen Erkenntnismöglichkeiten Wildts historiografische Strategie bietet.

Konzentriert der Autor sich 1925 ganz auf ein einzelnes Ereignis, schlägt er im folgenden Kapitel („1926") einen großen Bogen vom deutschen Kaiserreich bis zum NS-Regime. Es geht einerseits um Josephine Baker, die 1925 nach Paris kam und im Jahr darauf auch in Berlin auftrat, andererseits um Afrikaner in Deutschland. Vor 1918 gab es nur einige Dutzend, allenfalls wenige Hundert Schwarze in Deutschland, deren Zahl dann auf 2500 bis 3000 anwuchs, nachdem das Deutsche Reich seine Kolonien verloren hatte. Interessant ist der Fall von Martin Dibobe. Dieser stammte aus Kamerun und kam 1896 im Zuge einer „Völkerschau" nach Berlin. Er musste an der Charité kraniometrische Messungen über sich ergehen lassen, wie sie jüngst in dem Spielfilm „Der vermessene Mensch" zu sehen waren, entschied sich aber dennoch dafür, in Deutschland zu bleiben. Er erlernte den Beruf des Zugführers, arbeitete bei der Berliner Hochbahn, trat der SPD und der Liga für Menschenrechte bei und engagierte sich für die Gleichberechtigung der Afrikaner. Jedoch scheiterten Dibobes Assimilationsbemühungen. Enttäuscht kehrte er 1922 nach Afrika zurück, er durfte allerdings – deutscher Sympathien verdächtig – in sein Heimatland nicht mehr einreisen.

Die folgenden vier Kapitel widmen sich Themen der Wirtschafts- und Sozialpolitik (1930), der nationalsozialistischen Machteroberung, die vor allem am Beispiel der rheinland-pfälzischen Kleinstadt Wittlich gezeigt wird (1933), den Kriegen in Äthiopien und Spanien (1936) und dem Einmarsch der deutschen Wehrmacht in Österreich (1938). Auffallend ist, dass der Bereich der Kultur, also Publizistik, Literatur, Malerei, Theater, Musik, Architektur, kaum zur Sprache kommt. Kein Wort über Carl von Ossietzky, Ernst Jünger, Max Beckmann, Erwin Piscator, Paul Hindemith oder Ludwig Mies van der Rohe. Der Film findet Erwähnung, allerdings steht hier Charlie Chaplin im Mittelpunkt. Wildt schreibt denn auch: „Hollywood war das Zentrum der Filmwelt und beherrschte auch das europäische Kino" (S. 235). Die Aussage wäre etwas zu relativieren. Der deutsche Film, erste Studios gab es schon vor dem Ersten Weltkrieg, hatte sich in der Weimarer Republik als Massenmedium etabliert. In den 1920er Jahren wurden in Deutschland mehr Filme produziert als in allen anderen europäischen Staaten zusammen. Hier wirkten Regisseure wie Friedrich Wilhelm Murnau, Ernst Lubitsch, Fritz Lang, Josef von Sternberg, die ihre Karriere in Hollywood fortsetzten und dort einen bedeutenden Beitrag zur Entwicklung des amerikanischen Films leisteten. Heute ist der Anteil US-amerikanischer Filme auf dem deutschen Kinomarkt doppelt so hoch wie in den 1920er Jahren, wobei europäische Emigranten einen ganz entscheidenden Beitrag zum Aufstieg Hollywoods zur Filmmetropole geleistet haben.[2]

Die Kapitel 10 und 11 thematisieren den Vernichtungskrieg (Lemberg 1941) und den Holocaust (Amsterdam – Sobibór 1943). Die Voraussetzungen für dieses Geschehen werden in der denkbar knappsten Form, geradezu verklausuliert, erwähnt. Das allen Lesern bekannte Stichwort Hitler-Stalin-Pakt wird vermieden, auch vom deutsch-sowjetischen Nichtangriffspakt ist nur indirekt die Rede. Wildt berichtet lediglich, Ribbentrop sei am 23. August nach Moskau geflogen. In welchem Jahr sagt Wildt nicht, in den Sätzen zuvor und danach ist vom Jahr 1939 die Rede. Auch mit wem Ribbentrop in Moskau gesprochen hat, erfahren wir nicht, nur dass er dort „den Vertrag" unter Dach und Fach gebracht hat.

Es folgt eine luzide Mikrostudie über die Situation in Lemberg, die nicht zuletzt ihre Aufmerksamkeit auf sich zieht, weil die damals zu Polen gehörende Hauptstadt der Westukraine spätestens durch den russischen Angriffskrieg gegen die Ukraine vielen Deutschen ein Begriff geworden ist. Dazu mag noch beigetragen haben, dass der streitbare Diplomat Andrij Melnyk, der aus Lemberg stammt, es sich zuletzt immer wieder angelegen sein ließ, den ukrainischen Faschisten Stepan Bandera zu verteidigen. Bandera, so zitiert ihn Michael Wildt, trat dafür ein, die Juden „als ergebenste Stütze des bolschewistischen Regimes" zu bekämpfen. Die *Organisation Ukrainischer Nationalisten* (OUN), deren radikal antisemitischen Flügel Bandera anführte, wirkte an der Vernichtung der jüdischen Gemeinde durch die Einsatzgruppe C mit. Bandera selbst war allerdings nicht dabei. Die Deutschen hatten ihn verhaftet, weil sein Ziel eines unabhängigen ukrainischen Nationalstaates mit ihren Plänen nicht kompatibel war.

Dieses Kapitel zeigt die Stärke wie die Schwäche von Wildts Methode. Die Mikrostudie lässt vieles sehr anschaulich werden, etwa durch das Zurückgreifen auf Egodokumente, z. B. von Joseph Roth. Der NS-Historiker, der sich mit der Situation in Ostgalizien bisher vielleicht nicht detailliert beschäftigt hatte, liest all

---

2 Vgl. Neal Gabler, Ein eigenes Reich. Wie jüdische Emigranten „Hollywood" erfanden, Berlin 2004.

das mit Gewinn. Der wenig vorinformierte Leser, so ist zu befürchten, gerät eher ins Schwimmen, weil er Schwierigkeiten hat, die Puzzleteile in ein größeres, ihm nicht bekanntes Bild einzuordnen.

Im vorletzten Kapitel geht es um die Vernichtung der Juden, ein zentrales Ziel der nationalsozialistischen Europapolitik. Wildt würde das vermutlich anders formulieren, denn das Kapitel beginnt mit dem Satz: „Der Holocaust folgte keinem Plan, der von vornherein festgelegt hätte, sämtliche Juden zu ermorden" (S. 425). Es folgt die These von der kumulativen Radikalisierung. Dem könnte man entgegenhalten, dass bekanntlich bis 1941 Möglichkeiten der Auswanderung für Juden gegeben waren; man denke an das Haavara-Abkommen, die Konferenz von Évian oder den Madagaskarplan. Damals war der deutsche Herrschaftsbereich aber eher bescheiden. Mit der Entwicklung des Zweiten Weltkriegs in Europa ab 1939, vor allem ab 1941, erweiterte sich dieser Herrschaftsbereich dramatisch, während die Möglichkeiten einer Auswanderung oder Flucht schwanden. Die „Entfernung" der Juden, von der Alfred Rosenberg schon immer gesprochen hatte, wurde zunehmend gleichbedeutend mit ihrer Ermordung. Und diese Intentionalität war nicht neu. Bei den Nationalsozialisten „war die Verfolgung der Juden Teil einer reinen und abstrakten antisemitischen Ideologie im Kontext eines biologischen Rassismus; sie wurde zu einem zentralen Faktor von Hitlers Kriege gegen die ganze Welt."[3]

Wildt, einer der besten Kenner der Materie, gibt in diesem Kapitel einen gedrängten Überblick über das Vernichtungsgeschehen, wie es sich seit 1939, beginnend mit der Aktion T 4, schrittweise entwickelt hatte. Besondere Akzente setzt er auf die Deportationen aus den Niederlanden und auf Sobibór, eines der Vernichtungslager der Aktion Reinhardt, dessen Geschichte besonders interessant ist, weil Sobibór das einzige Lager war, in dem es zu einem erfolgreichen Aufstand kam. Nur wenige Häftlinge überlebten diesen Aufstand, aber die Tötungsmaschinerie war so weit beschädigt, dass das Lager anschließend aufgegeben und eingeebnet wurde. Ein Dutzend SS-Leute waren von den Aufständischen getötet worden, unter ihnen der stellvertretende Lagerkommandant Johann Niemann, dessen einzigartige Fotosammlung kürzlich entdeckt und publiziert wurde.[4]

Das Jahr 1944 überspringt der Autor, denn das letzte Kapitel – das ist anders kaum denkbar – ist dem Jahr 1945, einer „Welt in Trümmern", gewidmet. Knapp werden wichtige Themen der letzten Kriegsphase angerissen: der Kriegswinter, der Luftkrieg, der Vormarsch der Alliierten im Westen wie im Osten, die Todesmärsche und die Befreiung von Auschwitz, die Atombomben auf Hiroshima und Nagasaki. In einer Schlussbemerkung folgt ein Ausblick auf die Situation nach dem Kriegsende.

---

3 Yehuda Bauer, Die dunkle Seite der Geschichte. Die Shoah in historischer Sicht, Frankfurt a. M. 2001, S. 49.
4 Bildungswerk Stanisław Hantz e. V./Forschungsstelle Ludwigsburg der Universität Stuttgart (Hrsg.), Fotos aus Sobibor. Die Niemann-Sammlung zu Holocaust und Nationalsozialismus, Berlin 2020.

Die Gesamtdarstellung, die der Untertitel dieses Buches suggeriert, kann Michael Wildt nicht liefern. Das wollte er aber auch nicht, wenn man den Ausführungen in seiner Einleitung glauben darf. Und anregend ist die Lektüre dieses Buches allemal, für den Kundigen mehr noch als für den Unkundigen.

Extremismus und öffentlicher Dienst

Von Eckhard Jesse

Edgar Wolfrum (Hrsg.), Verfassungsfeinde im Land? Der „Radikalenerlass" von 1972 in der Geschichte Baden-Württembergs und der Bundesrepublik, Göttingen 2022 (*Wallstein*), 684 S.

Kaum ein Thema löste in der Bundesrepublik Deutschland der 1970er und 1980er Jahre derart heftige Kontroversen aus wie der Umgang mit (tatsächlichen oder vermeintlichen) Verfassungsfeinden, die in den öffentlichen Dienst strebten. Bestand zunächst Konsens zwischen der Union und der SPD, rückte die SPD Ende der 1970er Jahre immer mehr von den Schutzvorkehrungen ab. 50 Jahre nach dem am 28. Januar 1972 verabschiedeten Ministerpräsidentenbeschluss, der Extremisten aus dem öffentlichen Dienst fernhalten sollte, gab der Heidelberger Historiker Edgar Wolfrum, neben Birgit Hofmann Leiter des vom baden-württembergischen Wissenschaftsministerium[1] geförderten Projekts „Verfassungsfeinde im Land? Baden-Württemberg, '68 und der ‚Radikalenerlass' (1968–2018)", einen Band zur Praxis des „Radikalenerlasses" heraus.[2] Allerdings ist der Terminus „Radikalenerlass", selbst wenn ihn die Autoren in Anführungszeichen setzen, ausgesprochen missverständlich. Zum einen spricht der Beschluss der Ministerpräsidenten überhaupt nicht von „Radikalen", zum anderen war dieser kein neues Recht schaffender Erlass, sondern erinnerte nur an die Rechtslage. Das Neuartige – und der Stein des Anstoßes für Kritiker: die Einführung der Regelanfrage bei den Verfassungsschutzbehörden mit Blick auf das Vorliegen gerichtsverwertbarer Erkenntnisse, die einer Einstellung in den öffentlichen Dienst entgegenstehen könnten.

Eingangs präsentieren Hofmann und Wolfrum einen umfassenden forschungsorientierten Überblick.[3] Das staatliche Vorgehen war in der Tat „eine nationale wie eine

---

1 Die baden-württembergische Ministerin für Wissenschaft, Forschung und Kunst (bis September 2022) Theresia Bauer (Bündnis 90/Die Grünen) schreibt im Geleitwort, seinerzeit seien „Lebensentwürfe von vor allem jungen Menschen zerstört und existenzgefährdet" worden. Und weiter heißt es, „Baden-Württemberg machte sich in dieser Zeit einen Namen als ‚schwarze Berufsverbotsprovinz', denn im Südwesten wurde der sogenannte ‚Schiess-Erlass', die Regelanfrage beim Verfassungsschutz, zum Normalfall. Konkret bedeutete dies, dass junge Menschen aufgrund der Teilnahme an Demonstrationen, der Unterzeichnung von Petitionen oder auch einer Asta-Mitgliedschaft nicht für eine Tätigkeit im öffentlichen Dienst zugelassen wurden. Beamtinnen und Beamte, die sich auf diese Weise engagierten, wurden in Einzelfällen aus dem Dienst entlassen" (S. 11).
2 Siehe auch die Vorstudie: Verfassungsfeinde im Land? Baden-Württemberg, '68 und der „Radikalenerlass" (1968–2018). Ein Forschungsbericht, Heidelberg 2020.
3 Es gibt mittlerweile eine Reihe von Studien mit ähnlich kritischem Tenor: Gerard Braunthal, Political Loyalty and Public Service in East Germany. The 1972 Decree against Radicals and Its Consequences, Amherst 1990; Dominik Rigoll, Staatsschutz in Westdeutschland. Von der Entnazifizierung zur Extremistenabwehr, Göttingen 2013; Jutta Rübke (Hrsg.), Berufsverbote

förderale [!] Angelegenheit" (S. 45). Es gab mithin erhebliche Unterschiede zwischen den Ländern – „Baden-Württemberg galt dabei – durchaus zu Recht, wie unser Projekt zeigt, wiewohl nicht im absoluten Sinne – als ‚Hochburg' des Extremistenbeschlusses" (S. 45). Da ein Vergleich unterbleibt, ist dies eine kühne These. Zu Recht heißt es, Rudi Dutschkes „Marsch durch die Institutionen" sei nicht als „bloßes Hirngespinst abzutun" (S. 14): Anfang der 1970er Jahre deutete nichts auf einen Niedergang kommunistischer Positionen hin, nicht in Deutschland, nicht weltweit. Auch wenn die Verfasser gegenteilige Positionen korrekt wiedergeben, sparen sie nicht mit dezidierter Kritik an der Umsetzung des Ministerpräsidentenbeschlusses (nicht nur) in Baden-Württemberg.

Noch 2006 beklagte Wolfrum „das ständige Störfeuer des linken Flügels der SPD […], der einen ‚antikapitalistischen Frühling' ausbrechen sah, die Grenzen der Belastbarkeit testen wollte, rätedemokratische Modelle entwarf und auf Parteitagen mit Vorschlägen aufwartete, den Spitzensteuersatz auf 60 % anzuheben". Begriffe wie „Radikalenerlass" und „Berufsverbot" erfuhren Kritik. „Klischees vom antidemokratischen Charakter deutscher Regierungen wurden aufgewärmt." Wolfrum bemängelte zwar die Regelanfrage wegen des staatlichen Misstrauens gegenüber jungen Bürgern, sah aber die Einstellungspraxis nicht als „sonderlich illiberal"[4] an. Seine Position zu modifizieren oder gar zu ändern, ist legitim, doch wäre die Leserschaft von mehr Transparenz angetan gewesen.

Die meisten der 34 Texte stammen von Yvonne Hilges (7) und Miriam Schnorr (15), den beiden Wissenschaftlichen Mitarbeiterinnen im Forschungsprojekt, die intensiv diese komplexe Materie bearbeitet haben, so zur Kritik der „Berufsverbote", zu einschlägigen Urteilen des Bundesverfassungsgerichts (1975) und des Europäischen Gerichtshofes für Menschenrechte (1995), um nur einige Themen zu nennen. Zahlreiche Einzelfälle sind in Zeitzeugengesprächen mit Betroffenen zudem dokumentiert worden. Die Methode präjudiziert dabei das Ergebnis – die Perspektive der Behörden fällt mithin weitgehend unter den Tisch.

Der erste Teil bezieht sich auf Baden-Württemberg, gegliedert nach „Einzelstudien" und „Schlaglichtern". Der wichtigste, mehr als 100 Seiten umfassende Beitrag Miriam Schnorrs „Der ‚Schiess-Erlass' als ‚Preis der Freiheit'?" zeichnet die Geschichte des Extremistenbeschlusses in Baden-Württemberg nach. Der missverständlich-suggestive Terminus „Schiess-Erlass" betrifft die „Bekanntmachung des Innenministeriums über die Pflicht zur Verfassungstreue im öffentlichen Dienst" vom 15. Oktober 1973. Der Name des damaligen Innenministers (Karl Schiess) diente Kritikern als polemische Bezeichnung der Durchführungsrichtlinien. Schnorrs

---

in Niedersachsen 1972–1990. Eine Dokumentation, Hannover 2018; Alexandra Jaeger, Auf der Suche nach „Verfassungsfeinden". Der Radikalenbeschluss in Hamburg 1971–1978, Göttingen 2019. Die Habilitationsschrift des Rezensenten, welche die Akzente mit dem Maßstab der Orientierung an Mitgliedschaften in verfassungsfeindlichen Organisationen anders setzt und die Maßnahmen im Kern verteidigt, ist unveröffentlicht geblieben: Streitbare Demokratie in der Bundesrepublik Deutschland. Das Beispiel des Extremistenbeschlusses von 1972, Trier 1989.

4 So Edgar Wolfrum, Die geglückte Demokratie. Geschichte der Bundesrepublik Deutschland von ihren Anfängen bis zur Gegenwart, Stuttgart 2006, S. 322 f.

Text basiert auf gründlicher Archivarbeit. Die Vorgeschichte kommt zur Sprache, der formale Ablauf der Überprüfung, die Praxis in ihren Verästelungen sowie die Abschaffung der Regelanfrage mit Wirkung vom 1. Januar 1991. Die Kernthese lautet: Das Prinzip der Treuepflicht des Beamten überlagerte das des Parteienprivilegs. Zwischen 1973 und 1990 fanden 695.692 Regelanfragen statt. In 1.930 Fällen lagen Erkenntnisse des Verfassungsschutzes vor – diese führten zu 222 Ablehnungen und zu 66 Entlassungen. Die Ablehnungsquote liegt damit deutlich unter 0,1 Prozent. Sind Schlagworte wie „Duckmäusertum" und „Gesinnungsschnüffelei" angesichts dieser Zahlen angebracht? Was nicht untersucht wurde: Wie viele der abgelehnten Bewerber beschritten den Rechtsweg – und mit welchem Erfolg? Nach der Autorin „war ein unverhältnismäßig großer bürokratischer Aufwand getrieben worden, der sich letztlich vor allem auf die falschen Kandidaten und Kandidatinnen im öffentlichen Dienst richtete – junge Menschen, die zwar ausgeprägt politisch dachten und handelten, aber im Grund keine ‚Feinde' der Verfassung oder gar der Demokratie waren" (S. 192 f.). Einige Fragen seien erlaubt: Was wären die „richtigen" Kandidaten gewesen? Sind Mitglieder der DKP, die unter die Maßnahmen fielen, „Freunde" der Verfassung? Ist der Topos von den Personen, die „ausgeprägt politisch dachten und handelten", kein Euphemismus? Die Schlussfolgerungen Schnorrs stehen in einem Spannungsverhältnis zu ihren akribisch ermittelten Fakten. In einem weiteren Beitrag breitet die Autorin Erkenntnisse über die Vorwürfe der Einstellungsbehörden aus. Vor allem DKP-Mitglieder waren von Ablehnungen betroffen, ebenso Mitglieder maoistischer K-Gruppen. Lediglich drei bis vier Prozent gingen auf das rechtsextreme Spektrum zurück. Schorr legt sich mit Blick auf die Frage nach einer Ungleichbehandlung nicht fest und verweist auf nötige rechtswissenschaftliche Analysen. Dabei ist der Befund klar.

Wichtig ist auch der Beitrag von Yvonne Hilges über den „Adenauer-Erlass" aus dem Jahr 1950, der eine Reihe von Organisationen auflistete und als eine Art Vorläufer des Beschlusses von 1972 gelten dürfte. Wie die Autorin ungeachtet einer schwierigen Quellenlage belegen kann, rief der „Adenauer-Erlass" seinerzeit wegen juristischer Unklarheiten parteiübergreifende Kritik hervor. Dieser spielte in der Praxis daher eine weitaus geringere Rolle als bislang vermutet. Hilges spricht sogar von einer „(Nicht-)Umsetzung im Südwesten" (S. 65). Weniger überzeugend fällt ihr Text über den Verfassungsschutz aus, betitelt „Angst vor dem Überwachungsstaat". Unter den potenziell Betroffenen hätten Gerüchte kursiert, „bereits das ‚Wohnen in einer Wohngemeinschaft' oder ‚häufiges Parken vor einem Lokal, in dem die DKP ihre Versammlungen abzuhalten pflegt', ziehe die Einleitung von Anhörungsverfahren nach sich" (S. 294). Die Autorin führt diese kursierenden Gerüchte ohne substanzielle Belege auf staatliche Maßnahmen zurück. Lag die Urheberschaft dafür nicht woanders?

Der zweite Teil, der über Baden-Württemberg hinausweist und etwa halb so umfangreich ausfällt wie der erste, geht auf unterschiedliche Aspekte ein, die nur zum Teil den Extremistenbeschluss und seine Folgen betreffen. Erwähnenswert ist vor allem der Beitrag Dominik Rigolls, eines Autors, der bereits eine einschlägige Monographie vorgelegt hatte. Ohne mit seiner Kritik an der Praxis hinter dem Berg zu halten, listet er die unterschiedlichen Positionen fair auf. „Dies geschieht in der Überzeugung, dass ein Mehr an produktivem Streit der geschichtswissenschaftlichen Erkenntnis guttäte" (S. 530). Es verdient zwar Anerkennung, den Blick über Baden-Württemberg hinaus zu richten, doch fehlt in den einschlägigen Texten jeweils ein Vergleich zu diesem Bundesland. So steht die These, „vor allem das CDU-geführte Land Baden-Württemberg [habe sich] zum Bollwerk gegen Radikale (von links)" (S. 16) aufgeschwungen, unbewiesen im Raum. Schon das Beispiel von Niedersachsen, in dem die SPD bis 1976 den Ministerpräsidenten stellte, durch Wilfried Knauer relativiert sie, ohne dass der Autor dies eigens anspricht.

Der gediegen gestaltete Sammelband ist gut geschrieben (den Komparativ von „umstritten", S. 102, gibt es ebenso wenig wie den Superlativ, S. 60), enthält informative 51 Abbildungen und erschließt eine Vielzahl neuer Funde zur Thematik mit Blick auf Baden-Württemberg. Das ist sein Verdienst. Trotzdem kann das Fazit insgesamt nicht sonderlich positiv ausfallen: Die Autoren überbetonen die Schattenseiten des Extremistenbeschlusses. Diese sollen etwa mit Blick auf Bürokratismus, Formalismus und Legalismus nicht durchweg bestritten werden, doch wäre es angezeigt gewesen, die Sichtweise der Befürworter stärker in den Vordergrund zu rücken und sich argumentativ mit ihr auseinanderzusetzen.

Auch die Struktur des Bandes überzeugt wenig. Die Ergebnisse für Baden-Württemberg in insgesamt 26 Beiträge aufzufächern, das musste nicht sein. Viele Aspekte, die zusammengehören, werden so auseinandergerissen. Und die sechs Texte im Unterkapitel „Quellenfundstücke", die jeweils nur wenige Seiten umfassen, erscheinen ganz entbehrlich. Was etwa ist damit gewonnen, für die Kommentierung der „Pressemitteilung Nr. 94/1972 des Innenministeriums Baden-Württemberg" einen eigenständigen Beitrag im Umfang von gut drei Seiten vorzusehen?

Einen Schlussstrich unter diese häufig emotionalisiert geführte Debatte[5] kann der Band schwerlich bieten. Dafür umgehen die Autoren zu viele Aspekte: War die seinerzeitige Kritik tatsächlich treffend? Spielte in der Praxis zweierlei Maß eine Rolle, bezogen auf die politischen Positionen der Bewerber? Fielen die Unterschiede in den 1970er Jahren zwischen den unions- und den sozialdemokratisch regierten Ländern tatsächlich derart groß aus, bezogen auf die Praxis? Hatten beide Seiten nicht ein Interesse daran, um, je nach Perspektive, „Laxheit" bzw. „Militanz" anzuprangern? Der Band enthält einen Text zu rechtsextremen Positionen am Beispiel des Extremistenbeschlusses, aber keinen zu linksextremen. Und angesichts der gegenwärtig spiegelverkehrt verlaufenden Debatte um das Thema „Extremismus und öffentlicher Dienst" wäre ein eigener Beitrag dazu sinnvoll gewesen. Dann ließe sich die Probe aufs Exempel machen: Steht die Frage der Liberalität im Vordergrund oder die nach der politischen Richtung?

---

5 Die Kritik an dem damaligen baden-württembergischen Ministerpräsidenten Hans Filbinger, die sich wie ein roter Faden durch den Band zieht, kommt mitunter einer Abrechnung gleich, zumal sie nicht nur dessen Einstellung zum Extremistenbeschluss in den Blick nimmt.

Die USA – ein totalitärer Staat?

Von Peter Graf Kielmansegg

Sheldon S. Wolin, Umgekehrter Totalitarismus. Faktische Machtverhältnisse und ihre zerstörerischen Auswirkungen auf unsere Demokratie, Frankfurt a. M. 2022 (*Westend*), 464 S.

Lohnt es sich, dieses Buch zu lesen? Die Frage mag als respektlos erscheinen – schließlich war Sheldon Wolin – er starb 2015 – ein politischer Philosoph von Rang, ein führender Kopf unter den linken Intellektuellen in den Vereinigten Staaten. Aber es gibt Gründe, sie zu stellen. Wolins Buch, sein letztes, erschien 2008. Es ist im Kern eine Auseinandersetzung mit der Präsidentschaft G.W. Bush jr., auch wenn es an Ausflügen in die Vergangenheit nicht fehlt. Es kreist um die Schlüsselereignisse dieser Präsidentschaft, die umstrittene Präsidentschaftswahl von 2000, die Bush am Ende mit Hilfe des Supreme Court für sich entschied; den Krieg gegen den Terrorismus, den Bush nach dem 11. September 2001 ausrief; und den Krieg gegen den irakischen Diktator Saddam Hussein, den Bush 2004 mit Begründungen begann, die sich als erfunden erwiesen. Sie sind, immer wieder beschworen, so etwas wie die Hauptpfeiler, die die Kernthese des Buches, in den Vereinigten Staaten habe sich ein Regime des „umgekehrten Totalitarismus" etabliert, tragen. Die Frage, warum man dieses Buch im Jahr 2023 noch lesen sollte, liegt also nahe. Selbst der Herausgeber Rainer Mausfeld meint sie stellen und auf nicht weniger als 14 Seiten seiner Einführung beantworten zu müssen.

Ja, warum? Zwei Antworten sind denkbar. Die eine: Wolins Vorschlag, den Begriff des Totalitarismus zu erweitern, ist vielversprechend. Er bewährt sich insbesondere bei der Aufgabe, den Verfall der amerikanischen Demokratie konzeptionell zu erfassen. Es lohnt sich also, diesen Ansatz weiterzudenken. Die andere: Der umgekehrte Totalitarismus mag eine begriffliche Fehlkonstruktion sein. Wolins Analyse der Entwicklung der amerikanischen Demokratie ist gleichwohl wegweisend, weil sich die Tendenzen, die er als konstitutiv für die Ära Bush diagnostiziert hat, kontinuierlich fortgeschrieben haben. Beiden Antworten ist nachzugehen.

Lautete der Untertitel des Aufsatzes, in dem Wolin 2003 den Begriff „inverted totalitarianism" neu in die Diskurse über den Zustand der Vereinigten Staaten einführte, noch *How the Bush-regime is effecting the transformation to a fascist-like state*, betont Wolin fünf Jahre später durchgehend die Unterschiede zwischen dem Bush-Regime und der nationalsozialistischen Diktatur: kein Führer, keine umfassende Mobilisierung des Volkes im Dienst einer vorgegebenen Herrschaftsprogrammatik, keine staatliche Lenkung aller Medien, keine Konzentrationslager. Aber dennoch Totalitarismus. Das Genie des umgekehrten Totalitarismus, klärt Wolin den Leser auf, liege darin, totale Macht auszuüben, ohne den Anschein zu erwecken, es zu tun. Wie das? fragt der Leser erstaunt zurück. Was ist das Totalitäre am umgekehrten Totalitarismus, wenn alle konstitutiven Merkmale des Regimetypus, den wir bisher totalitär genannt haben, wegfallen? Welche Art von totaler Macht verbirgt sich hinter dem Schein von Demokratie, Rechtsstaat, Pluralismus? Die Antwort, an der alles hängt, bleibt in einem Nebel verborgen, den das Beiwort „umgekehrt" erzeugt und zugleich verdeckt. Was heißt das – „umgekehrt"? Das Gegenteil von Totalitarismus und doch Totalitarismus in einem? Letztlich macht dieses Beiwort den Totalitarismusbegriff beliebig verwendbar. Und das soll es wohl auch.

Für Wolin offenbart sich die Totalität des herrschenden Regimes gerade darin, dass die Menschen, einige wenige Auserwählte ausgenommen, den totalitären Charakter der Mächte, denen sie unterworfen sind, nicht wahrnehmen. Erklären lässt sich diese Blindheit für ihn nur durch die Annahme einer allumfassenden Manipulation des Bewusstseins, einer Manipulation, die es unmöglich macht, einen Widerspruch gegen die herrschenden Verhältnisse auch nur zu denken. Hinter einer solchen eine gesamte Gesellschaft blendenden Manipulation muss, so der Schluss, eine totale Macht stecken. Ob diese Macht einem Subjekt zuzuordnen ist, bleibt unklar. Beschreibungen einer Machtelite, die Wolin im Kern als Bündnis zwischen Regierungsmacht und Konzernmacht darstellt, wechseln mit Aussagen, die totale Macht im umgekehrten Totalitarismus als ein anonymes, subjektloses Phänomen charakterisieren.

Die Behauptung totaler Manipulation des Bewusstseins einer ganzen Gesellschaft ist ihrer Natur nach unwiderlegbar. Sie kann ja immer auch gegen jeden Kritiker gewendet werden. Aber sie ist ganz und gar unplausibel, zumal unter Verhältnissen, wie Wolin selbst sie für den umgekehrten Totalitarismus annimmt. Viel wirklichkeitsnäher ist hingegen der Gedanke, dass ein Gefühl vollkommener Ohnmacht gegenüber den Verhältnissen, die einem vorgegeben sind, sich auch dort einstellen kann, wo die Rechte des Einzelnen geschützt, die Gewalten geteilt und die Regierungen abwählbar sind. Aber diese Ohnmacht ist Ohnmacht gegenüber einer Totalität ganz anderer Art, der Totalität der gesellschaftlichen Faktizitäten, die, wie immer sie beschaffen sein mögen, in ihrer Totalität für den einzelnen grundsätzlich unverfügbar sind. Diese Ohnmacht, heißt das, gehört zur conditio humana. Mit totalitärer Herrschaft hat sie nichts zu tun.

Davon, dass das Konstrukt des umgekehrten Totalitarismus eine sinnvolle, analytisch verwendbare Erweiterung des Totalitarismusbegriffes sei, kann also nicht die Rede sein. Und davon, dass es uns hülfe, die USA zu verstehen, schon gar nicht. Gleichwohl: Wir müssen weiterfragen. Hat Wolin, als er das Bild der Vereinigten Staaten in der Bush-Ära in den düstersten Farben malte, uns einen Schlüssel für das Verständnis dessen, was ihr folgte, gegeben – ganz unabhängig von seiner Begriffsschöpfung des umgekehrten Totalitarismus? Darüber, dass die amerikanische Demokratie eine „defekte" Demokratie ist, die „defekteste" vielleicht unter den alten, traditionsreichen Demokratien, sind sich die Beobachter inzwischen ja weitgehend einig.

Barack Obamas Anfänge hat Wolin noch miterlebt. Aber im Vorwort zur 2009 erschienenen Paperback-Ausgabe seines Buches ist er damit schnell fertig. Weder in der Person noch im Programm des Bush-Nachfolgers sieht er einen Anlass, sein Urteil zu revidieren. Und Trump? Wie fügt sich seine Wahl, seine Politik, sein Angriff auf die amerikanische Demokratie in Wolins Sicht der Dinge ein? Nicht besonders gut. Politisch waren die Bush-Jahre für Wolin vor allem durch einen aggressiven, als „Krieg gegen den Terrorismus" getarnten Imperialismus bestimmt. Trumps „America first" hingegen war nicht zuletzt eine – freilich im Einzelnen sehr erratische – Aufkündigung des missionarischen Verständnisses der Aufgabe Amerikas in der Welt, wie sie Bush und seine Mannschaft geleitet hatte. Und für die Präsidentschaft Bidens gilt erst recht, dass die amerikanische Weltpolitik ihre Prioritäten noch einmal neu geordnet hat. Das beherrschende Thema von Bidens Außenpolitik ist die Selbstbehauptung der USA gegen den Imperialismus Chinas.

Was Wolins Sicht auf die Machteliten, das herrschende Bündnis der Exekutive mit den Konzernherren angeht, die das Land ganz und gar ihren imperialen Zwecken dienstbar gemacht hätten, so wird man zumindest nicht bestreiten, dass das Verhältnis zwischen der liberal-demokratischen politischen Ordnung und der kapitalistischen Wirtschaftsordnung nie ein einfaches, in den USA ein ungewöhnlich problematisches ist. Um es einfach zu sagen: Geld spielt eine viel zu große Rolle in den politischen Prozessen der amerikanischen Demokratie. Es ist eine Demokratie mit starken plutokratischen Zügen. Auch die anderen Demokratiedefekte, die Wolin in immer neuen Anläufen benennt und beschreibt, haben sich zunehmend deutlich als chronisch erwiesen und werden von vielen Beobachtern in ihrer Summe als Krise wahrgenommen: die Politisierung der Rechtsprechung, die manipulative Wahlkreisgeographie, eine Medienwelt, die mehr indoktriniert als aufklärt, die problematische Entwicklung der *Republikanischen Partei*, um nur einige wenige zu nennen. Aber das alles zu einem wie immer definierten Totalitarismus aufzuaddieren, ist eine groteske Übersteigerung, die zum Verständnis der amerikanischen Demokratiekrise nicht nur nichts beiträgt, sondern ihm entgegenwirkt.

Eine Fehleinschätzung fällt dem Leser, der Wolins Buch 15 Jahre nach seinem Erscheinen in die Hand nimmt, besonders ins Auge: seine Abwertung der kulturellen Konflikte, die die amerikanische Gesellschaft zu zerreißen drohen. Für Wolin sind es künstliche, an Nebensächlichkeiten festgemachte Streitigkeiten, derer sich die Eliten bedienen, um von dem viel fundamentaleren Klassenkonflikt, der eigentlich auszutragen wäre, abzulenken. Für einen marxistisch geprägten Denker mag es ärgerlich sein, wenn sich die Menschen in ihrem politischen Verhalten nicht von dem von ihm postulierten Klassenbewusstsein leiten lassen. Aber wer nicht wahrhaben will, dass in den westlichen Gesellschaften und ganz besonders in den USA inzwischen erbitterte Kulturkämpfe ausgetragen werden, die ihre Wurzeln in tiefen Gegensätzen der Weltsicht, der Wertorientierungen, der Lebensgewohnheiten haben, der verkennt die Wirklichkeit auf eine beinahe groteske Weise.

Noch einmal: Lohnt es sich, dieses Buch zu lesen? Es macht deutlich, wie tief und unversöhnlich die amerikanische Gesellschaft gespalten ist. Das eigene Land wird von den Amerikanern so gegensätzlich wahrgenommen, dass sie sich kaum noch als Bürger ein und desselben Gemeinwesens verstehen können. Das Urteil über die jeweils andere Seite ist so unerbittlich, dass die Bereitschaft, die legitimierende Kraft der demokratischen Spielregeln auch gegen sich gelten zu lassen, erodiert. Trump hat diesen Prozess brutal vorwärtsgetrieben. Aber auch Wolins Sicht der Dinge führt auf die Frage zu, ob der demokratische Schein die Wirklichkeit des umgekehrten Totalitarismus noch rechtfertigen könne.

Wolin stellt dem umgekehrten Totalitarismus eine idyllische Demokratievision entgegen. Das hat etwas Anrührendes: eine kleinräumige, überschaubare Gemeinschaft von Bürgern, die alle, dem demokratischen Ideal der Gleichheit verpflichtet, tätig am Gemeinwohl arbeiten. Aber nicht einmal er selbst glaubt, dass diese Idylle eine Möglichkeit für die USA sei. Sie ist nur das Ausrufungszeichen hinter dem Bild des Monsters, als das Wolin sein Land sieht.

Kommentierte Bibliographie

Ackerman, Galia/Stéphane Courtois, Le Livre Noir de Vladimir Poutine, Paris 2022 (*Perrin/Robert Laffont*), 453 S. – Im Zentrum des Werkes der beiden Russland- und Kommunismus-Experten stehen die biographischen Prägefaktoren der Person Putins, die den Großangriff auf die Ukraine vom Februar 2022 erklären können. Die zentrale Frage lautet folglich: Wer ist dieser Wladimir Putin, der sich weigert, den Lektionen des Zusammenbruchs der UdSSR zu folgen und stattdessen von der Wiederherstellung der Grenzen des Zarenreiches und eines politischen Systems träumt, das die totalitären Methoden des Stalinismus wieder aufleben lässt?

Ackermann, Ulrike, Sündenfall der Intellektuellen. Ein deutsch-französischer Streit von 1945 bis heute, Darmstadt 2022 (*wbg Academic*), 277 S. – Es handelt sich um die Wiederauflage des im Jahr 2000 bei *Klett-Cotta* erschienenen Buches, ohne dass auf neuere Forschungen oder die vergangenen zwanzig Jahre Zeitgeschichte eingegangen wird. Statt wissenschaftliche Desiderata zu beheben oder den neueren Austausch zwischen den Intellektuellen beider Staaten in den Blick zu nehmen, kritisiert die Autorin im Nachwort zur Neuausgabe nunmehr die Haltung deutscher Linksintellektueller zum Ukraine-Krieg.

Albert, Mathias, Zur Politik der Weltgesellschaft. Identität und Recht im Kontext internationaler Vergesellschaftung, Weilerswist 2022 (*Velbrück*), 388 S. – Die an der TU Darmstadt angenommene Habilitationsschrift plädiert für eine theoretische Grundierung der Analyse internationaler Beziehungen mit Rückgriff auf die systemtheoretisch gefasste Theorie der Weltgesellschaft. Ziel sei die Etablierung einer Theorie, die einerseits Nationalstaatlichkeit als soziales Differenzierungsprinzip anerkennt, andererseits aber jedwede normative Erwartung, etwa im Sinne eines Primats des Nationalen, unterläuft. Überzeugend zeigt Albert, dass Luhmanns Systemtheorie, sofern sie nationalstaatsfixiert bleibt, sich in einen Selbstwiderspruch setzen muss. Zugleich wirft die Frage der Koordinierung von national und transnational operierenden Logiken die Frage nach der entsprechenden Sozialintegration auf, für die Albert zwar anhand des Rechts Hinweise gibt, aber die – so auch das programmatische Schlusswort der instruktiven Studie – weiter ausgebaut werden muss. Zu diesem Problemfeld gehört die Frage, ob die „Verweltgesellschaftung" tatsächlich ein quasi-natürlicher Prozess ist, wie es der Autor mitunter suggeriert bzw. wie entsprechende Regressionen funktional aufgelöst werden könnten.

Albrecht, Tobias, Handeln und Kritik. Politik und Gesellschaftstheorie nach Arendt und Adorno, Frankfurt a. M./New York 2022 (*Campus*), 342 S. – Der in einer Schriftenreihe des Frankfurter Instituts für Sozialforschung veröffentlichte Band stellt die Theoriegebäude Hannah Arendts und Theodor W. Adornos zueinander in Beziehung. Ausgehend von den biografischen Gemeinsamkeiten dieser beiden prominenten Sozialwissenschaftler des 20. Jahrhunderts, deren persönliches Verhältnis durchaus unterkühlt war, arbeitet Albrecht die einschneidende Differenz in den Ansichten Arendts und Adornos heraus: die Nähe zur politischen Praxis. Der Politikwissenschaftler attestiert beiden Denkern nur schwer erschütterbare Theoriegebäude, deren dennoch vorhandene Lücken jedoch gut ineinandergreifen. Folglich plädiert Albrecht für ein dialektisches Verständnis zwischen politischer Praxis und Kritik, welches die Theorien Arendts und Adornos produktiv verbindet.

Allen, Danielle, Democracy in the Time of Coronavirus, Chicago 2022 (*The University of Chicago Press*), 128 S. – In ihrem schmalen, aber meinungsstarken Band vertritt Allen die Ansicht, dass die unzureichende Reaktion der Vereinigten Staaten auf die COVID-19-Pandemie den Amerikanerinnen und Amerikanern als Weckruf dienen müsse, um ihre öffentliche Gesundheitsinfrastruktur wieder aufzubauen und ihre verfassungsmäßige Demokratie zu erneuern. Als Mitverfasserin der bereits im April 2020 veröffentlichten „Roadmap to Pandemic Resilience" des

Kommentierte Bibliographie

Edmond J. Safra Centers for Ethics der Harvard Universität hat sie sich intensiv mit dem Thema Pandemie und Gesellschaft beschäftigt. Für sie liegt der Kern des Problems im Zusammenbruch des amerikanischen Gesellschaftsvertrags, einem Bruch, der Minderheiten und Arbeitnehmer mit niedrigem Einkommen angesichts der Pandemie schutzlos zurückließ. Sie sieht dies als eine Art Lernmoment und als Gelegenheit, die Frage zu stellen, wie sich die Vereinigten Staaten besser für die Bewältigung globaler Bedrohungen rüsten können.

Ambos, Kai, Doppelmoral. Der Westen und die Ukraine, Frankfurt a. M. 2022 (*Westend*), 91 S. – Der Göttinger Jurist und Völkerrechtler Kai Ambos fordert in diesem Buch eine konsequentere Achtung der Normen des Völkerrechts durch den Westen, will dieser seine Glaubwürdigkeit in der Welt zurückerlangen.

Aust, Martin/Andreas Heinemann-Grüder/Angelika Nußberger/Ulrich Schmid, Osteuropa zwischen Mauerfall und Ukrainekrieg. Besichtigung einer Epoche, Berlin 2022 (*Suhrkamp*), 254 S. – Aus der Perspektive unterschiedlicher Disziplinen (Kulturwissenschaft, Politikwissenschaft, Geschichtswissenschaft und Rechtswissenschaft) gehen die Autoren der Frage nach „Deutung und Verortung Osteuropas" (S. 28) in einer Epoche nach, die mit dem Untergang des „real existierenden Sozialismus" begann und mit dem völkerrechtswidrigen Großangriff Russlands auf die Ukraine ihr Ende fand.

Behrend-Rosenfeld, Else/Siegfried Rosenfeld, Living in Two Worlds: Diaries of a Jewish Couple in Germany and in Exile, Cambridge 2022 (*Cambridge University Press*), 370 S. – Die Dramatik des 2011 zuerst auf Deutsch erschienenen Buches liegt in den Schilderungen der Tagebucheintragungen eines sozialdemokratischen Ehepaares, von dem er sich auf die Flucht begab, während sie in München nach ihrer Entlassung als Sozialarbeiterin in der Jüdischen Gemeinde zurückblieb. Der ehemalige preußische Landtagsabgeordnete Siegfried Rosenfeld emigrierte mit den Kindern nach England, Else Rosenfeld hingegen lebte hoch gefährdet im Untergrund, um kurz vor Kriegsende noch in die Schweiz fliehen zu können. Sie kehrte erst nach dem Tod des Mannes, der sich wie viele weigerte, in das Land der Täter zurückzugehen, zumindest zeitweise heim. Aufschlussreich ist nicht nur diese erschütternde Familien- und Gesellschaftsgeschichte, sondern auch die Bereitschaft einiger Weniger, den Bedrängten und Geflohenen zu helfen.

Benz, Wolfgang (Hrsg.), Deutsche Herrschaft. Nationalsozialistische Besatzung in Europa und die Folgen, Freiburg i. Br. 2022 (*Herder*), 480 S. – Der Band versammelt 21 Beiträge zur deutschen Besatzungspolitik und zu den deutschen Verbrechen in Europa während des Zweiten Weltkriegs. Anliegen des Bandes ist nicht die Darstellung von militärischen Ereignissen, administrativen Maßnahmen oder Herrschaftsmechanismen, sondern der Blick auf die Zivilbevölkerung, auf das Leben unter dem Zustand der Okkupation sowie auf Widerstand und Kollaboration. Drei Überblicksbeiträge des Herausgebers umrahmen die chronologisch und geographisch gegliederten Einzelfallstudien.

Bittermann, Klaus, Der Intellektuelle als Unruhestifter. Wolfgang Pohrt. Eine Biographie, Berlin 2021 (*Edition Tiamat*), 678 S. – Diese Biographie profitiert von Nähe und Insiderwissen, einem Gespür des Autors für seinen Protagonisten. Darin liegen Stärke und Schwäche des Buchs zugleich begründet. Distanz und Kritik sind nicht die hauptsächlichen Charakteristika dieser Lebensbeschreibung. Sie entschädigt uns aber durch ein besonders großes Maß an Einfühlungsvermögen und Authentizität. „Der Autor", schreibt Bittermann über Pohrt, „verstand es, seine Thesen und Analysen mit großer Schärfe, Klugheit und Eleganz zu formulieren, kein Wort klang falsch oder deplatziert, er verwendete keine Schaumsprache und keine Weihrauchvokabeln, seine Argumentation traf genau, und er nahm keine Rücksicht auf den Gegenstand seiner Kritik. Seinen politischen Analysen wohnte etwas Selbstverständliches inne, sie hatten eine große Überzeugungskraft und versprühten Witz und Sarkasmus." Das ist viel Lob, das auch auf das Buch des Biographen zutrifft und es eine unterhaltsame Lektüre sein lässt. Pohrt nahm stets „den gegenteiligen oder zumindest einen anderen Standpunkt ein", heißt es. Das wiederum lässt sich von Bittermanns Werk nicht behaupten, will es den Pohrt'schen Vorstellungen doch nicht entsagen, sie uns vielmehr so präsentieren, als wären wir allesamt teilnehmende Beobachter gewesen. Es lohnt, sich auf die Spuren Pohrts, eines intelligenten intellektuellen Außenseiters und radikalen linken Polemikers, zu begeben und durch ihn als Sonde manch grelles Schlaglicht auf die politisch-geistige Situation nicht zuletzt der 1980er und 1990er Jahre – gerade auch auf innerlinke Streitkonstellationen – werfen zu lassen.

Boehm, Omri, Radikaler Universalismus. Jenseits von Identität, Berlin 2022 (*Propyläen*), 175 S. – Das für den deutschen Sachbuchpreis 2023 nominierte Werk nimmt mit der Identitätspolitik ein hochaktuelles Thema zum Aufhänger, vor dem neben Politikern des linken wie rechten Randes auch die vermeintlich liberale Mitte nicht gefeit scheint. Von Kant ausgehend rekonstruiert Boehm die Ideengeschichte des Universalismus sowie seiner Kritiker und deckt dabei wiederholt Abweichungen zwischen universalistischen Absichtserklärungen und theoretischen wie praktischen Schlussfolgerungen auf. Aufgrund dieser Widersprüche plädiert der Autor für eine konsequente Umsetzung von Gleichheits- und Gerechtigkeitsprinzipien im Namen eines radikalen Universalismus, den er mit dem Nahostkonflikt auch auf ein praktisches Beispiel überträgt. Dabei ist ihm ein lesenswertes, kurzweiliges Buch gelungen, welches jedoch seiner Länge geschuldet an einigen Stellen etwas zugespitzt daherkommt.

Borchmeyer, Dieter, Thomas Mann. Werk und Zeit, Berlin 2022 (*Insel*), 1552 S. – Als Dieter Borchmeyer in dem eher seltenen Format der Autorezension sein eigenes Werk in der *Neuen Zürcher Zeitung* lobte, sorgte das für Spott. Da dem Werk auch noch ein Verlagswechsel vorausgegangen war, nahmen manch böswillige Beobachter an, mit dem Opus des Literaturhistorikers sei es nicht weit her. Das ist allerdings eine Fehlannahme. Denn Borchmeyer ist ein biographisches Meisterstück zu Thomas Mann geglückt, das selbst Kenner des großen deutschen Schriftstellers goutieren dürften. Der lakonisch anmutende Untertitel ist im Übrigen keine Verlegenheitslösung, sondern trifft die Perspektivierung ziemlich genau: Borchmeyer interessiert sich sowohl für Literatur- als auch Zeitgeschichte, für die entstehungs- und wirkungsgeschichtlichen Kreise und Kontexte dessen, von dem jeder Autor hofft, es sei für die Ewigkeit geschrieben – zeitlos bedeutsam und schön. Im Falle Thomas Manns dürfte das zutreffen, ohne dass er sich aus seiner eigenen Zeit herausgelöst hätte. Das wollte er auch gar nicht. Er war ein Involvierter und Intervenierender, ob der Nation verpflichtet oder als Weltbürger. Deshalb bleibt er ein Faszinosum für jene, die es mit dem Werk halten, ebenso wie für jene, die sich für den Intellektuellen in seiner Zeit interessieren. So oder so kann man dem Biographen wie dem NZZ-Rezensenten nur gratulieren: Hier gehen literatur- und zeithistorische Kärrnerarbeit mit Schreibkunst und Urteilskraft eine glückliche Verbindung ein.

Burgstaller, Rosemarie, Inszenierung des Hasses. Feindbildausstellungen im Nationalsozialismus, Frankfurt a. M./New York (*Campus*), 498 S. – Die überarbeitete Fassung der bereits 2012 an der Universität Wien entstandenen Dissertation untersucht die Propagandaausstellungen während der Zeit des Nationalsozialismus zur Denunziation, Diffamierung und Ausgrenzung angeblicher „Volksfeinde" sowie zur Legitimierung von deren Verfolgung und Ermordung. Die Gesamtdarstellung reicht von regionalen Präsentationen über Wirtschaftsschauen bis hin zu Massenausstellungen und den Auftritten der Nationalsozialisten bei den Weltausstellungen. Ein besonderer Schwerpunkt der Studie, die das Ausmaß der Feindbildausstellungen anhand von Besucherzahlen und Budgets quantifiziert, liegt auf den antisemitischen und antisowjetischen bzw. antibolschewistischen Kampagnen vor und während des Zweiten Weltkriegs.

Butler, Judith, What World Is This?: A Pandemic Phenomenology, New York 2022 (*Columbia University Press*), 144 S. – Judith Butler zeigt, wie COVID-19 und all seine Folgen – politische, soziale, ökologische und wirtschaftliche – uns herausgefordert haben, die Welt und unser gesellschaftliches Zusammenleben neu zu überdenken. Gestützt auf Arbeiten von Max Scheler, Maurice Merleau-Ponty und die kritische feministische Phänomenologie beleuchtet Butler die komplexen Strukturen der Moderne, in denen wir Orientierung zu finden und unseren sozialen Bindungen einen Sinn zu geben suchen. What World Is This? bietet eine neue Darstellung der Interdependenz, in der Berührung und Atmung – Fähigkeiten, die inmitten eines Virusausbruchs das Leben selbst bedrohen können – die Grenzen des Körpers und des Selbst herausfordern. Butler plädiert für eine radikale soziale Gleichheit und befürwortet Formen des Widerstands, die darauf abzielen, neue Bedingungen für eine gemeinsame, lebenswerte Welt zu schaffen.

Kommentierte Bibliographie

Decker, Oliver/Johannes Kiess/Ayline Heller/Elmar Brähler (Hrsg.), Autoritäre Dynamiken in unsicheren Zeiten. Neue Herausforderungen – alte Reaktionen?, Gießen 2022 (*Psychosozial-Verlag*), 404 S. – Der elfte Band der Leipziger Autoritarismus-Studien, die seit 2002 die politischen Einstellungen in Deutschland analysieren, setzt sich neben grundsätzlichen Einschätzungen gesamtgesellschaftlicher Entwicklungen insbesondere mit aktuellen Themen wie der Corona-Pandemie oder den Auswirkungen des Ukrainekrieges auf die Haltungen der Deutschen auseinander. Dabei sind die Herausgeber zumindest vorsichtig positiv gestimmt, sei doch die manifeste Zustimmung zu rechtsextremem Gedankengut vor allem in Ostdeutschland im Rückgang begriffen. Dies solle jedoch nicht als Entwarnung verstanden werden, da das Autoritäre immer noch auf viele Menschen verlockend wirke – auch abseits des rechten Randes.

Dobbert, Steffen, Ukraine verstehen. Geschichte, Politik und Freiheitskampf, Stuttgart 2022 (*Klett-Cotta*), 207 S. – Der *Zeit*-Journalist Steffen Dobbert zeichnet in seinem Buch die Entstehung und Entwicklung des ukrainischen Nationalbewusstseins und -staats vom Mittelalter bis in die Gegenwart nach. Im Mittelpunkt steht das ambivalente Verhältnis zu den Nachbarstaaten Polen und Russland. Während sich in der Ukraine eine eigenständige nationale Identität entwickelte, beansprucht die russische Geschichtsschreibung die Kiewer Rus selbst als historisches Zentrum des Landes, was vom ersten ukrainischen Nationalstaat über die Sowjetzeit bis zur nationalen Unabhängigkeit 1991 und der russischen Aggression seit 2014 einen dauerhaften Konfliktzustand geprägt hat und weiter prägt.

Dubslaff, Valérie, „Deutschland ist auch Frauensache". NPD-Frauen im Kampf für Volk und Familie 1964–2020, Berlin 2022 (*De Gruyter Oldenbourg*), 395 S. – In der am Deutschen Historischen Institut Paris 2017 eingereichten Dissertation veranschaulicht Dubslaff methodenorientiert, theoriegesättigt und mit Rückgriff auf zahlreiche Quellen den politischen Handlungsraum rechtsextremer Frauen in der NPD. Am Beispiel etwa von Gertraud Winkelvoß werden die Ambivalenzen, innerhalb einer misogynen Partei ein weibliches politisches Selbstverständnis zu entwickeln und sich selbst zu ermächtigen, sehr plastisch. Auch die von der Autorin konstatierte „doppelte Marginalisierung" rechtsextremer Frauen – einerseits als Frauen in einer Welt der Männer und andererseits als „Faschistinnen" in einem Staat, der sich zum Antitotalitarismus bekennt, – ist bedenkenswert. Die im letzten Teil des Buches beschriebene Entwicklung nach 1989/90 ist insbesondere mit der Beschreibung des Rings Nationaler Frauen von Interesse, auch wenn die NPD (nunmehr: *Die Heimat*) heute ein Schattendasein fristet.

Eigendorf, Katrin, Putins Krieg. Wie die Menschen in der Ukraine für unsere Freiheit kämpfen, Frankfurt a. M. (*S. Fischer*), 255 S. – Die Journalistin und Ukraine-Kennerin Katrin Eigendorf schildert ihre persönlichen Beobachtungen und Erfahrungen aus den ersten Monaten des Krieges und zeichnet ein realistisches Bild dessen, was dieser Krieg für die Ukrainer bedeutet.

Eltchaninoff, Michel, In Putins Kopf. Logik und Willkür eines Autokraten, Stuttgart 2022 (*Tropen*), 222 S. – In der veränderten Neuausgabe des 2015 in Frankreich und 2017 in Deutschland erschienenen Buches geht es, anders als es der Titel nahelegt, weniger um eine psychologisch angehauchte Kreml-Astrologie, sondern um die ideologischen Grundlagen für Putins politischem Denken. Leider werden die ideenhistorischen Verweise eher spekulativ konstruiert: So habe Putin etwa Kant nur aus rhetorisch-manipulativen Gründen zitiert, Solschenizyn politisch missbraucht (auch wenn er ihm hinsichtlich eines antiwestlichen Nationalismus in nichts nachsteht) oder Dostojewski zwar zitiert, aber wohl doch nicht gelesen. Das mag feuilletonistisch inspirierend sein, es bleiben aber letztlich Mutmaßungen.

Ertl, Thomas, Russlands Ukraine-Krieg und der Westen. Ökonomische und geopolitische Auswirkungen, Marburg 2022 (*Metropolis*), 176 S. – Thomas Ertl, Dozent für Internationale Wirtschaftsbeziehungen an der Hochschule Fresenius in Hamburg, beleuchtet die globalen wirtschaftlichen Auswirkungen des Ukrainekriegs und wie Staaten darauf reagieren, mit besonderer Berücksichtigung der Schweiz und des Vereinigten Königreiches.

Esposito, Roberto, Institution und Biopolitik, Zürich 2022 (*Diaphanes*), 128 S. – In seinem neusten Werk beschäftigt sich der Autor aus einer genealogischen Perspektive mit der „rätselhafte[n]

453

Beziehung zwischen Institution und menschlichem Leben". Ausgehend von der Grundannahme, dass menschliches Leben immer instituiertes Leben bedeutet, untersucht er die Entwicklung des Institutionenbegriffs und dessen Bedeutung in modernen Gesellschaften. Er diagnostiziert eine Verschiebung des Schwerpunktes in der philosophisch-politischen Debatte seit Beginn der 1960er Jahre: weg von der instituierten Ordnung hin zur Praxis des Instituierens. Dieser neue Fokus auf die Praxis ermögliche es, institutionelle Dynamiken besser zu erfassen und den Zusammenhang von Subjekt und institutionellem Kontext neu zu denken – als dialektisches Verhältnis. Charakteristisch für die Moderne ist dabei seiner Ansicht nach die Auflösung des nationalstaatlichen Souveränitätsparadigmas und der noch ungelöste Konflikt zwischen privaten und öffentlichen bzw. lokalen und globalen Institutionen und Bewegungen, der sich insbesondere während der Corona-Pandemie gezeigt habe.

Frank, Anja/Anna Felicitas Scholz, Islamismus in der Jugendphase. Eine rekonstruktive Studie zu Radikalisierungsprozessen, Opladen u. a. 2022 (*Barbara Budrich*), 206 S. – Das Buch vereint zwei Studien zur Radikalisierung von Jugendlichen im Bereich des Islamismus und basiert auf 14 biographisch-narrativen Interviews. Die Hinwendung zu islamistischen Orientierungen geht in den meisten Fällen mit sozialen Ab- und Ausgrenzungserfahrungen, dem Ziel einer eigenen Positionierung und dem Versprechen von Zugehörigkeit und Anerkennung einher. Der Islamismus übernimmt hierbei die Rolle einer haltgebenden Ordnung und starken Gemeinschaft.

Gallus, Alexander, Intellektuelle in ihrer Zeit. Geistesarbeiter und Geistesgeschichte im 20. Jahrhundert, Hamburg 2022 (*Europäische Verlagsanstalt*), 247 S. – Der Band versammelt Aufsätze und Vorträge des Chemnitzer Politikwissenschaftlers zur Geschichte des Intellektuellen im 20. Jahrhundert ebenso wie zu Methodenfragen einer modernen Intellectual History. Der Autor spricht sich insbesondere für einen Zugang aus, der Ideen- mit Zeitgeschichte fruchtbar verbindet.

Gietinger, Klaus/Norbert Kozicki, Freikorps und Faschismus, Stuttgart 2022 (*Schmetterling*), 440 S. – Für Klaus Gietinger und Norbert Kozicki ist der deutsche Faschismus nicht ohne die paramilitärische Freikorpsbewegung zu denken. Nach einer Einführung in das Thema „Freikorps und Faschismus" folgen in diesem Lexikon ca. 800 biographische Abrisse jener Freikorpskämpfer zwischen 1918 und 1923, die später ihren Anteil am deutschen Vernichtungskrieg hatten oder einflussreiche Schaltstellen des NS-Regimes besetzten, aber auch jene, die Widerstand leisteten, so nicht zuletzt Henning von Tresckow.

Gille, Christoph/Birgit Jagusch/Yasemine Chehata, Die extreme Rechte in der Sozialen Arbeit. Grundlagen – Arbeitsfelder – Handlungsmöglichkeiten, Weinheim/Basel 2022 (*Beltz Juventa*), 510 S. – Die materialreiche Darstellung, wie rechtsextreme Akteure versuchen, auf die Soziale Arbeit Einfluss zu gewinnen, ist aufgrund ihrer vielfältigen Analysen und Berichte insgesamt mit Gewinn zu lesen. Die Autoren zeigen, dass Rechtsextremismus nicht einfach nur das Objekt der Sozialen Arbeit ist, sondern entsprechende Ideologeme gesellschaftlich weiterer verbreitet sind, als die pädagogische Selbstmandatierung mitunter erwartet. Hierzu zählen Berührungspunkte mit entsprechenden Akteuren und Diskursen, aber auch offene Angriffe und Unterwanderungsversuche durch Rechtsextremisten. Etwas irritierend ist die Volte gegen „die" Extremismustheorie, sie sei normativ, ist doch Soziale Arbeit selbst kein wertfreies Geschäft.

Goertz, Stefan, Extremismus und Sicherheitspolitik. Studienkurs für die Polizei und die Verfassungsschutzbehörden, Wiesbaden 2022 (*KSV*), 323 S. – Das Buch des an der Hochschule des Bundes in Lübeck lehrenden Extremismus- und Terrorismusforschers Stefan Goertz folgt inhaltlich und systematisch im Wesentlichen dem Verfassungsschutzbericht des Bundes. Neben den „klassischen" Phänomenbereichen Rechtsextremismus, Linksextremismus, Islamismus, Ausländerextremismus und Cybercrime werden auch neuartige Bestrebungen wie „Reichsbürger", „Selbstverwalter" und „Querdenker" sowie die nicht zwingend gegen den demokratischen Verfassungsstaat gerichteten Bereiche Cybercrime, Organisierte Kriminalität und Clankriminalität behandelt. Die sicherheitspolitischen Implikationen der Extremismusproblematik werden eher randständig dargestellt; Vergleiche fehlen vollständig.

Kommentierte Bibliographie

Göpel, Maja, Wir können auch anders. Aufbruch in die Welt von morgen, Berlin 2022 (*Ullstein*), 358 S. – Gesamtgesellschaftliche Transformationsprozesse stehen der Menschheit ins Haus, wolle sie angesichts der Herausforderung des Klimawandels nicht untergehen. Mit „Kompass, Kreativität und Courage" beschwört die Autorin die Veränderungsmöglichkeit menschlicher Gesellschaften und will so Mut machen. Ihr gelingt es, in klarer Sprache komplexe Zusammenhänge darzulegen und so wissenschaftlich fundiert wie populär präsentiert auf akute Krisensituationen hinzuweisen, ohne Panik zu verbreiten.

Hall, Stuart, Vertrauter Fremder. Ein Leben zwischen zwei Inseln, Berlin 2022 (*Argument*), 304 S. – Die posthum veröffentlichte Autobiographie des jamaikanisch-britischen Intellektuellen, politischen Aktivisten und Kulturtheoretikers Stuart Hall beruht auf einem Gemeinschaftsprojekt Halls und dessen Nachlassverwalter und Freund Bill Schwarz. Das Buch lässt an vielen Stellen erkennen, dass seine Grundlage lange, sehr persönliche Gespräche sind; es geht in seiner theoretischen Tiefe aber weit über diese hinaus. Keines der Lebensthemen Halls – Klasse, *race*, Identität, Kolonialismus und Kultur – bleibt unberührt. Daneben wird die Familiengeschichte erzählt und von Halls ganz persönlicher Entscheidung für ein Leben in Großbritannien. Es handele sich um „subtile und subversive Erinnerungen an das Ende der Imperien", schrieb Colin Grant nach der Publikation der englischen Originalfassung im Jahr 2017 im *Guardian*. Gerade die deutsche Fassung ist nun auch ein hervorragender Einstieg für all jene, die mit Halls Biographie, seinen Schriften und seiner politischen Arbeit noch wenig vertraut sind. Besonders beachtenswert, ja wegweisend für weitere Publikationsprojekte, ist die von einem eigens dafür eingesetzten „Editorial Board" betreute Übersetzungsarbeit Ronald Gutberlets.

Hannig, Nicolai/Detlev Mares (Hrsg.), Krise! Wie 1923 die Welt erschütterte, Darmstadt 2022 (*wbg Academic*), 240 S. – Der Sammelband bietet einen kaleidoskopartigen Blick auf das Krisenjahr 1923. Das ist lehrreich, wenngleich das Kompendium eine klare Struktur oder einen verbindenden roten Faden vermissen lässt. Genügen den Zusammenhalt der einzelnen Beiträge muss die Parole: Alles Krise! Mit Blick auf das Epochenjahr 1923 wirkt das keineswegs übertrieben. Damals befand sich die junge Weimarer Republik in einer existenzbedrohenden Lage, so vielfältig und kumuliert traten die Krisensymptome auf, die von den Herausforderungen der Ruhrbesetzung über die mentalitätsgeschichtlich das Land traumatisierende Hyperinflation bis hin zu direkten Angriffen von Extremisten auf Staat und Demokratie im Herbst 1923 reichten. Der Band versammelt zu den einzelnen Szenarien lesenswerte Beiträge. Besonders perspektiverweiternd sind die Seitenblicke auf Krisenlagen außerhalb Deutschlands, ob auf die gescheiterte Staatsbildung in der Ukraine, die labile Türkei vor hundert Jahren oder das durch das Erdbeben von Kanto im wahrsten Sinne des Wortes erschütterte Japan.

Heidenreich, Felix, Demokratie als Zumutung. Für eine andere Bürgerlichkeit, Stuttgart 2022 (*Klett-Cotta*), 336 S. – Der Wissenschaftliche Koordinator am Internationalen Zentrum für Kultur und Technikforschung der Universität Stuttgart (IZKT) Felix Heidenreich analysiert ausgehend von zahlreichen geläufigen Krisendiagnosen der Demokratie einen aus seiner Sicht selten beleuchteten Gegenstand: die Bereitschaft der Bürgerinnen und Bürger, bestimmte Zumutungen über sich ergehen zu lassen sowie Verantwortung zu übernehmen. Anhand von Beispielen wie der Wehrpflicht, dem Schöffenamt oder der Wahlpflicht zeichnet der Politikwissenschaftler nach, inwiefern die Bürger in verschiedenen Ländern in Anspruch genommen werden. „Demokratie nervt. […] Demokratie ist eine Zumutung", folgert Heidenreich daraus und plädiert dennoch für mehr Engagement, denn mit demokratischen Freiheiten würden auch demokratische Pflichten einhergehen. Fraglich bleibt, inwieweit solche Forderungen den Unmut in bereits abgehängten Teilen der Bevölkerung noch verstärken.

Hennel, Sebastian, Das Erbe von Fritz Bauer. Öffentliche Wahrnehmung justizieller „Vergangenheitsbewältigung", Baden-Baden 2022 (*Tectum*), 144 S. – Im Mittelpunkt der Studie stehen Rolle und Wahrnehmung des hessischen Generalstaatsanwalts Fritz Bauer in der bundesrepublikanischen Vergangenheitspolitik. Das Buch gibt einen Überblick über Bauer und fasst entsprechende Urteile aus der neueren Forschung zusammen. Zutreffend ist, dass sich in Bauers Wirken strafrechtliche und geschichtspolitische Motive kreuzten. Wie er aber konkret zur öffentlichen

„Vergangenheitsbewältigung" beigetragen hat, bleibt undeutlich. Das liegt einerseits am nicht immer überzeugend verwendeten Material und andererseits an den mangelnden rezeptionstheoretischen Überlegungen, wie sich die öffentliche Wahrnehmung eines Akteurs bewerten lässt. Über die Arbeiten von Irmtrud Wojak geht das Buch nicht hinaus.

Hessel, Florian/Pradeep Chakkarath/Mischa Luy (Hrsg.), Verschwörungsdenken. Zwischen Populärkultur und politischer Mobilisierung, Gießen 2022 (*Psychosozial-Verlag*), 344 S. – Verschwörungstheorien, -narrative, -erzählungen und -mythen oder „Konspirologie", wie es bisweilen etwas hochgestochen heißt, sind in aller Munde. Spätestens im Zeichen von „Coronaleugnern", „Querdenkern" und „QAnon" wird solchen Denkmodellen, die unerkannten Kräften im Hintergrund und Verborgenem eine entscheidende geschichts- wie gegenwartstreibende Rolle zuschreiben, vermehrt Aufmerksamkeit geschenkt. Der interdisziplinär zusammengesetzte Band, an dem Historiker, Politikwissenschaftler, Soziologen und nicht zuletzt Sozialpsychologen beteiligt sind, liefert einerseits eine grundsätzliche Bestandsaufnahme zur Thematik, andererseits aber auch exemplarische Detailstudien mit einem Schwerpunkt rund um Phänomene, wie sie die Corona-Krise beförderte. In ihrer Einleitung plädieren die Herausgeber vernünftigerweise dafür, Verschwörungsdenken innerhalb gesellschaftlicher und historischer Kontexte zu situieren, um es so erst angemessen entschlüsseln zu können.

Hochuli, Alex/George Hoare/Philip Cunliffe, Das Ende des Endes der Geschichte. Post-Politik, Anti-Politik und der Zerfall der liberalen Demokratie, Wien 2022 (*Promedia*), 200 S. – Die Autoren knüpfen mit ihrem knappen, aber meinungsstarken Band an die Ende-der-Geschichte-These Fukuyamas vom Anfang der 1990er Jahre an. Nach einer recht langen Periode der komfortablen Lethargie und politischen Abstinenz der Bürgerinnen und Bürger sei spätestens seit 2020 die Politik wieder in die Köpfe der Menschen zurückgekehrt. Die politische Stimmungslage reicht hierbei von Engagement und Opposition über Apathie bis hin zu zerstörerischer Wut (Stichwort „Wutbürger") als Reaktion auf ein grundlegendes Gefühl der Unsicherheit und Unordnung, das unsere Zeit kennzeichne. Dabei treibt die Autoren insbesondere die Frage um, warum sich in einer Welt, die von Ungleichheit und Ungerechtigkeit geprägt ist, linke Strömungen oder Parteien in den letzten Jahrzehnten kaum durchsetzen konnten. Eine abschließende Antwort darauf wird nicht gegeben, jedoch weisen die Autoren auf die Tendenz der Übernahme linker Inhalte durch rechte Gruppierungen hin.

Hörisch, Jochen, Poesie und Politik. Szenen einer riskanten Beziehung, München 2022 (*Hanser*), 159 S. – Der Germanist und Medienexperte Jochen Hörisch widmet sich in seinem langen Essay einem alten Thema von Neuem: dem Verhältnis von Geist und Macht, das Hans Magnus Enzensberger einmal als „Indianerspiel" bezeichnete. Vor dem Hintergrund Offener Briefe und Manifeste, verfasst von Intellektuellen und Schriftstellern, wie sie gerade in Krisenzeiten öfters und gezielt in die Öffentlichkeit gelangen, bleibt eine solche Betrachtung aktuell. Hörisch berichtet im Zusammenspiel oder -prall der zwei an sich grundverschiedenen Sphären von produktiven Reibungen und anregenden Perspektivwechseln, nicht zuletzt aber auch von „peinlichen Allianzen", zahlreichen Fehleinschätzungen und Blamagen. Wer sich für die Möglichkeiten und Grenzen „politpoetischer Vernunft" interessiert, ist mit Hörischs so gebildet wie schwungvoll daherkommenden impressionistischen Betrachtungen und pointierten Urteilen gut bedient.

Höttemann, Michael, Verdrängter Antisemitismus. Eine empirisch fundierte Entwicklung des Begriffs der Abwehr als soziale Handlung, Bielefeld 2022 (*transcript*), 324 S. – Michael Höttemann interessiert sich in seiner Studie für gesellschaftliche Reaktionen auf die Kundgabe antisemitischer Äußerungen und insbesondere die darauffolgende Kritik. Er erweitert den ursprünglich psychoanalytischen Begriff der „Abwehr" im soziologischen Sinne und versteht darunter Handlungen, die darauf zielen, Antisemitismus abzubrechen und einem kollektiven Problembewusstsein entgegenzuwirken. Derlei Strategien untersucht er empirisch anhand studentischer Gruppendiskussionen und Einzelinterviews, die auf Grundlage von Stimuli aus dem Kontext der Debatte um Günter Grass' Gedicht „Was gesagt werden muss" (2012) durchgeführt wurden. Die Arbeit besticht durch die intensive Analyse und Interpretation des empirisch gewonnenen Materials, leidet indes bisweilen unter einem unscharfen Antisemitismusbegriff. So ließe sich darüber streiten ob Grass' Gedicht ohne Weiteres als antisemitisch einzustufen ist.

Hufer, Klaus-Peter/Laura Schudoma, Die Neue Rechte und die rote Linie, Weinheim/Basel 2022 (*Beltz Juventa*), 151 S. – Der Band überbetont die Gefahr einer „Neuen Rechten" für die Demokratie. Eingegangen wird auf die „herausgeforderte Demokratie", „Prozesse der Entsolidarisierung", die Ursachen, die Themen (Geschichtspolitik, Islam, Migration, „Natur als rechte Norm") und Möglichkeiten der Bekämpfung.

Jones, Mark, 1923. Ein deutsches Trauma, Berlin 2022 (*Propyläen*), 384 S. – Dieses Buch gehört zu den besten, die im Zuge der Jubiläumsliteratur zu „1923" erschienen sind, gemeinsam mit Volker Ullrichs Studie Deutschland 1923. Das Jahr am Abgrund. Anders als dieser geht Mark Jones chronologisch vor. Alle großen Krisen des Krisenjahres in der Krisenrepublik erfahren eine angemessene Würdigung: die Ruhr-Besetzung durch Frankreich und Belgien, die Inflation, der rheinische Separatismus, die kommunistischen Aufstandspläne im „Roten Oktober", der Hitler-Putsch. Wie Ulrich rühmt Jones die stabilisierende Politik Gustav Stresemanns.

Kellerhoff, Sven Felix, Anschlag auf Olympia. Was 1972 in München wirklich geschah, Darmstadt 2022 (*wbg Theiss*), 238 S. – Der gelernte Historiker und Journalist Sven Felix Kellerhoff veröffentlicht mit unermüdlicher Energie und großer Sachkunde, dazu darstellerisch gekonnt, Jahr für Jahr Bücher zu spannenden Themen der deutschen Zeitgeschichte. Die akribisch genaue Rekonstruktion des Olympia-Attentats als Fanal des internationalen Terrorismus in Deutschland beruht nicht nur auf kompetentem Literaturstudium, sondern auch auf der Auswertung von neuem Archivmaterial. So sachlich-informativ die Schrift in vielerlei Hinsicht ausfällt, scheut ihr Autor das pointiert-kritische Urteil nicht.

Kellner, Manuel, Trotzkismus 2.0. Neue Entwicklungen, neue Fragen, Stuttgart 2022 (*Schmetterling*), 142 S. – Der Autor schreibt sein Buch (Erstauflage 2004) fort und informiert über neue Entwicklungen. Er ist Mitglied der „Internationalen Sozialistischen Organisation" (ISO) und der mit ihr verbundenen „Vierten Internationale". Auch die übrigen Autoren der Texte, die mehr als die Hälfte des Bändchens ausmachen, gehören trotzkistischen Vereinigungen an. Vermittelt werden somit vor allem Binnenperspektiven und wichtige Einsichten zum Selbstverständnis von Gruppierungen, die in Deutschland teils innerhalb, teils außerhalb der Partei Die Linke agieren.

Klare, Hans-Hermann, Auerbach. Eine jüdisch-deutsche Tragödie oder Wie der Antisemitismus den Krieg überlebte, Berlin 2022 (*Aufbau*), 475 S. – Hans-Herman Klare gelingt eine lesenswertes politische Biographie: Eindrucksvoll beschreibt er den Lebensweg von Philipp Auerbach (1906–1952), des heute einer breiten Öffentlichkeit unbekannten bayerischen Staatskommissars für rassisch, religiös und politisch Verfolgte sowie Mitglieds des ersten Direktoriums des Zentralrats der Juden in Deutschland. Auch wenn der Autor den Schwerpunkt auf die skandalöse, durch einstige nationalsozialistische und nationalkonservative Eliten motivierte Aburteilung Auerbachs und dessen Suizid legt, lässt er für den zwangsläufig brüchigen Lebensweg seines Protagonisten genügend Raum. Die so gezeichneten Ambivalenzen in Auerbachs Handeln veranschaulichen, dass seine Biografie nicht für eine simple Heldengeschichte taugt. Dies lässt die erschreckende Kaltblütigkeit der deutschen Politik, Verwaltung und Richterschaft der frühen Bundesrepublik umso deutlicher hervortreten.

Klein, Ansgar/Rainer Sprengel/Johanna Neuling (Hrsg.), 20 Jahre Enquete-Kommission „Zukunft des Bürgerschaftlichen Engagements" – Bilanz und Ausblick, Frankfurt a. M. 2022 (*Wochenschau*), 207 S. – Als Rechenschaftsbericht der letzten Jahre werden Gründung, Geschichte und aktuelle Herausforderungen im Bereich der deutschen Engagementpolitik präsentiert. Wenig überraschend wird stets die Stärkung der Bürgergesellschaft und des bürgerschaftlichen Engagements aus demokratietheoretischen und extremismuspräventiven Gründen betont. Vor diesem Hintergrund ist der Beitrag von Roland Roth zu den dunklen Seiten der Zivilgesellschaft lesenswert, wenn er anmahnt, dass in der Debatte zum bürgerschaftlichen Engagement die Selbstkritik fehlt. Wenn, wie Ansgar Klein und seine Mitautoren in der Einleitung konzedieren, sich heute die Grünen von der direkten Demokratie verabschieden und die AfD sich medienwirksam dazu bekennen, dann kann dies zu einer notwendigen Reflexion einladen.

Köhler, Thomas Walter/Christian Mertens (Hrsg.), Jahrbuch für Politische Beratung 2021/2022, Wien 2022 (*edition mezzogiorno*), 349 S. – Der 11. Band des Jahrbuchs für Politische Beratung versammelt ein breites Spektrum von Autorinnen und Autoren, die aus philosophischer, theologischer, politikwissenschaftlicher und psychologischer Perspektive theoretischen wie praktischen Rat bieten: „Je ratloser Politik […] auftritt, umso mehr gewinnt […] *politischer* Rat an Bedeutung."

Laclau, Ernesto, Die populistische Vernunft, Wien 2022 (*Passagen*), 332 S. – Dass dieser Klassiker der politischen Theorie erst nach fast 20 Jahren in deutscher Sprache erscheint, während es kein Mangel an empirischen Erhebungen, theoretischen Reflexionen und sachbuchkundigen Mutmaßungen und anderen Arbeiten zum Populismus gibt, sagt einiges viel über die deutschen politikwissenschaftlichen Debatten aus. Laclaus Ansinnen, die Genese des „Volkes" („people") zu beobachten (und zu fordern!), mag Ausdruck einer linken Trauerarbeit sein, die ihre Wurzeln im Scheitern der 68er-Bewegung hat. Ob dies politisch überzeugt, ist fraglich – 2022 noch mehr als 2005 im Jahr der Erstveröffentlichung. Analytisch ermöglicht dieses Werk eine explizit politiktheoretische Perspektive, die das liberal gestimmte Lamento gegenüber den „Massen", die im Populismus nur ihre „Führer" suchten, weit überschreitet.

Lammert, Norbert (Hrsg.), Handbuch der CDU. Grundlagen, Entwicklungen, Positionen, Darmstadt 2022 (*wbg Academic*), 699 S. – Das mittlerweile bereits in zweiter und wesentlich erweiterter Auflage erschienene große Nachschlagewerk zur Geschichte der CDU hat vor dem Hintergrund der ersten Auflage keinerlei Bedeutung eingebüßt: Grundlagen und Entwicklungen der Parteigeschichte werden in den üblichen Trennungserzählungen dargelegt. Vereinzelt wird zwar Geschichtspolitik sichtbar, der Großteil des Bandes präsentiert sich dennoch als gelungenes Nachschlagewerk über Landesverbände der Partei, Vereinigungen und Sonderorganisationen sowie wichtige Begriffe wie „Soziale Marktwirtschaft". In der Summe ein unverzichtbares Kompendium zur Geschichte der wichtigsten christdemokratischen Partei in Deutschland.

Lang, Jürgen P., Volk und Feind. Der neue deutsche Populismus. Analyse einer Ideologisierung, Berlin 2022 (*LIT*), 189 S. – Der Extremismusforscher Jürgen P. Lang analysiert in einer informativen Studie u. a. das theoretische Verständnis von Populismus, die Wiederkehr des Volksbegriffes, die rechtspopulistische Haltung („konservativ oder revolutionär?"), die rechtspopulistische Demontage („Umdeutung der Werte"), das populistische Minimum („nationale Identität") sowie die populistische Versuchung („Luftschluss Querfront"). Für den Autor hat sich der hiesige Rechtspopulismus mit seinem Freund-Feind-Denken radikalisiert. Ein Linkspopulismus sei ohne Chance.

Lieberman, Robert C./Suzanne Mettler/Kenneth M. Roberts (Hrsg.), Democratic Resilience. Can the United States Withstand Rising Polarization?, Cambridge/New York 2022 (*Cambridge University Press*), 320 S. – Die Vereinigten Staaten präsentieren sich spätestens seit Trumps Zeiten als zunehmend polarisiert. Der Band widmet sich dieser Grundtatsache, die sowohl die politischen Eliten als auch die normalen Bürger betrifft, wobei sich einzelne Gruppen zunehmend abgekapselt haben und einander unversöhnlich gegenüberstehen. Die politische Legitimität und das demokratische Partizipationsrecht des jeweils anderen wird radikal in Frage gestellt. Diese Entwicklungen stellen für die Vereinigten Staaten wie demokratische Gesellschaften allgemein eine Bedrohung dar. Der Band leistet eine empirische Bestandsaufnahme und sucht nach Antworten auf die Frage, wie demokratische Institutionen und Verfahrensweisen angesichts solcher Herausforderungen widerstandsfähig – eben resilient – gemacht werden können? Institutionelle Kontrollmechanismen werden in die Betrachtungen ebenso einbezogen wie das Wahlverhalten und Einstellungen von zivilgesellschaftlichen Akteuren oder gesellschaftspolitischen Eliten. Insofern versteht sich dieses Kompendium nebenbei als ein Versöhnungsangebot innerhalb einer ihrerseits bisweilen polarisiert wirkenden Politikwissenschaft: nämlich institutionalistische (qualitative) und verhaltenswissenschaftliche (quantitative) Ansätze zu versöhnen. Würde die

Kommentierte Bibliographie

Politikwissenschaft zudem noch ihre alte historische Verankerung wiederentdecken, wäre das nicht minder begrüßenswert.

Lisner, Wiebke/Johannes Hürter/Cornelia Rauh/Lu Seegers (Hrsg.), Familientrennungen im nationalsozialistischen Krieg. Erfahrungen und Praktiken in Deutschland und im besetzten Europa 1939–1945, Göttingen 2022 (*Wallstein*), 379 S. – Band 5 der vom Institut für Zeitgeschichte München-Berlin herausgegebenen Reihe „Das Private im Nationalsozialismus" umfasst 13 Beiträge zu den unterschiedlichen Formen und Gründen von Familientrennungen im Nationalsozialismus. Die zentrale Differenzierung innerhalb der Edition besteht aus Trennungserfahrungen von (zum Teil) privilegierten deutschen Familien und erzwungenen Teilungen aufgrund von Flucht, Deportationen und Vertreibung.

Mader, Dimitri, Herrschaft und Handlungsfähigkeit. Elemente einer kritischen Sozialtheorie, Frankfurt a. M./New York 2022 (*Campus*), 424 S. – Die von Dimitri Mader verfasste Auseinandersetzung ist der erste Band eines zweiteiligen Werkes, das in der von Klaus Dörre und Stephan Lessenich herausgegebenen Reihe „International Labour Studies – Internationale Arbeitsstudien" veröffentlicht wurde. Die auf einer Dissertation beruhende Arbeit wird von der Frage geleitet, inwiefern Formen der Herrschaft und der Selbstbestimmung in Betrieben zueinander in Beziehung stehen. Dabei zielt Mader auf die theoretische Entwicklung einer Herrschaftskonzeption ab, die sowohl als Grundlage kritischer Betrachtungen als auch empirischer Analysen dienen kann und die Basis seiner zweiten, stärker anwendungsorientierten Schrift darstellt. Besonders lobenswert erscheint der selten gewordene Brückenschlag zwischen theoretischer und empirischer Sozialforschung.

Martynkewicz, Wolfgang, Das Café der trunkenen Philosophen. Wie Hannah Arendt, Adorno & Co. das Denken revolutionierten, Berlin 2022 (*Aufbau*), 459 S. – Der Band führt uns zurück in die Schlussphase der Weimarer Republik ins Frankfurter Westend. Örtlicher Fluchtpunkt von Wolfgang Marynkewicz' intellektuellengeschichtlicher Studie ist das dortige Café Laumer, in dem Akteure und Anhänger des Instituts für Sozialforschung regelmäßig zusammentrafen. Der Autor, gelernter Literaturwissenschaftler, knüpft an seine frühere, viel gelobte Abhandlung „Salon Deutschland. Geist und Macht 1900-1945" an. Erneut gelingt es ihm, so kenntnisreich wie anschaulich philosophische und soziologische Debatte mit alltäglicher Lebenswirklichkeit, das allgemeine Krisenkolorit einer Epoche mit originell-individueller Zeitdiagnostik großer Köpfe und „sensitiver Geister" produktiv miteinander zu verbinden. Von dem örtlich-zeitlichen Fokus im Frankfurt des Jahres 1930 schreibt der Autor die Geschichten weiter fort – ob im Exil oder der frühen Bundesrepublik. Er reklamiert dabei die „große Aktualität der diskutierten Themen (Populismus, Rassismus, Antisemitismus, Entstehung von Gewalt und Hass, Demokratiefeindlichkeit) und die fortdauernde Relevanz vieler" in dem in Augenschein genommenen Intellektuellenkreis „erstmals formulierter Denkansätze". Das wiederum spiegelt das historisch Spezifische doch allzu sehr in gegenwärtiger Krisensymptomatik. Leider fehlt ein Personenregister und wurden Archive nur für die Bildillustration genutzt.

Melcher, Reinhold/Tom Thieme, Rechts- und Linksextremismus in den deutschen Bundesländern. Wahlergebnisse, Personenpotenziale, politisch motivierte Kriminalität und Gewalt, Baden-Baden 2022 (*Nomos*), 311 S. – Der politische Extremismus in Deutschland wird von beträchtlichen regionalen Unterschieden geprägt. Die ländlichen Regionen des Ostens gelten als Schwerpunkte des Rechtsextremismus – Großstädte wie Berlin, Hamburg und Leipzig als Hotspots der linksextremen Szene. Eine flächendeckende komparative Betrachtung rechts- und linksextremistischer Erscheinungsformen in den Bundesländern ist Gegenstand dieses Buches. Einzelfallperspektiven werden mit interregionalen Vergleichen sowie Analysen zur Erklärung extremistischer Phänomene zusammengeführt.

Michalzik, Peter, Horváth, Hoppe, Hitler. 1926 bis 1938 – Das Zeitalter der Masse, Berlin 2022 (*Aufbau*), 304 S. – Beliebt zur Erfassung eines möglichst bunten Zeitkolorits sind spätestens seit Florian Illies Sicht auf 1913 Jahreszahlenbücher. Peter Michalzik hingegen wählt einen anderen Weg – jenen des Anfangsbuchstabenbuchs: in diesem Fall das H – H wie Hitler (Adolf), Horváth (Ödön) und Hoppe (Marianne). Mithilfe des nationalsozialistischen Anführers, des berühmten Schriftstellers und der bekannten Schauspielerin (der späteren Ehefrau von Gustaf Gründgens), die Michalzik noch persönlich kennenlernte, zeichnet der Autor ein schillerndes Epochenbild zwischen Weimarer Republik und „Drittem Reich". Der Perspektivenreichtum macht die Darstellung lesenswert; und doch verliert sie den Fokus nicht, der auf die Frage ausgerichtet ist, wie in einer modernen Gesellschaft zwischen Demokratie und Diktatur mit dem Phänomen der Masse umzugehen ist.

Mounk, Yascha, Das große Experiment. Wie Diversität die Demokratie bedroht und bereichert, München 2022 (*Droemer*), 352 S. – Für Yascha Mounk ist die Kernfrage der westlichen modernen Gesellschaften, ob wir es schaffen das „große Experiment" der diversen Demokratie mit all ihren Bereicherungen und Hindernissen zu leben. Seine in diesem populärwissenschaftlichen Buch ausgebreite Antwort läuft auf ein klares Ja hinaus. Ziel seiner Argumentation ist es, dem zunehmenden Pessimismus vieler Bürgerinnen und Bürger eine optimistischere Vision entgegenzusetzen. Dabei richtet er sich sowohl gegen einen linksidentitären Fatalismus, der die Offenheit von Mehrheitsgesellschaften ständig in Zweifel ziehe, als auch gegen rechtsidentitäre Fremdenfeindlichkeit. Er ist sich der Tatsache bewusst, dass das Experiment Diversität auch scheitern kann und widmet der Analyse dieser Problematik den gesamten ersten Teil seines Werks. Sein keineswegs neuer, aber schlüssig dargelegter Gegenentwurf lässt sich in dem Appell bündeln: Mehr Kontakte zwischen den Kulturen und ein gesundes Maß an kollektivem, identitätsstiftendem (Kultur-)Patriotismus tun not!

Muller, Jerzy Z., Professor der Apokalypse. Die vielen Leben des Jacob Taubes, Berlin 2022 (*Jüdischer Verlag*), 928 S. – Wer die Biographie des amerikanischen Historikers über Taubes gelesen hat, kann zu dem folgenden Ergebnis kommen: Dieser war beides, Genie und Scharlatan. Taubes, von 1966 bis 1987 Professor an der Freien Universität Berlin für Judaistik und Hermeneutik, verkehrte mit „Gott und der Welt". Viele Beziehungen gingen aufgrund seines überschäumenden Temperaments in die Brüche. Der Linke, der nur eine Monographie verfasst hat, seine Dissertation über Abendländische Eschatalogie, pflegte ausgiebigen Kontakt zu Rechten.

Müller-Funk, Wolfgang, Crudelitas. Zwölf Kapitel einer Diskursgeschichte der Grausamkeit, Berlin 2022 (*Matthes & Seitz*), 360 S. – Der Autor spürt in seinem kaleidoskopartigen Essay einer spezifisch menschlichen Leidenschaft nach, deren Potenzial in jedem von uns unter den Vorzeichen liberaler Fortschrittsnarrative nur allzu oft und gerne verleugnet wird: der Grausamkeit. Hierfür interpretiert er einen epochenübergreifenden Korpus literarischer, historiographischer und philosophischer Texte, unter deren Verfassern sowohl prominente Verfechter als auch Verächter der Grausamkeit vertreten sind. Eine die Verschiedenartigkeit der Texte und ihrer historischen Kontexte überwölbende Einsicht mag dabei sein, dass die Grausamkeit nicht nur auf die totale Beherrschung und letztlich Auslöschung des Gepeinigten ziele, sondern stets den Keim zur Vernichtung ihres Anwenders, handle es sich um ein Individuum oder ein komplexes politisches System, bereits in sich trage.

Nida-Rümelin, Julian/Matthias Kumm/Erich Vad/Albrecht von Müller/Werner Weidenfeld/Antje Vollmer, Perspektiven nach dem Ukrainekrieg, Freiburg i. Br. 2022 (*Herder*), 144. S. – Der Band versammelt verschiedene Stimmen zur Zukunft nach dem Ukraine-Krieg. Er versteht sich als Debattenbeitrag, eine tragfähigere Friedenspolitik zu entwickeln, die als Gegenentwurf zur Konflikteskalation gedeutet wird.

Nitschke, Peter (Hrsg.), Konservatismus heute. Über die Bestimmung einer politischen Geisteshaltung, Paderborn 2022 (*Schöningh*), 130 S. – Die Beiträge des Tagungsbands der Görres-Gesellschaft und der Konrad-Adenauer-Stiftung präsentieren ein politikwissenschaftliches, ideenhistorisches, philosophisches und theologisches Selbstverständigungsgespräch, das jeden in diesem Feld Forschenden interessieren dürfte. Einigkeit besteht unter den Beiträgen, dass heute die Stunde der Konservativen geschlagen habe, sei doch die Rede von der linksgrünen Gängelei ein gängiger Topos einer breiten Öffentlichkeit. Dass dieses Selbstbewusstsein in Form von Grundsatzüberlegungen präsentiert wird – immer wieder nach dem Kern des Konservativen gefragt –, kann man als theoretische Reflexionsübung verstehen. Oder als Eingeständnis, dass die politische Konkretisierung der weit ausholenden Begriffsbildung nicht immer ganz einfach ist: Wo der eine vor einer Zusammenarbeit mit Rechtspopulisten warnt, der nächste in Donald Trump keinen Konservativen erkennen mag, sieht der dritte ihn als legitimen Erben Edmund Burkes.

Patel, Kiran/Ingo Schulze, Doppelt verbunden, halb vereint. Der Beitritt der DDR zur BRD und zur Europäischen Gemeinschaft, Hamburg 2022 (*Hamburger Edition*), 126 S. – Der lesenswerte Essayband ist ein Gemeinschaftswerk des westdeutschen Historikers Kiran Patel und des Dresdner Schriftstellers Ingo Schulze, die aus ihrer persönlichen Sicht schildern, wie sie das deutsch-deutsche sowie europäische Zusammenwachsen erlebt haben. Sie schlagen zudem den Bogen zu gegenwärtigen politischen Problemlagen.

Pelinka, Anton, Faschismus? Zur Beliebigkeit eines politischen Begriffs, Wien 2022 (*Böhlau*), 273 S. – Der österreichische Politikwissenschaftler erörtert den Gehalt und die Leistungsfähigkeit des Faschismusbegriffs als Vergleichskategorie. Nach einer Einleitung und einer terminologischen Hinführung würdigt er verschiedene Länderbeispiele, so Italien ab 1922 („Der Real Existierende Faschismus"), Deutschland ab 1933 („Faschismus, aber mehr"), Österreich ab 1933 („Faschismus, aber weniger"), Japan ab 1937 („Militärdiktatur, aber kein Faschismus") und Spanien ab 1939 („Die begrenzte Überlebensfähigkeit des Faschismus"). Nach den Einzelstudien sucht er nach gemeinsamen Merkmalen im Vergleich, bevor Pelinka auch den Antifaschismus viviseziert. Abschließend warnt er davor, an ein Ende des Faschismus zu glauben. Zwar werde er sich nicht länger im Zeichen des Rutenbündels der Römischen Republik oder des Hakenkreuzes eines mystischen Germanentums erneuern, aber er könne „in den verschiedensten Formen" gepaart mit den „widersprüchlichsten Ideologien" auftreten. Gemeinsam sei allen Faschismusvarianten Demokratiefeindschaft und die Missachtung universeller Menschenrechte. Wie er sich von anderen Varianten des Rechtsextremismus unterscheidet, wird nicht eigens problematisiert.

Pickel, Gert/Susanne Pickel, Demokratie, Stuttgart 2022 (*Kohlhammer*), 157 S. – Das Lehrbuch gibt einen Überblick zu den Demokratietheorien der Gegenwart, informiert über minimale Bedingungen freiheitlicher Demokratie, behandelt deren Geschichte und organisatorischen Grundlagen und schließt mit einem Kapitel zu den Problemen der Demokratiemessung. Den Antipoden freiheitlicher Demokratie gelten vor allem jene Abschnitte, die Demokratiedefekten, hybriden Regimen und den verschiedenen Formen autokratischer Herrschaft gewidmet sind, während extremistische Akteure als mögliche Treiber der Autokratisierung nur am Rande Beachtung finden.

Piper, Ernst, Diese Vergangenheit nicht zu kennen heißt, sich selbst nicht zu kennen. Deutsche Geschichte im Zeitalter der Extreme, Berlin 2022 (*Ch. Links*), 329 S. – Der Verleger und habilitierte Neuzeithistoriker – er lehrt an der Universität Potsdam – versammelt in diesem Band durchweg lesenswerte Aufsätze, Vorträge und auch Originalbeiträge der letzten Jahrzehnte, die sich mit verschiedenen Aspekten des dunkelsten Kapitels der deutschen Geschichte, der Zeit des Nationalsozialismus (und ihrer Interpretation), befassen. Piper formuliert brillant, so dass einen die Lektüre von der ersten Seite an in den Band geradezu hineinzieht. Der Autor schreibt als fachkundiger Historiker, in der Einleitung bindet er in die allgemeine Geschichte aber autobiographische Szenen und familienhistorische Reflexionen mit ein. In seine Darstellung zur Genese des „Historikerstreits" sind ebenfalls eigene Beobachtungen als Verleger des Piper-Verlags integriert, in dem die bis heute maßgebliche „Dokumentation" dieser aufsehenerregenden Historiker- wie Intellektuellendebatte gleichermaßen erschienen ist. Dass Ernst Piper nicht als Herausgeber auf Umschlag und Titelseite genannt wurde, hatte er einer Intervention von Jürgen Habermas zu verdanken. Der Titel des aktuellen Bandes geht auf ein Zitat des amerikanischen Historikers und Pioniers der Holocaustforschung Raul Hilberg zurück, der über die Vernichtung der europäischen Juden schrieb: „Geschichte lässt sich nicht ungeschehen machen, erst recht nicht die Geschichte dieses Ereignisses, das im Zentrum einer Erschütterung stand, die die Welt verändert hat. Diese Vergangenheit nicht zu kennen heißt, sich selbst nicht zu kennen."

Literatur

Diesem Anliegen hat Piper seine historische (Selbst-)Erkundung gewidmet, an der er uns nun dankenswerterweise teilhaben lässt.

Pohl, Kerstin/Markus Höffer-Mehlmer (Hrsg.), Brennpunkt Populismus. 15 Antworten aus Fachdidaktik und Bildungswissenschaft, Frankfurt a. M. 2022 (*Wochenschau*), 220 S. – Die verschriftlichten Beiträge einer Ringvorlesung an der Johannes Gutenberg-Universität Mainz richten sich zwar vor allem an Pädagogen, sind aber auch für politikwissenschaftliche Populismus-Forscher von beachtlichem Interesse, weil die Autoren ihren Gegenstand als gesellschaftliches Problem wahrnehmen. Sie erörtern etwa, wie sich Lehrer positionieren können, wenn Schüler populistische Positionen einnehmen. Populismus erscheint in diesem Band nicht exklusiv als Ideologie, Rhetorik oder Strategie bestimmter Parteien und Politiker, sondern erfasst auch weit darüber hinausreichende Narrative und Diskurse.

Rippl, Susanne/Christian Seipel, Rechtspopulismus und Rechtsextremismus. Erscheinung, Erklärung, empirische Ergebnisse, Stuttgart 2022 (*Kohlhammer*), 165 S. – Wie der Titel es schon nahelegt, deuten die beiden sozialwissenschaftlichen Autoren den Aufstieg des Rechtspopulismus nicht als Chance, bestimmte Tabuthemen zur Sprache zu bringen, sondern als Einfallstor rechtsextremistischer Akteure und Ideologie. Der Rechtspopulismus mag sich im Vergleich als wenig ideologisch präsentieren, seine völkische Weltanschauung verbindet ihn jedoch mit dem Rechtsextremismus. Die damit einhergehende Normalisierungs- und Brückenfunktion wird in den Kapiteln zu Jugend und Rechtspopulismus sowie zum Antifeminismus eindrucksvoll veranschaulicht. Der Rechtspopulismus ist eine Gefahr für die Demokratie.

Sarrazin, Thilo, Die Vernunft und ihre Feinde. Irrtümer und Illusionen ideologischen Denkens, München 2022 (*Langen Müller Verlag*), 391 S. – Die meisten Politiker schreiben nach ihrem Ausscheiden aus der Politik keine Bücher – oder lassen welche schreiben. Für den ehemaligen Berliner Finanzsenator, dem das Etikett „umstritten" anhaftet, gilt dies nicht: Seit seinem Bestseller „Deutschland schafft sich ab" (2010) hat er jedes zweite Jahr ein dickleibiges Werk vorgelegt. Im neuesten schildert er, ein Anhänger des Kritischen Rationalismus, nach seinem Werdegang die Gefahren ideologischen Denkens, ob aus rechter, linker oder fundamentalistischer Perspektive. Das ist erkenntnisreich, selbst für Kritiker seiner Positionen.

Sasse, Gwendolyn, Der Krieg gegen die Ukraine. Hintergründe, Ereignisse, Folgen, München 2022 (*C. H. Beck*), 129 S. – Mit der Direktorin des Zentrums für Osteuropa- und internationale Studien (ZOiS) in Berlin widmet sich einer der besten Experten dem Krieg in der Ukraine. Bevor sie den Krieg im engeren Sinne ab der Krim-Annexion 2014 durch Russland näher beleuchtet und dessen Folgen abschätzt, befasst sie sich zunächst mit der Ukraine in historischer, politologischer und landeskundlicher Hinsicht. Zudem stellt sie in konziser Form den russischen Autoritarismus und (Neo-)Imperialismus dar. Eine Stärke des Bandes liegt in der genauen Erfassung gesellschaftlicher und politischer Dynamiken, die uns den Konflikt besser verstehen lassen. Sasse notiert gegen Ende ihrer vorzüglichen Darstellung: „Es ist eindeutig zu früh für ein Fazit." Ungeachtet aller Unwägbarkeiten und kontingenten Entwicklungen liefert die Autorin fundiertes Orientierungswissen.

Schlögel, Karl, Entscheidung in Kiew. Ukrainische Lektionen, München 2022 (*Hanser*), 377 S. – Der 2015 erstmals publizierte Band erscheint aus traurigem Anlass – dem Einmarsch Russlands in sein Nachbarland – als aktualisierte und erweiterte Neuausgabe. Neben einem neuen Vorwort hat der Autor den Abschnitt „Nach dem 24. Februar 2022" ergänzt. Der profunde Osteuropahistoriker ist einer der besten deutschsprachigen Kenner der Ukraine, ihrer Geschichte, Politik und Kultur. Er kann brillant schreiben. Dabei beruht das, was er zu Papier bringt, nicht nur auf intensiver Literatur- und Quellenkenntnis, sondern auch und besonders auf eigener Beobachtung am Ort der Geschehnisse. Die von Schlögel gezeichneten Bilder ukrainischer Städte dürften angesichts der Zerstörungswut russischer Bombenangriffe, das ist die düstere Konsequenz, mittlerweile einen dokumentarischen Zweck erfüllen: nämlich ihren Zustand in früheren Zeiten festzuhalten.

Kommentierte Bibliographie

Schuhmacher, Frank, Benito Mussolini – Konsens durch Mythen. Eine Analyse der faschistischen Rhetorik zwischen 1929 und 1936, Paderborn 2022 (*Wilhelm Fink*), 416 S. – Frank Schuhmachers Studie begreift das faschistische Italien zunächst nicht als Gewaltherrschaft wider den Willen der Italiener, sondern fragt vielmehr nach den Ursachen für die weitverbreitete Popularität Benito Mussolinis vor Ausbruch des Zweiten Weltkriegs. Die Studie untersucht Mussolinis Rhetorik, nimmt aber auch die Inhalte der Reden ernst und sucht nach Anknüpfungspunkten zum kollektiven Bewusstsein seiner damaligen Landsleute. Analysiert werden insbesondere die reichhaltige Metaphorik der Reden Mussolinis – anhand derer etwa das vielfach präsente Motiv einer sprachlichen Militarisierung konstatiert werden kann, die der materiellen vorausging und sie später begleitete – sowie ihr Verweis auf sinnstiftende und kollektiv anschlussfähige Mythen, die zur Identifikation der Bevölkerung mit dem Regime beitrugen.

Sieg, Ulrich, Vom Ressentiment zum Fanatismus. Zur Ideengeschichte des modernen Antisemitismus, Hamburg 2022 (*Europäische Verlagsanstalt*), 318 S. – Der Marburger Ulrich Sieg Historiker zeichnet die Entwicklung des Antisemitismus im deutschsprachigen Raum von 1871 nach. Im Mittelpunkt seiner Schrift, die frühere Einzelstudien versammelt, stehen Kontinuität und Wandel des Judenhasses in Gesellschaft und Wissenschaft des Kaiserreichs, der Weimarer Republik und des Nationalsozialismus sowie in der Zeit nach 1945 bis zur Gegenwart.

Siemens, Daniel, Hinter der Weltbühne. Hermann Budzislawski und das 20. Jahrhundert, Berlin 2022 (*Aufbau*), 413 S. – Das gründlich aus Archivquellen gearbeitete und gut geschriebene Buch des in Newcastle Neuzeitgeschichte lehrenden deutschen Historikers Daniel Siemens beleuchtet intensiv den Lebensweg Hermann Budzislawskis. Der Herausgeber der *Neuen Weltbühne*, später auch für gewisse Zeit an der Spitze der DDR-Weltbühne, gilt häufig als Opportunist und dem Kommunismus treu dienender Journalist. Siemens zeichnet ein vielschichtigeres Bild, das Budzislawski in seinen verschiedenen Rollen gut in wechselhafte Zeitläufte einfügt. Wirklich sympathisch wird einem Budzislawski, der in der DDR u. a. an der journalistischen Kaderschmiede „Rotes Kloster" in Leipzig als Professor lehrte, auch nach der Lektüre von Siemens' Darstellung nicht. Das spricht für sie, wahrt ihr Autor doch bei aller Fairness und rekonstruktiven Nahsicht die nötige Distanz zu seinem „Helden". Aufschlussreich ist diese Biographie vor allem auch deshalb, weil sich an ihrem Beispiel einiges über die schwierige Rolle eines bürgerlichen Sozialisten im ideologisch zerklüfteten 20. Jahrhundert erfahren lässt.

Sommer, Andreas Urs, Eine Demokratie für das 21. Jahrhundert. Warum die Volksvertretung überholt ist und die Zukunft der direkten Demokratie gehört, Freiburg i. Br. 2022 (*Herder*), 272 S. – Der Freiburger Philosoph bekennt freimütig, er habe „mit souveräner Gleichgültigkeit all die Studien nicht gelesen, die die empirische Sozial- und Politikforschung in den letzten Jahrzehnten hervorgebracht hat". Stattdessen verlässt er sich auf seine eigene Intelligenz und Urteilskraft und „den ein oder anderen gut abgehangenen Klassiker". Außerdem traut er dem „common man" viel zu, während er über die aktiven Politiker vernichtende Urteile fällt: „Wohin mit den bisherigen Berufspolitikern, die keinen ordentlichen Beruf wie Philosoph, Bäcker oder Tiefseeforscherin gelernt haben und selbst für Verwaltungsaufgaben nicht taugen?" Die Deutschen kommen in einer Volksinitiative im Jahr 2064 auf eine glänzende Idee: Sie gründen „geschützte Werkstätten für ausgedientes berufspolitisches und demoskopisches Personal […], in denen es seither den alten Zeiten nachtrauern und in bester Handarbeitstradition Ränke schmieden kann".

Spakowski, Nicola, China seit 1978, Stuttgart 2022 (*Kohlhammer*), 185 S. – Die Freiburger Sinologin bietet einen fundierten Einblick in die historische Entwicklung Chinas zur politischen und wirtschaftlichen Weltmacht seit 1978 und zeichnet so ein komplexes Bild des Reiches der Mitte, welches sich nicht in Kategorien von Lob und Verurteilung des chinesischen Weges pressen lässt.

Steinbacher, Sybille (Hrsg.), 25 Jahre Fritz Bauer Institut. Zur Auseinandersetzung mit den nationalsozialistischen Verbrechen, Göttingen 2022 (*Wallstein*), 82 S. – Der Jubiläumsband umfasst zunächst den die Entstehung des Instituts beleuchtenden, instruktiven Vortrag von Katharina Rauschenberger, der die lokal-, zeit- und geschichtspolitischen Rahmenbedingungen genau ausleuchtet. Eine im zweiten Teil abgedruckte Debatte kommt ebenso auf das Verhältnis zur Frankfurter Universität sowie auf Langzeitfolgen des Historikerstreits zu sprechen. Lesenswert sind zudem die in der Aussprache formulierten Reflexionen zum erinnerungspolitischen Auftrag der Holocaust-Forschung in der Gegenwart sowie die Überlegungen zur Bewahrung der Institution als Diskussions- und Erinnerungsort.

Thumann, Michael, Revanche. Wie Putin das bedrohlichste Regime der Welt geschaffen hat, München 2022 (*C. H. Beck*), 288 S. – Der außenpolitische Korrespondent und langjährige Russlandkenner der Wochenzeitung *Die Zeit* sondiert die Situation des aktuellen Moskauer Regimes unter der Präsidentschaft Wladimir Putins. Um das expansiv-aggressive Verhalten des autoritären Regimes besser zu verstehen, führt Thumann zurück in die Transformationszeit seit Auflösung der Sowjetunion, berichtet von einst hoffnungsvollen Demokratie-Exerzitien, neuen Nationalisten, missbräuchlicher Geschichtspolitik, Rachegelüsten gegen den Westen, Informationskriegen, kruder repressiver und militärischer Gewalt. Der Autor führt in solche Zusammenhänge höchst kompetent ein und schreibt fesselnd. Sein Fazit enthält Hoffnung und ist doch düster gefärbt: „Der Niedergang von Putins Regime hat mit diesem Krieg begonnen. Putin kann sich nur noch auf eins verlassen. Sein hervorragender Platz in der Geschichte ist ihm sicher: als blutrünstigster Herrscher Russlands seit Josef Stalin."

Volkov, Shulamit, Deutschland aus jüdischer Sicht. Eine andere Geschichte vom 18. Jahrhundert bis zur Gegenwart, München 2022 (*C. H. Beck*), 336 S. – Die israelische Historikern Shulamit Volkov betrachtet die deutsche Geschichte aus der Perspektive jüdischer Protagonisten. Sie lässt unter anderem die Zeitwahrnehmungen von Moses Mendelssohn, Heinrich Heine, Hannah Arendt und Fritz Bauer lebendig werden. Sie schließt damit nicht nur eine Lücke in der Geschichtsschreibung, sondern trägt auch dazu bei, die deutsche Geschichte besser und umfassender zu verstehen.

Wéber, Júlia/Kai Brauer (Hrsg.), Die friedliche Revolution 1989 und die soziale Arbeit. Rückblicke und Ausblicke auf einen Epochenbruch: Zivilgesellschaft – Mitgestaltung – Hochschule, Bielefeld 2022 (*transcript*), 319 S. – Die Beiträge des Sammelbandes gehen auf eine Vortragsreihe anlässlich des 30. Jahrestages der Mauerfalls zurück, die 2019 an der Hochschule Neubrandenburg stattfand. Hervorzuheben ist, dass verschiedenste Personengruppen aus ihrer Sicht den Transformationsprozess reflektieren und somit Dialogprozesse ermöglichen.

Weber, Petra/Nina Lutz/Carolin Keim (Hrsg.), Kaufbeuren unterm Hakenkreuz. Eine Stadt geht auf Spurensuche, Stuttgart 2022 (*Friedrich Pustet*), 147 S. – Der Band dokumentiert die gleichnamige Ausstellung, die 2019/2020 im Stadtmuseum Kaufbeuren gezeigt worden ist. Am Beispiel der im bayerischen Allgäu gelegenen Kleinstadt Kaufbeuren wird in Nahperspektive untersucht, wie sich nationalsozialistische Herrschaft in der Provinz im Einzelnen vollzog. Ein eigenes Kapitel widmet sich der Zwangsarbeit im Zuge der Rüstungsindustrie durch die Dynamit-AG Kaufbeuren. Die „NS-Gesundheitspolitik und Antisemitismus" zwischen „Ausgrenzung und Vernichtung" werden ebenso wenig ausgespart wie die Geschichte des Stadtmuseums selbst (Stichworte: „Heimat – Volkskunst – Propaganda"). Die gut lesbaren, kundig recherchierten und breit bebilderten Texte dürften insbesondere in der politischen Bildung vor Ort gut eingesetzt werden können.

Weißmann, Karlheinz, Lexikon politischer Symbole, Berlin 2022 (*Junge Freiheit*), 628 S. – Das aufwendig gestaltete Nachschlagewerk enthält mehr als 200 Texte mit fast 1.700 Abbildungen politischer Symbole. Die umfassende Einleitung des Autors informiert über den Vorrang optischer Symbole sowie über die Struktur und Entwicklung von Symbolsystemen.

Wiatr, Jerzy J., Political Leadership Between Democracy and Authoritarianism. Comparative and Historical Perspectives, Opladen/Berlin/Toronto 2022 (*Barbara Budrich*), 203 S. – Das von wissenschaftlicher Gelehrsamkeit ebenso wie von politisch-praktischer Erfahrung geprägte Werk reißt das Problem politischer Führung breit auf. Es setzt mit einer politisch-philosophischen und soziologischen Grundlegung ein, behandelt die Führung in modernen Demokratien und im Zuge der Demokratisierung (insbesondere in Ostmitteleuropa), um dann besonders ausführlich die Ausprägungen autokratischer Führung und die Varianten eines neuen Autoritarismus im ausgehenden 20. und frühen 21. Jahrhundert zu behandeln.

Widmaier, Benedikt, Extremismuspräventive Demokratieförderung. Eine kritische Intervention, Frankfurt a. M. 2022 (*Wochenschau*), 71 S. – Der Autor der Streitschrift wendet sich vehement gegen die extremismuspräventive Ausrichtung der Demokratieförderung. Eine solche Engführung der Förderpraxis schließe wesentliche Bereiche der Demokratisierung wie Kritikfähigkeit, Digitalisierung und „Utopiekompetenz" aus. Die Bezeichnung „Gesetz zur Förderung der wehrhaften Demokratie" als Rechtsgrundlage der Demokratieförderung wird als unzeitgemäß und als von der Sicherheitspolitik vereinnahmt abgelehnt.

Würfel, Carolin, Drei Frauen träumten vom Sozialismus, München 2022 (*Hanser*), 270 S. – Carolin Würfel schreibt von den in der DDR tätigen Schriftstellerinnen Maxie Wander, Brigitte Reimann und Christa Wolf, deren Leben über eine Vielzahl Kontaktpunkte verfügten. Dabei zeichnet die Journalistin anschaulich das Hadern der drei Frauen mit dem Traum und der Wirklichkeit des Sozialismus nach, welches sich in ihrer Autorentätigkeit zuspitzt, verzichtet jedoch auf genaue Quellenbelege und bedient sich eher eines belletristischen Stils.

Zerback, Ralf, Triumph der Gewalt. Drei deutsche Jahre 1932 bis 1934, Stuttgart 2022 (*Klett-Cotta*), 319 S. – Mit großem erzählerischen Geschick und strukturierendem Blick, ebenso mit einem Gespür für die Rolle der verschiedenen handelnden Akteure beleuchtet der Autor die krisenhafte Schlussphase der Weimarer Republik wie auch das erste Jahr des Dritten Reiches, als sich die nationalsozialistische Herrschaft etablierte und rasch ein totalitäres Antlitz erkennbar werden ließ. Minutiös und anschaulich schildert der skrupulöse historische Publizist den vielschichtigen Vorgang der nationalsozialistischen Machtaneignung unter Anwendung von Gewalt, von legalen Schachzügen (und willfährigen Mitspielern) und illegalen Aktionen.

Zimmermann, Wolfgang (Hrsg.), Rechtsextremismus in der Bundesrepublik Deutschland. Kontinuität – Wandel – Herausforderungen, Stuttgart 2022 (*Kohlhammer*), 84 S. – 2020 richtete Baden-Württemberg eine Dokumentenstelle Rechtsextremismus ein, angesiedelt beim Generallandesarchiv. Sie basiert wesentlich auf der umfangreichen Sammlung von Anton Maegerle, der unter besagtem Pseudonym publiziert. Diese Veröffentlichung geht auf die erste Tagung der Dokumentationsstelle zurück (mit Texten u. a. von Armin Pfahl-Traughber, Andrea Röpke und Fabian Virchow).

Zeitschriftenauslese

Andrae, Jakob, Antisemitismus im Compact-Magazin: eine Analyse der Diskursstränge um die Krisen der Asyl- und Migrationspolitik 2015/16 und der Covid-19 Pandemie 2020, in: Zeitschrift für Rechtsextremismusforschung 2 (2022), H. 1, S. 110–127. – Der Beitrag des seit 2021 erscheinenden Periodikums untersucht die Ausprägungen des Antisemitismus in der Zeitschrift *Compact-Magazin*. Theoretische Grundlage bildet die Unterscheidung verschiedener Varianten nach Samual Salzborn: religiös-antijüdischen, völkisch-rassistischen, sekundär-schuldabwehrenden, antizionistisch-antiisraelischen und arabisch-islamischen Antisemitismus. Für den Autor prägt ein chiffrierter bzw. codierter Antisemitismus *Compact* im gesamten Untersuchzeitraum. Zugleich arbeitet er Veränderungen heraus. War in den Jahren bis 2015 noch der antizionistisch-antiisraelische und während der „Flüchtlingskrise" der sekundär-schuldabwehrende Antisemitismus verbreitet, seien diese seit der Covid-19-Pandemie von einer antisemitischen Verschwörungskampagne abgelöst worden. Das Narrativ von der Schaffung einer „Neuen Weltordnung" durch eine „globale Elite" verbinde die Themen Migration („Umvolkung") und Corona (QAnon). Es habe im Rechtsextremismus mittlerweile eine herausgehobene Bedeutung und wirke als Scharnier von Rechtsextremisten, Neuer Rechten und Querdenkern.

Bayerlein, Michael/Anne Metten, The Impact of COVID-19 on the Support for the German AfD: Jumping the Populist Ship or Staying the Course?, in: Politische Vierteljahresschrift 63 (2022), H. 3, S. 405–440. – Ausgehend von der in der Literatur verbreiteten Annahme, die Unterstützung von rechtspopulistischen Parteien nehme in Krisenzeiten zu, fragen die beiden Kieler Politikwissenschaftler, warum dies im Fall der AfD während der Covid-19-Pandemie nicht so gewesen ist. Stattdessen hatte die Partei bei der Bundestagswahl 2021 sogar 2,3 Prozentpunkte gegenüber der Wahl vier Jahr zuvor verloren. Auf Grundlage von wöchentlichen Umfragen zu den Wählerpräferenzen kommen die Autoren zu dem Ergebnis, dass die AfD zwar massiv gegen die staatlichen Schutzmaßnahmen opponierte, damit aber ihre Wählerschaft stark gespalten hatte. Vor allem bei jenen Anhängern, die selbst oder in ihrem persönlichen Nahfeld von einer Corona-Infektion betroffen waren, kam es zu einer Abkehr von der Partei. In westdeutschen Regionen, die besonders hohe Infektionszahlen aufwiesen, fiel der AfD-Stimmenanteil geringer aus als in anderen Regionen.

Goertz, Stefan, Putins System. Russische Desinformationskampagnen in Deutschland und ihre Wirkung auf den deutschen Extremismus, in: Die politische Meinung 67 (2022), H. 577, S. 39–42. – Der an der Hochschule des Bundes in Lübeck lehrende Extremismusforscher zeigt die zentrale Rolle des russischen Krieges gegen die Ukraine für extremistische Anhänger von Verschwörungstheorien in Deutschland auf. Deren überwiegend prorussische Haltungen gingen seit Jahren von Russland lancierte Desinformationskampagnen zurück, die das Milieu von Querdenkern, Reichsbürgern und Selbstverwaltern und Rechtsextremisten ungefiltert weiterverbreite. Zugleich wird der Ukraine-Krieg in den Kontext anderer Verschwörungsnarrative verwoben („Covid-Diktatur", „The Great Reset"). Er gilt als Ablenkungsmanöver, der von – angeblichen – Zwangsimpfungen und letztlich von der Schaffung einer neuen Weltordnung ablenken soll. Um der Radikalisierung als Folge solcher Desinformationskampagnen entgegenzuwirken, plädiert der Autor einerseits für die Schaffung von Spezialeinheiten innerhalb der Innenministerien von Bund und Ländern, andererseits für den Ausbau der Kooperationsbeziehungen zwischen Sicherheitsbehörden und zivilgesellschaftlichen Akteuren.

Kahrs, Horst/Udo Wolff, Linkspopulismus trifft Rechtspopulismus. Der Selbstmord der Linkspartei aus Angst vor dem Tod, in: Blätter für deutsche und internationale Politik 67 (2022), H. 10, S. 103–108. – Das selbst mit der Partei Die Linke verbundene Autorenduo skizziert die zentralen Konfliktlinien innerhalb der Partei: in den verschiedenen Positionen zu Russland bzw. zum

Ukraine-Krieg, zur Energiepolitik bzw. zum Klimawandel, in der Zuwanderungsfrage und nicht zuletzt in Fragen der soziokulturellen Identität der Partei. Anstatt die innerparteiliche Einheit zu bewahren, zuvörderst um den Fraktionsstatus sowie damit verbundene finanzielle und materielle Ressourcen nicht zu verlieren, plädieren sie für den radikalen Bruch mit dem „Wagenknecht-Lager". Insbesondere die Fundamentalopposition gegenüber der Ampel-Regierung müsse überwunden werden, um progressive linke Politik zu fördern. Die inhaltliche Nähe zu rechten Positionen bei den Themen Russland, Migration und „Gendern" sei dagegen ein Irrweg, der zum Untergang der Partei führen werde. Aus diesem Grund lehnen die Autoren auch die Beteiligung der Partei an „Montagsdemonstrationen" ab. Solche Proteste würden durch die Anwesenheit von Rechtsextremisten und „Querfront"-Anhängern ihr schaden; ohnehin sei der Begriff „Montagsdemonstration" durch die Vereinnahmung von Rechtspopulisten mittlerweile problematisch.

Kollmorgen, Raj, Radikale Rechte als ostdeutsches Problem? Zur langen Kultur- und Gesellschaftsgeschichte des Rechtspopulismus in Ostdeutschland, in: Aus Politik und Zeitgeschichte 72 (2022), B 49–50, S. 33–38. – Der Beitrag ist Teil eines Themenheftes zur rechten Gewalt in den 1990er Jahren und geht den Besonderheiten des Rechtsaußenspektrums in Ostdeutschland nach. Zwar behandelt der Autor vorwiegend den Rechtspopulismus, bezieht aber auch rechtsextreme Phänomene mit ein, ohne jedoch die Frage der Verfassungsmäßigkeit zu beleuchten. Er stellt ostdeutsche Spezifika heraus, widerspricht allerdings der These eines „ostdeutschen Rechtsradikalismus", indem er auf westdeutsche Bestrebungen vor und nach 1989/90 eingeht, auf die aktuellen Wahlerfolge der AfD nicht nur im Osten, sondern auch in Baden-Württemberg verweist sowie die zahlreichen „Westimporte" im östlichen Rechtsaußenmilieu benennt. Aufgrund seiner langfristigen Entstehungsgeschichte (DDR-Vergangenheit, Transformationserfahrung, „Enttäuschungs- und Entfremdungserfahrungen" gegenüber dem Westen) seien verfestigte politisch-kulturelle Prägungen entstanden, die den Rechtsradikalismus begünstigten, nicht aber auf sein kurz- und mittelfristiges Verschwinden schließen lassen. Nicht zuletzt aus diesem Grund wendet sich der Autor gegen die pauschale Ausgrenzung rechtspopulistischer Akteure. Politische Abschottungen und Kommunikationsverweigerungen würden die demokratische Konfliktintegration sowie Lernprozesse verhindern und rechtspopulistische Vorurteile wie Systemkritik bestätigen.

Riera, Petro/Marco Pastor, Cordons sanitaires or tainted coalitions? The electoral consequences of populist participation in government, in: Party politics 28 (2022), H. 5, S. 889–902. – Der Aufsatz befasst sich mit dem Wachstum populistischer Parteien in den vergangenen Jahren und den Ursachen der Wahlerfolge. Im Mittelpunkt steht die Frage, ob eher Ausgrenzung („Cordon Sanitaire") oder Einbindung („belastete" Koalitionen) den Wahlerfolg populistischer Parteien wirksam behindern kann. Befunde der Koalitions- und Wahlverhaltensforschung legen die Vermutung nahe, dass populistische Parteien erhebliche Stimmenverluste erleiden, wenn sie als Juniorpartner an Koalitionsregierungen beteiligt sind. Als weitere Untersuchungsmerkmale werden die Wirtschaftslage, das Vorhandensein parlamentarischer Mehrheiten, der Grad an ideologischer Intensität der Parteien sowie das Konfliktpotenzial innerhalb der Regierungen überprüft. Im Ergebnis bestätigt sich der Trend, dass Populisten an Wählerunterstützung verlieren, wenn sie als Juniorpartner Koalitionen beitreten, insbesondere dann, wenn sie ideologisch extremistisch geprägt sind, es kaum Konflikte innerhalb des Kabinetts gibt oder die Koalition über eine parlamentarische Mehrheit verfügt.

Varwick, Johannes, Auf dem Weg in die „Ökodiktatur"? Klimaproteste als demokratische Herausforderung, in: Aus Politik und Zeitgeschichte 72 (2022), B 21–22, S. 4–8. – Der Beitrag in einem Themenheft „Ökologie und Demokratie" fragt, ob liberale Demokratien in der Lage sind, die Herausforderungen des Klimawandels wirkungsvoll zu bewältigen. Unter dem Gegenmodell einer „Ökodiktatur" versteht der an der Martin-Luther-Universität Halle-Wittenberg lehrende Politikwissenschaftler politische Maßnahmen, die den Auseinandersetzungen der Parteipolitik enthoben sind und mit radikalen bis hin zu gewalttätigen Mitteln durchgesetzt werden. Zwar warnt der Autor eindringlich davor, Analogien von „Letzter Generation" und RAF herauszustellen, betont aber eine zentrale Parallele: aus Weltrettungsleidenschaft das moralische Recht zum

Widerstand gegen den Staat abzuleiten. Trotz der dramatischen Klimasituation Gewalt als legitime Protestform anzuerkennen sei eine Bankrotterklärung der demokratischen Gesellschaft. Stattdessen plädiert Varwick für einen grundlegenden Paradigmenwechsel der Politik in Richtung einer allumfassenden Klimaschutzpolitik – mit friedlichen Mitteln und innerhalb der demokratischen Spielregeln. Wie dies sich jedoch umzusetzen ließe, wenn eine Mehrheit der Bevölkerung die ambitionierten klimapolitischen Ziele nicht unterstützt, bleibt in dem Essay ungeklärt.

Voßkuhle, Andreas, Extremismus im Öffentlichen Dienst – was tun?, in: Neue Zeitschrift für Verwaltungsrecht 41 (2022), H. 24, S. 1841–1847. – Der Aufsatz des an der Albert-Ludwigs-Universität Freiburg lehrenden ehemaligen Präsidenten des Bundesverfassungsgerichts geht auf die Tagung „GeRECHTigkeit und Freiheit" der Friedrich-Ebert-Stiftung zurück und behandelt die Problematik von Verfassungsfeinden, die für den von ihnen abgelehnten Staat arbeiten. Diese finden sich in den Reihen der Lehrerschaft, Polizei, Bundeswehr, Justiz und Verwaltung. Ihre Zahl hat in den vergangenen Jahren stark zugenommen, wie der Autor anhand von offiziellen Statistiken belegt. Vor allem im Fall der Verbeamtung sind die Hürden der Entlassung hoch, weswegen Voßkuhle dafür plädiert, im Auswahlverfahren und in der Probezeit frühzeitig auf mögliche verfassungsfeindliche Einstellungen zu achten.

Verzeichnis der besprochenen Bücher

Ackerman, Galia/Stéphane Courtois, Le Livre Noir de Vladimir Poutine – 450
Ackermann, Ulrike, Die neue Schweigespirale. Wie die Politisierung der Wissenschaft unsere Freiheit einschränkt – 245
Ackermann, Ulrike, Sündenfall der Intellektuellen. Ein deutsch-französischer Streit von 1945 bis heute – 450
Albert, Mathias, Zur Politik der Weltgesellschaft. Identität und Recht im Kontext internationaler Vergesellschaftung – 450
Albrecht, Tobias, Handeln und Kritik. Politik und Gesellschaftstheorie nach Arendt und Adorno – 450
Allen, Danielle, Democracy in the Time of Coronavirus – 450
Ambos, Kai, Doppelmoral. Der Westen und die Ukraine – 451
Amlinger, Carolin/Oliver Nachtwey, Gekränkte Freiheit. Aspekte des libertären Autoritarismus – 297
Ash, Timothy Garton, Ein Jahrhundert wird abgewählt. Aus den Zentren Mitteleuropas 1980-1990 – 288
Aust, Martin/Andreas Heinemann-Grüder/Angelika Nußberger/Ulrich Schmid, Osteuropa zwischen Mauerfall und Ukrainekrieg. Besichtigung einer Epoche – 451
Behrend-Rosenfeld, Else/Siegfried Rosenfeld, Living in Two Worlds: Diaries of a Jewish Couple in Germany and in Exile – 451
Bendikowski, Tillmann, Hitlerwetter. Das ganz normale Leben in der Diktatur: Die Deutschen und das Dritte Reich 1938/39 – 300
Benz, Wolfgang (Hrsg.), Deutsche Herrschaft. Nationalsozialistische Besatzung in Europa und die Folgen – 451
Bittermann, Klaus, Der Intellektuelle als Unruhestifter. Wolfgang Pohrt. Eine Biographie – 451
Boehm, Omri, Radikaler Universalismus. Jenseits von Identität – 452
Bong, Jörg, Die Flamme der Freiheit. Die deutsche Revolution 1848/49 – 303
Borchmeyer, Dieter, Thomas Mann. Werk und Zeit – 452
Brichzin, Jenni/Henning Laux/Ulf Bohmann, Risiko-Demokratie. Chemnitz zwischen rechtsradikalem Brennpunkt und europäischer Kulturhauptstadt – 306
Bundesministerium des Innern und für Heimat (Hrsg.), Verfassungsschutzbericht 2021 – 432
Burgstaller, Rosemarie, Inszenierung des Hasses. Feindbildausstellungen im Nationalsozialismus – 452
Butler, Judith, What World Is This?: A Pandemic Phenomenology – 452
Courtois, Stéphane/Marc Lazar, Histoire du Parti communiste français – 310
Daub, Adrian, Cancel Culture Transfer. Wie eine moralische Panik die Welt erfasst – 245
Decker, Oliver/Johannes Kiess/Ayline Heller/Elmar Brähler (Hrsg.), Autoritäre Dynamiken in unsicheren Zeiten. Neue Herausforderungen – alte Reaktionen? – 453
Dobbert, Steffen, Ukraine verstehen. Geschichte, Politik und Freiheitskampf – 453
Dohnanyi, Klaus von, Nationale Interessen. Orientierung für deutsche und europäische Politik – 314

Literatur

Dubslaff, Valérie, „Deutschland ist auch Frauensache". NPD-Frauen im Kampf für Volk und Familie 1964-2020 – 453

Eigendorf, Katrin, Putins Krieg. Wie die Menschen in der Ukraine für unsere Freiheit kämpfen – 453

Elsässer, Jürgen, Ich bin Deutscher. Wie ein Linker zum Patrioten wurde – 293

Eltchaninoff, Michel, In Putins Kopf: Logik und Willkür eines Autokraten – 453

Ertl, Thomas, Russlands Ukraine-Krieg und der Westen. Ökonomische und geopolitische Auswirkungen – 453

Esposito, Roberto, Institution und Biopolitik – 453

Frank, Anja/Anna Felicitas Scholz, Islamismus in der Jugendphase. Eine rekonstruktive Studie zu Radikalisierungsprozessen – 454

Frankenberg, Günter/Wilhelm Heitmeyer (Hrsg.), Treiber des Autoritären. Pfade von Entwicklungen zu Beginn des 21. Jahrhunderts – 318

Fritz, Sven, Houston Stewart Chamberlain. Rassenwahn und Welterlösung – 321

Fukuyama, Francis, Der Liberalismus und seine Feinde – 324

Gallus, Alexander, Intellektuelle in ihrer Zeit. Geistesarbeiter und Geistesgeschichte im 20. Jahrhundert – 454

Gietinger, Klaus/Norbert Kozicki, Freikorps und Faschismus – 454

Gille, Christoph/Birgit Jagusch/Yasemine Chehata, Die extreme Rechte in der Sozialen Arbeit. Grundlagen – Arbeitsfelder – Handlungsmöglichkeiten – 454

Goertz, Stefan, Extremismus und Sicherheitspolitik. Studienkurs für die Polizei und die Verfassungsschutzbehörden – 454

Göpel, Maja, Wir können auch anders. Aufbruch in die Welt von morgen – 455

Grunenberg, Antonia, Demokratie als Versprechen. Warum es sich lohnt, für die Freiheit zu kämpfen – 328

Habermas, Jürgen, Ein neuer Strukturwandel der Öffentlichkeit und die deliberative Politik – 332

Hall, Stuart, Vertrauter Fremder. Ein Leben zwischen zwei Inseln – 455

Hannig, Nicolai/Detlev Mares (Hrsg.), Krise! Wie 1923 die Welt erschütterte – 455

Heidenreich, Felix, Demokratie als Zumutung. Für eine andere Bürgerlichkeit – 455

Hennel, Sebastian, Das Erbe von Fritz Bauer. Öffentliche Wahrnehmung justizieller „Vergangenheitsbewältigung" – 455

Hermsmeier, Lukas, Uprising. Amerikas Neue Linke – 336

Hessel, Florian/Pradeep Chakkarath/Mischa Luy (Hrsg.), Verschwörungsdenken. Zwischen Populärkultur und politischer Mobilisierung – 456

Hillje, Johannes, Das „Wir" der AfD. Kommunikation und kollektive Identität im Rechtspopulismus – 340

Hochuli, Alex/George Hoare/Philip Cunliffe, Das Ende des Endes der Geschichte. Post-Politik, Anti-Politik und der Zerfall der liberalen Demokratie – 456

Hof, Tobias, Die Geschichte des Terrorismus. Von der Antike bis zur Gegenwart – 261

Hörisch, Jochen, Poesie und Politik. Szenen einer riskanten Beziehung – 456

Höttemann, Michael, Verdrängter Antisemitismus. Eine empirisch fundierte Entwicklung des Begriffs der Abwehr als soziale Handlung – 456

Hufer, Klaus-Peter/Laura Schudoma, Die Neue Rechte und die rote Linie – 457

Jensen, Uffa, Ein antisemitischer Doppelmord. Die vergessene Geschichte des Rechtsterrorismus in der Bundesrepublik – 344

Verzeichnis der besprochenen Bücher

Jones, Mark, 1923. Ein deutsches Trauma – 457

Jong, David de, Braunes Erbe. Die dunkle Geschichte der reichsten deutschen Unternehmerdynastien – 348

Jost, Jannis/Joachim Krause (Hrsg.), Jahrbuch Terrorismus 2019-2021 – 261

Kärgel, Jana, Terrorismus im 21. Jahrhundert. Perspektiven. Kontroversen. Blinde Flecken – 261

Kay, Alex J., Das Reich der Vernichtung. Eine Gesamtgeschichte des nationalsozialistischen Massenmordens – 351

Kellerhoff, Sven Felix, Anschlag auf Olympia. Was 1972 in München wirklich geschah – 457

Kellner, Manuel, Trotzkismus 2.0. Neue Entwicklungen, neue Fragen – 457

Kershaw, Ian, Der Mensch und die Macht. Über Erbauer und Zerstörer Europas im 20. Jahrhundert – 355

Kielmansegg, Peter Graf, Gemeinwohl und Weltverantwortung – 282

Klare, Hans-Hermann, Auerbach. Eine jüdisch-deutsche Tragödie oder Wie der Antisemitismus den Krieg überlebte – 457

Klein, Ansgar/Rainer Sprengel/Johanna Neuling (Hrsg.), 20 Jahre Enquete-Kommission „Zukunft des Bürgerschaftlichen Engagements" – Bilanz und Ausblick – 457

Köhler, Thomas Walter/Christian Mertens (Hrsg.), Jahrbuch für Politische Beratung 2021/2022 – 458

Krämer, Gudrun, Der Architekt des Islamismus. Hasan al-Banna und die Muslimbrüder. Eine Biographie – 359

Krischer, André/Barbara Stollberg-Rilinger (Hrsg.), Tyrannen. Eine Geschichte von Caligula bis Putin – 363

Kumkar, Nils C., Alternative Fakten – 368

Laclau, Ernesto, Die populistische Vernunft – 458

Lammert, Christian/Boris Vormann, Das Versprechen der Gleichheit. Legitimation und die Grenzen der Demokratie – 372

Lammert, Norbert (Hrsg.), Handbuch der CDU. Grundlagen, Entwicklungen, Positionen – 458

Lang, Jürgen P., Volk und Feind. Der neue deutsche Populismus. Analyse einer Ideologisierung – 458

Leendertz, Ariane, Der erschöpfte Staat. Eine andere Geschichte des Neoliberalismus – 375

Lessenich, Stephan, Nicht mehr normal. Gesellschaft am Rande des Nervenzusammenbruchs – 379

Lieberman, Robert C./Suzanne Mettler/Kenneth M. Roberts (Hrsg.), Democratic Resilience. Can the United States Withstand Rising Polarization? – 458

Link, Fabian, Demokratisierung nach Auschwitz. Eine Geschichte der westdeutschen Sozialwissenschaften in der Nachkriegszeit – 383

Lisner, Wiebke u. a. (Hrsg.), Familientrennungen im nationalsozialistischen Krieg. Erfahrungen und Praktiken in Deutschland und im besetzten Europa 1939–1945 – 459

Mader, Dimitri, Herrschaft und Handlungsfähigkeit. Elemente einer kritischen Sozialtheorie – 459

Martynkewicz, Wolfgang, Das Café der trunkenen Philosophen. Wie Hannah Arendt, Adorno & Co. das Denken revolutionierten – 459

Mason, Paul, Faschismus. Und wie man ihn stoppt – 388

McWhorter, John, Die Erwählten. Wie der neue Antirassismus die Gesellschaft spaltet – 245

Melcher, Reinhold/Tom Thieme, Rechts- und Linksextremismus in den deutschen Bundesländern. Wahlergebnisse, Personenpotenziale, politisch motivierte Kriminalität und Gewalt – 459

Michalzik, Peter, Horváth, Hoppe, Hitler. 1926 bis 1938. Das Zeitalter der Masse – 459

Literatur

Möller, Horst, Deutsche Geschichte – die letzten hundert Jahre. Von Krieg und Diktatur zu Frieden und Demokratie – 391

Mounk, Yascha, Das große Experiment. Wie Diversität die Demokratie bedroht und bereichert – 460

Muller, Jerzy Z., Professor der Apokalypse. Die vielen Leben des Jacob Taubes – 460

Müller-Funk, Wolfgang, Crudelitas. Zwölf Kapitel einer Diskursgeschichte der Grausamkeit – 460

Münkler, Herfried, Die Zukunft der Demokratie – 395

Murat, Laure, Wer cancelt was? – 245

Neiman, Susan/Michael Wildt (Hrsg.), Historiker streiten. Gewalt und Holocaust – Die Debatte – 270

Nida-Rümelin, Julian/Matthias Kumm/Erich Vad/Albrecht von Müller/Werner Weidenfeld/Antje Vollmer, Perspektiven nach dem Ukrainekrieg – 460

Nitschke, Peter (Hrsg.), Konservatismus heute. Über die Bestimmung einer politischen Geisteshaltung – 460

Patel, Kiran/Ingo Schulze, Doppelt verbunden, halb vereint. Der Beitritt der DDR zur BRD und zur Europäischen Gemeinschaft – 461

Pelinka, Anton, Faschismus? Zur Beliebigkeit eines politischen Begriffs – 461

Pesch, Jan-Hinrick, Linksterrorismus zwischen Konkurrenz und Basissolidarität. Entwicklung und Bedingungsfaktoren der Beziehungen zwischen „Roter Armee Fraktion", „Tupamaros Westberlin" / „Bewegung 2. Juni" und „Revolutionären Zellen" – 261

Pfahl-Traughber, Armin, Intellektuelle Rechtsextremisten. Das Gefahrenpotential der Neuen Rechten – 399

Pfister, René, Ein falsches Wort. Wie eine neue linke Ideologie aus Amerika unsere Meinungsfreiheit bedroht – 245

Pickel, Gert/Susanne Pickel, Demokratie – 461

Piper, Ernst, Diese Vergangenheit nicht zu kennen heißt, sich selbst nicht zu kennen. Deutsche Geschichte im Zeitalter der Extreme – 461

Pluckrose, Helen/James Lindsay, Zynische Theorien. Wie aktivistische Wissenschaft Race, Gender und Identität über alles stellt – und warum das niemandem nützt – 245

Pohl, Kerstin/Markus Höffer-Mehlmer (Hrsg.), Brennpunkt Populismus. 15 Antworten aus Fachdidaktik und Bildungswissenschaft – 462

Quent, Matthias/Christoph Richter/Axel Salheiser, Klimarassismus. Der Kampf der Rechten gegen die ökologische Wende – 403

Rippl, Susanne/Christian Seipel, Rechtspopulismus und Rechtsextremismus. Erscheinung, Erklärung, empirische Ergebnisse – 462

Rohrmoser, Richard, Antifa – Porträt einer linksradikalen Bewegung. Von den 1920er Jahren bis heute – 407

Rothenberger, Liane/Joachim Krause/Jannis Jost/Kira Frankenthal (Hrsg.), Terrorismusforschung. Interdisziplinäres Handbuch für Wissenschaft und Praxis – 261

Sabrow, Martin, Der Rathenaumord und die deutsche Gegenrevolution – 410

Sälter, Gerhard, NS-Kontinuitäten im BND. Rekrutierung, Diskurse, Vernetzungen – 414

Sarrazin, Thilo, Die Vernunft und ihre Feinde. Irrtümer und Illusionen ideologischen Denkens – 462

Sasse, Gwendolyn, Der Krieg gegen die Ukraine. Hintergründe, Ereignisse, Folgen – 462

Schlögel, Karl, Entscheidung in Kiew. Ukrainische Lektionen – 462

Schmeitzner, Mike (Hrsg.), Die Diktatur des Proletariats. Begriff – Staat – Revision – 417

Verzeichnis der besprochenen Bücher

Schönberger, Christoph, Auf der Bank. Die Inszenierung der Regierung im Staatstheater des Parlaments – 421

Schröter, Susanne, Global gescheitert? Der Westen zwischen Anmaßung und Selbsthass – 425

Schuhmacher, Frank, Benito Mussolini – Konsens durch Mythen. Eine Analyse der faschistischen Rhetorik zwischen 1929 und 1936 – 463

Shapiro, Ben, Der autoritäre Terror. Wie Cancel Culture und Gutmenschentum den Westen verändern – 245

Sieg, Ulrich, Vom Ressentiment zum Fanatismus. Zur Ideengeschichte des modernen Antisemitismus – 463

Siemens, Daniel, Hinter der Weltbühne. Hermann Budzislawski und das 20. Jahrhundert – 463

Sommer, Andreas Urs, Eine Demokratie für das 21. Jahrhundert. Warum die Volksvertretung überholt ist und die Zukunft der direkten Demokratie gehört – 463

Spakowski, Nicola, China seit 1978 – 463

Steinbacher, Sybille (Hrsg.), 25 Jahre Fritz Bauer Institut. Zur Auseinandersetzung mit den nationalsozialistischen Verbrechen – 463

Taguieff, Pierre-André, Qui est l'extrémiste? – 428

Thumann, Michael, Revanche. Wie Putin das bedrohlichste Regime der Welt geschaffen hat – 464

Volkov, Shulamit, Deutschland aus jüdischer Sicht. Eine andere Geschichte vom 18. Jahrhundert bis zur Gegenwart – 464

Wéber, Júlia/Kai Brauer (Hrsg.), Die friedliche Revolution 1989 und die soziale Arbeit. Rückblicke und Ausblicke auf einen Epochenbruch: Zivilgesellschaft – Mitgestaltung – Hochschule – 464

Weber, Petra/Nina Lutz/Carolin Keim (Hrsg.), Kaufbeuren unterm Hakenkreuz. Eine Stadt geht auf Spurensuche – 464

Weil, Kai-Daniel, Terrorismus(-strafrecht). Eine vergleichende Analyse des Phänomens und seiner (straf-)rechtlichen Erfassung – 261

Weissmann, Karlheinz, Lexikon politischer Symbole – 464

Wiatr, Jerzy J., Political Leadership Between Democracy and Authoritarianism. Comparative and Historical Perspectives – 464

Widmaier, Benedikt, Extremismuspräventive Demokratieförderung. Eine kritische Intervention – 465

Wildt, Michael, Zerborstene Zeit. Deutsche Geschichte 1918 bis 1945 – 437

Wolfrum, Edgar (Hrsg.), Verfassungsfeinde im Land? Der „Radikalenerlass" von 1972 in der Geschichte Baden-Württembergs und der Bundesrepublik – 442

Wolin, Sheldon S., Umgekehrter Totalitarismus. Faktische Machtverhältnisse und ihre zerstörerischen Auswirkungen auf unsere Demokratie – 446

Würfel, Carolin, Drei Frauen träumten vom Sozialismus – 465

Zerback, Ralf, Triumph der Gewalt. Drei deutsche Jahre 1932 bis 1934 – 465

Zimmermann, Wolfgang (Hrsg.), Rechtsextremismus in der Bundesrepublik Deutschland. Kontinuität – Wandel – Herausforderungen – 465

Mitteilungen und Hinweise

Counter Extremism Project (CEP)

Das Counter Extremism Project (CEP) ist eine unabhängige transatlantische Nichtregierungsorganisation und Denkfabrik, die insbesondere zu ideologisch begründeter Gewalt arbeitet. Im Zentrum stehen rechtsextreme und islamistische gewaltorientierte oder terroristische Akteure und Organisationen, national und transnational, offline und online.

CEP führt seit 2014 Forschungsprojekte durch, häufig gemeinsam mit internationalen Partnern, und erbringt Beratungsleistungen für eine Reihe von Regierungen in Europa sowie in den USA. CEP unterhält Büros in New York City und Berlin und hat Vertretungen in Washington, D.C., London, Brüssel und Dublin, sowie eine strategische Partnerschaft mit GLOBSEC in der Slowakei.

Die Arbeitsschwerpunkte im CEP-Büro Berlin sind:

- Die Analyse von (neuen) Strategien und Aktivitäten transnational agierender extremistischer oder terroristischer Organisationen und Netzwerke, sowie die Entwicklung von möglichen Präventions- und Gegenmaßnahmen. Dazu gehört die Erforschung von finanziellen Aktivitäten dieser Akteure, etwa die Nutzung neuer Technologien, auch in Zusammenarbeit mit dem Finanz- und Technologiesektor.
- Die Strafverfolgung ausländischer terroristischer Kämpfer sowie die Rehabilitation- und Wiedereingliederung für aus der Haft entlassene terroristische Straftäter.
- Die Regulierung von großen Sozialen Medien Unternehmen in der EU mit dem Ziel, die Nutzung der Internetdienste durch extremistische und terroristische Akteure wirksamer zu verhindern bzw. zu minimieren.

CEP-Projekte im ersten Halbjahr 2023 untersuchten beispielsweise Verbindungen zwischen Rechtsextremen und Organisierter Kriminalität, neue Entwicklungen bei transnationalen rechtsextremen Kampfsportnetzwerken sowie ausländischen (extremistischen) Kriegsfreiwilligen im Angriffskrieg Russlands gegen die Ukraine, die Strafverfolgung von zurückgekehrten Anhängern des Islamischen Staates nach Europa und die Konsequenzen für die globale Sicherheit durch die Machtübernahme der Taliban in Afghanistan.

Kontakt und weitere Informationen zum CEP in Deutschland: https://www.counterextremism.com/de/regionaloffice/cep-germany.

Mitteilungen und Hinweise

Demokratiezentrum Rheinland-Pfalz

Das Demokratiezentrum Rheinland-Pfalz vernetzt im Auftrag des Bundesprogramms „Demokratie leben!" und des Landes Rheinland-Pfalz Engagierte und Aktive, die sich gegen jede Form von gruppenbezogener Menschenfeindlichkeit und für eine demokratische Gesellschaft einsetzen. Hierfür bietet das Demokratiezentrum Rheinland-Pfalz Raum für Interaktionen und Austausch über Demokratieförderung sowie Expertise in Extremismusprävention und -intervention. Das Team und die Kooperierenden des Demokratiezentrums sind dabei genauso vielfältig und vielseitig wie die sich stellenden Aufgaben: Demokratie fördern – Vielfalt gestalten – Extremismus vorbeugen.

Um dies zu erreichen, setzt das Demokratiezentrum Rheinland-Pfalz auf seine gesellschaftlich breit aufgestellten Netzwerke:

- Im Kompetenznetzwerk „Demokratie leben!" Rheinland-Pfalz sind viele Initiativen, Vereine und Institutionen gebündelt, die sich gegen jede Form von gruppenbezogener Menschenfeindlichkeit und für Demokratie einsetzen.
- Im Beratungsnetzwerk gegen Rechtsextremismus Rheinland-Pfalz arbeiten staatliche und zivilgesellschaftliche Organisationen zusammen gegen diese menschenverachtenden und demokratiefeindlichen Einstellungen und Aktivitäten.
- Das Präventionsnetzwerk gegen religiös begründete Radikalisierung Rheinland-Pfalz – DivAN fördert den Diskurs möglichst vieler Akteure bei ihrem langfristigen Ziel, religiös begründeter Radikalisierung junger Menschen vorzubeugen.
- Vernetzung der Projekte von „Zusammenhalt durch Teihabe" (ZdT) in Rheinland-Pfalz und dem Saarland.

Weiter bietet das Demokratiezentrum Rheinland-Pfalz mit „Planspiele: Demokratie leben!" verschiedene Planspielszenarien zur Sensibilisierung bei gruppenbezogener Menschenfeindlichkeit und zum Training passender Handlungsstrategien.

Vor allem bei rechtsextremistischer Radikalisierung kann das Demokratiezentrum auf eine langjährige Erfahrung in der Distanzierungsberatung zurückgreifen. Bei „Rückwege" wird jungen Menschen mit Einzelfallhilfen und Gruppenangeboten beratend beigestanden, um aus der Radikalisierungsspirale auszubrechen. Betroffene Angehörige können sich bei der Angehörigenberatung bei demokratiefeindlichen Einstellungen Unterstützung holen. Für Ausstiegswillige aus der rechtsextremen Szene existiert seit 2001 die Beratungsstelle „(R)AUSwege".

Kommunen, Vereine und Organisationen können sich bei rechtsradikalen und -extremen Vorkommnissen in ihrer Region Hilfe durch die Mobile Beratung gegen Rechtsextremismus einholen. Für Betroffene von rechter, rassistischer und antisemitischer Gewalt bietet die von „Demokratie leben!" geförderte Betroffenenberatungsstelle „m*power" Unterstützung an.

Mitteilungen und Hinweise

Die „Beratungsstelle gegen islamistische Radikalisierung – Salam" berät und unterstützt von islamistischer Radikalisierung betroffene Menschen, deren Eltern, Angehörige und Freunde mit dem Ziel der Radikalisierungsdistanzierung.

Darüber hinaus werden Fortbildungen und Beratungen für Fachkräfte und Multiplikatoren durchgeführt. Mehrmals im Jahr veranstaltet das Demokratiezentrum Rheinland-Pfalz Fachtagungen und Landesdemokratiekonferenzen zur inhaltlichen Vernetzung der „Demokratie leben!"-geförderten Projekte und Programme: Dazu zählen die kommunalen Partnerschaften für Demokratie, die Modellprojekte zur Vielfaltstärkung und Demokratieförderung, wie das Projekt zu Identität und Jugend „Wie wollen wir leben?" und das Projekt „Wertraum – Demokratiebildung und Extremismusprävention im Strafvollzug".

Kontakt und weitere Informationen zum Demokratiezentrum Rheinland-Pfalz, Landesamt für Soziales, Jugend und Versorgung, Abteilung Landesjugendamt, Rheinallee 97–101, 55118 Mainz; demokratiezentrum@lsjv.rlp.de und www.demokratiezentrum.rlp.de.

Personenverzeichnis

Abalakina, Marina 190
Abdel-Samad, Hamed 63
Abendroth, Wolfgang 332
Acham, Karl 384
Ackerman, Galia 450
Ackermann, Ulrike 63 f., 245, 256-258, 260, 450
Adenauer, Konrad 355, 357, 392 f., 423
Adler, Max 418
Adorno, Theodor W. 298, 318, 330, 384-386, 450, 459
Ageyev, Vladimir 190
Akbulut, Gökay 72, 131
Akşener, Meral 183
Al-Assad, Baschar 366
Al-Assad, Hafiz 366
Al-Baghdadi, Abu Bakr 200
Al-Banna, Hassan 359-362
Albert, Mathias 450
Albertin, Lothar 16
Albrecht, Niels 38
Albrecht, Tobias 450
Albright, Madeleine 388
Alfieri, Sara 190
Al-Gaddafi, Muammar 55
Allchorn, William 166
Allen, Danielle 450
Al-Suri, Muhammad 194, 200
Altemeyer, Robert A. 179
Althusmann, Bernd 110
Al-Zarqawi, Abu Mus'ab 201
Al-Zawahiri, Aiman 200 f.
Ambos, Kai 451
Amin, Idi 363, 366
Amlinger, Carolin 297-299
Amri, Anis 269
Anaz, Necati 180, 188

Anders, Günther 158
Andrae, Jakob 466
Androsch, Hannes 395
Anton, Bernward 418
Applebaum, Anne 252
Arendt, Hannah 430, 450, 459, 464
Aristoteles 282
Armih, Ahmad 193
Aron, Raymond 63, 324
Arps, Jan Ole 221 f.
Arzheimer, Kai 89, 165, 173, 175, 340
Ash, Mitchell 12, 250, 259 f.
Atatürk, Kemal 179, 186
Ateş, Seyran 71, 75
Aust, Martin 451
Ayyadi, Kira 91
Bachmann, Lutz 168, 172
Backes, Uwe 10, 12, 15, 38, 42, 79, 80, 82, 88 f., 91 f., 95, 100, 171, 179, 218, 230, 293, 430
Bacon, Tricia 265
Badal, Yvonne 288
Badescu, Christina G. 53
Baerbock, Annalena 99, 150, 174
Bahr, Egon 46, 295, 315
Bahro, Rudolf 419
Bajohr, Stefan 106, 110
Baker, Josephine 438
Balcerowiak, Rainer 65, 70
Balci, Güner 71
Balthasar, Eric 221
Balvin, Nikola 190
Balz, Hanno 269
Bandera, Stepan 174, 211, 214, 439
Bangel, Christian 85
Baquet, Dean 251
Baraa, Abul 11, 193-208

Personenverzeichnis

Bargatz, Brigitte 319
Barth, Boris 21
Barthel, Michael 293
Bartov, Omer 271, 277, 280
Bartsch, Dietmar 66, 72, 118
Bassermann, Friedrich 304
Bauer, Fritz 455, 464
Bauer, Gustav 36
Bauer, Otto 418
Bauer, Theresia 442
Bauer, Thomas 204
Bauer, Yehuda 271, 280, 440
Bauerkämper, Arnd 388
Baumerl, Bodo 144
Bayerlein, Michael 466
Bazille, Wilhelm 34
Beck, Ulrich 49, 57, 307, 380
Becker, Andrea 293
Becker, Verena 265
Beckmann, Max 439
Begrich, David 139
Behrend-Rosenfeld, Else 451
Behrends, Jan C. 418
Behrendt, Uwe 344
Behrens, Friedrich 419
Behring Breivik, Anders 269
Beichelt, Timm 220
Bell, Daniel 324
Belton, Catherine 171
Benda, Julien 292
Bender, Justus 140 f.
Bendikowski, Tillmann 300-302
Benken, Björn 101
Bennett, James 251
Bennett, Naftali 168
Bennetts, Marc 217
Benoist, Alain de 400
Benz, Wolfgang 26, 451
Berend, Iván Tibor 288
Berendsen, Eva 79, 91
Bergsdorf, Harald 263
Bermbach, Udo 321 f.
Berndt, Hans-Christoph 168, 171

Bernhard, Georg 39
Besier, Gerhard 288
Best, Werner 400
Beucker, Pascal 144
Beyer, Judith 269
Bezruk, Tetjana 217, 223, 225
Biden, Joe 117, 448
Biebricher, Thomas 375
Biermann, Kai 319
Bilezkyj, Andrij 217
Bin Laden, Osama 201
Bingen, Dieter 223
Bingener, Reinhard 132
Birch, Sarah 212
Birlinger, Yannick 264
Bissinger, Manfred 158
Bittermann, Klaus 451
Bittner, Jochen 80
Blanke, Bernhard 240
Blätte, Andreas 340
Blow, Charles 251
Blum, Robert 304
Bobbio, Norberto 88
Bochmann, Annett 307
Bock, Stefanie 50
Bodó, Béla 417
Boeddinghaus, Sabine 70
Boehm, Omri 452
Bohmann, Ulf 306, 308
Böhme, Jan 124
Böhmermann, Jan 79
Bokler, Evelyn 11, 193, 206
Bollmeyer, Heiko 34
Bolsonaro, Jair 168
Bonacker, Thorsten 49
Bonaparte, Napoleon 365
Bong, Jörg 303-305
Borchmeyer, Dieter 452
Börgerding, Michael 251
Bos, Ellen 210 f.
Bösch, Frank 20
Bowes, Shauna 89
Bozoki, Andras 225

Personenverzeichnis

Brähler, Elmar 452
Brakel, Alexander 351
Brandt, Willy 393
Brauer, Kai 464
Braun, Stephan 163
Braune, Andreas 17, 19, 155
Braunthal, Gerard 442
Bredow, Wilfried von 9, 42, 50, 52, 54 f., 57
Breuer, Stefan 32
Briand, Aristide 438
Brichzin, Jenni 306, 308
Brinkmann, Heinz Ulrich 165, 181
Brodehl, Frank 103
Broder, Henryk 63
Brodocz, André 84
Brömsel, Sven 322
Broszat, Martin 279
Brubaker, Rogers 167
Brüning, Heinrich 437
Brzezinski, Zbigniew 146
Buback, Siegfried 265
Bubrowski, Helene 116, 118, 132
Buchholz, Christine 68-71
Bude, Heinz 379
Bunzel, Cole 194
Burckhardt, Jacob 391
Burger, Reiner 133
Burggraf, Tom 153
Burgstaller, Rosemarie 452
Buruma, Ian 250
Buschmann, Marco 80
Busek, Erhard 289
Bush, George W. 52, 67, 128, 446
Butler, Judith 19, 452
Butterwegge, Carolin 106
Büttner, Ursula 34
Bystron, Petr 174
Çakır, Murat 74
Calic, Marie-Janine 417
Caligula 363 f.
Čaputová, Zuzana 292
Carlos, Juan 356
Carstens, Peter 132

Carstensen, Franziska 99
Carter, Jimmy 375 f.
Castelli Gattinara, Pietro 163
Ceylan, Rauf 136 f.
Chakkarath, Pradeep 456
Chamberlain, Houston Stewart 321-323
Chaplin, Charlie 439
Chehata, Yasemine 454
Chomeini, Ajatollah Ruhollah 77
Chomsky, Noam 66
Christie, Daniel J. 190
Christie, Richard 90, 190
Chrupalla, Tino 128 f., 139
Churchill, Winston 355, 357
Cicero 282, 285
Clinton, Bill 52, 376
Cohen, Stanley 252
Colborne, Michael 225
Conrad, Sebastian 272 f., 276 f., 279, 281
Conway, Kellyanne 368
Conze, Eckart 50
Copsey, Nathaniel 380
Costello, Thomas 89 f.
Cotar, Joana 128
Cotton, Tom 251
Courtois, Stéphane 310, 450
Crouch, Colin 316, 396 f.
Cûdi, Manî 65
Cunliffe, Philip 456
Cuspert, Denis 194
Czempiel, Ernst-Otto 49
Daase, Christopher 265
Dagdelen, Sevim 66, 68, 72
Dajan, Mosche 344
Dalberg, Dirk 12
Damir-Geilsdorf, Sabine 205
Daniel, Ute 21
Dantschke, Claudia 207
Dapprich, Matthias 241 f.
Daub, Adrian 245, 252-254, 259
Däubler, Thomas 87
De Santis, Ron 248
Decker, Frank 99, 114, 299, 340

Personenverzeichnis

Decker, Oliver 318, 453
Decker, Peter 230
Delbrück, Jost 50
Demetz, Peter 278
Demirtaş, Selahattin 183
Detering, Heinrich 40
Deymann, Melina 220
Di Angelo, Robin 251
Dibobe, Martin 438
Dick, Alexandra 264
Dicke, Klaus 50
Diehl, Claudia 187
Diehl, Paula 319
Diewald-Kerkmann, Gisela 264
Dihstelhoff, Julius 74
Dimitroff, Georgi 389
Diner, Dan 271
Dinger, Alexander 153
Dittmann, Wilhelm 27 f.
Dobbert, Steffen 224, 453
Dobrindt, Alexander 157
Doerschler, Peter 165
Dohnanyi, Klaus von 314 f., 317
Dombrowski, Erich 29 f.
Domeier, Norman 25
Dörr, Josef 103
Dörr, Nikolaus 419
Dörre, Klaus 319, 459
Dostojewski, Fjodor Michailowitsch 453
Douthat, Ross 251
Dowek, Ephraim 120
Dreß, Malte 67
Dreyer, Marie-Luise 99
Dreyer, Michael 17
Dubček, Alexander 291
Düber, Dominik 61
Dubslaff, Valérie 453
Duclos, Jaques 310
Dugin, Alexander 95, 143 f., 219
Dupeux, Louis 143
Düringer, Adelbert 34 f.
Dutschke, Rudi 443
E., Lina 124

Ebbighausen, Rolf 240
Ebel, Theo 230
Eberhardt, Simon 293
Ebert, Friedrich 36-38, 40, 393
Ebner, Caroline 84
Ebner, Julia 62
Eckert, Andreas 366
Eckert, Horst 81
Eco, Umberto 388
Eggers, Nina Elena 319
Ehrhardt, Hermann 410, 412
Eichler, Hagen 141
Eickhoff, Martin 263
Eigendorf, Katrin 453
Ekberg, Kristoffer 405
El Ghazzali, Kacem 63
El-Khatib, Jules 106
Elkins, David J. 49
Ellerbrock, Dagmar 19
Elsässer, Jürgen 12, 131, 141 f., 147, 164, 168, 170 f., 174 f., 293-296
Elsbach, Sebastian 19
Elser, Georg 301
Eltchaninoff, Michel 453
El-Wereny, Mahmud 198, 207
Emmerich-Fritsche, Angelika 48
Engels, Friedrich 121, 418 f.
Ensch-Engel, Dagmar 101
Erbakan, Necmettin 136
Erdoğan, Recep Tayyip 10, 136, 182-186, 188 f., 366
Ertl, Thomas 453
Erzberger, Matthias 11, 16-18, 24-29, 31, 34 f., 411
Esposito, Roberto 453
Eysenck, Hans Jürgen 88, 90
Falter, Matthias 79, 91
Farage, Nigel 168
Fathollah-Nejad, Ali 76 f.
Fechtner, Gabriele 121 f.
Feddersen, Jan 66
Felixberger, Peter 381
Ferguson, Niall 257

Personenverzeichnis

Fertl, Herbert Ludwig 230
Fest, Joachim 351
Feyder, Franz 133
Fichte, Johann Gottlieb 400
Fiedler, Maria 132
Filbinger, Hans 445
Fischer, Hermann 412
Flade, Florian 194
Flake, Otto 31
Fleck, Ludwig 384
Fleig, Anne 257
Flick, Friedrich 349
Flick, Gert-Rudolf 349
Florack, Martin 382
Floyd, Georg 248, 251
Flümann, Gereon 209
Forchtner, Bernhard 403
Fouad, Hazim 193
Foucault, Michel 77, 246
Fraenkel, Ernst 94 f.
Franco, Francisco 318, 355 f., 366
François, Etienne 22
Frank, Anja 454
Frankenberg, Günter 318 f.
Frankenthal, Kira 261 f.
Franz, Frank 130
Franzke, Jochen 223
Fraude, Andreas 230
Frei, Norbert 20, 273, 396
Freyer, Hans 384 f., 400
Friedeburg, Ludwig von 298
Friedländer, Saul 271
Friedman, Milton 377
Friedolin, Hans 194
Friedrich Wilhelm I. 364 f., 412
Friedrich, Frank 264
Fritz, Sven 321-323
Fröhlich, Alexander 132
Fromm, Erich 298, 389
Fuhrer, Urs 179
Fuhrmann, Maximilian 87
Fukuyama, Francis 56, 324-326, 372, 396
Fülberth, Georg 227

Fulda, Bernhard 20, 26
Funk, Rainer 298
Gabler, Neal 439
Gabowitsch, Mischa 121, 272, 281
Gaertringen, Friedrich Freiherr Hiller von 26
Gagern, Heinrich von 304
Gallus, Alexander 10-12, 15, 17, 32, 38, 42, 82, 91, 100, 139, 143, 171, 179, 210, 293, 454
Gandesha, Samir 385
Gärditz, Klaus Ferdinand 256
Garloff, Mona 364
Garton Ash, Timothy 12, 288-292
Gatzka, Claudia 396
Gauck, Joachim 253
Gauland, Alexander 129, 139
Gaulle, Charles de 355, 357
Gehlen, Arnold 325, 384-387, 400
Geiges, Lars 297
Geiler, Julius 132
Geis, Anna 56
Geisler, Alexander 163
Geisslinger, Esther 106
Gentile, Emilio 389
Gerbaudo, Paolo 341
Gerster, Martin 163
Gessler, Philipp 66
Geyer, Curt 26
Ghomeshi, Jian 250
Ghosh, Mridula 212, 215
Gietinger, Klaus 454
Giffey, Franziska 99
Gille, Christoph 454
Gnauk, Gerhard 224
Goebbels, Joseph 248, 393
Goebbels, Magda 349
Goertz, Stefan 454, 466
Goethe, Johann Wolfgang von 322
Gogh, Vincent van 159
Gohlke, Nicole 131
Göls, Cornelia 224
Gomza, Iwan 217 f., 223
Goode, Erich 252

Personenverzeichnis

Göpel, Maja 455
Gorbatschow, Michail 237, 355, 357
Göring, Hermann 248
Gornig, Martin 116
Goschler, Constantin 335
Götschenberg, Michael 141
Gouges, Olympe de 257
Grabowski, Roman 73
Graefe, Albrecht von 26 f., 31 f.
Graml, Hermann 26
Grams, Wolfgang 267
Gramsci, Antonio 389
Grass, Günter 456
Gregor VII. 364
Greßer, Anna 190
Grewe, Wilhelm G. 47
Grigat, Stephan 68, 167
Grimm, Marc 167
Groenewold, Kurt 25
Große Kracht, Klaus 12
Grotz, Florian 372
Grunenberg, Antonia 328-331
Grunert, Marlene 132
Gumbel, Emil Julius 18
Gündoğan, İlkay 15
Günther, Daniel 103
Günther, Klaus 318
Gursky, André 120
Gusy, Christoph 34
Guth, Dana 110
Haas, Tobias 100
Haase, Till 80
Habermas, Jürgen 270 f., 279, 287, 299, 332-335, 383, 396
Hacke, Jens 392
Hahn, Karl-Eckhard 83
Haldenwang, Thomas 124
Hall, Stuart 455
Hannig, Nicolai 455
Hansen, Hendrik 149, 293
Haran, Olexiy 219
Harden, Maximilian 411
Harich, Wolfgang 419

Harnack, Adolf von 322
Harris, Shane 171
Härtel, André 210
Hartle, Johan 385
Hartung, Stefan 130
Hartwig, Friedhelm 197 f., 208
Haseloff, Reiner 99
Haug, Frigga 70 f.
Haughton, Tim 380
Haupt, Friederike 140, 144
Häusler, Alexander 399
Havel, Václav 290-292
Havemann, Robert 419
Hayek, Friedrich August von 377
Hecker, Friedrich 303 f.
Hedider, Yasmina 205
Hegel, Georg Wilhelm Friedrich 284, 324
Heidenreich, Felix 299, 455
Heine, Hannes 73
Heine, Heinrich 464
Heinemann-Grüder, Andreas 451
Heinisch, Franziska 79 f.
Heinrich IV. 364
Heitmeyer, Wilhelm 67, 318 f.
Held, David 57
Held, Karl 230 f., 242
Helfferich, Karl 11, 16-18, 20 f., 23-35, 39 f.
Heller, Ayline 453
Henke, Alfred 36
Hennel, Sebastian 455
Hennigs, Jan 365
Henning, Wilhelm 31 f.
Henning-Wellsow, Susanne 116 f.
Herbst, Jürgen 255
Hergt, Oskar 27, 32, 35
Herkenhoff, Anna-Lena 293
Hermann, Christian 262
Hermsmeier, Lukas 336-338
Herold, Maik 144
Herwegh, Emma 304
Herwegh, Georg 304
Hessel, Florian 456
Heuer, Corinne 115

Personenverzeichnis

Heydemann, Max 37
Hieronimus, Marc 80
Hikel, Martin 71
Hilberg, Raul 351, 461
Hildmann, Philipp W. 197
Hilger, Ewelina 54
Hilges, Yvonne 443 f.
Hillgruber, Andreas 277
Hillje, Johannes 340-343
Himmelreich, Jörg 144
Hindemith, Paul 439
Hindenburg, Paul von 21-23
Hinsch, Wilfried 54
Hirn, Jakob 99
Hirndorf, Dominik 113
Hirschfeld, Oltwig von 26
Hitler, Adolf 22, 39 f., 143, 174, 280, 301, 321 f., 352, 355-357, 363, 384, 393, 412, 429, 459
Hoare, George 456
Hobsbawm, Eric 288
Hochgeschwender, Michael 367
Hochuli, Alex 456
Höcke, Björn 84-87, 96, 110, 129, 140, 147, 171, 432
Hof, Tobias 261, 266 f.
Hofbauer, Hannes 172
Höffer-Mehlmer, Markus 462
Hoffmann, Adolf 30
Hoffmann, Karl-Heinz 344-346
Hoffmann-Nowotny, Hans-Joachim 383
Hofmann, Birgit 442
Hohendahl, Peter 335
Holl, Thomas 139 f.
Höllein, Emil 37
Holnburger, Josef 115
Höltmann, Gesine 122
Holzgrefe, J. L. 54
Homann, Peter 265
Honecker, Erich 237
Hoppe, Marianne 459
Hörisch, Jochen 456
Horkheimer, Max 330, 384

Hörster-Philipps, Ulrike 34
Horváth, Ödön 459
Horx, Matthias 379
Hößl, Stefan E. 193, 207
Höttemann, Michael 456
Huber, Constantin 80
Huber, Wolfgang 69
Hübinger, Gangolf 24
Hudlický, Tomás 250
Hueck, Ingo J. 412
Huesmann, Felix 144
Hufer, Klaus-Peter 457
Hugenberg, Alfred 24
Hümmler, Lilian 401
Huntington, Samuel 396
Hürter, Johannes Hürter 459
Husák, Gustáv 291
Husieva, Olha 262
Hussein, Saddam 51, 446
Hüther, Otto 260
Hutter, Swen 122, 164
Ibrahim 365
Igel, Regine 265
Ignor, Alexander 25
Imhoff, Roland 90
Ince, Muharrem 183 f.
Isensee, Josef 12
Ishiyama, John T. 225
Ismayr, Wolfgang 210
Ivaldi, Gilles 165
Iversen, Torben 374
Iwan IV. 365
Iyamu, Ron 251
Jaeger, Alexandra 443
Jäger-Dabek, Brigitte 223
Jagusch, Birgit 454
Jahoda, Marie 90
Jamal, Lobna 193
James, Harold 316
Jani, Helge F. 379
Jänicke, Moritz 262
Jansen, Frank 132, 194
Janssen, Dieter 54

Personenverzeichnis

Janukowytsch, Wiktor 210, 213 f., 220
Jarasch, Bettina 99
Jaschke, Hand-Gerd 399
Jelpke, Ulla 72 f.
Jensen, Uffa 344-347
Jesse, Eckhard 10, 12, 38, 42, 80, 82, 89, 91, 99 f., 114, 116, 171, 179, 210, 212, 230, 293, 442
Joas, Hans 208
Jobst, Kerstin S. 224
Joffe, Josef 253 f.
John, Tara 223
Jones, James W. 90
Jones, Larry Eugene 24
Jones, Mark 17, 32 f., 457
Jong, David de 348-350
Jost, Jannis 261 f.
Joswig, Gareth 110, 140, 144
Jun, Uwe 100, 102
Jung, Edgar Julius 400
Jünger, Ernst 23, 400, 439
Jungkunz, Sebastian 179
Juschtschenko, Wiktor 213, 218
Kabisch, Volkmar 269
Kaddor, Lamya 67
Kahl, Martin 269
Kahmann, Bodo 167
Kahmann, Hermann 28
Kahrs, Horst 466
Kailitz, Steffen 210
Kaiser, Tobias 19
Kaldor, Mary 53
Kalisch, Sven 203
Kaltwasser, Cristóbal Rovira 342
Kämper, Heidrun 17
Kant, Immanuel 45, 283, 322
Kappeler, Andreas 224
Kappelhoff, Hermann 257
Kärgel, Jana 261, 268 f.
Karmon, Ely 265
Kastner, Jens 64
Kaußen, Jessica 111
Kautsky, Karl 418 f.

Kay, Alex J. 351-354
Keil, Daniel 91
Keim, Carolin 464
Kelek, Necla 63
Keller, Andreas 66
Kellerhoff, Sven Felix 457
Keller-Messahli, Saida 63
Kellershohn, Helmut 293
Kellner, Manuel 457
Kemmerich, Thomas 11, 83 f.
Keohane, Robert O. 54
Kepel, Gilles 201
Kermani, Navid 203
Kern, Erwin 412
Kershaw, Ian 355-357
Kessler, Harry Graf 31, 35
Keßler, Mario 272, 281, 419
Keyserling, Hermann Graf 322
Khatib, Sami 271
Khorchide, Mouhanad 203
Kiefer, Michael 136 f.
Kielmansegg, Peter Graf 12, 282-286, 446
Kiess, Johannes 89, 453
Kießling, Friedrich 348
Kılıçdaroğlu, Kemal 183 f.
Killinger, Manfred von 412
Kim Jong-il 366
Kim Jong-un 366
Kindervater, Christoph 82 f.
Kippenberg, Hans G. 204
Kirlidokme, Baha 219
Kitschelt, Herbert 88
Kittel, Manfred 36
Klare, Hans-Hermann 457
Klauer, Karl Christoph 190
Klaus, Václav 404
Klein, Ansgar 457
Klein, Markus 110
Klein, Michael 231
Kleine-Hartlage, Manfred 172
Kleinwächter, Norbert 128
Klemperer, Victor 40
Klenner, Hermann 119 f.

Personenverzeichnis

Klevesath, Lino 198 f., 205, 207
Klimt, Gustav 159
Knaus, Gerald 54
Knelangen, Wilhelm 103, 106
Knigge, Volkhard 271 f., 277, 280
Köbele, Patrick 120 f.
Koch, Arnd 25
Koch, Charles 249
Koch, David 249
Koch, Elke 18
Köck, Julian 323
Koehler, Daniel 293
Koenen, Gerd 143
Koenen, Wilhelm 36 f.
Koenig, Matthias 187
Koestler, Arthur 63
Kohl, Helmut 355, 392 f.
Köhler, Thomas Walter 458
Kohlmann, Martin 129
Kojève, Alexander 324
Koldehoff, Stefan 86
Kollmorgen, Raj 467
Kondor, Kathy 174
König, Ekkehard 18
Konuks, Kader 367
Korab, Alexander 225
Korobov, Vladimir 221
Korte, Karl-Rudolf 382
Köse, Mehmet 180, 188
Kosing, Alfred 240
Kositza, Ellen 172
Kowalczuk, Ilko-Sascha 12
Kozicki, Norbert 454
Kraft, Stefan 172
Krämer, Gudrun 359
Krämer, Ralf 172
Krämer, Sybille 18
Kramp-Karrenbauer, Annegret 86, 100
Krause, Joachim 261 f.
Krause, Keith 53
Kraushaar, Wolfgang 263, 265
Krauss, Hartmut 62 f.
Krauthammer, Charles 52

Kreter, Maximilian 264
Kretschmann, Winfried 99
Krischer, André 363 f.
Krölls, Albert 242
Krouwel, André 90
Krumeich, Gerd 22
Krysmanski, Hans-Jürgen 385
Kubitschek, Götz 164, 167, 169, 172, 174, 295, 400 f.
Kühnert, Kevin 66 f.
Kulyk, Volodymyr 210
Kumkar, Nils C. 368-370
Kumm, Matthias 460
Kun, Béla 418
Kundera, Milan 289
Küppers, Anne 403
Kusý, Miroslav 290
Kutschaty, Thomas 106
Kutschma, Leonid 210
Kuytul, Arpaslan 136
Laak, Dirk van 143
Laclau, Ernesto 458
Lafontaine, Oskar 67, 101 f., 114, 413
Lamberty, Pia 115
Lammert, Christian 372-374
Lammert, Norbert 458
Landogart, Baldur 169
Lang, Fritz 439
Lang, Jürgen P. 11, 144, 171, 227, 293, 417, 458
Lange, Nico 215
Langebach, Martin 399
Langguth, Gerd 241
Lanz, Markus 128
Lappenküper, Ulrich 54
Laschet, Armin 99, 106, 150
Laubenburg, Frank 71
Lauterbach, Karl 398
Laux, Henning 306, 308
Lazar, Marc 310
Le Pen, Marine 168, 312 f., 430
Ledebour, Georg 37
Lederer, Gerda 190

Personenverzeichnis

Leendertz, Ariane 375-378
Leggewie, Claus 85 f., 379
Lehmann, Anna 109
Lehmann, Benet 271
Lehmann, Pola 164
Lehning, Torben 89
Leithäuser, Johannes 139
Lenin, Wladimir Iljitsch 121, 220, 230-232, 241, 355, 357, 418
Lenk, Kurt 383
Leonhardt, Christoph 340
Leopold II. 365 f.
Lessenich, Stephan 379-381, 459
Leupold, Lars 111
Levitsky, Steven 390
Lewandowsky, Marcel 340, 342
Lewin, Shlomo 344
Liebe, Werner 18
Lieberman, Robert C. 458
Liebknecht, Karl 26
Liebold, Sebastian 391 f.
Liedtke, Barbara 322
Lindsay, James 245-249, 256
Link, Fabian 383-387
Linz, Juan J. 318, 366
Lisner, Wiebke 459
Lister, Tom 223
Litschko, Konrad 144
Little, Marc 174
Löbe, Paul 30
Lobenstein-Reichmann, Anja 323
Lobo, Sascha 66 f.
Locke, Stefan 117, 132
Logvinov, Mikhail 124
Lohlker, Rüdiger 201
Lorenz, Anna 154
Lörke, Tim 32
Löwenthal, Leo 383
Lübben, Ivesa 74
Lubitsch, Ernst 439
Ludendorff, Erich 21, 23
Lukas, Tim 264
Lukaschewitsch, Matthias 196

Lutz, Nina 464
Lutze, Thomas 101, 103
Luy, Mischa 456
Maani, Sama 61
Machiavelli, Niccolò 395
Mader, Dimitri 459
Maegerle, Anton 163, 216
Mahler, Horst 141, 293
Malm, Andreas 160
Malowitz, Karsten 52 f.
Malsack-Winkemann, Birgit 132
Mandeville, Bernard de 284
Mann, Thomas 32, 386
Mannewitz, Tom 11, 91, 391
Mansour, Ahmad 63
Mao, Zedong 364, 366
Marcowitz, Reiner 54
Marcuse, Herbert 298, 383
Mares, Detlev 455
Marg, Stine 297
Marino, Stefano 385
Marquard, Odo 325
Marquardt, Sabine 21, 38
Marta, Elena 190
Martin, Mary 53
Martow, Julius 418
Martynkewicz, Wolfgang 459
Marx, Christoph 366
Marx, Karl 121, 231, 233, 239, 304, 356, 418 f.
Marx, Wilhelm 40
März, Tobias 156
Marzana, Daniela 190
Marzischewski-Drewes, Stefan 110
Maschke, Günter 293
Mason, James Nolan 133
Mason, Paul 388-390
Mathy, Karl 304
Maul, Thomas 61
Maurice, Frederick 22
Maurin, Jost 156
Mausfeld, Rainer 188 f., 446
Mayer, Karl J. 26

Personenverzeichnis

Mbembe, Achille 271
McFarland, Sam 190
Mchitarjan, Irina 186
McWhorter, John 245, 248 f., 251
Mearsheimer, John 66
Medici, Katharina von 364
Meier, Mischa 364
Meiering, David 400
Meise, Ariane 170 f.
Mekhennet, Souad 171
Melcher, Reinhold 459
Mélenchon, Jean-Luc 311, 313
Melnyk, Andrij 174, 214, 439
Meloni, Giorgia 61
Melzer, Ralf 212
Menasse, Eva 272, 281
Mendelssohn, Moses 464
Menke, Christoph 45
Mense, Thorsten 74
Menzfeld, Mira 205
Mergel, Thomas 19 f., 27, 33, 35, 38 f.
Merkel, Angela 84, 99
Merleau-Ponty, Maurice 452
Mernissi, Fatema 199
Mertens, Christian 458
Mertins, Silke 67
Metten, Anne 466
Mettler, Suzanne 458
Metzger, Nils 214
Meuthen, Jörg 126 f., 129
Meyer, Frank 63
Meyers, Sarah 68
Michalzik, Peter 459
Michels, Robert 400
Micus, Matthias 92
Miegel, Meinhard 379
Miersch, Michael 65
Mies van der Rohe, Ludwig 439
Milelli, Jean-Pierre 201
Miller-Idriss, Cynthia 163
Milošević, Slobodan 295
Minas, Marius 100, 102
Minkenberg, Michael 163, 220, 224

Mittendorf, Volker 57
Moebius, Stephan 384
Moeller van den Bruck, Arthur 143, 400
Mofatteh, Mohammad Hadi 137
Moffitt, Benjamin 342
Moghadam, Assaf 265
Mohamed Ali, Amira 118
Mohammed 199
Mohring, Mike 83, 86
Möller, Horst 36, 391-393
Möller, Patrick 136
Möller, Stefan 84
Mommsen, Hans 16
Montesquieu, Charles de 289
Moosdorf, Matthias 167, 170
Moreau, Patrick 218
Mors, Christian 65
Morus, Thomas 364
Mosca, Gaetano 400
Moses, A. Dirk 271-273, 275, 277, 280
Moses, Julius 32
Motyl, Alexander 225
Mouffe, Chantal 396
Mounk, Yascha 93, 390, 460
Mudde, Cas 164, 224, 342, 405, 430
Mühlhausen, Walter 38
Müller, Albrecht von 460
Müller, Ann-Katrin 129
Müller, Dirk 84
Müller, Harald 56
Müller, Jan-Werner 388, 390
Muller, Jerzy Z. 460
Müller, Michael 99
Müller, Rainer E. 255
Müller, Tadzio 157
Müller-Enbergs, Helmut 414
Müller-Funk, Wolfgang 460
Munderloh, Annemieke 193 f., 207
Mündges, Stephan 16
Münkler, Herfried 52 f., 59, 84, 355, 394-398
Murad IV. 365
Murat, Laure 245, 254 f.
Murnau, Wilhelm 439

Personenverzeichnis

Mussolini 355-357, 389, 463
Muth, Marcel 293
Nachman, Ben-Yehuda 252
Nachtwey, Oliver 297-299
Nagy, Imre 291
Nassehi, Armin 44, 379, 381
Naumann, Henrike 81
Nebelung, Michael 383
Nefzger, Andreas 128
Negnal, Dörte 307
Neiman, Susan 12, 259, 270, 274, 276, 279
Nentwig, Teresa 328
Nero 363 f.
Neu, Viola 113
Neuling, Johanna 457
Neumann, Peter R. 43, 59
Nida-Rümelin, Julian 460
Niedermayer, Oskar 126 f., 225
Niekisch, Ernst 400
Niemann, Johann 440
Nietzsche, Friedrich 400
Nippel, Winfried 418 f.
Nitschke, Peter 460
Noak, Ronny 19
Nobis, Jörg 104, 106
Nohlen, Dieter 212
Nolte, Ernst 273, 279, 389
Nolte, Paul 395
Noske, Gustav 37
Nötzold, Antje 425
Nouripour, Omid 155
Nußberger, Angelika 451
Obama, Barack 448
Oesterreich, Detlef 179 f., 190
Oetker, Rudolf-August 349
Oğan, Sinan 184
Ohnezeit, Maik 18
Olsen, Jonathan 165
Orbán, Viktor 170
Orofino, Elisa 166
Orwell, George 290
Ossietzky, Carl von 439
Othmann, Ronya 67

Ottaway, Marina 57
Otteni, Cyrill 403
Otto, Martin 410
Özdemir, Cansu 75, 77
Özdemir, Cem 155
Özil, Mesut 15
Paetel, Karl Otto 400
Panagiotidis, Jannis 165
Papen, Franz von 393
Pareto, Vilfredo 400
Park, Robert Ezra 307
Parnack, Charlotte 80
Pastor, Marco 467
Patel, Kiran 461
Patzelt, Werner 91 f.
Paul, Gerhard 37
Pauwels, Teun 341
Pavel, Petr 292
Paxton, Robert 389
Payne, Stanley 389
Pehlivan, Erkan 136
Pelinka, Anton 461
Per, Leo 272
Pescatore, Rüdiger von 132
Pesch, Jan-Hinrick 261, 264-266
Petersen, Thomas 115, 144, 368
Petras, Armin 251
Petrenko, Olena 214
Pfahler, Lennart 153
Pfahl-Traughber, Armin 11 f., 61, 64, 124, 137, 144, 149, 151, 264, 293, 295, 399-401, 465
Pfeiffer-Belli, Wolfgang 31
Pfister, René 245, 250 f., 260
Pichl, Maximilian 91 f., 319
Pickel, Gert 461
Pickel, Susanne 461
Pieper, Josef 283
Piétriga, Anne-Catherine 81
Pinn, Irmgard 383
Pinochet, Augusto 363, 366
Piper, Ernst 437, 461 f.
Pirro, Andrea L. P. 163

Personenverzeichnis

Piscator, Erwin 439
Plöhn, Jürgen 38
Plokhy, Serhii 224
Pluckrose, Helen 245-249, 256
Poeschke, Frida 344
Pohl, Kerstin 462
Polese, Abel 218
Pollock, Friedrich 384
Popper, Karl R. 386
Pörksen, Bernhard 379
Poroschenko, Petro 211
Poschardt, Ulf 79 f., 230
Posener, Alan 61, 66
Pot, Pol 364
Prinz, Sebastian 10, 61
Prooijen, Jan-Willem von 90
Puchta, Adolf 415
Putin, Wladimir 9 f., 45, 115-117, 121 f., 128, 130, 139-146, 165-169, 175, 209, 216, 222 f., 363, 367, 453, 464
Putnam, Robert D. 46
Pyta, Wolfram 22 f.
Qing, Jiang 366
Quandt, Günther 349
Quandt, Harald 349
Quent, Matthias 403
Quintero, Guillermo 222
Raabe, Jan 399
Rabe, Marius 121
Rachmaninoff, Sergej 170
Ramelow, Bodo 82-87, 96, 116 f.
Ramet, Sabrina P. 224
Rappsilber, Felix 128
Rath, Marc 141
Rathenau, Walther 11, 16-18, 20, 28-35, 39, 411
Rauh, Cornelia 459
Rauschenberger, Katharina 463
Rawls, John 155
Reagan, Ronald 376
Recker, Marie-Luise 20
Reckwitz, Andreas 299
Reemtsma, Jan Philipp 272, 281

Rehberg, Karl-Siegbert 383-385
Rehlinger, Anke 100
Reich, Wilhelm 389
Reichinnek, Heidi 74
Reinecke, Stefan 117
Reisenzein, Rainer 186
Reismann, Anna 215
Reitmayer, Morton 388
Rekawek, Kacper 134, 163, 223
Renner, Marina 131
Renno, Lucio 340
Rensmann, Lars 171, 174, 318
Retterath, Jörn 19
Reuband, Karl-Heinz 165
Reuß, Heinrich XIII. 132
Rhein, Katharina 79, 91
Richard III. 364
Richter, Christoph 403
Richter, Hedwig 396
Richter, Sascha 119
Riedl, Jonathan 92
Riel, Aert van 72
Riera, Petro 467
Rigoll, Dominik 442, 444
Rinck, Frank 110
Ringe, Nils 340
Rippl, Susanne 462
Ritzmann, Alexander 163, 166, 169
Roberts, Kenneth M. 458
Rohe, Mathias 203
Rohrmoser, Richard 407-409
Rokeach, Milton 90
Rokkan, Stein 88
Ronen, Eyal 316
Rooduijn, Matthijs 341
Röpke, Andrea 465
Rosecrance, Richard 48
Rosenau, James N. 49
Rosenberger, Adolf 349 f.
Rosenfeld, Kurt 32
Rosenfeld, Siegfried 451
Rößler-Prokhorenko, Charlotte 122
Rossol, Nadine 32

Personenverzeichnis

Roth, Joseph 439
Roth, Philip 253
Rothberg, Michael 271
Rothenberger, Liane 261 f.
Rousseau, Jean Jacques 290
Roussel, Fabien 310 f.
Rübke, Jutta 442
Ruchniewiz, Krzysztof 223
Rucht, Dieter 158, 319
Ruderer, Stephan 367
Ruf, Werner 74
Ruhose, Fedor 114
Runciman, David 92, 396
Rüstow, Alexander 391
Rütten, Finn 85
Sablina, Liliia 166
Sabrow, Martin 21, 31, 363, 410-413
Said, Behnam 193, 195
Saimeh, Nahlah 269
Salheiser, Axel 403
Salomon, Ernst von 411
Sälter, Gerhard 414-416
Sammet, Rainer 37
Samudzi, Zoe 274
Sapper, Manfred 224
Sarrazin, Thilo 187, 462
Sasse, Gwendolyn 224, 462
Sassen, Saskia 49
Sassoli, David 127
Saucier, Gerard 90
Sauer, Birgit 319
Sauer, Martina 181, 187, 189
Saunier, Évelyne 328
Sayn-Wittgenstein, Doris von 103
Schäfer, Armin 333
Schäfer, Peter 74
Schaible, Jonas 157
Schale, Frank 392
Schedel, Gunnar 69
Scheffer, Thomas 307
Scheidemann, Philipp 26, 28, 36 f., 411
Scheler, Max 452
Schellenberg, Frank 193

Schelsky, Helmut 383, 385-387, 400
Schiess, Karl 443
Schiffer, Jan 69
Schildt, Axel 143
Schilk, Felix 293
Schimank, Uwe 260
Schindler, Frederik 72, 128, 140
Schirdewan, Martin 117
Schirmbeck, Samuel 64
Schirrmacher, Christine 359
Schlegel, Linda 263
Schliefsteiner, Paul 432
Schlögel, Karl 363, 367, 462
Schmeitzner, Mike 417 f.
Schmid, Alex P. 263
Schmid, Susanne 197
Schmid, Ulrich 451
Schmidt, Manfred G. 114
Schmitt, Carl 47, 143, 283, 392, 400, 430
Schmitt, Tommi 81
Schmollack, Simone 144
Schmücker, Ulrich 265 f.
Schneider, Friedrich 264
Schneider, Johannes 85
Schneider, Ulrich 121
Schnorr, Miriam 443
Schöler, Uli 418
Scholl-Latour, Peter 295
Scholtyseck, Joachim 349
Scholz, Anna Felicitas 454
Scholz, Olaf 9, 56, 99, 128, 150, 174
Schölzel, Arnold 121
Schönberger, Christoph 421-423
Schöningh, Enno 154
Schönpflug, Daniel 365
Schöpfer, Linus 143
Schreiber, Helmut 414
Schröder, Kristina 80
Schroeder, Wolfgang 127
Schröter, Susanne 425-427
Schubert, Thomas 210
Schudoma, Laura 457
Schuhmacher, Frank 463

Personenverzeichnis

Schulin, Ernst 410
Schulte, Martin 104
Schulz, Andreas 19 f.
Schulz, Sarah 87, 91
Schulz, Tobias 169
Schulze, Hagen 22 f.
Schulze, Ingo 274 f., 461
Schumann, Dirk 21
Schütz, Erhard 335
Schwab, Klaus 50
Schwanholz, Julia 382
Schwarz, Egidius 71
Schwarzer, Alice 71, 144, 171 f.
Schweisfurth, Theodor 48
Schweitzer, Albert 322
Schwerhoff, Gerd 19
Schwesig, Manuela 99
Schwinges, Rainer C. 255
Schwippert, Hans 423
Seegers, Lu 459
Seeliger, Martin 332
Segert, Dieter 225
Seibert, Julia 365
Seibt, Gustav 91
Seidel, Eberhard 63
Seidenglanz, Melanie 36 f.
Seipel, Christian 462
Seitenbecher, Manuel 293
Selchow, Sabine 53
Selenskyj, Wolodymyr 167, 210 f., 219
Sellner, Martin 163 f., 166 f., 172, 174
Senghaas, Dieter 53
Serafin, Sebastian 212
Sergackova, Ekaterina 217
Settles, Kevin W. 99
Sevignani, Sebastian 332
Seyam, Reda 194
Shakespeare, William 364
Shapiro, Ben 245, 249 f.
Sharp, Gene 166
Shekhovtsov, Anton 144, 163, 213 f.
Shils, Edward 90
Sieg, Ulrich 463

Siemens, Daniel 463
Sievert, Norman 262
Šimečka, Milan 290
Simon, Gerhard 211
Sloterdijk, Peter 298
Smith, Adam 284
Smith, Winston 290
Snopes, Wesley 254
Solchanyk, Roman 224
Soldt, Rüdiger 132
Solschenizyn, Alexander 63, 453
Sombart, Werner 322
Sommer, Andreas Urs 463
Sommer, Evrim 73
Sonneborn, Martin 80
Sontag, Susan 279
Soskice, David 374
Souza, Dinesh de 253
Spaemann, Robert 208
Spakowski, Nicola 463
Spaniol, Barbara 101, 103
Speer, Albert 437
Speit, Andreas 142
Spengler, Oswald 319, 400
Sperber, Manes 63
Spethmann, Susann 103, 106
Spiwak, Gayatri Chakravorty 248
Sprengel, Rainer 457
Staadt, Jochen 120
Stadtler, Eduard 24
Staib, Julian 116
Stalin, Josef 121, 355, 363, 393
Stampfer, Friedrich 33, 38, 40
Stankov, Lazar 90
Starzmann, Paul 141
Stathi, Katerina 18
Stecker, Christian 87
Steffen, Tilman 84
Stegemann, Bernd 320
Stein, Andreas 215
Steinbacher, Sybille 273, 463
Steinmeier, Frank-Walter 15 f.
Steinmetz, Klaus 265

Personenverzeichnis

Stephens, Bret 251
Steppat, Timo 132
Sternberg, Josef von 439
Stewart, Rory 54
Stichweh, Rudolf 49
Stiglitz, Joseph 49
Stock, Christian 62
Stollberg-Rilinger, Barbara 363
Stolleis, Michael 283
Stone, William F. 190
Stosch, Klaus von 203
Stöss, Richard 225
Stöver, Philip 212
Strache, Heinz-Christian 171
Strange, Susan 49
Strauß, Botho 392
Strauß, Franz Josef 393
Strauss, Leo 430
Streeck, Wolfgang 316
Stresemann, Gustav 35, 393, 438, 457
Striesow, Jan 33
Strobl, Natascha 318
Strozier, Charles B. 90
Struve, Gustav von 304
Sturm, Roland 99
Sueton 364
Sundermeyer, Olaf 144
Susemichel, Lea 64
Szücz, Jenö 289
Tabbara, Tanja 74
Taguieff, Pierre-André 428-431
Tavassoli, Bijan 71
Terman, David M. 90
Tetekin, Vyacheslav 220
Thatcher 355, 357
Theisen, Heinz 65
Thelen, Raphael 159
Thieme, Tom 9, 12, 42, 82, 100, 121, 179, 209 f., 212, 219, 419, 459
Thoreau, Henry David 155
Thumann, Michael 464
Tibi, Bassam 63
Tillschneider, Hans-Thomas 140-145

Tito, Josip Broz 355 f., 417
Tjahnybok, Oleg 215 f.
Tocqueville, Alexis de 365
Todd, Chuck 368
Trennheuser, Alexander 101
Troeltsch, Ernst 24, 26 f.
Trotzki, Leo 389
Trubetskoy, Denis 211
Trump, Donald 10, 248, 336, 363, 368, 370, 388, 407
Tunkin, Gregorij I. 48
Tymoschenko, Julija 213
Uhlig, Tom David 79, 91
Ul Haq, Shams 193 f., 198
Ullrich, Volker 33, 457
Ulmer, Martin 32
Ulusoy, Yunus 183
Umland, Andreas 213-215, 217, 221, 223-225
Urban, Jörg 171
Urban, Thomas 223
Uslucan, Haci-Halil 10, 177, 179 f., 186, 190
Vad, Erich 460
Vahlenkamp, Jan 68
Valentin, Veit 303
Van Peebles, Mario 254
Varenholt, Fritz 404
Varwick, Johannes 467 f.
Venohr, Wolfgang 410
Vidino, Lorenzo 66
Vincentz, Martin 108, 110, 128
Virchow, Fabian 399, 465
Vogel, Heiner 198
Vogel, Pierre 195, 205, 207
Vogels, Christine 365
Voigt, Rüdiger 41, 48
Volk, Sabine 10, 128, 163 f., 166, 174 f.
Volkov, Shulamit 464
Vollmer, Antje 460
Vormann, Boris 372-374
Vorrever, Thomas 141
Voßkuhle, Andreas 468
Wagenknecht, Sahra 10, 71, 114, 117-119, 144, 171 f.

Personenverzeichnis

Wagner, Cosima 321 f.
Wagner, Markus 108
Wagner, Richard 321
Wagner, Winifred 322
Wagner, Wolfgang 53, 56
Waldenfels, Bernhard 384
Waldmann, Peter 346
Wałęsa, Lech 292
Wallat, Johannes 80
Walser Smith, Helmut 12
Walser, Martin 392
Walt, Stephen 66
Walter, Barbara F. 16
Walter, Franz 297
Walthelm, Joseph 407
Wawrzinek, Bert 412
Wayne, Lil 254
Wéber, Júlia 464
Weber, Oliver 334
Weber, Petra 464
Weber, Reinhold 26
Wegner, Kai 99
Wehler, Hans-Ulrich 437
Wehling, Elisabeth 93
Wehner, Markus 116, 132, 196
Wehrs, Nikolai 24
Weichsel, Volker 224
Weidel, Alice 129, 140, 172 f.
Weidenfeld, Werner 460
Weidner, Stefan 62
Weil, Kai-Daniel 261, 267 f.
Weil, Stephan 110
Weiland, Severin 129, 141
Wein, Susanne 32
Weingärtner, Max 415 f.
Weisbrod, Lars 79
Weise, Stefan 419
Weiß, Volker 319
Weisskircher, Manès 164, 166, 174, 403, 406
Weißmann, Karlheinz 401, 464
Weitzel, Gerrit 16
Weller, Christoph 49
Welzel, Christian 374

Welzer, Harald 379
Werbick, Jürgen 203
Westarp, Kuno von 26
Westerwelle, Guido 43
Wiatr, Jerzy J. 464
Widmaier, Benedikt 465
Wiedmann-Schmidt, Wolf 296
Wiegandt, Jan 54
Wildt, Michael 12, 270 f., 274, 276, 279 f., 396, 437-441
Wilfinger, Gerhard 289
Williamson, John G. 17, 23, 27
Wilson, Andrew 220
Winkelvoß, Gertraud 453
Winkler, Heinrich August 16, 316 f.
Winock, Michel 430
Winter, Steffen 117
Winter, Thomas von 57
Wintgens, Benedikt 421
Wirathu 269
Wirsching, Andreas 19 f., 33, 36
Wirth, Joseph 20, 28, 30-32, 34
Wissler, Janine 116, 118
Wolff, Udo 466
Wolfrum, Edgar 442 f.
Wolin, Richard 392
Wolin, Sheldon S. 446-449
Wölk, Arno 154
Wolter, Udo 74
Wolters, Laura 167
Wulle, Reinhold 31 f.
Wunschik, Tobias 12
Wurdack, Irmgard 71
Würfel, Carolin 465
Wurm, Mathilde 29
Wüst, Hendrik 106
Yagoobifarah, Hengameh 251
Zacher, Mark W. 49
Zaitsev, Oleksandr 214, 224
Zankina, Emilia 165
Zasowk, Ronny 130
Zavershinskaia, Polina 167, 173
Zehnpfennig, Barbara 12

Personenverzeichnis

Zehnter, Lisa 164
Zemmour, Éric 430
Zerback, Ralf 465
Ziblatt, Daniel 390
Ziemann, Benjamin 32
Ziemer, Klaus 223
Zimic Zare, Ricardo Martin 264

Zimmer, Kerstin 219
Zimmerer, Jürgen 273
Zimmermann, Wolfgang 465
Ziolkowski, Britt 264
Zitelmann, Rainer 392
Zürn, Michael 49, 318, 333
Zweig, Stefan 386

Autorenverzeichnis

Dr. Mitchell Ash, Prof. em., Institut für Geschichte, Universität Wien.

Dr. Uwe Backes, Prof., Hannah-Arendt-Institut für Totalitarismusforschung e. V. an der Technischen Universität Dresden.

Dr. Arnd Bauerkämper, Prof., Friedrich-Meinecke-Institut für Geschichtswissenschaft, Freie Universität Berlin.

Dr. Thomas Biebricher, Prof., Institut für Politikwissenschaft, Johann Wolfgang Goethe-Universität Frankfurt a. M.

Dr. Evelyn Bokler, PD, Zentrum für Islamische Theologie, Universität Münster.

Dr. Alexander Brakel, Visiting Scholar, Wesleyan University, Connecticut, USA.

Dr. Wilfried von Bredow, Prof. em., Institut für Politikwissenschaft, Philipps-Universität Marburg.

Dr. Dirk Dalberg, PD, Institute of Political Science, Slovak Academy of Sciences, Bratislava.

Dr. Frank Decker, Prof., Institut für Politische Wissenschaft und Soziologie, Rheinische Friedrichs-Wilhelms-Universität Bonn.

Dr. Jost Dülffer, Prof., Historisches Institut, Universität zu Köln.

Dr. Alexander Gallus, Prof., Institut für Politikwissenschaft, Technische Universität Chemnitz.

Thomas Gräfe, Mendel-Grundmann-Gesellschaft, Vlotho.

Dr. Bernd Greiner, Prof. em., Arbeitsbereich Globalgeschichte, Universität Hamburg.

Dr. Florian Grotz, Prof., Institut für Politikwissenschaft, Helmut Schmidt Universität/Universität der Bundeswehr Hamburg.

Dr. Jens Hacke, Prof., Lehrstuhlvertretung, Politische Theorie und Ideengeschichte, Universität Halle.

Stephan Hilsberg, MdB a. D., Berlin.

Dr. Josef Isensee, Prof. em., Institut für Öffentliches Recht, Rheinische Friedrich-Wilhelms-Universität Bonn.

Dr. Helge F. Jani, freier Publizist, Hamburg.

Dr. Hans-Gerd Jaschke, Prof. em., Fachbereich Polizei und Sicherheitsmanagement, Hochschule für Wirtschaft und Recht Berlin.

Dr. Eckhard Jesse, Prof. em., Institut für Politikwissenschaft, Technische Universität Chemnitz.

Dr. Peter Graf Kielmansegg, Prof. em., Präsident der Heidelberger Akademie der Wissenschaften.

Dr. Friedrich Kießling, Prof., Institut für Geschichtswissenschaft, Universität Bonn.

Dr. Ilko-Sascha Kowalczuk, Projektleiter/Fachkoordinator beim Stasi-Unterlagen-Archiv, Berlin.

Dr. Klaus Große Kracht, Prof. apl., Forschungsstelle für Zeitgeschichte in Hamburg.

Dr. Jürgen P. Lang, Politikwissenschaftler, München.

Dr. Claus Leggewie, Prof., Panel on Planetary Thinking, Justus-Liebig-Universität Gießen.

Dr. Marcel Lewandowsky, PD, Institut für Politikwissenschaft, Helmut-Schmidt-Universität/Universität der Bundeswehr, Hamburg.

Dr. Sebastian Liebold, Institut für Politikwissenschaft, Technische Universität Chemnitz.

Dr. Tom Mannewitz, Prof., Hochschule des Bundes für öffentliche Verwaltung, Berlin.

Dr. Patrick Moreau, Prof., Centre national de la recherche scientifique, Paris.

Autorenverzeichnis

Dr. Helmut Müller-Enbergs, Adjungeret Professor, Department of History, Syddansk Universitet (Dänemark).

Dr. Herfried Münkler, Prof. em., Institut für Sozialwissenschaften, Humboldt-Universität zu Berlin.

Dr. Teresa Nentwig, Landesamt für Verfassungsschutz Baden-Württemberg, Stuttgart.

Dr. Antje Nötzold, PD, Institut für Politikwissenschaft, Technische Universität Chemnitz.

Dr. Paul Nolte, Prof., Friedrich-Meinecke-Institut für Geschichtswissenschaft, Freie Universität Berlin.

Dr. Martin Otto, Rechtswissenschaftliche Fakultät, FernUniversität in Hagen.

Dr. Thomas Petersen, PD, Wissenschaftlicher Mitarbeiter, Institut für Demoskopie Allensbach.

Dr. Armin Pfahl-Traughber, Prof., Hochschule des Bundes für öffentliche Verwaltung, Brühl.

Dr. Ernst Piper, Prof., Historisches Institut, Universität Potsdam.

Dr. Sebastian Prinz, Politikwissenschaftler, Erzbistum Berlin.

Dr. Karl-Siegbert Rehberg, Prof., Institut für Soziologie, Technisches Universität Dresden.

Dr. Martin Sabrow, Prof. em., Leibniz-Zentrum für Zeithistorische Forschung, Potsdam.

Dr. Hendrikje J. Schauer, Institut für Germanistische Literaturwissenschaft, Friedrich-Schiller-Universität Jena.

Kevin Scheibel, M.A., Doktorand, Institut für Politikwissenschaft, Technische Universität Chemnitz.

Dr. Christine Schirrmacher, Prof., Institut für Orient- und Asienwissenschaften, Rheinische Friedrich-Wilhelms-Universität Bonn.

Paul Schliefsteiner, Direktor des Austrian Center for Intelligence, Propaganda and Security Studies (ACIPSS), Graz.

Dr. Hans-Ulrich Thamer, Prof. em., Historisches Seminar, Westfälische-Wilhelms-Universität Münster.

Dr. Tom Thieme, Prof., Hochschule der Sächsischen Polizei (FH), Rothenburg/Oberlausitz.

Dr. Haci-Halil Usculan, Prof., Institut für Turkistik, Universität Duisburg-Essen.

Sabine Volk, M.A., Wissenschaftliche Mitarbeiterin, Lehrstuhl für Politikwissenschaft mit Schwerpunkt Vergleichende Regierungslehre, Universität Passau.

Dr. Helmut Walser Smith, Prof., Department of History, Vanderbilt University, Nashville, USA.

Joseph Walthelm, M.A., Doktorand, Institut für Politikwissenschaft, Technische Universität Chemnitz.

Dr. Manès Weisskircher, Institut für Politikwissenschaft, Technische Universität Dresden.

Dr. Benedikt Wintgens, Wissenschaftlicher Mitarbeiter, Kommission für Geschichte des Parlamentarismus und der politischen Parteien e. V., Berlin.

Dr. Tobias Wunschik, Wissenschaftlicher Mitarbeiter, Institut für Geschichtswissenschaften, Humboldt-Universität zu Berlin.

Dr. Barbara Zehnpfennig, Prof. em., Geistes- und Kulturwissenschaftliche Fakultät, Universität Passau.